'2005中国广告年鉴

China Advertising Yearbook

第十三版

13 th Edition

《中华人民共和国广告法》

颁布实施十周年纪念版

新华出版社

每日新

’2005中国广告年鉴
China Advertising Yearbook

第十三版
13 th Edition

图书在版编目（CIP）数据
’2005中国广告年鉴/《中国广告年鉴》编辑部编.
北京：新华出版社，2005.7
ISBN 7-5011-7111-4

Ⅰ.2... Ⅱ.中... Ⅲ.广告－中国－2005－年鉴 Ⅳ.F713.8-54
中国版本图书馆CIP数据核字（2005）第060911号

新华出版社出版
中国广告年鉴编辑部编
北京同力永正图文设计事务所承制

850×1168毫米 大16开本 48印张
彩色插页264页 字数1000千字
2005年6月第一版 2005年6月北京第一次印刷
ISBN 7-5011-7111-4
定价：220.00元（精装）

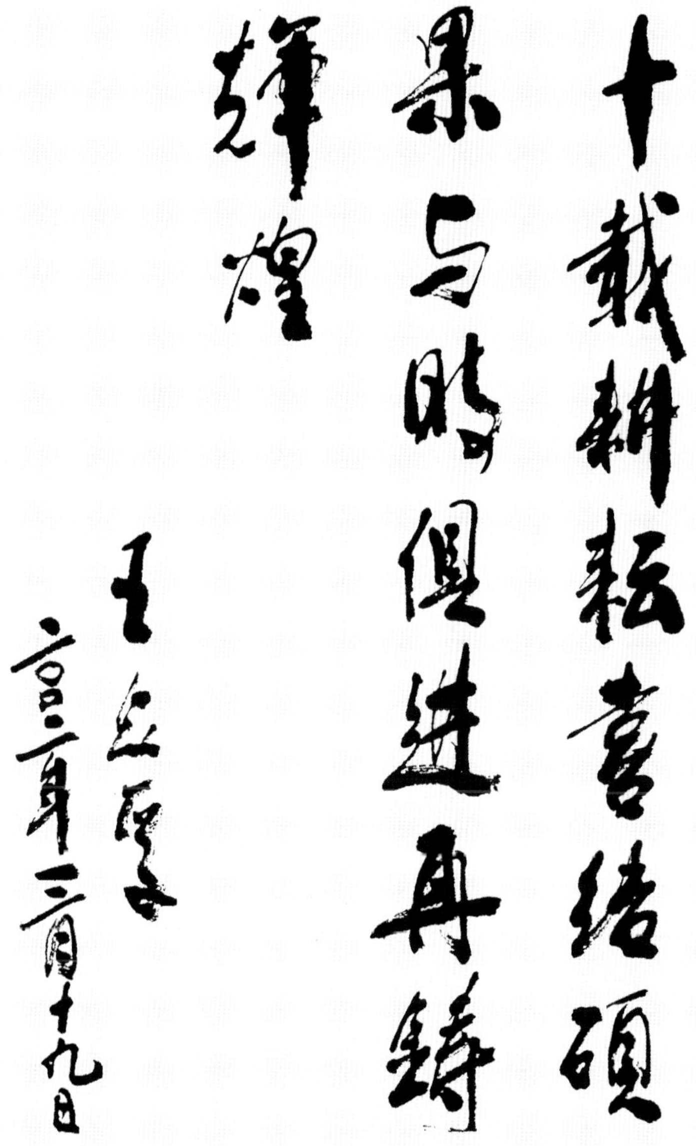

王众孚

国家工商行政管理总局　局长

编辑说明

一、《中国广告年鉴》是一部图文并茂的大型资料工具书，2005年版收编了2004年与中国广告业发展有关的主要文献资料。

二、”政策法规”、“大事记”等，以日期为序。

三、本年鉴收集的2004年资料和数据中，未包括我国台湾省、香港特别行政区和澳门特别行政区。

四、为便于读者检索，书末附有“广告经营单位名录索引”和“广告刊户索引”。

五、限于编辑水平和所掌握的资料，缺点和错误在所难免。欢迎读者批评指正。

’2005中国广告年鉴

China Advertising Yearbook

第十三版

13th Edition

INTRODUCTION

Ⅰ. *2005 China Advertising Yearbook* is a big reference book with a large number of photos and ilustrations. The *2005 Edition* includes major information concerning the development of china advertising industry in 2004.

Ⅱ. Columns of "policies.laws & Regulations"and "chronicle of Events" are arranged in order of date.

Ⅲ. Information of Taiwan Province,Hong Kong Special Administrative Region and Macao Special Administrative Region are not included in the yearbook.

Ⅳ. For the convenience of readers, "Index of Advertising Units" and "Index of Advertisers" are enclosed in the end of the yearbook

Ⅴ. Due to limited information available,oversight and mistakes are inevitable.we welcome readers to comment and point out our mistakes.

’2005中国广告年鉴

China Advertising Yearbook

第十三版

13 th Edition

中国广告年鉴编辑委员会

’2005中国广告年鉴
China Advertising Yearbook

第十三版
13th Edition

欧树芳　北京市工商行政管理局广告处处长
罗卫光　广东省工商行政管理局广告处处长
柏　群　《中国广告年鉴》编辑部主任
秦振东　中广协铁路委员会秘书长
郭明浩　福建省工商行政管理局商标广告处处长

中国广告年鉴编辑部人员名单

编辑部主任：柏　群
编辑部副主任：孙　鹏
主任编辑：项　扬　徐晓玲
责任编辑：白云覃　宋　江
编　　辑：王　琼　周向东　郭　瑞
装帧设计：德　春　孙　鹏
排　　版：徐永良　陈　俊
校　　对：张瑞敏　李　真
督　　印：杨　明　何　冰

’2005中国广告年鉴

China Advertising Yearbook

第十三版

13th Edition

著名广告经营单位

诚信宣言形象展示介绍专栏

中国广告经营单位诚信宣言

值此《中华人民共和国广告法》颁布实施十周年之际，作为广告经营单位，我们郑重承诺：

认真、严格地遵守《广告法》和《广告管理条例》的有关规定；在所有的广告活动中坚持诚信经营、公平竞争；自觉接受广告管理机关、广告行业组织、广告主、及广大消费者的监督和指导，为中国广告界继续保持高速、健康、有序的发展尽我们的一份责任。

部分宣言单位名单

■ 北京市

北青传媒股份有限公司
国家广播电影电视总局电影卫星频道节目制作中心广告部
北京人民广播电台
北京炎黄时代广告有限公司
北京电通广告有限公司
北京华风气象影视信息集团有限责任公司
灵智大洋（广州）广告有限公司北京分公司
中视金桥国际广告有限公司
博达大桥国际广告传媒有限公司
精品购物指南报社广告部
北京未来广告公司
中国邮政广告公司
中国体育报业总社
北京博达新大陆广告有限公司
北京太阳圣火广告有限公司
现代文明画报社
北京中视台影视艺术广告中心
京华文化传播有限公司
北京娱乐信报社
北京华闻旭通国际广告有限公司
北京奥美地亚广告有限公司
北京公交广告有限责任公司
中国城乡金融报社
北京阳光加信广告有限公司
北京市首发高速广告有限责任公司
北京世邦联合广告有限公司

■ 上海市

上海文广新闻传媒集团广告经营中心
上海奥美广告有限公司
新民晚报社广告部
上海灵狮广告有限公司
新闻报社
上海博报堂广告有限公司
上海广告有限公司
上海旭通广告有限公司
上海美术设计公司
上海梅迪派勒广告有限公司
上海广告装潢有限公司
上海华智地铁广告有限公司
上海中润广告有限公司
上海大广贸促广告有限公司
上海元太广告有限公司
上海地铁广告有限公司
上海东方明珠移动电视有限公司
上海东方网股份有限公司
海南白马广告媒体投资有限公司上海分公司
上海上腾娱乐有限公司
上海国际赛车场广告经营有限公司
上海唐神广告传播有限公司
前锦网络信息技术（上海）有限公司
上海智高广告有限公司
上海雅仕维广告有限公司
上海运筹国际广告有限公司
上海郁金香广告传媒有限公司
上海利达广告有限公司
上海斐思态广告有限公司
上海大众广告有限公司
上海西南广告有限公司
上海飞帆广告有限公司
上海合力广告有限责任公司
上海天波广告有限公司
上海圣峰广告有限公司
上海雅视广告有限公司
上海焦点广告传播有限公司
上海池田广告有限公司
上海华伦广告有限公司
上海解放广告有限公司
文汇报社
上海教育电视台广告部
上海东湖广告装饰有限公司
上海文艺出版总社
上海邮政商函广告有限公司
上海新云广告有限公司
上海高架道路经营开发有限公司
上海机场德高动量广告有限公司
上海电力广告有限公司
上海电气（集团）广告装潢公司
上海信息广告有限公司
上海经济社广告有限公司
上海强生广告有限公司
上海彩虹广告装潢有限公司
上海华兴广告有限公司
上海美景广告传播有限公司
上海申空广告有限公司
上海东艺广告有限公司
上海锦江广告装饰公司
上海一汽公共交通广告有限责任公司
上海形上传播有限公司
上海农工商众艺广告有限公司
上海铁路文化广告公司
上海坤威广告传播有限公司
上海港凯广告有限公司

■ 天津市

天津电视台广告部
天津市天健广告有限责任公司
天津市新地广告有限公司
天津日报报业集团
天津市北岛广告发展有限公司
天津市双木广告策划传播有限公司
每日新报广告部
天津市北岛广告发展有限公司
今晚报广告部
天津人民广播电台
天津市盛世文化广告有限公司
天津市首信广告传播有限公司

■ 重庆市

重庆电视台广告经营中心
重庆日报报业集团广告总公司
重庆广播电视集团（总台）广播板块
重庆汇融文化传播（集团）有限公司
重庆经济报
重庆电视台
重庆人民广播电台
重庆青年报
重庆城市广告策划代理有限公司
重庆大贺巴蜀传媒有限公司
重庆金朝广告有限公司
重庆媒体伯乐公交广告有限公司

■ 河北省

唐山广播电视报社
燕赵晚报
秦皇岛广播电台
河北霓虹广告有限公司
河北电视台
燕赵都市报
金三元广告公司
秦皇岛市交通广告公司
开滦日报社
保定日报社
邯郸市广告公司
承德广告总公司
邢台日报广告部

■ 山西省

山西广播电视总台广告监管中心
中国黄河电视台广告经营中心
太原电视台
山西日报报业集团广告中心
山西太原圣戈广告有限公司
三晋都市报
山西华宇广告有限公司
山西电视台
山西晚报
太原好运达国际广告公司

（排名不分先后）

生活文摘报
太原公交广告公司
太原广播电视报

■ 内蒙古自治区

内蒙古电视台
内蒙古国恒经济发展有限公司
内蒙古公交广告有限公司
内蒙古邮政广告有限公司
内蒙古民航广告公司
包头晚报广告经营部
包头人民广播电视台
包头市亚欧公交广告有限公司
锡盟电视台广告部
赤峰人民广播电台广告部
赤峰日报广告部
呼和浩特市城发广告资源开发有限公司

■ 辽宁省

沈阳市嘉名策划广告有限责任公司
辽宁日报社
辽宁铁道融信广告有限公司
沈阳客运集团广告公司
沈阳市路灯广告公司
沈阳众广知广告有限公司
沈阳龙邦国际广告有限公司
北京通成推广公交广告有限公司沈阳分公司
葫芦岛电台广告部
葫芦岛广播电视报社
铁岭日报社广告部
铁岭电视台广告部

■ 吉林省

吉林报人广告有限责任公司
吉林省大地广告有限责任公司
吉林省和顺广告有限公司
吉林电视台广告中心
长春人民广播电台广告部
长春电视台
长春经济广播电台广告部
吉林龙飞广告有限公司
江城日报社
长春日报社广告部
松原日报
新文化报

■ 黑龙江省

黑龙江电视台广告部
哈尔滨电视台
哈尔滨广播电视报社
黑龙江日报报业集团
哈尔滨海润国际广告有限公司
黑龙江联合广告公司
哈尔滨经济广播电台
哈尔滨电视台经济信息部
黑龙江晨报社
生活报广告部
大庆油田报
鸡西日报

■ 江苏省

江苏省邮政广告有限公司
常州市通力达信息传播有限公司
宜兴市广播电视台
南京银都广告商务有限责任公司
常州三有广告有限公司
常州欧亚国际广告有限公司
常州市中体广告有限公司
常州电视台
常州日报社
常州人民广播电台
中国剪报社
无锡日报报业集团
盐都电视台广告中心

■ 浙江省

钱江晚报有限公司广告部
温州日报报业集团
浙江电视台影视文化频道广告部
金华日报社广告中心
浙江卫视广告部
浙江亚视传播有限责任公司
浙江思美广告有限公司
浙江电视台广告部
浙江日报社广告部
浙江高速广告有限责任公司
丽水日报社
宁波日报报业集团

■ 安徽省

安徽电视台广告中心
新安晚报社广告部
安徽日报社广告中心
金鹊国际广告有限公司
合肥中策广告有限责任公司
安徽省邮电广告有限公司
安徽黑白广告有限公司
安徽不夜城广告公司
贵池新光源有限责任公司
安徽金太阳广告公司
安徽市场报社广告部
合肥白马广告有限公司

■ 福建省

福建广播电视传播总公司
福建农业科技编辑部
福建省艺术图片社
海峡资源报社
福建省奥林体育广告有限公司
福建青年杂志社
福建科技报社·科学与文化编辑部
福建科技报社
福建畜牧兽医编辑部
海峡药学编辑部
福建电广东南卫视广告有限公司
福建省佳信广告有限公司
福建人才文化传播有限公司
都市家庭消费编辑部
中篇小说选刊杂志社
福建侨报社
福建省大众电视公司
机电技术编辑部
福建农机杂志编辑部
福建省金桥科技广告公司
福建省东方文化传播中心
福建电广福视广告有限公司
海峡都市报社
福建绿野邮电广告信息有限公司
福建省邮政信息广告有限责任公司
环境与发展报社
福建质量管理杂志社
海峡人才报社
木工机床杂志编辑部
开放潮杂志社
福建行政学院福建经济管理干部学院学报编辑部
福建炎黄文化传播有限责任公司
福建年鉴社
福建工商时报社
高血压杂志编辑委员会
福建建材编辑部
福建电广有线电视广告有限公司
福建海峡传播总公司
福建电力与电工编辑部
引进与咨询杂志社
学会杂志社
福建省报发广告公司
福建法制报社

部分宣言单位名单

海峡摄影时报社
福建新锐文化传播中心
福建农业杂志社
福建省金叶文化传播有限公司
通信信息报社
福建金融杂志社
福建公安高等专科学校学报编辑部
福建质量技术监督杂志社
福建教育电视台
东南快报社
发展研究杂志社
福建省茶叶学会福建茶叶编辑部
福建政法管理干部学院学报编辑部
福建省飞虹广告公司
情报探索编辑部
福建煤炭报社
福建林业科技编辑部
福建画报社
福建电视台公共频道广告部
福建省地图出版社广告部
福建省福州铁路工贸公司
福建电广广播广告有限公司
福建省对外经济服务贸易公司
福建建设科技编辑部
福建东南广播电视网络有限公司
福建省创维企业文化发展中心
东南置业杂志社
心血管康复医学杂志社
福建省气象影视中心
福建省新气象广告有限公司
福建中广经济发展公司
福建老年报社
福建省能源研究会
福建电广广播电视报广告有限公司
福建省高科广告策划发展中心
福建省轻纺情报研究所
生活·创造杂志社
福建省记者旅行社
海峡环境编辑部
厦门市公交广告有限公司
宁德电视台
闽西日报社广告总公司
厦门鹭江广告公司
厦门盛世阳光广告传媒有限公司
厦门广播电视广告总公司（厦门厦视广告公司）
福建日报广告总公司
厦门欣美广告有限公司
厦门市威扬广告有限公司
厦门市博美联合广告有限公司
福建日报社

■ 江西省

江西电视台广告中心
南昌市绿风广告有限公司
江西省人民广播电台广告经营管理中心
经济晚报广告部
江西教育电视台广告部
江西商报广告部
江西日报广告部
江西科技出版社广告经营管理中心
信息日报广告部
江西省邮政广告公司
上饶电视台
宜春日报社广告部

■ 山东省

山东北斗广告有限公司
济宁市广播电视局（台）
山东菏泽市广播电视台
半岛都市报社
威海市广播电视台电视广告中心
山东信通广告有限公司
菏泽日报社
山东教育电视台广告信息部
山东电视台
青岛金桥广告有限公司
山东东方博大传媒有限公司
齐鲁电视台
山东省国际广告有限公司
山东商报社
生活日报

■ 河南省

河南新众力广告传播有限公司
大河报社
河南日报社广告部
河南维思广告有限公司
河南惠乔广告有限公司
河南天明公交广告有限公司
河南人民广播电台
河南商报
河南电视台
河南新天明广告信息传播有限公司
河南经济视点报社
河南新闻出版报社

■ 湖北省

湖北正典广告装饰工程有限责任公司
湖北中兴广告装饰有限责任公司
湖北新华印务有限公司
古今故事报
湖北恒信堂广告有限公司
湖北电广传媒有限公司
湖北华融国际广告有限公司
中国电信集团湖北省电信公司武汉电
号簿广告分公司
湖北知音广告有限责任公司
湖北人民广播电台
湖北电视台
湖北电视经济频道

■ 湖南省

湖南电广传媒广告分公司
湖南人民广播电台
湖南日报社
三湘都市报社
湖南省天地人广告有限公司
湖南省高速公路广告装饰有限公司
郴州日报社广告部
衡山广播电视台
怀化广播电视广告有限公司

■ 广东省

南方日报报业集团
羊城晚报社
深圳报业集团
湛江市电视台
韶关日报社
汕头市广播电视台
广州市电视台广告部
上海李奥贝纳广告有限公司广州天问
公司
广东平成广告有限公司
惠州市广告装饰工程有限公司
佛山日报社
广东电视台
广东南方电视台
信息时报社
广东三九广告传播公司
广州白云国际机场股份广告分公司
广东羊城晚报广告公司
广东省广告有限公司
广东人民广播电台

■ 广西壮族自治区

广西日报社广告中心
广西电视台
广西人民广播电台
广西政法报社

（排名不分先后）

当代生活报
广西南国广告公司
南国早报
防城港日报社广告部
桂林电视台广告部
河池市邮政广告有限公司
贺州广播电视广告策划中心
柳州电视台

■ 海南省

海南日报广告中心
海口广播电视台广告中心
海南电视台新闻综合频道
海南立大广告有限公司
海南龙马广告有限公司
海南人民广播电台广告部
海南电视台广告部
海南经济报社广告部
海南侨报社广告部
海南特区报社广告部

■ 四川省

成都商报社广告部
四川神韵传播有限责任公司
四川西南国际广告有限公司
四川西南航空广告策划有限公司
华西都市报社广告部
四川电视台广告部
成都电视台广告部
成都媒体伯乐公交广告有限公司
四川省巴蜀新形象广告传媒股份有限公司
成都晚报社广告部
成都日报社广告部
四川日报社广告部

■ 贵州省

贵州人民广播电台
贵州日报报业集团广告处
贵州电视台
贵阳百灵鸟广告有限公司
贵阳狄亚广告策划有限公司
贵阳风雅广告有限公司
贵阳有线广播电视台广告部
贵阳晚报社
贵州广播电视报
遵义晚报

■ 云南省

云南日报报业集团
云南体育广告公司
都市时报
云南老年报社
生活新报社
云南电视台
昆明电视台
云南信息报
云南人民广播电台
昆明优势时代广告有限公司
昆明风驰传媒有限公司
云南世博广告有限公司

■ 陕西省

西安麦道广告有限公司
陕西安康电视台
西安咸阳国际机场广告有限责任公司
陕西巨象广告有限公司
陕西中策广告资讯有限责任公司
西安元中广告有限公司
陕西人民广播电台广告中心
陕西电视台广告中心
西安电视台
女友杂志社
华商报社
陕西科技报社

■ 甘肃省

读者杂志社
甘肃尔雅广告文化有限公司
甘肃凡之广告传播有限公司
甘肃恒安广告有限公司
甘肃智能广告策划有限公司
甘肃电视台广告中心
兰州人民广播电台
兰州电视台
甘肃日报社
民族报
甘肃法制报
甘肃科技报

■ 青海省

西宁多闻广告有限公司
西宁海润广告有限公司
西宁红衫树广告有限公司
西宁金华海广告文化传播公司
青海电视台
果洛藏族自治州广播电视台
海南藏族自治州广播电视台
西宁晚报社广告部
青海广播电视报
青海环境杂志
青海日报社广告经营中心

■ 宁夏回族自治区

新消息报社
广州昊汉广告发展有限公司银川分公司
宁夏人民广播电台
宁夏电视台
宁夏教育电视台
银川有线电视台
银川市广播电视集团
共产党人杂志社
少年读者杂志社
经济日报宁夏信息广告部
固原华乐广告有限责任公司
固原可视广告有限公司

■ 新疆维吾尔族自治区

中国新疆国际博览中心广告公司
今日传播广告有限公司
乌鲁木齐市青广广告有限责任公司
新疆航空广告公司
新疆人民广播电台
新疆教育电视台广告部
新疆经济广播电台广告部
新疆生产建设兵团农九师广播电视台
乌鲁木齐人民广播电台
兵团日报社广告部
昌吉日报社广告部
伊犁日报广告信息部

■ 西藏自治区

民航西藏广告公司
西藏山峰广告装饰有限公司
西藏日报社广告部
西藏电视台广告部
西藏商报
拉萨晚报
拉萨市电视台
西藏电信国脉实业有限公司广告分公司
西藏国风广告有限公司
西藏起点文化传播有限公司
西藏广播影视报
西藏人民广播电台广告部

传递价值 成就你我
芙 蓉 王 实 业

世界第一高峰
珠穆朗玛峰 8848.13m
第1剧场
第一高度

麻辣中国
横空出世
重庆卫视2005麻辣新主张
更多专业的编排
更多贴身营销
2005重庆卫视
锁定“麻辣中国”
重视策略
开拓创新
中国重庆电视台
CHINA CHONGQING TELEVISION
WWW.CCQTV.COM

江西电视台
JIANGXI TV CHINA
主流·权威·公信力
传播精彩 成功助推
2004年江西电视台各频道已覆盖全省，其中江西卫视100%覆盖本省并已覆盖全国29个省会城市，及800个县级以上城市，拥有全国3亿以上的观众。
2004年江西电视台占全省收视份额高达61%，江西卫视在北京、上海、杭州等城市收视位居全国卫视台前三位！
2004年江西卫视在华东地区喜爱率达到23.6%，在全国省级卫视中排名第一位。
第三十九届世界广告大会指定协办媒体
地址：江西省南昌市北京西路88号江信国际大厦23层 广告咨询热线：（0791）6301111 传真：（0791）6301333 网址：WWW.JXTV.COM E-mail：jxtvad@mail.jxgdw.com

快乐中国
湖南卫视
WWW.HUNANTV.COM
全国覆盖　全国收视　全国品牌　全国市场

白沙集团
为构建和谐社会而贡献力量
和
太和殿

'2005中国广告年鉴
China Advertising Yearbook
第十三版
13th Edition

目录

十七　索引

'2005中国广告年鉴
China Advertising Yearbook
第十三版
13th Edition

CONTENTS

’2005中国广告年鉴
China Advertising Yearbook
第十三版
13th Edition

领导讲话

致第39届世界广告大会的贺辞

（2004年9月8日）

中华人民共和国国务院副总理　吴　仪

值此第39届世界广告大会在中国北京举行之际，我谨代表中国政府和中国人民，并以我个人的名义，向大会表示热烈的祝贺！向与会的各国朋友表示诚挚的欢迎！

中国是一个有着悠久历史和灿烂文明的国家，为人类社会发展做出了不可磨灭的贡献。特别是改革开放25年来，中国坚定不移地推进改革开放和现代化建设，社会主义市场经济体制初步建立，社会生产力和综合国力不断增强，各项社会事业全面发展，人民生活总体上达到了小康水平，取得了举世瞩目的辉煌成就。中国在自身加快发展的同时，也为推进区域和全球经济合作，为亚洲乃至世界各国的共同繁荣做出了应有的贡献。

伴随着中国的改革开放和国民经济的飞速发展，中国的广告业也经历了从小到大、迅速扩展的发展过程，整体水平空前提高。中国广告业年均增速已达40%左右，远远超出了同期国民经济的增长速度。2003年，中国广告业的经营额超过了1000亿元，已成为中国社会经济中有重要影响的行业。中国广告业的飞速发展和取得的巨大成就，不仅使众多国外广告公司在中国市场上分享了成果，也为世界广告业在中国的进一步发展和开拓，提供了广阔的空间和宽广的舞台。

本世纪头20年，是中国发展难得的重要战略机遇期。我们要全面建设惠及十几亿人口的更高水平的小康社会，到2020年实现国内生产总值比2000年翻两番，达到4万亿美元，使经济更加发展，民主更加健全，科教更加进步，文化更加繁荣，社会更加和谐，人民生活更加殷实。一个更加充满生机和活力的中国将展现在世人面前，中国必将以更加雄健和自信的步伐走向世界。中国的发展离不开世界，世界的发展同样也离不开中国。中国是世界最大的新兴市场，中国的发展为世界带来新的机遇，也必将为世界广告业的发展做出更加积极的贡献。

第39届世界广告大会以“突破”为主题，这是世界各国普遍关心的重要问题。特别是在经济全球化趋势不断加快的今天，深入探讨世界广告的现状与未来，机遇与挑战，成就与问题，充分认识各国的广告市场潜力，对于我们把握机遇，推动世界广告传播业的突破与发展，必将产生深远的影响。同时，对于推动中国广告业的发展，促进中外广告业的交流，对于我们加深友谊，寻求合作，促进共同发展，都具有积极而重要的作用。我相信，本次大会的成功召开，必将为21世纪全球广告业的健康发展，打下更加良好而又坚实的基础。

祝与会各国朋友在中国过得愉快！

祝本届大会取得圆满成功！

全面落实科学发展观　努力提高执法能力 不断推进工商行政管理工作的改革和发展

（2004年12月13日）

国家工商行政管理总局局长　王众孚

同志们：

这次全国工商行政管理工作暨双先表彰会议的主要任务是，认真贯彻落实党的十六大、十六届三中全会、四中全会和中央经济工作会议精神，总结今年的工作，部署明年的任务，表彰近几年来全系统涌现出的先进集体和先进工作者。首先，让我代表总局党组，向受到表彰的先进集体和先进工作者，致以崇高的敬意和热烈的祝贺！

吴仪副总理对工商行政管理工作十分重视，今天在百忙之中出席我们的会议，亲切接见受表彰的先进集体、先进工作者和出席这次会议的代表，并对工商行政管理工作作了非常重要的指示，充分肯定了成绩，提出了明确的要求，使我们深受鼓舞和鞭策。我们一定要认真学习、坚决贯彻吴仪副总理的重要指示，推动队伍建设和监管执法工作在新的一年里取得更大的成绩，不辜负国务院领导的殷切期望。

下面，我代表总局党组讲几点意见。

2004年工作的基本情况

2004年，是我国经济社会发展取得显著成绩的一年。以胡锦涛同志为总书记的党中央，团结带领全党全国人民，认真落实科学发展观，加强和改善宏观调控，继续推进各方面改革，保持了经济社会发展的良好势头，民主法制建设、精神文明建设和党的建设取得新进展，改革开放和社会主义现代化建设开创新局面。一年来，全国工商行政管理系统以“三个代表”重要思想为指导，认真贯彻落实去年底温家宝总理和吴仪副总理对工商行政管理工作的重要批示，按照国务院的统一部署和总局的具体安排，奋发努力，真抓实干，各项工作取得了新的成绩。

一、以开展食品安全专项整治和保护注册商标专用权行动为重点，深入整顿规范市场秩序

一年来，全国工商行政管理系统认真贯彻落实国务院继续深入整顿规范市场经济秩序的重大部署，以食品安全专项整治和保护注册商标专用权行动为重点，全面

推进整顿规范市场经济秩序各项工作的开展，取得了新的阶段性成效。1月至11月，全系统共查处各类经济违法违章案件175.42万件，总案值283.46亿元，移送司法机关处理案件799件。

（一）集中开展食品安全专项整治，切实维护消费安全

各地认真落实国务院和总局的部署，食品安全专项整治工作扎实开展。

1.认真调查，基本摸清了食品经营户数量及经营状况的底数，为强化监管提供了必要的基础数据。

2.依法开展“六查六看”，督促食品经营户搞好自查自纠，对发现的问题及时进行了纠正和处理。

3.突出重点，组织开展了儿童食品市场、夏秋时令食品市场等专项整治行动，查处了一批违法违章案件，促进了食品经营主体资格和经营行为的规范。

4.认真落实和完善总局提出的食品安全监管五项制度，积极探索建立食品安全长效监管机制。开展食品安全专项整治以来，全系统共检查食品经营主体670.14万户次，查处无照经营13.64万户，捣毁制假保假窝点8617个，查处制售假冒伪劣食品违法案件9.75万件，查获假冒伪劣食品价值8.25亿元，移送司法机关处理案件110件。

（二）集中开展保护注册商标专用权行动，切实维护企业权益

各地按照总局保护注册商标专用权行动方案的安排，以保护驰名商标、涉外商标，查处食品、药品商标侵权案件为重点，组织开展了三次集中整治行动。全系统共捣毁制假售假窝点2513个，查处商标侵权案件2.53万件，其中涉外商标侵权案件3488件。在开展专项行动的同时，注重加强注册保护工作，在商标异议裁定、商标争议裁定和商标案件查处中先后依法认定驰名商标153件。我国注册商标累计总量已达220万件。

（三）集中开展各类打假专项整治行动，切实维护消费者权益

1.认真开展“红盾护农行动”，严厉打击制售假冒伪劣农资违法行为。全系统共查处制售假冒伪劣农资案件2万多件，为农民挽回经济损失2.12亿元。

2.集中开展广告专项整治。全系统共查处虚假违法食品、药品、医疗服务广告1.52万件。

3.加强12315消费者申诉举报网络建设，加大消费维权力度。今年以来，全系统共受理消费者申诉举报72.12万件，调解纠纷63.94万起，为消费者挽回经济损失7亿元。

（四）集中开展查处重大不正当竞争案件专项整治行动，切实维护公平竞争秩序

1.集中开展查处重大不正当竞争案件专项行动。全系统共立案查处各类不正当竞争案件2.49万件，案值23.65亿元。

2.继续开展纠正医药购销中不正之风的工作。全系统共查处商业贿赂案件1754件，案值6.31亿元。

3.继续加大对供水、供电、供气等与人民群众生活密切相关的垄断性行业限制竞争行为的查处力度。全系统共查处公用企业限制竞争案件334件。

4.与有关部门密切配合，对“消费储值”等商业欺诈行为进行了认真查处。

（五）严厉打击非法传销等扰乱社会经济秩序的违法行为，切实维护市场秩序和社会稳定

1.以取缔人员聚集窝点为重点，严厉打击了“拉人头”为主的各种传销和变相传销欺诈活动。会同有关部门，加大了对诱骗学生参与传销和变相传销案件的查处力度。全系统共查处传销和变相传销案件1489件，取缔窝点、场所1.04万个，驱散、遣返人员18.11万人。

2.集中开展网吧专项整治。截止目前，全系统共查处违法经营1.67万户，取缔无照经营网吧3.78万户，查封违法经营场所1.96万处。

3.严厉打击走私贩私行为。全系统共查处走私贩私案件3662起，案值9.75亿元。

（六）大力加强重要商品市场监管，切实维护市场稳定

1.继续加强粮食市场监管，严肃查处了违规倒卖陈化粮和擅自改变陈化粮用途的行为。今年以来，全系统共查处倒卖陈化粮案件504件，查获倒卖陈化粮1.45

万吨。

2.继续加强了对棉花、化肥、成品油、汽车等重要商品市场以及节日黄金周市场的监管，严厉打击非法拆解拼装报废汽车行为。

3.继续积极配合有关部门开展“扫黄”、“打非”、禁毒、反假币、反洗钱等工作。

二、以推进企业信用分类监管和商品准入制度改革为重点，继续深化市场监管制度改革

今年以来，总局和各地工商行政管理机关以实施企业信用分类监管和商品准入制度为重点，深入推动市场监管制度改革，取得了新的进展。

（一）企业信用分类监管改革进展顺利

大部分省级工商局完成了企业数据的入库、分类工作，全系统“金信工程”数据库已收集500多万家企业的信用信息。首批参加企业信用分类监管联网应用的15个单位已于11月底实现联网，实现了2004年“金信工程”建设的阶段目标。

（二）商品准入制度广泛推行

各级工商行政管理机关不同程度地实施了以食品为重点的商品市场准入制度。大中城市普遍推广了进货质量检查验收制度、购销台账制度、市场开办者责任制度、销售商品质量承诺制度和“场厂挂钩”、“场地挂钩”等制度。

（三）围绕便民、利民，提高效率，继续推进市场主体登记制度改革

各地继续改革登记注册制度，规范管理，提高效率，积极支持国有集体企业改组、改制，促进个体私营经济和外商投资企业健康发展，大力推进就业、再就业工作。全国已累计登记内资企业370.46万户，注册资金16.31万亿元；登记外商投资企业25.11万户，注册资金7806.21亿美元；登记个体工商户2325.98万户，注册资金5219.28亿元；登记私营企业374.78万户，注册资金5.07万亿元。今年以来，全国共有149.66万名下岗失业人员在个体私营经济领域实现再就业，全系统共减免工商行政管理收费3.45亿元。同时，坚决取缔无照经营，严肃查处“三无”企业，全系统共查处无照经营案件60多万件。

（四）围绕改进监管执法手段，加快信息化建设步伐

1.初步实现了系统信息共享。全国副省级以上城市实现了网络联通，企业信息数据系统、12315信息系统、政务信息系统的运行，为提高市场监管执法快速反应能力提供了坚实的技术保障。

2.初步实现了业务办理电子化。总局开发了新的企业登记管理软件，完成了企业登记历史数据的电子转换；试行了外资企业网上年检，得到了社会公众广泛认可。

3.初步实现了对外信息网络化。建立完善了总局政府网站以及外资登记网、企业登记网、消费者权益保护网、中国商标网等一系列子网站，实现了网上登记表格下载、网上申请登记注册、网上法规查询、网上举报投诉。

三、以贯彻实施《行政许可法》为契机，全面推进依法行政

今年以来，总局和各地工商行政管理机关把贯彻实施《行政许可法》列为全年的重点工作之一，大力抓好各项实施准备工作，并以贯彻实施《行政许可法》为契机，全面推进依法行政。

（一）认真清理、修订行政规章，保障《行政许可法》的实施

今年共清理行政规章1233件，其中废止单独发文356件，审查修订行政规章25件。重点对现行企业登记管理规定进行了全面清理，废止了与《行政许可法》规定不一致的97件规范性文件，制定、修订了《企业登记程序规定》等一批行政规章，为《行政许可法》的实施提供了必要的保障。

（二）大力加强干部培训，增强实施《行政许可法》的能力

今年以来，总局共举办《行政许可法》培训班11期，培训人员1587人。各地工商行政管理机关也采取多种形式，分级分层开展了培训工作。

（三）切实规范企业登记工作，适应实施《行政许可法》的要求

总局和各地工商行政管理机关统一了企业登记标

准、登记程序和登记要求，提高了登记质量。通过实施当场登记、一次性告知制度、“一审一核”和互联审批制度，开展网上登记受理，提高了登记效率，方便了申请人登记注册。

（四）积极开展国际交流合作，借鉴国外市场监管的有益经验

适应实施《行政许可法》和监管国际化市场的需要，与世界多个国家在竞争政策、知识产权保护、消费者保护等领域的交流合作取得新的进展，进一步拓宽了视野，开阔了思路，对提高我国市场监管水平起到了积极的借鉴作用。成功举办了第39届世界广告大会，促进了中外广告业的沟通与交流。

四、以开展队伍教育整顿为重点，大力推进队伍建设

各地工商行政管理机关认真落实年初全系统党风廉政工作会议和今年6月总局开展队伍教育整顿工作的部署，扎扎实实推进队伍建设，取得了新的成果。

（一）高度重视，狠抓落实，队伍教育整顿取得初步成效

总局在全系统部署开展队伍教育整顿以来，全国工商行政管理系统高度重视，狠抓落实，队伍教育整顿工作稳步推进，取得了初步成效。目前，学习教育阶段的工作已基本结束，“五项清理”全面展开，整改建制同步进行。截止11月底，全系统已清理执法案件180.11万件，其中存在问题的案件3.67万件，回访案件当事人29.86万人次；清理违规收费问题261项，涉及违规违纪金额1407.54万元；清理消费者申诉107.08万件，办结104.99万件，办结率为98.06%；清理对工商人员举报1.68万件，受党纪处理217人次，受政纪处理918人次；清理出执法岗位上不具备执法资格的人员3.25万人。队伍总体形象有了转变，作风有了改善。

（二）加大力度，强化培训，队伍整体素质有了新的提高

今年以来，全系统加大干部培训力度，深入开展干部培训、轮训工作。1-11月，总局先后举办机关干部培训班14期，培训900人次；举办系统干部培训班21期，培训2400人次。各地也采取不同形式开展培训、轮训，进一步提高了队伍的政治、业务素质。

（三）纠建并举，标本兼治，党风廉政建设扎实推进

各地在重视加强教育、制度、监督并重的惩治和预防腐败体系建设的同时，以惩治执法腐败为重点，深入实施“六项禁令”，严肃查处违法违纪案件，队伍作风有了明显改善。

一年来，各级协会、学会围绕工商行政管理的中心任务，做了大量富有成效的工作，取得了新的成绩。

2005年的工作安排

2005年是贯彻落实科学发展观、巩固宏观调控成果、保持经济社会良好发展态势的关键一年，也是全面实现“十五”计划目标、衔接“十一五”发展的重要一年。做好明年的经济工作意义十分重大。根据中央的统一部署和安排，明年工商行政管理工作的总体要求是：以邓小平理论和“三个代表”重要思想为指导，认真贯彻党的十六大、十六届三中全会、四中全会和中央经济工作会议精神，全面落实科学发展观，牢固树立执政为民的思想，努力提高执法能力和执法水平，深入整顿规范市场经济秩序，积极促进经济社会协调发展，继续推进监管制度改革创新，充分发挥工商行政管理在落实执政兴国第一要务中的职能作用，为实现全面建设小康社会的奋斗目标做出新的贡献。

一、深入学习贯彻“三个代表”重要思想和十六届四中全会精神，全面落实科学发展观，按照执政为民的要求，不断增强执法为民的能力

“三个代表”重要思想是我们党必须长期坚持的指导思想，科学发展观是全面建设小康社会和推进现代化建设始终要坚持的重要指导原则。各级工商行政管理机关要按照十六届四中全会和中央经济工作会议的要求，把学习贯彻“三个代表”重要思想、全面落实科学发展观作为一项长期的战略任务，坚持不懈地用“三个代表”重要思想和科学发展观武装头脑、指导实践，大力加强各级领导班子和干部队伍建设，进一步提高市场监管执法能力和水平，更好地为维护市场秩序、促进经济发展服务。

（一）加强组织领导，完善规章制度，进一步抓好“三个代表”重要思想和十六届四中全会精神的学习

1.提高思想认识，进一步增强学习的自觉性、积极性。各级工商行政管理机关要从适应时代发展、完成历史使命的高度，深刻认识学习“三个代表”重要思想和十六届四中全会精神，树立和落实科学发展观、增长执政本领的重要性，不断增强学习的自觉性和积极性，努力在全系统营造自觉学习、刻苦学习、学有所成的浓厚氛围。

2.健全规章制度，进一步明确学习要求。各级工商行政管理机关要完善党组中心组学习制度，党组班子要学在前面、用在前面，做持久学、深入学的表率。要健全干部学习制度，自觉做到理论学习与业务工作一起部署、一起落实。要认真落实学习考勤制度、学习检查制度和学习考核制度，确保学习落到实处，取得实效。

3.改进学习方法，进一步增强学习效果。在组织干部集中学习、个人自学的基础上，要针对学习中的重点，难点问题，加强对学习的指导和辅导，加深理解、提高认识。要有计划、分层次地抓好“三个代表”重要思想以及树立和落实科学发展观、正确政绩观等专题培训，增强学习的系统性，进一步提高学习效果。

（二）认真开展以实践“三个代表”重要思想为主要内容的保持共产党员先进性教育活动，推进领导班子建设和干部队伍建设

1.认真开展保持共产党员先进性教育活动，充分发挥党员的先锋模范作用。中央决定从2005年1月开始，在全党开展以实践“三个代表”重要思想为主要内容的保持共产党员先进性教育活动，这是提高党的执政能力的重大决策。各级工商行政管理机关要把开展保持共产党员先进性教育活动作为一项重大政治任务，作为学习贯彻党的十六大和十六届三中、四中全会精神的一件大事，按照各地党委的统一安排，紧密联系工商行政管理实际，把这项工作切实抓紧、抓好、抓出成效。

2.按照政治坚定、求真务实、开拓创新、勤政廉政、团结协调的要求，切实加强领导班子建设。一是坚持讲学习、讲政治、讲正气，顾大局、讲团结，进一步加强领导班子思想政治建设。各级领导班子要加强理论修养，增强政治意识，树立大局观念，保持浩然正气，弘扬协作精神。二是认真贯彻民主集中制，进一步加强领导班子领导能力建设。要努力实现决策的民主化、科学化，不断增强领导班子的创造力、凝聚力和战斗力。三是优化领导班子素质结构，进一步加强领导班子组织建设。按照干部“四化”方针，加大培养选拔优秀年轻干部的工作力度。要分级抓好领导班子建设，总局积极协助地方党委政府把省级工商局领导班子建设好，省级工商局要切实抓好地市县级工商局领导班子的配备和管理。

3.以提高素质为核心，大力推进队伍建设。一是深化干部人事制度改革，进一步优化队伍结构，努力形成优秀人才脱颖而出的用人机制；加大干部交流力度，锻炼提高干部的工作能力和水平；严把进人关，认真做好公务员考录工作，坚决纠正和查处私招滥雇、违规进人等违反组织人事纪律的行为。二是围绕增强执政意识、提高执政能力，创新培训方法，提高培训质量，继续大规模培训干部，不断提高干部整体素质。三是以这次表彰先进为契机，在全系统广泛开展学习先进、争先创优活动。要把学习先进、争先创优与开展保持共产党员先进性教育活动结合起来，与开展队伍教育整顿、提高队伍素质、打造信用工商结合起来，努力塑造新时期工商队伍的崭新形象。

（三）全面落实科学发展观，充分认识和发挥工商行政管理在执政兴国中的地位和作用，进一步增强责任感和使命感

全面协调可持续的科学发展观，是“三个代表”重要思想的重要内容和具体体现。在工商行政管理工作中全面落实科学发展观，就必须正确认识工商行政管理在抓好发展这个执政兴国第一要务中的职能定位，充分发挥市场监管执法的职能作用。

1.工商行政管理是社会主义市场经济秩序的坚强卫士。落实科学发展观，必须遵循社会主义市场经济是法制经济的原则，努力建立和维护良好的市场秩序，营造公平竞争的发展环境。工商行政管理部门承担着依法确认市场主体资格、规范市场交易和竞争行为、查处经济违法违章案件的重要职责，是维护市场经济秩序的生力军。

2.工商行政管理是促进改革发展的有力保障。落实科学发展观，必须按照提高经济增长质量和效益的要求，加强国家对经济的宏观调控，继续深化经济体制改革，切实转变经济增长方式。工商行政管理部门作为市场监管部门，可以通过依法把好市场主体准入关，引导各类市场主体沿着符合国家产业政策的方向发展，支持各类市场主体深化改革，促进各类市场主体加快经济增长方式转变。

3.工商行政管理是维护国家经济安全的重要力量。落实科学发展观，必须适应经济全球化和我国加入世贸组织进一步扩大对外开放的需要，统筹国内发展和对外开放，正确处理扩大开放与维护国家安全的关系。工商行政管理部门可以通过把好市场准入关，充分发挥反不正当竞争、反垄断、打击走私贩私等职能作用，切实维护国家经济安全。

为此，我们必须进一步增强使命感、责任感，牢记胡锦涛总书记的重要指示，大力弘扬求真务实精神，大兴求真务实之风，努力把“三个代表”重要思想和科学发展观落实到监管执法的实践上，体现在队伍建设的工作中，以强烈的敬业精神和创新精神，不断增强执法能力，努力提高执法水平，推进工商行政管理工作的改革和发展。发扬敬业精神，就是要热爱工商行政管理事业，忠于职守，执法如山。发扬创新精神，就是要按照十六大提出的体制创新、制度创新的要求，与时俱进，锐意开拓，不断推进工商行政管理监管体制、机制和制度的改革创新。

二、提高认识，统一思想，继续深入整顿和规范市场经济秩序

几年来，各级工商行政管理机关在整顿和规范市场经济秩序中，付出了艰辛的努力，取得了明显的成效。同时必须清醒地看到，当前市场秩序中存在的问题仍然严重，整规工作还任重道远。我们要按照中央经济工作会议的要求，进一步提高对整顿规范市场秩序工作长期性、艰巨性、复杂性的认识，统一思想，统一步调，继续深入整顿规范市场秩序，不断取得新的成效。明年要重点抓好三个方面的工作，一是继续开展食品安全专项整治，二是大力推进保护知识产权专项行动，三是严厉打击商业欺诈行为。

（一）以维护食品安全为重点，严厉打击制售假冒伪劣商品违法行为

1.继续深入开展食品安全专项整治。认真贯彻《国务院关于进一步加强食品安全工作的决定》，按照职能分工，以确保流通环节食品安全为目标，以建立行政执法、企业自律、社会监督“三位一体”的食品监管机制为基础，以规范经营行为、监管食品质量为重点，标本兼治、打防结合、综合治理，努力做到食品经营主体资格合法、经营行为规范、商品质量合格。一是通过消费者申诉举报网络，逐步建立总局、省局、市局、县局、工商所五级贯通的食品安全预警防范和快速反应机制，提高预警和处置能力。二是加强工商所对食品安全的日常监管，充分发挥工商所在维护食品安全中的职能作用，切实把食品安全监管的任务和责任落实到基层。加强食品经营主体自律制度建设，切实规范经营行为。三是集中开展三次专项执法检查，严厉打击食品经营违法行为。第一、第二季度开展包装食品安全专项执法检查，重点检查饮料、酒、奶制品、儿童食品、营养保健食品、豆制品、腌熏制品、调味品、罐头、食用油等十大类品种。第三季度开展农产品、水产品、畜产品安全专项执法检查，重点检查粮食制品、肉类制品、蔬菜水果、水产制品、干制菌品等五大类品种。第四季度开展重点市场和重点区域食品安全专项执法检查，重点检查食品批发市场、商场超市、城乡结合部、农村集市。四是以“六查六看”为主要内容，严格规范食品企业的经营行为，加强对食品质量的监督，按规定适时通报、公布食品质量监测信息。五是建立健全食品安全长效监管机制，突出抓好制度建设，重点是建立完善并严格执行食品市场主体准入制度、食品市场巡查制度、不合格食品退市制度、食品安全信息公示制度及食品企业信用分类监管制度，促进食品安全监管职能到位。六是切实抓

好组织领导、工作任务、工作措施、工作责任、经费保障、人员力量等六个落实，确保食品安全专项整治取得实效。

2.深入开展“红盾护农行动”。按照中央经济工作会议关于加大对“三农”支持力度的要求，继续强化对农资市场的监管，切实维护农民利益，促进农村经济发展和农民增收。在全面加强农资市场日常监管的同时，明年上半年集中开展三次整治行动。一季度集中开展种子打假治劣专项整治行动，对全国范围内的种子进行抽查；二季度集中开展化肥、农药打假治劣两项整治行动，对全国范围内的化肥和农药进行抽查并及时发布消费警示。

3.进一步加强流通领域商品质量监管和消费者权益保护工作。一是加强流通领域商品质量监管。调整、改革和完善现行流通领域商品质量监督抽查制度，建立流通领域商品质量监测制度，突出重点场所和重点商品，结合专项整治行动有计划、有组织、分层次地开展监测工作，形成工商行政管理机关抽检、经营主体自检和消费者送检的商品质量监测体系。二是健全消费维权体系，完善消费维权机制，促进消费维权的制度化、规范化、信息化建设。推进消费维权进社区、进村镇，建立健全社会监督体系；推进消费维权到厂家、到商家，建立健全市场主体自律机制。三是进一步加强服务消费维权工作。继续加强对餐饮、旅游、修理、美容美发等重点服务行业的监管，切实维护消费安全。

（二）以加大商标保护力度为重点，切实维护企业合法权益

1.以保护驰名商标、农产品商标和地理标志为重点，继续深入开展保护注册商标专用权行动。集中查处驰名商标、食品商标、药品商标、涉外商标、农产品商标、集体商标和证明商标侵权假冒案件。加大执法力度，严厉打击非法印制和销售侵权假冒商标标识的行为。强化行政保护，在商标异议裁定、商标争议裁定和商标案件查处中依法认定和保护驰名商标。同时，切实加强奥运会、世博会等特殊标志的保护工作。

2.稳步推进农产品商标和地理标志保护工作，运用国际规则促进农民增收。认真做好农产品商标和地理标志的审查工作，加强调研，加快审查进度；加大对农产品商标和地理标志的保护力度，依法严厉打击侵权假冒行为；深入研究保护知识产权的国际规则和我国国情，在多边和双边工作中认真贯彻党中央、国务院关于“三农”工作的一系列指示精神；加大农产品商标和地理标志的宣传普及力度，加强与有关部门和地方的沟通协作。

3.进一步提高商标注册和商标评审工作水平。进一步加快商标注册进度，提高注册工作质量，使商标所有人的合法权益及时得到保护。加快商标异议、争议案件裁决进度，依法维护商标申请、注册当事人的合法权益。加快商标注册与管理自动化系统三期工程建设，进一步提高商标工作的透明度和社会服务水平。

4.加大商标工作宣传力度。大力宣传商标法律和商标知识，增强企业和全社会的商标意识，支持企业实施商标战略，充分发挥商标在促进经济发展中的重要作用。加大对外宣传力度，树立我国保护知识产权的良好国际形象。

（三）以惩治虚假违法广告为重点，严厉打击商业欺诈行为

1.严厉打击虚假违法广告。积极开展“打虚假树诚信”广告专项整治行动，规范广告经营发布秩序，提高广告业诚信意识。一是继续加大对食品、药品、医疗广告的整治力度，严厉打击虚假广告。严禁以新闻报道形式发布广告，严禁任何人包括社会公众人物在保健食品、药品、医疗广告中以消费者、患者、专家的名义和形象做证明，严禁保健食品广告宣传疗效、药品广告夸大功能、医疗广告保证治愈。二是强化对网站、声讯服务台等单位广告发布行为的监管，严厉打击宣传淫秽色情、封建迷信等内容的不良文化广告。在全国开展以“未成年人思想道德教育”和“社会诚信”为主题的公益广告活动，充分发挥公益广告在促进精神文明建设中的积极作用。三是认真落实总局颁布的广告监测、广告执法办案、广告审查员管理三项制度，强化对广告主、广告经营者、广告发布者的全方位、全过程监管。加强广告审查员管理和广告监测工作，积极推动各省市完善分级广告监测制度，逐步建立以广告监测数据库为核心、以计算机网络为载体的全国广告发布预警系统。

2.严厉打击非法传销。明年上半年在全系统开展为期3个月的专项执法行动，重点打击“拉人头”式的传销和变相传销活动，加大对参与人员多、社会影响大的案件以及在校学生、少数民族等特殊群体参与的案件的查处力度，依法严惩传销头目，摧毁传销组织网络。继续强化宣传工作，教育广大群众自觉抵制传销和变相传销。同时，扎实做好《直销管理办法》及相应条例实施的各项工作。

3.严厉打击各种商业欺诈行为。严厉查处以“消费储值”等名义、用高额回报为诱饵的商业欺诈行为；集中开展以买卖、加工承揽、旅游、重要生产资料等合同为重点的打击合同欺诈专项执法行动；严厉查处对商品质量作误导性宣传、虚假打折和降价、不正当有奖销售等行为；严厉打击中介组织发布虚假信息骗取钱财的违法行为。同时，继续开展“守合同、重信用”企业创建活动，促进全社会良好信用观念的形成。

（四）以抓好粮食、成品油等重要商品市场监管为重点，努力维护市场稳定

1.切实抓好粮食市场管理。严格执行粮食收购资格准入制度，严厉打击无照经营和违规收购粮食的行为；进一步加强粮食交易市场监管，严厉打击哄抬物价、掺杂使假等违法经营行为，切实维护粮食市场秩序；进一步强化陈化粮市场监管，严格陈化粮购买资格审定工作，加强对陈化粮出库、运输和使用的全过程监管，依法严厉打击倒卖陈化粮和擅自改变陈化粮用途的违法行为。

2.加强对汽车、成品油等重要商品市场的监管。完善汽车经营监管措施，切实规范经营行为，维护汽车市场秩序。认真开展二手车交易和汽车、摩托车配件市场专项整治。加强成品油市场管理，清理取缔非法加油站，严厉打击制售假冒伪劣成品油等违法行为。

（五）加快立法立规步伐，不断完善市场规则

继续做好制定《商事登记法》、《反垄断法》的有关工作；尽快完成《市场监管条例》的起草、论证工作；积极做好《反不正当竞争法》、《商标法》、《公司法》、《合伙企业法》、《公司登记管理条例》、《合伙企业登记管理条例》、《外国企业常驻代表机构登记管理办法》的修订工作；抓紧制定《流通领域商品质量监督管理条例》、《商标代理管理条例》、《保健食品广告管理办法》等行政法规和规章；认真开展制定《经纪人法》、修订《广告法》和《消费者权益保护法》的调研论证工作；积极参与打击传销及直销管理的立法工作。

（六）适应监管现代化、国际化市场的需要，继续推进市场监管领域的国际交流与合作

继续坚持以市场主体准入，竞争政策、消费者权益保护、商标专用权保护为核心，以深化工商行政管理体制、机制改革为重点，推进多边双边国际交流与合作，有针对性地借鉴发达国家的有益经验，不断提高我国的市场监管水平。

三、增强服务观念，强化监督管理，在促进两个文明建设中竭尽职责

（一）牢固树立为市场主体服务的思想，积极促进各种所有制经济健康发展。

各级工商行政管理机关要按照中央经济工作会议关于全面落实科学发展观、加强和改善宏观调控、着力推进改革开放、推进经济结构调整、促进经济增长方式转变的部署和要求，加强监管执法，提高服务水平，积极促进各类市场主体健康发展。

1.改革登记制度，积极促进国有集体企业健康发展。要加强政策引导，积极支持符合国家产业政策的企业发展；要把好准入关口，严格限制影响国家经济协调发展大局的企业发展。同时，要认真做好国有集体企业改组、改制的变更登记工作；积极配合有关部门开展专项整治，依法做好“关停并转”企业的变更、注销登记和吊销营业执照工作。

2.加强引导、监督，积极促进个体私营经济健康发展。消除体制性障碍，认真清理、修改和废止不利于个体私营经济发展的规章和规范性文件。把发展个体私营经济与促进就业、促进农民增收结合起来，认真落实有关优惠政策，引导、支持下岗人员从事个体私营经济实现再就业，鼓励私营企业、个体工商户吸纳下岗失业人

员和大中专毕业生就业。大力发展和规范农村经纪人组织和经纪人，支持农民从事农产品加工、养殖业等。

3.提高监管水平，积极促进外商投资企业健康发展。完善年检制度、出资管理制度以及企业信用监管制度，建立健全专案查处工作制度、监督检查报告制度、登记信息月报制度；进一步完善外资企业经济户口管理数据库，加快《中国外资登记网》建设，为外商投资企业健康发展创造良好的登记监管环境。

4.调整相关政策，进一步做好内地与港澳关于建立更紧密经贸关系《安排》的落实工作。根据今年10月签署的《安排》的补充协议，从明年1月1日起，允许港澳永久性居民中的中国公民在内地各省市设立个体工商户，无需经外资主管部门审批，由工商行政管理机关依照内地有关法规规章予以登记。针对《安排》扩大实施范围等新情况，总局最近制定下发了贯彻意见，各地要认真抓好落实。

（二）进一步加强反不正当竞争执法工作，努力营造良好的发展环境

1.上半年开展对垄断性行业限制竞争行为的专项执法工作，加大对供水、供电、供气、供暖、邮政、交通等与人民群众生活密切相关的行业强制交易、强制服务行为的查处力度。

2.积极参与纠正医药购销中不正之风的工作，严肃查处药品购销和生产经营中的不正当竞争行为；继续推进商业贿赂等不正当竞争行为的查处工作。

3.加大对软件、网络等高科技产业的保护力度，依法查处利用网络从事不正当竞争的行为。

（三）深入开展反走私斗争，切实维护国家经济安全

对已取缔的走私货市场要严密监管，切实防止死灰复燃；对有可能形成的新的走私货交易场所，要严加防范，把各种走私货交易的活动消灭在萌芽状态。继续加大对车站、码头、机场、仓库、货场的监督检查，切断走私货运输渠道。加强市场检查，清理经销商、代理商，取缔走私货贮藏窝点，打击非法经营活动。

（四）积极配合有关部门开展“扫黄”、“打非”等斗争，在促进精神文明建设中充分发挥工商行政管理职能作用

1.深入开展“扫黄”、“打非”斗争。重点查缴政治性非法出版物、淫秽出版物、盗版出版物和宣扬伪科学出版物；摧毁制售非法出版物和非法电子出版物窝点。加大对违规印刷、复制企业的查处力度，对无照从事印刷复制经营活动的地下厂点坚决予以取缔。

2.继续开展互联网上网服务营业场所专项整治工作，进一步加强对营业性歌舞娱乐场所和中小学校及周边环境的治理，深入开展“青少年维权岗”活动，为未成年人健康成长创造良好的环境。

3.坚决清理商标、广告和企业名称中的不良文化现象，努力净化社会文化环境。

四、适应建立社会主义市场经济体制的要求，不断推进市场监管制度改革

要坚持与时俱进，不断推进工商行政管理体制、机制和监管方式的改革创新。明年要继续巩固和完善已推行的监管制度，同时在监管制度改革上迈出新的步伐。

（一）整合资源，扩大功能，以12315为基础，建立工商行政管理行政执法综合网络，进一步提高市场监管执法的现代化水平

经过五年多的努力，12315已经从专用电话发展为覆盖城乡的消费者申诉举报和案件查处网络，在保护消费者合法权益方面发挥了重要作用。近年来，不少省市工商行政管理机关根据强化监管执法的需要，又相继开发了经济户口管理、查办案件、食品安全、广告监测等专项执法网络，促进了市场监管执法能力的提高。随着社会主义市场经济体制的逐步完善，对工商行政管理机关的监管方式和手段提出了新的更高的要求，迫切需要建立一个统一、高效、信息共享的行政执法综合网络。为此，总局决定，在全系统推行以12315为基础的工商行政管理行政执法综合网络建设。总体要求是：按照整合资源、扩大功能的原则，在12315消费者申诉举报网络的基础上，对现在分散的专项执法网络进行资源整合，逐步建立由消费者咨询、申诉举报、消费安全预警、查办案件、广告监测、经济户口管理、企业信用分类监管等专项网络组成的12315行政执法综合网络，建立相

对集中受理、统一指挥调度、分工协作办理的运行机制，进一步提高市场监管执法的现代化水平。建立以12315为基础的工商行政管理行政执法综合网络，是工商行政管理监管方式和手段的一项重要改革，是提高市场监管执法效能的一项重大举措，也是一项复杂的系统工程，必须精心组织，稳妥实施。

1.要加强领导，统筹规划。要在总局信息化建设工程的总体要求下，按照统一标准、资源共享的原则进行建设，避免各自为政，重复建设，浪费资源。

2.要因地制宜，稳步推进。有条件的地方可率先完成。

3.要健全制度，保障运行。要研究制定网络建设制度、管理制度和使用运行制度，切实保障网络发挥应有的作用。

（二）推行个体工商户分层分类登记管理，进一步推进基层工商所改革

各地工商行政管理机关要在近年来进行个体工商户分层分类登记管理试点和推进基层工商所改革的基础上，总结经验，加大力度，积极推行个体工商户分层分类登记管理改革，充分发挥工商所监管执法的职能作用，促进个体经济健康发展。

1.建立委托登记和委托备案机制，实行分层登记注册，严格规范个体工商户准入行为。县级工商局依法委托工商所办理个体工商户登记注册和年检验照，其中经营项目涉及前置许可和专项审批的，一般仍由县级工商局登记管理。

2.改进监管方式，实行个体工商户信用分类监管，完善个体工商户管理机制。根据个体工商户信用状况，相应地分为A、B、C、D四个管理类型，依法实施不同的监管。

3.严格规范基层工商所对个体工商户的行政处罚行为，落实基层监管执法责任制。

4.认真落实个体工商户分层分类登记管理的配套措施，进一步推进基层工商所改革。同时，要以推行个体工商户分层分类登记管理为契机，加大打击无照经营的力度，积极引导符合条件者依法办理登记，合法经营。

（三）加快企业信用分类监管改革步伐，努力实现对企业的动态管理

2005年是实现企业信用分类监管联网运用五年工作目标的关键一年，要在现有工作的基础上取得重大进展，实现半数以上省、市工商局与总局的联网运用，完成全国企业“黑名单”共享信息库的建设。

1.要高度重视，积极推进。要加强职能整合，充分运用企业信用信息为监管工作服务，建立横向互通、上下联动的监管机制。

2.要加强基础数据库建设。要在现有企业登记数据库、企业经济户口数据库等企业信息资源的基础上，及时采集有关企业信用信息，进一步充实企业信用数据库，确保企业信用数据的准确和完整。

3.要加强制度建设。要建立健全企业信用监管工作制度、数据采集更新制度、信息使用制度和计算机维护制度，确保企业信用分类监管工作稳步推进。

（四）进一步完善商品准入制度和市场巡查制度，不断提高监管水平

要结合食品安全专项整治的开展，扩大商品种类，规范准入行为，加强制度建设 ，进一步完善商品准入制度，强化对流通领域商品质量的监管。市场巡查制是较早实行的市场监管制度改革之一，几年来各地不断丰富和发展了这项制度。要强化工作制度，规范巡查行为，进一步完善市场巡查制。

以上各项监管制度的创新和实施，都需要以信息化建设为基础和技术支撑。要把信息化建设与推进市场监管制度改革创新结合起来，进一步加快"金信工程"建设步伐。

五、项固扩大成果，继续深入开展队伍教育整顿，推进党风廉政建设

党的十六届四中全会《决定》指出，党风廉政建设和反腐败斗争关系党的生死存亡。大力加强党风廉政建设，是进一步落实执政为民思想的需要，是加强各级领导班子建设和干部队伍建设的需要，是树立工商队伍良好形象的需要。2005年，我们要按照党的十六大、十六届四中全会和全国落实党风廉政建设责任制工作电视电

话会议的要求，认真落实《关于实行党风廉政建设责任制的规定》和《党内监督条例》、《纪律处分条例》，继续下大力气推进党风廉政建设。要重点抓好以下工作：

（一）进一步落实党风廉政建设责任制

各级工商行政管理机关要从实践“三个代表”重要思想、加强党的执政能力建设的高度，充分认识落实党风廉政建设责任制的重要性，对职责范围内的党风廉政建设切实担负起全面领导责任。总局机关各司局及直属单位要按照总局党风廉政建设责任制实施细则的要求，制定本单位的具体办法。各省（区、市）工商局要依据地方党委和总局党风廉政建设责任制的规定，及时研究制定或修订本系统的党风廉政建设责任制。要把落实党风廉政建设责任制的情况作为考核领导干部的重要内容。

（二）切实解决领导干部廉洁自律方面的突出问题

各级工商行政管理机关要按照吴官正同志重要讲话要求，严肃执纪，切实解决领导干部廉洁自律方面存在的突出问题。工商行政管理机关各级领导干部务必做到“五不许”：

1.不许违反规定收送现金、有价证券和支付凭证；

2.不许“跑官要官”；

3.不许放任、纵容配偶、子女和身边工作人员利用领导干部职权和职务影响经商办企业或从事中介活动谋取非法利益；

4.不许参与赌博；

5.不许借婚丧嫁娶之机收钱敛财。

凡是违反上述“五不许”的，要依照有关规定严肃查处。此外，要注意纠正领导干部超标准配备小汽车和在住房上以权谋私等问题。总局党组成员及领导成员要带头严格遵守上述“五不许”，切实履行“总局领导干部廉洁自律，带头依法行政、秉公执法的公开承诺”，自觉接受全系统各级党组织和广大干部的监督。

（三）继续深入抓好队伍教育整顿，坚决纠正损害群众利益的不正之风

队伍教育整顿工作，经过几个月的努力，取得一定成效，有了良好的开端。但从全国而言，各地进度有先有后，工作力度有大有小，清理程度有深有浅。为了确保整顿工作任务的全面完成，收到预期效果，总局党组决定，明年要继续深入开展这项工作。各级工商行政管理机关要在已有工作基础上，巩固扩大成果，全面完成队伍教育整顿的各项任务。

1.要进一步提高认识，加强领导，强化督查，保证队伍教育整顿的质量，严防留死角、搞形式、走过场。

2.要继续围绕权力观和法纪观的学习，进一步深化教育。要针对领导机关和基层单位的不同特点，有针对性地开展教育工作。同时，把清理中发现和纠正的典型问题作为警示案例对干部进行教育。

3.要深入进行清纠工作。要把队伍教育整顿与纠正损害群众利益的不正之风结合起来，通过“五项清理”，坚决查纠执法腐败、执法争利、执法随意、执法扰民以及行政不作为等行为。清纠工作原则上明年6月底前结束，各省（区、市）工商局要对清纠工作认真进行总结，并向总局写出书面报告。

（四）坚持惩防并举，既要坚决惩治腐败，又要有效预防腐败

坚决惩治腐败，是有效预防腐败的重要基础。要重点查处领导干部滥用权力、谋取非法利益的案件，特别是利用审批权、执法权、人事权，在办理“案费证照”、工程项目建设、选拔任用干部等工作中以权谋私、贪污受贿的案件。同时，要着眼防范，关口前移，加大预防腐败的力度。各级工商行政管理机关要结合队伍教育整顿工作，针对清理中发现的问题，深入剖析原因，查找薄弱环节，建章立制，堵塞漏洞，不断规范执法行为。要认真探索从源头上防治腐败的新路子，采取有效措施预防和减少腐败现象的发生。

同志们，让我们在以胡锦涛同志为总书记的党中央领导下，坚持以邓小平理论和“三个代表”重要思想为指导，全面落实科学发展观，开拓进取，扎实工作，努力维护良好的市场秩序，为促进经济社会全面协调可持续发展不断做出新的贡献。

认真学习贯彻《行政许可法》全面提高广告监管工作水平

(2004年7月5日)

国家工商行政管理总局副局长 刘 凡

同志们：

7月1日，《行政许可法》正式实施，这是我国法制建设和经济生活中的一件大事。《行政许可法》是规范政府行为的又一部重要法律，对保护公民、法人和其他组织的合法权益，保障政府机关有效实施行政管理具有重要意义。国家工商总局党组高度重视《行政许可法》的学习与贯彻工作。我们这次培训班的主要任务就是按照总局党组的要求，深入学习《行政许可法》，研究如何贯彻落实《行政许可法》。在最近结束的全国工商局长会议上，王众孚局长对下一阶段工商行政管理系统主要工作任务提出了明确要求，并就深入整顿规范市场秩序、开展队伍教育整顿工作进行了具体部署。下面，我就贯彻落实全国工商局长会议精神、学习贯彻《行政许可法》，以及广告监管工作有关问题，讲几点意见。

一、认真贯彻落实全国工商局长会议精神，搞好“两个整顿”，增强责任感和紧迫感

在刚刚结束的全国工商局长会议上，王众孚局长提出，深入整顿规范市场秩序、开展队伍教育整顿是下半年全国工商系统的两项重点工作，并对此提出了具体要求和工作部署。深入整顿规范市场秩序，就是要从为全面建设小康社会创造良好市场环境的高度，进一步提高对整顿规范市场秩序重要性、必要性、长期性和艰巨性的认识，切实把思想统一到中央的决策部署和国务院领导同志的要求上来，坚决克服松劲、麻痹情绪，总结经验，查找差距，尽职尽责，奋力拼搏，继续下大力气把整顿和规范市场经济秩序的工作抓紧抓好。开展队伍教育整顿，就是要进一步提高对加强队伍建设重要性和紧迫性的认识，积极采取有力措施，继续狠抓队伍教育整顿，提高素质，转变作风，改变面貌，努力建设一支党和人民信赖、能担当维护市场秩序历史重任的工商行政管理干部队伍。

王众孚局长在全国工商局长会议上强调指出，抓好这两项工作，确保取得预期成效，对于全面提高队伍整体素质，努力建设一支党和人民信赖的工商行政管理队伍；对于充分发挥工商行政管理职能作用，为经济社会全面协调可持续发展创造良好的环境，意义十分重大。同时要求各级工商行政管理机关要统一思想，高度重视，在当前工作中要正确认识和处理好四个方面的关系：一要正确认识和处理促进发展与整顿规范的关系；二要正确认识和处理整顿规范市场秩序与整顿规范执法行为的关系；三要正确认识和处理履行自身职责与加强协作配合的关系；四要正确认识和处理加强监管执法与依法执收执罚的关系。

作为广告监管部门，如何贯彻会议精神，关键是要紧密结合广告监管工作自身的实际。一是认真开展广告监管队伍教育整顿工作，不走形式，不走过场，真抓实干，注重成效。各级广告监管机关要根据总局党组的统一部署，按照“为民、务实、清廉”的要求，以树立正确的权力观、严格依法行政为主要内容，加强教育，查纠问题，健全制度，强化监督，进一步提高广告监管队

伍的整体素质和依法行政水平，树立良好的工商形象。二是深入开展整顿与规范广告市场秩序的工作。开展食品安全专项整治，是总局确定的下半年整顿和规范市场经济秩序的重点之一。各级广告监管机关要充分认识到做好食品广告市场监管，对做好食品安全专项整治工作关系重大。总局党组在工作部署中提出，开展食品安全专项整治工作要“六查六看”，其中就有广告的“查”与“看”，广告的查与看就是检查广告，看食品广告有无虚假和误导内容。国家开展食品安全专项整治工作，对我们深入整治违法食品广告是一个良好契机，同时也是我们深入整顿广告市场秩序的一个良好契机。目前，食品广告特别是保健食品广告违法问题是比较严重的，我们要制定切实可行的工作方案，集中力量，严厉打击违法食品广告，为食品安全专项整治工作取得预期成效做出我们的贡献。

二、认真学习领会、切实贯彻落实《行政许可法》

（一）深刻认识《行政许可法》颁布实施的意义

行政许可简单理解是政府点头，老百姓才能办事，这个点头就涉及权力观的问题。行政许可是一项非常重要的行政权力。权力运用好，能够维护正常的社会、经济秩序，促进社会、经济的健康发展，促进生产力和中国社会主义市场经济的发展；权力被滥用，会影响社会和经济的发展，甚至会对生产力发展造成障碍。因此，政府必须规范行为，保证行政权力的正确实施。可以说，在依法治国和以德治国的今天，《行政许可法》的颁布实施，可谓正当其时。其意义主要表现在五个方面：一是规范行政许可行为的需要；二是实现政府行为法制化、规范化、理性化的必然要求；三是中国社会主义市场经济发展的客观要求；四是适应加入世贸组织新形势的需要；五是深化行政审批制度改革的需要。

（二）紧密结合工作实际，贯彻落实《行政许可法》

《行政许可法》的颁布实施，对我们原有的管理理念、管理制度是一次革命性的冲击。广告监管司根据总局要求对广告行政许可项目进行了一次大清理，调整转换了一些工作方式，一些新的管理制度正在拟订。广告行政许可项目的清理，涉及内容、项目很多。我们原来涉及行政审批的广告管理项目有20多项，现在只保留了6项。我们要针对广告市场存在的问题，认真梳理停止行政许可的事项，研究采取积极的应对措施，适应新形势下监管工作的需要。要深刻理解《行政许可法》的内涵，提高依法行政水平。不能一停止行政许可，就认为可以放松监管工作。

（三）以学习贯彻《行政许可法》为契机，不断提高依法行政能力和水平

各级广告监管机关要真正以学习贯彻《行政许可法》为契机，切实提高我们依法行政的能力和水平。一是要从思想观念上进行变革，要彻底改变那种提监管就要审批、发证，“以批代管”、“重批轻管”的行政管理观念；二是要充分审视反思我们现行的管理体制、管理制度、管理方法、管理手段，研究制定推进管理创新的方案、措施、办法；三是要清醒地认识我们的成绩和职责，站在“三个代表”的思想高度，用“科学发展观”深入研究广告管理工作，进一步提高行政效率，降低行政成本，全面提高我们广告监管工作的档次和水平。

三、我国广告业发展与广告监管工作

贯彻落实全国工商局长会议精神和学习、贯彻《行政许可法》，都必须紧密结合广告监管工作。最近，为了深入了解广告市场存在的问题和原因，及时制定相应对策，国家工商总局对广告市场监管情况作了一些调研。通过这些深入的调查研究，使我们对我国广告业发展的历史、现状、未来发展趋势，以及广告监管工作所取得的成绩和存在的问题，有了一个全面的回顾和认识，有利于我们总结经验，不断提高。

（一）怎么看中国广告业发展

1．现代中国广告业的沿革

中国的广告业恢复发展，自十一届三中全会以来，经历了四个发展阶段，这四个发展阶段与我国的国情和经济体制改革是分不开的。

（1）行业恢复阶段（1979—1981年）

这个时期，我国实行的是计划经济体制。广告业主要特点表现为：一是理论先导，为广告业正名。社会各界已初步认识到广告在经济发展中的促进作用。二是广告从经济、文化程度较发达，市场观念沉积较为深厚的城市开始启动。三是从发展速度上看，是从无到有的简单恢复。广告经营单位主要是专业广告公司，从不足10家发展到1100家，广告经营额从约1000万元发展到1.18亿元。

（2）初步发展阶段（1981—1992年）

这个时期，我国实行的是以计划经济为主，商品经济为辅的经济体制。其主要特点是，广告业作为一个行业全面恢复。主要表现为：一是广告业迅速恢复和发展起来，并显示出强劲的发展活力。1981年至1992年的11年间，全国广告营业额从1.18亿元增加到67.86亿元，平均每年递增41%。二是广告业开始纳入规范化管理轨道。1982年国务院颁布了《广告管理暂行条例》，1987年又颁布了《广告管理条例》。三是作为一个行业的标志之一，1983年经国务院批准，组建广告行业组织——中国广告协会。四是国家已开始重视广告人才的培养。1983年厦门大学创办我国第一个广告学专业。五是以1986年第一家合资广告企业——电扬广告公司设立为标志，外国广告企业开始进军中国广告市场，中国广告业与国际广告业交往频繁。

（3）快速发展阶段（1992—2002年）

这个时期，我国开始建立社会主义市场经济体制。广告业主要特点表现为：一是发展速度快。1992年至2002年10年间，全国广告营业额从67.87亿元增加到903.15亿元，平均每年递增29.54%；广告经营单位达到8.95万户；广告从业人员增加到75.64万人；二是以《广告法》颁布实施为标志，中国广告法律体系初步形成。三是国家工商行政管理局和原国家计划委员会于1993年联合印发了《关于加快广告业发展的规划纲要》，《纲要》概括了广告业的性质，即知识密集、技术密集、人才密集的产业，提出了近期与远期的主要目标和重点。由此确定了广告业在社会经济发展中的重要地位、重要作用和加快广告业发展的客观需要，同时指明了中国广告业前进的方向。四是广告高等教育事业蓬勃发展，广告业发展后备人才队伍壮大。全国已有200余所高校开设了广告专业。五是外国广告企业积极进入中国广告市场，世界著名的广告企业几乎都在我国设立了合资广告企业。

（4）发展完善阶段（2002年至今）

随着我国进一步完善社会主义市场经济体制，广告业进入相对成熟发展阶段。这一阶段的主要特征：一是广告营业额由于基数很大，增长速度趋缓，但是仍然以高于国内生产总值约一倍的速度发展；二是随着我国加入WTO，广告市场竞争呈现国际化且更加激烈，广告公司集团化发展成为趋势，广告公司市场细分更加深入；三是产品品牌逐步成为广告宣传重点；四是广告业新情况、新问题不断涌现，现行的广告法规已逐渐不适应广告业健康发展的需要。

从广告业发展的历史沿革看，我国广告业的恢复发展，与市场经济发展的历程是同步互动，相辅相成，相互依存的。可以说，经过短短二十多年的时间，我国广告业已初步形成了在国民经济中占有一定份额、对国民经济发展和两个文明建设起到积极作用的推广型产业，我国广告业已成为市场经济发展的晴雨表、社会主义精神文明建设的风向标、社全主义市场经济体制完善程度的度量计。

2．我国广告业的现状及存在的问题

（1）我国广告业的现状

2003年，我国广告经营单位达到10.18万余户，从业人员达到87.14万多人，广告经营额达到1078.68亿元（约130亿美元），占全国GDP的0.92%，人均广告费83.47元，分别是1981年的88倍、54倍、914倍、38倍和713倍。2003年广告公司经营额444.73亿元，占全部广告经营额的41.23%；广播、电视、报纸、杂志四种媒介广告经营额达到548亿元，占全国广告经营总额的50.83%。异军突起的互联网广告，在经历网络泡沫的洗礼之后，已走向理性发展轨道，2003年广告经营额已达10亿元。在广告投放的行业类别中，房地产、药品、食品、家用电器、服饰等行业属于广告投放大户，分别达到159.15亿元，127.48亿元，100.37亿元和44.23亿元。

中国广告业的发展，从一开始市场化程度就比较高。目前，我国广告市场已经成为世界五大广告市场之一。广告业的蓬勃发展推动了市场经济的发展进程，引导了社会健康消费，为企业实现和增加了经济效益，对国民经济发展做出了重要的贡献。广告特有的导向作用也是社会文化宣传方式的一种，对促进社会主义精神文明建设也发挥了重要的作用。

（2）中国广告业存在的主要问题

我们在目睹广告业快速发展的同时，也应清醒地认识到广告业发展中存在的问题。其主要表现在：一是广告业总体规模继续扩展，但具有国际竞争实力的媒介集团，特别是龙头广告公司不多。2002年中央电视台广告经营额约7.6亿美元，而美国在线——时代华纳仅美国本土的广告收入为286亿美元，是中央电视台收入的37倍。二是广告从业人员队伍整体素质仍然偏低，广告运作水平有待提高，特别是国际广告运作经验总体仍然欠缺，高水平的整合营销、传播策划、广告制作人才严重缺乏。三是广告公司仍处于数量的“裂变”状态，规模化、集团化发展只是处于发展趋势而并未成为发展主流，广告市场竞争秩序也有待进一步规范。四是社会对广告业认识还需提高，广告主广告费的投放还未完全走向理性，对广告公司的角色作用和劳动成果缺乏理解和尊重。五是广告业发展不平衡，东、西部差距较大，广告业整体地位、行业性质不明确，广告业发展缺乏国家产业政策的指导。六是广告活动中还存在行政干预。七是广告业的发展中的配套产业政策还需进一步研究。广告业发展不平衡。北京、上海、江苏、浙江、广东占中国广告营业额60%以上，东、西部差距太大。广告公司数量多，但是普遍是规模小、实力弱，真正的龙头广告企业还没有，经营普遍比较困难。户外广告管理体制尚不健全，广告公司的合法权益有时受到侵害。国家对企业可以计入成本的广告费有限制，但是这种限制主要对国有企业有一定作用，而对个体和私营企业限制作用很小，企业广告竞争处于不公平状态。要解决这些问题，就必须协调有关部门出台扶持、鼓励广告业发展的相应产业政策。

3．中国广告业的发展趋势

广告作为市场推广性产业，市场经济是其发展的最终原动力。党的十六大，为我国在新世纪全面建设小康社会规划了宏伟的蓝图。随着社会主义市场经济体制的不断完善，我国广告业仍有巨大的发展潜力。

世界经济全球化和我国市场经济体制的逐步完善，尤其是我国加入世贸组织后，国内市场日趋国际化，市场主体更加多元化，经济结构日趋合理，市场经济发展更具生机和活力，从而为我国广告业的发展提供了更加广阔的舞台和发展空间。进入21世纪，中国广告业将处于持续快速发展阶段。从中国经济发展情况和广告业现状看，中国广告市场将进一步扩大，广告业的地位进一步突出，作用进一步明显，广告市场竞争更加激烈。

（二）怎么看待我国广告监管工作

1．目前我国的广告监管体制

目前我国的广告监管体制应当说是具有中国特色的监管体制。其特点主要有三：一是有明确的专门主管机关即各级工商行政管理机关，这是其他国家所没有的。从职能分工来看，国家工商总局不仅承担着广告监管职能，还承担着指导广告业发展的职能。这在我国现行的政府体制中是绝无仅有的，在其他国家也是少见的。在国外大多是通过各个职能部门对相关的广告进行分散管理。二是政府管理为主，行业自律为辅。而国外大多是自律为主，政府适度干预。当然，我们的行业组织在引导行业自律方面还有很多工作要做。三是一种团队合作、齐抓共管的广告监管模式。比如，食品药品监督部门对药品广告、医疗器械广告，农业行政部门对农药、兽药广告的前置审批，广播影视部门对广告播出时间和广告量的限制，党委宣传部门对广告宣传导向的管理等。

目前我国这种广告监管体制和监管模式要求我们正确认识和履行自身职责与加强协调配合的关系，既要忠于职守，做到到位不缺位，有位必有为；又要加强与有关部门的沟通、协调、配合，发挥综合执法的整体功能，共同把中国广告市场监管工作做好，使之能够促进国民经济的发展，促进精神文明水平的提高，让老百姓满意，让党和政府满意。

2．对广告监管工作的总体评价

（1）总体态势是好的

我国广告业伴随着经济发展，经历了从量的积累到质的飞跃，广告经营单位迅速发展，广告队伍不断扩大，广告经营额大幅增长，广告服务质量大大提高，整体实力明显增长的良好发展态势，广告业已成为我国经济增长又一个新的增长点。特别是在传播信息、指导消费、开拓市场、树立形象、塑造品牌、扩大出口、促进经济建设和社会进步中发挥了积极作用。全国广告监管干部在人员不足、经费匮乏、技术手段落后的情况下，克服困难，大胆创新，充分发挥工商行政管理的职能作用，大力整顿和规范广告市场秩序，不断增强打击虚假违法广告的力度，不断改进工作作风，提高监管水平，增强服务意识，成绩显著。全社会的广告法制意识有很大增强，恶性虚假违法广告得到有效遏制，广告市场秩序得到初步规范，广告业持续稳定快速发展。总体上看，我国广告监管工作发展态势良好。

（2）指导思想是正确的

推动和促进广告业健康发展，是我们从事广告监管工作全体同志的共同心愿。在总局党组的领导下，各级工商行政管理机关按照国务院的统一部署，一是充分履行指导广告业发展的职能，积极参与制定广告行业发展规划，使之与国民经济发展相适应；加强与有关部门协调，制定规范广告业发展的相关政策，引导广告行业结构布局趋于合理；提高企业广告意识，引导企业制定科学的广告战略；组织、协调广告行业的培训工作。二是依法履行广告监管职能。各级工商行政管理机关按照“标本兼治，重在治本，打防结合，以防为主”的方针，认真规范广告市场主体的交易行为、竞争行为，突出监管重点，严肃查处虚假违法广告。三是加强与有关职能部门的协调配合，探索综合治理，标本兼治的新路子，取得一定成效。

3．广告监管工作存在的问题

自2001年全国整顿和规范市场秩序以来，广告市场秩序有所好转，但广告市场中的违法问题仍然不容忽视。从广告监管工作的角度来看，目前我国广告监管存在的问题主要表现在以下几个方面：

广告市场秩序尚待进一步规范。从目前广告违法的总体形势上看，重大恶性虚假广告发案率虽然较低，但一般性违法广告仍然比较普遍，特别是省、市以下电视、广播、生活类与都市类报刊杂志广告发布违法率仍然很高。一些直接关系人民群众生活、生命安全与健康的产品或服务广告，违法情况比较严重，特别是违法药品、医疗服务、保健食品广告已到泛滥程度。例如：国家工商总局对2004年2月2日—8日全国发布医疗广告较多的63种报纸的医疗广告进行检查，共检查医疗广告4881条，发现违法广告3236条，违法率为66.3%。陕西省工商局反映：他们前不久对当地7家媒介一天的广告进行检查，共检查医疗广告139条，发现违法广告103条，违法率为74.1%。一些媒介广告管理放松甚至放弃广告审查把关责任，致使违法广告轻易出笼。

广告监管力量和技术手段亟待充实。全国专职广告监管干部只有4000余人，很多地、县工商局没有设立广告监管专职部门，我们查处的违法广告占实际违法广告的比例还很低，从客观上还难以做到违法必纠。开展广告监测工作是我们及时发现违法广告的重要举措。没有及时发现违法广告是失职，发现违法广告没有及时查处是渎职。但是，面对庞大的广告媒介群体每天发布的大量广告，依靠传统的人力手工检查，是一种事倍功半的做法，很难做到及时发现违法广告。目前虽然有少部分省局建立广告监测机构，配备了具有一定现代化水平的监测设备，但很多地方还是采用原始的方法，通过电视机、录像机等逐条检查广告。落后的广告监测手段，已难以适应广告监管工作的现实需要。

广告监管工作需要法律配套支持。我国已建立以《广告法》为核心的中国广告法律体系，但随着经济的发展，特别是广告业的发展，急需研究制定出相应的配套法律文件。由于《广告法》制定于广告业发展的起始阶段，因此，有很多问题在当时立法时还没有出现或者没有充分暴露出来，致使现行的《广告法》自颁布实施即带有明显的先天不足。广告业随着市场经济的发展而步入发展完善期，过去不曾遇到的新情况、新问题不断出现，如互联网络新媒介的诞生并飞跃式的发展，国外先进的经营方式在我国普遍应用，过去一些非市场化的行业逐步市场化经营，开始利用广告参与市场竞争等等，这些大量出现的新问题、新情况已成为《广告法》的监管盲区。可以说，目前虚假违法广告之所以屡禁不止，除了行业管理不规范、媒介审查把关不严、个别企业恶意竞争等原因外，还有一个原因就是现行《广告法》已不适应广告业发展和广告监管工作的需要。尽管工商行政管理机关在规范广告市场秩序中做了很多努力，也取得了一定效果，但从总体上看，依据《广告法》现有规定已不能有效地监管和规范广告市场秩序。因此，对现行《广告法》进行修改已是促进、保证广告业健康发展的当务之急。尤其是在当前整顿和规范广告市场秩序工作过程中，修改《广告法》的必要性和紧迫性越来越突出。前段时间总局对广告市场情况进行调研，其目的之一也在于此。

四、与时俱进，不断创新广告监管工作

（一）正确处理科学发展观与科学监管观的关系

1．什么是科学发展观

科学发展观就是十六届三中全会提出的“坚持以人为本，树立全面、协调、可持续的发展观，促进经济社会和人的全面发展”，按照“统筹城乡发展、统筹区域发展、统筹经济社会发展、统筹人与自然和谐发展、统筹国内发展和对外开放”的要求推进各项事业的改革和发展。牢固树立和全面落实科学发展观，对于我们充分履行广告监管职能，促进广告业健康发展，具有重要的现实意义。发展观的第一要义是发展。离开发展，就无所谓发展观。坚持科学发展观，其根本着眼点是要用新的发展思路实现更快更好的发展。发展是硬道理，这是我们必须始终坚持的重要战略思想。中国解决一切问题的关键在于发展。我们解决广告监管中的问题，其关键也在于发展。

中国的广告涉及到政治、经济、社会、文化等方方面面，中国广告市场的监管工作是全国广大工商干部认真践行“三个代表”的重要体现，我们开展广告监管工作就是要达到这样的目标：广告应该反映先进生产力发展状况，表现先进文化的前进方向，体现群众的根本利益。

2．什么是科学监管观

科学监管观是对监管的本质、目的、内容以及基本要求的科学认识，是工商系统树立和落实科学发展观的重要举措。政府职能主要是经济调节、市场监管、社会管理、公共服务。工商管理机关作为市场监管的主体之一，如何承担此重任，重要的一点就是确立与职能相适应的科学监管观，依照市场监管的本质、目的、内涵建立起一个体系，解决为谁监管、怎样监管的问题。为谁监管是监管前提，也是监管的目的，这个前提和目的是以人为本作为最高的价值取向，解决我们监管价值主体是谁的问题。怎样监管主要揭示的是客观规律，是适应发展的监管机制，这个机制也必须服务于社会，服务于经济的发展，服务于广大群众的根本利益，否则就违背了客观规律。当然，衡量这个体系的标准是看它是否科学，还要建立一个完善的法律体系，使我们的监管工作，不仅科学，而且有法律保障，通过科学监管促进发展，通过发展解决监管中存在的问题。

广告监管工作，首先要树立科学监管观，建立科学的广告监管体系，努力实现广告监管方式方法的创新，在我们的工作中，也要处理好这么几个关系：一是完善广告监管体制以适应社会稳定和经济发展；二是改革广告监管机制使之达到对法律负责和对广告主、广告经营者、广告发布者负责，对消费者负责的统一；三是依据广告监管职能，努力做到广告市场监管与服务的统一。同时，广告监管工作还有这几层含义：一是保证广告真实合法，切实维护消费者的合法利益；二是维护广告市场经济秩序，营造公正、公平的广告市场竞争环境；三是引导、促进广告业的持续健康发展，与社会主义市场经济发展形成良性互动关系，并进而促进社会主义市场经济的发展。当然，还有诚信体系建立的问题。所以，我们一定要提高对科学发展观和科学监管观的认识，整顿和规范好广告市场秩序，充分履行工商管理机关的神圣职责。

（二）进一步加强队伍建设，特别是基层工商所队伍建设

王众孚同志非常重视队伍建设。最近总局党组决定，从现在到今年年底，集中利用半年时间，在全系统扎实开展以树立正确权力观、严格依法行政为主要内容的队伍教育整顿活动。各级工商行政管理机关要以开展“两整顿”为契机，努力把我们广告监管队伍建成一支政治强、作风正、业务精、执法严的坚强队伍。我们要结合“整顿”工作，有针对性地重点加强“三项教育”，即加强权力观教育、加强法纪教育、加强示范教育和警示教育。要认真按照总局党组“开展以树立正确权力观，严格依法行政为主要内容的队伍教育整顿方案”的要求，搞好查纠，切实解决队伍作风中存在的突出问题，并整章建制，进一步完善干部监督制约机制。我们要通过“两整顿”工作，不断提高我们的队伍素质，不断提高执法水平。工商所是广告监管队伍的重要组成部分，是广告监管工作重心前移的基础，要加大工商所的工作职责，充分发挥工商所的作用，加强工商所队伍建设，使工商所成为广告监管的重要力量。

（三）整顿规范广告市场主体的交易行为和竞争行为，不断创新广告监管工作方法

广告市场竞争的日益国际化，广告经营运作的方式方法也将发生的重大变化，要求广告市场主体必须建立起适应市场经济竞争需要、符合国际惯例的经营体制和机制，提高企业活力，增强竞争能力。广告监管的对象和内容将发生较大的变化，广告监管机关必将面临一些新问题和挑战。这就要求我们在科学发展观的指导下，树立科学监管观，以全新的思维方式，加强对广告市场主体交易行为和竞争行为的监管。

严把广告市场主体准入，规范广告市场主体行为，就必须与时俱进，不断创新广告监管工作方法。国家工商总局最近将出台几项工作制度：一是媒介单位信用管理制度，二是广告审查员制度，三是广告监测制度，四是广告大案要案全国协办制度。加强广告监管制度建设，不断创新广告监管方法，可以大大降低工作的随意性，提高工作的严谨性，有效提高我们的工作水平。

（四）研究解决制约广告业发展的因素，保障广告业持续健康发展

加强广告市场监管重要目的之一，是为了保障广告业的持续健康发展。广告业的发展有两方面需要认真研究。一是要研究、制定支持保障广告业发展的具体政策，为广告媒介、广告公司、广告主经营发展提供配套政策支持；二是研究、制定广告业发展政策，确定广告业发展目标和方向。

（五）加强广告法制建设步伐，保障广告监管工作的深入开展

几年来，国家工商总局对修订《广告法》作了大量调查研究和前期准备工作。主要修订方向是：扩大《广告法》调整范围；增强法律规定的可操作性；对广告监管中出现的新情况、新问题予以规范；加大对违法广告和违法广告经营行为的处罚力度；强化广告监管机关的执法手段。

（六）加强与有关部门的协调配合，推进广告市场的齐抓共管工作

王众孚局长在全国工商局长工作会议上指出，整顿和规范市场经济秩序涉及面广，任务繁重，需要各地、各部门分工合作，共同完成。我们广告监管工作必须按照总局党组的要求，加强与有关部门的协调配合，推进广告市场的齐抓共管工作。近几年来，各级工商行政管理机关在对药品、医疗服务、保健食品虚假违法广告的整治活动中，积极与卫生、食品药品等部门加强协调与合作，取得了明显成效，应当继续总结发扬。

最近，为解决广告监管中的重点、难点问题，国家工商行政管理总局会同中宣部、广播影视、新闻出版等部门联合印发了《关于清理含有不良内容广告的通知》。各级工商行政管理机关要借此机会，主动争取党委宣传部门的支持与配合，认真地加以贯彻落实。党管新闻媒体，是党的新闻宣传纪律。只要取得党委宣传部门的支持，我们在广告监管中遇到的难点问题就能够得到有效的解决。重点是要落实由党委宣传部门牵头、工商行政管理等部门参加的联席会议制度。联席会议可以虚实结合，定期或不定期召开。所谓务虚，就是管理方式、部门协调方式和法律标准的研讨；所谓务实，可以就具体案例共同研究解决。我们不能对广告市场的监管大包大揽，是我们的职能必须履行，需要各方面承担的就加强联合，共同推动广告监管工作深入开展。

五、最后提出几个问题，供大家参考研究

7月1日《行政许可法》的正式实施，标志着我们进入依法行政的新阶段。因此，突破原有的监管模式和思维定式，不断加强学习，不断研究我们面临的新情况、新问题，全面提高广告监管工作水平，以适应新时期广告监管形势的需要，是我们在座诸位面临的共同任务和挑战。在此，我提出以下几个问题，与大家共同深入思考和研究：

（一）广告监管工作的思想意识问题

1．如何增强广告监管工作中的法律意识

一是如何提高广告监管干部的法律意识；二是如何提高广告监管对象的法律意识，以树立广告监管机关的执法权威，同时降低执法成本。

2．如何增强广告监管工作中的阵地意识

具有阵地意识，就是要做到守土有责，依法履行职责，做到不越位、不错位、不缺位。在广告监管工作中，该我们唱主角时，应当当仁不让，切实负起责任；该我们唱配角时，必须全力以赴，恪尽职守。

3．如何增强广告监管工作中的服务意识

加强广告监管工作，既是我们的职责，也是我们的义务。在广告监管中如何体现服务意识，同时通过提高服务水平加强广告监管工作，这既是一门学问，同时也是实践“三个代表”重要思想的时代要求。

（二）与广告监管工作密切相关的有关工作关系问题

1．广告市场监管与广告业发展的关系

监管与发展，是矛盾的对立统一体。工商行政管理机关承担着指导广告行业发展与广告监管的双重职能。这既是党中央、国务院对发展广告业的重视，同时也是对我们工商行政管理机关的信任。因此，在广告监管实践中，如何正确处理二者的关系，如何通过加强监管促进行业发展，又如何在发展中促进监管，是当前非常值得我们认真研究解决的一个重要课题。

2．广告市场监管执法与广告行业自律的关系

政府管理为主，行业自律为辅，是我国广告监管体制的一大特色。在广告业发达的国家，大多是自律为主，政府适度干预。因此，如何处理好广告监管执法与行业自律的关系，有效地降低执法成本，提高广告监管工作效率，是我们在座诸位和广告界同仁面临的共同课题。工商行政管理机关承担着指导广告行业组织的职能，如何在现有条件下，引导广告行业组织充分发挥行业自律的职能作用，需要我们更好地加以研究解决。

3．广告市场竞争秩序与市场经济秩序的关系

广告业是市场经济的重要组成部分。广告市场竞争秩序对市场竞争秩序有着至关重要的影响作用。如何更好地履行广告监管职能，通过规范广告市场竞争秩序，为整顿和规范市场经济秩序做出应有的贡献，很值得我

们探讨研究。

4．广告监管执法与广告信用监管的关系

信用经济是法制经济。广告信用监管是企业信用监管的重要组成部分。如何通过广告信用监管与企业信用监管形成良性互动，提高广告监管执法的效能，树立广告监管执法的权威，是目前我们面临的一个全新的课题。

5．广告监管方式方法与《行政许可法》的关系

国务院公布保留的500项行政许可中，有关广告监管的行政许可有5项。如何更好地贯彻落实《行政许可法》，加强对广告活动事前、事中、事后的监管，需要我们在实践中不断改革广告监管的方式方法。

上述所列课题，既是理论问题，也是实践问题。我相信，如果我们各级广告管理机关对这些问题进行深入研究，定会有所收获，广告监管工作也会迈上一个新的台阶。

同志们，铁肩担道义，任重而道远。认真做好广告监管工作，是我们义不容辞的神圣职责。我们要认真按照全国工商局长会议的部署和要求，把开展“两个整顿”作为当前工作的重中之重，保质保量地完成下半年整顿规范市场秩序、开展队伍教育整顿的各项工作。各级广告监管机关要坚持“全面展开、突出重点，标本兼治、重在治本”的方针，牢固树立和认真落实科学发展观，不断改革和创新广告监管体制、监管机制和监管方式，为加快建设全国统一市场，建立规范的市场经济秩序，实现党在新时期确立的改革目标和任务做出新的贡献。

在2002-2003年度“争创广告行业精神文明先进单位”活动总结表彰大会上的讲话

（2004年2月24日）

中国广告协会会长　杨培青

国家工商行政管理总局刘凡副局长、各位代表、广告界的朋友们：

首先，我代表中国广告协会向出席这次会议的刘凡副局长表示衷心谢意，感谢他对我们活动的关心和重视，在百忙中出席会议；向获得“全国广告行业文明单位”称号的各广告经营单位表示热烈祝贺。你们在过去两年的广告经营活动中，将物质文明和精神文明建设有机结合在一起，严格守法、诚信经营、科学管理、高度重视人才培养、积极引进先进技术与管理经验、关心支持社会公益事业，创造了突出的业绩，赢得了社会各界的广泛认同和尊敬，在行业内树立了表率，值得大力表彰。借此机会，中广协向全行业和全社会大力推介你们。

中国广告协会在国家工商总局的领导下，在全国范围内组织开展的“争创广告行业精神文明先进单位”活动，得到广告业界的广泛支持与响应；各地工商行政管理机关和广告协会做了大量细致的推动工作。“争创”活动已成为广告行业自律体系建设的重要组成部分，符合党的十六大关于建立社会主义市场经济信用体系的精神。我们将跟随改革与发展的进程，与时俱进，继续积极倡导和推动广告业诚信文明形象的建设，倡导和推动广告市场信用体系的建立，为广告业健康有序发展做出行业组织应有的贡献。希望业界同仁对改进这项活动提

出宝贵的意见和建议，以帮助我们改进工作，使这一活动开展得更加生动，更加有社会影响力。

获得“全国广告行业文明单位”荣誉称号，是各广告经营单位自身建立良好社会形象和企业品牌的重要标志。在当前的形势下，有助于广告经营单位获得竞争优势和市场的成功。

当前，我国正处于建立与完善社会主义市场经济体系、全面建设小康社会的历史时期，中国宏观经济将转向依靠消费拉动内需，人民的物质文化生活将转向发展小康消费。作为市场经济晴雨表和消费催化剂的广告传播业，在我国国民经济持续增长、小康社会逐步建立的过程中扮演着重要的角色，具有不可替代的地位和作用，我们要增强使命感，把广告业推向更高水平和更好质量。

当前，整个行业正处于总体市场繁荣增长、市场主体竞合纷呈、行业结构变革转型的关键时期。

目前，广告市场的蛋糕已经越做越大，2003年广告营业总额有望突破千亿元人民币；据预测2004年国民经济将继续保持持续高速增长，来自国际及国内的企业将继续保持较高的广告投放，各广告经营单位都有进一步发展的机遇。但是，大家也都面临着市场环境和同业竞争的新挑战。

对于广告代理业而言，随着对WTO开放市场承诺的兑现，国际资本将涌入我国市场，并购风潮在所难免，行业洗牌势在必行。只有具备较大规模并拥有独特竞争优势的广告代理公司才能存活和发展；在核心竞争力方面，随着专业咨询公司、调查公司、媒介购买公司、公关公司、营销公司的兴起，广告代理经营的传统模式遭到冲击。只有那些能够迅速应变、能为客户提供整合行销和品牌传播的智力服务型广告公司，才有赢得新的市场机会和发展空间的优势。

从广告传媒业看，国家对媒体的一系列改革重组，将使媒体广告市场的竞争格局发生深层次的变化。国家广电总局《广播电视广告管理暂行办法》的颁布实施以及一直在酝酿的《广告法》的修订、报刊体制的改革、广电媒体、报刊媒体以及跨媒体、跨地区的媒体集团的整合建立、媒体产业的规模化、市场化步伐的加快等，这些都对维护媒体广告市场秩序以及行业结构调整等提出了新问题。

因此，对于所有广告经营者而言，一方面要全面了解和跟踪市场的变化、深刻了解和把握广告主的需求和消费变化趋势，通过提高专业服务能力，以及实施规模化、集约化经营来提高自身的核心竞争力，另一方面也要致力于精心打造广告企业或广告媒体的品牌，让品牌成为自己赢得市场成功的有利武器。中广协也将以积极的方式，向行业和全社会大力推广你们的品牌。

多年来，在国家工商总局的正确领导下，中国广告协会致力于抓行业自律、促行业发展，切实加强指导、协调、监督、服务的基本职能，主要做了几方面的工作：

配合政府在行业内进行《广告法》的系统宣传和培训工作；全国广告业统一开展企业资质认定工作；为促进行业专业服务水平的提高，组织年度中国广告节，成为业界影响力最大的广告赛事和交流展示的平台，具有良好的品牌效应；注重广告人才的培养，开展了多层次、多渠道的广告专业培训；积极拓展国际交流平台、促进中国广告业的国际化进程，今年九月将在北京举办第39届世界广告大会，这是中国广告业得到国际广告界认可的大事，希望广告界同仁积极参与交流，借国际舞台树立自己和客户的品牌，展示中国广告业的新面貌；维护行业利益，努力协调有关发展的政策支持，譬如经过调研协商，配合国家税务总局《企业所得税税前扣除办法》的修订，使广告支出比例由原来的2%提高到8%；努力协调有关行业发展的其他政策支持问题，例如广告从业人员从业资质等；协会逐月出版《会员通讯》、《现代广告》杂志，不定期出版其他一些专业出版物，还建立了网站，以加强信息服务工作；开展广告发布前法律法规审查认证工作、为广告经营单位提供法律咨询服务等。

希望大家积极参与和支持协会的活动，加强与协会的沟通与交流，共同促进中国广告业的繁荣。

谢谢大家！

抓住契机、标本兼治 将整顿和规范广告市场秩序继续引向深入 ——在全国《行政许可法》与广告监管培训班上讲话

（2004年7月8日）

国家工商行政管理总局广告监管司司长　屈建民

同志们：

今天是《行政许可法》培训班开班的第四天。在培训班开班的第一天，国家工商行政管理总局副局长刘凡同志作了报告。培训班的第二天，国家行政学院法学部教授杨卫东同志作了“《行政许可法》的基本原则和主要内容”的辅导，国家工商行政管理总局法规司司长王学政同志作了“《行政许可法》与以工商行政管理”的报告。从培训班开班第三天上午开始，广告监管司的同志也开始向大家汇报有关广告行政审批清理和依照《行政许可法》清理广告管理法规的情况；广告经营监管规章及内容调整趋势；当前广告内容监管面临的问题及对策等方面的情况。

近三年来我们连续举办广告处长培训班，同时一部分地、市分管广告工作的工商行政管理局局长也参加了培训。事实证明，这种经常性的培训是十分必要的，效果也是好的。首先，最近几年，全国工商系统的广告监管干部，特别是科、处级干部更换的比较快，广告监管工作的法规比较庞杂，内容也比较多，掌握起来需要一定的时间，所以，这种每年一次的培训，符合这一部分新加入广告监管队伍同志要求尽快掌握业务知识的要求。第二，随着整顿和规范广告市场秩序工作的不断深入，新问题、新情况不断涌现，需要我们经常地进行总结和交流，每年一次的培训为这种交流构筑了很好的平台。第三，在这三年的培训中，每次都安排了几位广告司的干部讲课。负有讲课任务的同志都把每次讲课看作是向全国广告监管系统的同志们汇报自己工作的难得机会，同时也把这种机会视为一种考试，迫使负有讲课任务的同志不断地总结和思考广告监管工作的正反经验，不断探索广告监管工作中带有规律性的东西，以实现对全国广告监管工作的有效指导。

刘凡副局长的报告，传达了刚刚结束的全国工商行政管理局长会议精神，对继续深入学习贯彻《行政许可法》进行了动员。同时，他在报告中还对当前广告业发展现状和存在的问题进行了全面、细致的分析。报告中他特别提出了如何在学习贯彻中央提出的树立科学发展观的基础上，结合广告监管工作的实际，树立科学的监管观，这个非常重要的课题。同时它也给我们布置了一些值得进一步思考的问题。刘凡副局长的讲话很重要，我们要认真地学习、传达和贯彻。下面，我想就如何进一步贯彻刚刚召开的全国工商行政管理局长会议精神，贯彻刘凡副局长的讲话，谈几点意见。

一、认真贯彻《行政许可法》不断深化广告监管体制的改革和创新

《行政许可法》是规范政府共同行为的一部重要法律，其所确立的原则和一系列制度，是对现行行政许可制度的重大改革与创新。贯彻《行政许可法》是规范行政许可行为的需要，是深化行政审批制度改革的需要，是适应加入世贸组织新形势的需要。

广告监管系统的行政审批项目比较多，在2002年11月1日国务院批准公布的第一批取消的行政审批项目以前，国家工商行政管理总局共有审批项目51项，其中广告监管司有19项，占全局审批项目的37%。

行政审批项目的清理大约分为两个阶段：

第一阶段，2001年10月，国务院就加快推进行政审批制度改革工作作出部署。当时确立清理行政审批项目的总体要求是：不符合政企分开和政事分开原则、妨碍市场开放和公平竞争以及实际上难以发挥有效作用的行政审批，应予取消；可以用市场机制代替的行政审批，通过市场机制运作；对于需要保留的行政审批，建立健全监督制约机制，做到审批程序严密、审批环节减少、审批效率明显提高，审批责任追究制得到严格执行。正是在这种总体要求下，国务院公布了第一批和第二批取消审批项目，其中包括广告监管项目7项。影响比较大的有广告审查员资格审批和广告专业技术资格核准。

第二阶段，2003年8月27日全国人大常委会第四次会议通过了《中华人民共和国行政许可法》并将于2004年7月1日起施行。依据《行政许可法》所确立的原则，对现存的行政审批项目进行再清理，使得清理行政审批项目工作进入了第二个阶段。2004年5月19日，国务院公布了第三批取消审批项目，其中涉及广告监管的有7项。对我们监管工作影响比较大的有：店堂牌匾广告登记；店堂广告登记；临时性广告经营资格审批；部分印刷品广告登记审批。

回顾这一段工作过程，想说明几个情况：

一是由于清理工作大约分了这样两个阶段，时间长达近三年，有些取消项目间缺少衔接。比如设置广告显示屏审批。当时拟定取消，要求提出事后监管的意见，司里的想法比较明确：分户外、户内分别监管。但在第二阶段清理审批项目过程中，户内的一些登记项目，如店堂广告登记也被取消了，这样使得对户内显示屏的登记监管缺少了法律依据。

二是拟保留的审批项目，由于国务院文件没有最后下发，变化随时可能存在。这样，给相应法规的制定、修改，带来了很多不确定因素，也给这次讲课带来了一定的难度。

三是由于近一年的时间里，我们把大量的精力放在了审批项目的清理工作上，有些项目是保留还是取消，没有最后结论，所以在相应法规修改上，特别是对取消项目如何加强事后监管的问题上，有些细节考虑不够。这方面大家提出一些问题，我们将把这些问题进一步疏理，该全国统一的，尽快作出全国统一规定。下面，就如何进一步贯彻《行政许可法》，提出三点要求：

1.要进一步提高对贯彻《行政许可法》工作的认识，以贯彻《行政许可法》为契机，加大广告监管工作的改革力度。

长时间以来，设置广告企业，要有几个前置条件：包括广告专业技术资格核准、广告审查员资格审批、广告经营资格审批。现在，广告专业技术资格核准、广告审查员资格审批被取消了，在新的形势下，我们如何克服过去部分存在的重审批、轻监管，以审批代监管的倾向，不断提高广告业入市主体的水平，在把好入市关的基础上，把更多的精力放在经营行为的动态监管上。

2.有些登记项目被取消了，但相应的管理责任并没有被取消，要继续加强监管。

比如临时性广告经营活动登记被取消，今后再也不能进行登记，但有些活动的广告发布内容要纳入没有被宣布取消的项目继续管理，比如纳入户外广告、电视广告、平面广告继续进行监管，有了问题还是要查处。

3.现在是个过渡期，容易出现监管空白。

在这里重申一个原则，在不违背《行政许可法》总体原则的情况下，新的程序没有出台前，按旧的程序办，如有些办事程序、文书格式等。应该全国统一的程序、文书格式，在全国没有统一前，仍按地方所设定的程序、文书格式办。

另外，大家在讨论中提出一些意见，我们将尽快地汇集大家的意见，提出我们的措施。统一哪些程序、文书的格式。有些法规的修改和制定还要继续听取大家的意见。

二、充分认识整顿和规范广告市场秩序的长期性和艰巨性，进一步统一思想，明确任务

（一）统一对广告市场秩序现状的认识，肯定成绩、认清问题

自2001年初，国务院决定在全国开展整顿和规范市场经济秩序工作以来，在国家工商行政管理总局领导和统一部署下，全国工商系统广告监管部门的同志们做了大量的工作，开展了广告市场秩序的规范和整顿：

一是始终把维护群众的切身利益作为广告监管工作的出发点和落脚点，整顿和规范广告市场秩序取得一定成效。2001年至2003年，全国共查处违法广告案件23.46万件，罚没款5.21亿元，停业整顿1905户，吊销证照1776户。国家工商行政管理总局还向各地交办了一批案件，同时对于部分违法情况严重的媒体进行了行政告诫，这些措施都加强了广告案件的查处力度，给违法者以震慑。

二是建立和完善广告监测制度，增强了广告监管工作的科学性、主动性、预见性。目前，全国有近三分之一的省、市已经建立了广告监测机构，部分地市一级的工商行政管理局也建立了自己的监测机构。国家工商行政管理总局从2001年下半年开始定期监测。通过国家工商行政管理总局定期监测和各地日常监测，及时发现并制止了一些有政治错误、含有不良文化和严重的违法广告。从2001年下半年至今，仅国家工商行政管理总局就集中监测广告182068条，其中发现违法或涉嫌违法广告21379条，总违法率为11.74%。同时对于在集中监测中发现的虚假违法广告案件，交地方工商局进行了及时查处。

三是对大案要案公开曝光，初步建立起社会监督机制。自2001年到2004年，国家工商行政管理总局直接向社会曝光典型违法广告案件114件。各地也通过在媒介建立违法广告曝光平台，召开新闻发布会等形式，向社会曝光一批严重违法广告案件。对典型违法广告公开曝光，震慑了违法分子，树立了工商行政管理机关的执法权威，提高了消费者的自我保护意识。

四是不断推进监管制度改革和监管体制的创新，加强法规和制度建设。在三年多的广告市场整顿和规范工作中，各地积极贯彻“坚持标本兼治、着力治本”的工作方针，不断地探索广告监管的新措施、新办法。如以工商所监管体制改革为契机，将广告监管的部分内容下放到工商所，成为巡查的重要任务之一。这项改革极大地加强了广告监管工作的力量，使广告监管人员严重不足的矛盾有所缓解。以建立企业信誉制度为契机，将广告发布内容是否合法，作为企业信誉评价体系的内容之一，同时，有的省、市还建立了媒介信誉评价发布制度。各地在整顿和规范广告市场秩序工作中还结合地方实际，建立了聘请广告义务监督员，组织医疗广告、药品广告专家评审组，在宣传部门的领导下，建立广告监管部门定期和不定期联席会议制度等措施，并出台了一批地方性法规和规定。实践证明，这些措施、办法、制度的建立，对于建立广告监管长效机制做了非常有益的探索。

通过三年多的努力，广告市场秩序整顿和规范取得了阶段性的成果：一是关系人民生命安全，给群众身心健康造成伤害，经济造成重大损失，社会造成恶劣影响的违法广告得到扼制；二是省以上媒体广告发布相对规范；三是全社会广告法律意识普遍增强；四是各地在总结广告监管的正反经验的基础上，相继出台了一批地方性法规和制度、办法，部分弥补了广告法律法规相对滞后的缺陷。

三年多治理整顿，虽然大家做了不少工作，也很辛苦，付出了不少心血，但实事求是地讲，我们所取得的成绩同党和政府的要求，同人民群众对我们的要求差距还很大。主要表现在：一是同人民群众身心健康密切相关的医疗、保健食品广告违法率仍然居高不下，以6月21日对各省上星电视频道监测为例，医疗广告共发布1422条，其中违法广告（或涉嫌违法）581条，违法率达40.86%。药品广告发布3998条，其中违法广告（或涉嫌违法）121条，违法率为3.03%。医疗器械广告发布181条，其中违法广告（或涉嫌违法）115条，违法率达63.54%。保健食品广告发布964条，违法广告（或涉嫌违法）188条，违法率19.50%。二是省以下的生

活类报刊、娱乐综合电视频道、电台健康咨询栏目违法广告发布率更高。三是有些广告主凭借自己的资金优势，屡屡违法，有恃无恐，至今没有得到治理。四是全国广告监管力量整合不够，难以形成更大的监管声势及提高工作效率，这种整合既要有机制、有制度，也要有具有一定科技含量的监管手段。

目前，全国工商广告监管专业干部不足3000人，面对每天广告发布量如此巨大的广告市场，我们显然有些力不从心。大家深感责任重大，工作中也如履薄冰。有的省在执法部门的行风评议中，由于对广告监管工作有意见，影响了省工商局的排位，作为广告处长，主管广告工作的局长压力非常大。面对这样的形势，我想，我们首先要统一对当前广告市场形势的认识，既要看到成绩，也要看到问题，要坚定继续整治的信心。

（二）统一对广告发展与监管关系的认识，坚持以规范促进发展，在发展中进一步规范

工商行政管理机关担负着既要指导广告行业发展，又要对广告业实施监管的双重任务，这是一段特殊历史时期的要求。

中国广告业的发展历史同改革开放以及其他产业的发展历史相比较，既有相同点又有区别。讲相同点，它的发展过程同我们对市场经济目标的确立，同我们对市场经济的认识过程的轨迹是近似的。它的恢复和发展的历史从一个角度反映了，或者说从一个侧面反映了中国经济市场化的进程。但是同其他产业相比较，又有区别。例如，广告公司国营比例比较小，所以从广告业恢复发展那天起，它的市场化程度就很高。正是从这个角度，我们一直认为广告业是进入市场最早、最彻底的行业。但这种说法有缺陷，有一定的局限性。原因就在于，我们媒介的市场化是有限度的、有条件的，要有一个相当长的过程。

正是从以上的思考出发，我们要统一三点认识：一是在履行指导广告行业发展职能的时候，要按照刘凡副局长讲话中的要求，从经济基础和上层建筑关系的高度来理解发展与监管的关系。二是要坚持以规范促进发展，在发展中进一步规范。不能把发展与规范对立起来，更不能提倡“先发展、后规范”，“先上船，后买票”。三是在人力有限的情况下，要把主要人力、工作的主要精力放在广告监管的主战场。

（三）统一对整顿和规范广告市场秩序长期性、艰巨性的认识，牢固树立长期作战思想

经过二十多年的努力，我们已经初步建立起社会主义市场经济体制，但这种社会主义市场经济体制距成熟、完善的市场经济体制还有相当的差距。经过二十多年的实践，特别是近几年的实践，我们可以看到这种差距是全面的，其中包括一、二、三产业结构的差距，经济主体规模的差距，法律法规完善程度的差距等。所以，从建立起社会主义市场经济到完善、成熟的市场经济，我们要走的路还很长。

自从2001年4月份国务院发布全国整顿和规范市场经济秩序的通知以来，我们对开展整顿和规范市场经济秩序工作的必要性，认识基本上是清楚的，国务院的通知中也讲得非常严厉。但是对于整顿和规范市场经济秩序工作的长期性、复杂性我们认识不足。原来认为，经过一年、两年的整顿，开展几次集中整治，可以取得明显的成效，但现在看，我们估计有些不足。所以，国务院提出：“整顿和规范市场经济秩序是一项长期、艰巨和复杂的任务、贯穿于建设社会主义市场经济体制的全过程，”并向我们提出：“要进一步统一思想、提高认识，牢固树立长期作战思想，继续深入持久地开展整顿和规范市场经济秩序的工作”。所以，王众孚局长在去年底召开的广州会议和今年6月份刚刚结束的全国工商行政管理局长会议上，都提出：“要充分认识整顿和规范市场经济秩序的长期性、艰巨性”。

从当前形势看，树立长期作战思想，结合广告监管工作的实际，我们要做到三点：一是克服厌战情绪，加大整治力度，通过一个又一个的整治战役，将整顿和规范广告市场秩序工作逐步引向深入，不断保持对违法虚假广告的高压态势。二是在整治工作中，贯彻“标本兼治，着力治本”的工作方针，不断总结经验，推出新措施、新办法，通过一个接一个更为深入的整治战役，通过逐步完善的法规、制度的建设，以量变达到质变，促进广告市场秩序的根本好转。三是要抓住每一个有利时机，如曝光典型违法广告案件，答复人大、政协代表提案，新闻舆论宣传等机会，向社会宣传违法广告形成的原因，违法广告的特点，广告监管的体制等，让社会更多的人能够了解工商，支持工商，逐步扭转我们目前工作的被动局面。

三、抓住契机、突出重点、标本兼治，不断巩固和扩大整顿和规范广告市场秩序成果

（一）随着广告市场整顿和规范工作的不断深入，最近出现了一些新的情况，形成了更加有利于广告监管工作的氛围和条件

广告市场经营与发布秩序更加引起中央领导同志的高度重视，针对广告中的精神垃圾问题，党报刊登形象广告问题，媒介发布不良广告问题，中央领导同志多次批示。为了贯彻中央领导同志指示，广电总局2003年发了17号文件；中宣部组织调查组对党报刊登形象广告问题进行了调研；2004年5月21日，《人民日报》、《光明日报》、《经济日报》三家报社率先向社会发表声明：不再刊登形象广告；2004年4月14日中宣部、国家工商行政管理总局、广电总局、新闻出版总署联合下发了清理不良文化广告的通知。这是一种非常好的态势，在历次全国广告处长会议上，处长们多次提出：广告监管司要加大同中宣部协调的力度，这些年，我们也一直在努力，现在看，这种好的形势，好的条件基本出现了。我们要抓住这样一个契机，进一步争取各级党政领导对广告监管工作的支持，继续提高广告监管的执法力度，逐步形成全社会对违法广告进行“围剿”的良好氛围。

（二）突出重点、明确任务

三年整顿和规范广告市场秩序工作经验证明，在整顿和规范工作中要明确阶段性工作重点。根据国务院和国家工商行政管理总局的工作部署，结合广告市场的实际，下半年我们要坚持这样几个工作重点：

1．食品广告

在6月22日召开的全国工商行政管理局长会议上，王众孚局长对全国开展食品安全专项整治工作做了具体部署。要重点开展“六查六看”，其中“五查五看”是商标广告，“看食品商标是否侵犯他人注册商标专用权，食品广告有无虚假、误导宣传等内容”。我们要认真学习贯彻总局的工作部署，结合广告监管职能，积极配合食品整治牵头部门，做好各项工作。一在落实总局各项工作部署，抓好食品安全整治工作中，要突出保健食品整治，特别是要集中打击把保健食品当作药品进行虚假宣传的违法行为。

2．医疗广告

医疗广告是各类违法广告中的顽疾。近年来，全国广告监管部门投入了大量的人力、物力进行整治，但收效甚微。违法医疗广告长期得不到根治，损害人民群众的利益，影响工商行政管理部门的形象。为了整治违法医疗广告，1998年我们发布了《关于实行医疗广告发布内容格式化的通知》，执法实践证明效果不太好。在调查研究，认真论证的基础上，2003年我们联合卫生部、国家中医药管理局下发了《关于规范医疗广告活动 加强医疗广告监管者通知》。这个文件同以往文件的不同之处在于它不仅仅是部署工作，同时还有很多政策性的新提法、新内容，要逐字逐句把文件精神领会好。要抓好落实，要继承以往好的做法，修正错误的东西，发展和创造新的经验。

在把保健食品、医疗广告作为整治重点的同时，我们还要把药品广告继续作为整治的重点。

同志们，广告市场整治任务任重而道远，让我们上下携起手来，在国家工商总局党组的领导下，共同完成党中央国务院所赋予我们的任务，以优异的成绩回答人民群众对我们的希望，不辜负党和政府对我们的重托。谢谢大家。

认真学习贯彻十六届三中全会精神，继续推动广协工作

（2004年2月25日）

中国广告协会秘书长 时学志

各位秘书长：

今天我们在这里召开全国广告协会秘书长工作会议，主要任务是学习贯彻党的十六大和中央经济工作会议精神，贯彻落实全国工商行政管理局长会议精神，探讨广协工作的创新与发展，交流协会工作经验，并就几项具体工作统一思想。

2003年度工作的基本情况

2003年，中国广告协会认真贯彻十六大精神和“三个代表”重要思想，积极落实全国工商行政管理工作会议精神，联系广告行业的实际，紧紧围绕整顿市场经济秩序，推进诚信体系建设开展工作，努力促进行业的建设与发展。主要做了以下工作：

一、开展赛事活动，提高广告专业水准

（一）举办第十届中国广告节

第十届广告节历时近八个月的运作，克服“非典”的不利影响，于10月25日在颁奖晚会中顺利落下帷幕。本届广告节在运作上实现了几个突破。第一次设计制作了广告节作品征集专业样本45,000册，并通过专业媒体直接向广告经营单位寄发，使作品征集达到3516件，增幅达27%。展览规模达到22500平方米，有200多家公司企业参展，摊位超过600个，是历届广告节中规模最大的一次。参会人员50,000人次，超过了往届。艾菲广告实效奖参赛作品达61件，影响力与吸引力均得到大幅提高。广告节的评委达40余人，比上一届增加近一倍，提升了广告奖评比的权威性。

（二）举办首届中国大学生广告艺术节

由我会主办，江苏广播电视总台、南京财经学院承办的本届艺术节，于10月24日在南京结束。艺术节期间举办了“中国广告协会学院奖”、“大学生广告电视辩论赛”及颁奖大会。全国200余所大学， 3185件有效命题作品参加了学院奖的评比，共评出41件等级奖作品。由8个院校参与的电视辩论赛经过激烈的辩论，决出冠亚军、全场最佳辩手、最佳团体形象奖、组织奖等奖项。本次辩论赛以广告专业大学生为主体，并有强势媒体和企业参加，提高了活动的影响力。国家工商行政管理总局副局长刘凡、中国广告协会会长杨培青、中国广告协会秘书长时学志、江苏广播电视总台党委书记出席了颁奖大会。

（三）举办第五届全国广告摄影大赛及2003年度全国十佳广告摄影师评选

（四）合作举办了“首届网络广告大赛”

共征集作品800余件，得到了全国网络媒体的广泛响应，为中广协与第四媒体经营单位的合作建立了基础。

（五）首次在全国范围内开展了“2003中国广告年度人物评选”

这是目前国内广告行业参加评委最多、评选标准最为严格规范、影响力最大、最权威的一次评选，在全行业内引起极大反响。它将有力促进中国广告业职业化、企业现代化的进程。

（六）积极筹备举办“中国广告模特大赛”

二、加强服务，为国内广告业发展创造条件

“服务”始终是中广协工作的根本点和出发点，围绕这一中心，中广协今年主要加强了企业信誉、资质等

方面的工作。

（一）开展建设“中国广告业企业资质认定”工作

积极探索客观公正评价广告企业资质，公开宣传广告业企业资质认定工作，促使企业增强自身竞争力，明确努力的方向。为保证该项活动的严密性与权威性，组织召开了两次企业资质座谈会，组成了认定委员会和专家评审委员会，下发了两个配套文件。目前此项工作已进入申报阶段。

（二）开展“争创广告行业精神文明先进单位”活动

各省级广告协会推荐和广告经营单位自荐共计276家，经秘书长会议确定271家为“争创广告行业精神文明先进单位”，拟于明年年初召开表彰大会。该项活动开展已有近七年的时间，极大地推动了广告行业的自律，取得了良好的效果。

（三）加强广告发布前咨询工作

协会咨询部在为行业服务、为会员服务方面又有新的突破。截至到11月底，共完成五大传统媒体广告发布前咨询近2139件，比去年同期增长约266件，相当于去年13个半月的工作量，已经提前一个月超过去年全年2019件的咨询量；还完成了近百件印刷品广告的预审。总收入已达86万余元，比去年同期增加近5万元。开发了中央广播电台等过去很少咨询的新客户。为更好地服务客户，还注意加强与地方工商部门的联系，协助十几家企业和公司与地方工商部门进行必要的解释和说明工作，减少了企业咨询的后顾之忧，也提高了中广协咨询工作的权威性。

（四）起草下发了《关于进一步规范广告市场严禁制作和发布食品、保健品、药品等虚假广告的通知》

为加强健康教育，普及卫生知识，倡导科学文明的生活方式，完善公共卫生体系，中广协与中国青少年基金会联合推出“健康快乐袋袋传”活动，并向广告经营单位发出《关于联合开展“健康快乐袋袋传”活动的通知》。

（五）完成中国广告协会中、英文网站的建设及第39届世界广告大会中、英文网站的建设

中国广告协会网站向国内外全面系统地介绍中国广告协会的工作、资源以及中国广告行业的基本状况。静态页面共计210页，500家会员信息的录入、邮箱系统、群发功能、会员注册、首页动态数据库管理等功能已实现，为广大会员和广告行业服务提供了新的渠道。第39届世界广告大会中、英文网站，静态页面60页，在线注册功能、论坛功能已实现，为更好地推动宣传第39届世界广告大会提供了快捷有效的新途径。

（六）召开广告研讨会

1．2003年学术研讨会由南方都市报承办，主题为“中国广告业生存及发展模式研究”，于10月31日至11月2日在广州召开。70余位学术委员会委员和各界来宾300余人出席了会议。会议上，丁俊杰、日本电通公司研究主任圣仓章博先生、韩国广告传播公司总裁朴雨德先生、韩国广告自律审议机构会长、汉阳大学言论情报大学院院长赵炳亮先生做了特约报告。21位委员　“行业生存模式探讨”、“广告媒介研究”、“广告教育与人力资源研究”、“品牌与营销研究”发表了讲演。9位委员在自由研讨中做了发言。

2．召开了“2003中国民营广告企业发展战略论坛”。行业内150名代表参会，研讨效果良好。

3．与贵阳市广告协会合作，于2003年9月23－24日在贵阳市成功举办“中国广告协会学术论坛（贵阳专场）”。贵阳广告界200余人参加了此次活动。此次活动赢得了较好的社会效益和经济效益。

4．参与承办了“首届网络广告高峰论坛”。

5．2003年中日企业广告研讨会的前期筹备工作。

（七）继续办好《现代广告》、《会员通讯》等刊物，提供相关讯息

《现代广告》树立杂志品牌形象，增强市场运作力度。杂志按照总局的统一布置认真学习了“两办”关于报刊治理调整方案的文件，对杂志的工作进行了自查，经总局和国家新闻出版署的审核合格。同时，杂志社坚持周一例会制度、每月两次的政治学习制度、每月一次的业务学习制度，对提高杂志人员素质，提高办刊质量起到了推动作用。积极主动宣传报道中广协的工作重点。《会员通讯》加大了对海外信息的编译。今年《会员通讯》后八期采编文字48万，翻译文字近10万，使通讯的可读性与实用性进一步增强。出版了《现代广告——学术特辑》、《2003中国广告摄影年鉴》、《中国优势广告企业经典案例集》等书籍，在行业内引起极大反响和好评。其中《中国优势广告企业经典案例集》的出版，填补了我国广告业界无本土实战案例的空白。

（八）积极开展国内外广告培训与教育

1．全国广告上岗培训工作顺利完成。根据国家工商总局改革要求，2003年是全国广告上岗培训工作的最后一年。培训工作经过三年的实施，已经系统化，规范化。改进后的工作办法提高了工作效率，也使各地广告协会降低了此项工作的成本。2003年共完成制作培训证书2万余本，发放了15,000套培训教材。在控制成本、增加收入、保证培训质量的指导思想下，圆满完成了年度培训计划，得到了主管部门和领导的肯定。

2．2003年赴日研修员派出及2004年赴日研修员的筹备、考核。3月和9月分两批，共选派广告业四人赴日研修；10月24日在南京由日本吉田秀雄财团、中国广告协会学术委员会共同对7所大专院校10名教师进行了考核，并初步研究确定2004年赴日研修人员；在与吉田秀雄财团谈判中初步确定将赴日研修员工作顺延至2006年。

3．继续与北京广播学院合作，举办第六届广告学专业研究生课程进修班。

4．与湖南中南大学出版社共同组织、出版了8本广告教材。

5．完成《广告等级证书考试规定》、《广告等级证书实施方法》、《广告等级证书合作方式》等文件的草拟、修改等事宜，并形成文字上报工商总局，交有关方面的审查。

6．与北京广播学院、日本电通共同商谈，探讨成立三方共建院校事宜。

7．发文组织境外培训团及赴澳大利亚培训团的组织与实施。

（九）展开调研

1．对2002年广告经营单位的经营情况进行了统计与排序工作，并对排序情况出具了分析报告。该项排序已成为业界对广告经营单位实力进行衡量的重要参考指标。

2．同北京广播学院合作进行“中国广告行业状况调查”工作。在总结去年调查经验的基础上，力求今年的调查做实、做细、做深入。力求为行业发展真正解决一些问题。现基础调查已完成，“三大主题报告”和各“专项报告”将于年内完成。

3．就广告专业信息资料现状和行业需求，以及行业市场信息研究公司产品与服务内容进行广泛调研，中国广告协会信息服务方案即将形成。

4．整理发布各类数据资料30多项，整理发布户外广告招商信息70余条。

三、加强会员管理，完善组织建设

（一）加强对各专业委员会的领导

积极配合有关专业委员会进行换届选举工作，报纸委员会已换届。召开了各专业委员会主要负责人及秘书长会议。积极与专业委员会联络与协调。

（二）成立户外广告委员会和民航委员会，筹建成立电力委员会、烟草委员会、广告摄影师委员会

（三）召开法律委员会第二次会议

会上讨论了“比较广告”、“广告知识产权”和“化妆品广告中使用数据”等广告主和广告公司比较关心的议题，刘凡副局长和绝大多数委员出席了会议。目前正在进一步整理资料，以便向更多有关部门报告和反映。

（四）举办2003年中国广告协会学术委员会年会

会议就目前学委会亟待解决的问题和2004年学术研讨会的内容等做了深入的研究。学术委员会2003年共发展委员30余人，收缴90%以上委员的会费。

（五）召开了全国广协秘书长工作会议

就广告协会面临的中心工作进行了布置和讨论。

（六）开展“全国先进广告协会和广告协会优秀工作者”的评选工作

此项工作今年是第一年度，现正在申报与推荐之中。

（七）颁布《中国广告协会会员接纳与管理暂行条例》

（八）新会员的发展工作

今年新发展会员28家。

四、积极开展中外交流，推动中国广告业走向国际化

“非典”的出现，使2003年广协对外活动也受到不利影响。尽管有困难，中广协仍坚持做好外事的准备工作，利用电话传真与国际广告界保持联系，以保证国内广告界在条件合适时仍能参加国际广告活动。

（一）积极筹备2004年第39届世界广告大会

1. 3月邀请国际广协副主席海泽女士来华，专门讨论了第39届世界广告大会的筹备工作，包括演讲人的邀请、大会赞助资金等内容。

2. 制定IAA大会策划方案。制定起草了大会策划书，为大会的筹备工作制定了纲领性的文件。

3. 联系落实参与大会的有关公司及媒体，将大会的接待、展览、宣传、会场布置、大会赞助等工作委托给他们，并审阅讨论修改他们的有关策划方案，召集这些单位前来开会，共同商讨大会的筹备工作。

4. 起草、翻译及制作第39届世界广告大会的宣传册和宣传片，为出国宣讲提供了重要的支持。

5. 积极落实IAA大会的赞助工作，已与广州日报社签定资金赞助协议。

（二）国际交流及组团出访工作

本年度，中广协共组织了六个出访及宣讲团组，一方面积极参加国际活动，一方面宣传第39届世界广告大会。3月中旬，组团17人参加第六届亚太广告节；9月中下旬，组织6人前往新西兰、澳大利亚和新加坡出席了在澳大利亚悉尼市举行的2003年澳洲广告营销峰会以及新加坡国际广告节；10月下旬，中广协秘书长率领中国广告代表团赴比利时参加了世界广告主大会，11月初，参加了在印度斋浦尔举行的2003年亚洲广告大会并宣讲第39届世界广告大会；11月27日至12月10日，组团赴美参加美国艾菲奖颁奖活动，并与美国营销协会有关负责人正式签署了将艾菲奖引入中国的中美双边合同，使我会成为继法国嘎纳广告节之后又一国际重大奖项的中国惟一代理组织；12月3日至15日，中广协负责人陪同国家工商行政管理总局刘凡副局长前往加拿大、美国访问。在参加这些国际广告活动的同时，对第39届世界广告大会进行了大力宣传，通过播放大会宣传片，发放大会宣传册，使前来参会的世界各国代表对大会产生了浓厚的兴趣，取得了良好的效果。

（三）其他外事工作

1. 接待来访外宾，其中包括IAA副主席海泽女士、美国URI公司副总裁斯通尔先生、新加坡广告培训公司的安吉拉女士等。

2. 促进国际先进广告技术引入中国的工作。为美国URI公司的办公软件进入中国进行了联系并召集了推介会。

3. 发展IAA中国分会会员5人，收缴本年度国际广协会员会费。

4. 翻译往来信件及材料，为协会领导与外宾会谈及出访进行了口译工作。

2004年主要工作安排

2004年各级广告协会应以邓小平理论和“三个代表”重要思想为指导，全面贯彻十六大、十六届三中全会和中央经济工作会议精神，积极落实全国工商行政管理工作会议精神，联系广告行业的实际，紧紧围绕整顿市场经济秩序，推进诚信体系建设开展工作，努力促进行业的建设与发展。

当前，中国广告业既有良好的发展机遇，也有严峻的竞争，面对新形势，各级广告协会必须坚决贯彻“抓自律，促发展”的工作方针，认真履行指导、协调、服务、监督的职能，积极促进中国广告业健康发展。新的一年，要着力抓好以下几个方面的工作：

一、以世界广告大会为重点继续开展赛事活动

（一）确保第39届世界广告大会的成功召开

2004年世界广告大会是中广协明年工作中的重点。工作任务重、头绪多，部分前期准备工作已启动。为确保大会的顺利召开，必须制定更为全面、细致的工作计划，并将每项工作落实到具体人员。希望得到各地协会

的大力配合，力争将大会成功举办。

（二）举办好第十一届中国广告节

第十一届中国广告节初步定在北京举行。这次广告节由中广协广告信息文化传播有限责任公司具体承办，在操作上要注意吸取历届广告节的经验，既要保持广告节已有的品牌项目，也要开拓一些新的操作性强、效果好的内容。同时还要注意与世界广告大会相互配合，以达到双赢的效果。

（三）办好首届中国广告模特大赛

（四）办好第二届网络广告大赛

（五）办好第六届广告摄影大赛及年度十佳广告摄影师的评选工作

逐步完成大赛的转型工作，使大赛创造更大的市场效益和社会效益，扩大大赛的品牌效应。

（六）办好第二届大学生广告节

二、认真扎实地做好其他各项工作，提高服务质量，提升活动的档次，增强广告协会的社会影响

（一）继续加强自律工作

开展“争创广告行业精神文明先进单位”活动。加强广告发布前法律咨询工作，加强宣传，努力扩大咨询数量，促进广告质量和信誉度的提高。继续开展广告企业资质认定的工作，总结两年的经验，将此项工作做细、逐步完善，成为广告业界的权威。

（二）拟召开第五届会员代表大会

要继续树立积极发展的思想，在保证质量的前提下扩大会员数量，增强协会代表性，增强发展的主动性。贯彻落实《中国广告协会会员接纳与管理暂行条例》。加强对专业委员会的领导，完善领导制度，加强上下联络，使专业委员会在协会的统一领导下积极开展各项活动。继续开展“全国先进广告协会和广告协会优秀工作者”的评选工作。协助户外、电力、烟草委员会的成立和有关专业委员会的换届工作，积极联络民政部，力争“中广协霓虹灯委员会”获得批准成立。积极探索开展法律咨询委员会的工作。一是创造条件，把法律咨询委员会的企业工作小组尽快建立起来，再做一些企业的工作，力争有一个相对稳定的企业基础；二是结合国外的情况，理顺法律委员会与日常咨询工作的构架。筹办好2004年学委会年会，继续发展新会员，筹办好2004年学委会与韩国广告协会的交流工作，办一个学委会自己的学术性刊物，建立学委会自己的基金。

（三）在办好现有杂志的同时探索新的经营模式

为庆祝《现代广告》杂志创刊十周年，召开“国际专业期刊论坛”。办好《会员通讯》，努力增加《会员通讯》的内容，提高质量。继续配合编委会做好《中国广告年鉴》的编写工作。广告信息研究办公室应开展行业信息的收集、整理、分析、研究工作。增加为行业服务的内容，提高协会指导行业发展的能力水平。做好2003年度广告经营情况统计与排序工作。

（四）严格、认真、有效地组织好国内外短期培训

落实参训人员与培训内容的专业化要求，每批培训班的人员中来自经营单位的人数需达到一定的比例，以保证培训计划的落实和效果。组织好国外的学术交流活动与研修工作。2004年拟组织澳大利亚团和日本团两批境外培训团。重视并加强国内短期培训。积极树立以国内培训为主、国外培训为辅的思想，坚持以提高专业技术水平和管理水平为目的，以实际需求为内容，以合作办班为基本方法，摸索国内短期培训的路子，逐步形成有固定地点、固定师资和固定课程的培训模式。探索对广告主和广告公司经理的高层培训，探索以帮助企业实施走出去战略为主要内容的培训。办好中日企业广告研讨会。继续办好广告专业研究生的学历教育。积极联络与电大合办开放式本科广告专业。与中华人民共和国教育部考试中心、国家工商总局广告司商谈广告专业等级证书考试事宜。

（五）认真组织行业内的专业人员参加国际广告赛事活动

促进中外广告界的交流，开阔视野，增加商机。继续组团参加第七届亚太广告节、第51届嘎纳国际广告节、英国伦敦国际广告奖活动、美国艾菲奖活动。组成宣讲小组前往东欧、南非、阿拉伯地区宣讲IAA大会。加强对外联络资料的翻译、整理、使用。

（六）做好IAA中国分会的工作

拟于明年1月份召开IAA中国分会会员年会，通报IAA大会的有关情况，改选分会会长，成立中国分会理事会。积极发展中国分会会员，使会员人数达到150人。积极收缴IAA会费，建立会费收缴制度，使会费为会员的业务交流发挥应有作用。

（七）积极与有关领导机关探讨广告业内设计策划人员的职称评定事宜

三、加强队伍建设，提高队伍素质

（一）加强队伍的思想建设

认真学习十六大报告和三个代表重要思想，努力做到：坚持以服务为本的思想，进一步提高对协会根本性质的认识，充分理解协会生存与发展的根本在于服务。坚持重质量、重信誉的思想，逐步打造中国广告协会的优质品牌。坚持创新与发展的思想，充分认识我们的责任在于推动协会创新与发展，我们的觉悟体现于能否推动协会的创新与发展。

（二）严格纪律，落实制度

认真落实两个会议（协会月办公会议、部门周一办公会议）制度，严格请销假和资料管理文件运转制度，保证正常的工作秩序。

（三）培养勤奋、俭朴、开拓、协作的工作作风

及时表彰先进，树立好的典型，在人员少、任务重、经费紧的情况下，勤奋工作，崇尚俭朴，团结协作，开拓进取。

同志们，新的一年我们一定要在十六大精神的指导下，在各级工商行政管理机关的领导下，团结全行业的力量，努力推动广协工作的创新与发展。

’2005中国广告年鉴

China Advertising Yearbook

第十三版

13th Edition

中国广告业发展综述

发展中的中国广告业
——中国广告业25年(1979—2003年)发展报告

全中时代广告文化发展中心

我国在建国以后的很长时期内，由于受高度集中的计划经济体制的束缚，广告业发展十分缓慢，始终未能形成一个行业。“文化大革命”期间，广告被彻底否定，广告经营活动在全国被迫中止。党的十一届三中全会后，在以经济建设为中心、坚持四项基本原则、坚持改革开放的基本路线指引下，随着人们思想的逐步解放，在经济领域的许多“禁区”陆续被打破，商品广告也得以在中国恢复出现。

一、改革开放政策和中国特色市场经济的发展是中国广告业发展的根本动力

1．中国广告业的恢复时期（1979—1981年）

（1）改革开放初期，我国广告行业恢复状况。

这几年，中国仍处于计划经济时代，生产资料的产销按国家计划，许多生活资料处于供不应求或凭票供应的状态，生产企业和商家缺乏广告意识。1979年1月4日，《天津日报》首次刊出商品广告，1979年11月14日《文汇报》率先发表文章，从理论上为广告正名，明确“有必要把广告当做促进内外贸易，改善经营管理的一门学问对待”，“应该运用广告沟通和密切群众与产销部门之间的关系”。当年全国广告年度营业额约1000万元；广告经营单位仅有13户，均为国营企业；广告从业人员1000人左右。1981年全国广告年度营业额1.18亿元；广告经营单位达到1160户，均为国营和集体企业；广告从业人员1.6万人；广告费占国民生产总值的0.024%。广告经营活动集中在北京、上海、天津、广州等少数城市，广告发布主要依靠广播、电视和报纸等大众传媒，尚未形成产业规模。从广告投放的商品类别来看，主要是服装、以洗涤用品为主的日用化学品、手表、烟草和酒类。

（2）国家对广告行业的管理政策。

由于恢复时期广告业的发展速度缓慢，规模较小，国家并未将广告经营活动完全纳入行政管理的范畴，而主要采用政策指导进行管理，实行“总量控制”的方针，本着“限制、引导、管理”三原则，限定广告经营单位所有制为单一公有制（国营或集体企业）。

2．中国广告业的初步发展时期(1981—1992年)

（1）计划经济向市场经济转轨初期我国广告行业发展迅速。

随着改革开放政策的逐步扩大和深入发展，中国的国民经济开始由计划经济向市场经济转轨。这一过渡时期也是我国告别了商品短缺而进入商品竞争的时期。多数企业和商家逐渐意识到广告对商品宣传与促销、消费引导所具有的重要作用，他们对广告费用的投入也逐步加大。广告业成为国民经济发展中成长最为迅速的新兴产业之一。1981—1992年中国广告业发展中的三项主要指标：年度广告营业总额、广告经营单位总数和广告从业人员总数分别以平均46%、29%、27%的增长率高速增长，1992年分别达到67.87亿元、1.67万户和18.54万人。广告费占国内生产总值比率由1981年的0.024%上升到1992年的0.278%，增长10.58倍，全国人均广告费从1981年的0.12元上升到1992年的5.79元，增长47.3倍。这种低起点的高速发展使中国广告业迅速形成了初步产业规模。

（2）外资企业的进入和民营企业的出现使得广告行业所有制结构发生了变化。

改革开放政策实施后允许外资和民营企业从事广告经营活动，使广告经营单位的所有制结构产生了变化，突破了过去单一的国营和集体所有制结构。1986年北京成立了中国首家中外合资的广告公司——电扬广告公

司；1988年民营广告经营单位在广州出现。到1992年，全国民营广告经营单位的数量达到664户，占全国广告经营单位总数的3.98%。

（3）专业广告公司数量猛增。

广告发布的形式日益多样化使专业广告公司的发展速度超过大众传媒的发展速度。1981年，全国广告经营单位仅有1160家。随着户外广告(路牌和霓虹灯)、店堂广告、移动广告(车身和车厢广告)、印刷品邮寄广告的大量涌现，使专业广告公司的数量在1992年达到3037户。同年经营广告的大众传媒为5881户。

（4）广告投放的商品类别日益多样化。

随着商品竞争的开始和人民生活与健康水平的提高，食品类、药品类、化妆品类，以彩色电视机、电冰箱、洗衣机为代表的家用电器类商品的广告投放增长迅速，它们与原有的服装类、酒类共同占据了广告投放商品类别的前几位。

3．中国广告业的高速发展时期(1992—2002年)

（1）在发展市场经济的过程中我国广告业步入高速发展期。

随着改革开放的扩大和深入以及市场经济的发展，中国广告业逐渐进入了高速发展时期。1992—2002年中国广告业发展中的三项主要指标：年度广告营业额、广告经营单位总数、广告从业人员总数分别以平均32%、20%、16%的增长率快速增长，2002年分别达到903.15亿元、8.96万户和75.6万人。广告费占国内生产总值的比率由1992年的0.278%上升到2002年的0.88%，增长2.17倍，全国人均广告费由1992年的5.79元上升到2002年的70.31元，增长近11.14倍。

（2）《关于加快广告业发展的规划纲要》是指导我国广告业发展的纲领性文件。

在我国，国家对一个产业的政策对产业发展规模和发展速度有决定性的影响。由国家工商行政管理局和原国家计划委员会制定的《关于加快广告业发展的规划纲要》(1994年1月1日施行，以下简称《纲要》)就是国家针对广告业制定的产业政策，是目前指导中国广告业发展的纲领性文件。《纲要》对我国发展广告业的指导思想、原则和目标都做出了明确的阐述。

发展广告业的指导思想是：

根据党中央、国务院关于加快发展第三产业的战略决策，针对当前广告管理体制和经营机制中存在的问题，不失时机地加快广告业改革与发展的步伐；逐步建立起适应现代商品经济要求的广告业发展新体制和经营机制，充分发挥广告引导企业进入市场、开拓市场的作用；进一步发育完善国内广告市场，参与国际广告市场竞争，使广告业迅速发展成为适应社会主义市场经济需要的信息中介服务产业。

发展广告业的原则是：

①充分发挥市场机制作用，促进广告人才、资金、技术的合理流动与科学配置。

②统筹规划、规范管理、大力改善国家宏观调控手段，促进行业结构优化与布局合理。

③依靠科技进步，弘扬民族文化，发挥广告在促进物质文明和精神文明建设中的特殊功能。

④借鉴国际惯例和通行做法，吸收发达国家先进经验，促进国内广告市场与国际广告市场联接。

⑤把广告人才培养放在优先位置，努力创造条件，不断提高人员素质。

发展广告业的目标是：

争取用10年左右或稍长一些时间，逐步建立起企业自主经营，政府依法监督管理，以代理制为基本运营制度，广告发布前审查为基本保障，最大限度发挥行业协会自律与协调作用的新体制。建立以具备全面、综合服务能力的广告公司为主干，以高效、畅通的媒介网络为支撑，能够提供全方位、多层次、高质量、高效益服务的广告促销体系和信息传播体系。

在全国广告业的共同努力下，《纲要》提出的广告业10年发展目标已基本实现。

（3）专业广告公司已成为广告经营活动的主体。

随着“广告代理制”在全国范围的推广与普及，专业广告公司已成为广告经营的主体。出现了一批在策划、创意、经营、管理等方面已与国际接轨的本土广告公司，同时外国广告企业也积极进入中国市场，世界著名的广告企业几乎都在我国设立了合资广告公司。长期以来在广告经营活动中媒体强势，广告公司弱势的局面已得到初步改变。2002年，全国专业广告公司的数量达到5.74万户，占全国广告经营单位总数8.96万户的64.1%；广告公司的年度广告营业额达到395.7亿元，占全国年度广告营业总额903.15亿元的43.8%。大众媒体（广播、电视、报纸、杂志）的年度广告营业额为457亿元，占全国广告营业总额的50.6%，依旧占据“半壁江山”。

(4) 民营企业逐步发展成为中国广告业中的重要组成部分。

民营广告经营单位数量与从业人员的发展速度大大高于国营、集体和外资广告经营单位，其广告营业额所占比重也在逐渐增长。2002年民营广告经营单位数量、从业人员数量和广告营业额数量分别为4.7万户、37.8万人、194亿元，分别占全国总量的52.5%、50%、21.5%。

(5) 广告投放的商品结构稳中有变。

随着越来越多的民众生活进入“小康家庭”水平，广大民众对房地产、汽车、医疗服务、医疗器械、旅游、教育等类商品和服务的需求猛增。2002年，房地产业广告投入达到101.39亿元，成为我国第一个广告投入超过百亿元的商品类别。

4．中国广告业的发展完善时期(2002年至今)

随着我国进一步完善社会主义市场经济体制，广告业进入相对成熟发展阶段。这一阶段的主要特征：一是广告营业额因基数扩大后，增长速度趋缓，但仍然以高于国内生产总值增长近一倍的速度发展。例如2003年，全国共有广告经营单位10.18万户，比上年增长13.66%，首次突破10万户大关，全国广告从业人员达到87.14万人，年增长15.20%；全国年度广告营业额首次突破千亿元，达到1078.68亿元，增长率为19.44%，占全年国民生产总值的0.92%。二是随着我国加入WTO，广告市场竞争呈现国际化且更加激烈，广告公司集团化发展成为趋势，广告公司市场细分更加深入。三是产品品牌逐步成为广告宣传重点。四是广告业新情况、新问题不断涌现，现行的广告法规已逐渐不适应广告业健康发展的需要。

从广告业发展的历史沿革看，我国广告业的恢复发展，与市场经济发展的历程是同步互动，相辅相成，相互依存的。可以说，经过短短20多年的时间，中国广告业从无到有、从小到大，产业经营规模迅速跨越了四个数量级：即全国年度广告营业额从1000万元达到亿元以上用时3年（1979—1981年）；年度广告营业额达到10亿元用时6年（1982—1987年）；从10亿元突破100亿元用时6年（1988—1993年）；从100亿元到超过1000亿元用时10年（1994—2003年）。在2001年全球年度广告营业额前10名的国家中，中国以年度广告营业额95.8亿美元排名第五位。中国已成为全世界广告业发展最快的国家。同时，我国广告业已初步形成了在国民经济中占有一定份额、对国民经济发展和两个文明建设起到积极作用的推广型产业，我国广告业已成为市场经济发展的晴雨表，社会主义精神文明建设的风向标，社会主义市场经济体制完善程度的度量计。

二、依法监管辅以行业自律是中国广告业健康、有序发展的基本保障

1．建设与完善广告法规体系

(1)《广告管理暂行条例》的颁布标志着广告经营活动开始了规范化行政管理。

针对我国广告经营活动刚刚起步，广告市场虽未形成但广告内容混乱的局面，1982年2月6日国务院颁布了《广告管理暂行条例》。这标志着国家对广告经营活动开始了规范化行政管理。1987年10月26日国务院颁布《广告管理条例》（1987年12月1日起施行）对广告业（该条例第一条称为广告事业）依旧施行行政管理。在对广告业实行行政管理的阶段，国家工商行政管理局与有关政府部门制定了一系列广告审查办法、审查标准、管理办法和管理规定，初步规范了广告市场秩序。但是随着市场经济的发展，外资、合资、民营广告经营单位的出现以及各种虚假广告的大量产生，用行政管理的方式管理商业性的广告经营活动已不适应广告业发展的需要。广告需要纳入法制的轨道，创造一个广告经营单位依法经营，广告监管机构严格执法，健康有序发展的中国广告市场。

(2)《广告法》的出台，标志着广告行业发展步入了法制轨道。

经过多年的筹备和数次修改，1994年10月27日《中华人民共和国广告法》（以下简称《广告法》）经第八届全国人民代表大会常务委员会第十次会议讨论通过（1995年2月1日起施行）。《广告法》是中国有史以来第一部广告法律。制定和颁布《广告法》的宗旨是：规

范广告活动，促进广告业的健康发展，保护消费者的合法权益，维护社会经济秩序。依照《广告法》的规定，广告监督管理机关单独或会同有关部门很快出台了一系列与《广告法》相配套的广告“审查标准”、“审查办法”、“管理规定”、“管理办法”。

(3) 建立完善的广告法律体系是广告行业健康发展的必要保障。

构建广告法规体系是一个逐步完善的过程，针对在广告监管与执法中碰到的新问题、新现象，广告监督管理机关单独或会同有关部门每年都发布若干法规文件，补充与修改有关法规。目前，广告监督管理机关正在广泛征求广告业人士意见和建议的基础上对《广告法》进行修改。针对近年新出现的网络广告，制定网络广告的审查与管理办法也在逐步进行和完善中。目前，我国已初步形成以《广告法》为主干，《广告管理条例》为支撑，各部门、各地区系列规章为补充的全方位、多层次、多角度、相对完整的、具有中国特色的广告法制体系。此外，《刑法》、《反不正当竞争法》、《消费者权益保护法》、《烟草专卖法》、《食品卫生法》、《药品管理法》、《专利法》、《文物保护法》等法律中也有涉及广告规范的内容与条款。

2．加强广告监管工作、整顿和规范广告市场秩序

(1) 广告监管体系的建立。

1980年国务院批示广告经营活动由国家工商行政管理局（现为国家工商行政管理总局）管理。为此，国家工商行政管理局1981年成立广告管理处，1982年改为广告司（现为广告监管司），并陆续在各省、自治区、直辖市、计划单列市工商行政管理局设立广告处，在地区、自治州、自治盟、地级市工商行政管理局设立广告科，在县、自治县、县级市工商行政管理局设立广告监管股，在基层工商行政管理所设立广告监管员。

此外，在管理广告过程中，也涉及到其他相关部门的职能，如：国家广播电影电视总局、国家新闻出版总署、国家食品药品监督管理局、卫生部、农业部、教育部、建设部等政府部门。他们根据法律法规的规定，承担相应的管理职责，如：卫生部门、药品监督管理部门负责医疗广告、药品广告、医疗器械广告发布前的出证、审查；农业行政管理机关负责农药、兽药广告发布前的审查；对户外广告的管理还涉及县级以上人民政府的城市建设、环境保护、公安等有关部门。

截至2003年底，国家工商行政管理总局已在全国范围内构建了中央、省、市、县四级广告经营活动监管体系，各级工商行政管理机关的专职广告监管人员约4000多人。

(2) 广告监管工作的职责。

维护公平竞争的市场秩序，保护经营者和消费者的合法权益是广告监管工作的基本出发点，同时指导广告行业发展也是广告监管工作的重要职能之一。作为广告经营活动的监管主体，各级工商行政管理单位广告监管部门的主要职责还包括：

①研究拟定广告经营资质标准、发布标准和规范交易行为，发布管理的规章制度，具体措施、办法，并监督实施。

②审批管辖范围内的广告经营单位、临时性广告经营活动和特殊广告媒体（形式）的登记监督管理。

③组织、指导、查处广告经营活动违法案件和虚假广告。

④指导广告审查机构和广告协会工作。

(3) 查处违法违规广告是广告监管工作的重点。

维护公平竞争的市场秩序，保护经营者和消费者的合法权益是广告监管工作的基本出发点。而违法违规广告的存在扰乱了公平竞争的市场秩序，损害了依法经营者和广大消费者的合法权益，因此一直是我国广告监管工作的重点。

①违法违规广告的主要特点：

从目前违法违规广告的总体形势上看，一般性违法违规广告比较普遍，严重违法违规的大案、要案发案率较低。

从目前违法违规广告的发布形式来看，散发的印刷品小广告问题最严重，其次是大众传媒（包括广播、电视生活栏目和娱乐频道、都市类报纸、生活类杂志）广告发布的违法违规率仍然较高，户外广告（包括路牌、灯箱、霓虹灯、公交载体、电子显示屏和影视屏）和店堂广告违法违规率较低。

从目前违法违规广告涉及的商品类别来看，主要集中在药品、医疗服务、食品、房地产、加工承揽等类商品与服务。以2002年全国查处的违法违规广告案件为例，违法违规药品广告1.23万件、违法违规医疗服务广告0.87万件、违法违规食品广告0.53万件，分别占违法违规广告案件总数的14.7%、10.38%和6.3%，三类合计占全国违法违规案件总数的31.38%。

②违法违规广告存在的主要原因：

某些行业管理的不规范是违法违规广告行为存在的根本原因。如在医疗服务行业存在大量的非法游医和非法承包的医疗机构直接导致了违法违规医疗服务广告屡禁不止。在印刷行业，许多不甚了解印刷品广告相关规定的印刷企业和无照非法经营印刷业务的个体户大量从事印刷品小广告的制作和印刷是印刷品小广告泛滥的源头。

某些企业缺乏法律意识和诚信原则，利用广告从事不正当竞争的经营行为也是违法违规广告存在的重要原因。

一些大众传媒单位作为广告发布者，为追求经济效益而忽视社会效益，不严格依法实施广告发布前审查是使违法违规广告得以出笼的直接原因。更有少数大众传媒单位因“有偿新闻”与“新闻广告”的法律界限不清，钻法律不完善的空子，刊播以新闻报道之名行发布商业广告之实的“软广告”或“二类信息”。

现行广告法规对违法违规广告的处罚力度不足，对违法违规者起到的惩戒作用有限也是某些违法违规广告屡禁屡犯的主要原因之一。如《广告法》中对违法行为的罚款标准是以广告费用为基数计算，最高可处五倍罚款。但对性质恶劣、后果严重且广告费用并不高的印刷品小广告即使处以五倍罚款，也不足以对违法者起到震慑作用。

③查处违法违规广告的主要措施：

完善各项广告监管制度，加大广告监管执法力度。一是坚持和完善广告发布前审查制度，最大限度地将违法违规广告遏制在发布之前。二是坚持和完善广告监测制度，建立覆盖全国范围的广告监测网，运用现代信息技术掌握广告发布动态。三是坚持和完善典型违法违规广告案例公告制度，对广告主、广告经营者、广告发布者和广大消费者起到警示作用。四是坚持和完善违法违规广告案件督办和协办制度，加强各地各部门广告监管力量在办案中的统一与协调，解决同一违法违规广告行为异地办案难的问题。五是建立广告经营活动主体的信用等级制度和信用等级披露制度，通过市场竞争淘汰信用等级不合格者。

集中时间，突出重点，开展对违法违规广告的专项整治。集中时间是指每年都要规定一段时间开展对违法违规广告的专项整治。要制定阶段性目标，逐步推进，务求成效。突出重点是指把与人民群众切身利益密切相关的、社会反映强烈的商品与服务类别的违法违规广告作为专项整治的重点。专项整治重点的确定可分为三个层次：一是国家工商行政管理总局根据全国广告市场发展的状况，每年工作计划中部署的全国集中整治的重点。二是根据一个时期广告市场中暴露出来而又引起社会关注的问题及时确定的整治重点。三是各地根据本地区实际情况而确定的本地区整治重点。

标本兼治、重在治本、综合治理。在治理和规范广告市场秩序的工作中，各地的经验表明，广告监管部门要积极争取地方党政领导的支持，要主动同有关部门相配合，开展全方位、多层次的综合治理。发挥卫生、农业、药监等广告行政审批及出证部门的作用，严把广告审批与出证关；发挥新闻出版、广播电视主管部门的作用，加强对大众传媒的行业监管，严把广告发布关；发挥城建、城管部门的作用，对户外广告和散发的印刷品小广告进行监管和治理；发挥广告行业组织的作用，建立和完善广告行业自律体制；发挥广大消费者和消费者协会的作用，疏通违法违规广告投诉、举报渠道，逐步建立社会监督体系。

通过全国广告监管人员和有关部门的共同努力，查处违法违规广告的工作取得了初步成效。2001—2003年，全国共查处违法违规广告案件23.46万件，罚没款5.21亿元，责令停业整顿1905户，吊销广告经营许可证1976户，在一定程度上维护了广告市场的健康发展。

3. 发挥行业组织的作用、完善行业自律机制

（1）广告行业组织的建立。

1980年3月29日，大连市广告协会成立，这是我国建立最早的地区性广告行业组织。1981年8月21日，经国务院和对外经济贸易部批准，中国对外贸易广告协会在北京成立。1983年12月27日，经国务院批准，中国广告协会在北京成立，标志着中国广告业有了自己的全国性行业组织。中国广告协会的职能是：在国家工商行政管理总局的领导下，承担着抓自律、促发展，指导、协调、服务、监督的基本职能。此后各省、自治区、直辖市、计划单列市广告协会陆续成立。1998年8月12日

成立的西藏自治区广告协会是最后成立的省级广告协会。在经济较发达的东部省份还成立了若干地区市级广告协会。

（2）广告行业组织的主要任务。

中国广告行业组织的主要任务是：

制定行业自律规定，规范行业经营行为，促进广告市场健康有序的发展；

负责对广告企业的资质评审，扶植优势企业发展，促进产业结构的优化调整；

开展行业培训工作，努力提高从业人员的业务素质；

加强广告学术理论研究和中外广告学术交流，促进中国广告理论的发展；

代表中国广告业参加世界广告组织和活动，与世界各国广告协会建立联系，组织中国广告界参加国际性的广告赛事，开展国际交流与合作；

开展广告发布前咨询工作，为广告主、广告公司、媒介广告部提供法律援助；

举办中国广告节等会展活动，评选优秀广告作品，推举新人，树立广告业的良好形象；

参与广告业的立法立规工作，向政府有关部门提出合理建议，反映广告行业的意见和要求；

办好行业杂志，发布行业统计数据，开发信息资源，建立信息网络，为行业提供信息服务。

（3）广告行业组织成立以来取得的主要成绩。

中国广告协会成立以来取得的成绩主要表现在以下几个方面：

举办每年一届的中国广告学术讨论会。以此来促进广告教育水平和广告从业人员职业素质的提高（1982—1984年度的中国广告学术讨论会由中国广告学会主办）。

举办中国广告节。评选优秀广告作品，展示广告业的业绩（前三届1982—1992年为不定期，名称为优秀广告作品展；第四届至第六届1995—1999年为双年期，名称为优秀广告作品展；第七届至第十届为年期，名称更名为中国广告节）。

代表中国广告业分别于1984年和1985年首次参加由国际广告协会在日本举办的第二十九届世界广告大会和由亚洲广告协会联盟在泰国举办的第十五届亚洲广告大会。此后中国广告协会派团参加了历届世界广告大会和亚洲广告大会（第十九届除外）。1987年5月和6月，国际广告协会中国分会和亚洲广告协会联盟中国国家委员会分别在北京成立并取代台湾成为这两个国际广告组织的正式成员。同年6月16日，由中国广告协会和中国对外贸易广告协会联合主办的第一届第三世界广告大会在北京召开。这是中国首次举办的大型国际广告会议。2000年在第三十七届世界广告大会上，中国申办第三十九届世界广告大会成功，第三十九届世界广告大会于2004年在北京召开。此外，中国广告协会还分别于1987年、1991年、1992年派团参加了在埃及举办的第一届阿拉伯世界广告大会，在墨西哥举办的第二届拉丁美洲广告大会和欧洲户外广告联盟在奥地利举办的第六届世界户外广告会议，与世界五大洲主要广告组织建立了联系。1996年6月，中国广告协会首次派团参加了第四十三届嘎纳国际广告节。此后历届嘎纳国际广告节中国均派团参加并选送优秀广告作品参赛。2000年，中国广告作品首次在嘎纳国际广告节中获奖。2003年，在第四十九届嘎纳国际广告节中我国广告作品获银奖、铜奖各一项。

1983年中国广告协会成立之时，香港地区的同业即派代表参加了成立大会。此后，与港台地区同业之间的交流活动日益增加。

采取走出去、请进来的双向方式广泛开展国际间广告人才的交流。自1985年起，中国广告协会每年都组织若干次广告业出国考察或代培、外国广告业来华访问或讲学的活动。这对我国广告业人士了解世界广告业动态和学习外国广告业的先进经验起到了积极的作用。

自1986年贵阳电视台播出我国首例公益广告《请君注意 节约用水》之后，中国广告协会及各级行业组织协助广告监管机构多次在全行业范围内开展公益广告宣传活动和争创文明先进广告经营单位活动。通过开展这两项活动不仅使广告业为全国的精神文明建设做出了贡献，也对广告业本身道德水准的提高有着重要意义。

三、教育与科技水平的提高是中国广告业可持续发展的关键因素

1．高等院校的广告专业教育是培养广告专业人才的主要来源

广告行业是知识密集行业，对从业人员的学识要求较高。培养大批具有大专以上学历广告专业人才的任务主要由我国的高等院校承担。1983年，厦门大学开设了

“文革”以后全国第一个本科广告专业。但其后一段时期高等院校的广告教学发展缓慢，到1989年，全国设有广告类专业的高等院校不足10所。随着中国广告业进入高速发展时期，对广告专业人才的需求量猛增，广告学(包括广告设计)成为高等教育中最热门的学科之一。自1990年后，每年都有一批高等院校开设广告类专业。1994年，厦门大学又开设了全国第一个硕士学位的广告专业。据教育部统计，到2003年，全国设有广告类专业的高等院校达到155所（其中本、专科教学点190个，硕士研究生授权点20余个，博士研究生授权点2个）；全国高等院校从事广告教学的讲师、副教授、教授人数超过2000人；目前全国高等院校的广告类在校生为2万至3万人。广告类专业已成为全国高等院校招生的热门专业之一。《中国广告年鉴》的调查表明，近年来全国高等院校广告类专业的新生录取标准一直高于平均录取标准，其中招生分数较高的约占40%，偏高的占50%，中等的约占10%，偏低的为零。

2．形式多样的在职教育满足了对广告行业不同层次专业人员的需求

由于我国高等院校的广告专业教育起步较晚，目前，仍有相当数量的广告从业人员素质不高。因此我国广告人才发展的基本战略是专业教育与在职培训并重。在对广告从业人员的在职培训方面，高等院校和行业组织发挥各自的优势，或通力进行合作。在职教育有函授、短期脱产培训、国外代培等不同形式。

1986年2月22日，中国广告协会主办的中国广告函授学院在北京举行开学典礼，首期招收学员近3000名，1989年该院首期广告专业函授生2500名毕业。目前，我国还有10余所高等院校也开设了广告专业函授班，每年招收的函授生约1000人。

自1984年6月中国广告协会在郑州举办第一个广告专业培训班以来，高等院校和各级广告行业组织每年都分别或联合举办大量的短期脱产广告专业培训班，以培养广告业务员、广告审查员为目的的培训班，学期多数为1至3个月；以培养专科学历为目的的多数为半年左右；以培养本科或硕士学历为目的的多数为一年。此外还有数量众多，培养广告专项技能的短期脱产培训班。

1992年1月，中国对外经济贸易广告协会委托美国纽约的佩斯商学院为我国广告从业人员举办广告专业培训班，开创了我国广告业国外代培的先河。此后我国广告行业组织多次与外国广告行业组织、高等院校、著名广告公司合作，选派我国广告从业人员参加国外举办的广告专业培训班。一些有实力的中国广告公司也不定期地委托外国广告公司代培本公司的人员。

近年来，各种形式专业培训活动的开展对行业的发展和从业人员整体水平的提高起到了很大的推动作用。

3．推广最新科学技术，提高广告行业的科技含量

广告行业也是科技密集行业，是IT高新科技应用最普及的行业之一。中国广告业成长与发展的过程就是不断学习引进世界最新科学技术，不断提高中国广告产品科技含量与制作水平的过程。外资广告企业进入中国后，进一步促进中国本土广告经营单位和广大从业人员在向其学习，与其竞争的过程中迅速缩小了与外国广告业先进科技水平的差距。目前，中国广告制作大多采用世界前沿技术。电脑绘图与制作技术已在中国广告产品中广泛得到应用；大型彩喷广告、大型影视屏广告、大型电子屏幕版广告也已在中国普遍出现。

四、中国广告业发展中需关注的若干问题

1．广告业发展中的地区不平衡现象

中国广告业在发展过程中一直存在西部地区发展与东部地区发展严重不平衡的局面。以2003年为例，内蒙、广西、贵州、云南、西藏、甘肃、青海、宁夏、新疆九个西部省区年度广告营业额合计48.70亿元，仅是全国年度广告营业总额1078.68亿元的4.79%；北京、天津、辽宁、上海、江苏、浙江、山东、福建、广东九个东部省市年度广告营业额合计838.04亿元，占全国年度广告营业总额的77.7%。其主要原因在于东西部之间长期存在的经济发展不平衡和东西部企业与消费者之间对市场经济理解的差异。随着国家“西部大开发”战略的实施，西部地区的经济将会有较快的发展。在广告监管机关与行业组织把鼓励与促进西部广告业的发展作为工作的一个重点的同时，也希望东部地区的广告业者能够加强与西部同业的交流与合作，帮助西部广告业尽快缩小与东部广告业之间的差距。

2．如何打造有规模、实力强、水平高的现代广告企业，参与国际竞争

目前我国广告经营单位总数超过10万户，但除传播媒体外，绝大多数广告经营单位规模较小。中国广告协会公布的2002年全国广告公司营业额前100名排行榜中，居前五位的都是外资或合资广告企业，中国本土广告公司年度营业额超亿元的仅31家。

今后，中国广告业发展的重点应从数量的增加改变为规模的提升。争取在较短的时期内，通过强强联合和兼并的方式打造出一批有规模、实力强、水准高的现代广告企业。使他们不仅在国内能与外资或合资广告公司相抗衡、扩大本土广告公司的市场份额，而且能为著名国产品牌开拓国际市场、参与国际竞争做出贡献。

3．进一步完善广告法律体系

《广告法》1995年2月1日实施以来，对规范广告市场，促进广告行业的发展发挥了重要作用。但由于《广告法》制定时，我国刚刚开始建立社会主义市场经济体制，广告业还处在初始阶段，很多问题还没有凸显或出现。近几年来，伴随着市场经济的发展，利用广告从事违法经营的行为日趋增多，虚假广告屡禁不止。执法机关在规范广告市场秩序中虽然做了很多努力，取得了一定成果，但从总体上感到《广告法》现有规定已不能完全有效地调控和规范广告市场。

存在的主要问题一是《广告法》不能涵盖所有市场主体和广告行为。《广告法》所确定的规范范围，其主体为“广告主、广告经营者、广告发布者”，客体为“商业广告”。随着市场经济的发展，广告业出现了诸如广告信息咨询、广告法律咨询、广告交易、市场调查、技术服务、媒介购买等中介机构，直接或间接地参与了广告经营活动，成为广告市场主体的一部分；在广告形式上，公益广告、招聘、招生以及寻人、寻物、悬赏等非商业广告越来越多地出现在各种媒体上，对社会生活和消费者均产生一定的影响。网络广告的出现及迅速发展客观上也提出了需要加强监管的要求。上述广告中介机构及非商业广告、网络广告等均需要《广告法》统一予以规范。

二是有些规定不够明确和完善，缺乏可操作性。《广告法》虽然提出“真实、合法”、“清楚、明白”的要求，但未规定判定广告真实性的具体标准，也未对此要求作出任何说明，执法人员仅凭自己的理解，难以正确把握执法尺度。如《广告法》对处方药、非处方药及用于不同类别疾病的药物的广告规范及审查程序过于笼统，在执法中难以把握尺度，致使此类广告违法严重而又难于治理，消费者也难以依据《广告法》维护自身合法权益。

三是《广告法》授予广告监督管理部门的监督检查权力有限，对违法广告的处罚规定太轻，缺乏应有的威慑力，使得部分违法者有恃无恐。

四是广告法律体系尚不完善和统一。《广告法》颁布后，在此之前发布的《广告管理条例》仍在同时实施，造成了部分内容欠缺完善和缺乏统一性。

4．在加大广告监管执法力度的同时进一步发挥行业组织的自律职能

目前，在我国的广告经营活动中违法违规的现象仍较普遍。在广告类别中，印刷品广告存在的问题十分突出；在产品类别中，保健食品、药品、医疗器械与医疗服务、房地产类广告中虚假广告的比例依然较高。这些违法违规广告不仅损害了消费者的利益，也败坏了广告业的声誉，必须坚决制止和打击。在加大监管与执法力度的同时，要进一步发挥广告行业组织的自律职能，加强法制宣传，鼓励广告经营单位依法经营、公平竞争。

5．制定支持广告业发展的产业政策

目前，应根据市场经济发展的规律和广告行业的自身特点尽快研究并制定出支持中国广告业发展的产业政策。除国家限制发展的行业外，制定鼓励企业加大广告费投入的税收优惠政策；将广告业作为第三产业中重点发展与扶持的行业之一，采取综合配套扶持政策，以促进广告行业持续、稳定、健康发展。

6．重视广告教育，不断培养高素质、专业化的广告人才

随着我国广告行业的高速发展，广告教育已越来越得到业内外的高度重视。但广告学科目前仍被一些院校列为一级学科新闻传播学领域内的三级学科，这种学科定位已不能适应广告行业发展对理论研究及学术传播的要求。应考虑将广告学科列为经济类学科中的一级学科，使其成为能包括若干不同专业的独立学科。同时在广告人才培养上，应在保证数量的基础上注意人才综合素质的提高。这项工作包括：组织专家、学者编写新的、高水平的专业教材；提高广告教学师资的素质和教学水平；在有条件的高等院校增设广告类硕士学位和博士学位专业等等，以培养更多的具备综合素质的广告业高级人才，以满足行业发展的需要。

2004年中国广告业发展综述

2004年，我国全面树立和落实科学发展观，进一步加强和改善宏观调控取得明显成效，经济运行中的不稳定、不健康因素得到有效抑制，国民经济继续保持平稳较快发展的良好势头。据国家统计局统计，2004年我国国内生产总值达136515亿元，较2003年增长9.5%。其中，第一产业增长6.3%；第二产业增长11.1%；第三产业增长8.3%。在国民经济良好发展势头的推动下，2004年我国广告行业快速平稳增长。据国家工商行政管理总局统计，2004年底，全国共有广告经营单位113508户，比上年增加11722户，增长11.5%；广告从业人员913832人，比上年增加42466人，增长4.9%；广告营业额达1264.6亿元，比上年增加185.9亿元，增长17.2%。年度广告经营额占国内生产总值0.93%，占第三产业生产总值2.9%。

一、广告公司快速增长

2004年底，全国有广告公司76210户，比上年增加9857户，增长14.8%，广告公司占广告经营单位总数的67.1%。广告公司从业人员达641654人，增加49007人，增长8.2%，占广告从业人员总数的70.2%。营业额达565.2亿元，增加120.4亿元，增长27%。

广告公司连续多年保持增长的原因在于：第一，我国经济连续多年保持平稳较快的发展势头，促使广告投放连年增加，更多的人对广告市场预期看好，刺激了广告公司的建立；第二，2004年实行国民经济宏观调控政策，主要涉及部分投资增长过快的原材料加工行业，而广告主相对集中的第二、第三产业投资分别增长38.3%和21.6%，继续保持快速发展；第三，广告业中的一些新的专业服务领域扩展较快，如整合营销策划、广告策划、广告代理、广告设计、广告制作、包装装潢设计、技术服务、信息服务、业务咨询等项专业服务，无论是综合的还是单项的，无论是高层次的还是低层次的，需求都在不断继续增长。

二、大众媒介经营总体增长

2004年电视、广播、报纸、杂志广告经营额为575.5亿元，占广告经营单位经营总额的45.5%。其中，电视经营额为291.5亿元，比上年增加36.5亿元，增长14.3%，占广告经营单位经营总额的23%；广播经营额为32.9亿元，比上年增加7.3亿元，增加28%，占广告经营单位经营总额的2.6%；报纸经营额为230.7亿元，比上年减少12.2亿元，占广告经营单位经营总额的18.2%；杂志广告经营额为20.3亿元，比上年减少4亿元，占广告经营单位经营总额的1.6%。

近几年的统计数据表明，电视市场正处于快速发展时期。发展速度远远高于广播、报纸、杂志。据统计，全国现有电视频道总量达2094个，全年节目播出总量为1004万小时。自1983年至2004年22年间，全国广告经营额年平均递增37%，电视年平均递增45%，广播年平均递增30%，报纸年平均递增33%，杂志年平均递增30%。电视的发展速度远高于其他媒介。

三、广告投放的行业基本格局未变

房地产业已成为国民经济的支柱产业，房地产广告继续保持投放量第一的位置。据统计，目前，个人购买商品住房占全国商品房销售额的95%。正是在这样的形势下，房地产广告连续三年稳居行业投放量第一。2004年，房地产广告经营额125.31亿元，占年度广告经营额的10%。药品和食品广告仍然处在第二和第三的位置，2004年的广告经营额分别为122.39亿元、107.04亿元。

总体而言，广告投放的行业格局基本未变，但在量比方面发生了一定的转化。广告经营额排位相对靠后的行业的广告经营额出现了明显提升，如汽车广告经营额为59.29亿元，比2003年增长了25.26%、化妆品广告经营额为86.69亿元，比2003年增长了18.73%。传统的广告重点投放行业，呈现“软着陆”态势。新兴和新崛起的行业，广告投放增长迅猛，而且预计这种表现将会保持相当长的时间。

四、国有及集体企事业数量明显减少，个体私营企业数量大幅度增加

2004年，业内国有企业数量减少了13.26%，为6024家，但营业额基本持平；国有事业单位数量减少了1116家，减幅为11.45%，营业额略有增长；集体企业单位数量减少19.09%，户均营业额变化不大；集体事业单位减少11.70%，营业额几乎没有变化；个体私营企业单位数量增加25.32%，达到了76916家，营业额增长36.48%；外商投资企业单位数量减少7.7%，营业额增长56.06%；联营企业单位数量减少61.56%，为469家，户均营业额略有增长；其他经济成分单位数量略微增加1.41%，但营业额大幅增长74.34%。

广告企业单位效益的提升，说明中国广告业成分结构调整的作用已经显现。而且，为适应市场要求，这种调整的步调有加速的迹象。个体私营企业单位数量及营业额继续维持高速增长的态势，展现出中国广告业作为新兴产业的活力，也与广告服务市场的专业化细分需求相吻合。同时，这些中小公司数量的激增，为广告业的进一步整合提供了更多的选择，也提出了更迫切的要求，广告业的整合动作将加剧。国有企业改革成效稳固，但仍然有巨大的潜力有待释放。随着企业资本运作水平的提升，多种成分相互融合或联合将有助于提高企业管理水平及合理配置市场资源，效益空间必然得以扩展。外商投资企业及其他经济成分单位的营业额大幅度增加，说明了管理优势、集团化优势、资本优势对中国广告市场的吸引力和影响力。随着中国广告市场在2005年年底对外资完全开放以及更多中国品牌走向国际市场，外商投资企业在中国广告市场上所占份额仍将维持较高比例。外商投资的增加，将为中国广告企业的并购重组提供更大动力，从而有益于中国广告业市场资源及运营管理状况的整体优化。

五、多数地区增长，两端市场表现抢眼

2004年，20个省、自治区、直辖市广告营业额增长，11个省、自治区、直辖市广告营业额有所减少。广告营业额曾经最低的西藏自治区，2004年的广告营业额为1.8亿元，增幅高达716.84%，超过了贵州、青海、宁夏等省。北京、上海、广东等广告业发达地区继续保持较快的增长速度，尤其是上海，增幅达到了40.09%。经济较发达省市及沿海地区（北京、天津、河北、辽宁、上海、江苏、浙江、福建、山东、广东、广西、国家工商总局直管单位）广告营业额占全国广告营业总额的比重依然巨大，广告业的重心仍在东部的状况在相当长的阶段内不可能真正改变。但西北地区的广告营业额呈普遍增长态势，部分省份增长显著。这表明市场增长点在两端发育得比较快速，也从某种角度体现了广告主的选择趋向。中部地区省份出现分化，广告营业额增长与减少的省份各半。这些省份的广告市场比较成熟，广告投放比较理性，但对区域内强势媒体运营状况的依赖度偏高。某种意义上讲，对媒体资源的创新开发与整合能力将决定该地区广告市场的发育速度。

六、广告监管力度加大，市场秩序逐步规范

2004年，国家工商行政管理总局广告监管部门加大了整顿和规范广告市场的力度，继续以治理医疗广告、药品广告、保健食品违法广告为重点。据统计，全年共查处违法广告案件6.18万件，罚没款1.71亿元。责令公开更正3446件，责令停止发布16628件，停业整顿149户，吊销证照97户。处罚广告主34869件，处罚广告经营者7968件，处罚广告发布者10893件。在违法广告类别中，药品、医疗服务、保健食品广告的违法率居前三位，分别占总数的14.46%、10.32%、6.02%。另外，食品、服务业、房地产广告的违法率也较高，分别占总数的4.51%、4.25%、3.50%；在违法媒介中，户外媒体、印刷品媒体、报纸、电视广告的违法率仍较高，分别占总数的38.32%、20%、12.05%、7.16%。其中，报纸与电视的违法率增幅明显。

在加大监管和处罚力度的情况下，总的违法广告数量有所减少，违法率有所下降，但有些领域、有些行业的广告违法率仍居高不下，报纸与电视广告违法加重，说明整顿和规范广告市场的任务仍然严峻。

’2005中国广告年鉴
China Advertising Yearbook
第十三版
13th Edition

中国广告业年度统计与数字

2004年全国广告经营单位情况统计表

项目		经营单位（户）	从业人员（人）	广告经营额（万元）	纳税额（万元）
合计		113508	913832	12645600.99	649352.02
其中	国有企业	6094	67496	1545852.81	129779.04
	国有事业	8629	76896	4564661.14	172693.17
	集体企业	4615	45979	415091.92	35654.58
	集体事业	898	7492	104935.06	4774.84
	个体、私营企业	76916	575662	3371149.49	247095.43
	外商投资企业	370	10092	1336563.35	30079.84
	联营企业	469	4677	26422.52	1592.89
	其他	15517	125538	1280924.70	27682.23
其中	广告公司	76210	641654	5652955.79	343387.67
	兼营广告企业	13105	97867	462142.48	29562.45
	电视台	2750	28854	2915415.10	117073.42
	广播电台	714	7335	329346.11	11752.93
	报社	1955	23646	2307241.62	119501.80
	杂志社	4006	27446	203697.59	8569.17
	经营广告的网站	274	2098	76378.28	7022.24
	其他	14494	84932	698424.02	12482.34

2004年全国广告公司经营情况统计表

项目		数量（户）	注册资金（万元）	广告经营额（万元）	营业收入（万元）	从业人员（人）
合计		76210	5159921.88	5556510.72	3348141.48	641654
其中	国有企业	3393	1414366.02	960610.55	348793.51	41348
	集体企业	2836	175634.54	250648.75	129700.91	32112
	私营企业	56517	2743139.08	2754267.08	2043419.62	449936
	外资企业	306	139777.00	1163396.13	497791.57	5502
	中外联营企业	411	47150.00	24577.01	18221.00	4108
	其他	12747	639855.24	403011.20	310214.87	108648
其中	股份有限公司	1495	426513.16	116258.86	80119.32	16439
	有限责任公司	74715	4733408.72	5440251.86	3268022.16	625215

2004年全国户外广告经营情况统计表

项目		数量	单位
户外广告经营单位		69386	户
户外广告经营额		1157628.21	万元
户外广告媒体	霓虹灯	155430	个
	路牌	388876	个
	电子显示屏(牌)	31039	个
	公交载体	408886	个
	立体模型	31494	个
	灯箱	513429	个
	其他	788748	个
	合计	2317902	个

2004年全国十大产业

	项　目	房地产	药　品	食　品	化妆品	家用电器
	合　计	1253164.55	1223937.37	1070436.30	866991.43	765098.15
其中	国有企业	172796.91	197225.80	97619.00	101390.03	75090.41
	国有事业	415525.03	481374.78	442440.16	341671.15	305897.41
	集体企业	70596.71	50946.08	22680.17	17778.67	31818.00
	集体事业	10851.21	9519.38	8154.09	5702.80	6004.44
	个体、私营企业	468543.25	316113.98	281852.26	153861.01	236983.08
	外商投资企业	50389.13	94048.00	158378.73	195416.48	73067.38
	联营企业	2649.56	2778.63	2423.26	1303.44	1080.50
	其　他	61812.75	71930.72	56888.63	49867.85	35156.93
其中	广告公司	595052.36	478743.30	503178.26	424423.69	372281.14
	兼营广告企业	41563.29	42147.79	32744.49	26550.54	28877.08
	电视台	192342.33	318904.48	411322.44	296181.86	205392.04
	广播电台	21387.06	43975.83	19175.73	16040.76	11810.84
	报　社	361668.20	281045.81	72504.45	77530.81	125572.18
	杂志社	18938.27	29545.57	13578.84	13135.47	8076.22
	经营广告的网站	4165.51	10994.20	2349.10	1499.80	628.23
	其　他	18047.53	18580.39	15582.99	11628.50	12460.42

广告投放额统计表

医疗服务	汽车	保健食品	酒	服务	其他
621025.29	592933.60	480734.77	368000.22	355293.18	5047986.13
75833.04	70596.29	71559.74	48858.32	41111.40	593771.87
308099.45	252404.04	204241.11	121257.95	94101.17	1597648.89
20488.64	13323.72	22862.00	13632.48	10949.82	140015.63
9333.99	2162.20	7473.44	5179.60	2015.72	38538.19
164803.97	160928.69	135217.43	106663.74	146971.11	1199210.97
9474.50	65967.00	15045.24	28230.30	10355.72	636190.87
2588.00	1528.13	1433.40	2078.59	465.71	8093.30
30403.70	26023.53	22902.41	42099.24	49322.53	834516.41
174024.81	288153.09	190006.93	176651.02	200748.86	2249692.33
26376.15	12197.89	16887.07	31094.56	13999.03	189704.59
185862.07	149174.70	148518.93	91265.64	49014.92	867435.69
41792.50	11761.75	16663.30	14139.91	7265.43	125333.00
168676.72	115976.59	86999.28	37409.70	68804.15	911053.73
14592.12	8650.06	8699.93	7078.66	4021.88	77380.57
416.20	1337.00	2899.24	317.80	378.77	51392.43
9284.72	5682.52	10060.09	10042.93	11060.14	575993.79

2004年全国查处

	项　目	查处案件总数（件）	违法广告性质		
			虚假广告(件)	非法经营广告(件)	其　他
	合　计	61755	11315	14045	36395
违法广告案值	1万元以下	56583	9557	13177	33849
	1-5万元	4440	1548	701	2191
	5-10万元	526	161	128	237
	10-50万元	177	43	33	101
	50万元以上	29	6	6	17
违法广告行为主体	广告主	34869	6717	7441	20711
	广告经营者	7968	1438	2733	3797
	广告发布者	10893	2118	2640	6135
	其他	8025	1042	1231	5752
违法媒介	电视	4423	1070	1333	2020
	广播	998	307	314	377
	报纸	7440	1942	1116	4382
	期刊	486	86	123	277
	户外	23664	2415	6355	14894
	印刷品	12353	3596	2818	5939
	网络	358	245	36	77
	其他	12033	1654	1950	8429

违法广告情况统计表

责令公开更正（件）	责令停止发布（件）	停业整顿（户）	吊销证照（户）	罚没款（万元）
3446	16628	149	97	17061.87
*	*	*	*	*
*	*	*	*	*
*	*	*	*	*
*	*	*	*	*
*	*	*	*	*
2037	10343	30	3	8701.14
437	2203	30	90	2475.26
674	2871	42	2	3963.98
298	1211	47	2	1921.49
320	1365	14		1719.55
74	307			396.45
456	2542	1		3912.06
11	198	2	1	641.30
1313	6369	48	7	4360.83
812	3945	41	2	2951.59
20	120			310.27
440	1782	43	87	2769.82

2004年全国查处违法

	项 目	查处案件总数（件）	违法广告性质		
			虚假广告(件)	非法经营广告(件)	其 他
违法广告产品类别	药品	8928	2335	2085	4508
	医疗服务	6376	1465	1562	3349
	保健食品	3721	1361	762	1598
	食品	2783	676	737	1370
	服务业	2627	435	689	1503
	房地产	2160	377	505	1278
	化妆品	1650	421	389	840
	服装、服饰	1588	346	482	760
	农资	1539	416	382	741
	家用电器	1352	239	366	747
	招生、招聘	992	244	322	426
	医疗器械	941	276	236	429
	酒类	922	163	293	466
	信息业	483	54	160	269
	汽车	319	30	91	198
	烟草	198	12	80	106
	金融保险	138	16	40	82
	其他	25038	2449	4864	17725

广告情况统计表(续表)

责令公开更正(件)	责令停止发布(件)	停业整顿(户)	吊销证照(户)	罚没款(万元)
592	2960	4	4	2769.31
502	2244	12	1	2278.10
223	1043	12		1239.74
173	884	8	3	662.94
112	731	5		480.74
108	576	4		1260.22
96	408	10		369.07
85	400	3		314.51
161	512	14		270.68
65	344	1		369.51
73	305	8		201.88
78	251	1		342.75
52	233	1	1	178.10
19	140			158.91
16	67			93.11
7	64			170.15
4	42	1		38.73
1080	5424	65	88	5863.42

2004年全国各地广告经营情况统计表

地　区	经营单位(户)	从业人员(人)	广告经营额(万元)
北京市	12395	93165	2414837.29
天津市	2159	19674	451573.57
上海市	8245	84512	2250290.00
重庆市	1966	19496	241787.81
河北省	3560	31163	99341.43
山西省	2212	15535	60347.29
内蒙古自治区	1471	9639	28998.00
辽宁省	3272	28329	358015.00
吉林省	1987	7754	124807.00
黑龙江省	2435	18860	170266.36
江苏省	8980	70183	967115.10
浙江省	7107	51582	832115.00

地　区	经营单位(户)	从业人员(人)	广告经营额(万元)
安徽省	3032	27423	220677.85
福建省	2715	26738	303209.81
江西省	1910	18688	142250.00
山东省	7831	67325	570394.28
河南省	2773	26178	230175.07
湖北省	3365	23559	194940.04
湖南省	2859	26237	121598.68
广东省	13202	84575	2115873.91
广西壮族自治区	2638	23772	105042.85
海南省	1008	13022	27309.00
四川省	6386	54920	200418.00
贵州省	1199	7781	9615.51
云南省	2465	15492	119659.00

地　区	经营单位(户)	从业人员(人)	广告经营额(万元)
西藏自治区	321	1307	18044.43
陕西省	1421	13275	84076.14
甘肃省	1610	13400	41697.20
青海省	340	2024	12000.00
宁夏回族自治区	863	6356	13830.46
新疆维吾尔自治区	1781	11868	115294.91
合计	113508	913832	12645600.99

’2005中国广告年鉴

China Advertising Yearbook

第十三版

13th Edition

纪念《中华人民共和国广告法》颁布实施十周年专栏

具有中国特色广告法律法规体系
——纪念《广告法》颁布施行十周年

国家工商行政管理总局广告监管司司长　屈建民

今年是《中华人民共和国广告法》（以下简称《广告法》颁布实施10周年。《广告法》的颁布施行是中国广告法律法规建设中的重要事件，它标志着中国广告法律法规建设进入了一个新的阶段。

一

我国现代广告业是1979年以后恢复和发展起来的。从1981年至2004年底，全国广告公司由0.11万户发展为7.6万户，年增长率为21.2%；广告营业额由1.18亿元增至1264.56亿元，年增长率为37.3%；广告从业人员由1.6万人增至91.38万人，年增长率为20.1%。目前中国广告业营业额（不含台、港、澳）排在美国、日本、德国、英国之后，约占世界第五位。中国广告业之所以能够快速发展，取决于四个有利条件：

（一）我国逐步确立了建立社会主义市场经济的改革总体目标

虽然1992年10月召开的中国共产党第十四次代表大会第一次以党代表大会决议的方式明确提出，我国经济体制改革的目标是建立社会主义市场经济，但是对这一概念的探索，即对中国经济改革道路的探索，实际早在党的十一届三中全会以后，特别是八十年代初已经开始了。广告业是市场经济的产物，正是中国人民不断追求、思考，并在实践中逐步加以完善的社会主义市场经济的大环境，催生并培育了中国的广告业。

（二）国民经济连续多年快速增长为广告业快速发展提供了经济基础

改革开放以来，我国国民经济持续快速增长，综合国力显著增强，人民生活水平不断提高。据统计，1981年至2002年的二十二年，我国GDP年均增长9.5%，人均GDP达1000美元。广告业是推广性产业，它的发展速度和水平很大程度上依赖于国家或地区经济发展速度和水平。改革开放和中国经济连续多年快速持续增长，为广告业的发展提供了良好的基础。

（三）重视消费对经济增长的推动，实施扩大内需的积极方针

我国民众金融资产已达12万亿元，政府及时启动消费政策，使居民用于住、行、旅游和教育等领域的消费有了明显的增加，推动了相关产业的发展，而这些产业的发展，反映在广告行业上，就是相关行业广告投放量的增加。

（四）建立了具有中国特色的广告监管体制和法律体系

经过二十多年的探索，我国逐步建立了以工商行政管理为主、其他有关部门各司其职、协同配合的政府行政广告监管体制，同时形成了以《广告法》为主干，其他法规规章为补充的具有中国特色的广告法律体系。正是这样的政府监管体制和相对稳定健全的法律法规环境，为中国广告业的发展，特别是本土广告业的发展制定了积极的推进政策，促使中国广告业经过二十多年的发展，从无到有，从小到大，屹立于世界广告业前列。

二

建国初期，为了大力发展工农业生产，活跃城乡经济，一些大城市如上海、天津、广州、武汉、西安、重庆等地的广告比解放前有了很大的发展。当时以私营企业刊播的广告为主，销售广告、药品广告、私人行医广告以及社会文化广告、文艺广告占的比重最大。为此，当时在上述城市人民政府领导下，相继建立了广告管理机构，制定了一些地方性的广告管理法规。如：1949年4月，天津市人民政府公用局制定了《管理广告商规

则》；1949年12月，上海市人民政府公布了《广告管理规则》。国民经济恢复时期，一些地方性广告管理法规的主要特点和内容：

（一）规定了广告的管理范围

当时一些城市制定的广告管理法规对广告的管理范围都作了明确规定，如上海市公布的《广告管理规则》规定："凡在本市区内，以含有招徕宣传性质之文字、图画等用各种方法揭布者，概以广告论。由公用局以本规则管理之"；广州市发布的《广州市广告管理的暂行办法》规定："本办法所称广告包括纸质广告、宣传品（包括文告、政治性标语、传单及其他宣传品）、张贴处、广告牌、招牌（包括木质、光管儿及其他物质制造的招牌）以及胶片、幻灯片、广播、幕布、模型广告等均属之。"同时还规定："凡公私广告及其设备，在未张贴设置、放映、广播前，均须向人民政府建设局申请审查，经核准，交管理费加盖图记领证后，方可办理。"

（二）强调对广告内容的管理

这一时期，各地发布的广告管理法规，对广告内容提出必须以"纯正为主"，"凡工厂、商店推销商品之广告宣传必须以品质、效能、使用方法作纯正之介绍，不得虚伪夸大。"同时还规定有下列情况之一者，不得发布。

1.与政府政策法令有抵触者；

2.滥用国徽、国旗、革命领导人肖像、革命名词等作商业性宣传者；

3.有欺骗或妨碍正当工商业之发展者；

4.窃用他人商标版权者；

5.事涉迷信，有伤风化或足以引起其他不良影响者；

6.妨碍行政、交通、消防、市容者；

7.使用他人肖像未经本人同意者。

（三）对广告客户刊播广告必须出具证明的规定

1.私营企业刊播广告，须出具同业工会的证明；

2.国营企业的产品广告，须出具行政主管部门的证明；

3.有关医药之广告，需经卫生局盖章或证明；

4.凡由市教育局管理之学校及社会机关刊播招生广告必须经教育局盖章证明；

5.出版物之广告须有主管机关发给之登记证；

6.戏剧、电影之广告须出具文化局证明；

7.有关车船之广告需经公用局和港务局盖章证明。

（四）强调对广告经营单位的管理

天津市公布了《管理广告商规则》，重庆市公布了《广告业暂行管理条例》，其他城市也陆续作了相应规定。各地要求私营广告商在经营思想上对其承揽的各项广告"须忠实介绍、服务社会之精神"，并遵守当地广告管理法规。此外，天津、上海等地还实行了"广告商许可证"制度，并规定了经营广告的一些基本条件。

（五）利用同业公会加强行业管理

解放初期，各大城市都保留了私人工商企业的同业公会，利用同业公会改造私人资本主义工商业是一项行之有效的措施。重庆市、上海市都成立了广告同业公会，上海市工商局规定，电台广播广告及报刊商业性广告内容均应由电台、报刊负责人签名盖章，送经同业公会初审，汇送工商局审核许可后，方可发布。凡在报刊公布的商业广告传单，必须加印工商局登记号码，在寄发以前必须经由各该同业公会出具证明书。实际上是通过同业公会核实广告的真伪，要求同业公会作出保证。在对资本主义工商业实行社会主义改造前后，各地为了加强对广告的管理，纷纷对原有的广告管理法规作了补充和修订，有的地方还根据需要发布了新的规定。应该指出的是，当时对广告的管理规定除了颁布的地区性法律法规外，还散见于各种党和政府的文件、政策规定之中。如管理广告行业的基本方针、政策，承办外商广告的条件、程序等。

三

文化大革命结束后，中国广告业进入了一个新的发展阶段。伴随着广告业的恢复和发展，相关的法律法规起草工作也被提上日程。1982年2月，针对我国广告刚刚起步，广告市场虽未形成，但广告内容比较混乱的局面，国务院颁布了《广告管理暂行条例》，国家工商行政管理局制定了《广告管理暂行条例实施细则》及相关的规章。《广告管理暂行条例》对治理当时广告经营活动中的混乱状况起到了重要的作用，但从当时立法的指导思想、立法目的看，它主要是治表而不是治本。因为《暂行条例》是针对1981年广告业出现的问题而制定的，没有从长远考虑广告业的发展，也没有条件借鉴国外广告立法的经验、教训，当然更不可能预见到我国在短短的十几年实行社会主义市场经济体制而引起的广泛迅速的变化，因此，不可避免的滞后于广告业的快速发展。1987年10月，国务院颁布的《广告管理条例》则从宏观上初步确立了依法经营、依法管理、依法追究法律责任的法制化轨道。因此，《条例》对于保证广告业健康发展，发挥了积极的作用。对于我国广告业快速发展的同时所暴露出来的新问题，1988年以来，社会各界呼吁尽快制定广告法，每年人大、政协会议都有制定广告法的议案、提案和建议。《广告法》从1990年开始酝酿，1991年正式起草，1994年10月全国人大通过，1995年2月1日起施行。标志着我国广告立法进入了新的阶段。《广告法》共6章49条，主要内容有：

（一）《广告法》立法目的

《广告法》的立法目的在《广告法》中表述为："为了规范广告活动，促进广告业的健康发展，保护消费者合法权益，维护社会经济秩序，发挥广告在社会主义市场经济中的积极作用。"

（二）对广告活动和广告内容的基本要求

对广告活动和广告内容的基本要求在《广告法》中表述为："广告应当真实、合法，符合社会主义精神文明建设的要求，不得含有虚假内容，不得欺骗和误导消费者"，广告活动主体"从事广告活动，应当遵守法律、行政法规，遵循公平、诚实信用的原则"。

（三）规定县级以上人民政府工商行政管理部门是广告监督管理机关并明确其相应的法律义务和责任

（四）对广告内容以及某些特殊商品广告提出一系列禁止性、限制性规定

其原则表述为"有利于人民的身心健康，促进商品和服务质量的提高，保护消费者合法权益，遵守社会公德和职业道德，维护国家的尊严和利益。"

（五）对广告活动主体的资格、广告活动具体规则的基本规范

（六）对药品、医疗器械、农药、兽药广告在发布前实行行政审查的规定以及广告审查机关的法律义务和责任

（七）设计、制作、代理、发布违法广告，以及违反国家规定从事广告活动的法律责任

这些法律责任包括，停止广告发布，公开更正消除影响，没收广告费用，罚款，停止广告业务的行政处罚措施，以及构成犯罪的刑事责任和依法承担的民事责任等。

应该指出的是，《广告法》是广告法律法规中的主体法，作为广告法律法规体系的组成部分还有《广告管理条例》，国家工商行政管理总局单独或会同有关部、委制定的部门规章，国家工商行政管理总局下发的1000余个规范型文件（包括公告、通知和给地方工商局的答复），地方政府制定的地方性专项和综合性广告管理规定。由国家工商行政管理总局下发的规范性文件，在法律、法规、规定原则的情况下，针对广告监管工作的实际，对一些问题作出具体解释，有较强的针对性和操作性。地方性广告管理规定是对国家法律，法规和部门规章、规范性文件的重要补充，可以在全国广告业发展不平衡，广告管理工作基础不尽一致的情况下，有针对性地解决本地区的实际问题，及时处理当地群众反映强烈的某些倾向性问题。同时也为将来进一步修改、补充国家有关规定提供了有益的实践经验。

《广告法》、《广告管理条例》、部门规章、规范性文件、地方性法规共同构成了有中国特色的广告法律法规体系。为中国广告产业的发展提供了有利的法律环境。

首先，确立了我国发展广告业的基本指导方针：坚持推动促进广告事业的健康发展；坚持国营、集体、个体共同发展；坚持广告在社会主义物质文明和精神文明建设中的积极作用；广告经营与发布活动应遵循公平、诚实信用的市场经济原则。

其次，明确提出广告发布内容应当有利于人民的身心健康，促进商品和服务质量的提高，保护消费者合法权益，遵守社会公德和职业道德，维护国家的尊严和利益。

第三，明确了具有中国特色的广告管理体制基本框架，即建立企业自主经营、县级以上人民政府工商行政管理部门依法监管、各有关政府职能部门各负其责、充分发挥行业自律作用的监管体制。

第四，明确提出了我国允许设立外商投资广告企业的目的不仅是为了吸引外资，也是为了引进先进的技术和管理经验，促进我国广告业总体水平的提高。因此对外方投资比例高于我方的立项申请，原则上不予批准。正是这一基本方针的实施，为我国本土广告企业的发展提供了二十多年的“保护期”。

第五，初步确立了既与世界多数国家法律、规定相接轨，又体现具有中国特色的市场经济要求的广告内容发布标准的基本框架。

四

《广告法》自1994年10月颁布后，距今实施已满十年。《广告法》对我国广告业的健康发展，广告市场的成长与规范，消费者合法权益的保护，发挥了重要作用。十年期间，广告监管工作经历了我国经济体制由计划经济向社会主义市场经济转轨、加入WTO、贯彻实施《行政许可法》等重大发展变化，与此同时，在广告市场规则的完善、广告诚信建设、对广告市场秩序的有效维护、中国广告业的健康发展等方面也出现了许多新问题，迫切需要通过尽早修订《广告法》予以解决。

（一）广告法制体系不科学，需要清理整合

现行广告法制体系不科学，内容庞杂不统一。《广告法》颁布实施后，没有出台《广告法施行细则》。1987年国务院发布的《广告管理条例》仍在同时实行，有些内容在《广告法》中没有涉及，有些内容与《广告法》存在冲突或理解不一，客观上造成了广告法制体系混乱、执法不统一的现象。

（二）《广告法》调整范围窄，不能涵盖广告市场所有主体和广告行为

《广告法》所确定的调整范围是商业广告，对象是“广告主、广告经营者、广告发布者”，不能包括公益广告以及招聘、招生、寻人寻物、悬赏等非商业广告，也不能包括随着市场经济发展出现的广告咨询、广告交易、广告技术服务、媒介购买等中介机构。这些广告活动越来越多出现在现实生活或经济活动中，对广大消费者以及社会主义精神文明建设均产生一定影响，十分有必要对其内容、形式提出真实性、合法性的规范。另外，网络广告的迅速发展和影响力的加大，需要对其进行规范管理，但又不能沿用传统广告活动中广告主、广告经营者、广告发布者的定义区分，需要对其特别研究后纳入。

（三）《广告法》的部分条款规定不够明确和完善，缺乏可操作性

《广告法》虽然对广告提出“真实、合法”、“清楚、明白”的要求，但对广告内容没有判定上述要求的具体标准和机构，执法实践中难以把握虚假广告的认定执法尺度。对比较广告，《广告法》只规定了不得贬低其他生产经营者，没有具体标准或规范。需要加强管理的医疗广告、保健食品广告，没有纳入审查或进行特别限制，也没有法律效力较高的具体标准。对未成年人、残疾人合法权益保护的规定过于原则，使损害未成年人身心健康的广告得不到有效治理。媒体购买可能构成事实上的垄断，《广告法》中尚没有规定条款。户外广告资源虽然市场化程度相对较高，但由于《广告法》授权各地政府立法管理，造成了部门利益、标准不一，管理成本过高乃至腐败的问题难以解决。另外，《广告法》缺乏对广告行业组织、广告中介机构的法律定位，影响了广告行业组织管理水平的提高。

（四）广告监管手段不足、处罚力度不够，难以执法到位

《广告法》对有的规范条款没有设定必要的罚则或措施，有的虽然设定了，但处罚力度不够或者无法计算罚款额度。若当事人提交虚假广告费收据、甚至拒不提交或隐匿广告费凭据，以及有的广告主以实物充当广告费、无法计算罚款数额时，往往造成罚不当过或无法处罚。一些特殊商品特别是药品、医疗、食品虚假违法广告，当事人获利远大于处罚，使其胆大妄为。广告监督管理机关有关法律授权十分有限，对拒绝调查，转移物品、票据及违法货款等行为无能为力，也缺乏对虚假违法广告及时消除以及物品暂扣、收缴、处置的条款。因此，须对《广告法》中的罚则条款作全面的调整，增加处罚措施和力度。

改革广告监管方式，促进首都经济发展
——纪念《广告法》颁布十周年

北京市工商行政管理局广告监督管理处处长　欧树芳

《中华人民共和国广告法》颁布以来，首都的广告市场秩序逐渐得到规范，广告业也在从计划经济走向市场经济的过程中，赢得了巨大的发展空间。10年来，广告经营额从1995年的38.36亿元增长了近6倍；广告公司从2147 家，发展到11000家；广告媒介单位从1000家，发展到1500家。

10年来，首都的广告监督管理工作也发生了重大变化。随着中国加入WTO的步伐，广告市场逐渐放开，新的广告媒体形式不断涌现，客观上对改革广告监管方式提出了新的要求。

一、转变观念，实施信用管理

信用是市场经济的重要基础。规范有序的市场经济活动，需要建立一个有效调动社会资源和规范市场交易活动的信用制度。在广告监管工作中引入信用管理思想，通过日常监测、投诉举报、案件查处、公益广告活动、行业精神文明单位的评比等工作，建立广告经营单位的“信用账户”，加强对广告经营单位日常信用情况的动态记录；同时根据其信用情况，实施分级分类管理，促进其诚信经营，公平竞争，维护《广告法》的尊严。监管方式的转变，必将促进社会信用体系的建立，实现广告行业促进经济发展功能的良性循环，为建立和谐社会做出贡献。

二、运用科技手段，实现信用监管

改革广告监管方式，不仅仅是观念的转变，同时需要利用现代技术去实现和保障。传统的管理方式，主要依靠人工完成对广告发布者的日常监测；评价广告经营单位的优劣，会搀杂多种因素。由于手段的缺乏，若干年来，对电视、广播广告以及近年新出现的网络广告，不能实施主动管理，一靠自律，二靠举报。2004年，是首都广告监管史上具有里程碑意义的一年——广告监管的计算机系统诞生了。这套系统整体融入了先进的管理思想、现代技术，是广告监管实现科学化、规范化、制度化的重要手段，也是广告监管工作实践科学发展观的具体体现。其意义在于：

一是将进一步提高广告监管的主动性、有效性。通过监测广告发布质量，及时掌握违法广告动态，有的放矢地采取措施，有效地控制广告市场秩序。

二是有利于行政执法的权威性、统一性，树立好的执法者形象。通过相对集中的对主流媒体的广告监测，定期公布监测结果，通过发布导向信息和案件查处情况，有利于在全市范围内形成统一的执法标准，形成对违法广告围剿的气候，媒体之间也会形成相互监督、举报的态势，促进自律机制的建立。

三是有利于提高广告监管决策的科学性、预见性。通过对监测情况的分析，使广告监管机关对一段时期内广告发布动态和趋势了然于胸，为科学决策提供了可靠依据；实现了动静结合，监测为实际监管服务。

四是有利于实施信用监管。科学地、权威地广告监测体系是实施信用监管的必要手段，监测数据是分级分类的基础。根据广告发布者的特点，结合广告发布、日常监测情况，将广告商品和服务的种类赋予不同的权重，按照信用指数的不同，确定实施监管的力度。

五是计算机系统通过内外网互连，实现市局、分局、工商所三级广告监测、监管信息的互通；实现全局范围内相关部门的数据共享。无疑，这会更加有利于市局的统一调动指挥和快速反应，巩固全市一盘棋的格局。

广告监管计算机系统的应用，使电视、广播、互联网等所有广告发布者的行为得到实时、全方位的监控，《广告法》的规范内容得到了更加充分的体现。

三、建立统一的监管标准，实现制度创新

在贯彻落实《广告法》，实施信用管理的工作中，为了保障公平、公正地管理相对人，我们建立了一整套标准、制度。其中包括职责划分、监测标准、特殊案件的管辖、执法裁量权规定、信用记录标准与信息披露、分级分类管理与约见制度、监管系统应用规范等配套措施。目的是要通过执行统一的监管标准，按照程序化的要求规范行政行为；实现制度创新，改善决策质量；增加透明度，定期向社会公开监管信息，主动接受媒体和群众的监督。

四、进一步普及《广告法》

10年来，《广告法》的基本内容通过本市各级工商行政管理机关的大力宣传和普及，已逐渐被广大群众所掌握。很多社会群众、学者、专家主动参与到广告管理工作中，通过举报违法广告、人大政协委员的建议与提案等形式与广告监管机关一起，共同维护广告市场秩序，捍卫法律的尊严。监管部门也通过进社区、进医院、进学校、进网络、进楼宇等形式，进一步普及《广告法》，提高群众的法律意识与自我保护意识，清除管理的死角。同时加大了对广告经营单位广告审查人员的培训力度，仅近3年，就培训了30000人次。结合普法宣传，建立了广告审查员制度，对落实《广告法》，减少虚假、违法广告的社会危害，发挥了重要作用。

随着我国法制建设的逐步完善，《广告法》的修改将指日可待；同时，随着社会的进步、经济的不断发展，广告行业的自律意识将不断提高，首都的广告市场秩序也将进一步稳定。

依法履行广告监管职能 开展虚假广告专项整治

上海市工商行政管理局广告处处长 吴 敏

根据国家工商总局关于开展虚假广告专项整治的统一部署，上海市工商局结合本市广告业发展和广告监管实际，采取了多项措施，有重点、全方位地推进虚假广告专项整治工作，坚持执政为民，依法履行法律赋予的广告监管职能。专项整治期间，共查处各类违法广告案件355件。监测各类广告82247条，检查各类广告4564条，合计违法率为1.42%，较去年同期的3.56%和全年平均的4.76%均有明显下降。经过集中整治，本市媒体广告违法发生率呈明显下降，广告整治效果初步呈现。

一、前阶段广告专项整治工作基本情况

今年的整治工作是一项贯彻全年的工作，是工商部门的重点工作，为确保整治工作取得实效，本市工商部门以贯彻落实国家工商总局文件精神，严惩虚假违法广告为指导思想，狠抓舆论引导、基层落实、办案规范、制度诚信等多个环节，初步构建了“政府监管、行业自律、舆论监督、群众参与”的广告监管体制。

（一）注重宣传动员，营造全社会关心、广告界自律、各部门共同参与的整治氛围

虚假广告的治理是一项涉及社会方方面面的系统工程，虚假广告的整治是否取得实效关键在于社会方方面面的重视，在全社会营造全社会关心、工商为主、各部门参与、广告界自律的整治氛围，形成合力，共同抵制虚假广告和努力规范广告市场。为此，我们做了以下工作：

1．召开“打虚假树诚信”广告专项整治工作动员大会

上海市工商局制定详细方案，明确“打虚假树诚信”广告专项整治行动七项措施，统一了各方认识，营造打击虚假违法广告、创建诚信的氛围。

2．行业协会发出诚信自律倡仪

上海市广告协会向本市广告经营单位发出了开展“打虚假树诚信”广告自律的七项建议，要求诚信经营，营造良好的行业氛围。

3．进一步完善建立广告行政告诫制度

市工商局分别约见部分媒体和医药保健类广告代理公司实施行政告诫。行政告诫以书面形式进行，以示行政行为的严肃性。

4．针对性走访违法相对集中的广告活动主体

通过分析举例和法规宣传，要求媒体、广告公司和医疗机构等单位加强广告审查把关。

5．建立与其它相关政府部门的沟通制度

与市卫生局、市通讯管理局、市文广局、市新闻出版局等部门达成了各司其职打击虚假违法广告的共识。

6．重视新闻媒体宣传公示工作

我们向社会公布了虚假广告的15种具体表现以及虚假违法广告举报电话，向社会曝光了2004年上海市十大典型虚假广告案件和近阶段20则典型虚假违法广告，促使消费者自醒、广告经营者自警，延伸了工商部门管理视线。

（二）围绕整治重点，采取一系列有效、务实的广告专项整治措施

工商部门作为广告业的监管部门，在虚假广告整治中应当发挥主力军的作用。为此，我们精心策划，积极整合资源，采取了一系列有效、务实的整治措施。主要有：

1．合理安排专项整治工作

确定每个月的整治重点和整治要求，要求对保健食品、药品、医疗广告进行检查。

2．加强对基层的指导，统一广告监管标准

下发《广告监测标准》、《工商所广告监督管理工作标准》，建立基层工商所走访制度，保证了具体专项整治工作方向明、目标准。

3．组织对主要媒体广告的集中抽查监测

我们组织抽查了本市71家媒体发布的保健食品、药品和医疗服务三类广告，及时了解违法趋势，推动了基层工作开展。

4．注重广告审查提示

我们共编发了7期《广告审查提示》，向广告经营单位发出预警，紧急叫停“女子维权中心”、“燃气热水器公益补贴更换”等误导广告，防止了违法广告的进一步扩散和蔓延。

5．结合广告经营资格检查，加强对未达标新闻媒体的监管

市工商局规定：凡未达标媒体，暂缓核发《广告经营许可证》，责令该媒体限期整改，整改期为三个月。如三个月后达标的，核发《广告经营许可证》，如三个月后仍未达标的，将限制该媒体的广告经营发布权。

6．加大执法办案力度

首次提出全年办理虚假广告案件的指标，开展案件质量检查，规范执法行为。

7．加强整治情况的交流

通过编发《打虚假树诚信广告专项整治情况专报》（已编发15期）、召开广告工作例会和借助计算机管理平台，及时交流有益经验和有效办法，供各分局参考借鉴，推动整治工作更高质量地开展。

（二）广告专项整治中存在一些问题有待进一步研究和解决

虽然整治取得了初步成效，但由于经济利益的驱使，虚假违法广告在部分媒体上还时有发生，媒体和广告公司的审查时紧时松。在违法广告中，药品、保健食品和医疗服务三类广告虚假违法仍然较严重，违法广告率远远高于平均违法率。同时，由于法律法规存在的瑕疵、新闻媒体单位的特殊性以及工商部门执法素质参差不齐等原因，影响了整治工作有效开展，需要引起我们的重视。存在主要问题有：

1．广告费用难以计算

由于绝大部分违法广告行为的罚则以广告费用为基准，部分违法主体就以假合同、阴阳发票、虚开发票或不开发票的方式，结成攻守同盟，提供远低于正常价格

的广告费用证明，甚至谎称不收费，赠送版面，使得违法广告行为得不到应有的惩罚。因此，办案部门在不得已的情况下，对虚假广告行为适用《反不正当竞争法》查处，对其他违法广告行为只能“大案小办”、“重案轻罚”。

2．广告监管执法标准不一

各种新兴的媒体的跨地域发布，以及各省市之间缺乏完善的协查制度，给广告管理部门具体执法带来难度。同时，在广告内容是否虚假或违法的认识上，不同地方广告管理机关有不同的理解，管理标准存在差异。影响了执法的有效性和权威性。

3．对新闻媒体执法难

电视台、报社、广播电台等媒体作为政府的喉舌，但却从事着商业的经营行为，其特殊地位给工商部门的监管工作带来难度，轻重幅度难以把握。目前，我们对媒体以行政告诫为主，有违法律公正公平精神。

4．广告监管力量相对不足

市区两级工商部门现有的广告监管干部约40人，主要承担着指导工作，具体执法主要由基层工商所承担。但工商所实行综合监管，任务重、人手少，广告管理水平参差不齐，影响了专项整治行动的成效。

5.《虚假违法广告专项整治工作方案》的某些规定缺乏可操作性

一是《方案》规定：“严把广告市场准入关，严格掌握营业执照和广告经营许可证的发放条件……”。在广告企业前置审批取消的前提下，很难执行，需国家局出台文件制定。

二是《方案》规定：“对监测、检查中发现的虚假违法广告，要立即责令停止发布，并立案查处”。责令停止发布是工商部门案件终结时实施的行政行为，如需在发现时立即执行，还需有相应的程序性规定。

三是《方案》规定：“对符合追述标准，已涉嫌虚假广告罪的，要及时移送司法机关依法追究其刑事责任”。这个规定是惩治虚假广告力度最大的处罚手段。但该规定过于原则，关于“追诉标准”和追诉程序没有明确的规定，建议国家局加强指示。

四是《方案》规定：“建立广告市场信用监管体系，将广告主体相应分为不同的管理类别，即A、B、C、D四级”。但《方案》没有对划分标准进行规定，如何按广告主体的违法次数、情节轻重、社会危害性等情况进行分类，还缺乏统一的操作方法。

五是《方案》规定：“建立广告活动主体退出广告市场机制，”但对违法主体的违法率及违法情节无定量规定。对广告主暂停一定时间的广告发布资格，对媒体暂停部分商品或服务的广告发布资格还缺乏相应的法律法规支持和实际操作中的程序性规定。

二、下阶段广告专项整治工作基本设想

为贯彻落实国务院以及国家十一个部委关于虚假违法广告专项整治的文件要求，进一步推进本市的广告整治工作，建立广告整治执法综合治理机制，积极探索建立广告管理的长效机制，争取使本市广告违法率有大幅度降低，广告宣传市场有明显好转。

（一）突出整治重点

根据国务院和国家工商总局的统一部署，结合上海的市场整顿要求，增加整治的重点，将房地产、化妆品、美容服务广告增列为整治重点。

（二）集中执法力量和资源，稳步推进广告整治工作

充分运用好本市专项检查协调平台，综合执法资源，使本次广告专项整治取得实效。具体整治工作采取“三个结合”，有步骤推进：一是结合日常的广告监测，重点对药品、保健食品、医疗服务、房地产、化妆品、美容服务六类广告实施重点监测。二是结合工商所的综合监管，重点对辖区内的医院、美容院、售楼处、中介门店散发、摆放印刷品广告的行为进行巡查。三是结合广告经营资格检查，市局和各分局广告监管部门按照分工对一类、二类大众传播媒体单位进行上门走访，对广告审查制度建立情况和广告审查档案建立情况进行检查。

（三）加大广告执法力度，做好违法广告公告工作

广告市场监管取得成效的关键在于执法办案。要在总结前阶段整治工作经验的基础上，进一步研究广告违法新的特点和趋势，密切跟踪，做到早发现、早制止、早查处。集中力量查处一大批虚假违法广告案件来体现

法律的震慑效应，根据查处的典型虚假违法广告及广告市场监管情况，区分不同情况及时向社会发布“广告审查提示”、“违法广告警示”和“严重违法广告公示”。

（四）探索建立广告市场信用监管和市场退出机制

按照分类监管的理念对不同市场主体采取差别管理，对失信单位和严重失信单位要近距离监控，重点曝光。建立广告主、广告经营者的广告信用评价体系，制定广告主、广告经营者信用的评价标准和管理办法；建立广告发布单位信用监管制度，由市委宣传部牵头制定本市新闻媒体广告管理办法。根据每季度广告监测情况，列出B级——警示企业，C级——失信企业，D级——严重失信企业。凡发布严重违法广告的均列入警示企业。严重违法在三次以上的列入失信企业，暂停广告发布三个月。情节特别严重的列入严重失信企业，移送司法机关处理。同时对诚实信用的媒体和广告公司给予通报表彰，鼓励先进。

（五）指导新闻媒体单位要建章立制，增强广告审查责任感

对媒体单位加强培训和管理，指导媒体单位建立三项制度：一是广告审查制度。要根据广告发布量配备一定数量的广告审查员，支持广告审查员的工作，切实落实“一票否决制”。二是专版广告重点管理制度。加强对违法率较高的重点版面和重点行业广告的管理，加强对专版广告和专版代理公司的管理。三是新闻媒体单位领导责任追究制度。新闻媒体单位主要负责人要负起领导责任，制定合理的广告经营额指标，重视广告经营和审查工作。

（六）建立广告监管联席会议制度，加强监管信息沟通

建立以工商行政管理部门牵头、党委宣传部门、公安、监察、纠风办、电信管理、卫生、广播影视、新闻出版、食品药品监督管理部门共10个部门组成的广告监管联席会议制度。市工商局将定期对大众媒体的查处情况和广告监测情况书面告知市委宣传部（行风评议小组）、广播影视部门和新闻出版部门。将违法发布药品、保健食品、化妆品、医疗服务、美容服务、房地产广告的广告主名单书面告知食品药品监管部门、卫生部门、房地产部门，请相关主管部门加强行业管理。

广东省广告业2004年发展情况和2005年发展思路

广东省工商行政管理局广告处处长　罗卫光

2004年，我省广告行业继续沿着规范化、理性化的发展轨道运行，呈现出持续、稳步、健康发展的态势。随着整顿和规范市场经济秩序工作的不断深入，力度不断加强，广告市场秩序日趋规范化，广告市场诚信度不断提高，为我省广告业的健康发展营造了公平竞争的市场环境和诚实守信的市场氛围，有力地促进了我省广告业的繁荣发展。截至2004年底，我省共有广告经营单位13202家；广告营业额211.58亿元；广告从业人员84575人，同比增长21%、27.5%、−9%。

一、2004年行业发展特点

（一）广告业初具规模，市场化程度日益提高

行业基本构成包括大众传播媒体、广告公司及其他经营者三大类，门类较齐全，报刊、广播、电视等大众媒体和广告公司分别占全部广告经营单位的4%、66%，广告经营额分别占全省50%、46.9%，成为行业的中坚力量。市场专业化分工与协作体系已成雏型，形成了较为稳定和广泛的广告业务网络，一批初具规模，具有全面策划和市场调查能力的广告公司应运而生，传统大众传播媒介亦不断增强市场意识，找准自身定位，扩大广告容量和覆盖面，增强影响力，拓展广告业务，不断积累市场化运作经验，为我省广告业健康发展，与国际广告大市场接轨奠定坚实基础。

（二）步入理性发展轨道，行业素质显著提高

随着我省经济稳定、健康发展，宏观调控能力增强，我省广告行业素质显著提高，结构日趋合理，由过去数量规模型逐步向质量效能型转变。在经营单位数量增长放缓的同时，广告经营额却保持了年平均15%的持续快速增长，开始步入了提高质量和优化结构的科学发展轨道，为广告行业形成规模经营，完善经营机制，合理配置广告资源提供了有利条件。

（三）行业格局发生深刻变化

专业广告公司有了长足发展，其地位和作用凸现，改变了大众传播媒体一统天下的“一边倒”格局，从简单的设计制作向战略营销策划、市场调查等综合服务转变，广告市场营销服务体系初步形成，至2004年底全省广告公司营业额达99.4亿元，代理费收入为36.7亿元，年均增长15.3%，为大众传播媒介代理了90%以上的广告业务，成为联结广告主和媒体的坚实纽带。

（四）汽车、信息、房地产等新兴支柱型产业广告的市场投放量成为广告市场的重要支柱

与食品、药品、医疗、化妆品、家用电器等传统行业相比，上述行业广告占广告市场份额不断上升，2004年度，全省汽车行业广告费投入为7.7亿元，房地产行业广告费投入21.8亿元，信息产业广告费投入4.2亿元，上述三个行业的广告费投入占全省广告经营总额的15.6%，占广告经营总额的比重呈不断上升的趋势。广告源于市场经济，作用于市场经济，服务于市场经济，是一个依附性很强的行业，上述新兴产业的高速发展，在拉动经济增长，扩大内需的同时，有力地推动了广告行业的发展。

（五）多种经济成分交织并存，平等竞争，共同发展

近年来，个体、私营经济异军突起，在行业中占有显著地位，所占比重不断增加。至2004年底，全省共有个体私营广告企业10738家，占全省广告经营单位总数的81%，广告营业额达42.7亿元，占全省的20%，年均增长28%，增长速度居其他经济成分之首，创历史新高。

（六）行业发展呈现以珠三角为中心，向粤北、粤东、粤西拓展和辐射的布局

至2004年底，珠三角地区广告经营单位和营业额分别占全省75%和90%，珠三角地区是全省广告业最发达的地区，有力地带动了粤北、粤东、粤西广告业的快速发展。

（七）广告技术、创作水平不断提高

大批广告新技术、新材料得到广泛运用，不断创作出优秀广告作品，多次在国家工商总局和中国广告协会组织的全国性评比中获奖，代表了全国先进水平。

二、2005年广告业发展思路

全面树立和落实科学发展观，紧紧抓住我国加入WTO、实施CEPA和推进泛珠三角区域合作的有利时机，按照产业结构高级化的发展规律，调整行业结构，转变增长方式，增强行业创新能力，实现广告行业的经营规模化、产业发展集约化、从业人员高素质化、行政管理法制化，逐步建立起适应市场经济发展要求的广告业新体制和经营机制，推进广告业现代化和国际化，扩大广告业发展空间，努力为广告行业发展构筑统一开放、公平竞争、诚实守信的市场环境和投资环境。使我省广告业成为具有区域市场占位优势、国际竞争力和辐射力的产业，在推动经济持续健康发展、全方位对外开放、形成核心竞争力方面发挥先导作用。形成立足广东、服务全国、粤港澳互动的体系，使我省广告业迅速发展成为以具备综合服务能力的广告企业为主干，以代理制为基本运营机制，以高效、畅通的媒介网络为支撑的适应社会主义市场经济需要，能够提供全方位、多层次、高质量、高效能服务的现代化服务产业。

继续以建立规范有序的广告市场秩序，规范广告经营主体的广告行为，营造公平竞争的市场平台和诚实守信的市场环境为目标，开展虚假违法广告专项整治工作。深入整顿和规范广告市场秩序，严厉打击虚假违法广告，逐步形成政府监管，行业自律，舆论监督，群众参与的广告市场秩序综合治理格局，实现长效广告监管。

与时俱进的福建省广告监管工作

福建省工商行政管理局商标广告处处长　郭明浩

福建省的广告业起步于20世纪80年代初，并随着改革开放的深入而迅速发展，特别是邓小平同志南巡讲话以及党的十四大明确提出建立社会主义市场经济宏伟目标后，福建省广告业更是进入了快速持续健康发展的腾飞期。二十余年间，全省广告经营单位从7家发展到3121家，增长446倍；广告从业人员从85人发展到31000余人，增长362倍；广告经营总额从239万元上升到32.7亿，增长1367倍。尤其是《广告法》颁布十年来，上述各项指标均保持在全国前10名，人均广告费支出接近10美元，高于全国人均8美元的水平，居全国第4位。从2000年起，我省近30家广告公司摘取了全国广告行业文明单位桂冠，一批广告公司分别成为中国一级、二级和福建一、二、三级的广告资质企业。至2004年底，广告经营额亿元以上的广告公司就有10家以上。与此同时，福建广告业的服务水平也有了整体提升，广告业的经营理念也逐步走向成熟。

福建省的广告监督管理工作亦是随着福建广告业的起步而起步，发展而发展。多年来，福建省广告监管工作始终坚持一手抓规范、一手促发展的方针，不断创新广告监管方式，大力促进全省广告市场的规范发展。我省从1997年起，在全国率先开展广告监测工作。我省还率先探索创新了一些广告监管办法，如责令发布违法广告责任人在媒体相应版面作更正致歉声明；将广告监管情况定期通报媒体、行业主管部门；定期举行有关部门联席会议，共同探讨广告监管问题与对策；与纠风等部门联合执法办案，追究违法情况严重的媒体负责人纪律责任；医药保健食品广告实行样件审批等。这些做法收到了良好的监管效果，并得到了国家工商总局的肯定，部分做法还在全国进行了推广。

回顾我省广告监管与发展工作，成绩辉煌，成效显著，同时也存在许多问题和困难：一是我省广告业在很大范围内还普遍存在着“小而全”、“小而散”、“小而差”的低水平操作方式，广告业运用科技的水平及能力不高，高级广告人才匮乏；二是广告市场仍然存在恶性竞争，广告主、广告公司和媒介大多追求短期经营效益，“媒介强势”、“广告公司零散化经营”、“零代理竞争”等问题突出；三是广告监管工作与国际接轨有些滞后，对国际广告业的发展、监管了解不多，研究不够；四是现行《广告法》及相关的法律法规虽然齐全，但较繁杂，并缺乏应有的力度，难以查处到位，在实践中有着违法成本低，执法成本高的倾向。

针对我省广告监管中存在的问题与现状，并根据广告业监管中出现的新情况、新问题，我们认为，我省今后的广告监管工作必须全面落实科学发展观，坚持打扶结合、疏堵结合的原则，发展与规范并举，注重与国际惯例接轨，不断创新监管模式。

一、创造有利的发展环境，促进广告业蓬勃发展。进一步树立科学的监管观，该管的要管，该放开的要放开；通过联合省委宣传部、省纠风办等九个职能部门开展“福建省优秀广告媒体”评选活动，表彰优秀广告媒体，打造诚信经营的竞争氛围，推动广告市场良性和谐发展；深化服务举措，引导广告业强强联手、内外联姻，扶持一批强势广告媒体，让广告经营企业做响品牌；兑现入世承诺，鼓励外资广告公司发展，做好充分准备，筑巢引凤，积极吸引更多更好的外资广告公司来福建落户发展，尤其是利用福建省与台湾毗邻的历史地理优势，争取更多的台港澳广告公司落户我省，并引进国际上先进的广告技术和经营理念，激活全省广告市场。

二、抓住工作重点，突出对虚假广告、违背传统民族习俗和政治原则广告的查处。在广告监管人员、设备、经费有限的情况下，只有牢牢抓住工作重点，广告监管工作才会有效率、有突破。广告监管重点应突出三大块：一是虚假广告，特别是医疗、药品、保健食品、房地产、农字号产品的虚假广告，这类广告误导、欺骗消费者，损害消费者利益，甚至生命财产安全，容易引起公愤，应是重点监管的对象；二是违背传统民族习俗的违法广告，如“黄、堵、毒”广告；三是涉及国家政治利益的违法广告，如“台独”等内容广告。对上述三类广告不仅要严格管理，而且要坚决管住。

三、注重监管模式的创新，尤其是对特殊、重点的监管对象要采取特殊有效的监管模式。对于当前政府、社会及广大群众普遍关心、反映强烈的保健食品、药品、医疗违法广告的监管查处难的热点问题，我们应借鉴国际广告监管的先进经验与做法，在现阶段监管模式的基础上寻求创新与突破。首先要坚持“谁审批，谁负责；谁主管，谁负责”的原则，充分重视卫生、食品药品监督管理部门的专业技术优势，让它们在医疗、药品、保健食品、美容化妆品广告的管理、监测、证据收集、举证等方面发挥更大更好的作用；其次对于医疗、药品、保健食品、美容化妆品违法广告要坚持实行刊例价处罚；第三是要对广告媒体的监管做到长抓不懈。新闻媒体是虚假违法广告最重要的发布载体，有效解决广告发布这一关键环节中存在的突出问题，就等于扼住了虚假违法广告的咽喉；第四是要引导广告主在发布医疗、药品、保健食品、美容化妆品广告时淡化对产品服务功能、诊治效果的描述，强调并突出企业的品牌和形象，走品牌战略道路，走良性竞争道路，逐步“教会”消费者认牌购药，认牌就医。

四、探索建立广告监管的长效制度，保障监管工作的规范化与制度化。建立广告监测通报制度，定期向上级部门、相关职能部门和媒介广告经营单位通报广告监测情况以及行政监管处理情况；建立违法广告警示制度，“一家违法，警示相关”，对监管过程中发现违法广告的共性问题、热点问题实施违法广告社会警示，加大社会监督力度，防止违法广告的蔓延；建立广告媒体约谈制度，将在一个阶段内被投诉多、问题集中、社会反映较大的广告媒体确定为约谈对象，联合有关部门进行通报，并要求被约谈对象提出整改意见，作出改进承诺；建立广告监管联席制度，由负责广告审查监管的各相关部门定期召开广告监管联席会议，共同沟通、协调或者办理各类广告管理事宜；建立违法广告责任追究制度，对屡禁不止、屡教不改，继续刊播违法虚假广告的媒体，配合省政府纠风办等有关部门按照党风廉政责任制的要求，实施追究广告发布媒体有关领导和主要责任人的责任；建立联合办案制度，对典型违法广告，由相关部门组成联合办案小组，从各自职能出发，对违法广告案件展开更具深度和广度的调查，加强办案的力度；建立广告行业自律制度，组织各广告媒体签订广告自律公约，倡议依照自律公约的六条内容，增强守法意识，遵守职业道德；建立媒介广告信用制度，将广告监管融入信用体系建设，对各信用类别的广告企业实行不同的“距离监管”。

总而言之，前进发展中的广告业需要与时俱进的广告监管工作，与时俱进的广告监管工作也必将推动广告业的前进发展。我们将继续以科学发展观为引导，努力学习国内外广告监管工作的经验与做法，不断创新广告监管方式，进一步提升我省广告监管工作水平，为福建省广告业及海峡西岸经济区的建设贡献更大的力量！

’2005中国广告年鉴

China Advertising Yearbook

第十三版

13th Edition

北京市

著名广告经营单位

诚信宣言形象展示介绍专栏

CHINA POST
DIRECT MAIL
若指掌
DM

北京娱乐信报

灵智精实整合行销传播集团　电话:（北京）010-65975180（上海）021-64675868（广州）020-87521628
你要的冲击力!
EURO RSCG WORLDWIDE

中体报业

体育传媒国家队

中国体育报业总社

5报24刊

报纸名称	邮发代号	月价	年价	出版日期
中国体育报	1-47	22元	264元	周一至周六
中国足球报	1-199	4.17元	50元	周二
篮球报	1-211	6.25元	75元	周四
围棋周报	3-100	4.16元	49.92元	周一
假日休闲报·体彩导刊			非邮发	

期刊名称	邮发代号	刊期	定价
新体育	2-241	月刊	6.50
健与美	82-345	月刊	6.60
中国钓鱼	82-688	月刊	6.80
围棋天地	2-762	半月刊	5.80
篮球	82-342	月刊	8.00
足球世界	2-434	半月刊	5.90
健康之友	82-81	月刊	10.00
搏	82-655	月刊	10.00
乒乓世界	2-435	月刊	8.00
中华武术	2-347	月刊	5.00
健康顾问	82-402	月刊	6.00
田径	2-433	月刊	10.00
网球天地	82-403	月刊	15.00
五环明星	82-480	月刊	8.00
体育画报	82-158	月刊	10.00
运动休闲	82-530	月刊	15.00
车王	82-689	月刊	20.00
中国体育(中英)	2-360	月刊	15.00
高尔夫	2-689	月刊	40.00
嘉人	80-339	月刊	20.00
桥牌	82-468	月刊	5.00
中国排球	2-244	双月刊	7.80
中国运动医学	82-77	双月刊	14.00
健身气功	80-403	双月刊	5.00

广告中心电话：(010)67111386　67125207
　　　　　　　67137860　67144586
期刊发行部电话：(010)67158285　67124255
读者服务部电话：(010)67143708　67131385
地　址：北京市崇文区体育馆路8号
邮　编：100061

世邦
至诚感通　缘有未来
我们坚持：流行不远，时间方能证明品牌。
世邦的客户，都是中国市场上历经5年以上的领导者，它们经久不衰，持续增值。
我们坚持：做广告，就要刺刀见血，解决问题。
世邦不做无病呻吟的创意，不拍15秒无法展开的片子，即使它们会得A奖B奖。
我们坚持：只有比客户更懂得市场，才能帮客户去抓住机会、创造需求。
世邦没有坐而论道的大师，只有深入行业的调研者与充满激情的创意人。
我们坚持：服务要讲国际水准，感情要讲中国特色。
与每一位客户的合作，都是彼此缘分。重缘惜缘，才能对您讲真话、办实事。
今年，世邦10年，已成为本土最大型综合广告公司之一。
今年，在第三届中国企业策划案例暨策划人评奖比赛中，
世邦有幸获得“中国十佳诚信策划机构”、“中国十佳策划专家”两项全场大奖。
欣获殊荣，我们衷心感谢一与世邦一起走过10年的您。
蒙承厚爱与信任，我们一起彼此见证，双赢至今！
北京世邦联合广告有限公司

北京公交广告有限责任公司
BEIJING PUBLIC TRAFFIC ADVERTISEMENT COMPANY, LTD

公司宗旨：客户第一 诚信至上 互惠互利 共同发展

北京公交广告有限责任公司是北京市公共交通总公司所属的大型专业广告公司，成立于1992年，注册资本4000万元，固定资产2.6亿元。16000余部公交车体、5000余个候车亭灯箱、2000余平米户外广告牌等是公司雄厚的媒体资源。公司拥有一批优秀的广告专业人才，能为广告主提供全方位服务。与众多国内外公司建立了良好的合作关系，在北京及国内广告行业中均享有很高知名度。

公司兼营广告制作、出租汽车、国内外旅游、商贸、照相、影视及餐饮等项目。

公司是中广协理事单位，北广协常务理事单位，城市公交委员会主任单位。

2003年，公司在全国广告公司综合排序列第9位，公司2003年被中广协评为中国一级广告企业，被北京市工商局、北京广告协会评为2004年、2005年北京市守信企业，并于2001年2月与北京巴士股份公司在上海证券交易所成功上市。

地址：北京市东城区交道口南大街16号 邮编：100007 http://www.bjgjad.com E-mail:bjgj@bjgjad.com

瑞丽
服饰美容
2005年5月1日出版
Crazy for Herbal
舒缓肌肤
与幸福靠近
预约4款质感发型
LOVE
春左夏右，
他爱的Best50
新自然
Fashion
ISSN 1009-8275
www.rayli.com.cn

瑞丽
伊人风尚
2005年3月11日
出版总第170期
在世界中心呼唤
这个春天
是什么颜色的
cute season
春日大行动
衣橱复活
季节在变 美人力不变 只因有薄裙
15页鞋包特辑 满足每一个女人
ISSN 1009-8275
www.rayli.com.cn

FOOTE CONE & BELDING
你可以称他 父亲，如果你是广告人
由于他在广告蛮荒时代所作出的卓越贡献，人们尊称他为“现代广告之父”。
奥格威先生尊他为创造现代广告的六位巨人之一
我们同意他的看法。
（可劳德·霍普金斯、斯坦利·雷素、罗必凯、李奥贝纳、伯恩巴克是其他五位）
然而，可劳德·霍普金斯与他有分歧
在霍普金斯著的《我的广告生涯·科学的广告》中说，我和他唯一的分歧在于，他总想付给我很高的报酬。
他领导的公司经常动荡不安
他常说：“我的人训练得太好了，以致我无法留住他们”。甚至一度美国九家大广告公司的老板都是他的旧同事。
“庄严，是强悍的”
他说，广告已经成为销售最得力的助手，但它不能实现一切。对于那些离了广告便无望成功的生产商来说，什么广告也不会使他成功。
当然，没有他，汽车广告也会出现
当时所有的汽车制造商都不相信广告，他出资20万美元，证明了广告在汽车销售中的作用。那是汽车领域现代广告的开端。
“不当总统，就做广告人”，总统指的是罗斯福
你知道广告人指的是……
1918年6月的一天中午，他见到正在门廊前等待他共进午餐的罗斯福。他们热情地拥抱，罗斯福说：“很高兴见到你，他们告诉我你是美国最伟大的广告人。”他回答道：“只要您还活着，就没有人能享有这样的名望。”后来，他接受罗斯福的邀请，主掌共和党宣传部。
他曾说，最聪明的最沉默。
按照此观点他确实够聪明
除竞争者咨询外，他从不和同行在一起，也不参加任何广告组织。他几乎没有以出版为目的写过任何东西，也不热衷于演讲，并一直拒绝美国最权威的广告杂志《广告时代》的采访。
“除了我以外，世界上再没有广告人了”
——精神不死的 阿尔伯特·拉斯克尔
（1880年5月1日—1952年5月30日）
Albert D. Lasker
他说：“我不想发大财（他捐出了大部分财产做医学研究），我只想表现一下我的头脑能做些什么。”
1942年，他把一度成为世界最大的广告公司，以象征性的价格卖给公司内3位最聪明的年轻人，条件是：必须将这家不断壮大的公司更名。
这就是现在的FOOTE CONE & BELDING广告公司。
博达大桥国际广告传媒有限公司
北京市西长安街88号北京首都时代广场8层806室
邮编:100031 电话:(010)83915088 传真:(010)83915188
上海市北京东路689号东银大厦26楼
邮编:200001 电话:(021)63609298 传真:(021)63609208
广州市东山区德政北路538号达信大厦606-607室
邮编:510045 电话:(020)83276323 传真:(020)83276359
青岛市海尔路1号海尔工业园冰箱产品本部三楼
邮编:266101 电话:(0532)8939757 传真:(0532)893975

中國城鄉金融報

CHINA URBAN AND RURAL FINANCIAL NEWS

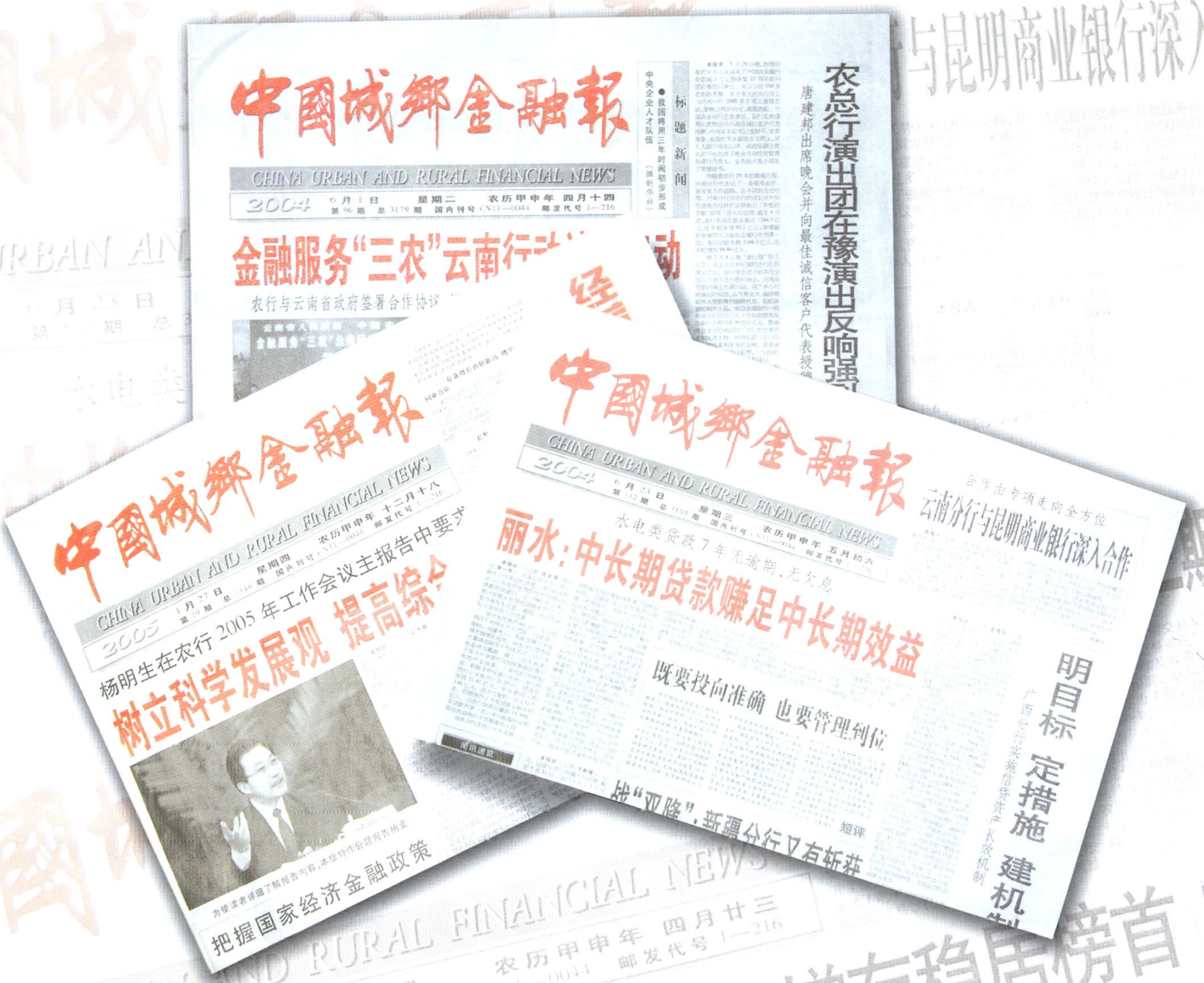

《中国城乡金融报》由中国农业银行主办，创办于1987年。长期以来，该报坚持“立足金融，服务经济”的办报宗旨，通过大力宣传党的金融、经济方面的方针政策，宣传银行的业务，以及通过报纸提供有关的信息和交流工作方面的经验，正确引导社会舆论，促进城乡经济、金融的发展。

该报为金融类报纸，对开四版，刊期为周五，每周一至周五出版，发行量为11万份。

国内统一刊号为：CN11-0044/F

报社电子信箱为：cxjrb@abocn.com

地　址：北京市海淀区八宝庄32号

联系部电话：010-88128447　　88125449

经营部电话：010-88128430　　88128429

专题制作:

本公司以十年经验，一流设备、技术和人才，建立市场调研、品牌策划、创意制作、代理发布一条龙的服务模式。在交流日趋国际化的今天，将为您量身制作各类专题片，并制成光盘，您可用于自我推广、交流宣传并可作为馈赠礼品。

平面设计:

专业队伍，精良制作——可承接各种类型企业VI设计、包装设计、宣传海报、路牌灯箱。

演播厅:

位于西四环北路的演播厅，面积达220平方米。可以承接文艺节目、访谈节目、室内情景剧、制作各类企业广告片、专题片等。

我发挥想象与创造

您收获财富和价值

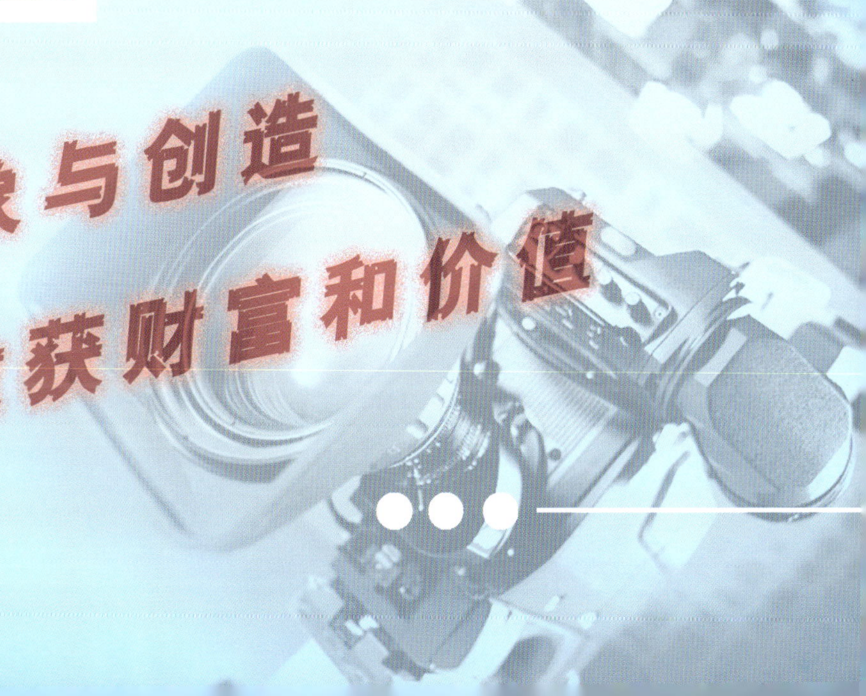

当品牌散发光芒

走哪条路不重要，重要的是走对路……

ADK
华闻旭通广告

京华闻旭通国际广告有限公司　地址：北京市朝阳区亮马桥路32号高斓大厦1801室　电话：(010)64640088　传真：(010)64643889　网址：www.adk-bj.com.cn

AuMEDIA 奥美地亞

www.aumedia.com

北京奥美地亚广告有限公司，成立于 2000 年。成立以来一直致力于广告传媒领域的发展。

目前已建立了多达 600 家电视台的广告播出网络——中国县市级电视广告网（简称 CCTN），是国内目前电视广告播出最大的网络之一。

公司与中国电视艺术家协会等机构合作的全国性电视栏目《中国股市报道》等都已成长为全国著名电视栏目。

与此同时，奥美地亚还是《体育大观 ·Golf Digest》杂志、《F1 赛车》杂志、《亚洲假日酒店》杂志的总代理，并拥有首都机场、上海机场、深圳机场等多处户外媒体。

与我公司建立合作关系的客户多达上百个，广告合作公司 20 多个。

2004 年，北京奥美地亚广告有限公司受邀成为中国传媒大学董事单位。

我们相信，我们在业内的广阔资源，会为我们的伙伴、客户带来众多的商业机会。

地址：北京市朝阳区建国路88号现代城C座1201室
电话：010-85806066
传真：010-85806043

’2005中国广告年鉴

China Advertising Yearbook

第十三版

13 th Edition

上海市

著名广告经营单位

诚信宣言形象展示介绍专栏

上海高度
THE HIGHER STARTING POINT , THE FASTER COMING O
品牌巅峰

RANDS PEAK
上海，中国经济的坐标
SMG，您值得信赖的媒体伙伴
SMG，为您的品牌创造巅峰

想进入消费者大脑？

来，先经过我们大脑。

在人类最神秘的大脑中，有95%的领域，尚未被开发。在中国，这个未来世上最大的市场中，仍有95%，等你开发。这一处充满新族群，新消费，新趋势的秘境，谁能与你共同探索？10年来，奥美在中国，致力于全球经验本土化，为联合利华、肯德基、柯达、IBM、摩托罗拉、白兰氏、青岛啤酒、中国网通、科龙等成功地稳据了中国的市场，印入了人们的脑海。如果你拥有自豪的产品，欢迎与奥美联系。我们会为你，在那95%里，先订个位子，当然是最好的。

• 奥美上海：(021)24051888 • 奥美北京：(010)85206688 • 奥美广州：(020)38771888 • 奥美福州：(0591)87851966

Ogilvy

《新民晚报》
与您一起用新眼光看新上海。
新民晚报

中华牙膏创意小组
文案 赵晓飞
我们和消费者就是如此贴近

每天阅读一份
最畅销的报纸
新闻晨报
新闻力量　优化生活
影响180万上海人
发行量：600，000
读者主要集中在25~45岁以上的上班族
平均每期阅读率71%，传阅率2.7人
高度读者衷诚度比率为55%，适度忠诚读者比例26%
读者群性别状况
女42%
男58%
新闻晨报利润持续每年增长30%以上！
新闻晨报广告到达率2.7，成为最受青睐的平面媒体。
因为我们做得最好。
读者好感度
市场满意度
读者群文化教育程度
小学 1%
初中 16%
中专／技校／职高 21%
高中 24%
大专 28%
大学或以上程度 10%
读者群年龄状况
15－20岁 16%
21－30岁 17%
31－40岁 26%
41－50岁 19%
51－64岁 22%
其他
读者群收入状况
没有收入 10%
799元或以下 22%
800－1499元 34%
1500－1999元 21%
2000－2999元 10%
3000元或以上 3%
地址：上海市汉口路300号　邮编：200001
电话：021-63521111

Creative HAKUHODO
SPEAK WITH EYES
How many words you speak out that truely based on the facts you see?
多少言语基于你眼鉴的事实?
HAKUHODO respects the facts more than any other supposition and hypothesis.
We treat facts as the rudimental foundation of any advertising activities.
We believe only ideas and creative based on the facts speak lounder and easier get understood
博报堂尊重事实，摒弃虚华，所以我们的品牌策划和广告创意能真实有效。
上海博報堂

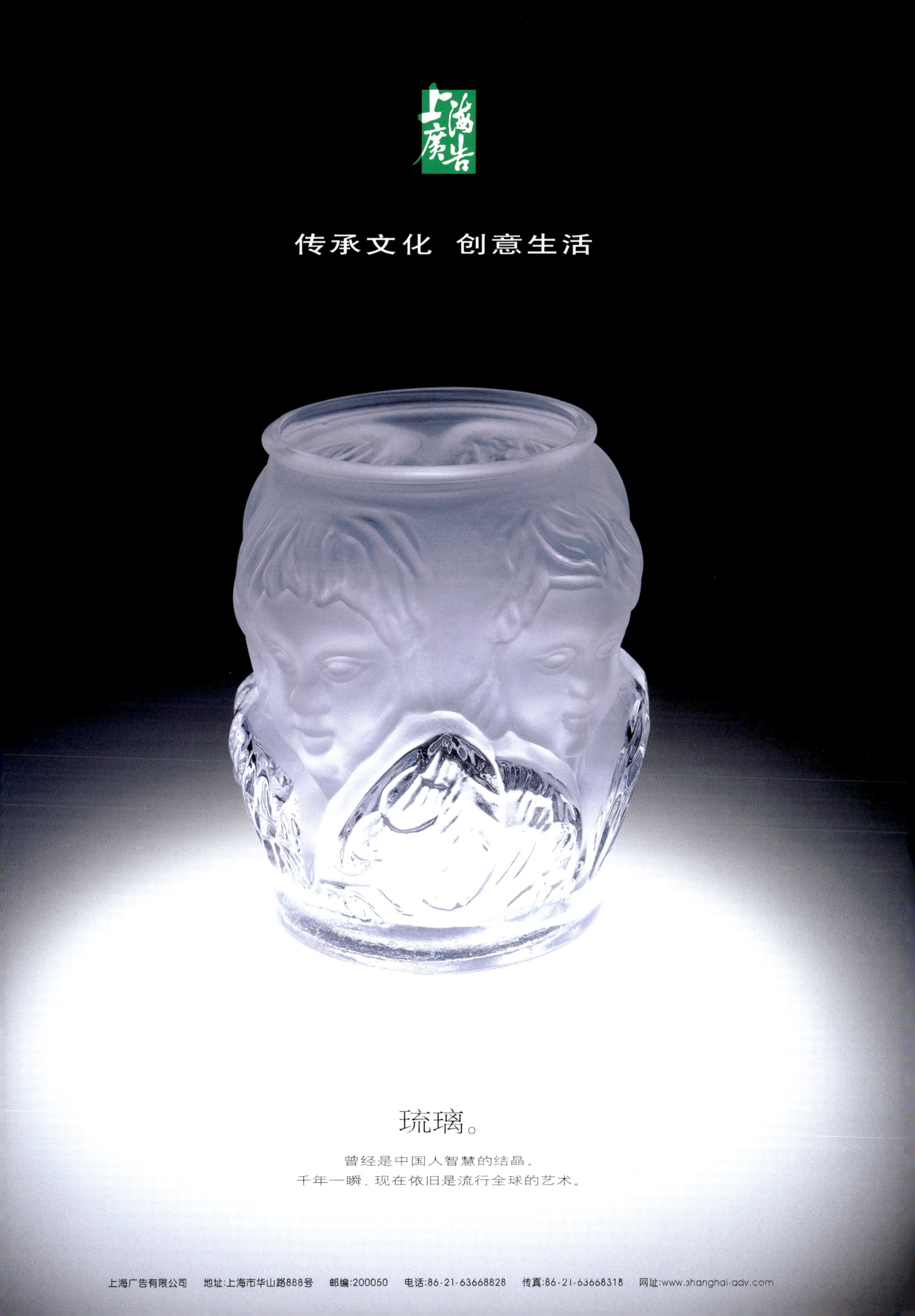
上海廣告
传承文化 创意生活
琉璃。
曾经是中国人智慧的结晶。
千年一瞬，现在依旧是流行全球的艺术。
上海广告有限公司 地址:上海市华山路888号 邮编:200050 电话:86-21-63668828 传真:86-21-63668318 网址:www.shanghai-adv.com

创 造 新 的 机 会 。
上海旭通廣告有限公司
中国上海淮海中路887号永新大厦10楼 TEL: 021-64674118
ONLY ADK

METRO
ADVERTISING
地铁广告
做中国数码专家
No.1 Metro Media
Provider
地铁媒体至尊
METRO
Never settle for less
Heineken
Prime Sites with
Promising Returns
黄金地段带动
理想回报
BILLBOARD
万象更新
惠普数码影像天地
BILLBOARD
广告牌
BUS
ADVERTISING
公交广告
PREMIER SERVICE
PRIME CHOICE OF MEDIA
服务之尊　媒体卓见之选
媒体伯乐
Unparalleled Cross Cities
Coverage
无可比拟之跨城市网络
BUS
NESCAFÉ

MetroAds

Shanghai MetroAds Advertising Co., Ltd.

上海华智地铁广告有限公司

上海华智地铁广告有限公司系媒体伯乐广告集团成员。独家拥有上海地铁一号线、五号线的广告经营权。集团并同时独家经营北京城铁及香港机场快线广告。加上集团成员之一的广州地铁永通广告有限公司经营的广州地铁一号线广告，构成了一个全中国覆盖最多城市的轨道交通广告媒体网络。在这几个经济最为发达的城市中，集团的轨道交通媒体网络每天向数百万具有强大购买能力的乘客发布广告信息，成效卓著。媒体伯乐广告集团是当前中国轨道交通媒体覆盖面最广泛的媒体管理商，并且，其媒体网络正在不断地得以扩充。

MetroAds

上海市淮海中路1375号启华大厦8楼
Apt 8B, Qihua Tower, 1375 Huaihai Rd.(C)
Shanghai, China.
电话/TEL: (86-21)64318666
传真/FAX: (86-21)64712976
邮编/P.C.: 200031
www.metroads.cn

媒体伯乐集团有限公司
Media Partners International Holdings Inc.

上海市高安路8号
8 Gaoan Rd. Shanghai, China.
电话/TEL: (86-21)34014533
传真/FAX: (86-21)64664821
邮编/P.C.: 200030
www.mpil.com

我们每天在2,100,000人的关注下

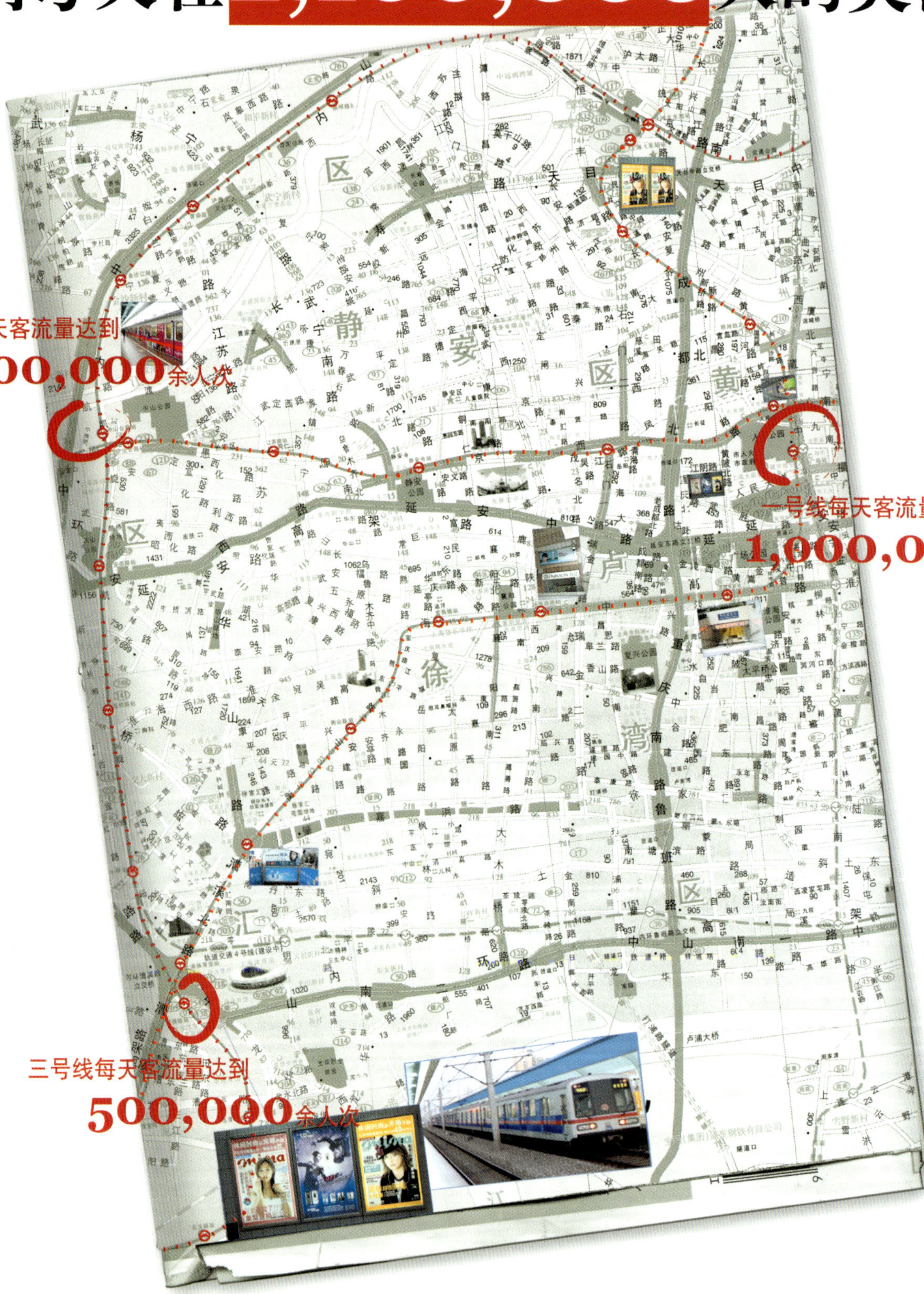

二号线每天客流量达到
600,000余人次

一号线每天客流量达到
1,000,000余人次

三号线每天客流量达到
500,000余人次

上海地铁广告有限公司
SHANGHAI METRO ADVERTISING CO.,LTD

东方明珠
Oriental
Pearl Mobile TV
移动电视
Oriental
Pearl Mobile TV
上海东方明珠移动电视有限公司
Shanghai Oriental Pearl Mobile TV Muti-Media Co.,Ltd.

ADSHEL

中国首屈一指的户外广告公司，主要从事公共汽车候车亭广告业务

海南白马广告媒体投资有限公司

简介

海南白马广告媒体投资有限公司是中国首屈一指的户外广告公司，主要从事公共汽车候车亭广告业务，并建立了一个覆盖全国29个城市的“风神榜"媒体网络。我们的控股公司于2001年12月19日在香港主板市场上市，是中国内地首家在香港成功上市的户外广告公司。

白马广告于1995年进入户外广告业，率先建立了由16个城市组成的候车亭广告网。为了进一步扩展业务，白马广告于1998年与Clear Channel合资成立海南白马广告媒体投资有限公司。借助于外方雄厚的资金、先进的管理经验和Clear Channel公司旗下知名的户外媒体品牌Adshel的品牌优势，海南白马推出中国候车亭广告网的强势品牌-风神榜(Adshel Network)。海南白马将风神榜公共汽车候车亭媒体网络作为主营业务，并积极开拓新的户外媒体产品及服务种类，先后在国内29个大中城市投资近十亿元人民币兴建候车亭、的士站、路名牌、大型广告看板等，在美化城市、改善市政交通设施方面起到重大作用。

发展到今天，风神榜已遍布全国29个重点城市，共有20,000多个灯箱，形成了全国性网络覆盖，为国际品牌的驻入和国内品牌的发布提供了完善的一站式户外广告服务，对促进各地经济发展起到了良好的作用，受到了各地政府的欢迎和大力支持。

海南白马的经营目标是成为中国最大的户外广告公司，并保持产品、服务及专业水平方面一贯良好的信誉。随着中国成功加入WTO，经济持续发展，城市建设速度的加快以及市场体制的逐步完善，海南白马将把握好中国户外广告业的无限商机，继续巩固保持市场竞争优势，进一步加大投资力度，扩大经营范围，坚持以政府市政规划为指导，积极参与配合各地的城市建设，为城市的建设、经济的发展做出最大努力。

总公司地址：广州沿江中路298号江湾大酒店中区商业大厦4楼
上海分公司地址：上海市黄陂北路227号中区广场2602-2604室
邮编：200003
电话：021-63758789
传真：021-63758768
公司网站： www.whadshel.com

A Joint Venture between the Shanghai Media Group and Universal Music Asia Pacific
The NextGen Music Entertainment Company

上海上腾娱乐有限公司
SUM Entertainment Limited

上海上腾娱乐有限公司（SUM Entertainment Limited）是由环球唱片与上海文广新闻传媒集团共同创办的以音乐为基础的新一代娱乐公司，主要从事艺人经纪和艺人管理、组织和执行各种与音乐相关的大型活动、开发新媒体、市场伙伴营销、代理国内外各类广告以及策划和推广各类音乐产品以及DVD等。通过整合文广新闻传媒集团在中国的强大媒体优势，以及环球唱片顶级艺术家、制作商和创意天才等国际网络，上腾（SUM）必将成为链接中国与世界的桥梁。上腾（SUM）将代表中国娱乐行业的全新形象，为乐迷及消费者奉献360度全方位音乐体验，并会持续将更高水平的国际音乐界精华注入不断成长中的中国音乐产业。

●2004年2月——在香港举行开业新闻发布会，在全亚洲媒体面前宣告上腾公司成立

●2004年5－8月——每周六晚黄金时段，“莱卡我型我SHOW”电视节目在东方卫视播出

●2004年4月——公司制作的电视真人秀选星秀活动——“莱卡我型我SHOW”正式启动

●2004年9月——与6位艺人签约

●2004年11月——上腾新艺人参加环球唱片十周年庆祝演唱会，并在香港媒体面前完美亮相

●2005年3月——第一季“我型我秀”活动冠军，上腾签约艺人——张杰，发行第一张专辑《第1张》

上海上腾娱乐有限公司
SUM Entertainment Limited

地址：中国上海淮海中路1720号 众联别墅G座
电话：+86 21 643381111
传真：+86 21 64336220
邮编：200031
Add: Block G Zhonglian Villa, Huai Hai Road(M), Shanghai, PRC
Tel: +86 21 64338111
Fax: +86 21 64336220
Zip: 200031

由著名体育赛事推广人
郁知非 总经理率领的
在中国专业从事世界一级方程式大奖赛与赛车运动宣传推广及广告经营的专业公司
SHANGHAI CIRCUIT
CCTV
SHANGHAI CIRCUIT
上海中山南路28号久事大厦29楼
电话：8621-63300182
传真：8621-63300422
网址：www.icsh.sh.cn
邮编：200010
上海国际赛车场广告经营有限公司
SHANGHAI INTERNATIONAL CIRCUIT ADVERTISING CO.,LTD.

TANG SUN
唐神
唐神
集媒介经营、广告代理、电视、平面内容生产制作和图书策划发行同心一体化发展的文化传媒企业
唐神传媒
TANGSUN MEDIA
地址：上海天目西路547号恒基不夜城广场逸升阁21层
电话：63538106 转各部
传真：63533161

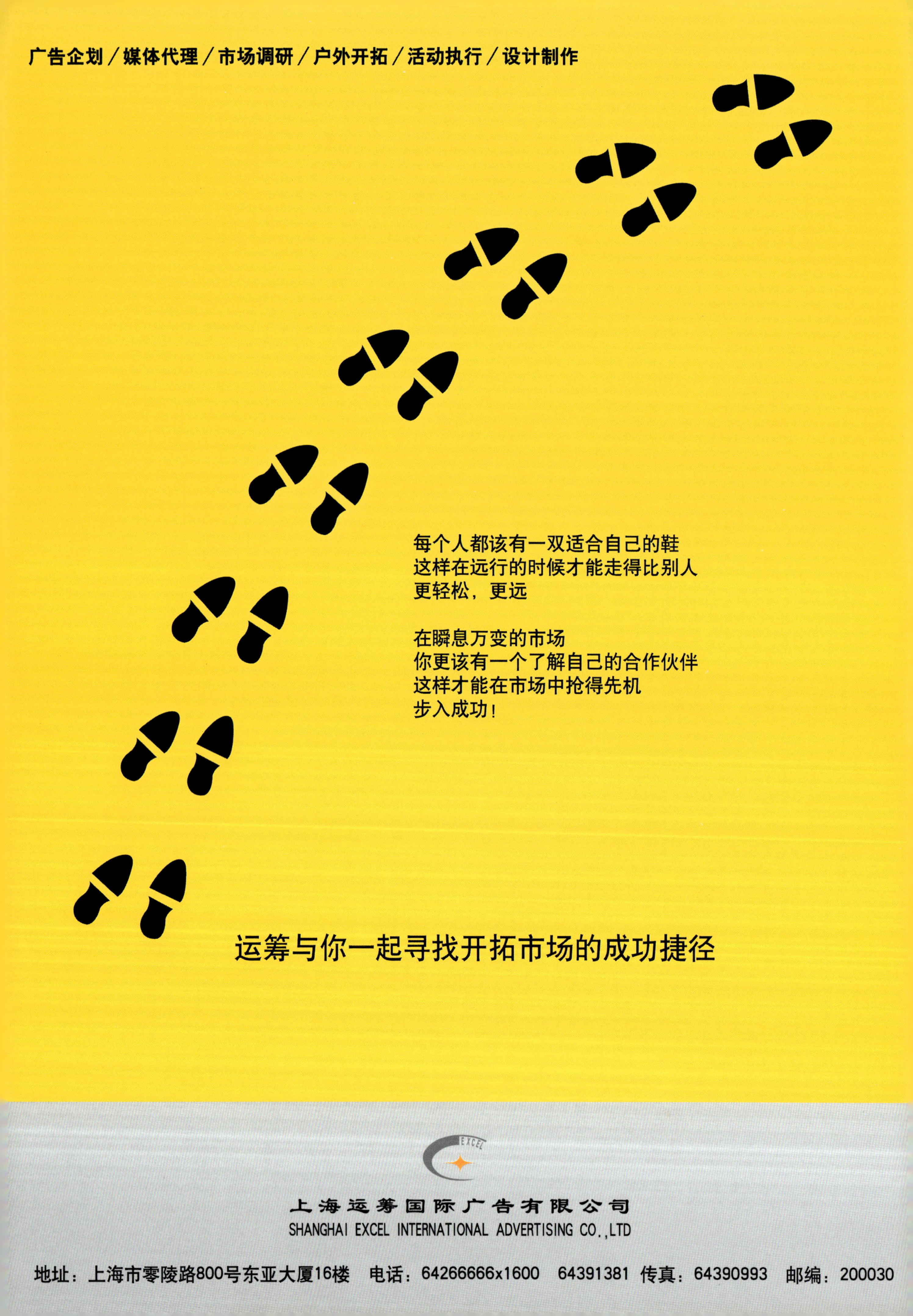
广告企划／媒体代理／市场调研／户外开拓／活动执行／设计制作
每个人都该有一双适合自己的鞋
这样在远行的时候才能走得比别人
更轻松，更远
在瞬息万变的市场
你更该有一个了解自己的合作伙伴
这样才能在市场中抢得先机
步入成功！
运筹与你一起寻找开拓市场的成功捷径
EXCEL
上海运筹国际广告有限公司
SHANGHAI EXCEL INTERNATIONAL ADVERTISING CO.,LTD
地址：上海市零陵路800号东亚大厦16楼　电话：64266666x1600　64391381　传真：64390993　邮编：200030

CITROËN XSARA
开利空
NOKIA
Canon

用心创造惊喜与感动
DAZHONG
first-class advertising angecy of China
首批中国1级广告企业
中国广告行业文明单位
中国最具成长性本土广告公司
上海大众广告有限公司
Shanghai Dazhong Advertising Co.,Ltd.
地址：中国上海市中山西路1515号（大众大厦）7F
电话：(021)64287280
传真：(021)64286890
邮编：200235
网址：dzgg.96822.com
E-mail:dzpta@sh163.net

同声相应
同气相求
上海飞帆广告有限公司
上海西南广告有限公司
Add：上海市中山南二路777弄东安花苑2号楼14楼 Tel：54252779
Fax：54248300 http：//www.sh-xifei.com.cn E-mail：xifei@sh-xifei.com.cn

女装苑
Madame
休闲
Life Style
一份新时尚、新视角、新风格的都市周报
新时尚
时尚前沿的最新报道，锁定时尚的都市白领
新视角
新角度，新观察以感性打动读者，与读者互动
新风格
打造新鲜的都市格调
新闻
News
安居乐
Sweet Home
一份白领的时尚地图和消费掼的周报，以具最新的时尚消费资讯，打造为目前刷新率最高的时尚报纸。
扮靓
Beauty
时尚阁
Fashion Corner
天周刊
SKY WEEKLY
天知道，你也该知道 GOD KNOWS, YOU TOO
天知道 你也该知道
反映白领时尚娱乐、休闲生活最新风尚的周报
《天周刊》广告总代理：上海天波广告有限公司。全国广告行知名的百强企业，新民晚报多年最大广告代理商。
地址：上海市延安西路1289弄10号6楼 邮编：200050 电话：（021）62255345 传真：（021）62113282
识饮识食
Taste
酒吧街
Bar Guide
旅游
Travel
一份具有宽广发行网络的周报，遍布上海东方书报亭与个体书报亭及地铁超市、酒家、咖啡店；覆盖江、浙、沪皖地区。总发行量达20万份。
一份同类周报中最低的个人成本的周报，其优惠的媒体价格吸引众多的广告主。
广告
AD
Roadster
广告
AD
封面故事
Cover Story

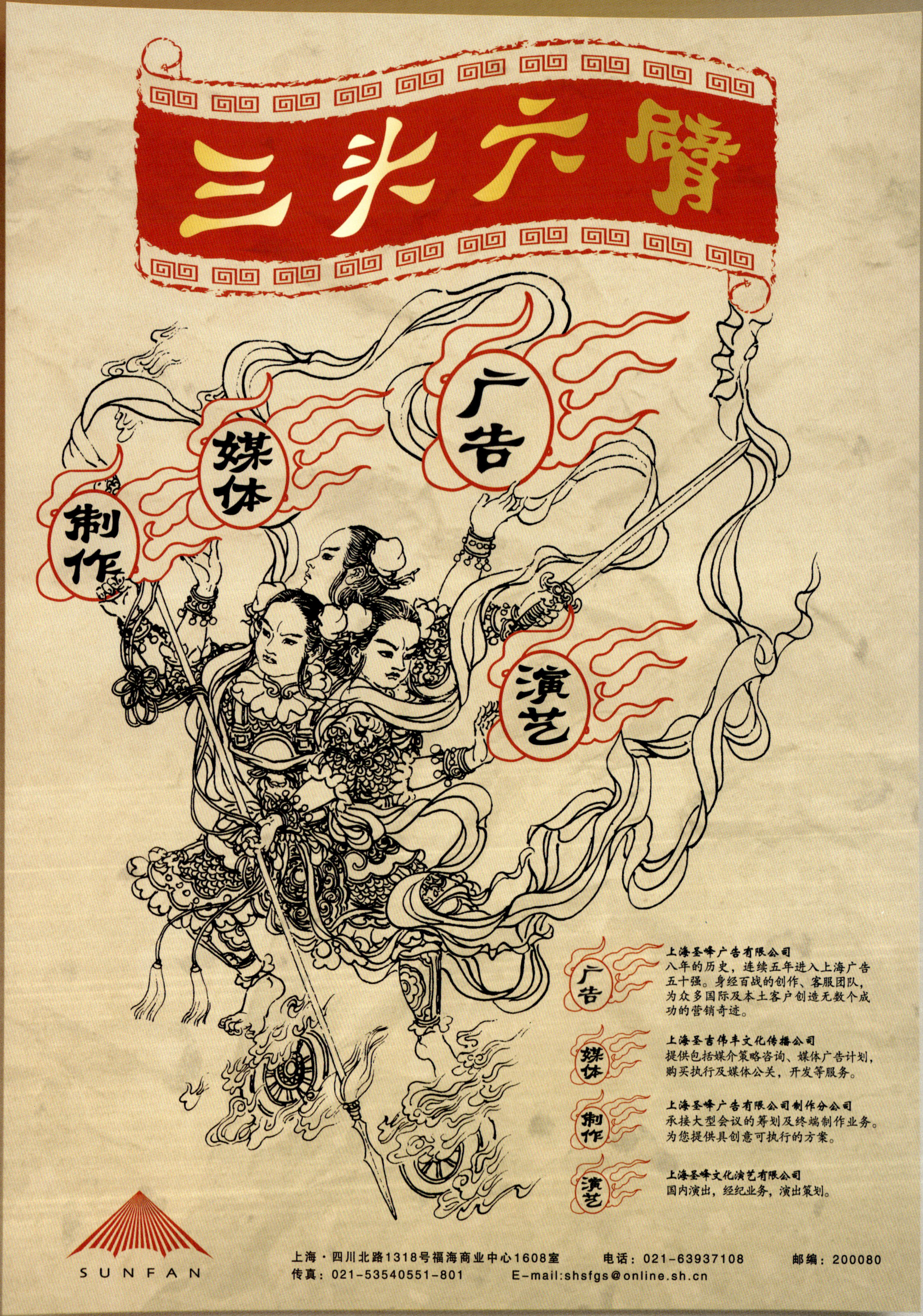
三头六臂
制作
媒体
广告
演艺
广告
上海圣峰广告有限公司
八年的历史，连续五年进入上海广告五十强。身经百战的创作、客服团队，为众多国际及本土客户创造无数个成功的营销奇迹。
媒体
上海圣吉伟丰文化传播公司
提供包括媒介策略咨询、媒体广告计划，购买执行及媒体公关，开发等服务。
制作
上海圣峰广告有限公司制作分公司
承接大型会议的筹划及终端制作业务。为您提供具创意可执行的方案。
演艺
上海圣峰文化演艺有限公司
国内演出，经纪业务，演出策划。
SUNFAN
上海·四川北路1318号福海商业中心1608室　电话：021-63937108　邮编：200080
传真：021-53540551-801　E-mail:shsfgs@online.sh.cn

职业球员
才有不凡身手
精通专业
才能得心应手
职业能力
才如此熟练到位
雅视广告 专业投手
海打浦路80弄1号23A.B
丽花园
FAX SENT
53017629
TEL
64678292
53017619
63015164
63015163
Email
vpawyc@163.com

诱惑，是不是犯罪？
我不就是把半价说成买一送一吗？
广告罪
如果你认为诱惑就是犯罪，那么焦点广告最擅长犯罪，每一天我们做的事情就是在制造诱惑。感谢以下客户一直为我们撑腰：青春宝抗衰老片、青春宝美容胶囊、金日心源素、杞浓酒、江中牌健胃消食片、江中亮嗓、焕采羊胎娇丸、金奥康、乐调好、肠炎宁、汇仁肾宝、汇仁六味地黄丸、汇仁脑心舒、汇仁生脉饮、汇仁复方鲜竹荔、胡庆余堂铁皮枫斗、胡庆余堂强力片、睡宝、玉林制药、美多膳食纤维、双金爱生、百味林煮瓜子、上海霞飞、一朵、高科暖卡、美国史丹利、美国奔泰
FOCUS
Focus Advertising Co.,Ltd.
上海焦点广告传播有限公司
电话：021 63041999

少年宫LED灯光工程

城市规划馆工程

虹桥中园房产模型

化工厂综合模型

机场室内模型广告

站亭灯箱EL动态广告

徐家汇投影广告

南北高架路LED广告

黄浦江游船广告

"沟通"
需要
"解放"
上海最具影响力的主流媒体
了解上海政治、经济、社会最新状况第一选择
公正、权威、广泛、全面、有效
发行量大、可读性强、传阅率高、影响力广
上海解放广告有限公司
《解放日报》广告总代理
JIEFANG ADVERTISING CO.,LTD.
地址：汉口路309号6楼　邮编：200001　电话：0086-21-63609610转　0086-21-63521111转　传真：0086-21-63522480

文匯報
——www.whb.com.cn——
情系文汇
文汇天下
《文汇报》创办于1938年1月25日，是一张在上海出版，面向全国，具有广泛影响的大型综合性日报。
《文汇报》是文汇新民联合报业集团的主报，由中共上海市委直接领导，坚持正确舆论导向，及时、准确、客观地传播新闻，评论世间万象，高扬主旋律，坚持多样化，积极反映丰富多彩的政治生活、社会生活。
《文汇报》在全面报道时政、经济、国际、社会新闻的基础上，以教育、科技、卫生、文化、理论学术、体育、旅游等领域的报道为侧重点；在深化上海新闻的同时，还在北京、江苏设有办事处，在浙江、武汉、西安等省市设有记者站，并与上海同步印刷，主要城市和周边地区当天见报。报社在美国、法国、日本、墨西哥、印度、尼泊尔、俄罗斯、吉尔吉斯斯坦和联合国等15个国家、地区、国际机构派有自己的常驻记者，这在国内媒体是屈指可数的，大大增强了《文汇报》在全国的权威性与影响力。目前报纸日出对开彩色16版，日发行50万份，发行至全世界40多个国家和地区。
从2004年起，开辟了房产世界、健康生活、汽车广场、人才教育、数字化生存等服务性专刊，同时还出版浙江视窗、江苏视窗、西部视窗、中部视窗等增强地区交流的专刊。
《文汇报》经过68年的发展，已经成为中国新闻界历史最悠久的一份综合性日报，具有独特的风格和鲜明的特色。
2004年《文汇报》广告收入取得了突破性进展，广告收入与2003年相比增长33%。
广告中心地址：延安中路839号3楼
邮编：200040
电话：(8621) 62791234
传真：(8621) 62793809

JCDecaux

A captive audience

Strong visual impact

地　　址：中国上海市天山路310号
　　　　　海益商务大厦10楼
邮政编码：200336
电　　话：(021) 6290 0101
　　　　　　　　　6291 8112
传　　真：(021) 6291 7219

Prestigious locations

机场动量 JCDecaux

Guaranteed exposure

电力广告

我们的媒体

我们的策划

规划你成功的轨迹

我们的设计

发布、代理、制作的综合性广告公司。注册资金500万

十多年的耕耘

区广协副会长单位，中国电力广告集团副主任单位

拥有2000多个户外广告媒体及辐射20多个城市的户外媒体网络

拥有一流的户外景观设计能力

高架等重要道路上的电杆广告旗为重大活动和商业推广

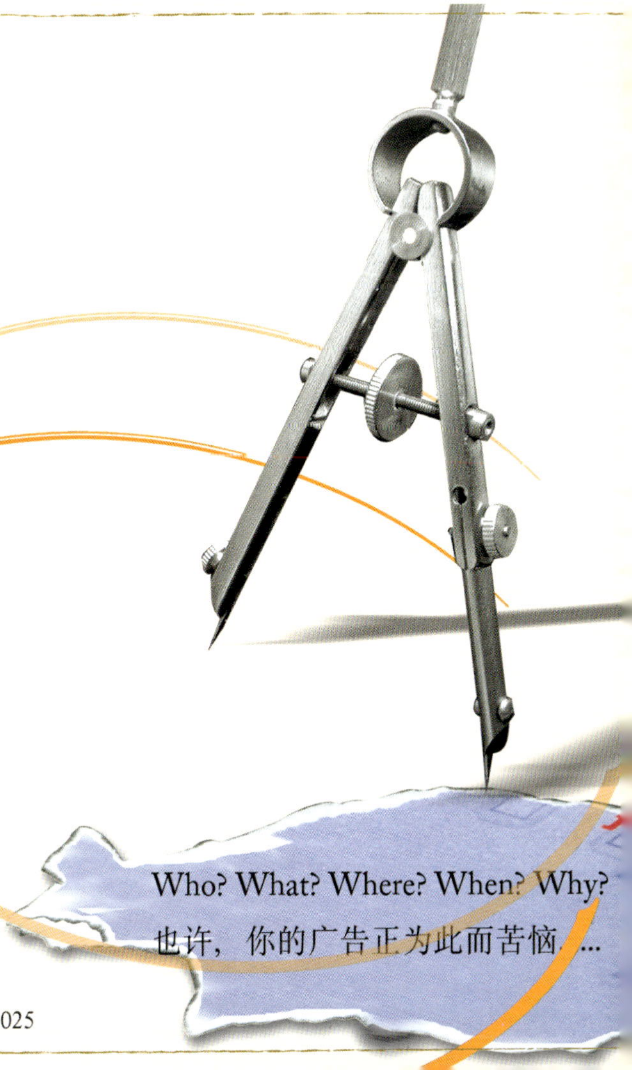

中国电力广告集团
上海电力广告有限公司

地址：上海市徐家汇路430号上海电力大楼611室　电话：021-64152167　邮编：200025

专/业/的/品/牌/策/划/，/多/媒/体/影/视/制/作/，/公/关/、/展/览/的/创/意/执/行
唯有专业，方可打造经典
唯有执着，方能一飞冲天
唯有灵活，方显务实本色
共舞·10年
10年之前，我们抱着谦逊的态度试探这个市场；
10年之后，我们充满善意地洞察着消费者的心；
10年之间，几代电气广告人的汗水滋养着我们的成长，
几多客户的荣辱牵动着我们的表情肌。
我们行进在风起云涌的年代。
步伐，不断应和着最潮流的节拍——是脚步，也是舞步。
BAOSTEEL
上海电气
SHANGHAI ELECTRIC
上海电气广告公司
Shanghai Electric Advertising Company
上海市雁荡路6号21室 电话02153836385 53839705 传真02153839641
上海市淮海中路398号中海大厦8楼D座 电话02163841389 63854566 传真02163875

中国电信
CHINA TELECOM
资源与实力强强联手，
服务与热忱两情相悦，
创意与灵感一拍即合，
信息广告
您有理由相信我们
SIA 上海信息广告有限公司
Shanghai Information Advertising Co.,Ltd
上海浦东松林路357号25楼
25/F No.357 SongLin Road Shanghai China
邮编：200122
电话：021-58351100-101
传真：021-68405513
客户服务热线：021-58354123 8008202090
客户服务信箱：ad@ad.siic.com.cn
上海热线
www.online.sh.cn

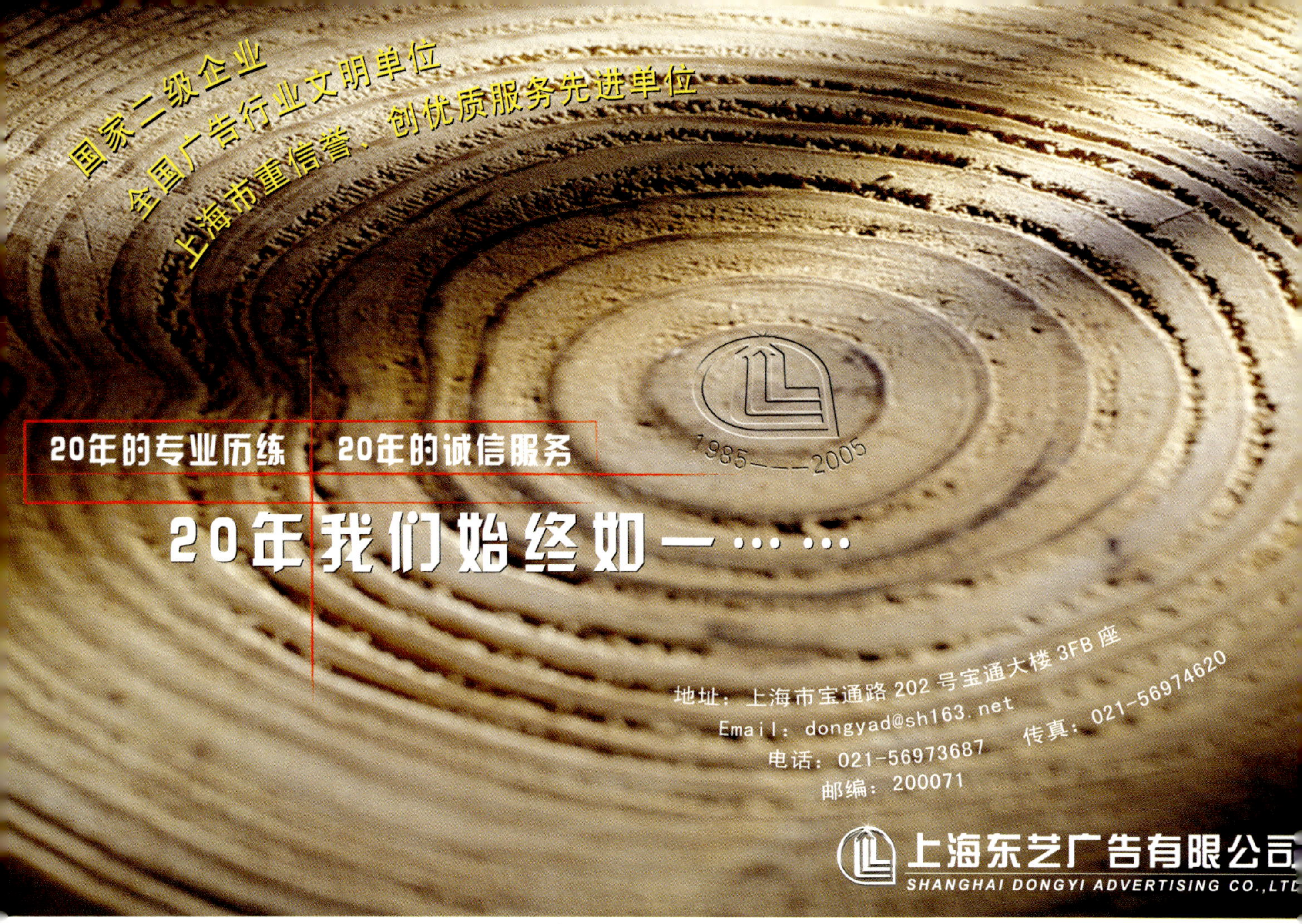

国家二级企业
全国广告行业文明单位
上海市重信誉、创优质服务先进单位
1985——2005
20年的专业历练 20年的诚信服务
20年我们始终如一……
地址：上海市宝通路202号宝通大楼3FB座
Email：dongyad@sh163.net
电话：021-56973687 传真：021-56974620
邮编：200071
上海东艺广告有限公司
SHANGHAI DONGYI ADVERTISING CO.,LTD

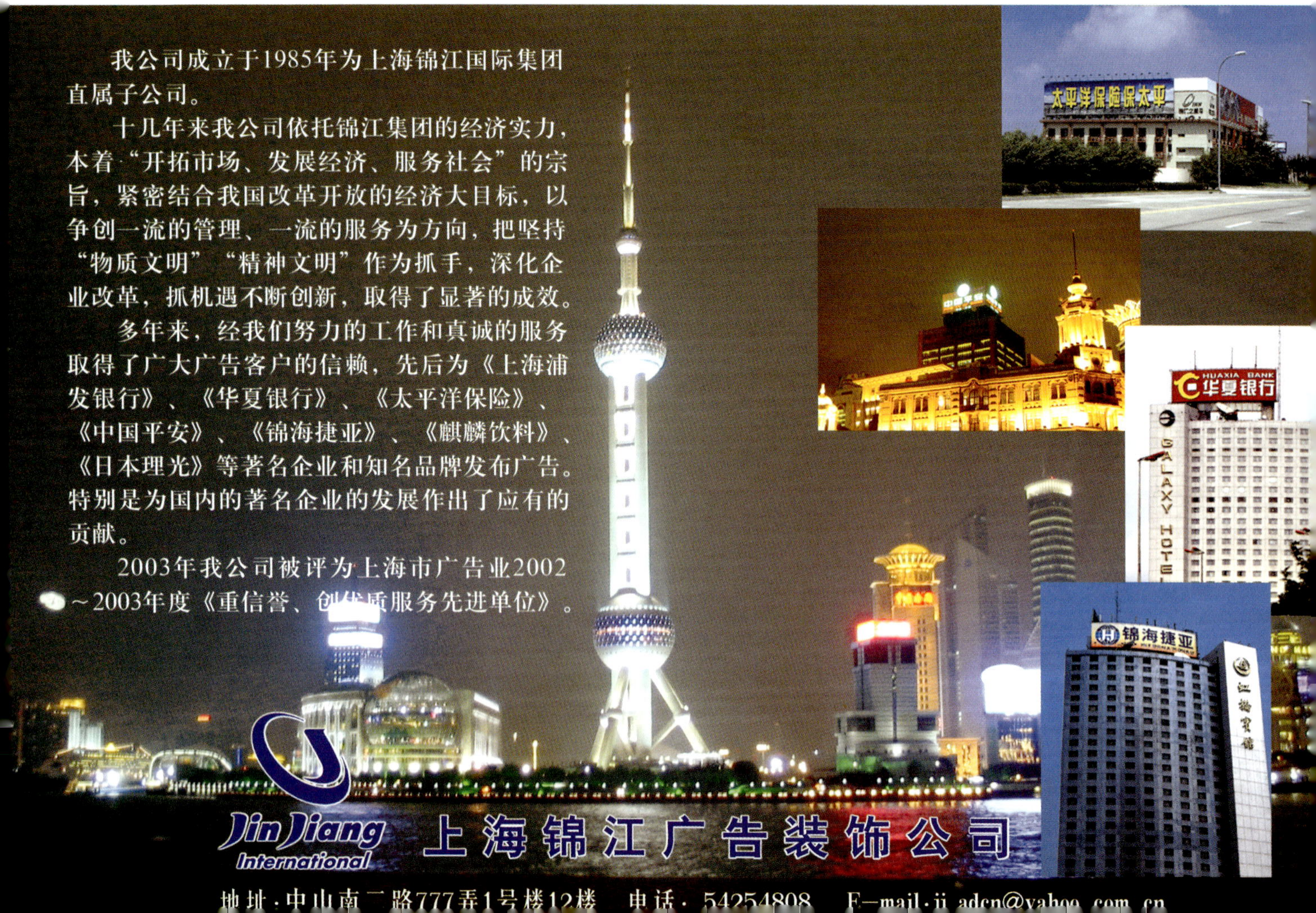

我公司成立于1985年为上海锦江国际集团直属子公司。
十几年来我公司依托锦江集团的经济实力，本着“开拓市场、发展经济、服务社会”的宗旨，紧密结合我国改革开放的经济大目标，以争创一流的管理、一流的服务为方向，把坚持“物质文明”“精神文明”作为抓手，深化企业改革，抓机遇不断创新，取得了显著的成效。
多年来，经我们努力的工作和真诚的服务取得了广大广告客户的信赖，先后为《上海浦发银行》、《华夏银行》、《太平洋保险》、《中国平安》、《锦海捷亚》、《麒麟饮料》、《日本理光》等著名企业和知名品牌发布广告。特别是为国内的著名企业的发展作出了应有的贡献。
2003年我公司被评为上海市广告业2002～2003年度《重信誉、创优质服务先进单位》。
太平洋保险
华夏银行
HUAXIA BANK
GALAXY HOTEL
锦海捷亚
Jin Jiang International
上海锦江广告装饰公司
地址：中山南二路777弄1号楼12楼 电话：54254808 E-mail：jj_adcn@yahoo.com.cn

巴士股份
「源」来新鲜 三得利
SUNTORY
Keep Fresh
皮皮狗
維他奶
健康 出来
SHANGHAI YIQI GONGGONGJIAOTONG GUANGGAO YOUXIANGONGSI
上海一汽公共交通广告有限公司
专业承办公交车辆、灯箱、客票等
广告设计、制作、发布。
地址：中国上海市四平路827弄2号楼 4A 传真：55570355 邮编：200092
电话：65026355 65023664 E-mail:bsyqgg@online.sh.cn

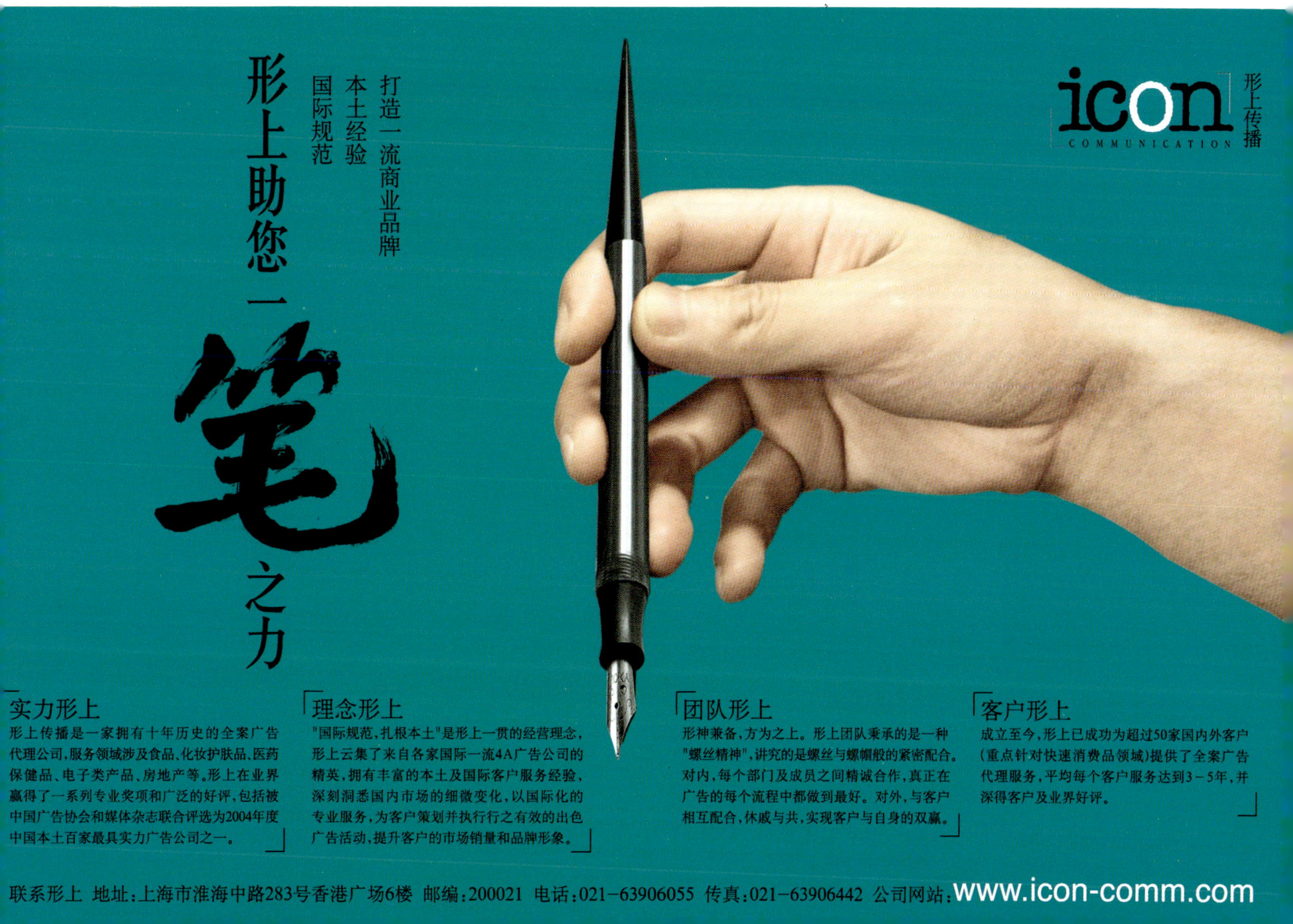

打造一流商业品牌
本土经验
国际规范
形上助您一笔之力
icon 形上传播
COMMUNICATION
实力形上
形上传播是一家拥有十年历史的全案广告代理公司，服务领域涉及食品、化妆护肤品、医药保健品、电子类产品、房地产等。形上在业界赢得了一系列专业奖项和广泛的好评，包括被中国广告协会和媒体杂志联合评选为2004年度中国本土百家最具实力广告公司之一。
理念形上
"国际规范，扎根本土"是形上一贯的经营理念，形上云集了来自各家国际一流4A广告公司的精英，拥有丰富的本土及国际客户服务经验，深刻洞悉国内市场的细微变化，以国际化的专业服务，为客户策划并执行行之有效的出色广告活动，提升客户的市场销量和品牌形象。
团队形上
形神兼备，方为之上。形上团队秉承的是一种"螺丝精神"，讲究的是螺丝与螺帽般的紧密配合。对内，每个部门及成员之间精诚合作，真正在广告的每个流程中都做到最好。对外，与客户相互配合，休戚与共，实现客户与自身的双赢。
客户形上
成立至今，形上已成功为超过50家国内外客户（重点针对快速消费品领域）提供了全案广告代理服务，平均每个客户服务达到3－5年，并深得客户及业界好评。
联系形上 地址：上海市淮海中路283号香港广场6楼 邮编：200021 电话：021－63906055 传真：021－63906442 公司网站：www.icon-comm.com

上海坤威广告传播有限公司
SHANGHAI KWUN WUN ADVERTISE MEDIA CO.,LTD
公司地址：上海市永和路201号201室
邮编：200072
电话：021-35053248　传真：021-56654166
邮箱：kwunwun@126.com
网址：http://www.kwunwun.com
愿与您携手共进
开创户外广告新纪元
车身广告发布　制作

经营奉信
诚比命大
的服务理念
·对待大小客户一视同仁，客户的满意就是我们最大的追求目标。
·在公司运作的几年中公司以500余万元的营业额起，业务量每年翻倍递增。
·有服务众多国内外著名品牌的丰富经验，赢得了客户的一致好评。
上海港凯广告有限公司简介
我司成立于2002年。是上海公交行业内首家私营买断公交车辆媒体的广告公司。我司改变了上海公交广告行业内实行多年的媒体与制作、施工的分离状况，开创了集媒体承接、设计、制作、施工、客户服务跟踪的一体化先河。极大的方便了客户，促进了公交广告行业内的服务理念。我司买断媒体有：上海大众申新巴士汽车服务有限公司600台车辆媒体；其主要行驶路线遍布新型商业中心徐家汇地区；上海梧柏汽车服务有限公司100台车辆媒体，其主要行驶路线是外滩地区，沿南北高架；上海巴士大厦19层顶户外媒体计500平方米。
我司经营奉信“诚比命大”的服务理念。对待大小客户一视同仁，客户的满意就是我们最大的追求目标。在公司运作的几年中公司以500余万元的营业额起，业务量每年翻倍递增。有服务众多国内外著名品牌的丰富经验，赢得了客户的一致好评。
加强服务，提高档次，继续前进，是我司的工作目标和追求。
实景图
公司电话：52393684 公司传真：52393694
地址：长宁路113号6楼 E-mail:gangkaiad@163.com

'2005中国广告年鉴
China Advertising Yearbook
第十三版
13th Edition

编辑部地址：北京40－100信箱　邮编：100040　电话：010 68628860　68628861　传真：010 68627480　E-mail:ad@nianjian100.com

’2005中国广告年鉴
China Advertising Yearbook
第十三版
13th Edition

天津市

著名广告经营单位
诚信宣言形象展示介绍专栏

视台
的舞台
CHINA TIANJIN TV-ADVERTISING
电话：(022)23539283 23510959 23330820 23539286
网址：www.ctjtv.com.cn
Email：tjtvad@126.com

TIANJIN DAILY NEWS GROUP

天津日报 报业集团

创新图发展 诚信铸辉煌

《天津日报》创刊于1949年1月17日，毛泽东主席曾两次为《天津日报》题写报头。历经半个多世纪，《天津日报》已发展壮大为以《天津日报》为龙头，由《每日新报》、《城市快报》、《假日100天》、《采风报》、《球迷》报、《车天下》、《北方经济时报》、《天津政法报》、《新财讯报》、《新广角》、《蓝盾》、《天津日报·电子版》等组成的十报两刊一网的报刊体系，并拥有每日新传媒发展有限公司、假日传媒有限公司、天津新青年传媒有限公司、天津津报传媒投资公司和经报进修学院等众多实体。

2002年8月21日，经天津市委同意、中宣部和国家新闻出版署批准，天津日报报业集团挂牌成立，成为天津首家报业集团。

集团成立后，先后参与主办了一系列在社会上引起强烈反响的文化、体育、娱乐及社会公益活动，如："姚明·全明星之夜"、"中马之战"、"波兰电影周"等，不仅提升了集团的知名度和美誉度，而且给集团广告经营带来了无限商机，广告收入连年递增，不断创造出骄人佳绩。

《天津日报》作为中国住交会、地博会和汽车媒体联盟天津地区唯一主流媒体，主办了天津地区全部评选活动，并将获奖项目推向全国，业界反响强烈。连续三年主办的天津杰出广告"津报集团奖"评选，在天津乃至全国产生了深远影响。

集团在广告经营活动中，锐意进取，不断创新，诚信经营，屡获殊荣：天津日报广告处1997年荣获国家工商局颁发的公益广告政府奖，1996年至今连续四届被中国广告协会评为"全国广告行业文明单位"；天津日报广告处和每日新报广告处2000年至今在"天津市百佳二十强广告经营单位评选"中连续两届被天津市广告协会、天津市工商局评为"二十强广告经营单位"。

津报集团所属十报两刊 ◎地址：天津市河西区大沽南路873号 ◎电话：（022）28201158 ◎邮编：300211 ◎网址：www.tjrb.com.cn

北岛广告
中国一级广告企业
15年只给客户做够劲的
15 年的历史，“中国一级广告企业”的激励，还有一种热情，要给就给够劲儿的。

’2005中国广告年鉴

China Advertising Yearbook

第十三版

13 th Edition

重庆市

著名广告经营单位

诚信宣言形象展示介绍专栏

重庆广播

重庆广播电视总台——新闻频道

广播新闻频率是重庆三大主流媒体之一，节目通过调频96.8兆赫、中波1314千赫全天24小时直播。节目覆盖重庆所有行政辖区以及周边部分省市，并通过“亚太”通讯卫星覆盖东南亚地区。

广告部拥有一批经验丰富、能力较强的广告业务人员，广告经营策划能力强，一直与国内外一批知名企业精诚合作，推出了《火车牌电池》、《天厨味精》、《泸州老窖》、《环保篇》、《澳门回归篇》等全国获奖优秀广告。

重庆直辖以来，广告创收平均以25%的速度递增；重庆广播新闻频率广告部愿与广大厂家、商家携手共进，共谋发展。

联系电话：63851246、63864046、63854586

重庆广播电视总台——经济频道

重庆广播电视总台广播经济频率于1988年12月25日正式开播，实现全天24小时播出，卫星传输、信号覆盖重庆40多个区、县、市，四川、湖北、贵州等部分地区也能收听到重庆经广的节目。17年来，重庆广播经济频率深化改革，不懈追求，开拓创新，加快发展，创收能力逐年递增，现已成为中国中西部地区有一定实力和影响的广播经济频率。

Email:6210@cqbs.com

CHONGQING RADIO

重庆广播电视总台
——交通频道

重庆交通广播发射频率为FM95.5通过亚太一号卫星，同频覆盖重庆主城区及周边县市。

与有关单位共建了道路信息网、航空信息网、高速公路信息网、港船信息网、重庆交通畅通安全网、交广爱心巴士、交广爱心车队、交广车友会、购车俱乐部……。行进中的人是我们社会的中坚，也是节目的主要收听对象。

重庆交通广播，可信赖的价值媒体。

重庆广播电视总台
——音乐频道

重庆音乐台于2002年5月1日开台，是一家专业性较强的音乐类型电台，24小时播出。开播后受到重庆听众特别是中青年听众的认可和喜爱，并有一定社会影响力。

重庆音乐台目前已经实现重庆十一个地区的覆盖，有效覆盖人口突破了2000万人大关！重庆音乐台还建有自己的网站（www.fm881.com.cn）。

重庆音乐台还十分注重通过社会活动进行市场品牌营销，经常举办大型社会活动，开展系列品牌营销活动等，并与报纸、电视进行了较为广泛的跨媒体活动，开播以来已迅速成为重庆地区有影响的时尚传媒。

重庆广播电视总台
——都市频道

重庆都市电台于2003年12月6日开播，播出频率FM93.8，发射功率10KW，是重庆市一家以传播都市文化、提供都市生活服务为主的专业电台。

重庆都市电台以“提供服务资讯、引领都市时尚、传递娱乐情感”为节目定位，目标听众为：都市普通市民、都市时尚白领、都市大中学生、都市工仔一族，服务宗旨：为客户参与市场竞争搭建媒体平台，为听众提供更多消费选择的空间。

重庆日报报业集团广告总公司

CHONGQING DAILY NEWS GROUP

整合经营　　强势传媒

重庆日报报业集团广告总公司是重庆日报报业集团根据发展需要，在《重庆日报》、《重庆晚报》、《重庆晨报》三报广告部和专刊部以及对外广告公司基础上，通过对市场资源和广告资源进行整合后组建的大型媒体广告公司，年广告经营额达4亿元人民币。其整合经营模式彻底颠覆了传统广告经营形态，重新确立了一个革命性的广告经营模式，为未来的媒体广告发展重新定位，这一举动，将对西南地区媒体经营态势和广告业发展走向产生深远影响。为了向客户提供更多策略性和全方位的专业化服务，我们以创新的理念，确立了广告在市场营销上的主导性，通过建立行业工作室，在各自的领域和不同层面展开不同的经营做法，使客户达到预期的广告效果和市场的目标。

汽车工作部：63907726　（传真）63907726
医药工作部：63907088　（传真）63907090
教育工作部：63907486　（传真）63836473
外埠工作部：63707503　（传真）63907477
综合经营工作部：63907705　（传真）63907271
商业流通工作部：63907489　（传真）63836473
区县政务工作部：63907714　（传真）63907488
房地产工作部：63907327　（传真）63907327
餐饮、娱乐、旅游工作部：63907275　（传真）63907462
通讯、IT、家电工作部：63907481　（传真）63907480

公信决定力量

主流创造价值

- 三大主流媒体主导社会舆论取向和意识价值
- 三大主流媒体发行量在重庆媒体中位列三甲
- 三大主流媒体广告收入在重庆报媒中最高
- 三大主流媒体创刊时间最早，采编素质最高
- 三大主流媒体品牌知名度和品牌价值最高
- 三大主流媒体权威性最强，公信度最高
- 三大主流媒体开创行业多个第一
- 发行覆盖重庆以及周边地区3000万人口消费层面

重庆日报

Introduction of CHONGQING

高度服务决策
深度参与生活

重庆日报报业集团旗舰媒体，创刊于1952年，是重庆市订阅量最大、覆盖面最广和权威性最强的大型综合性城市日报。50多年来，《重庆日报》充分发挥党的喉舌作用，宣传党和国家的方针政策、法律法规，提供丰富的时事新闻、经济信息和生活资讯，以主流媒体的姿态主导重庆新闻舆论取向和生活意识价值，深度影响社会主流阶层，在重庆地区读者群体中具有无可替代的影响力和公信力。通过自身优势的准确把握，重庆日报以更权威、更专业、更深度的政经主流媒体定位，为高端读者群体提供政策解读、经济走向、时事新闻等权威信息，从而确立西南政经主流媒体地位。《重庆日报》发行覆盖重庆所有地区、县以及西南协作区18地市，日发行量达22万份以上，主要面向高学历、高收入、高决策的社会主流读者群体。高度影响决策，受众的影响力决定媒体的影响力，《重庆日报》已成为广告主品牌推广战略“立足城市、辐射区县”的首选媒体。2004年2月10日，一张改版后的重庆日报版式焕然一新，内容十分丰富，服务性和贴近性增强，信息量增大，正在向全国一流党报迈进。

重庆晚报

INTRODUCTION OF CHONGQING EVENING NEWS
Http://www.cqwb.com.cn

主流压轴大报

重庆晚报创刊于1985年5月，每期平均发行量超过30万份，是重庆直辖市发行量最大，影响面最广的一份综合类日报。重庆晚报“追求真实的魅力”，以良好的公信力取信于民，坚持“普通人写，写普通人”，以“贴近群众，贴近生活，贴近现实”为特色，关注民生，针贬时弊。重庆晚报采用国际流行对开瘦身版，信息丰富，结构新潮。2004年报纸版面扩大至24版以上，气势恢宏，读者称道，是重庆直辖市的一份压轴大报。重庆晚报以新闻得“势”、以新闻“当家”，三大版块新闻分叠浏览。时事新闻版块集合时政新闻、都市新闻、日击、调查、经济新闻为一体。文体版块下设娱乐、影视、体育、足球以及夜雨、市井等例刊，思想超前，观点前卫，视野开阔，内容翔实。商务专刊版块涵盖房地产、家用电器、通讯、IT、汽车、旅游、餐饮等社会各大经济领域，出色的行业新闻，震撼的主题策划，直接拉动直辖市的经济发展。作为重庆报媒的第一品牌，重庆晚报平均每期阅读率、阅读人数、读者忠诚度等重要阅读指标在同城媒体中均名列榜首。读者类型多元化，结构合理化是重庆晚报连续多年保持发行、广告双领先的基础。从1997年至2004年，重庆晚报年广告经营额均超亿元。

重庆晨报

INTRODUCTION OF CHONGQING MORNING POST
Http://www.cqcb.com

太阳最最红
晨报天天新

《重庆晨报》创刊于1995年，是重庆市场的第一份都市早报，经过8年的发展，《重庆晨报》以“天下新闻，尽在手中”为理念，以主城区零售发行为主的优良结构为基础，不断引领重庆早报市场潮流，开创多项第一。“早起看晨报，事事早知道”为社会主流核心人群所认同。自创刊以来，《重庆晨报》一直努力塑造自己的品牌形象，塑造性的探索现代报业经营之路。品牌经营成为《重庆晨报》经营理念的核心，利用品牌优势，致力于为客户创造价值。《重庆晨报》作为都市主流媒体，有自己忠诚度相当高的固定读者市场，《重庆晨报》的读者的平均收入水平、家庭收入水平、文化程度在重庆报界遥遥领先。《重庆晨报》在重庆首创“橱窗式”导读封面，率先与国际接轨，采用瘦身版式，美观大气，阅读方便。每周三至周五推出特色专刊，双面彩印，为读者提供房地产、通讯、汽车、家电、电脑、人才、旅游、家装、购物等时尚消费资讯，也为一线品牌提供展示平台。

商报热线 023-966965

□最具成长力媒体

《重庆商报》本土综合性主流都市报，创刊8年以“主流·原创·新锐”为办报宗旨，“创新传媒价值”为品牌核心理念，不断挖掘传媒企业的纵深价值，形成多元化发展模式。拥有独立的发行公司与发行网络、健全的发行服务体系、灵活的经营机制与极强的市场观念；并成立重庆汇融集团，由重庆商报社控股、以经营《重庆商报》为主体、以传媒产业为主导，业务涉足广告、商贸旅游、地产金融等多个领域。极具创新活力的《重庆商报》现已成为重庆直辖以来本土自费订阅量最大、“三高”读者最多、最具品牌成长价值的主流报媒。

《重庆商报》七年广告刊发量（按当年刊例价计算）

年份	1997	1998	1999	2000	2001	2002	2003	2004
刊发量（万元）	2500	5000	7500	15000	18000	21795	38100	60728

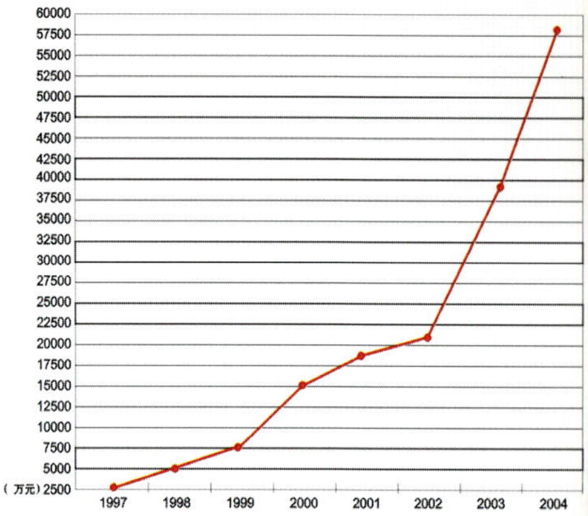

□强劲版面铸就主流传媒

2005《重庆商报》全面改良版面构成，提升新闻精华价值，紧扣主流事件，吸纳主流思想，锁定主流人群；力求第一时间的快速把握，第一现场的迅捷捕捉；锁定民生第一关注，树立新闻社会第一影响，成就新闻媒体与读者间共同的“第一报道”；以强势版面全力塑造本土第一传媒形象。

□领先姿态奠定主流影响

如图所示自创刊以来<重庆商报>七年广告刊发量呈加速度迅猛增长，其增长势头延续至今。据中国新生代监测机构最新数据显示：2005年一季度《重庆商报》广告刊发面积、刊发频次及刊发金额均位居同城主流报媒前列，其中《重庆商报》It、通讯、财经、家电、汽车等9个行业的广告量居同城七报之首；此外，《重庆商报》读者平均阅读率、读者忠诚度、汽车、房产、招聘、财经证券版面读者评价度、报纸阅读总体满意度均列同城主流日报之首。《重庆商报》，正以强劲版面、领先优势、全新姿态全面树立主流传媒的绝对影响力。

《重庆商报》七年发行数量

年份	1997	1998	1999	2000	2001	2002	2003	2004
发行量（万份）	10	12	14	21	22	26	28	38

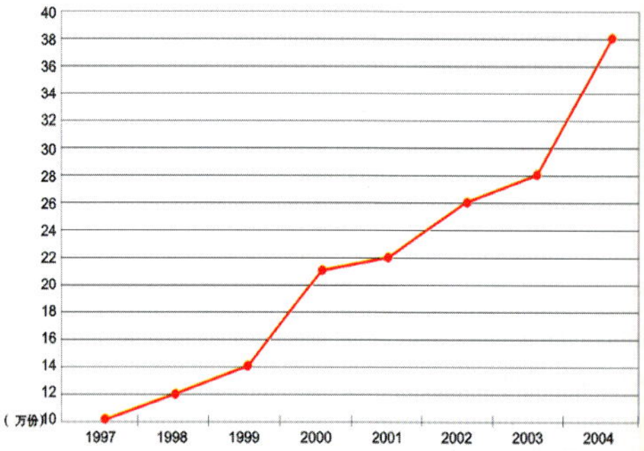

我们的第一报道

The top report

’2005中国广告年鉴

China Advertising Yearbook

第十三版

13th Edition

河北省

著名广告经营单位

诚信宣言形象展示介绍专栏

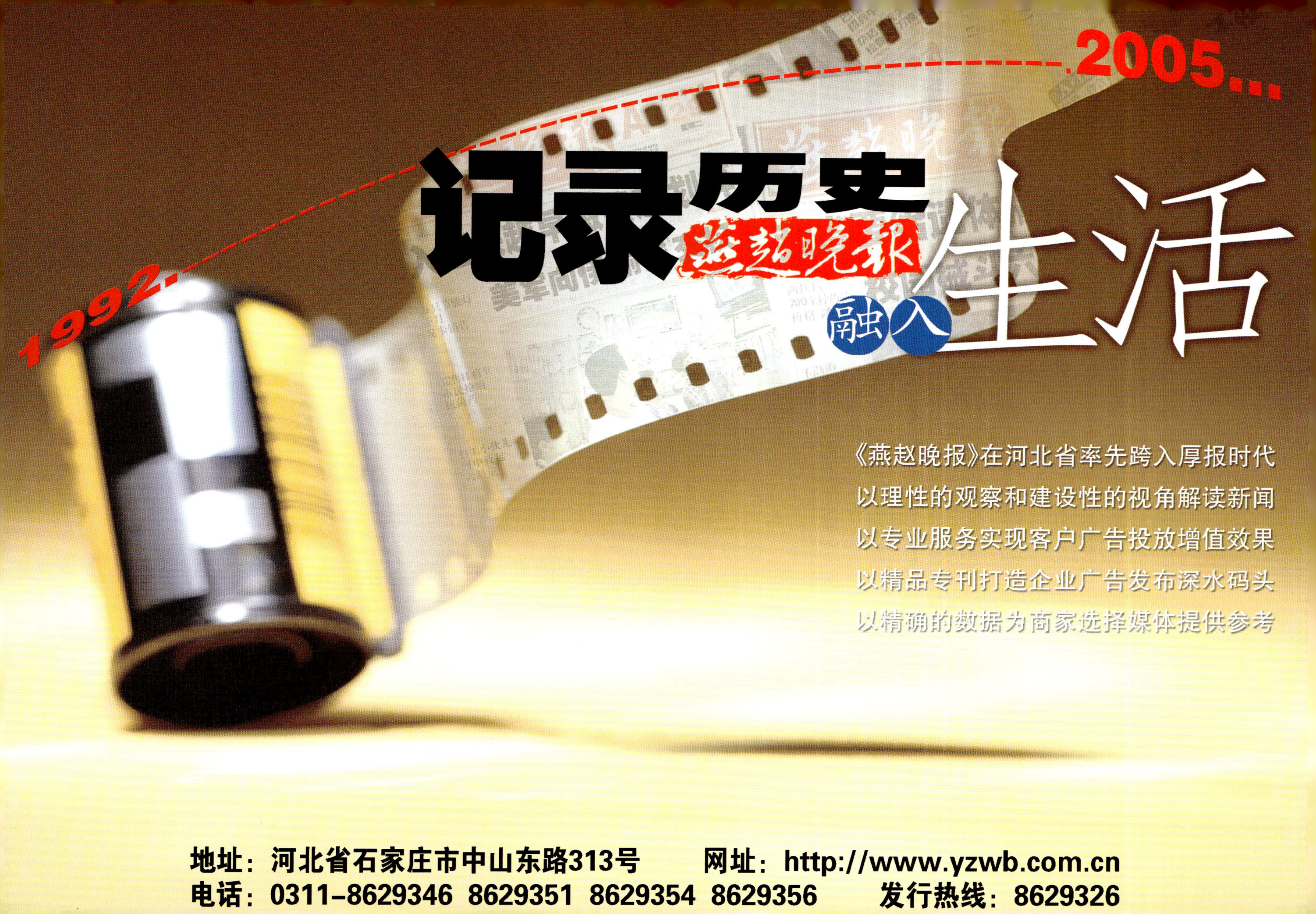
1992……2005…
记录历史
燕赵晚报
融入生活
《燕赵晚报》在河北省率先跨入厚报时代
以理性的观察和建设性的视角解读新闻
以专业服务实现客户广告投放增值效果
以精品专刊打造企业广告发布深水码头
以精确的数据为商家选择媒体提供参考
地址：河北省石家庄市中山东路313号 网址：http://www.yzwb.com.cn
电话：0311-8629346 8629351 8629354 8629356 发行热线：8629326

见证·引导
石家莊日報
追逐主流新闻 提供权威资讯
地址：河北省石家庄市中山东路 313 号
网址：http://www.sjzdaily.cn
电话：0311-8629358

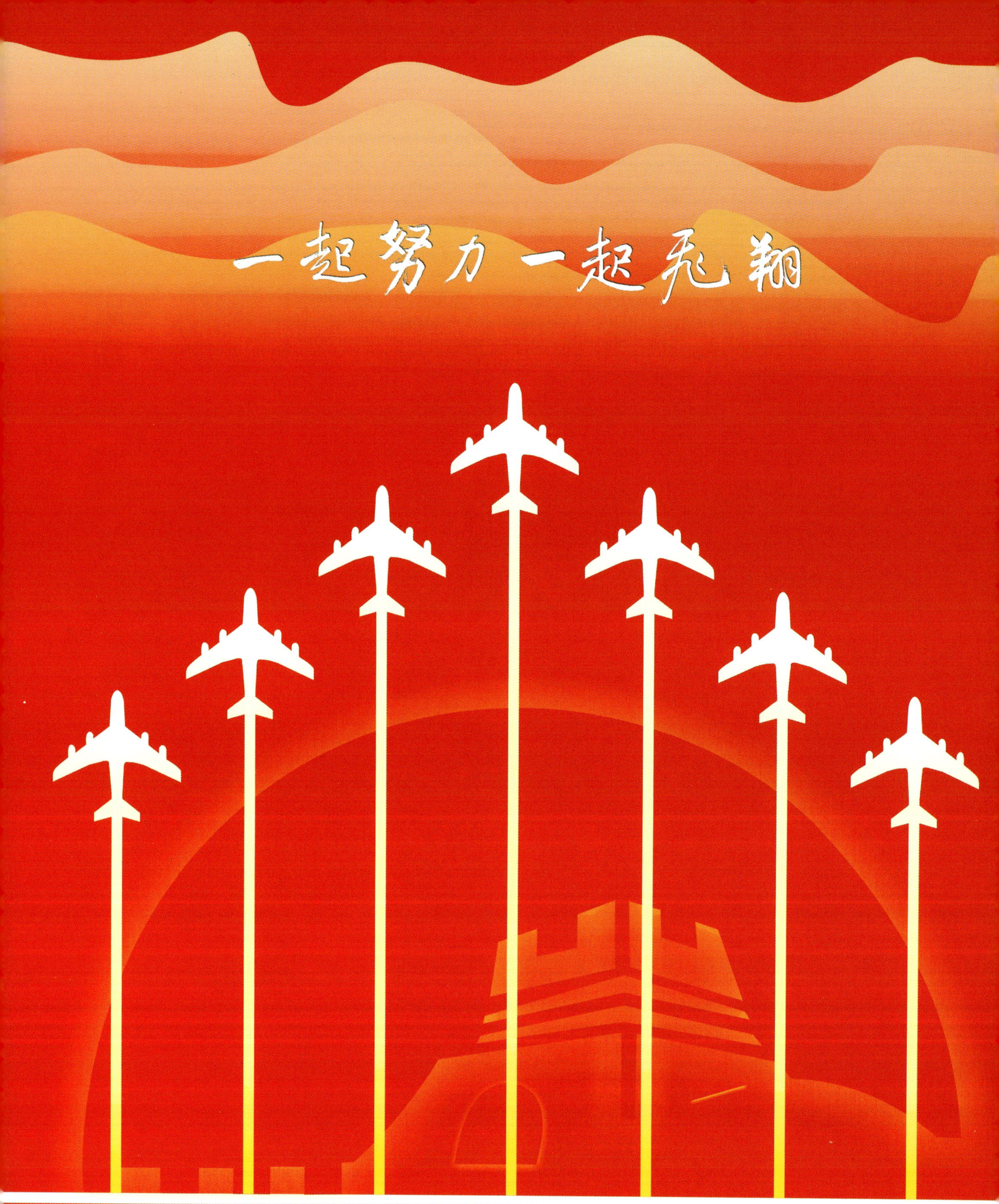
一起努力 一起飞翔

燕赵都市报
一/纸/风/行/燕/赵
河北省影响力最大的报纸之一
河北省发行量最大的报纸之一
河北省会发行量最大的报纸之一
河北省广告收入最多的报纸之一
舞动河北

全国统一刊号 :CN13-0053

1-52 期

唐山广播电视报

始于高度 成于

度

’2005中国广告年鉴

China Advertising Yearbook

第十三版

13 th Edition

山西省

著名广告经营单位

诚信宣言形象展示介绍专栏

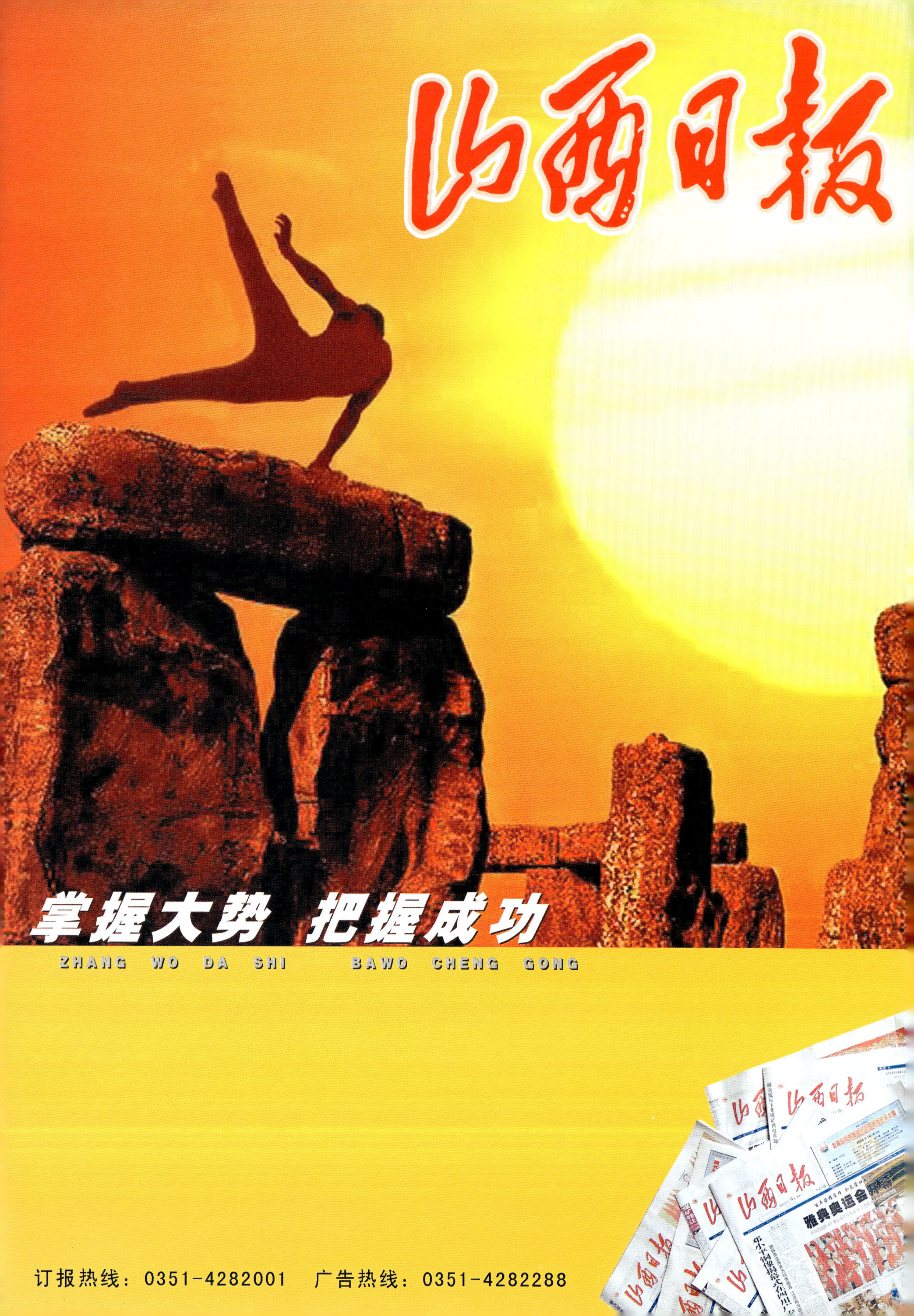
山西日报
掌握大势 把握成功
ZHANG WO DA SHI BAWO CHENG GONG
订报热线：0351-4282001 广告热线：0351-4282288

山西晚报
感受精彩 放飞心情
GAN SHOU JING CAI FANG FEI XIN QING
省城曝出医疗乱收费"花招大全"
孩子上高中 要花多少钱
订报热线：0351-4282001 广告热线：0351-4281618

太原——经济增长新锐城市

TAIYUANJINGJIZENGZHANGXINRUICHENGSHI

太原电视台

启动山西市场的必由之路

有效覆盖太原及周边地带600万人口

拥有新闻、百姓、法制、影视、文体五大频道

《新闻快车》《并州之剑》《百姓说法》等多档全国名牌栏目

超大比例占有太原地区传媒市场份额，堪称龙城第一传媒

连续三年广告经营收入居本地媒体之首

太原电视台广告部

服务目标： 以个性化和人性化的服务体系，为客户提供最完美的服务，创造服务美誉。

服务精神： 诚信、专业、高效、热情。

服务内容： 发现并满足客户的需求，以及为提高客户广告价值而进行的一切工作。

服务口号： 沟通零距离，服务无止境！

太原电视台 5600000时刻帮助您…………

WWW.TYRTV.COM.CN

品牌客户服务体系

1、VIP星级化客户服务模式。

改变以往一个人为十几个甚至更多不同客户服务的模式，对在我台投放广告的客户实行动态管理，建立客户广告投放档案，根据客户在我台的年投放量实行星级服务计划，划分A、B、C三种星级，由优秀的客服人员对其相应星级的客户提供全方位周到、完善的跟踪服务。

2、建立“绿色通道”，为客户提供高效服务。

“绿色通道，一路畅通”。客户到我台广告部办理广告业务，从客户了解广告资讯，签署广告合同，到广告安排播出，每个环节都确保畅通无阻，不在一些小环节上卡壳。我们的服务承诺：在太阳下山之前，解决客户当天提出或遇到的所有问题。

3、设立客户积分奖励制。

留住忠诚客户，给予那些经常投放广告、且投放量较高的客户以奖励，使客户觉得自己的忠诚得到了回报，制定“资深荣誉客户回报计划”，在年终或年初给予客户广告时间、优惠折扣等方面的优惠。

4、建立广告会员俱乐部。

广告会员俱乐部不仅能使忠诚客户觉得自己受到了重视，还有较强的参与感，入会广告会员可参加晚会、旅游，享受特别折扣，获得赠品及免费资料等。

有理由相信，凭借品牌客户服务体系，太原电视台必将成为广告客户最可信赖的广告媒体。

5600000能为您提供什么？

您看电视时，有这样的体会吗？一个节目或者广告想看个清楚明白，就要等下一次。有许多观众曾因电视上某一则广告内容没记住而不断打电话询问有关情况。

现在，太原电视台特别设立5600000广告信息咨询服务中心。只要是在太原电视台播出的广告，其资料即保存在广告信息咨询服务中心，观众看到广告后有任何疑问，随时可以拨打24小时服务电话5600000，查询该广告的主要内容，如电话、地址、价格等，让广告中的重要信息与观众随时互动，实现广告信息的二次传播增值。

一次电视广告投放，附送额外长期有效服务回报。

直接客户业务服务电话：0351-6160710　传真：0351-6160919
本地广告公司服务电话：0351-6162011　外埠广告公司服务电话：0351-6165370　传真：0351-6162243

《英语周报》简介

《英语周报》创刊于1983年4月，由山西省教育厅主管，山西师范大学主办，是一份面向全国大、中、小学师生的外语教学教辅类报纸，国内统一刊号：CN14-0705/（F）。

《英语周报》坚持紧扣大纲及课标、同步辅导的编辑方针，编辑出版了小学三年级版、小学四年级版、小学五年级版、小学六年级版、初一版、初二版、初三版、初中听说读写版、高一版、高二版、高三版及高一、高二、高三听说读写版、小学教师版、初中教师版、高中教师版、大学综合版及各版的地方版，对从小学到大学的课程进行全方位的辅导。报社目前在全国31个省、市、自治区建有400余个发行工作站，2004年期发行量达1680余万份，全国每2个高中生，每8个初中生，每10个大学一、二年级学生中就有一个在使用《英语周报》，《英语周报》已成为全国教辅行业的知名品牌。

《英语周报》编辑阵容强大，实力雄厚。专职编辑中，外籍编审3人，归国留学人员5人，研究生18人，具有中、高级职称的40人，并拥有6000余名由教学一线的特、高级英语教师组成的特约编辑及撰稿人队伍。报社还拥有先进的激光照排系统，现代化的交通、通讯工具，实现了编辑及发行管理电脑化和网络化。《英语周报》已连续五年被评为"山西省一级报纸"，2003年被认定为"山西著名商标"，并在全国同行业中率先通过了ISO9001国际质量管理体系认证，报社还作为山西省文化体制改革试点单位，被重点纳入山西省文化强省战略规划之中。2004年8月12日，中共中央政治局常委李长春同志亲临报社考察，就《英语周报》为未成年人思想道德建设和外语教学所做的工作给予了充分肯定，既是亲切的关怀，更是巨大的鼓舞。英语周报人将以更加饱满的热情，开拓进取，创新发展，为把报社建设成为全国领先的集英语教学、教研、培训、英语报刊、图书、音像及电子产品出版为一体的按照现代企业制度建立起来的教育产业集团而不懈奋斗。

广告主青睐英语周报的五个理由

发行量大：《英语周报》作为教辅类专业报纸媒体，在全国拥有1680万读者。建有400余个发行工作站，真正为广告主提供了最想要的资源—读者 也就是企业的潜在消费者，只有消费者才能成为广告主获得价值的良好平台。

目标专一：分年级办报能为每一个有意向参与推广活动的企业量体裁衣，最大程度地满足了广告主要求。

周期性长：由于报纸是同步辅导学生学习，读者在手中使用的时间长达十天左右，且一学期不断地复习使用，长时间品牌意识的灌输，定会对您的产品产生购买欲望。

广告效果好：特定的读者群体，对树立企业品牌形象，拓展企业新产品市场，扬企业美名都是上佳的选择。

媒体互动强：强大的媒体，畅通的发行渠道与全国百余家报刊杂志社建立了互动关系。同时还与国内外近百家各类企事业单位及广告客户建立了广泛、畅通的业务联系。

《英语周报》各版期发行量公证报告

版　别	出版日期	期发行量	开　版
小学三年级	周一	11万	4开4版（彩）
小学四年级	周一	13万	4开4版（彩）
小学五年级	周一	15万	4开4版（彩）
小学六年级	周一	10万	4开4版（彩）
初一版	周四	220万	4开4版（套）
初二版	周四	215万	4开4版（套）
初三版	周四	230万	4开4版（套）
高一版	周五	215万	4开4版（套）
高二版	周五	217万	4开4版（套）
高三版	周五	275万	4开4版（套）
小学教师版	周三	6万	4开8版（彩）
初中教师版	周三	9万	4开8版（彩）
高中教师版	周三	13万	4开8版（彩）
初中听说读写版	周一	54万	4开4版（彩）
高一听说读写版	周五	42万	4开4版（彩）
高二听说读写版	周五	42万	4开4版（彩）
高三听说读写版	周五	67万	4开4版（彩）
各地方版		120万	4开4版（套）
大学综合版	周二	36万	4开16版（彩）

注：以上发行量已经山西省第二公证处公证。

《英语周报》版面广告

报纸版面广告　价目表

面积规格（长×宽）	价格（元）
整版（23cm×30cm）	400000
半版（23cm×15cm）	200000
1/4版（11.5cm×15cm）	100000
通栏（23.5cm×6.5cm）	80000
半通栏（23.5cm×6.5cm）	40000
报花（2.5cm×3.5cm）	8000

注：1.在学生版刊登广告需提前两个月联系，款到按预订日期刊登。
2.图书广告加50%的广告宣传费。

报纸中缝广告　价目表

面积规格（长×宽）	价格（元）
整条中缝（4cm×34.8cm）	20000
半条中缝（4cm×17.4cm）	10000
1/3条中缝（4cm×11.6cm）	6000

注：图书广告加50%的广告宣传费。

合订本广告　价目表

面积规格（长×宽）	价格（元）
封面	60000
封二	40000
封三	40000
封底	50000
插页	30000

注：以上价格包括小学、初中、高中及大学各版。

刊登广告须知

- 刊登广告必须按《中华人民共和国广告法》的有关规定办理；
- 报刊出版发行广告应交验省、自治区，直辖市新闻出版机关核发的登记证。
- 图书发行广告，应提交新闻出版机关批准成立的有关证明。
- 社会力量办学的招生广告应提交省级教育部门批准的证明。
- 食品广告须交验食品卫生监督机构的《食品广告审批表》；
- 广告内容如有不妥，本公司有权删改或拒绝刊登。设计、创意、绘图费另收；
- 广告的期数和版位由本公司根据刊户要求及广告性质、内容和缓急程度统一安排；
- 广告刊出后，如有与原稿不符处，本报酌情更正，广告费照收。
- 广告刊出后，本社向客户寄送样报两份。

公司简介

圣戈广告公司是一家以经营教辅媒体为主的专业广告公司，是《英语周报》报纸广告业务的全权代理机构，公司凭借《英语周报》良好的媒体关系、畅通的发行渠道与全国百余家报刊杂志社建立了互动关系。公司自创办起就坚持“专业、诚信、务实、求真”的经营宗旨，为学校、出版商和企业在合作中创造了可观的效益，结下了美好的情谊，在业界有口皆碑。

目前公司处于全方位代理高速发展时期，愿与国内各大强势媒体、生产学生产品（用品、消费品及电子产品）的企业、大专院校、出版社及合法的个体经营者诚挚合作，公司将以媒体资源为基础，以客户需求为导向，竭诚为广大客户提供花钱最少、经济效益最好的服务。与客户永远携手、共同发展是我们的执着追求。

我们的优势

代理媒体：教辅媒体在全国数不胜数，覆盖的区域和读者群也不相同。我们公司能根据广告主产品的实际情况，帮助广告主选择合理的媒体，使广告主双赢。

控制费用：公司有一支专业的策划队伍，能根据您的需求，合理控制您的广告费用，一定让您“少投入、高回报”。

提供平台：凭借《英语周报》强大的媒体优势，畅通的发行渠道，为企业寻求商机，使媒企合作在发展中卓有成效。

专业服务：公司拥有一支实力非凡，勤奋敬业，积极进取，锐意创新的专职策划、市场营销人员。为社会各界提供市场整合营销，公关策划，广告创意，平面设计，网络建设等全方位的专业服务。

圣戈广告公司地址：山西省太原市坞城路4号 邮编：030006　通讯地址：山西省太原市06069信箱　电话：0351-7186876 7069331 7066862　传真：0351-7186876

三晋都市报

SANJINCITYNEWS

山西省首家综合性都市类报纸

山西日报报业集团所属的重要子报之一

中国新闻研究中心《2003中国内地媒体影响力调查报告》

——太原市最具成长型的报刊

我们的读者

拥有极强的自主消费力 极具现代消费意识 文化程度高

受教育程度
高中以下占13.8%
大专占36.3%
本科占41.6%
研究生以上占8.3%

个人月收入构成
1000元-1500元占43.5%
1500元-2000元占24.7%
其它占31.8%

年龄构成
中青年人的报纸
20-24（岁）占25%
25-29（岁）占33%
30-34（岁）占16%
35-45（岁）占12%
其它占14%

职业分布
主要是分布在
经济领域的上班族
老板阶层
学生占15.4%
政府公务员占21.5%
企事业单位占26.3%
公司职员占33.3%
其它职业占3.5%

消费特征
自主理性
追求品牌与时尚

生活佐料 老西儿一样都不能少.....

2005广告刊例

05年1月1日起执行

Http://www.sjxw.com E-mail:sanjindushibao@126.com

山西中北广告有限公司
SHANXI ZHONGBEI ADVERTISING CO.LTD.
全权代理《三晋都市报》广告·发行
广告热线：0351-4283342 4282371
新闻热线：0351-4281777 4281372
地址：山西省太原市双塔寺街124号山西日报社新闻大楼8层
邮编：030012 传真：0351-4283343

全省版		整版	1/2版(横)	1/2版(竖)	1/4版(横)	1/4版(竖)	1/8版	1/5版	报眼	报花	分类	中缝	报眉
规格(cm²)		23×33	23×17.5	11.5×33	23×8.5	11.5×16.5	11.5×8.5	23×6.5	8×4.5	4.4×2.2	1×3.3	35×3.5	8×2
价格(元/次)	彩色	58000	29000	30000	14500	14500	7250	20000	6800	500		3000	2000
	套红	45000	21500	22500	11250	11250	5625			450		2500	1600
	黑白	38000	19000	20000	9500	9500	4750			400	80	2000	1200
特殊版位		尾版加15%	尾版加10%	尾版加10%	尾版加20%	尾版加20%	尾版加20%	A版封面	A版封面	封面加20%			
文字		标题 300元 内文 3.5元/字											

太原版		整版	1/2版(横)	1/2版(竖)	1/4版(横)	1/4版(竖)	1/8版	1/5版	报眼	报花	分类	中缝	报眉
规格(cm²)		23×33	23×17.5	11.5×33	23×8.5	11.5×16.5	11.5×8.5	23×6.5	8×4.5	4.4×2.2	1×3.3	35×3.5	8×2
价格(元/次)	彩色	29000	14500	15000	7250	7250	3625	10000	3400	250		1500	1000
	套红	22500	10750	11250	5625	5625	2800			225		1250	800
	黑白	19000	9500	10000	4750	4750	2375			200	40	1000	600
特殊版位		尾版加15%	尾版加10%	尾版加10%	尾版加20%	尾版加20%	尾版加20%	D版封面	D版封面	封面加20%			
文字		标题 150元 内文 1.75元/字											

备注

1、指定版面、加急广告及委托本报设计广告加收10%广告费。
2、异形广告加收50%广告费。
3、文字信息广告字数不超过800字，超过则按版面广告计收。

客户须知

1、刊登广告必须按《广告法》、《广告管理条例》有关规定办理。
2、刊登药品、食品等广告需提供有关广告审查机关核发的广告审批表。
3、本刊实行到款发稿制度,为保证您的广告顺利刊出,请您提前3日缴费定版。
4、广告内容如有不妥本刊有权删改设计、绘图费另收。
5、广告的刊期和版位由本刊根据刊户要求及广告性质、内容和缓急程度统一安排。
6、已制作定稿的广告、刊户因故停刊，绘图、制版费照付，文字部分或文字广告付广告费的20%作为排版和制作材料消耗费。
7、广告刊出后,如有与原稿不符处,本刊酌情更正，广告费仍计收。
8、因为工作原因,我们将保留广告原稿，请您理解并自行备份原稿

’2005中国广告年鉴
China Advertising Yearbook
第十三版
13 th Edition

内蒙古自治区

著名广告经营单位

诚信宣言形象展示介绍专栏

北方天空的蔚蓝
现代草原的文
内蒙古卫视频道
新闻综合频道
文体娱乐频道
经济生活频道
影视剧频道
少儿频道
蒙古语卫视频道
NMTV
INNER MONGOLIA TV STATION

NMTV

中国内蒙古电视台

内蒙古有悠久的历史、独特而深厚的民族文化和民族风情，这是唯我独有的宝贵影视创作资源。近年来，随着西部大开发战略的不断推进，内蒙古推出了建设民族文化大区的战略举措，为做大做强电视传媒和加快发展电视文化产业提供了良好契机。我们诚邀海内外有识之士到内蒙古投资，与内蒙古电视台交流、合作，共谋发展。

内蒙古电视台台长

2004.11

地址：内蒙古呼和浩特市新华大街55号
电话：0471-6630588 6630688 6630888
邮编：010058
网址：http://www.nmgtv.com.cn

'2005中国广告年鉴

China Advertising Yearbook

第十三版

13 th Edition

编辑部地址：北京40－100信箱　邮编：100040　电话：010 68628860　68628861　传真：010 68627480　E-mail:ad@nianjian100.com

’2005中国广告年鉴

China Advertising Yearbook

第十三版

13 th Edition

辽宁省

著名广告经营单位

诚信宣言形象展示介绍专栏

’2005中国广告年鉴

China Advertising Yearbook

第十三版

13th Edition

'2005中国广告年鉴

China Advertising Yearbook

第十三版

13th Edition

编辑部地址：北京40－100信箱　邮编：100040　电话：010 68628860　68628861　传真：010 68627480　E-mail:ad@nianjian100.com

’2005中国广告年鉴

China Advertising Yearbook

第十三版

13 th Edition

黑龙江省

著名广告经营单位

诚信宣言形象展示介绍专栏

黑龙江电视台广告信息部
地址：黑龙江省哈尔滨市南岗区汉水路333号
电话：0451-82890099　传真：0451-82890025
邮编：150090

黑龙江电视台广告信息部简介

黑龙江电视台建于1958年12月20日，是继北京、上海之后中国成立的第三家电视台，英文简称HLJTV。黑龙江电视台设有卫星频道、影视频道、文艺频道、女性频道、法制频道、公共频道和少儿频道。

黑龙江电视台已顺利搬入刚刚落成的黑龙江广播电视大厦，开始启用国内首家从信息采集、制作、播出到存储的数字化、网络化流程。拥有大小24个演播室，最大的演播厅面积达2800平米，面积、功能为中国之最。

黑龙江电视台广告信息部是全台的广告经营和管理部门，以“真实承诺，诚信守法”为经营理念，以“传播有效，服务先行”为经营原则，愿与国内外广告客商共谋发展大计，共创双赢局面，共展伟业宏图。

哈尔滨电视台

[振兴东北老工业基地的前沿]

哈尔滨电视台目前已实现全面的频道资源整合，即新闻综合、影视、娱乐、生活频道和全新精彩推出的最具成长力的经济频道-都市资讯，是国内具有广泛影响力的副省级城市电视媒体，频道群有效覆盖哈尔滨市(周边十一市县)近一千万人口，是哈尔滨地区最强势的优质媒体。

哈尔滨是沟通东北亚、欧洲和太平洋的重要连接点，是北方中外文化融合的冰雪名城，是黑龙江省政治、经济、文化中心。哈尔滨市拥有人口990万，市区人口450万，具有城市人口消费集中、追求生活质量、购买力旺盛等特点。哈尔滨国际冰雪节、哈尔滨之夏音乐会、哈尔滨国际经贸洽谈会等都拥有广泛的国际影响。

哈尔滨电视台有线电视网络采用当今先进的光缆信号传输网络，拥有哈尔滨地区网络用户100万，此外还建立了宽带IP网络数据业务平台，是黑龙江最大的有线电视网，

走进新千年，哈尔滨电视台广告部全体同仁以与时俱进、不断进取的创新开拓精神，秉承“以客户为中心，追求共同发展，分享成功！”的经营理念，为您提供最优质的广告服务，开创多赢、共同发展。

[经济发展潜力巨大 充满都市活力的消费型城市]

沟通+协作+努力

HRBTV

哈尔滨电视台广告部

地址：哈尔滨市南岗区满洲里街33号 邮编：150006 电话：(0451)53638085 55607318 网址：www.HRBTV.com

'2005中国广告年鉴

China Advertising Yearbook

第十三版

13th Edition

'2005中国广告年鉴

China Advertising Yearbook

第十三版

13th Edition

编辑部地址：北京40－100信箱　邮编：100040　电话：010 68628860　68628861　传真：010 68627480　E-mail:ad@nianjian100.com

’2005 中国广告年鉴

China Advertising Yearbook

第十三版

13 th Edition

山东省

著名广告经营单位

诚信宣言形象展示介绍专栏

情

悠悠齐鲁，泱泱之风，情情相连。所谓“情”，心系天南地北，一诺千金。

山东电视台广告部有这样的承诺：一天有多久？只有24小时，无论何时何地，我们总会出现在您最需要的时刻。世界有多大？只有您的心最大，无论何时何地，我们都是您心中最真情的温暖。

义

山川不改，岁月依旧。所谓“义”，投入产生价值，回报深于大海。

山东电视台广告部有这样的广告经营理念：客户的成功，是我们最大的心愿。创新媒体、创意广告、创造市场，让我们的“上帝”对媒体可挑可选。

诚

君子如玉，润泽以温，如琢如磨，谓之“诚”——专业时段明确，提供广告服务超市般的选择。

山东电视台广告部有这样绚丽多彩的“后光”：四十余年的精心打造，老将新秀荟萃荧屏，精彩无限，快乐无限。

智

穿越历史之行旅，厚德载物，沐传媒时代之先风，谓之“智”。

山东电视台在全国落地超过50%的收视人口，拥有最广泛，最忠诚的观众群。省内消费空间巨大，具有雄厚的市场支撑力，GDP总量超过1万亿。

和

当企业遇到广告，当广告遇到电视，当电视遇到我们，有限空间，无限创意，相同的理想，共同的腾飞。

情深似大海　义重如泰山

情深似大海
义重如泰山

创新媒体

山东电视台

地址\济南市经十路81号　邮编\250062
电话\(0531)2958801　5851008　传真\(0531)2951384　2958801-9

中国教育电视山东台

山东教育电视台

山东教育电视台于1995年3月1日正式开播，是原国家教委与山东省人民政府适应“科教兴国”的战略联合开办的卫星电视教育专业台，是中国教育电视第三频道，又称中国教育电视山东台，主要承担为全国基础教育服务的任务。十年来，在教育部和山东省政府的正确领导下，山东教育电视台遵循“立足山东，服务全国；立足教育，服务社会”的原则，坚持正确的办台宗旨，解放思想，锐意改革，形成了自己鲜明的特色，事业取得了长足的发展。

山东教育电视台信号通过“亚太1A”卫星和鑫诺卫星传送，覆盖全国及周边30多个国家和地区。全国收转、收录山东教育电视台节目的县级以上电视机构（有线电视网络）500余家，电视用户已逾3700多万，加之众多中小学校及其他企事业单位闭路网络的收转，电视信号覆盖人口近2亿。

创意，成功的加速度！

半島都市報
精彩源自创新
一
九鼎
日发行92万份
年广告收入3亿元
◆ 高密度覆盖青岛及山东半岛沿海城市
◆ 青岛市每1.26户订阅一份半岛都市报
◆ 青岛市广告产出投入比更高的报纸
携手国内外驰名品牌
共同打造诚信市场
中华诚信鼎
内诚于心 外信于人 厚德载物 重于九鼎

威海市广播电视台

威海电视广告中心组建于2002年2月，隶属于威海市广播电视台。2005年与方正延中传媒合作，独立经营威海电视台三个频道的所有广告经营业务。

威海电视台现有新闻综合频道、经济生活频道两套无线频道和信息娱乐频道一套有线频道，通过有线、无线两种方式双重传输，分别在荣成、文登、乳山、昆嵛山设有转播台，昆嵛山转播台使用10千瓦发射机传输电视信号，保证了电视节目的有效落地。全面覆盖威海市三市一区（荣成、文登、乳山、环翠区），全市稳定的可接受家庭85万户，可接受人口295.5万人，覆盖率高达98.5%。

据威海电视收视情况调查报告显示，在18：20—22：00时段，威海电视台各频道的影响力一直遥遥领先。威海电视台通过完善的网络、稳定的信号实现了对全市各级乡镇的全面覆盖。

威海电视广告中心现有广告业务一部、广告业务二部、本地市场部、外地市场部、制作部、综合管理部五个部门。机构设置简练、精干，人员结构合理。形成了一个团结、向上的团队。产品要做威海市场，威海电视台各频道应该是首选的广告载体。

地　　址：威海市文化中路66号

邮　　编：264200

电　　话：0631-5817731

济宁市广播电视局(台

中共济宁市委书记贾万志视察广播电视工作

济宁市市长吕在模视察广播电视工作

电视剧《好太阳》开机仪式

源自孔孟之乡

济宁，位于山东省的南部，是驰名中外的孔孟之乡、运河之都，拥有800万人口，总面积11000平方公里，辖曲阜、兖州、梁山、微山等12个县(市)区。济宁是东方文化的发祥地之一，这里山川秀美，景观云集，历史悠久，文化发达。开启儒家思想文化先河，对中国社会历史的发展产生极其重大而深远影响的"五大圣人"孔子、孟子、颜子、曾子、子思子都诞生在这块儒雅敦厚的圣土。历史的沉淀，文化的陶冶，使得济宁成为中国人文景观最集中最辉煌的地区之一。

济宁市广播电视局(台)是2001年9月经济宁市人民政府批准，由济宁市广播电视局和直属广播电台、电视台、广播电视信息网络中心、广播电视报社等合并组建的区域强势媒体，实行"局台合一"的体制，既是市政府主管广播电视宣传和广播电视工作的职能部门，也是发展广播电视产业、承担国有资产保值增值责任的经营单位，具有独立的事业法人地位，现有干部职工近400人。近年来，局(台)领导班子在济宁市委、市政府的正确领导下，按照"政治家办台、市场化经营、企业化管理、规模化发展"的总体工作思路，积极推进改革，狠抓各项管理，带领全局(台)干部职工扑下身子，真抓实干，使宣传、技术、事业、管理等各项工作都取得了显著成绩，全市广播电视事业进入了良性循环、

丰富多彩的文艺活动

电视电话会议室

有线电视前端机房

广播：新闻频率／经济频率／交通文艺频率／娱乐广播频率

电视：新闻综合频道／影视频道／公共频道

报纸：济宁广播电视报

网络：济宁有线广播电视传输网

传播现代文明

健康发展的快车道。目前拥有4套广播节目，3套电视节目，1份报纸和1个覆盖全境的有线电视网。广播节目日播出72小时，电视节目日播出45小时，报纸期发行20万份，有线电视用户超过55万。

2002年12月建成并投入使用的济宁广播电视大楼，投资1.2亿元，高21层，建筑面积25000多平方米，是一座现代化的广播电视综合大楼，对于改善济宁广播电视的节目制作、新闻宣传、技术保障、信息传输条件，增强济宁广播电视的综合竞争力，起到了非常重要的作用。

广播电视报编辑室

地址：山东省济宁市常青路9号

邮政编码：272037

电话：0537-2271166

传真：0537-2271766

http://www.jncatv.net

开拓新视野　传递新感觉　记录新生活　创造新文化
菏泽电视台
菏泽——
花乡、水邑、林海、商都
菏泽电视台——
拥有200多人的专业队伍，形成新闻、社教、文艺、外宣、服务、国际节目和电视剧等相结合的完整电视宣传格局。
具备市级台先进的技术设备，无线、有线同时发射，有效覆盖全市及周边地区。
突出地方文化的个性与品味，为观众奉献最新最快的娱乐和信息资讯。
广告中心
1500万的受众市场
四省交汇处的无限商机
菏泽电视台广告中心
你值得信赖的信息传递服务平台
菏泽电视台广告中心
业务一部：0530-5336264　6165678
业务二部：0530-5316776　6166185
广告客户服务部：0530-6165186
传　　真：0530-5316777
触摸菏泽，感受世界，
导航菏泽读报时代的《菏泽广播电视报》
为您展示牡丹花城的
动人风姿。
个性鲜明　当然魅力无穷
菏泽广播电视报
菏澤廣播電視報
HZ GUANG BO DIAN SHI BAO
菏泽的市场　让我们共同开拓
菏泽市人民广播电台
开办新闻综合频率、交通文艺之声、戏曲频率。
均为5KW调频、10KW调幅，全天24小时不间断播出
菏澤廣播電視報
菏泽广播电视报　服务生活每一天

菏泽日报社愿与您携手共创辉煌

山东省菏泽市是著名的牡丹之乡、戏曲之乡、武术之乡和书画之乡。《菏泽日报》是中共菏泽市委机关报，创刊于1991年10月1日，彩色印刷，自办发行，期发行7万余份。报社总资产达6000多万元，年经营收入1800万元。

报社先后荣获山东省"十佳"报纸、省级精神文明先进单位和全国地方报社管理先进单位，中国报业（经营管理）创新奖等荣誉。有600余件作品获全国地市报新闻奖、山东省新闻奖、山东省地市报新闻奖，3件作品获山东省精神文明建设"精品工程"奖，有3篇作品获中国新闻奖铜奖。

《牡丹晚报》是菏泽日报社主办的鲁西南地区惟一的一张生活类晚报，新闻时效性强，广告效果好，成为菏泽老百姓每日必备的精神食粮。正版每天出版四开十六版或二十四版，彩色印刷；每星期三同时出版"家教导刊"，每星期六出版"新周刊"。《牡丹晚报》日发行量5万份。

菏泽日报社广告中心是全市最具实力的媒体广告公司,负责《菏泽日报》、《牡丹晚报》的广告经营业务，拥有专业策划制作人员和先进制作设备。除两报广告外，还开展本市其他媒体广告代理及商务代理。

社　　长：赵锋利

总　编　辑：常 健

地　　址：山东省菏泽市太原路南段21号

邮　　编：274008

电　　话：(0530) 5969510 5969595

传　　真：5969586

广告中心电话：(0530)5969516 5969541

广告中心传真：(0530)5335032

电 子 信 箱： hzrb88@163.com

菏 泽 新 闻 网：www.hezeribao.com

’2005中国广告年鉴

China Advertising Yearbook

第十三版

13 th Edition

编辑部地址：北京40－100信箱　邮编：100040　电话：010 68628860　68628861　传真：010 68627480　E-mail：ad@nianjian100.com

’2005中国广告年鉴
China Advertising Yearbook
第十三版
13 th Edition

江苏省

著名广告经营单位
诚信宣言形象展示介绍专栏

DM 直邮广告「针对目标」

商业信函　　邮送广告　　邮资封片

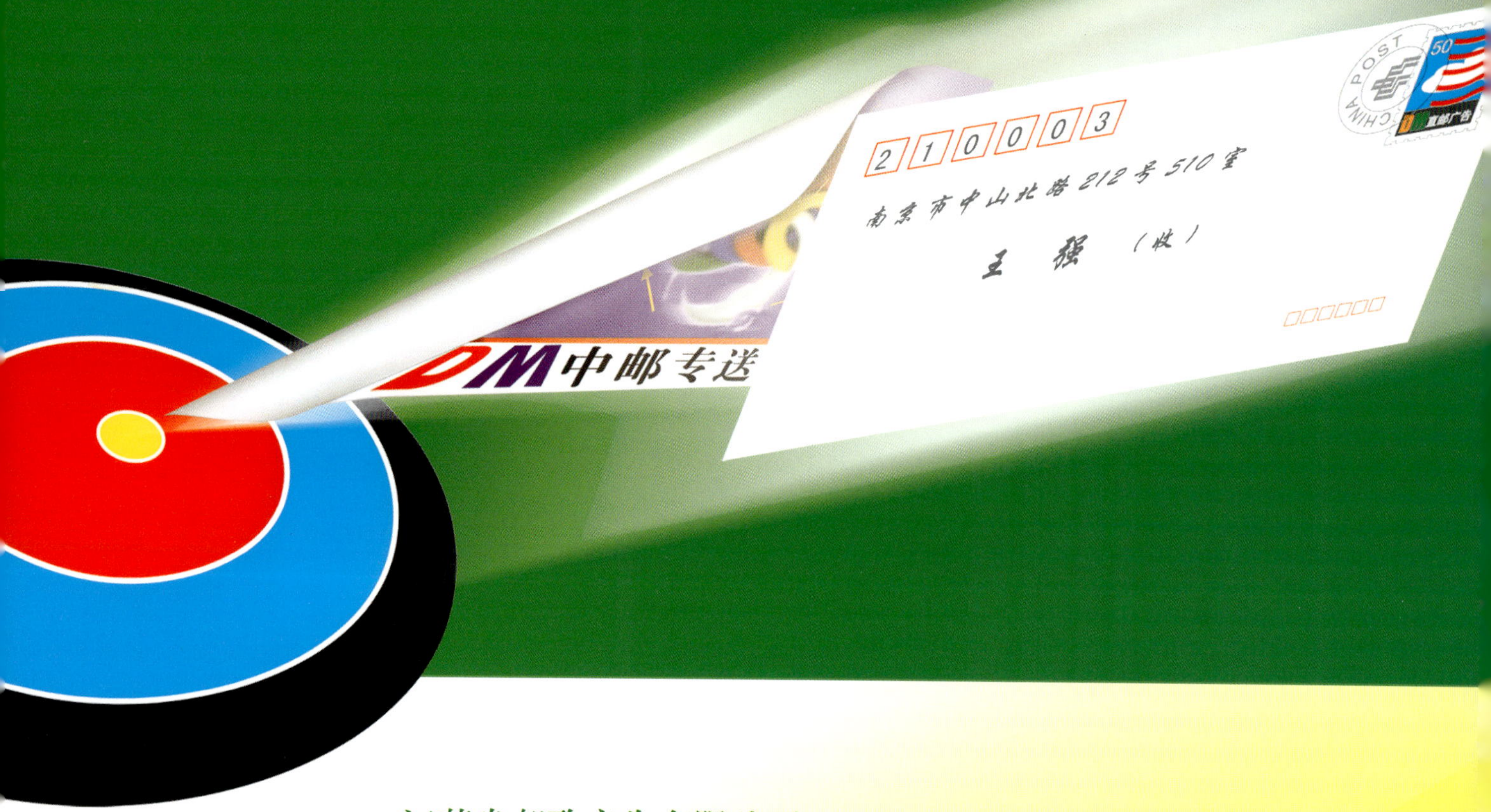

江苏省邮政广告有限公司是隶属江苏省邮政局的大型国营集团化广告公司，公司下辖市级分支机构 13 个、县级分支机构 57 个，从业人员 700 余名，是从事以邮政媒体为主的综合性广告公司。

公司以联系千家万户的邮政投递网和邮政特有的名址信息库为核心竞争力，大力发展以直邮广告 DM(DIRECT MAIL) 为主打产品的自有广告媒体：商业信函、邮资封片、邮送广告等，同时积极拓展代理媒体广告市场。近年来，公司主要合作伙伴有：中、农、工、建、交、招商等银行，移动、联通、电信、网通等电信企业，人寿、太平洋、平安、泰康等保险公司，春兰、小天鹅、樱花等电器企业，金润发、麦德龙、时代等大型超市以及麦当劳、戴尔 DELL 等知名企业。

公司本着“沟通何需见面、直邮助您成功”的良好服务精神，体现追求时尚、特色服务、满足个性化需要的特色，进一步推广直复营销，积极发展代理制，以邮政实物传递网为依托，以邮政信息技术为支撑，大力拓展直邮 DM 广告市场，提升邮政广告品牌，使之成为广大客户的首选品牌媒体之一。

2004 年全省广告经营额达 3.2 亿元。凭借完善的网络、专业的精神、优质的服务，为客户提供最有效的推广手段，热忱欢迎您的加盟。

江苏省邮政广告有限公司

地址：江苏省南京市中山北路 212 号同达大厦 5 层　　邮编：210003

电话：025-83420248/83404892/83402496　　传真：025-83409126

网址：WWW.JS11183.COM

中国邮政 CHINA POST

银都广告
Yindu Advertising
大有来头
嘴巴捧大市场
气“肚”做大客户
脑袋搞大创意
可能，我们天生就有搞大的禀赋！
银都广告一不小心连续三年，蝉联江苏广告界获奖最多、奖项最高的广告公司
斥资1.088亿买断江苏黄金收视率的《南京零距离》广告经营权
营业额达2.7亿元，全国行业排名前30强
放心，我们绝不是吹大的！
南京银都广告商务有限责任公司 南京市仓巷137号六楼 电话：(025)52337500-52337506 Http://www.yindu-ad.com.cn

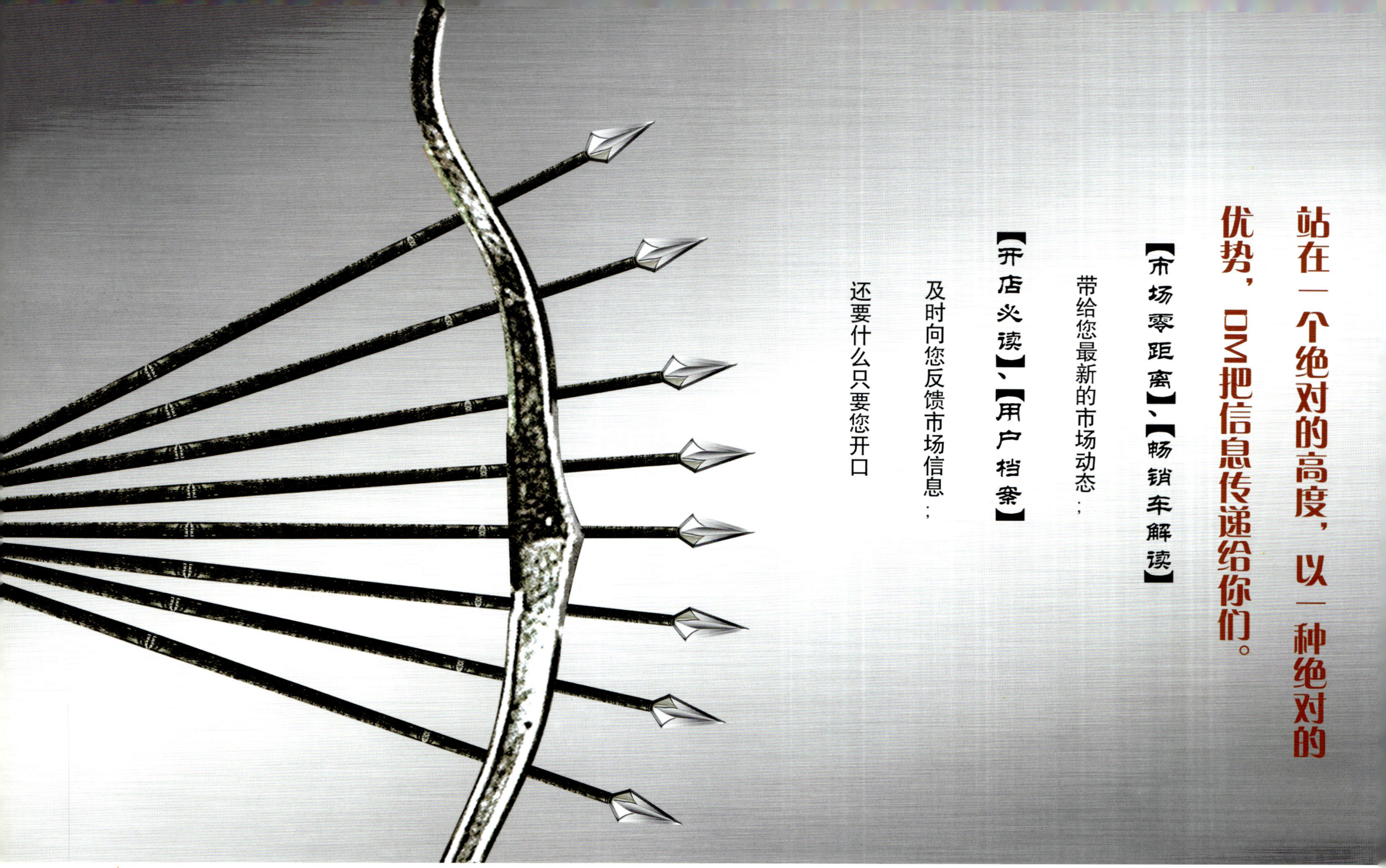
站在一个绝对的高度，以一种绝对的
优势，DM把信息传递给你们。
【市场零距离】、【畅销车解读】
带给您最新的市场动态；
【开店必读】、【用户档案】
及时向您反馈市场信息；
还要什么只要您开口

宜兴广播电视台

简 介

宜兴，位于苏、浙、皖三省交界，历来是三省通衢之地，总面积2000多平方公里，固定人口120万，是闻名全国的“文化之乡”、“教授之乡”，物产丰富，人杰地灵，素有“洞的世界、茶的绿洲、竹的海洋、陶的故都”之美誉，是太湖风景区的旅游城市，独特物产——紫砂茶壶。综合经济实力位于全国百强县市前8位，2000年已被江苏省列为发展规划的四个中心城市之一，锡宜高速、宁杭高速全线贯通，1个多小时车程直达沪、宁、杭三市。

宜兴广播电视台，是全国首批、江苏最早创办的县市级电视台之一，发展较快，实力较强，拥有固定资产2.5亿元。建有24800平方米的21层广电大厦和1000平方米演播厅，发射天线海拔高度为601米，是目前江苏最高的发射塔，信号覆盖苏浙皖三省的十多个县市，约2000多万观众。有线电视用户25万户，传输24套有线电视节目和12套数字电视节目，已开通有线电视宽带网和数字电视广播系统。并在全国同级兄弟台中率先进入了央视索福瑞收视调研系统。

宜兴广播电视台目前有新闻、生活、影视三个自办频道，其中新闻、生活频道为有线、无线同时传播。自办栏目有《宜兴新闻》、《关注》、《陶都》、《城市前沿》、《开心45》等，《农民潘根大》、《最后的鱼鹰部落》等专题节目分获中国电视金鹰奖、全国政府一等奖和《上海国际电视艺术节》入围奖。

宜兴广播电视台广告中心依托强势媒体，创新策划理念，积极承揽全国各地广告业务，历年来广告创收额居全国同级媒体前茅，2004年度电视广告创收已达3500多万元，98年独立承办全国“爱立信乒乓球擂台赛”，并由中央电视台现场直播获得圆满成功。

地　　址：江苏省宜兴市人民南路广电大厦
邮　　编：214200
电　　话：(0510) 7990097
(0510) 7973395
(0510) 8566679
传　　真：(0510) 7994355

’2005中国广告年鉴

China Advertising Yearbook

第十三版

13 th Edition

编辑部地址：北京40－100信箱　邮编：100040　电话：010 68628860　68628861　传真：010 68627480　E-mail:ad@nianjian100.com

'2005中国广告年鉴

China Advertising Yearbook

第十三版

13 th Edition

安徽省

著名广告经营单位

诚信宣言形象展示介绍专栏

新安晚报：安徽报业

船长的“新思维”

——记新安晚报社社长江海波

江海波社长在“2004中国乳业危机公关峰会”上发言

江海波：高级编辑，安徽省首届“四个一批”拔尖人才获得者，享受安徽省政府特殊津贴。1982年大学毕业后进入安徽日报社，1992年受命参与创办新安晚报，先后担任副总编辑、总编辑。2003年10月至今仍任新安晚报社社长。

风起云涌的媒体争战，注定创新者才是赢家。

新安晚报以3万元起家，历经12年打拼，在激烈的竞争中成熟与壮大，现已成为安徽报业无可争议的龙头老大，是安徽唯一进入全国媒体广告"百强"的报纸。在全国平面媒体中排名第36位。

社长江海波习惯将自己的报纸称为报海中的一条船。在此笔者深深感到，这条船之所以能一路破浪航行，是因为“江船长”有着与众不同的经营新思维

“三合一”的经营理念

编务与经营到底应该是什么样的关系？传统的理论认为应该分开，但江海波社长主张既分又不能分。

“从职能来看，必须要分开，采编人员要专心搞新闻，不拉广告；经营人员也不得插手新闻。而决策者则必须在更高层面上将两者统一起来，在做重大决策时，新闻、广告、发行必须三位一体，通过广告经营与新闻策划的高度融合，实现内部成本最小化、利益最大化的整合营销。”江社长说，“如果忽视编务、忽略新闻，为抓经营而抓经营，就会形成两张皮，其结果必然导致经营的失利与新闻的滑坡。”

所以，新安晚报员工已经形成这样一种共识：采编人员要有经营意识，经营人员要有新闻意识。2004年上半年，安徽阜阳劣质奶粉事件震动全国，新安晚报新闻中心与广告部共同策划了轰动全国的“2004中国乳业危机公关峰会”。全国13家知名乳品企业参会，共同作出质量承诺，此事被中央电视台等全国众多媒体报道，实现了社会效益和经济效益双丰收。2004年两个黄金周推出的“逍遥五月”与“红十月”特刊，又先后创造了单期广告收入超过百万元的好成绩。

江社长是一位知名报人，担任了12年的新安晚报总编辑工作，大家对他的办报宗旨与经营理念认识深刻，因此，“三合一”的经营理念，才能在这个强有力的团队中得到高效率的执行。

“中心”适时大转移

“报纸的发展有其自身的规律，并不是发行越大，广告就会越多。”江社长说，“在报纸发展到一定规模后，必须使发行的增长小于广告的增长。”在发行量超过40万份后，新安晚报开始了以规模为中心向以利润为中心的战略转移。

江社长介绍说，晚报都市报发行量的增长，意味着发行成本即发行亏损的进一步扩大。今年以来，该报首先在发行思路上做了重大调整，将全省发行范围分为重点、次重点；重要、次重要等四大板块，做到有的放矢，重点突破。其次在发行政策上作较大调整，把过去单一发行份数的考核改变为发行份数、投递质量、投递费用等三项指标考核，确保资金、人力、物力上投入能得到最大值的回报。从现在启动的2005年大发行来看，目前各地发行工作进展顺利，收效明显。到9月底，该报合肥地区已新增私费订户4万多户，提前一个月达到去年同期水平。

在适度调整发行策略的同时，该报对广告资源进行了深度挖掘。去年底，在合肥及京、沪、穗等地先后召开广告推介会，着力打造新安晚报的新形象。此举使本报的新增客户全国达30多家。根据“三位一体”理念，新安晚报对汽车版进行了改版，创办了周刊式的“新安车王”，从新闻切入，给广告版注入新闻内容。上海、北京等区域代理商看到改版后，纷纷将广告从其他媒体转投过来。改版后的《新安车王》重新树立了安徽平面媒体的王者地位。2004年10月，该报又一次进行全新改版，同时推出一系列新的行业周刊，开拓新的广告源。体现了在新安晚报投入1元广告可以撬动5.3万元的消费力。广告客户都反映说：“在新安晚报做广告让人放心，真是物有所值、物超所值。”

访问结束时，江社长向笔者透露了该报新一轮发展战略。看得出，这位安徽报业的领军人物正雄心勃勃，对新安晚报的未来已成竹在胸。十分有趣的是：江社长的姓名三个字均有“水”，似乎他注定是一位弄船出海的船长。在此我们衷心祝愿这位年富力强的“船长”能击水扬帆，指挥新安晚报这艘巨轮航行更远……

金鹏国际广告有限公司新标志诞生

花开富贵　永续辉煌

十一年，无数的金鹏人都在为同一个理念而奋斗“成就别人，成就自己”；
一路走来，有辗转中的突破，也有奋斗后的辉煌。
为客户创造价值，为广告行业创造良性影响，培育更多优秀的人才，都是金鹏国际一直奉行的宗旨。
十一年的成绩给了金鹏人一个新的起点，
在这重要的时刻，金鹏人将她郑重的烙记下来！
在这重要的时刻，金鹏人又将起身打造新的梦想之葩！
……
金鹏于 2004年8月8日 启用新标志

金鹏国际广告有限公司
JINJUAN INTERNATIONAL ADVERTISING CO.,LTD.
中国广告一级资质企业
ADD:安徽省合肥市濉溪路251号 P.C.:230041 TEL:(0551)5611111 Http://www.jinjuan.com.

诚而信 业再精
给我一片天空，一切皆有可能。
中策广告
ZHONGCE ADVERTISE
十年磨一剑，砺发见峥嵘。
历经漫长的蝉蜕，一朝破茧成蝶，
中策在凝注中成长，
在岁月中成熟，在金秋里绚烂。
拥有众多的强势户外媒体，与强大的创作阵容，
集策划、设计、户外广告制作、媒体代理为一体，
牢牢立足安徽，
面向国内外更广阔的空间，
为您营造工艺讲究、创意卓然、
提升价值的精良舞台。
月月年年，我们都在陈述彼此靠近的理由……
地址：安徽省合肥市濉溪路6号 电话：0551-5546666 5549999 传真：0551-5522222 http://www.wazc.com E-mail: zc@wazc.com

安徽日報
ANHUI DAILY
权威媒体 · 传播权威
时事资讯观察家
安徽日报报业集团广告中心 安徽传媒信息广告公司
T:（0551）2827984 2822356 2827783 2823310 2828397
E:ahrbsggc@mail.hf.ah.cn

安徽日報
ANHUI DAILY
A1
2004年 10 月 20 日 星期三
甲申年九月初七
国内统一刊号 CN34-0001 邮发代号 25-1
网址:http://www.ahrb.com.cn
高度 深度 广度
——决定影响力!
安徽日报报业集团出版 第 19093 期 今日 12 版 新闻热线:0551-2832524 传真:0551-2832587
《安徽日报》,
安徽省最权威的政经类日报,
党政人士、经营专家、行业权威每日必读……
安徽日报报业集团广告中心 安徽传媒信息广告公司
T:(0551)2827984 2822356 2827783 2823310 2828397
E:ahrbsggc@mail.hf.ah.cn
安徽日報
ANHUI DAILY
权威媒体 · 传播权威

’2005中国广告年鉴
China Advertising Yearbook
第十三版
13th Edition

编辑部地址：北京40－100信箱　邮编：100040　电话：010 68628860　68628861　传真：010 68627480　E-mail:ad@nianjian100.com

’2005中国广告年鉴

China Advertising Yearbook

第十三版

13 th Edition

浙江省

著名广告经营单位

诚信宣言形象展示介绍专栏

QIANJIANG EVENING NEWS
钱江晚报
新闻110:85311110
移动新闻热线:13588866000
农历甲申年九月初四
2004年10月17日
星期日
夜,我在人间还是天上
西博会昨华美开幕,4万余人观看文艺晚会
就收购个人债权等事宜
有关部门权威解释
我们需要怎样的教师
A13
宝贝现场揭晓

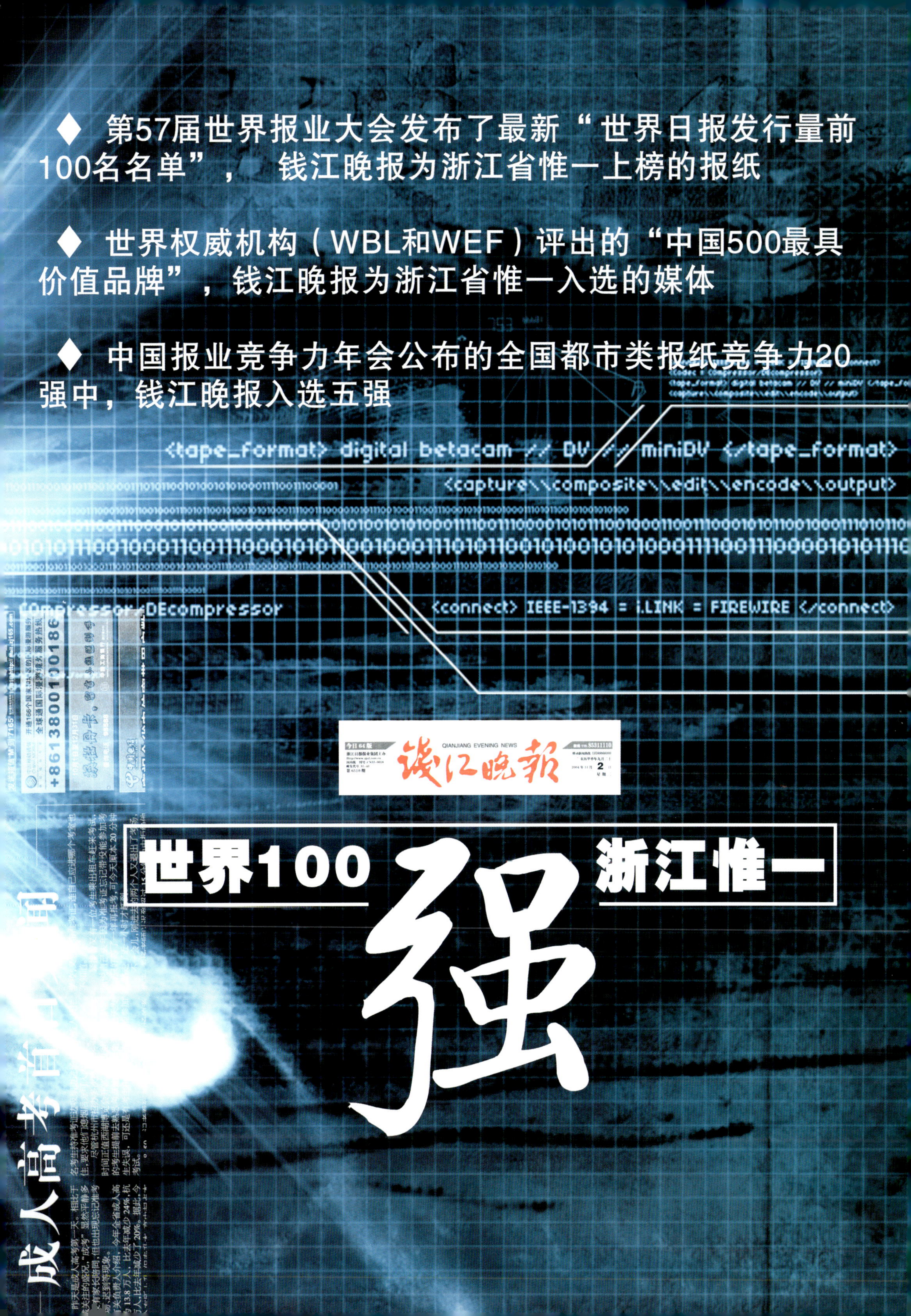
◆ 第57届世界报业大会发布了最新“世界日报发行量前100名名单”，钱江晚报为浙江省惟一上榜的报纸
◆ 世界权威机构（WBL和WEF）评出的“中国500最具价值品牌”，钱江晚报为浙江省惟一入选的媒体
◆ 中国报业竞争力年会公布的全国都市类报纸竞争力20强中，钱江晚报入选五强
<tape_format> digital betacam // DV // miniDV </tape_format>
<capture\\composite\\edit\\encode\\output>
COmpressor/DEcompressor
<connect> IEEE-1394 = i.LINK = FIREWIRE </connect>
QIANJIANG EVENING NEWS
钱江晚报
世界100强
浙江惟一

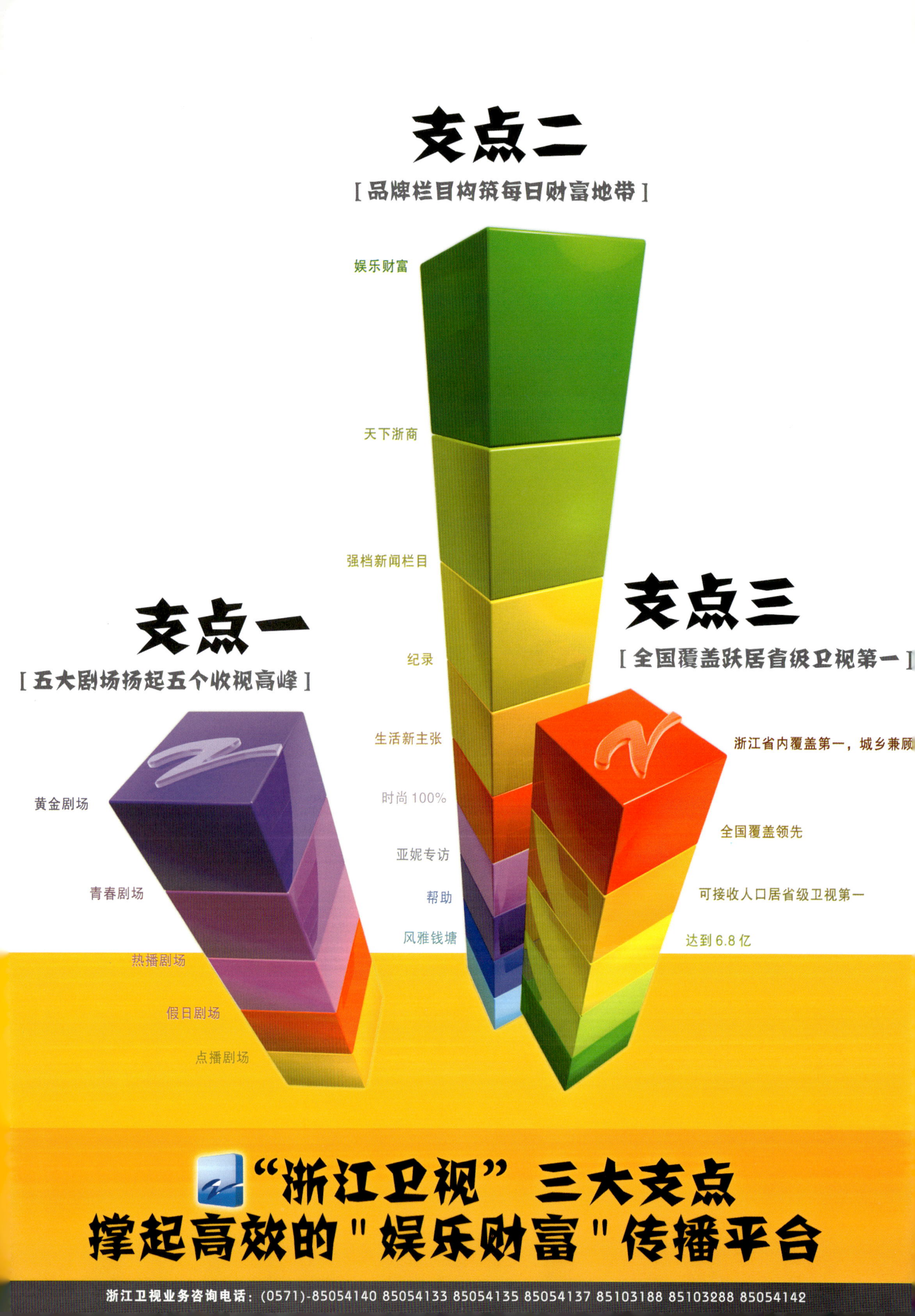

支点二
[品牌栏目构筑每日财富地带]
娱乐财富
天下浙商
强档新闻栏目
纪录
生活新主张
时尚100%
亚妮专访
帮助
风雅钱塘
支点一
[五大剧场扬起五个收视高峰]
黄金剧场
青春剧场
热播剧场
假日剧场
点播剧场
支点三
[全国覆盖跃居省级卫视第一]
浙江省内覆盖第一，城乡兼顾
全国覆盖领先
可接收人口居省级卫视第一
达到6.8亿
“浙江卫视”三大支点
撑起高效的"娱乐财富"传播平台
浙江卫视业务咨询电话：(0571)-85054140 85054133 85054135 85054137 85103188 85103288 85054142

ZTV-5
交朋友要厚道做广告
浙江电视台影视文化频道
ZHEJIANG TV STATION MOVIE & CULTURE CHANNEL
广告部主任:黄信爱 13819197918
地址:浙江省杭州市莫干山路武林巷5号

广告部主任黄信爱与频道友情使者傅彪亲切交流
选影視文化频道
电话:0571—88050718 88066100 88806143 88831921
88904667 88807583 88840013 88904669
邮编:310012
网址:http://www.ztv-5.com
影视文化

馬
車
兵
Simei
谁能看清中国市场？
在中国的营销环境里做广告，谁看得清市场谁就能赢出，这须靠一种累计与渐悟后的智慧。思美广告扎根华东十余年，在广告营销上树立了厚重的资产与底蕴，江、浙、沪三大运营中心齐发力，彻底了悟本土市场，为您的品牌打拼制胜！
思美广告，中国百强广告公司，集市场调研、广告策划、创意表现、设计制作、媒体代理和品牌管理于一体，拥有尼尔森、央视、CMMS数据分析系统，系统覆盖江、浙、沪三地并向周边和全国范围延展辐射，在电视、报纸、广播等众多强势媒体拥有买断时间和版面。
思美广告成立与1993年，是一家及企业规划、品牌包装、创意表现、媒介研究、媒介策略和媒介购买为一体的综合性广告公司。公司成立十余年来，一直以专业的工作技能、细致的工作作风、敬业的工作态度，为客户提供最为全面的服务。
在浙江，思美是第一个用数据来做媒介的公司；是第一个将业务面涉及到所有广告领域的公司；是第一个拥有自己的电子操作系统（M2系统）的公司；是第一个将直接业务面扩大到华东并面向全国的公司。
2003年思美广告下属浙江思美广告有限公司、上海仆人广告有限公司双双列入全国广告百强企业。2004年思美广告以全年2.5亿人民币的广告类营业额稳居浙江广告业的龙头。在全国广告类经营单位中思美广告的综合实力位居前20位之列。
对于人才的培养和团队的建设思美一直都在专著。付出才有收获，思美人信奉这个道理。细节成就经典，这就是思美的精神。
Simei 思美广告
细 节 成 就 经 典
浙江运营区：杭州市南山路148号 总机：0571-87926111/87926116 / 上海运营区：上海市宛平南路388弄海螺花园1号201A 总机：021-64642166 / 江苏运营区：南京市江苏路60号世茂中心大厦B座2803室 电话：025-85990396

温州日报报

温州日报报业集团是根据中央文化体制改革精神，经省委宣传部和省新闻出版局批准组建的。它是以温州日报为龙头和核心，以温州晚报、温州都市报、温州商报、温州新闻网、温州瞭望杂志为支撑的传媒集团。

温州日报报业集团，在牢牢把握正确的舆论导向的同时，坚持“三贴近”原则。为满足不同层次读者的精神文化需求，应对日趋激烈的媒体竞争，正努力掌握和发展现代传播手段，积极推动先进文化传播，促进新闻产业发展。

温州日报报业集团现有总资产4亿元。报期刊发行总量达到80余万份，年收入4.2亿元。

温州日报报业集团在管理上实行舆论导向统一把关，人财物统一管理，资源统一配置，并在经营上确立了广告、发行、印务、实业、物业管理五大发展产业，力求拉长产业链，向跨地区、跨行业、多元化方向发展。努力把温州日报报业集团真正建设成为主业突出，综合能力较强的现代传媒集团。

团结创新 与

业集团
时俱进
WW.66WZ.COM
温州瞭望

'2005中国广告年鉴

China Advertising Yearbook

第十三版

13th Edition

编辑部地址：北京40－100信箱　邮编：100040　电话：010 68628860　68628861　传真：010 68627480　E-mail:ad@nianjian100.com

’2005中国广告年鉴

China Advertising Yearbook

第十三版

13 th Edition

江西省

著名广告经营单位

诚信宣言形象展示介绍专栏

江西电视台
JIANGXI TV CHINA
主流·权威·公信力
传播精彩 成功助推
2004年江西电视台各频道已覆盖全省，其中江西卫视100%覆盖本省并已覆盖全国29个省会城市，及800个县级以上城市，拥有全国3亿以上的观众。
2004年江西电视台占全省收视份额高达61%。江西卫视在北京、上海、杭州等城市收视位居全国卫视台前三位！
2004年江西卫视在华东地区喜爱率达到23.6%，在全国省级卫视中排名第一位。
第三十九届世界广告大会指定协办媒体
地址：江西省南昌市北京西路88号江信国际大厦22层
广告咨询热线：(0791)6301111
传真：(0791)6301333
网址：WWW.JXTV.COM

'2005中国广告年鉴

China Advertising Yearbook

第十三版

13th Edition

编辑部地址：北京40－100信箱　邮编：100040　电话：010 68628860　68628861　传真：010 68627480　E-mail:ad@nianjian100.com

'2005中国广告年鉴
China Advertising Yearbook
第十三版
13 th Edition

编辑部地址：北京40－100信箱　邮编：100040　电话：010 68628860　68628861　传真：010 68627480　E-mail：ad@nianjian100.com

’2005中国广告年鉴

China Advertising Yearbook

第十三版

13th Edition

福建省

著名广告经营单位

诚信宣言形象展示介绍专栏

精 英 团 队 / 户 外 首 选
tom Outdoor 户外集团
厦门博美联合广告
中国厦门市湖滨北路59号
中信惠扬大厦商务楼22层C.D (邮编: 361012)
Tel/电话: (0592) 520 6868 Fax/传真: (0592) 520 7878

花开五朵
各树一枝
经济生活频道
都市时尚频道
电视综合频道
电视剧频道
少儿频道
福建电广福视广告有限公司
福建电广有线电视广告有限公司
全权代理
电视综合频道（1套）
电视剧频道（5套）
都市时尚频道（6套）
经济生活频道（7套）
少儿频道（9套）
广告业务

有线电视
无限空间
福建电广有线电视广告有限公司
电话TEL：（0591）83321313 83336208
传真FAX：（0591）83316117
地址：中国福建省福州市广达路68号金源广场东区28楼
China邮编P.C:350005

请相信，我们是能与您一同走向成功的战略合作伙伴
SETV

广告策划／设计
信息传播服务
出版物策划／印制
国内外广告代理 广告产品销售
影视节目策划／制作／发行销售
网页策划设计／电子商务
展览会／演讲会／文艺演出活动
海峡都市报
Straitnews
好新闻 · 好生活
海峡都市报的全资子公司
海都传媒与您共同缔造辉煌
福建日报报业集团
海峡都市报
福建海都传媒有限公司
FUJIAN HAIDU MEDIA CO.,LTD.
地址／福州市华林路 84 号福建日报大楼 8 层 电话／0591-87095497 87095412 传真／0591-87095337

相伴一周 娱乐七天
福建广播电视报
视听导读，家家必备
明星娱乐，全面报道
一次投入，十天回报
多次阅读，事半功倍
价格比低，真正实惠
《福建广播电视报》创办于1954年5月，拥有一支年富力强的专业队伍。本报为小报三十二版，每周三出报，今年改版后，推出大幅娱乐明星报道版面，成为本省最大的一份家庭娱乐周报。她以与众不同的娱乐资讯总汇，耐读的娱乐焦点策划报道和新颖别致的版式编排见长，发行分布全省各地，是福建省内同业报纸中具权威性的家庭报媒。
福建电广广播电视报广告有限公司直属福建省广播影视集团，代理《福建广播电视报》的广告业务。本报全体同仁将竭尽全力为广大读者和广告客户提供最佳的服务。
全省最大的家庭娱乐周报
地址：福州市白马北路253号省广电大院四层(350001)
Http://www.fjgdb.com E-mail:fjgdb-gg@163.com
广告热线：0591-87540046 87505617（传真）

福建青年
杂志社
发行热线:(0591)87385169 办公热线:(0591)87336950
地址:福建省福州市金鸡山路23号 邮编:350011
◇全国百种重点社科期刊
青年博览
2005.5
邮发代号:34-44
定价:3.00元/册
◇华东地区最佳期刊◇福建省学生最喜欢的刊物
青春潮
Youth
梁咏琪
遇见百分百好男人
林志玲
上海职业"牵犬手"
30岁,是女孩还是女人?
邮发代号:34-2
定价:4.50元/册
青春潮
Youth
爱之变奏
FACE TO FACE
我们为什么试离婚
邮发代号:34-12
定价:4.50元/册

东南快报
可以错过风景
不能错过好新闻
东快只报道最引人入胜的新闻
如果你在办公室
或者在野外
因为看报纸
而错过了看风景
那是，再正常不过的事情
告热线: 0591-87809408 0592-5897926（闽南）

精打细算

「为您的每一分投入」

《福建日报》是中共省委机关报，创刊于1949年8月25日，是福建省发行量最大、覆盖面最广、影响力最强、权威性最高的日报。

作为福建日报社的广告经营部门和综合性专业化广告公司，我们具备了代理发布各类媒体广告业务的综合实力，创作作品连年获得全国性大奖，并曾荣获国家工商局授予的“全国广告公司综合实力50强”和“全国广告行业文明单位”称号，您的每一分投入我们都专注于实效。

公司创办以来，成功地策划过大型活动及创作出的优秀作品、户外广告：

总策划“9·8”福建投资贸易洽谈会首届广告大奖赛；
总策划’96福州国际招商月系列活动；
总策划泉州建市十周年庆典活动；
福州市华林路“名人名言”户外广告一条街的总体规划设计；
《助残篇》等系列公益广告获’96“中华好风尚”为主题的公益广告作品评比“政府奖”、“发展奖”；
为中国联通公司策划的开业广告《声音是有表情的》广告作品获’96广州日报杯全国广告大赛企业形象银奖、全国第五届广告作品展入围奖；
《百姓登台　商家捧场》、《我们还要盼多久》获得“翔龙杯”第三届全国报纸广告作品评比优秀奖；
《分类广告形象宣传》、《中国银行形象宣传》获得“’97广州日报奖”全国优秀广告作品评选铜奖
《福建日报扩版形象宣传》获得第七届中国广告优秀作品展铜奖；
《一个也不能少》获得2000年广州日报杯全国报纸优秀广告奖银奖；
《福建日报分类广告形象宣传》获得第八届中国广告节入围奖；
《新世纪春节扩版形象宣传》获得第八届中国广告节入围奖；

广告总公司

《闽西日报》是中共龙岩市委机关报，创刊于1949年9月9日， 1992年7月1日由周三刊改为周六刊；1994年改为对开四版；1997年元旦，实现天天出彩报；2000年，每周增出一张对开四版报纸；2002年7月1日，每周再增出一张对开四版报纸。2005年再次扩版，从周一至周五，平均每天出对开八版报纸。

伴随着新中国前进的步伐，闽西日报社取得了长足的发展，已形成了一个凝聚力强、开拓力度大的领导班子，建立了一支政治强、业务精、纪律严、作风正的新闻采编队伍。目前，报社共拥有员工125人（其中编辑部93人、印刷厂32人），具有高级职称者7人，中级职称30人，初级职称19人。报社现拥有总建筑面积5200平方米的办公大楼和电脑新闻采编系统、激光照排系统、塔式印刷机等先进设备，形成了采编、出版、印刷为一体的办报格局。

《闽西日报》以"鲜明党性，闽西特色"为办报宗旨，立足闽西，面向世界；坚持政治家办报，企业化管理，市场化经营，社会化服务的办报方针。近几年来在全国和全省好新闻评选中屡屡获奖，尤其是2003年，闽西日报在福建新闻奖和中国地市报新闻奖评选中，获奖总件数和一等奖的件数均取得了历史性突破，其中：有14件作品获福建新闻奖，有5件作品获福建新闻奖一等奖；有9件作品获中国地市报新闻奖，有2件作品获一等奖；有3件作品获中国时事报道好新闻奖，1件获一等奖。

在报纸印刷质量方面，报社也多次获得全省报刊印刷质量优质奖。报社印刷厂继2001年投资600多万元购买"北人"塔机后，2004年又购买了四开胶印机，更新了照排机、扫描仪，为提高印刷质量打下了基础。目前，报社印刷厂已具备对开八版双面彩色报纸的印刷能力，能承担铜版纸和高档印刷品的印刷业务。

2002年3月，报社组建发行中心，《闽西日报》实现自办发行。自办发行当年见效，取得了"三提高一降低"（报纸发行量提高、投递时效提高、报款回笼率提高及发行费率降低）的好成绩。目前，《闽西日报》日发行量60000多份，报纸人均发行量居全省首位。

闽西日报

地　　址：龙岩市登高东路155号

邮　　编：364000

电　　话：（0597）2317060

'2005中国广告年鉴

China Advertising Yearbook

第十三版

13th Edition

编辑部地址：北京40－100信箱　邮编：100040　电话：010 68628860　68628861　传真：010 68627480　E-mail:ad@nianjian100.com

'2005中国广告年鉴

China Advertising Yearbook

第十三版

13th Edition

编辑部地址：北京40－100信箱　邮编：100040　电话：010 68628860　68628861　传真：010 68627480　E-mail:ad@nianjian100.com

’2005中国广告年鉴

China Advertising Yearbook

第十三版

13 th Edition

广 东 省

著名广告经营单位

诚信宣言形象展示介绍专栏

您在中国的品牌助燃器
FUELING BRAND POWER IN CHINA
www.smvgroup.com
Starcom
星传媒体
提供专业媒介服务及全面市场营销服务
媒介专业策划和购买服务遍布中国300多个城市
北京: [010] 6505 8828
上海: [021] 5298 4333
广州: [020] 3820 1900

2004年广告收入3.1亿
2003年广告收入2.2亿
2002年广告收入1.4亿
2001年广告收入4千万
2005，立志更创新高！

高度
决定影响力
深圳报业
强强联合
旗下报刊
个个精彩
深圳特区报
SHENZHEN SPECIAL ZONE DAILY
深圳商报
深圳晚报
法制报
晶报
香港商報
香港商報
汽车导报 autonews
Shenzhen Daily
深圳青少年报
寶安日報
时代商报
sznews 深圳新闻网 www.sznews.com
深圳报业集团出版社
业集团
机电话：(0755)83518888 Http://www.sznews.com

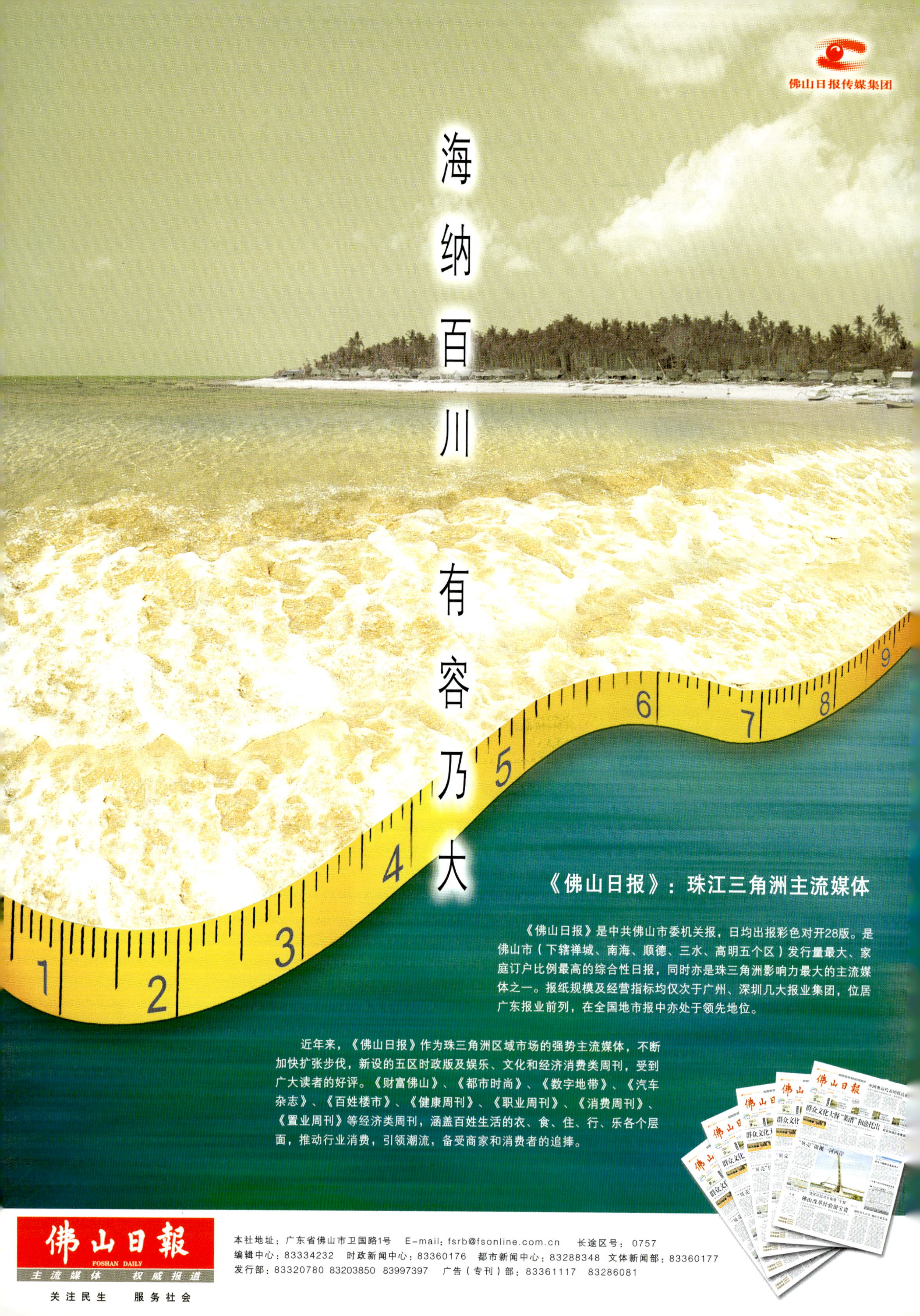
佛山日报传媒集团
海纳百川
有容乃大
1 2 3 4 5 6 7 8 9
《佛山日报》：珠江三角洲主流媒体
《佛山日报》是中共佛山市委机关报，日均出报彩色对开28版。是佛山市（下辖禅城、南海、顺德、三水、高明五个区）发行量最大、家庭订户比例最高的综合性日报，同时亦是珠三角洲影响力最大的主流媒体之一。报纸规模及经营指标均仅次于广州、深圳几大报业集团，位居广东报业前列，在全国地市报中亦处于领先地位。
近年来，《佛山日报》作为珠三角洲区域市场的强势主流媒体，不断加快扩张步伐，新设的五区时政版及娱乐、文化和经济消费类周刊，受到广大读者的好评。《财富佛山》、《都市时尚》、《数字地带》、《汽车杂志》、《百姓楼市》、《健康周刊》、《职业周刊》、《消费周刊》、《置业周刊》等经济类周刊，涵盖百姓生活的衣、食、住、行、乐各个层面，推动行业消费，引领潮流，备受商家和消费者的追捧。
佛山日報
FOSHAN DAILY
主流媒体 权威报道
关注民生 服务社会
本社地址：广东省佛山市卫国路1号 E-mail：fsrb@fsonline.com.cn 长途区号：0757
编辑中心：83334232 时政新闻中心：83360176 都市新闻中心：83288348 文体新闻部：83360177
发行部：83320780 83203850 83997397 广告（专刊）部：83361117 83286081

汕头市广播电视台

（原汕头电台　汕头电视台　汕头有线台）

粤东地区最大传媒

汕头市

中国五大经济特区之一、东南沿海重要港口城市、粤东中心城市、国内外商品集散地，市场潜力巨大、消费需求旺盛

汕头市广播电视台

拥有国际先进水平的节目制作、播控、传输设施，实现智能化管理、自动化播出

自办广播电视节目七套、总覆盖人口2600万，以鲜明的特区风格、潮汕特色、侨乡魅力，成为粤东地区的信息传播中心，收视（听）率高、市场占有率大，2003年广播电视广告创收超过1.2亿元，在全国地级城市中名列前茅，是中国“百强媒体”之一

我们的广告经营理念

以真诚服务客户　靠信誉赢得客户　用双赢回报客户

地址：广东省汕头市潮汕路广播电视中心　邮编：515021

广告经营办公室	电台广告部	电视广告一部	电视广告二部	电视广告三部
电话：8210182	电话：8210166	电话：8210322	电话：8206906	电话：8218999
8100796	8210960	8100021	8213918	8228338
传真：8216182	传真：8226553	传真：8204304	传真：8206906	传真：8228833

广东湛江电视台

台　长：童小玲

广告部主任：沈育红

地　　址：湛江市霞山区文明中路 6 号

电　　话：0759－2231598　2211225

传　　真：0759－2222833　2231598

广东湛江是我国大陆最南端的港口城市。人口700多万，地处广东、广西、海南三省（区）交汇处。商贸业、物流业西连海南、内地，东出南海、珠三角，是一个充满商机、风光美丽的海滨名城。

湛江市电视台是由原湛江电视台与湛江有线电视台合并而成。经过资源整合后，频道资源更丰富，节目覆盖面更广。广告经营的主要频道是：湛江电视新闻综合频道（无线传输），节目覆盖湛江、茂名、广西边邻地区；湛江电视公共频道（有线传输）、参考频道（有线传输），节目覆盖湛江市区五县四区乡镇城市。

湛江市电视台设备先进，传播图像清晰，节目富有特色，收视率高，团队富有经验和敬业精神。是社会各界朋友传播信息、推介产品、开拓市场的理想传媒。

我们竭诚携手合作，共创传媒新纪元。

’2005中国广告年鉴

China Advertising Yearbook

第十三版

13th Edition

编辑部地址：北京40－100信箱　邮编：100040　电话：010 68628860　68628861　传真：010 68627480　E-mail:ad@nianjian100.com

’2005中国广告年鉴
China Advertising Yearbook
第十三版
13 th Edition

广西壮族自治区

著名广告经营单位
诚信宣言形象展示介绍专栏

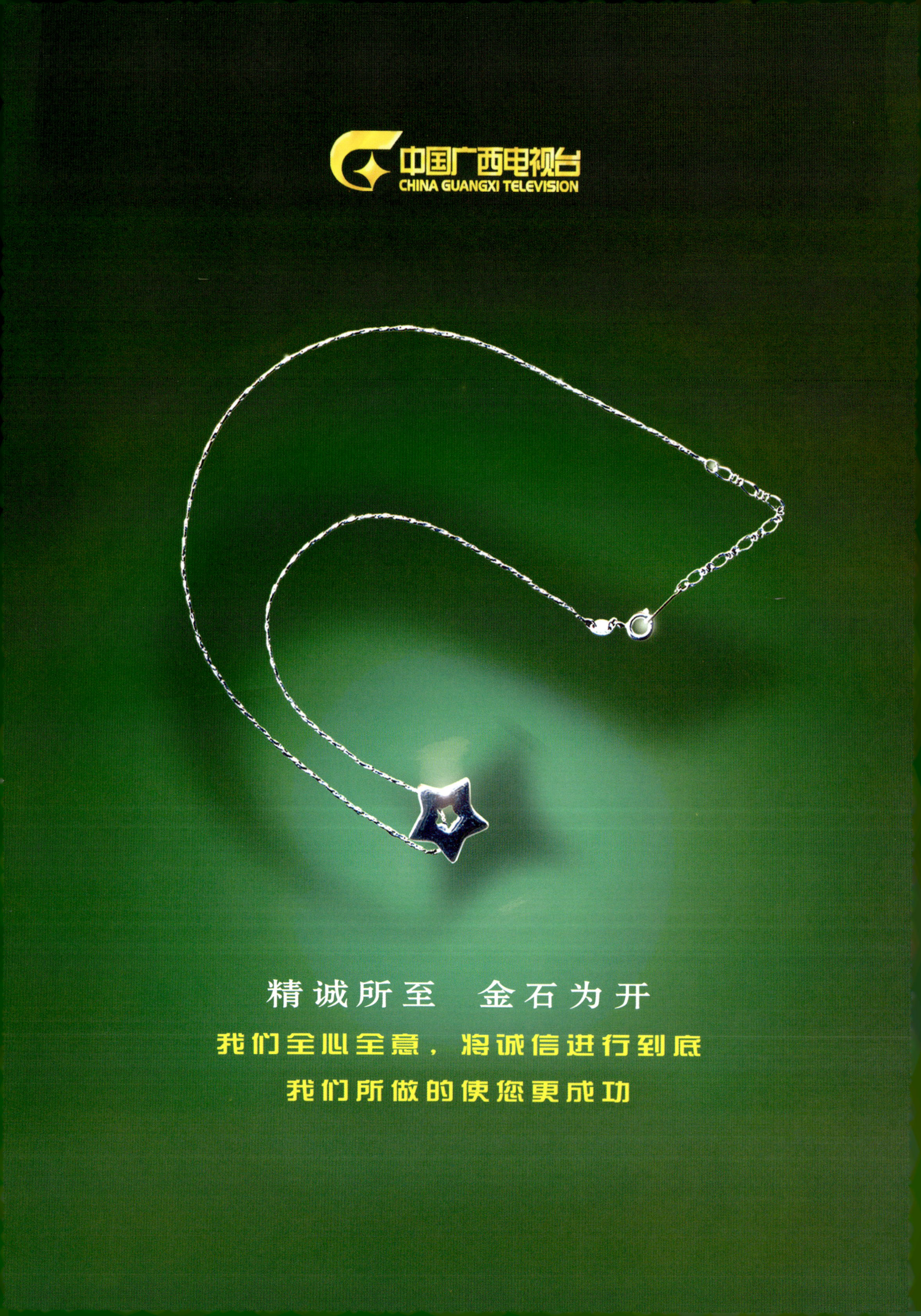
中国广西电视台
CHINA GUANGXI TELEVISION
精诚所至　金石为开
我们全心全意，将诚信进行到底
我们所做的使您更成功

广西人民广播电台

广西人民广播电台成立于1950年5月1日。目前，广西人民广播电台有6套节目，全天播音98小时20分（周二下午停机检修除外）。其中，卫星广播（新闻综合频率）全天播音18小时；经济广播全天播音18小时；教育生活广播全天播音18小时10分；文艺广播全天播音18小时10分；对外广播全天播音8小时；交通台全天播音18小时。卫星广播、经济广播、文艺广播、交通台讯号传输通过"亚洲3S"卫星传送；卫星广播、经济广播节目利用中波和调频覆盖全区；教育生活广播节目利用调频覆盖南宁市及周边地区；文艺广播节目利用调频覆盖南宁、柳州、桂林、北海、梧州、玉林等中心城市；对外广播（对外称广西对外广播电台）通过两个短波频率，节目覆盖越南全境和柬埔寨、老挝以及泰国东北部；交通台调频同频覆盖南宁、柳州、桂林、北海。

广西人民广播电台坚持新闻立台、专题强台、文艺活台、质量兴台的办台方针，不断深化广播改革，强化宣传管理，牢牢把握正确舆论导向，确保安全播出，不断提高宣传质量，实施精品工程，截止2003年，全台有70多件作品获全国"五个一工程"奖、中国新闻奖、中国广播奖等国家级政府奖。

近年来，广西人民广播电台建立了LINK2000数字音频播控系统，实现录制、传送、管理、播出等的网络化，提高节目制作工作效率和节目播出质量，广播技术数字化进程进一步加快。在整合提升传统的空中广播与互联网优势的基础上创建的广西人民广播电台网站于2003年10月29日正式开通，实现广播节目网上同步直播和精品栏目网上点播。

由于覆盖面的扩大和广播节目质量的不断提高，广西人民广播电台拥有越来越多的听众。权威机构调查结果显示，广西人民广播电台仅广西范围内听众规模近3000万，忠实听众1770万，受众对主流新闻媒体的接触率，广西电台仅次于电视而高于其他媒体。

50多年的发展灿烂辉煌。当前，广西人民广播电台正不断深化改革，开拓进取，绘织宏伟的蓝图，共创美好的明天！

地址：广西南宁民族大道75号　　邮编：530022
电话：0771-5866075　网址：wwww.gxradio.com

'2005中国广告年鉴

China Advertising Yearbook

第十三版

13th Edition

编辑部地址：北京40－100信箱 邮编：100040 电话：010 68628860 68628861 传真：010 68627480 E-mail:ad@nianjian100.com

'2005中国广告年鉴
China Advertising Yearbook
第十三版
13 th Edition

海南省

著名广告经营单位
诚信宣言形象展示介绍专栏

海南日报报业集团广告中心

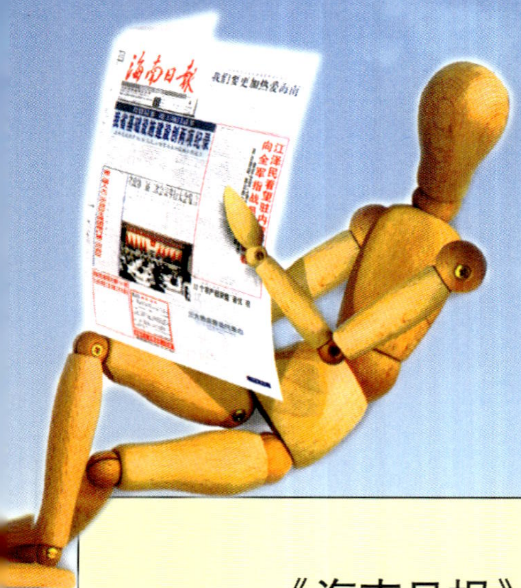

企业展示形象 更佳平台
读者获取资讯 更好通道

《海南日报》的广告经营事业在建省办经济特区的欢庆锣鼓声中获得机遇，伴随大特区的开放开发迅猛发展。广告年收入从建省时的614万元，发展到最高1.24亿元，这在经济规模相对较小的海南实属奇迹。《海南日报》是海南最具实效的绝对优势媒体。对企业来说，在《海南日报》登广告等于“把广告做到最有效的地方”。在海南，《海南日报》是平均每期阅读率高，基础读者比例高，忠实读者比例高，渗透能力强，

前茅。

《海南日报》对各类产品预购群体的覆盖比例高。《海南日报》成为商家开拓海南市场的首选广告媒体。

近年来，《海南日报》不断强化“客户导向”的经营思想，进一步加大客户服务力度，并根据市场及客户的不同需求，灵活调整经营策略。这也是《海南日报》广告经营致胜的法宝。

2003年元月，《海南日报》出其不意地将其子报《南国都市报》的广告经营合入《海南日报》经营体系，成立广告中心，实行统一管理。“两报”整合后，广告经营事业跨入了一个崭新的发展阶段。自2003年起，“两报”联动，优势互补，策划、举办了一系列活动，均创造了可观的经济收入，并获得了良好的社会效益，增强了“两报”的公信力和美誉度。

海南日报报业集团广告中心地址

海南省海口市金盘路3号

电话：0898-66810888

传真：0898-66810111

’2005中国广告年鉴

China Advertising Yearbook

第十三版

13th Edition

编辑部地址：北京40－100信箱　邮编：100040　电话：010 68628860　68628861　传真：010 68627480　E-mail：ad@nianjian100.com

'2005中国广告年鉴

China Advertising Yearbook

第十三版

13 th Edition

四川省

著名广告经营单位

诚信宣言形象展示介绍专栏

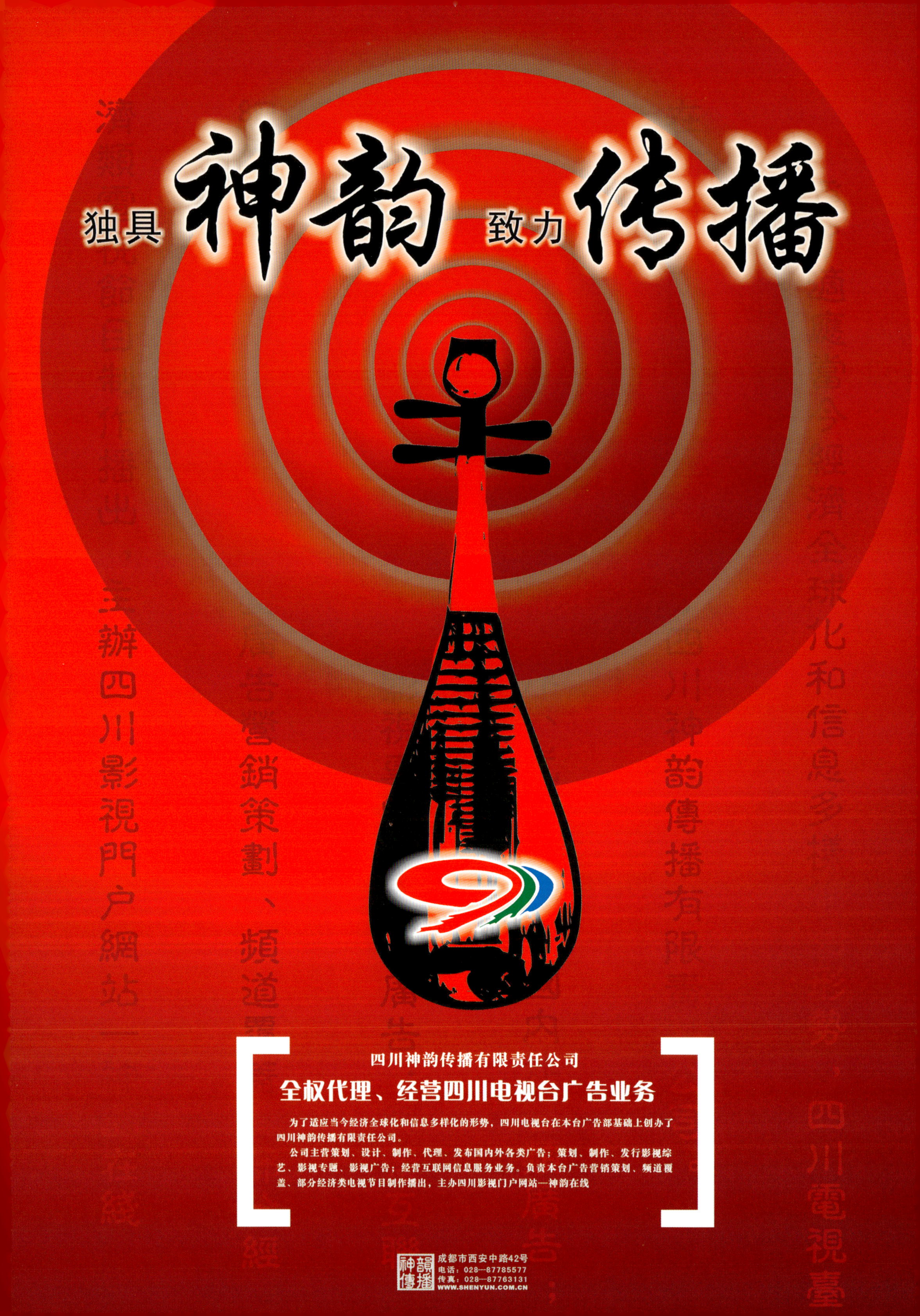

独具神韵 致力传播
四川神韵传播有限责任公司
全权代理、经营四川电视台广告业务
为了适应当今经济全球化和信息多样化的形势，四川电视台在本台广告部基础上创办了四川神韵传播有限责任公司。
公司主营策划、设计、制作、代理、发布国内外各类广告；策划、制作、发行影视综艺、影视专题、影视广告；经营互联网信息服务业务。负责本台广告营销策划、频道覆盖、部分经济类电视节目制作播出，主办四川影视门户网站—神韵在线
成都市西安中路42号
电话：028—87785577
传真：028—87763131
WWW.SHENYUN.COM.CN

’2005中国广告年鉴

China Advertising Yearbook

第十三版

13 th Edition

云 南 省

著名广告经营单位

诚信宣言形象展示介绍专栏

继承　创新　改革　发展

云南日报 彰显云南第一大报权威性 扩大主流强势媒体影响力

在云南日报创刊55周年之际，云南日报按照省委的要求和读者日益扩大的需求，在第一次大规模成功改版的基础上，又一次大胆改革创新版面，进一步巩固和发挥好舆论宣传主阵地、主力军、主渠道和主流媒体的作用，充分体现党报的权威性、公信力、影响力和竞争力。

这次改版，是广大读者意愿与党报办报理念相结合的一次创新。报业集团实施大规模技改，以现代印刷技术推动改版质量的大提升。报纸遵循社会主义市场经济发展的规律，不断增加面向市场、服务群众的版面，增强了党报的吸引力和市场竞争力。云南日报将一如既往坚持正确的舆论导向，坚持"三贴近"，做强做活新闻、提升大报品位。改版后的云南日报更加受到社会各界和广大读者的厚爱。

新版面改版后展现的5大亮点

- 增强新闻报道的权威性
- 拓展州市和基层新闻报道面
- 强化社会热点难点引导
- 创办云南日报"新周末"
- 版面质量出新出彩

春城晚报 著名品牌　崭新形象

昨日的春城晚报是品牌之报。品牌不是初试身手的浮躁和一夜暴富的炫耀，品牌是时间的胜者，是见证历史风雨的从容，是公众价值取向普遍的认同。作为一张品牌报纸，《春城晚报》拥有属于自己、也属于读者的荣耀和辉煌：1980年创办，是改革开放后创办的全国第一张晚报、云南省第一张面向市场的都市类报纸；2005年荣膺云南媒体惟一著名商标，是云南省发行量最大、覆盖面最广、影响力和公信力最强的都市类报纸；是云南纸质媒体中广告收入第一，连续两年广告收入超亿元的报纸……这是晚报前人创造的财富，也是晚报今人发展的优势，这种云南都市类报纸无人可比的高起点平台，更是大树参天的根基和理由。

晚报变厚了，厚而有道，分量来自内容和质量；分叠更合理了，分而有序，是对读者分众化需求的一次科学的鉴别和梳理；办报理念更新了，新在鲜活、时尚、现代。我们是云南的现代报人，立足生养我们的云岭大地，报道主流新闻，传播权威资讯，关注民生民情，服务大众生活。这是我们丝毫不敢懈怠并孜孜以求的极致境界。我们相信，时间成就品牌，创新激发活力，"办一流报纸，创百年品牌"的宏大目标，将在我们充满创意的劳作中实现。

云南体育广告公司 YUNNAN SPORTS

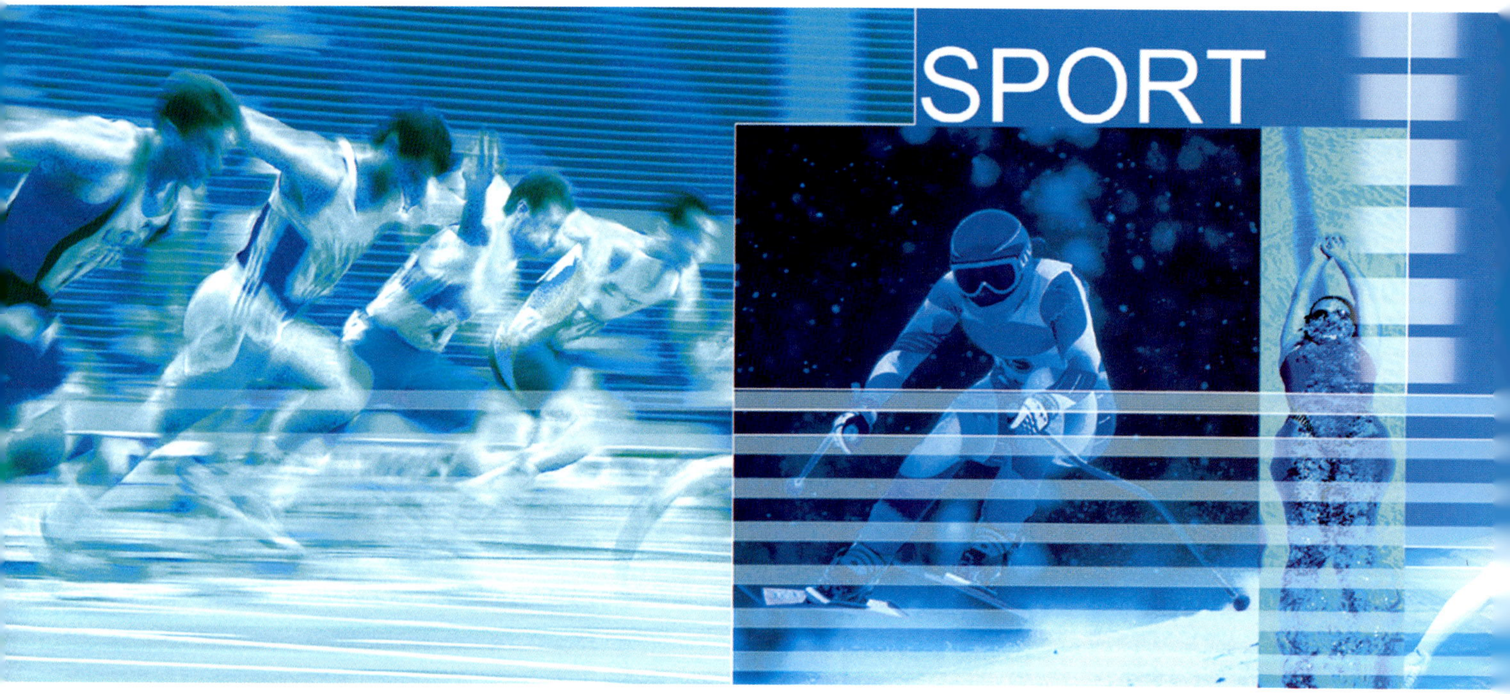

SPORT

云南老年报

反映老年群众呼声
提供医疗保健知识
传播时事政治信息
宣传老龄老干政策

报社编委会在研究宣传报道和报纸版面

《云南老年报》的部分版面

《云南老年报》创刊于1990年12月，当时为旬刊，现为周三刊，四开八版。由于报纸的质量获得读者的信任，发行量逐年上升，目前达8万多份，为云南省专业报纸之首，并连续两年评为全省优秀报纸。曾被中共云南省委评为省老干部工作先进集体。

报社举办的『老朋友茶室』宾客满座，成为老年朋友欢乐的园地。

“为老年人服务，替老年人说话，与老年人同乐，做老年人忠实、亲密的朋友”，是《云南老年报》坚持至今的办报宗旨，辟有要闻版、综合版、来信版、老人与法版、医疗版、体育版、颐养版、文摘版、周末版、博览版、霞光版、枫叶版、健康前沿版等，深受广大读者的喜爱。2005年，云南老年报根据广大读者的要求全面扩版，逢周一、三、五均扩为八版，继续发挥云南老年报的优势：宣传老龄老干政策，传播时事政治信息，提供医疗保健服务，反映老年群众呼声，使报纸更加贴近实际、贴近生活、贴近群众。

《云南老年报》的主管部门是：
中共云南省委老干部局
社长：
左绍钧（1994年6月至今）
总编辑：
王文锦（2002.2至今）

《云南老年报》在国内公开发行，全国统一刊号为CN53—0035。
邮发代号：63—60。
网址：www.ynolder.com
地址：云南省昆明市环城西路云南民族大厦附楼。邮编：650032。
电话：办公室：0871—5338045
编辑部：0871—5333279
记者部：0871—5333280
广告部发行部：
0871—5333278
5336663（传真）
读者服务部：0871—5336667

'2005中国广告年鉴

China Advertising Yearbook

第十三版

13th Edition

’2005中国广告年鉴

China Advertising Yearbook

第十三版

13th Edition

贵州省

著名广告经营单位

诚信宣言形象展示介绍专栏

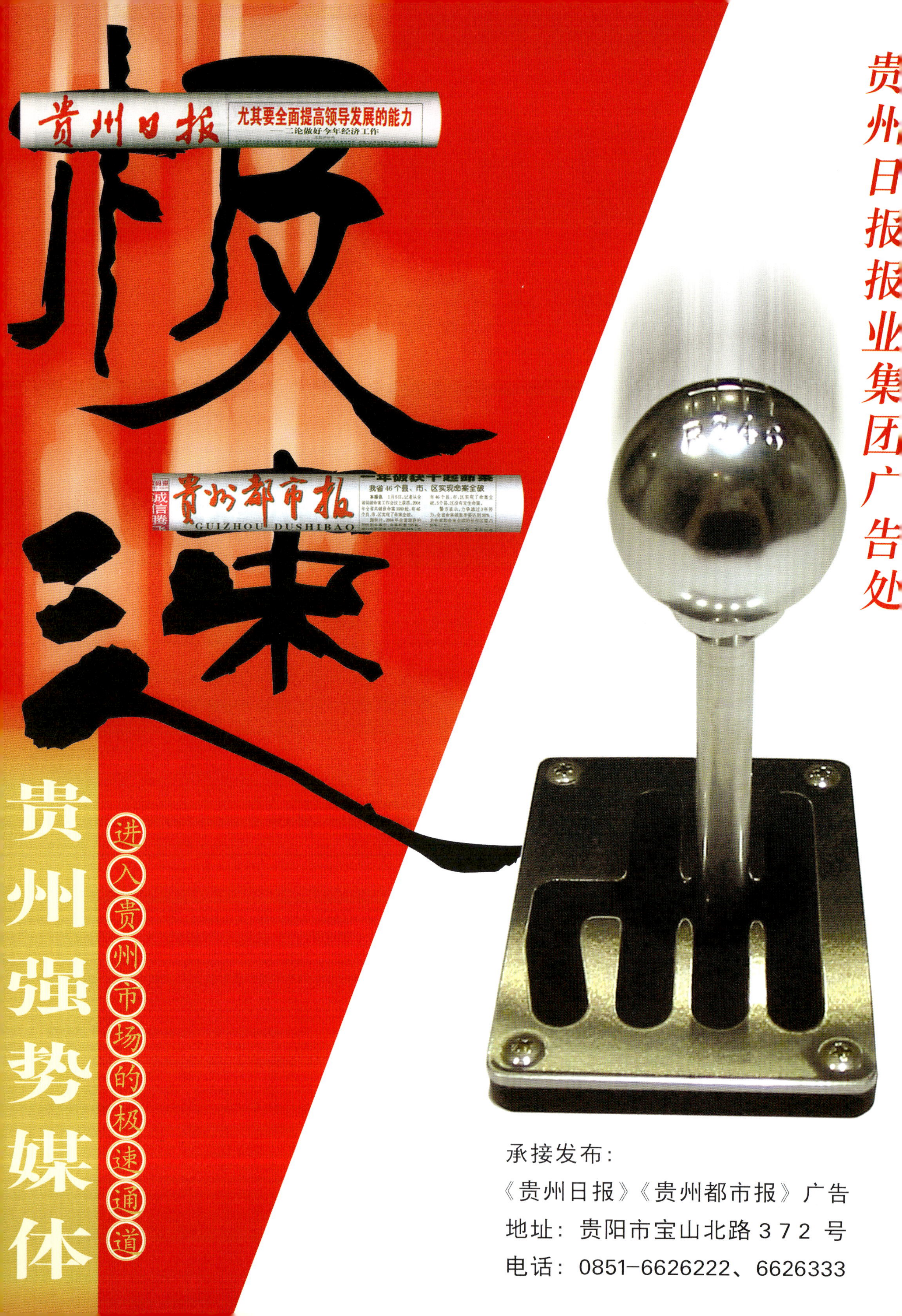
极速
贵州日报
尤其要全面提高领导发展的能力
——二论做好今年经济工作
贵州都市报
GUIZHOU DUSHIBAO
我省46个县、市、区实现命案全破
贵州日报报业集团广告处
贵州强势媒体
进入贵州市场的极速通道
承接发布：
《贵州日报》《贵州都市报》广告
地址：贵阳市宝山北路372号
电话：0851-6626222、6626333

’2005中国广告年鉴

China Advertising Yearbook

第十三版

13th Edition

陕西省

著名广告经营单位

诚信宣言形象展示介绍专栏

'2005中国广告年鉴

China Advertising Yearbook

第十三版

13th Edition

编辑部地址：北京40－100信箱　邮编：100040　电话：010 68628860　68628861　传真：010 68627480　E-mail:ad@nianjian100.com

’2005中国广告年鉴

China Advertising Yearbook

第十三版

13 th Edition

甘肃省

著名广告经营单位

诚信宣言形象展示介绍专栏

读者
DUZHE

《读者》系列杂志

中国人的心灵读本
中国期刊第一品牌

《读者》杂志创刊于1981年，由甘肃人民出版社主办，是一份综合类文摘杂志。目前，《读者》月发行量已达800余万册，近三年来月发行量增长了300多万份，居中国第一，世界综合类期刊前列，20多年来累计发行8亿多册，在中国亿万读者中产生了深远的影响。

读者杂志社主要编辑、出版有《读者》(半月刊)、《读者》(乡村版月刊)、《读者欣赏》(月刊)、《读者》(原创版)等系列杂志及《读者》(合订本)、《读者丛书》、《读者人文读本》系列图书及多媒体光盘、明信片等相关文化产品。《读者》杂志在海外华文期刊市场中也占有很大份额，行销80多个国家和地区，海外累计发行达50多万册。2004年《读者》杂志已正式在美国同步印刷发行。

《读者》杂志始终以弘扬人类优秀文化为己任，坚持“博采中外、荟萃精华、启迪思想、开阔眼界”的办刊宗旨，遵循“选择《读者》，就是选择了优秀的文化”这一办刊理念，发掘人性中的真善美，体现社会关怀和人文关怀，赢得了各个年龄段和不同阶层读者的喜爱，《读者》已经成为甘肃乃至全国的一个著名品牌，在国际期刊界也有较大影响。

《读者》杂志的成功得到了政府、社会各界及广大读者的认可和赞誉。2000年、2003年连续两届获得国家期刊奖，2001年被国家新闻出版总署认定为“双高”(高知名度、高学术水平)期刊。《读者》的高速成长同样也得到了众多跨国及国内知名企业的认同，十多年来，《读者》已经富有成效的为摩托罗拉、宝洁、中国联通、夏新、红河等诸多国内外客户提供了广告服务，其成绩得到业界一致肯定。

新世纪里，《读者》正在向打造期刊产业集团的目标坚实迈进，面临着难得的发展机遇和广阔的发展空间。《读者》愿与各界携手合作，共同分享成长的喜悦！

读者杂志社
社址：中国甘肃兰州南滨河东路520号
电话：(0931)8773309
传真：(0931)8773310
电子信箱：tougao_dz@duzhe.cn

《读者》杂志历年月平均发行量统计图

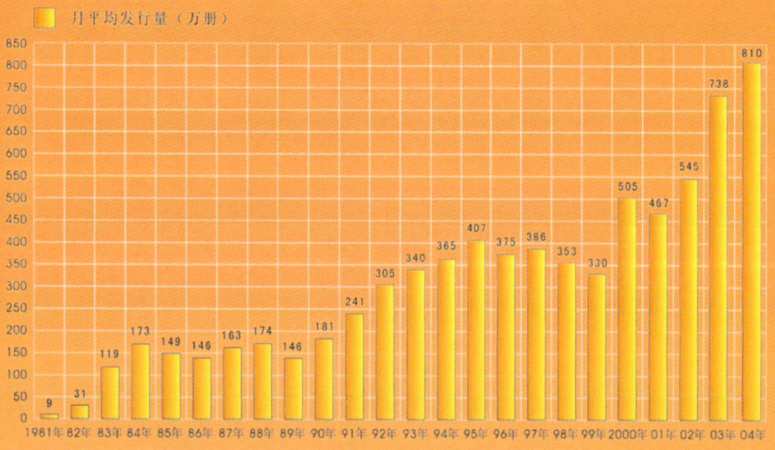

《读者》系列出版物

《读者人文读本》

’2005中国广告年鉴

China Advertising Yearbook

第十三版

13 th Edition

宁夏回族自治区

著名广告经营单位

诚信宣言形象展示介绍专栏

’2005中国广告年鉴

China Advertising Yearbook

第十三版

13th Edition

编辑部地址：北京40－100信箱　邮编：100040　电话：010 68628860　68628861　传真：010 68627480　E-mail:ad@nianjian100.com

'2005中国广告年鉴

China Advertising Yearbook

第十三版

13th Edition

编辑部地址：北京40－100信箱　邮编：100040　电话：010 68628860　68628861　传真：010 68627480　E-mail:ad@nianjian100.com

’2005中国广告年鉴

China Advertising Yearbook

第十三版

13th Edition

政策、法规

中华人民共和国国家工商行政管理总局
中华人民共和国商务部 令

第8号

《外商投资广告企业管理规定》已经中华人民共和国国家工商行政管理总局和中华人民共和国商务部审议通过，现予公布。

局长 王众孚

部长 薄熙来

二〇〇四年三月二日

外商投资广告企业管理规定

第一条 为了加强外商投资广告企业的管理，促进广告业健康发展，根据有关外商投资管理和广告管理的法律、行政法规，制定本规定。

第二条 本规定所称外商投资广告企业，是指依法经营广告业务的中外合资经营企业、中外合作经营企业（中外合资经营企业、中外合作经营企业本规定合称为中外合营广告企业，以下同），以及外资广告企业。

第三条 设立外商投资广告企业，除必须遵守本规定外，还应当遵守《中华人民共和国中外合资经营企业法》、《中华人民共和国中外合作经营企业法》、《中华人民共和国外资企业法》、《中华人民共和国广告法》、《广告管理条例》、《广告经营者、广告发布者资质标准及广告经营范围核定用语规范》等有关法律、法规、规章。

第四条 外商投资广告企业的项目建议书及可行性研究报告，由国家工商行政管理总局及其授权的省级工商行政管理局审定。外商投资广告企业的合同和章程，由商务部及其授权的省级商务主管部门审查批准。

第五条 外商投资广告企业符合规定条件，经批准可以经营设计、制作、发布、代理国内外各类广告业务，其具体经营范围，由国家工商行政管理总局及其授权的省级工商行政管理局依据《广告经营者、广告发布者资质标准及广告经营范围核定用语规范》予以核定。

第六条 设立中外合营广告企业，按下列程序办理：

（一）由中方主要合营者，向其所在地有外商投资企业核准登记权的工商行政管理局呈报第十二条规定的文件，由其提出初审意见，报国家工商行政管理总局授权的省级工商行政管理局审定，或经省、自治区、直辖市及计划单列市工商行政管理局核转，报国家工商行政管理总局审定。

国家工商行政管理总局及其授权的省级工商行政管理局自收到全部呈报文件二十日内，作出同意或不同意的决定。

（二）国家工商行政管理总局或其授权的省级工商行政管理局颁发《外商投资广告企业项目审定意见书》后，由中方主要合营者向拟设立企业所在地省级商务主管部门呈报第十三条规定的文件，经省级商务主管部门审查批准的，颁发《外商投资企业批准证书》；不予批准的，书面说明理由。

（三）中方主要合营者持国家工商行政管理总局或其授权的省级工商行政管理局颁发的《外商投资广告企业项目审定意见书》、省级商务主管部门颁发的《外商投资企业批准证书》及法律、法规规定的其他文件，按企业登记注册的有关规定，向国家工商行政管理总局或有外商投资企业核准登记权的地方工商行政管理局办理企业登记注册手续。

第七条　设立外资广告企业，按下列程序办理：

（一）由外国投资者，向国家工商行政管理总局呈报第十四条规定的文件。

国家工商行政管理总局自收到全部呈报文件二十日内，作出同意或不同意的决定。

（二）国家工商行政管理总局颁发《外商投资广告企业项目审定意见书》后，由外国投资者向拟设立企业所在地省级商务主管部门呈报第十五条规定的文件，由省级商务主管部门在二十日内提出初审意见报商务部审批。

商务部自收到全部呈报文件二十日内，作出同意或不同意的决定；经审查批准的，颁发《外商投资企业批准证书》。

（三）外国投资者持国家工商行政管理总局颁发的《外商投资广告企业项目审定意见书》和商务部颁发的《外商投资企业批准证书》及法律、法规规定的其他文件，按企业登记注册的有关规定，向国家工商行政管理总局申请办理企业登记注册手续。

第八条　外商投资广告企业申请设立分支机构，按下列程序办理：

（一）由外商投资广告企业分别向其所在地省级商务主管部门、省级工商行政管理局呈报第十六条规定的文件；

（二）所在地省级商务主管部门在征求同级工商行政管理局意见后，决定批准或不批准。决定批准的，同时将批准文件抄送设立地省级商务主管部门及省级工商行政管理局；不予批准的，书面说明理由；

（三）外商投资广告企业持设立分支机构的批准文件及法律、法规规定的其他文件到其分支机构设立地有外商投资企业核准登记权的工商行政管理局办理分支机构登记注册手续。

第九条　设立中外合营广告企业，除符合有关法律、法规规定的条件外，还应具备以下条件：

（一）合营各方应是经营广告业务的企业；

（二）合营各方须成立并运营二年以上；

（三）有广告经营业绩。

第十条　设立外资广告企业，除符合有关法律、法规规定的条件外，还应具备以下条件：

（一）投资方应是经营广告业务为主的企业；

（二）投资方应成立并运营三年以上。

第十一条　申请设立分支机构的外商投资广告企业，应具备以下基本条件：

（一）注册资本全部缴清；

（二）年广告营业额不低于2000万元人民币。

第十二条　申请设立中外合营广告企业，由中方主要合营者按第六条规定的程序，向国家工商行政管理总局或其授权的省级工商行政管理局报送下列文件：

（一）设立中外合营广告企业的申请书；

（二）企业名称预先核准通知书；

（三）合营者股东会（董事会）决议；

（四）设立中外合营广告企业的项目建议书及合营各方共同编制的可行性研究报告；

（五）合营各方的登记注册证明；

（六）合营各方的资信证明；

（七）广告管理制度；

（八）地方工商行政管理局的初审意见。

第十三条　申请设立中外合营广告企业，应按第六条规定的程序，向省级商务主管部门报送下列文件：

（一）国家工商行政管理总局或其授权的省级工商行政管理局颁发的《外商投资广告企业项目审定意见书》；

（二）设立外商投资广告企业的合同、章程；

（三）项目可行性研究报告；

（四）合营各方的登记注册证明；

（五）合营各方的资信证明；

（六）企业名称预先核准通知书；

（七）合营企业的董事会名单及各方董事委派书；

（八）地方商务主管部门的初审意见。

第十四条　申请设立外资广告企业，由投资者按第七条规定的程序，向国家工商行政管理总局报送下列文件：

（一）设立外商投资广告企业的申请书；

（二）投资者股东会（董事会）决议；

（三）投资者编制的项目建议书及可行性研究报告；

（四）投资者的登记注册证明；

（五）投资者的资信证明；

（六）企业名称预先核准通知书。

第十五条 申请设立外资广告企业，由外国投资者按第七条规定的程序，向商务部报送下列文件：

（一）设立外商投资广告企业的申请书；

（二）国家工商行政管理总局颁发的《外商投资广告企业项目审定意见书》；

（三）投资者编制的项目建议书及可行性研究报告；

（四）投资者的登记注册证明；

（五）投资者的资信证明；

（六）设立外资广告企业的章程。

第十六条 申请设立分支机构的外商投资广告企业，按第八条规定的程序向省级商务主管部门及同级工商行政管理局提交以下文件：

（一）设立外商投资广告企业分支机构的申请书；

（二）董事会决议；

（三）广告经营年度审计报告；

（四）企业营业执照；

（五）经营场所证明；

（六）企业验资报告。

第十七条 外商投资广告企业设立后，如出现下列情况之一的，应按本规定第六条、第七条规定的程序另行报批，并办理企业变更登记：

（一）更换合营方或转让股权；

（二）变更广告经营范围；

（三）变更注册资本。

第十八条 外商投资设立广告企业，可以委托具有相应资格的中介服务代理机构代为办理申报手续。

第十九条 按本规定报送的全部文件应使用中文表述。

第二十条 通过并购境内广告企业投资广告业的，按照外国投资者并购国内企业有关规定和本规定办理。

第二十一条 香港、澳门、台湾地区投资者在内地投资设立广告企业，参照本规定办理。

第二十二条 外商投资企业申请增加广告经营业务的，参照本规定办理。

第二十三条 自本规定施行之日起允许外资拥有中外合营广告企业多数股权，但股权比例最高不超过70%；2005年12月10日起，允许设立外资广告企业。

第二十四条 本规定由国家工商行政管理总局和商务部负责解释。

第二十五条 本规定自公布之日起施行。国家工商行政管理局、对外贸易经济合作部印发的《关于设立外商投资广告企业的若干规定》（工商广字［1994］第304号）同时废止，其他与本规定相抵触的文件，同时失效。

附件：

为了促进香港、澳门与内地建立更紧密的经贸关系，鼓励香港服务提供者和澳门服务提供者在内地投资设立广告企业，根据国务院批准的《内地与香港关于建立更紧密经贸关系的安排》、《内地与澳门关于建立更紧密经贸关系的安排》，现就香港和澳门投资者投资广告业作出补充规定如下：

一、自2004年1月1日起，允许香港服务提供者和澳门服务提供者在内地设立独资广告公司。

二、香港服务提供者和澳门服务提供者应分别符合《内地与香港关于建立更紧密经贸关系的安排》和《内地与澳门关于建立更紧密经贸关系的安排》中关于“服务提供者”定义及其相关规定的要求。

三、香港服务提供者和澳门服务提供者应是经营（含非主营）广告业务的企业法人。

四、香港服务提供者和澳门服务提供者在内地投资广告业的其他规定，仍按照本规定执行。

中华人民共和国国家工商行政管理总局令

第16号

《广告经营许可证管理办法》已经中华人民共和国国家工商行政管理总局局务会议审议通过，现予公布，自2005年1月1日起施行。

局长　王众孚

二〇〇四年十一月三十日

广告经营许可证管理办法

第一条　为加强广告经营活动的监督管理，规范广告经营审批登记，根据《中华人民共和国广告法》、《中华人民共和国行政许可法》、《广告管理条例》，制定本办法。

第二条　从事广告业务的下列单位，应依照本办法的规定向广告监督管理机关申请，领取《广告经营许可证》后，方可从事相应的广告经营活动：

（一）广播电台、电视台、报刊出版单位；

（二）事业单位；

（三）法律、行政法规规定应进行广告经营审批登记的单位。

第三条　本办法所称广告监督管理机关，为县级以上工商行政管理机关。

本办法所称广告经营单位，为依照本办法申请从事广告业务并取得《广告经营许可证》的第二条所列明的各类单位。

第四条　《广告经营许可证》是广告经营单位从事广告经营活动的合法凭证。

《广告经营许可证》分为正本、副本，正本、副本具有同样法律效力。

《广告经营许可证》载明证号、广告经营单位（机构）名称、经营场所、法定代表人（负责人）、广告经营范围、发证机关、发证日期等项目。

第五条　在《广告经营许可证》中，广告经营范围按下列用语核定：

（一）广播电台：设计、制作广播广告，利用自有广播电台发布国内外广告。

（二）电视台：设计、制作电视广告，利用自有电视台发布国内外广告。

（三）报社：设计、制作印刷品广告，利用自有《××报》发布国内外广告。

（四）期刊杂志社：设计和制作印刷品广告，利用自有《××》杂志发布广告。

（五）兼营广告经营的其他单位：利用自有媒介（场地）发布××广告，设计、制作××广告。

第六条　国家工商行政管理总局主管《广告经营许可证》的监督管理工作。

各级广告监督管理机关，分级负责所辖区域内《广告经营许可证》发证、变更、注销及日常监督管理工作。

第七条　申请《广告经营许可证》应当具备以下条件：

（一）具有直接发布广告的媒介或手段；

（二）设有专门的广告经营机构；

（三）有广告经营设备和经营场所；

（四）有广告专业人员和熟悉广告法规的广告审

查员。

第八条　申请《广告经营许可证》，应按下列程序办理：

由申请者向所在地有管辖权的县级以上广告监督管理机关呈报第九条规定的申请材料。

广告监督管理机关自受理之日起二十日内，作出是否予以批准的决定。批准的，颁发《广告经营许可证》；不予批准的，书面说明理由。

第九条　申请《广告经营许可证》，应当向广告监督管理机关报送下列申请材料：

（一）《广告经营登记申请表》。

（二）广告媒介证明。广播电台、电视台、报纸、期刊等法律、法规规定经批准方可经营的媒介，应当提交有关批准文件。

（三）广告经营设备清单、经营场所证明。

（四）广告经营机构负责人及广告审查员证明文件。

（五）单位法人登记证明。

第十条　广告经营单位应当在广告监督管理机关核准的广告经营范围内开展经营活动，未申请变更并经广告监督管理机关批准，不得改变广告经营范围。

单位名称、法定代表人（负责人）、经营场所发生变化，广告经营单位应当自该事项发生变化之日起一个月内申请变更《广告经营许可证》。

第十一条　广告经营单位申请变更《广告经营许可证》应提交下列申请材料：

（一）《广告经营变更登记申请表》；

（二）原《广告经营许可证》正本、副本；

（三）与变更广告经营范围、单位名称、法定代表人（负责人）、经营场所事项相关的证明文件。

第十二条　广告监督管理机关自受理变更《广告经营许可证》申请之日起，十日内作出是否准予变更的决定。经审查批准的，颁发新的《广告经营许可证》；不予批准的，书面说明理由。

第十三条　广告经营单位由于情况发生变化不具备本办法第七条规定的条件或者停止从事广告经营的，应及时向广告监督管理机关办理《广告经营许可证》注销手续。

第十四条　广告经营单位注销《广告经营许可证》的，应提交下列申请材料：

（一）《广告经营注销登记申请表》；

（二）《广告经营许可证》正本、副本；

（三）与注销《广告经营许可证》相关的证明文件。

第十五条　广告经营单位在取得《广告经营许可证》后，情况发生变化不具备本办法第七条规定条件，又未按本办法规定办理《广告经营许可证》注销手续的，由发证机关撤回《广告经营许可证》。

第十六条　广告经营单位违反《广告法》规定，被广告监督管理机关依照《广告法》第三十七条、第三十九条、第四十一条规定停止广告业务的，由发证机关缴销《广告经营许可证》。

第十七条　广告经营单位应当将《广告经营许可证》正本置放在经营场所醒目位置。

任何单位和个人不得伪造、涂改、出租、出借、倒卖或者以其他方式转让《广告经营许可证》。

第十八条　广告经营单位《广告经营许可证》发生损毁、丢失的，应当在报刊上声明作废，并及时向广告监督管理机关申请补领。

第十九条　广告监督管理机关应当加强日常监督检查，并定期对辖区内取得《广告经营许可证》的广告经营单位进行广告经营资格检查。广告经营资格检查的具体时间和内容，由省级以上广告监督管理机关确定。

广告经营单位应接受广告监督管理机关对其广告经营情况进行的日常监督，并按规定参加广告经营资格检查。

第二十条　违反本办法规定的，由广告监督管理机关按照如下规定处罚：

（一）未取得《广告经营许可证》从事广告经营活动的，依据国务院《无照经营查处取缔办法》的有关规定予以处罚。

（二）提交虚假文件或采取其他欺骗手段取得《广告经营许可证》的，予以警告，处以五千元以上一万元以下罚款，情节严重的，撤销《广告经营许可证》。被广告监督管理机关依照本项规定撤销《广告经营许可证》的，一年内不得重新申领。

（三）《广告经营许可证》登记事项发生变化未按本办法规定办理变更手续的，责令改正，处以一万元以下罚款。

（四）广告经营单位未将《广告经营许可证》正本置放在经营场所醒目位置的，责令限期改正；逾期不改的，处以三千元以下罚款。

（五）伪造、涂改、出租、出借、倒卖或者以其他方式转让《广告经营许可证》的，处以三千元以上一万元以下罚款。

（六）广告经营单位不按规定参加广告经营资格检查、报送广告经营资格检查材料的，无正当理由不接受广告监督管理机关日常监督管理的，或者在检查中隐瞒真实情况或提交虚假材料的，责令改正，处以一万元以下罚款。

第二十一条 广告监督管理机关工作人员在广告经营许可证管理过程中玩忽职守、滥用职权、徇私舞弊的，给予行政处分。构成犯罪的，依法追究刑事责任。

第二十二条 《广告经营许可证》正本、副本式样，以及《广告经营登记申请表》、《广告经营变更登记申请表》、《广告经营注销登记申请表》式样，由国家工商行政管理总局统一制定。

第二十三条 各级广告监督管理机关依据第五条规定核定的申请者广告经营范围、广告经营项目或业务类别，应与其具备的条件相适应。

国家有特别规定对广告经营单位的广告经营范围、经营项目、业务类别予以限制的，依照其规定。

第二十四条 有关广告经营许可的实施程序，除适用本办法具体规定外，还应当遵守《行政许可法》有关行政许可实施程序的一般规定。

第二十五条 本办法自2005年1月1日起施行。

中华人民共和国国家工商行政管理总局令

第17号

《印刷品广告管理办法》已经中华人民共和国国家工商行政管理总局局务会议决定修改，现予公布，自2005年1月1日起施行。

局长 王众孚

二〇〇四年十一月三十日

印刷品广告管理办法

第一条 为加强印刷品广告管理，保护消费者、经营者合法权益，维护公平竞争的市场秩序，依据《中华人民共和国广告法》、《广告管理条例》以及国家有关规定，制定本办法。

第二条 依照本办法管理的印刷品广告，是指广告主自行或者委托广告经营者利用单页、招贴、宣传册等形式发布介绍自己所推销的商品或者服务的一般形式印刷品广告，以及广告经营者利用有固定名称、规格、样式的广告专集发布介绍他人所推销的商品或者服务的固定形式印刷品广告。

第三条 印刷品广告必须真实、合法，符合社会主义精神文明建设的要求，不得含有虚假的内容，不得欺骗和误导消费者。

第四条 印刷品广告应当具有可识别性，能够使消费者辨明其为印刷品广告，不得含有新闻报道等其他非广告信息内容。

第五条 发布印刷品广告，不得妨碍公共秩序、社会生产及人民生活。在法律、法规及当地县级以上人民政府禁止发布印刷品广告的场所或者区域不得发布印刷品广告。

第六条 广告主自行发布一般形式印刷品广告，应当标明广告主的名称、地址；广告主委托广告经营者设计、制作、发布一般形式印刷品广告，应当同时标明广告经营者的名称、地址。

第七条 广告主、广告经营者利用印刷品发布药品、医疗器械、农药、兽药等商品的广告和法律、行政法规规定应当进行审查的其他广告，应当依照有关法律和行政法规规定取得相应的广告审查批准文件，并按照广告审查批准文件的内容发布广告。

第八条 广告经营者申请发布固定形式印刷品广告，应符合下列条件：

（一）主营广告，具有代理和发布广告的经营范围，且企业名称标明企业所属行业为“广告”；

（二）有150万元以上的注册资本；

（三）企业成立三年以上。

第九条 广告经营者发布固定形式印刷品广告，应当向其所在地省、自治区、直辖市及计划单列市工商行政管理局提出申请，提交下列申请材料：

（一）申请报告（应载明申请的固定形式印刷品广告名称、规格，发布期数、时间、数量、范围，介绍商品与服务类型，发送对象、方式、渠道等内容）；

（二）营业执照复印件；

（三）固定形式印刷品广告登记申请表；

（四）固定形式印刷品广告首页样式。

第十条 省、自治区、直辖市及计划单列市工商行政管理机关对申请材料不齐全或者不符合法定形式的，应当在五日内一次告知广告经营者需补正的全部内容；对申请材料齐全、符合法定形式的，应当出具受理通知书，并在受理之日起二十日内作出决定。予以核准的，核发《固定形式印刷品广告登记证》；不予核准的，书面说明理由。

第十一条 《固定形式印刷品广告登记证》有效期限为二年。广告经营者在有效期届满三十日前，可以向原登记机关提出延续申请。

第十二条 广告经营者应当在每期固定形式印刷品广告首页顶部位置标明固定形式印刷品广告名称、广告经营者名称和地址、登记证号、期数、发布时间、统一标志“DM”。

固定形式印刷品广告名称应当由以下三部分依次组成：广告经营者企业名称中的行政区划＋企业字号＋“广告”字样。固定形式印刷品广告名称字样应显著，各组成部分大小统一，字体一致，所占面积不得小于首页页面的10%。

第十三条 固定形式印刷品广告的首页和底页应当为广告版面，广告经营者不得将广告标题、目录印制在首页上。固定形式印刷品广告不得使用主办、协办、出品人、编辑部、编辑、出版、本刊、杂志、专刊等容易与报纸、期刊相混淆的用语。

第十四条 固定形式印刷品广告中的广告目录或索引应当为商品（商标）或广告主的名称，其所对应的广告内容必须能够具体和明确地表明广告主及其所推销的商品或者服务，广告经营者不得以新闻报道形式发布广告。

第十五条 广告经营者针对特殊群体需要发布中外文对照的固定形式印刷品广告，不得违反国家语言文字的有关规定。

第十六条 广告经营者应当按照核准的名称、规格、样式发布固定形式印刷品广告；应当接受工商行政管理机关的监督检查，按要求报送固定形式印刷品广告样本及其他有关材料，不得隐瞒真实情况、提供虚假材料。

广告经营者不得涂改、倒卖、出租、出借《固定形式印刷品广告登记证》，或者将固定形式印刷品广告转让他人发布经营。

第十七条 凡发布于商场、药店、医疗服务机构、娱乐场所以及其他公共场所的印刷品广告，广告主、广告经营者要征得上述场所管理者的同意。上述场所的管理者应当对属于自己管辖区域内散发、摆放和张贴的印刷品广告负责管理，对有违反广告法规规定的印刷品广告应当拒绝其发布。

第十八条 印刷品广告的印制企业应当遵守有关规定，不得印制含有违法内容的印刷品广告。

第十九条 违反本办法规定的，依照《中华人民共和国广告法》、《广告管理条例》等有关法律、行政法规以及《广告管理条例施行细则》的规定予以处罚。《中华人民共和国广告法》、《广告管理条例》等有关法律、行政法规以及《广告管理条例施行细则》没有规定的，由工商行政管理机关责令停止违法行为，视情节处以违法所得额3倍以下的罚款，但最高不超过3万元，没有违法所得的，处以1万元以下的罚款。

对非法散发、张贴印刷品广告的个人，由工商行政管理机关责令停止违法行为，处以50元以下的罚款。

第二十条 固定形式印刷品广告经营者情况发生变化不具备本办法第八条规定条件的，由原登记机关撤回《固定形式印刷品广告登记证》。

固定形式印刷品广告违反本办法第三条规定，情节严重的，原登记机关可以依照《广告法》第三十七条、第三十九条、第四十一条规定停止违法行为人的固定形式印刷品广告业务，缴销《固定形式印刷品广告登记证》。

第二十一条 票据、包装、装潢以及产品说明书等含有广告内容的，有关内容按照本办法管理。

第二十二条 本办法自2005年1月1日起施行。2000年1月13日国家工商行政管理局令第95号公布的《印刷品广告管理办法》同时失效。

中华人民共和国国家工商行政管理总局令

第18号

《广告管理条例施行细则》已经中华人民共和国国家工商行政管理总局局务会议决定修改，现予公布，自2005年1月1日起施行。

局长 王众孚

二〇〇四年十一月三十日

广告管理条例施行细则

第一条 根据《广告管理条例》(以下简称《条例》)第二十一条的规定，制定本细则。

第二条 《条例》第二条规定的管理范围包括：

（一）利用报纸、期刊、图书、名录等刊登广告。

（二）利用广播、电视、电影、录像、幻灯等播映广告。

（三）利用街道、广场、机场、车站、码头等的建筑物或空间设置路牌、霓虹灯、电子显示牌、橱窗、灯箱、墙壁等广告。

（四）利用影剧院、体育场（馆）、文化馆、展览馆、宾馆、饭店、游乐场、商场等场所内外设置、张贴广告。

（五）利用车、船、飞机等交通工具设置、绘制、张贴广告。

（六）通过邮局邮寄各类广告宣传品。

（七）利用馈赠实物进行广告宣传。

（八）利用其他媒介和形式刊播、设置、张贴广告。

第三条 申请经营广告业务的企业，除符合企业登记等条件外，还应具备下列条件：

（一）有负责市场调查的机构和专业人员。

（二）有熟悉广告管理法规的管理人员及广告设计、制作、编审人员。

（三）有专职的财会人员。

（四）申请承接或代理外商来华广告，应当具备经营外商来华广告的能力。

第四条 广播电台、电视台、报刊出版单位，事业单位以及法律、行政法规规定的其他单位办理广告经营许可登记，应当具备下列条件：

（一）具有直接发布广告的媒介或手段。

（二）设有专门的广告经营机构。

（三）有广告经营设备和经营场所。

（四）有广告专业人员和熟悉广告法规的广告审查员。

第五条 中外合资经营企业、中外合作经营企业以及外资企业申请经营广告业务，按照《外商投资广告企业管理规定》，参照《条例》、本细则和其他有关规定办理。

第六条 申请经营广告业务的个体工商户，除应具备《城乡个体工商户管理暂行条例》规定的条件外，本人还应具有广告专业技能，熟悉广告管理法规。

第七条 根据《条例》第六条的规定，按照下列程序办理广告经营者登记手续：

（一）设立经营广告业务的企业，向具有管辖权的工商行政管理局申请办理企业登记，发给营业执照。

（二）广播电台、电视台、报刊出版单位，事业单位以及其他法律、行政法规规定申请兼营广告业务应当办理广告经营许可登记的单位，向省、自治区、直辖市、计划单列市或其授权的县级以上工商行政管理局申请登记，发给《广告经营许可证》。

（三）经营广告业务的个体工商户，向所在地工商行政管理局申请，经所在地工商行政管理局依法登记，发给营业执照。

第八条 广告客户申请利用广播、电视、报刊以外的媒介为卷烟做广告，须经省、自治区、直辖市工商行政管理局或其授权的省辖市工商行政管理局批准。

第九条 根据《条例》第七条的规定，广告客户申请发布广告，应当出具相应的证明：

（一）企业和个体工商户应当交验营业执照。

（二）机关、团体、事业单位提交本单位的证明。

（三）个人提交乡、镇人民政府、街道办事处或所在单位的证明。

（四）外国企业常驻代表机构，应当交验国家工商行政管理总局颁发的《外国企业在中国常驻代表机构登记证》。

第十条 根据《条例》第十一条第（一）项的规定，申请发布商品广告，应当交验符合国家标准、部标准（专业标准）、企业标准的质量证明。

第十一条 根据《条例》第十一条第（七）项的规定，申请发布下列广告应当提交有关证明：

（一）报刊出版发行广告，应当交验省、自治区、直辖市新闻出版机关核发的登记证。

（二）图书出版发行广告，应当提交新闻出版机关批准成立出版社的证明。

（三）各类文艺演出广告，应当按照有关规定提交证明文件。

第十二条 根据《条例》第十一条第（八）项的规定，申请刊播下列内容的广告，应当提交有关证明：

（一）各类展销会、订货会、交易会等广告，应当提交主办单位主管部门批准的证明。

（二）个人启事、声明等广告，应当提交所在单位、乡（镇）人民政府或街道办事处出具的证明。

第十三条 广告客户申请刊播、设置、张贴广告，应当提交各类证明的原件或有效复制件。

第十四条 广告代理收费标准为广告费的15%。

第十五条 国内企业在境外发布广告，外国企业（组织）、外籍人员在境内承揽和发布广告，应当委托在中国注册的具有广告经营资格的企业代理。违反规定者，处以违法所得额三倍以下的罚款，但最高不超过三万元，没有违法所得的，处以一万元以下的罚款。

第十六条 根据《条例》第十二条的规定，代理和发布广告，代理者和发布者均应负责审查广告内容，查验有关证明，并有权要求广告客户提交其他必要的证明文件。对于无合法证明、证明不全或内容不实的广告，不得代理、发布。

广告经营者必须建立广告的承接登记、复审和业务档案制度。广告业务档案保存的时间不得少于一年。

第十七条 广告客户违反《条例》第三条、第八条第（五）项规定，利用广告弄虚作假欺骗用户和消费者的，责令其在相应的范围内发布更正广告，并视其情节予以通报批评、处以违法所得额三倍以下的罚款，但最高不超过三万元，没有违法所得的，处以一万元以下的罚款；给用户和消费者造成损害的，承担赔偿责任。

广告经营者帮助广告客户弄虚作假的，视其情节予以通报批评、没收非法所得、处以违法所得额三倍以下的罚款，但最高不超过三万元，没有违法所得的，处以一万元以下的罚款；情节严重的，可责令停业整顿，吊销营业执照或者《广告经营许可证》；给用户和消费者造成损害的，负连带赔偿责任。

发布更正广告的费用分别由广告客户和广告经营者承担。

第十八条 违反《条例》第四条、第八条第（六）项规定的，视其情节予以通报批评、没收非法所得、处五千元以下罚款或责令停业整顿。

第十九条 广告经营者违反《条例》第六条规定，无证照经营广告业务的，按照《无照经营查处取缔办法》有关规定予以处罚；超越经营范围经营广告业务的，按照企业登记管理法规有关规定予以处罚。

第二十条 广告客户违反《条例》第七条规定的，视其情节予以通报批评、处五千元以下罚款。

第二十一条 违反《条例》第八条第（一）（二）（三）（四）项规定的，对广告经营者予以通报批评、没收非法所得、处一万元以下罚款；对广告客户视其情节予以通报批评、处一万元以下罚款。

第二十二条 新闻单位违反《条例》第九条规定的，视其情节予以通报批评、没收非法所得、处一万元以下罚款。

第二十三条 广告经营者违反《条例》第十条规定的，视其情节予以通报批评、没收非法所得、处一万元以下罚款。

第二十四条 广告客户违反《条例》第十一条规定，伪造、涂改、盗用或者非法复制广告证明的，予以通报批评、处五千元以下罚款。

广告经营者违反《条例》第十一条第（三）项规定的，处一千元以下罚款。

为广告客户出具非法或虚假证明的，予以通报批评、处五千元以下罚款，并负连带责任。

第二十五条 广告经营者违反《条例》第十二条规定的，视其情节予以通报批评、没收非法所得、处三千元以下罚款；由此造成虚假广告的，必须负责发布更正广告，给用户和消费者造成损害的，负连带赔偿责任。

第二十六条 违反《条例》第十三条规定，非法设置、张贴广告的，没收非法所得、处五千元以下罚款，并限期拆除。逾期不拆除的，强制拆除，其费用由设置、张贴者承担。

第二十七条 违反《条例》第十四条、第十五条规定的，视其情节予以通报批评、责令限期改正、没收非法所得、处五千元以下罚款。

第二十八条 本细则自2005年1月1日起施行。

关于加强春耕期间种子、肥料、农药等农资广告监管的通知

工商广字[2004]第33号

各省、自治区、直辖市及计划单列市工商行政管理局：

今年以来，各地加大农资广告监管力度取得显著成效。但是，随着春耕开始，种子、肥料、农药等农资广告的发布量明显增多，农资广告虚假违法，误导消费者的问题也时有发生，不仅损害广大农民的利益，同时也干扰正常的农资广告市场秩序。为贯彻落实中央1号文件精神，根据全国工商行政管理会议关于加强农资市场监管、为农业持续稳定增长创造良好市场环境的部署，现就春耕期间切实加强农资广告市场监管的有关问题通知如下：

一、充分认识加强农资广告市场监管的重要意义。加强农资广告监管，维护农资广告市场秩序，对于促进和保障农资产品公平交易，维护农民群众利益，增加农民收入，保持农村社会稳定极为重要。各级工商行政管理机关要进一步提高认识，明确责任，将农资广告市场整治作为今年整顿和规范广告市场秩序的重要工作，要

高度重视，加强领导，精心安排，务求实效。

二、加大对违法虚假的种子、肥料、农药等广告的打击力度。重点查处以下农资广告违法行为：一是发布国家禁止生产、销售、宣传的农资产品广告。二是无合法生产经营农资产品资格的单位或个人发布农资广告。三是利用广告对农资产品的质量、服务、功效、适用范围等作虚假宣传。四是发布含有不科学的表示功效的断言或者保证、使用表明安全性的绝对化断言的农资广告。五是未经农药广告审查机关批准，违法发布农药广告。

三、严格执行种子、肥料、农药广告管理的各项法律规定，严把广告发布关。组织辖区内经营发布农资广告的广告主、广告经营者、广告发布者学习《广告法》、《种子法》、《农药管理条例》、《肥料登记管理办法》等有关法律规定。结合本地实际对农资广告的审查提出具体明确要求。督促广告主、广告经营者、广告发布者严格执行广告审查标准，严格查验广告证明文件，完善承接登记、审查复审和档案管理等广告经营管理制度，杜绝发布虚假违法农资广告。

四、加强对农资广告发布量较大的重点媒介监测，加大案件的曝光力度。各地要选择农资广告发布量较大的媒介和违法率较高的媒介作为重点监测对象，发现问题及时依法处理，并通过媒介向消费者做出预警提示。同时要将监测和查处的典型案件公开曝光，对见利忘义，利用广告推销假冒伪劣种子、肥料、农药的行为坚决予以揭露，维护农资广告市场秩序，保护消费者的合法权益。

五、切实加强日常监管。高度重视有关农资广告的举报投诉，认真办理关系农民群众切身利益的违法广告案件。组织力量对农资产品的交易场所、集贸市场的农资广告印刷品进行重点监控、巡查，发现种子、肥料、农药广告含有质量、性能、功效、安全性等做虚假表示以及其他违反广告法律规定内容的，要责令停止发布，依法进行查处。

各地如在执行本通知时遇到问题，请及时向国家工商行政管理总局报告。

国家工商行政管理总局

二〇〇四年三月八日

关于清理含有不良内容广告的通知

中宣发[2004]10号

各省、自治区、直辖市党委宣传部、工商行政管理局、广播影视局（厅）、新闻出版局：

近年来，各地党委宣传部和工商行政管理、广播电影电视、新闻出版等部门认真履行职责，加强对新闻媒体广告宣传管理，规范广告发布行为，打击虚假违法广告，广告市场秩序有所好转。但是，新闻媒体广告中仍然存在一些不容忽视的问题，突出表现在违反社会主义精神文明建设要求的广告屡禁不止，有些广告内容格调低下、用语粗俗、滥用成语、内容虚假，引起群众不满和反感。为认真贯彻十六大精神，坚持广告宣传的正确舆论导向，依照《中华人民共和国广告法》、《广告管理条例》及其它有关法律法规，现就清理新闻媒体含有不良内容广告的有关问题通知如下：

一、各级新闻宣传管理部门要高度重视清理新闻媒体不良广告工作。新闻媒体广告是新闻宣传工作的重要组成部分，在社会主义物质文明和精神文明建设中发挥着重要作用。各级党委宣传部和广播影视、新闻出版部门要牢固树立政治意识、大局意识、责任意识，切实加强领导，进一步强化对新闻媒体广告活动的监管，确保广告宣传导向正确，确保广告内容遵守宪法和有关法律法规，确保广告格调健康向上，传播有益于经济发展和社会进步的先进文化，实现经济效益和社会效益相统一。

二、新闻媒体要加强行业自律，切实提高把关意识，自觉抵制各种含有不良内容的广告。一要对新闻媒体负责人和广告从业人员进行“三个代表”重要思想、马克思主义新闻观、新闻职业精神和职业道德教育，进一步增强贯彻执行有关法律法规和社会主义道德规范的自觉性、坚定性，增强识别和抵制含有不良内容广告的自觉性、坚定性。二要坚持广告内容审检工作，安排专人对广告内容层层把关，对未经审检发布的不良广告要追究当事人的责任。三要进一步明确广告审查员的职责和义务，做到分工明确，责任到人，确保广告审查员权职到位，使“一票否决制”落到实处。四要坚持总编辑、台长负责制。总编辑、台长要对广告版面内容导向切实负起责任，不得交由广告公司代行终审，对于严重违法违规的不良广告要追究新闻媒体有关负责人的责任。

三、各级工商行政管理部门要切实负起责任，加强对不良内容广告的监管工作。一要加大执法力度，对格调低下、用语粗俗、虚假不实的广告，必须依据《广告法》严肃处理。二要加强广告监测工作，对于不良广告要及时发现、及时制止、及时处理。三要结合企业信用体系建设，将不良广告记录纳入经营单位的信用记录。四要对性质严重、影响恶劣的不良广告进行严肃查处，同时，通过新闻媒体对广告经营单位予以曝光。

四、加强对互联网不良广告的监管和清除工作。互联网站广告发布要归口管理，分级负责，加强纪律，严格把关。新闻网站要切实按照高格调、高品位的要求发布广告，严禁刊发不良内容的广告。对于网上出现的不良广告，互联网站所在地的工商行政管理部门要会同互联网络所在地的相关职能管理部门及时删除，并依照《广告法》、《互联网信息服务管理办法》等有关法律法规严肃查处。

五、各有关部门要相互配合，加强协调，综合治理不良广告。一要建立党委宣传部牵头，工商行政管理、广播影视、新闻出版部门参加的联席会议制度。联席会议要根据实际情况提出不同时期的治理重点，对现行法规界限不清而广大群众反映强烈的不良广告提出处理意见。二要建立各部门工作情况通报制度。工商行政管理机关依法查处不良广告，要及时将有关情况向同级党委宣传部和广播影视、新闻出版等部门通报；各级党委宣传部和广播影视、新闻出版部门要及时向新闻媒体通报广告发布中带有倾向性和普遍性的问题，责令不良广告问题突出的新闻媒体进行整改。四要共同做好群众投诉举报问题的处理工作。对于群众投诉举报的不良广告，各部门要充分发挥职能部门作用积极协助解决，对于一时解决不了的问题，要主动沟通信息，研究解决办法。要加强调查研究，不断改进和完善治理不良广告的方式方法，力求标本兼治，建立长效机制。

各地接到此通知后，要对含有不良内容的广告进行一次集中清理，并视情况集中曝光一批性质严重、影响恶劣的不良广告经营单位。对于执行中遇到的问题，应当认真研究解决，必要时可分别向上级机关报告。

中央宣传部
国家工商行政管理总局
国家广播电影电视总局
新闻出版总署
二〇〇四年四月九日

关于严禁在商业广告中使用国家机关名义的紧急通知

工商广字[2004]第67号

各省、自治区、直辖市及计划单列市工商行政管理局：

近一时期，一些单位和个人违反广告管理的有关规定，假借国家机关的名义发布广告，推销商品和服务，造成了不良的社会影响，不仅干扰了正常的广告经营秩序，而且损害了党和政府的形象。为了维护正常的广告经营秩序，各地工商行政管理机关要依法对违法使用国家机关名义进行广告宣传的情况进行全面检查，坚决制止这种违法活动。现就有关问题通知如下：

一、严禁任何单位和个人在商业广告中使用国家机关的名义（含简称）。包括使用党和政府及其工作部门的名义，使用人大、政协的名义，使用审判机关、检察机关的名义，使用军队、武警的名义，以及使用其他国家机关的名义发布广告。

二、立即对本辖区内违法使用党和国家机关名义发布广告，推销商品或服务的情况进行一次全面检查。检查工作要层层落实，责任到人，切实加大执法力度。要强化日常监管，对电视、报纸、广播、期刊等大众媒介加强监测，对印刷品广告发布量较大的企业、重点场所和区域进行重点巡查，做到发现问题及时处理，最大限度地消除不良影响。

三、加强广告管理法律、法规的宣传教育。组织对企业营销人员、广告从业人员的法律培训，以案说法，增强针对性，提高企业遵守广告法律的自觉性。

各地工商行政管理机关要将本通知精神告知有关企业，检查工作中遇到重大问题，要及时上报国家工商行政管理总局。

国家工商行政管理总局
二○○四年四月二十六日

关于加强教育电视台广告播放管理有关问题的通知

广发社字[2004]第530号

各省、自治区、直辖市广播影视局（厅）、教育厅（教委）、中国教育电视台：

为切实尊重和维护广大人民群众的利益，确保所有广播电视播出机构全面贯彻实施《广播电视广告播放管理暂行办法》（广电总局令第17号），规范广播电视广告播放秩序，现就加强教育电视台广告播放管理的有关事宜通知如下：

一、教育电视台要充分认识加强广告播放管理的重要性。认真学习和掌握17号令各项规定，并在日常工作中自觉遵守，严格管理。

二、广播电视和教育行政管理部门要采取切实措施，共同加强对辖区内教育电视台广告播放的管理工作。双方要加强配合与沟通，对日常监管中发现的问题，要及时通报对方，并责成相关教育电视台立即整改。

三、教育电视台要建立健全广告播放管理制度。要健全广告审查员制度，对拟播放的电视广告内容进行审查，未经广告审查员签字的广告不得发布。要建立健全自我监看机制，对违规违纪问题要及时整改。要自觉接受社会监督，对涉及本机构的群众投诉要及时处理。

四、针对目前存在的就餐时间播放容易引起群众反感的广告、严重超时播放广告、在转播节目过程中插播流动字幕广告等重点问题，教育电视台应进行一次彻底的自查自纠。自查及整改结果应于6月20日前上报当地省级广播电视行政部门。

五、教育电视台要自觉接受当地广播电视行政管理部门的行业管理。不得以任何理由拒绝、阻挠广播电视行政管理部门安装有关监看设施。禁止故意损坏监看设施。违者将追究有关单位的责任。

请教育厅（教委）接到本通知后，立即转发所辖教育电视台，并严格贯彻执行。

国家广播电影电视总局
教育部
二○○四年六月一日

关于加强影片贴片广告管理的通知

广发影字[2004]700号

各省、自治区、直辖市、计划单列市广电局（厅）、文化厅（局），工商行政管理局：

近年来，我国的电影广告有了较快的发展，为扩大产品宣传，树立企业形象发挥了积极作用。但电影广告在发展中也出现了一些问题，如：一些影片贴片广告时间过长，电影放映中间随意插播广告，影响了观众正常观看电影；有的影片贴片广告内容庸俗，格调不高；一些单位不经电影版权方同意随意搭载、删减广告。以上问题损害了消费者和电影版权方的合法权益，干扰了正常的广告经营秩序。为促进电影广告业健康发展，维护广大消费者和电影版权方的合法权益，现就规范影片贴片广告有关问题通知如下：

一、影片贴片广告必须严格执行广告管理的有关规定，内容要真实合法，符合社会主义精神文明建设的要求，不得欺骗和误导消费者。

二、未经工商行政管理机关登记，未取得相应的广告经营资格，不得设计、制作、代理、发布影片贴片广告。

三、未经影片版权方同意，任何单位不得搭载、删减贴片广告。

四、影片贴片广告一律加在《电影片公映许可证》画面之前，不得占用电影放映时间。

五、电影院线公司、发行公司要规范操作贴片广告业务，电影院要对放映的影片贴片广告时间予以公告。

六、切实加强影片贴片广告管理。各级电影行政管理部门对违反本通知规定的，依据电影管理的有关法规予以通报批评，情节严重的停止供片并责令停映整顿。

七、各级工商行政管理机关要加强对影片贴片广告的日常监管，加强对电影广告从业人员的法规培训，对违反广告管理法规规定的行为依法查处，维护正常的电影广告经营秩序。

特此通知。

国家广播电影电视总局
国家工商行政管理总局
二○○四年六月二十五日

关于查处以电视短片形式发布违法医疗广告的通知

工商广字[2004]第134号

各省、自治区、直辖市及计划单列市工商行政管理局：

近日，国家工商行政管理总局监测发现，一些电视台尤其是部分卫视台，利用电视短片形式发布违法医疗广告问题突出。其主要表现是，在医疗广告中虚构故事情节，使用患者、医生的名义和形象做证明，宣传治疗各种疑难杂症，夸大疗效等。这种以电视短片形式发布的违法医疗广告，严重误导患者，扰乱了正常的广告市场秩序。为切实保护患者的生命安全和切身利益，维护正常的广告市场秩序，现就有关问题通知如下：

一、各级工商行政管理机关要迅速行动，对辖区内电视台以电视短片形式发布的医疗广告进行一次集中清理。要求辖区内的电视台认真进行自查自纠，并立即停止发布电视短片形式的违法医疗广告。

二、各级工商行政管理机关对辖区内电视台违反现行法律法规及有关规定、继续以电视短片形式发布违法医疗广告的，要在责令停止发布的同时，依法予以严肃处理。

三、请各地在9月30日之前，将清理整顿工作情况及查处的典型虚假违法医疗广告案例，一并上报国家工商行政管理总局。

国家工商行政管理总局将对各地电视台以电视短片形式发布医疗广告的情况进行跟踪监测。对继续以电视短片形式发布违法医疗广告的电视台、医疗机构，将通过新闻媒体向社会曝光。

国家工商行政管理总局

二〇〇四年八月十六日

关于印发《关于规范和加强广告监测工作的指导意见》（试行）、《关于加强广告执法办案协调工作的指导意见》（试行）和《关于广告审查员管理工作若干问题的指导意见》（试行）的通知

工商广字[2004]第163号

各省、自治区、直辖市及计划单列市工商行政管理局：

为加强广告监管制度建设，建立科学的广告监管体系，确保广告监管职能到位，现将《关于规范和加强广告监测工作的指导意见》（试行）、《关于加强广告执法办案协调工作的指导意见》（试行）和《关于广告审查员管理工作若干问题的指导意见》（试行）印发给你们，请遵照执行。对执行中遇到的具体问题，要认真研究解决并报国家工商行政管理总局。

国家工商行政管理总局

二〇〇四年十月八日

关于规范和加强广告监测工作的指导意见（试行）

为促进广告监测工作的规范化、制度化，提高广告监管工作的主动性、预见性，建立违法广告发布预警机制，有效实施对广告发布活动的动态监管，对广告监测工作提出以下指导性意见：

一、广告监测工作是广告监管日常工作的重要内容。广告监管机关通过监测发现违法广告，分析广告发布违法趋势，及时提出违法广告的社会识别预警和警示，制定监管对策措施。

广告监管机关在制定工作计划、部署监管工作时，应当提出全年日常监测计划、监测专项经费及对本辖区

系统监测工作的指导意见，并将广告监测列入工作重点，作为考核工作业绩的指标之一。

二、广告监测是对个案广告、类别广告、全部广告法律执行状况进行的跟踪检查。

广告监测工作包括监测数据的采集汇总、分析整理、监测信息发布等。

三、广告监测工作应遵循法定、统一、科学的原则，即监测依据和标准法定，监测指标体系统一，监测数据处理加工手段方法科学，实现监测结果的准确和共享。

四、省及省以下广告监管机关对在本辖区发布的广告进行监测。

国家及省广告监管机关根据工作需要可以进行指定监测。

在坚持日常监测的同时，广告监管机关可以根据工作需要对一定区域、一定时期、一定媒介进行集中监测。

集中监测的对象、范围、内容等应根据一定时期广告监管工作形势及重点提出意见，依工作程序确定。一经确定，即属保密内容，任何人不得擅自透露。

五、广告监管机关应就广告监测工作建立健全专门的数据采集、监测报告、监测档案、监测信息发布、监测对象法规培训、违法广告查处等工作制度。

六、监测用原始资料是监测数据采集的基础，应当准确。

监测原始资料由被监测单位提供的，应当有被监测单位经办人的签字。

广告监测数据采集的原始资料可以委托广告监测中介机构提供，但对于监测涉及公告和通报的个案广告，应当留案备查。

七、广告监测应坚持监测报告制度。

广告日常监测可根据需要形成日报、周报、月报、季报或年报等监测报告。

集中监测后应形成监测报告。

广告监测报告应当真实、客观地反映监测结果，对典型违法广告应当进行核实。

八、广告监管机关根据监测报告分别形成向上级机关和有关部门的《广告发布情况专报》、面向监管系统的《广告监测通报》、面向社会的《广告违法警示公告》。

九、广告监管机关对于监测发现的危害国家利益、社会稳定、经济秩序等重大违法广告，应及时向上级和有关部门专门报告。符合紧急预警机制要求的，应依程序启动，对隐瞒不报的要依党纪政纪追究责任。

十、《广告监测通报》应当包括监测对象的违法率、违法量、主要违法表现、发布违法广告较多的广告主、广告发布者及相关监管工作等。

广告监管机关应当根据监测结果显示的广告市场动态，确定广告监管系统一定时期监管重点，落实典型违法广告案件的查处及对违法广告主、广告经营者、广告发布者的整改。

十一、广告监管机关应当定期向社会发布《广告违法警示公告》，公告主要违法表现和典型违法广告，提醒公众注意识别。

十二、广告监测应与企业信用体系制度相结合，发布违法广告是广告活动主体信用的重要内容。对于发布违法广告严重的广告活动主体应当给予一定的信用警示和惩戒。

十三、广告监测工作应建立监测档案制度。

监测应保留原始资料。

十四、广告监测相关信息属于广告监管政务信息，需要传达和发布的，应由广告监管机关按照规定程序进行。

发布信息时，可以根据情况向有关当事人通报监测结果。

十五、广告监测中发现的违法或者涉嫌违法广告，根据管辖原则由各地依法调查处理。广告监管机关对于公告和通报涉及的违法广告，应当限期办理。

对违法率居高不下、违法情节恶劣、违法地域广、社会影响极坏的广告发布者和典型违法广告，应部署全国或地区统一查处。

十六、广告监管机关应视监测情况，结合广告审查员制度，组织对有关的广告主、广告经营者、广告发布者进行广告法规培训。

十七、国家工商行政管理总局逐步建立广告监测信息数据库，通过工商行政管理信息网与各地连通，以实现监测信息的互通、共享、兼容，最大限度发挥广告监测的作用。

十八、广告监测结果数据处理，可以委托专业数据处理机构进行，但应签订书面协议，明确各方权利、义务，以有效防止数据流失和信息泄露，维护技术方知识产权。

关于加强广告执法办案协调工作的指导意见（试行）

为进一步加大对虚假违法广告查处力度，保证全国执法标准和尺度统一，切实做到依法行政，维护广告市场公平竞争秩序，根据《广告法》、《行政处罚法》和《工商行政管理机关行政处罚程序暂行规定》，针对广告执法办案中的实际情况和有关问题，提出如下指导意见：

一、工商行政管理机关的广告监管部门应当加强广告违法案件的查办工作，并对基层工商所的广告违法案件查处工作进行指导。

二、对报纸、电视、广播、杂志、互联网站等大众传播媒介的广告违法案件，由违法行为发生地（即媒介广告经营登记所在地）县级以上工商行政管理机关管辖，实行分级管理的，适用级别管辖。

三、各级工商行政管理机关应当做好跨地区广告违法案件的协调配合、统一查处工作。

国家工商行政管理总局负责组织、指导、协调和督办跨省（自治区、直辖市，以下简称省）广告违法案件的查处工作，直接或者参与办理全国性重大违法虚假广告案件。

省级工商行政管理机关负责本辖区内广告违法案件查处的组织、指导、协调和督办工作，直接或者参与办理本辖区内的重大违法虚假广告案件。

四、工商行政管理机关在本辖区内对查处异地广告主、广告经营者确有困难的，可经由省级工商行政管理机关移送广告主、广告经营者所在地省级工商行政管理机关处理，并报国家工商行政管理总局备案。

工商行政管理机关对在本辖区发现的在包装物上含有违法广告内容的案件，在立案前应当报省级工商行政管理机关备案。该省级工商行政管理机关发现本辖区内有两个以上工商行政管理机关对同一广告主的包装物上的违法广告进行查处的，应当进行协调，必要时可指定一地工商行政管理机关统一查处。该省级工商行政管理机关应当将包装物上含有违法广告的情况通知广告主所在地省级工商行政管理机关对广告主进行处理，并报国家工商行政管理总局备案。

五、工商行政管理机关在行政处罚中，发现广告主或广告经营者在其他地区从事违法广告活动的，应当通知有管辖权（违法行为发生地）的工商行政管理机关予以查处，并抄报上级工商行政管理机关。对属于外省工商行政管理机关管辖的广告违法案件，应当经由省级工商行政管理机关通知有管辖权的省级工商行政管理机关予以处理，并报国家工商行政管理总局备案。（见附件：《广告违法案件协调查处函》）

六、两个以上工商行政管理机关因管辖权发生争议的，报请共同上一级工商行政管理机关指定管辖。

七、国家工商行政管理总局对同一广告主跨省发布同一商品或者服务违法广告的，可以根据实际情况进行协调，部署各地对广告主、广告经营者、广告发布者予以查处。必要时可以指定广告主所在地工商行政管理机关或者违法行为发生地工商行政管理机关对广告主进行查处。

省级工商行政管理机关对同一广告主在本辖区内多个地区发布相同违法内容的广告，应当及时部署各地对广告主、广告经营者、广告发布者予以查处。必要时可根据实际情况指定一地工商行政管理机关对广告主进行查处。

八、国家工商行政管理总局或者省级工商行政管理机关对下列案件进行督办：

（一）社会影响恶劣、情节严重的违法虚假广告或者不良广告；

（二）对上级工商行政管理机关部署查处的案件、其他工商行政管理机关通知协调查处或者移送的案件，未及时调查处理的；

（三）广告监测通报或者公告中涉及的典型违法广告案件。

九、各级工商行政管理机关在执法办案中遇到的对案件管辖、同一违法行为的认定、案件定性、法规适用、处罚幅度等有争议的，应当逐级向各自的上级机关报告。

十、上级工商行政管理机关对下级工商行政管理机关在执法中的行政处罚畸轻畸重、执法不到位等不规范执法行为，应当责令其予以改正。

十一、国家工商行政管理总局将逐步在内部网站建立各地广告执法协调信息公示平台，内容包括：各地查处案件信息、移送案件信息、委托调查取证信息、通知协调查处违法广告信息、督办信息、协助配合工作的进展情况等。省级工商行政管理机关应当充分利用内部网站，将执法办案中有关协调办案的动态信息，及时上传到国家工商行政管理总局，以加强各地执法信息的沟通联络和协助配合。同时也对各地广告监管执法工作进行综合评价提供依据。

附件：广告违法案件协调查处函

附件：

×××工商行政管理局
广告违法案件协调查处函

工商　　字（　　）第　　号

＿＿＿＿＿＿（省级）工商行政管理局：

本局在查处＿＿＿＿＿＿＿＿＿（涉嫌违法当事人）＿＿＿＿＿一案中，发现当事人在你局辖区内发布（从事）＿＿＿＿＿广告（行为）涉嫌违法，请你局予以调查处理。

附与案件有关的材料：

×××工商行政管理局
年　　月　　日

抄报：＿＿＿＿＿＿＿＿＿＿＿＿＿＿＿（国家工商行政管理总局）
＿＿＿＿＿＿＿＿＿＿＿＿＿＿＿（省级）工商行政管理局

本文书一份送达，一份归档；省内协调查处的，抄报本省级工商行政管理局；由省级工商行政管理局送达外省工商行政管理局的，抄报国家工商行政管理总局。

关于广告审查员管理工作若干问题的指导意见（试行）

根据《中华人民共和国行政许可法》、《国务院关于贯彻实施〈中华人民共和国行政许可法〉的通知》（国发[2003]23号）的要求以及国务院取消和调整行政审批项目的有关决定，对广告审查员管理工作的若干问题提出以下指导意见：

一、根据《广告法》第二十七条、第二十八条之规定，广告经营单位对其设计、制作、代理、发布的广告进行审查（以下简称广告审查），是一项基本的法定义务，也是一项法定的制度。各级工商行政管理机关应当根据《行政许可法》的要求，统一认识，指导广告经营者、广告发布者健全广告审查管理制度，配备符合广告审查工作要求的广告审查人员。

二、广告审查的范围是广告创意稿、广告设计定稿及制作后的广告品、代理或者待发布的广告样件。

三、广告审查员按照下列程序审查广告：

（一）查验各类广告证明文件的真实性、合法性、有效性，对证明文件不全的，提出补充收取证明文件的意见；

（二）核实广告内容的真实性、合法性；

（三）检查广告形式是否符合有关规定；

（四）审查广告整体效果，确认其不致引起消费者的误解；

（五）检查广告是否符合社会主义精神文明建设的要求；

（六）签署对该广告同意、不同意或者要求修改的书面意见。

四、对于经广告审查机关审查的广告中存在的违反广告管理法规的问题，广告审查员应当签署不同意代理、发布的书面意见，并及时向工商行政管理机关报告，也可以同时向该审查机关提出意见。

五、工商行政管理机关要加强对广告审查员的培训工作。对广告审查员的培训包括定期法规培训、知识更新培训和对违法问题严重的广告经营单位的广告审查员进行集中培训。

国家工商行政管理总局负责编写制定全国统一的广告审查员培训教材。各地可将其地方性广告法规作为广告审查员培训、考试的补充内容。培训的方式方法由各地自行决定。对按照统一教材经过定期法规培训或集中培训考试合格者，可以发给《广告审查员培训合格证书》。

知识更新培训的内容，包括新颁布的广告法律、法规、规章和有关广告监督管理的规定。

工商行政管理机关对于辖区内违法问题严重的广告发布者的广告部门负责人，应当进行广告法规集中培训。

六、已取得《广告审查员培训合格证书》的人员可以在广告经营单位从事广告审查工作。对未取得《广告审查员培训合格证书》的广告审查员，应当及时进行法规培训。

七、工商行政管理机关对广告审查员的管理：

（一）组织广告法规培训；

（二）对广告审查员履行职责的情况，应当及时给予表扬鼓励或者批评教育。

对广告经营单位广告审查员的管理，应当作为广告监管信息化建设的一项基本内容。对辖区内广告审查员的培训、考试、日常审查工作中的违章情况和相关处理记录，应尽可能实行计算机化管理。

八、广告审查员的管理工作对维护广告市场秩序具有重要意义。在符合《行政许可法》原则的前提下，各地要继续加强广告审查员管理工作，并不断完善广告审查员管理的制度和措施。

关于开展“打虚假 树诚信”广告专项整治行动的通知

工商广字[2004]第215号

各省、自治区、直辖市及计划单列市工商行政管理局：

严厉打击虚假违法广告，是2005年整顿和规范市场经济秩序工作的重要内容。根据全国工商行政管理工作会议关于“以惩治虚假违法广告为重点，严厉打击商业欺诈行为”的工作部署，决定在全系统开展“打虚假树诚信”广告专项整治行动。现就有关事项通知如下：

一、突出整治工作重点，严厉打击食品、药品、医疗虚假违法广告

此次专项整治行动的重点是，严厉打击欺骗和误导消费者的保健食品、药品、医疗虚假违法广告。重点查处下列虚假违法广告行为：

1. 以新闻报道形式发布的广告。一是在广告版面不标明“广告”标记，而使用“专版”、“专题”、“企业形象”等非广告标记；二是以通讯、评论、消息、人物专访、专家访谈、纪实报道、报告文学、专家咨询、科普宣传等形式发布广告；三是在新闻报道中标明企业、事业单位的详细地址、邮编、电话、电子信箱等联系方式方法。

2. 在保健食品、药品、医疗广告中使用消费者、患者、专家的名义和形象做证明，尤其是社会公众人物在保健食品、药品、医疗广告中以消费者、患者、专家的身份，向受众介绍、推荐商品服务或者商品服务的优点、特点、性能、效果等。

3. 保健食品广告宣传治疗作用或者夸大功能。主要是在广告中把保健食品混同为药品，宣传治疗作用或者使用易与药品相混淆的用语；超出核准的保健功能范围，宣传未经核准的功能。

4. 药品广告夸大功能疗效。主要是在广告中对药品的适应症或者功能主治、治疗效果进行夸大宣传或者做出承诺；广告中含有药品说明书以外的学术理论、观点等内容。

5. 医疗广告宣传保证治愈。主要是在广告中保证或者变相保证治愈牛皮癣（银屑病）、艾滋病、癌症（恶性肿瘤）、癫痫、乙型肝炎、白癜风、红斑狼疮、股骨头坏死、不孕不育等各种疑难疾病。

二、采取有力措施，确保整治工作取得实效

1. 各级工商行政管理机关要在当地党委、政府的领导下，将广告专项整治行动列入到当地整顿和规范市场经济秩序的总体工作中，结合当地实际情况，制定具体的整治工作实施方案，加强对整治工作的组织和领导，确保整治工作取得实效。

2. 集中力量查处虚假违法广告。对监测、检查中发现的虚假违法广告，立即责令停止发布，并立案查处；对上级交办或者其他政府部门转办的案件，必须在限定或者规定的时间内结案，并上报或者反馈查处结果；对外省、市工商行政管理机关转办的案件必须及时处理，做好异地查办案件的协调工作；对消费者投诉举报或者12315消费者申诉举报网络移交的虚假违法广告案件线索，要及时调查处理；对查处的典型虚假违法广告，要定期或者不定期地通过新闻媒体予以曝光。

对已涉嫌虚假广告罪的，要依照《行政执法机关移送涉嫌犯罪案件的规定》移送司法机关处理。

3. 采取有力措施，认真组织落实。一是做好宣传动员工作，将整治工作实施方案以及当前保健食品、药品、医疗广告的主要违法表现，及时传达到广告主和广告经营单位，教育广告经营单位自觉规范广告经营发布行为。二是开展广告日常监测和定期监测（每季度一次）工作，加强对重点媒介、重点商品服务广告的监测工作。对虚假违法广告进行全面排查，并根据广告监测、检查结果及时向社会发布警示公告。三是加强与宣

传、新闻出版、广播影视、药品监督、卫生、中医药管理等部门的协调配合，进行综合治理。四是加强广告审查员管理工作，督促广告经营单位将“广告审查员一票否决制”落到实处，真正发挥广告审查员在发布环节中的把关作用。五是要加强地区之间的互查工作和对整治行动的指导工作，对下级机关在执法工作中出现的执法不到位、为利益执法等不规范执法行为，责令其予以改正。

4．2005年元旦、春节即将来临，各级工商行政管理机关要针对节日期间广告发布的特点，加强对促销类广告和有悖社会良好风尚不良广告的监管，做好节日期间虚假违法广告的防范工作。对消费者反映强烈的虚假违法及不良广告，要立即责令停止发布，并依法予以处理。

三、加强专项整治行动的考核评价工作

各省、市应当及时按季度上报专项整治行动的情况（附件一）。在下季度第一个月的10日前，必须将上季度的整治工作情况和6个已查处结案的典型案例（保健食品、药品、医疗各2个案例，包括行政处罚决定书和广告样件）上报国家工商行政管理总局。全年的专项整治工作总结，必须在2006年1月10日前上报国家工商行政管理总局。重大情况，随时报告。

国家工商行政管理总局将根据考核评价指标（附件二），对各省、市的专项整治工作情况进行综合评价。国家工商行政管理总局将在工商系统内部按季度公布各省、市的广告监测单项考核结果，在2006年1月底前，公布各省、市的综合考核结果。

附件：一、广告专项整治行动情况统计表
二、广告专项整治工作考核评价指标

国家工商行政管理总局
二〇〇四年十二月二十三日

附件一：

“打虚假　树诚信”广告专项整治行动情况统计表①

（2005年__月__日至__月__日）

______工商行政管理局　　　　填报时间：　年　月　日

		保健食品	药　品	医　疗	合　计
检查广告（条次）	广告监测				
	其它检查				
发现涉嫌违法广告（条次）	广告监测				
	其它检查				
行政告诫（限期整改）（条）					
交办案件（件）	接受交办案件				
	已结交办案件				
转办案件（件）	接受交办案件				
	已结交办案件				
投诉举报案件（件）	接受投诉举报案件				
	已结投诉举报案件				
收缴印刷品广告（万份）					
查处案件（件）					
罚没金额（万元）					
移送司法机关（件/人）					
上报案例情况（件）					

说明：1．交办案件是指上级交办（含监测通报）和人大、政协转来的案件。

2．转办案件是指其他省、自治区、直辖市工商行政管理机关移送来的协调查办案件和其它政府部门转来的案件。

3．投诉举报案件包话上级转来和日常工作中收到的投诉举报案件。

“打虚假　树诚信”广告专项整治行动情况统计表②

（2005年__月__日至__月__日）

__________工商行政管理局　　　　填报时间：　年　月　日

		电视	报纸	期刊	广播	户外	印刷品	其它形式	合计
检查广告(条次)	广告监测								
	其它检查								
发现涉嫌违法广告(条次)	广告监测								
	其它检查								
查处案件(件)	广告监测								
	其它违法广告								
罚没金额(万元)									

附件二：

“打虚假 树诚信”广告专项整治工作考核评价指标

说明：

1．本指标专为本次广告专项整治工作使用，反映各省、自治区、直辖市及计划单列市工商局工作进展和整治成果。

2．考核分为三部分，采用减分记分制，年度总基础分为600分。其中，工作进展情况部分基础分为100分；整治成果部分基础分为400分；抽查、互查部分100分。

主要指标：

一、工作进展部分（100分）

1．上报工作统计表情况：

基础分：40分。

计分：及时上报，有数据，有案例，全面反映工作进展情况，不减分；

上报不及时，或者未按照要求内容上报的，当季度减5分；不上报的，当季度减10分。

2．总局交办案件查处情况：

基础分：20分。

计分：按照要求的时限和内容及时办理的，不减分；

未按照要求的时限办理的，减10分；

未办理或者没有反馈结果的，减20分。

3．总局监测通报、公告中涉嫌违法广告查处情况：

基础分：15分。

计分：及时调查处理的，不减分；

未按照要求查处的，每件减0.5分。

4．投诉举报违法广告查处情况：

基础分：15分。

记分：按照投诉举报处理有关规定，投诉举报违法广告件件有结果的，不减分。

按照有关规定，未对投诉举报违法广告进行处理的，每件减0.5分。

5．转办、协办案件处理情况：

基础分：10分。

记分：对于依法转办来的违法广告以及其他省市转来的协查函，及时处理的，不减分。

对于按照规定转办来的违法广告，未依法处理的，每件减0.5分。

未按照《关于加强广告执法办案协调工作的指导意见》及时协办案件的，每件减0.5分。

二、整治成果部分（400分）

主要通过全国广告监测结果反映。

基础分：每季度组织一次，每次100分。

记分：监测结果中，保健食品、药品、医疗器械违法率的百分数分子，为实际减分；

保健食品、药品、医疗器械违法率高于平均违法率的，每类加扣5分；

属于重点治理的5种违法表现，每发现1条次，减0.5分；

三、抽查、互查情况（100分）

1．制定本地工作实施方案，通过多种形式及时传达整治工作信息。

基础分：15分。

记分：及时制定工作实施方案，及时传达整治工作信息的，不减分；

未按照要求制定本地工作实施方案的，减10分；

未及时传达整治工作信息的，减20分。

2．专项整治中广告监测工作开展情况。

基础分：15分。

记分：未按照《关于规范和加强广告监测工作的指导意见》开展监测工作的，视情况减分。

3．广告审查员管理及广告法律培训情况。

基础分：15分。

记分：未按照总局《关于广告审查员管理工作若干问题的指导意见》开展相关工作的，视情况减分。

4．不定期对指定媒介广告发布的抽查、抽检情况。

基础分：50分。

记分：同每季度全国广告监测记分标准。

5．其他有关工作。

基础分：5分。

’2005中国广告年鉴

China Advertising Yearbook

第十三版

13th Edition

广告监管

2003年第四季度广告监测公告

2003年第四季度，国家工商行政管理总局组织对部分广告发布量较大的报纸和电视频道广告发布法律执行情况进行了检查。现将有关情况公告如下：

一、本次检查范围包括：各省、自治区、直辖市及省会城市广告发布量最大的63种报纸2003年11月3—9日以及64个电视频道11月10日发布的药品、医疗器械、农药、兽药、食品、酒类、化妆品、医疗服务、房地产、汽车及服务、金融投资及服务、娱乐休闲、家用电器、计算机及服务、通讯及服务、美容等类别的所有广告。

二、本次检查，共检查报纸广告72402条（其中含分类广告48286条），发现违法或者涉嫌违法广告5936条，违法（涉嫌违法）率为8.2%。共检查电视广告23240条次，发现违法或者涉嫌违法广告2107条次，违法（涉嫌违法）率为9.07%。报纸广告违法量较高的是：新晚报（328条）、半岛都市报（317条）、山西晚报（273条）、南国早报（238条）、太原晚报（221条）。电视广告违法率较高的是：贵阳一套（42.37%）、厦门一套（41.25%）、合肥新闻频道（35.38%）、宁夏公共频道（34.35%）、银川公共频道（29.44%）。

三、检查结果显示，整顿和规范市场经济秩序取得明显成效。在检查范围内的电视频道中，与2001年对卫视广告检查相比，典型严重违法广告减少，检查范围总违法率为9.07%，比上次检查的16.29%下降了7个百分点。其中，医疗服务广告违法率为53.63%，比上次检查的78.23%下降了近25个百分点；药品广告违法率为18.93%，比上次检查的34.76%下降了近16个百分点。在检查的报纸广告中，总违法率为8.2%，比2003年第一季度对部分报纸广告检查的19.05%下降了近11个百分点。虽然总的违法率有所下降，违法广告数量有所减少，但违法广告在大部分报纸和电视频道仍有发布，个别报纸和电视频道还相当严重，整顿和规范广告市场任务依然艰巨。

四、检查发现，电视和报纸违法广告主要集中在医疗服务、药品、食品等产品、服务类别中。其中，报纸广告中药品、医疗服务、食品违法广告占检查发现总违法广告数量的89.53%，电视广告中药品、医疗服务、食品违法广告占检查发现总违法广告数量的86.52%。医疗服务、药品、食品广告仍是广告监管的重点。

药品广告的违法表现，除未按照规定标明审查批准文号，个别广告涉嫌虚假外，主要还有：

（一）不科学地表示药品功效的断言和保证，误导消费者；

（二）使用学术机构、医学专家、医生、患者名义做证明；

（三）说明治愈率和有效率。

医疗服务广告的主要违法表现，除未按照规定标明证明文号外，主要还有：

（一）出现性病、癫痫、牛皮癣、艾滋病、乙型肝炎等禁止出现的内容；

（二）使用患者、医学权威机构、医生等的名义和形象或者推荐语；

（三）声称或者暗示保证治愈。

食品广告的主要违法表现是称对疾病有治疗作用，与药品相混淆。

还有一些房地产广告出现升值或者投资回报的内容。

检查发现的典型涉嫌违法广告有：

（一）《都市时报》（云南）2003年11月7日A10版以《美国生物学家造福肝病患者》为题发布食品广告，宣称“迪托斯”食品可治疗肝病，涉嫌虚假，以及多处严重违反食品广告法律规定。该报11月10日A7版发布治疗脑病专家会诊活动医疗服务广告，严重违反医疗广告管理规定。

（二）《厦门晚报》2003年11月9日第7版以《世纪

话健康》为题发布食品广告，宣称蜂胶对疾病的治疗作用，严重违反食品广告法律规定。

（三）《燕赵晚报》2003年11月4日C3版以《我国中药已经攻克近视》为题，以新闻报道形式发布药品广告，严重违反广告管理规定。

（四）《燕赵晚报》2003年11月5日A6版、《太原晚报》2003年11月7日C48版发布“强肾通脉酒”药品广告，使用国家药监局机关服务局的名义以及利用学术机构、医疗机构、专家、医生的名义和形象做证明，严重违反广告法律规定。

（五）《山西晚报》2003年11月4日C32版以《二宝治疗骨质增生效果好》为题发布药品广告，含有不科学地表示功效的断言和保证，使用患者的名义做证明及其他多处严重违反广告法律规定。

（六）《春城晚报》（云南）2003年11月9日第19版、《都市时报》2003年11月6日A11版发布“黄金视宝药品”广告，含有不科学地表示功效的断言和保证，使用患者的名义做证明及其他多处严重违反广告法律规定。

（七）《扬子晚报》2003年11月4日B24版发布“海福康之侣”广告，非药品宣传对疾病的治疗作用，严重违反广告法律规定。该报11月5日第B24版发布治疗肝炎医疗服务广告，严重违反医疗广告管理规定。

（八）《半岛都市报》（青岛）2003年11月6日A6版以《战胜脑病我们赢了》为题发布广告，非药品宣传对疾病的治疗作用，严重违反广告法律规定。

（九）《郑州晚报》2003年11月5日第A11版以《肝病怎样治疗才能转阴》为题发布郑州市管城区卫生防疫站肝炎检测治疗中心医疗服务广告，宣传对乙肝的治疗服务，严重违反医疗广告管理规定。

（十）《新晚报》（哈尔滨）2003年11月3日第11版、《郑州晚报》2003年11月6日B10版分别发布自称中国北京中都中医药研究院的医疗服务广告，使用专家、医疗机构、患者的名义等，严重违反医疗广告管理规定。

（十一）《大连日报》2003年11月4日B2版以《肿瘤患者绝处逢生》为题发布北京现代世纪医药科技发展中心肿瘤专家组医疗服务广告，严重违反医疗广告管理规定。

（十二）济南电视台新闻综合频道2003年11月10日发布“脑力智宝”胶囊食品广告，宣传对疾病的治疗作用，多处严重违反广告法律规定。

（十三）银川电视台公共频道2003年11月10日发布“眼保姆治疗仪”广告，多处严重违反医疗器械广告法律规定。

（十四）青海电视台综合频道2003年11月10日发布“矮子乐口服液”广告，夸大产品功能，误导消费者，严重违反广告法律规定。

（十五）内蒙古电视台综合频道2003年11月10日发布“新生黛生发神梳”广告，夸大产品功能，误导消费者，严重违反广告法律规定。

（十六）南昌电视台综合频道2003年11月10日发布“海鸟”烟草广告，严重违反广告法律规定。

五、对于此次检查发现的典型违法广告，工商行政机关将依法处理，也提醒广大消费者和公众注意识别。工商行政管理机关将建立和完善广告监测制度，及时发现、制止和查处违法广告，营造良好的公平竞争和消费环境。

国家工商行政管理总局

二〇〇四年二月十六日

2004年第一季度广告监测公告

2004年第一季度，国家工商行政管理总局组织对部分报纸发布的医疗服务广告进行了检查。现将检查结果公告如下：

一、本次检查范围为各地医疗广告发布量较多的63份报纸于2004年2月2—8日发布的全部医疗服务广告。共检查医疗广告4881条，发现违法（涉嫌违法）广告3236条，违法（涉嫌违法）率为66.30%。

二、检查发现发布违法医疗广告较多的报纸是：三秦都市报（252条）、新文化报（190条）、重庆晨报（164条）、半岛都市报（153条）、今晚报（152条）、新安晚报（126条）、大连晚报（118条）、燕赵晚报（116条）、南国早报（104条）、贵州都市报（101条）。下列报纸发布的医疗广告，违法（涉嫌违法）率为100%：新文化报、楚天都市报、城市晚报、生活报、南国都市报、每日新报、内蒙古晨报、西宁晚报、兰州晚报、拉萨晚报、温州晚报。

三、检查发现医疗广告的主要违法表现：一是未按照规定标明广告证明文号（1651条，其中湖北省政府在清理行政审批项目中取消了医疗广告的出证）；二是声称保证治愈或者隐含保证治愈（1203条）；三是发布治疗11种疾病的广告（727条）；四是使用非医学专业技术职称用语（535条）；五是利用患者或者医学权威机构、人员的名义、形象或者使用其推荐语进行宣传（323条）；六是宣传治愈率、有效率等效果（195条）；七是出现与药品相关的内容（181条），以及以新闻报道形式发布广告等。

检查发现的典型违法（涉嫌违法）广告：

（一）《新安晚报》2004年2月4日第10版以《一个肿瘤病人的日记》为题发布治疗肿瘤医疗服务广告，多处严重违反广告法律规定。

（二）《生活报》2004年2月5日第15版以《突破尿毒症死亡难关让肾病患者绝处逢生》为题发布北京中都中医药研究院医疗服务广告，多处严重违反广告法律规定。

（三）《扬子晚报》2004年2月6日B26版以《个性化人性化治疗肿瘤》为题发布治疗肿瘤医疗服务广告、B24版以《肿瘤患者的生命之光》为题发布治疗肿瘤医疗服务广告，多处严重违反广告法律规定。

（四）《燕赵晚报》2004年2月3日A10版以《生命在这里改写》为题发布石家庄平安医院治疗肿瘤医疗服务广告，多处严重违反广告法律规定。

（五）《燕赵都市报》2004年2月6日C8版以《三步克瘤法让肿瘤患者绝处逢生》为题发布中研国医馆治疗肿瘤医疗服务广告，多处严重违反广告法律规定。

（六）《新晚报》2004年2月4日第21版以《新法治肿瘤再造健康路》为题发布北京广济中医院肿瘤医疗服务广告，多处严重违反广告法律规定。

（七）《齐鲁晚报》2004年2月3日C5版以《抗病毒中药免疫诱导疗法肝炎肝硬化肝腹水的终点站》为题发布山东省人民政府医院肝病防治中心治疗肝病医疗服务广告，多处严重违反广告法律规定。

（八）《春城晚报》2004年2月3日B10版以《头昏头痛三叉神经痛不再猖狂了》为题发布医疗服务广告，多处严重违反广告法律规定。

（九）《兰州晚报》2004年2月4日第13版以《挑战复发性牛皮癣》为题发布治疗牛皮癣医疗服务广告，多处严重违反广告法律规定。

四、本次检查是对医疗服务广告进行的专项监测检查。部分报纸发布的医疗服务违法广告，对全国医疗广告发布秩序产生了较大的负面影响。对于此次检查发现的违法医疗广告，各地工商行政管理机关将依法予以查处，同时也提醒消费者和公众注意识别。

国家工商行政管理总局

二○○四年五月九日

关于部分报纸医疗服务广告发布情况检查结果的通报

工商广字[2004]第76号

各省、自治区、直辖市及计划单列市工商局：

2004年2月，国家工商行政管理总局组织有关省、市工商行政管理局，对部分报纸发布的医疗服务广告进行了监测检查。现将检查结果和相关工作通报如下：

一、本次检查范围为由市场中介机构提供的2003年各省、自治区、直辖市医疗广告发布最多的报纸（共63份）于2004年2月2—8日发布的医疗服务广告，共检查医疗广告4881条，发现违法（涉嫌违法）广告3236条，违法（涉嫌违法）率为66.3%。

二、检查发现发布违法医疗广告较多的报纸是：三秦都市报（252条）、新文化报（190条）、重庆晨报（164条）、半岛都市报（153）条、今晚报（152条）、新安晚报（126条）、大连晚报（118条）、燕赵晚报（116条）、南国早报（104条）、贵州都市报（101条）。下列报纸发布的医疗广告中，每天都存在不同程度的违法问题：新文化报、楚天都市报、城市晚报、生活报、南国都市报、每日新报、内蒙古晨报、西宁晚报、兰州晚报、拉萨晚报、温州晚报，违法（涉嫌违法）率为100%。

三、检查发现医疗广告的主要违法表现是：

（一）违反《医疗广告管理办法》第11条规定，未按照规定标明广告证明文号的，共1651条（其中，湖北省政府在清理行政审批项目中取消了医疗广告的出证）。

（二）违反《医疗广告管理办法》第七条第三款规定，声称保证治愈或者隐含保证治愈的，共1203条。

（三）违反《关于规范医疗广告活动加强医疗广告监管的通知》第五条，发布治疗11种疾病的广告，共717条。

（四）违反《关于规范医疗广告活动加强医疗广告监管的通知》第七条第四款，使用非医疗广告监管的通知》第七条第四款，使用非医学专业技术职称用语的，共535条。

（五）违反《医疗广告管理办法》第七条第五款规定，利用患者或者医学权威机构、人员的名义、形象或者使用其推荐语进行宣传的，共323条。

（六）违反《医疗广告管理办法》第七条第四款规定、宣传治愈率、有效率等效果的，共195条。

（七）违反《关于规范医疗广告活动加强医疗广告监管的通知》第七条第二款，出现与药品相关的内容的，共181条。

此外，一些广告违反法律规定，以新闻报道形式发布等。

检查发现的典型违法（涉嫌违法）广告有：

（一）《新安晚报》2004年2月4日第10版以《一个肿瘤病人的日记》为题发布治疗肿瘤医疗服务广告，多处严重违反广告法律规定。

（二）《生活报》2004年2月5日第15版以《突破尿毒症死亡难关让肾病患者绝处逢生》为题发布北京中都中医药研究医疗服务广告，多处严重违反广告法律规定。

（三）《扬子晚报》年2月6日B26版以《个性化人性化治疗肿瘤》为题发布治疗肿瘤医疗服务广告、B24版以《肿瘤患者的生命之光》为题发布治疗肿瘤医疗服务广告，多处严重违反广告法律规定。

（四）《燕赵晚报》2004年2月3日A10版以《生命在这里改写》为题发布石家庄平安医院治疗肿瘤医疗服务广告，多处严重违反广告法律规定。

（五）《燕赵都市报》2004年2月6日C8版以《三步克瘤法让肿瘤患者绝处逢生》为题发布中研国医馆治疗肿瘤医疗服务广告，多处严重违反广告法律规定。

（六）《新晚报》2004年2月4日第21版以《新法治肿瘤再造健康路》为题发布北京广济中医院肿瘤医疗服

务广告，多处严重违反广告法律规定。

（七）《齐鲁晚报》2004年2月3日C版以《抗病毒中药免疫诱导疗法肝炎肝硬化肝腹水的终点站》为题发布山东省人民政府医院肝病防治中心治疗肝病医疗服务广告，多处严重违反广告法律规定。

（八）《春城晚报》2004年2月3日B10版以《头昏头痛三叉神经痛不再猖狂了》为题发布医疗服务广告，多处严重违反广告法律规定。

（九）《兰州晚报》2004年2月4日第13版以《挑战复发性牛皮癣》为题发布治疗牛皮癣医疗服务广告，多处严重违反广告法律规定。

四、本次检查是对医疗服务广告进行的专项监测检查。检查结果显示，部分报纸发布的医疗广告违法现象依然严重，个别报纸的违法率甚至高达100%。各级工商行政管理机关要克服懈怠思想，把对违法医疗广告的治理作为重点工作，真正把医疗广告法律规定落到实处。对于本次检查发现的违法广告，各地要依法予以调查处理。

国家工商行政管理总局

二〇〇四年五月九日

关于2004年第二季度广告监测检查情况的通报

工商广字[2004]第107号

各省、自治区、直辖市及计划单列市工商行政管理局：

2004年6月，国家工商行政管理总局组织对全国卫星电视频道发布的部分广告进行了监测检查。现将检查结果和相关工作通报如下：

一、本次检查的范围，为除西藏外的30个省级卫星电视频道2004年6月21日全天发布的保健食品、医疗服务、药品、医疗器械广告（以下简称四类广告）。

二、检查工作中，共检查四类广告6565条次，发现违法或者涉嫌违法广告1005条次，违法（涉嫌违法）率为15.81%。

其中，检查药品广告3998条次，发现违法或者涉嫌违法广告121条次，违法（涉嫌违法）率3.03%。主要违法表现：处方药违反法律规定在大众媒体发布广告。

检查医疗服务广告1422条次，发现违法或者涉嫌违法广告581条次，违法（涉嫌违法）率40.86%。主要违法表现：含有患者或者其他医学权威机构、人员和医生的名义形象或者推荐语进行宣传的内容；发布性病、牛皮癣、癌症、癫痫、乙型肝炎、白癜风等医疗服务广告；在医疗广告中宣传药品；使用非医疗卫生专业技术职称。

检查医疗器械广告181条次，发现违法或者涉嫌违法广告115条次，违法（涉嫌违法）率63.54%。主要违法表现：利用医疗科研单位、学术机构、医疗机构或者专家、患者的名义形象做证明。

检查保健食品广告964条次，发现违法或者涉嫌违法广告188条次，违法（涉嫌违法）率19.50%。主要违法表现：使用医疗机构、医生的名义或者形象；涉及特定功效的，使用专家、消费者的名义或者形象做证明。

此外，检查发现，四类广告中，普遍存在未按照规定标明审查批准文号、证明文号、忠告语等问题。

内蒙古卫视当日发布四类广告101条次，发现违法或者涉嫌违法广告97条次，违法率高达96.04%。

三、检查发现的典型违法（涉嫌违法）广告：

（一）内蒙古卫视、宁夏卫视、河北卫视、甘肃卫视、天津卫视、湖北卫视等频道发布的济南同济肿瘤医院医疗服务广告，多处严重违反广告法律规定。

（二）安徽卫视、宁夏卫视、天津卫视、湖北卫视等频道发布的广州军颐医院医疗服务广告，多处严重违反广告法律规定。

（三）海南旅游卫视、甘肃卫视等频道发布的北京乾坤医院肿瘤治疗中心医疗服务广告，多处严重违反广告法律规定。

（四）内蒙古卫视、江苏卫视、甘肃卫视等频道发布的北京国医阁疑难病研究院医疗服务广告，多处严重违反广告法律规定。

（五）安徽卫视、海南旅游卫视、湖北卫视等频道发布的北京中都中医药研究院肝病治疗中心医疗服务广告，多处严重违反广告法律规定。

（六）内蒙古卫视、吉林卫视、陕西卫视、山西卫视、甘肃卫视等频道发布的高易捷医疗器械广告，多处严重违反广告法律规定。

（七）吉林卫视、陕西卫视、山西卫视、天津卫视、海南旅游卫视等频道发布的博凯减肥乐胶囊保健食品广告，多处严重违反广告法律规定。

（八）河北卫视、湖南卫视、重庆卫视、江西卫视、浙江卫视、上海卫视、广西卫视、安徽卫视、福建卫视等频道发布的曲美减肥胶囊药品广告，严重违反处方药不得在大众传播媒介发布广告的规定。

四、本次监测检查结果显示，卫星电视频道发布的药品、医疗服务广告总体较好，与2001年第三季度检查比较，广告违法率明显下降，但违法现象依然存在，有的还相当严重。个别频道发布违法广告条次较多，使医疗器械广告违法率有所上升。有的频道将广告业务承包给其他单位经营，对发布的广告疏于管理，直接导致大量违法广告发布。各级广告监管机关要加强与当地宣传、广播电视等部门的配合，紧密结合工商行政管理中心工作，重视加强对媒体单位内部制度建设的指导，严格规范执法行为，采取积极措施，真正把广告法律规定落到实处。对于本次检查发现的违法广告，各地要依法调查处理，并将处理结果及时报送国家工商行政管理总局。

国家工商行政管理总局
二〇〇四年七月十六日

2004年第三季度广告监测公告

2004年第三季度，国家工商行政管理总局组织对全国部分报纸发布的食品广告进行了检查。现将检查结果公告如下：

一、本次检查的范围为食品广告发布量较多的61种报纸2004年8月9—15日发布的食品广告。

二、本次检查共检查食品广告694条，发现违法或者涉嫌违法广告413条，违法（涉嫌违法）率为59.51%。

检查发现，食品广告的主要违法表现是：

（一）广告中出现与药品相混淆的用语，直接或者间接宣传治疗作用，借助宣传某些成分的作用明示或者暗示该食品的治疗作用。如某些保健食品宣传通过所谓清血、降脂、降压，对疾病有治疗作用。

（二）广告中使用医疗机构、医生的名义或者形象，涉及特定功效的利用专家、消费者的名义或者形象做证明。

（三）保健食品广告内容超出和扩大卫生部核发的保健食品证书中的功能。灵芝类保健食品广告超出核定功效范围宣传对肿瘤的治疗现象比较突出。

另外，个别广告出现违反《奥林匹克标志保护条例》的内容。

三、检查发现的典型违法广告：

（一）《兰州晨报》2004年8月13日A13版、《春城晚报》2004年8月10日A8版发布“脑力智宝”食品广告，宣称该产品对脑病的治疗作用，涉嫌虚假，并多处违反食品广告发布规定。

（二）新疆《晨报》2004年8月11日B10版发布“苦乐康”胶囊，广告宣称该产品对糖尿病的治疗作用，涉嫌虚假，并多处违反食品广告发布规定。

（三）《今晚报》2004年8月10日21版、《新安晚报》2004年8月11日13版、《江南都市报》2004年8月14日A06版、《齐鲁晚报》2004年8月10日A9版发布“神经节苷脂”食品广告，宣称该产品对脑病的治疗作用，涉嫌虚假，并多处违反食品广告发布规定。

（四）《燕赵晚报》2004年8月11日A4版、新疆《晨报》2004年8月9日B3版发布“协和汉龙胶囊”广告，宣称该产品对糖尿病的治疗作用，涉嫌虚假，并多处违反食品广告发布规定。

（五）《新文化报》2004年8月12日5版、《城市晚报》2004年8月14日A7版发布“今脂善”保健食品广告，宣称该产品对疾病的治疗作用，多处违反食品广告发布规定。

（六）《春城晚报》2004年8月14日7版发布“彤辉罗布麻茶”食品广告，宣称该产品对高血压等疾病的治疗作用，多处违反食品广告发布规定。

（七）《燕赵晚报》2004年8月14日A15版发布“保血神茶”保健食品广告，宣称该产品对疾病的治疗作用，多处违反食品广告发布规定。

（八）《新安晚报》2004年8月15日13版发布“九润枫斗晶”食品广告，宣称该产品对多种疾病的治疗作用，并多处违反食品广告发布规定。

（九）《城市晚报》2004年8月12日A15版、14日A15版，《新文化报》2004年8月11日2版发布“美人王胶囊”食品广告，以新闻报道形式发布广告，并多处违反食品广告发布规定。

（十）《太原晚报》2004年8月12日B32版发布“阿法林福根”保健食品广告，以新闻报道形式发布广告，并多处违反食品广告发布规定。

四、食品安全涉及千家万户，对食品广告的规范是整顿食品市场秩序的重要工作内容。各级工商行政管理机关将继续加强对食品广告的监管，对保健食品广告中使用与药品相混淆的用语、宣传疗效的，依法予以查处。对于此次检查发现的典型违法广告，广告监管机关将依法调查处理，同时也提醒广大消费者注意识别。

国家工商行政管理总局
二〇〇四年十月十九日

灵芝类保健食品违法广告公告

食品安全专项整治是国家工商行政管理总局今年整顿和规范市场经济秩序的工作重点之一。各级工商行政管理机关按照国务院的统一部署，采取有力措施，强化对食品广告的监管，加大了对食品、保健食品虚假违法广告的打击力度，今年1—10月份，全国共查处违法食品广告1358件、违法保健食品广告2060件。食品广告专项整治工作取得了明显成效。但是，目前食品广告、尤其是保健食品广告仍然是社会关注的热点问题，保健食品广告违法的情况还比较严重。近来，国家工商行政管理总局接到大量对灵芝类保健食品的投诉，其中违法印刷品广告198件，报纸违法广告367条次，共计565件，涉及23个省、自治区、直辖市的67家报纸媒体。国家工商行政管理总局已将上述举报投诉的虚假违法广告转有关地方工商行政管理机关依法查处。现将灵芝类保健食品广告的主要违法表现公告如下，提醒消费者注意识别：

一、广告宣传内容虚假夸大，欺骗和误导消费者。一些保健食品违背科学规律，在广告中进行夸大不实的宣传，如“北京—华盛顿，再掀‘饿死癌细胞’抗癌新风暴”；×××产品是“用最锋利的分子剪刀为癌基因做手术”；×××产品“荣获国家发明大奖”；“肿瘤复发转移的对策找到了”；×××产品是“现代科技和传统理念的完美结合，这是抗肿瘤领域的重大突破”。

二、保健食品在广告中宣传治疗作用或者使用医疗术语，使消费者误认为该保健食品属于药品。一些保健食品在广告中宣称，经中国××××科学院实验证明，×××产品对肺癌、肝癌、食管癌等部位实体瘤和白血病均具有显著疗效。×××产品是“集免疫治疗与中医中药治疗之大成，更是中西医结合之典范，也是肿瘤综合治疗中的一个新途径。”

三、使用专家或者患者的名义保证疗效。一些保健食品在广告中宣称，中国化疗委员会委员×××教授、著名肿瘤专家×××教授曾给予了高度的评价。甚至使用“世界卫生组织”的名义进行违法宣传。一些保健食品在广告中大量罗列虚假的患者治愈的病例，以“证明”该产品对治疗肿瘤的效果，如“我与癌症的殊死抗争”等。

四、违反法律规定，以新闻报道形式发布广告。一些保健食品在广告中以“患癌父亲穿越生死线”、“一位癌症患者女儿的呼声——患癌妈妈不要走”、“奇事：2900元钱救条命——一位晚期癌症患者的抗癌纪实”等标题，以新闻纪实报道的形式进行违法宣传，严重误导消费者。

国家工商行政管理总局郑重提醒消费者：灵芝类保健食品仅具有保健功能，不具有任何治疗作用，同药品具有质的区别。凡保健食品在广告中均不得宣传治疗作用，不得使用医疗术语或者与药品相混淆的用语。治疗肿瘤的药品不得在大众传播媒介发布广告。希望广大消费者增强自我保护意识，提高辨别虚假违法广告的能力。如果消费者发现虚假违法广告，可向当地工商行政管理机关举报投诉，以避免更多的消费者上当受骗。各级工商行政管理机关将结合食品安全专项整治工作，进一步加大执法力度，严厉打击虚假违法保健食品广告，以切实维护广大消费者的合法权益和生命安全健康。

国家工商行政管理总局

二〇〇四年十月十九日

'2005中国广告年鉴
China Advertising Yearbook
第十三版
13th Edition

大事记

2004年中国广告业大事记

1月1日，由国家广电总局颁布的《广播电视广告播放管理暂行办法》正式施行。

上海市工商局取消对临时广告的代理、发布资格审批，并下放广告经营资格审批权限。

允许香港服务提供者和澳门服务提供者在内地设立独资广告公司。

经许可的大陆物品、劳务、服务或其它事项，可以在台湾从事广告播映、刊登或其它促销推广活动。不过，有关大陆不动产开发及交易、婚姻中介、招商引资等广告仍在禁止之列。

1月31日，由世界品牌实验室、《世界经理人》周刊和世界经理人网站联合发布的世界最具影响力的100个品牌揭晓，海尔成为中国唯一入选的本土品牌。

2月1日，中国气象局颁布的《气象预报发布与刊播管理办法》规定，中国内地的媒体未经许可不得擅自刊播气象预报，且不得刊播正规渠道以外的气象预报信息，否则，处1万元以下的罚款。

以传媒战略管理为核心的专业媒体顾问公司——上海克顿伙伴管理顾问有限公司成立。

2月5日，央视市场研究股份有限公司举行发布会，首度与香港damanGo及台湾润利事业联手推出广告花费研究结果，中国内地2003年广告花费额达1544亿人民币，比前年飙长39%。

2月6日，在美国举行的第33届莫比广告大赛上，成都的阿佩克思广告公司创作的影视广告《SOMO纳米荣养饮料——养分篇》荣获食品饮料类广告金奖。

2月10日，国家广电总局发布《关于促进广播影视产业发展的意见》明确指出，加大广播影视市场的开放力度，逐步放宽市场准入，吸引、鼓励国内外各类资本广泛参与广播影视产业发展，不断提高传媒产业的社会化程度。

2月10日，在德国大众汽车中国品牌传播策略以及创意的竞标中，两家本土广告代理公司获得了整体评选第一和第二的佳绩。

2月11日，奥美集团宣布将奥美中国区划分为两大地区：南中国区和北中国区，汪少杰将担任南中国区董事长兼首席执行官，庄淑芬负责北中国区的业务及网络。

2月13日，国家工商行政管理总局与中央文明办、卫生部、全国爱卫会、教育部、国家广电总局联合下发《关于开展第十七个世界无烟日活动的通知》。通知要求认真贯彻执行《广告法》、《烟草广告管理办法》等法律法规，开展无烟草广告七城市创建活动，禁止在各类等候室、影剧院、会议厅堂、体育比赛场馆设置烟草广告，努力消除在其他公共场所，尤其是中小学周围的烟草广告和变相烟草广告，严格限制在大型体育赛事、公益活动中出现烟草广告，依法查处违法烟草广告。

2月22日，2003“广州日报杯”全国报纸优秀广告奖评选活动在广州结束，共评选出11个类别的114个奖项。

2月24日，全国广告行业文明单位表彰大会在北京隆重举行，有271家被评为“全国广告行业文明单位”。

2月27日，由《现代广告》杂志社主办，北京大学现代广告研究所承办的“首届中国广告业年度人物颁奖典礼”在北京举行，共评出50位首届中国广告业年度人物。

2月28日，“宝洁杯2004中国大学生广告艺术节”新闻发布会在南京举行。

3月2日，国家工商行政管理总局和商务部联合颁布《外商投资广告企业管理规定》。规定明确了外商投资广告企业设立的条件和审批程序。其中允许外资拥有中外合营广告企业多数股权，但股权比例最高不超过

70%；2005年12月10日起，允许设立外资广告企业。

3月3—5日，国际广告协会首席执行官弗兰克·库蒂塔先生和副主席海泽女士来华访问，与中广协领导人商讨第39届IAA世界广告大会筹备事宜。

3月5日，“中国媒介金牛市场新闻发布会”在黄山举行，标志着湖南经济电视台、山东齐鲁台、安徽电视台影视频道和浙江教育科技频道4家电视媒体联合实施的“金牛工程”正式启动。

3月8日，国家工商行政总局下发《关于加强春耕期间种子、肥料、农药等农资广告监管的通知》。通知要求，严格执行种子、肥料、农药广告管理；加强农资广告市场监管；加大对违法虚假种子、肥料、农药等广告打击力度，确保春耕生产的顺利进行。要重点查处五类农资违法广告行为：一是发布国家禁止生产、销售、宣传的农资产品广告；二是无合法生产经营农资产品资格的单位或个人发布农资广告；三是利用广告对农资产品的质量、服务、功效、适用范围等做虚假宣传；四是发布含有不科学的表示功效的断言或者保证、使用表明安全性的绝对化断言的农资广告；五是未经农药广告审查机关批准，违法发布农药广告。

3月18日，深圳取消了广告企业在注册后还必须获得《广告经营许可证》才可经营广告业务的限制。

3月18—20日，中国广告协会外联部主任张泽满代表中国广告协会前往泰国芭堤亚参加第七届亚太广告节，在广告节上进行第39届IAA世界广告大会宣讲活动，代表IAA中国分会参加了IAA亚太地区分会会长会议。

3月22日，国家工商行政管理总局与国家食品药品监督管理局、国家发展和改革委员会、卫生部、国家中医药管理局联合下发《关于加强农村药品监督和管理工作的意见》。要求加强对农村中进行的医疗、药品广告宣传行为的检查。工商部门对违法进行广告宣传的，要依法及时予以查处。

4月5日，日本电通与上海电影集团在上海成立合资公司“上海上影电通影视文化传播有限公司”，致力于引进日本动画片等影视节目。

4月8日，国家工商行政管理总局在京举行新闻发布会，宣布由中国申办的第39届世界广告大会将于9月7—10日在北京召开。

4月9日，国家工商行政管理总局与中央宣传部、国家广播电影电视总局、新闻出版署联合下发《关于清理不良广告内容的通知》。通知要求，1、各级新闻宣传管理部门要高度重视新闻媒体不良广告工作，强化新闻媒体广告监管，确保广告宣传导向正确；2、新闻媒体加强行业自律提高把关意识；3、各级工商行政管理机关加强对不良内容广告的监管工作，采取加大查处力度，加强广告监测、实施信用监管，通过新闻媒体对经营单位予以曝光等措施；4、切实加强对互联网不良广告的监管和清除工作；5、各部门密切配合，建立联系会议制度，对不良广告实施综合治理。

同日，“第五届金手指网络广告奖”颁奖典礼在北京隆重举行。

4月10日，国家工商总局发文《关于严禁在商业广告中使用国家机关名义的紧急通知》，明确禁止用国家机关名义发布商业广告。

4月13日，在海口召开了中国民航广告媒体推介交流会。来自民航各广告经营单位的经理与到会的广告主、广告代理公司的代表共120余人进行了面对面的交流和讨论。

4月10—15日，中广协广告信息文化传播有限责任公司总经理何其源率团前往日本访问日本吉田秀雄财团。代表团与该财团洽谈了有关在中国举行中日广告研讨会的事宜，并与日本广告界人士进行了友好交流。

4月14日，中宣部、国家工商总局、国家广电总局、新闻出版总署联合发布《关于清理含有不良内容广告的通知》，要求对目前媒体广告中存在的格调低下、内容粗俗、滥用成语、虚假误导等问题进行整顿和清理。

4月14—16日，在桂林召开了中广协报委会五届二次全会暨全国报纸广告经营创新研讨会。会议代表一致同意增补周诚（《甘肃日报》社）、邓效锋（《天津日报》社）、夏晓晖（《羊城晚报》社）为报委会五届常委。

4月22日，中国广告协会企业资质认定委员会第一次会议在北京召开，会议认定了51家广告公司为中国一级广告企业，核准了经省、自治区、直辖市广告协会资质认定委员会认定的61家中国二级广告企业、32家中国三级广告企业。

法国Identite Instruments集团总裁Fabrice de Pontfrache拜访大贺集团，双方就建立战略协作伙伴关系进行了磋商。

4月24日，“第十三届广告金犊奖”内地评审结果公布，北京工商大学传播与艺术学院学生的作品获得影视类金奖和全场大奖。

4月26日，国家工商行政管理总局下发《关于禁止在商业广告中使用国家机关名义的紧急通知》。通知规定严禁任何单位和个人在商业广告中使用国家机关的名义（含简称），包括使用党和政府及其工作部门的名义，使用人大、政协的名义，使用审判机关、检察机关的名义，使用军队、武警的名义，以及使用其他国家机关的名义发布广告。

4月26—29日，德国《广告档案》全球最优秀广告与海报平面作品展首次在广东国际广告展上展出。

5月9日，国家工商行政管理总局下发《关于部分报纸医疗服务广告发布情况检查结果的通报》。2004年第一季度对部分报纸发布的医疗服务广告进行了监测检查。本次检查范围为由市场中介机构提供的2003年各省、自治区、直辖市医疗广告发布量最多的报纸（共63份）于2004年2月2–8日发布的医疗服务广告。共检查医疗广告4881条，发现违法（涉嫌违法）广告3236条，违法（涉嫌违法）率为66.30%。

5月10日，人民日报、光明日报、经济日报刊登公告，决定取消刊登形象广告。

5月15日，北京工商大学广告学专业10周年纪念暨教育研讨会在北京举行，工商总局广告司司长屈健民到会并讲话。

5月20—21日，由中国广告协会、中央电视台广告部、日本电通广告公司、北京广告协会和上海广告协会等共同主办的“第二届品牌与传播国际论坛”分别在北京和上海举行，参加北京会议的有700多位广告界、传媒界、学术界和企业方面的人士。

5月22日，中国广告协会户外广告委员会在北京召开会议宣告正式成立。选举产生了户外委第一届常务委员会委员，并在此基础上选举产生了户外委主任、副主任；聘任了正、副秘书长；讨论并通过了《中国广告协会户外广告委员会条例》和《中国广告协会户外广告委员会自律规则》。

5月25日—6月2日，国家工商行政管理总局党组成员李建中率中国广告代表团前往南非进行访问，进行第39届IAA世界广告大会宣讲活动，并与南非广告协会领导人进行了会谈和两国广告业的情况交流。中国广告协会副秘书长孙英才作为代表团主要成员一同前往。

5月27日，在北京召开了全国省级党报广告工作会议，研究探讨针对中央三大报宣布停止刊登“形象广告”一事，省级党报如何调整思路，保持一致。

5月27日—6月5日，中国广告协会外联部主任张泽满率中国广告代表团赴印尼、菲律宾和澳门特别行政区进行第39届IAA世界广告大会宣讲活动。访问期间，代表团拜会了印尼、菲律宾以及澳门特别行政区的广告协会领导人，加强了中国广告协会与以上几个协会的关系。

5月28日，首届“中国户外广告”论坛在北京举办。

5月30日，北广传媒移动电视公司开始试运行北京移动电视，并播出移动电视广告。

5月31日—6月12日，国家工商行政管理总局副局长刘凡率中国广告代表团前往俄罗斯、保加利亚和匈牙利进行访问。代表团向三国广告界宣讲了第39届IAA世界广告大会，并与三国有关政府机构和广告行业组织的负责人进行了会谈，了解了这些国家相应管理机构的设置、行业管理情况以及政府与行业组织相互间的关系。中国广告协会秘书长时学志作为代表团主要成员一同前往。

5月，中国广告协会携第十届中国广告节优秀作品参加了在日本东京举办的“中国广告优秀作品展”。

6月1日，广电总局与教育部发出《关于加强教育电视台广告播放管理有关问题的通知》。

6月13日，由北京大学广告系和金犊奖执委会联合举办的“2004年全球华人广告教育论坛”在北京大学举行。

6月15日，在上海召开了由国内电力系统各电力广告公司参加的、在中国广告协会领导主持下的电力专业委员会成立大会。在该次会议上明确了电力专业委员会的职能与宗旨，决定由北京市光环广告公司为主任单位，上海电力广告公司和武汉光明广告公司为副主任单位的领导班子，组建了由武汉光明广告公司张焰总经理和北京市光环广告公司周荣杰副经理为正副秘书长的秘书处。

6月17日—7月1日，中国广告协会学术培训部原主任程庄庄率领中国广告代表团前往法国嘎纳参加第51届嘎纳国际广告节。

6月18日，昆仑润滑油在央视2004年雅典奥运会招标中以3280万元的高价，夺走了《奥运金牌榜》独家特约播出的广告时段。

6月19日，中国电视媒体广告营销高峰论坛在北京举行。

6月21日，奥美集团与福建奥华联手，共同投资成立福建奥华奥美广告公司。

6月22—23日，在厦门进行了中广协广委会第二十次优秀广播广告作品评选活动，共收到参评作品177件，其中商品广告113件、公益广告64件，数量大于往年。经过评委认真听评，评选出商业广告一等奖16件、二等奖27件、三等奖33件；公益广告一等奖11件、二等奖15件、三等奖19件。

6月24日，中国广告协会广告公司委员会五届二次会议在北京召开。本次会议由中国广告协会孙英才副秘书长主持，中国广告协会时学志秘书长发表了讲话。时学志秘书长代表中国广告协会指定了北京国安广告公司总经理鄢刚为广告公司委员会临时负责人，中国广告协会会员管理部副主任刘文哲出任广告公司委员会秘书长。

6月25日，国家广电总局、国家工商总局联合发文《关于加强影片贴片广告管理的通知》，要求贴片广告必须严格执行广告管理的有关规定。

6月28日，奥美顾客关系行销中国选送的“动感地带”网上活动作品获得第51届嘎纳广告节电子通讯类作品银狮奖。

6月29日，由中国广告协会、中国广播电视学会、中国市长协会和昆明市委市政府等单位联合主办的“2004·中国国际形象片展”新闻发布会在北京召开。

7月1日，全国所有审查批准的药品、医疗器械广告内容，将通过国家食品药品监督管理局政府网站(http://www.sfda.gov.cn)向社会公布。

7月8日，“2004功能性饮料品牌传播高峰论坛”在北京举行。

7月9日，由中国广告协会电视委员会和中国电视艺术家协会共同主办的“首届全国移动电视研讨会”在上海举行。

7月16日，国家工商行政管理总局发布《关于2004年第二季度广告监测检查情况的通报》。2004年6月对全国卫星电视频道发布的部分广告进行了监测检查。本次检查除西藏外的30个省级卫星电视频道2004年6月21日全天发布的保健食品、医疗服务、药品、医疗器械广告。共检查四类广告6565次，发现违法或者涉嫌违法广告1005条次，违法（涉嫌违法）率为15.81%。

7月21日，在吉林省延吉市召开了中国广告协会民航委员会年度工作会议。来自民航广告各会员（经营）单位的75名代表参加了会议。王占海主任代表委员会作了工作报告，李宝生秘书长就行业自律问题作了专题讲话，中广协会员部韩胜东主任到会指导并讲话。

7月21—24日，在新疆乌鲁木齐市召开了中广协广委会六届委员代表大会，71家委员单位260多位代表参加会议。大会听取了五届广委会主任安景林同志作的《中国广告协会广播委员会五届委员会工作报告》，修改了工作条例，通过了常委会和主任、秘书长人选。按中广协提名选举中央台副台长刘宝顺为六届广委会主任。

8月16日，国家工商行政管理总局下发《关于查处以电视短片形式发布违法医疗广告的通知》。通知要求各级工商行政管理机关要迅速对辖区内电视台以电视短片形式发布的医疗广告进行一次集中清理。要求辖区内的电视台认真进行自查自纠，并立即停止发布电视短片形式的违法医疗广告。总局将对电视台以电视短片形式发布医疗广告的情况进行跟踪监测，对继续以电视短片形式发布违法医疗广告的电视台、医疗机构，将通过新闻媒体向社会曝光。

8月20日，道琼斯广告（上海）有限公司成立。这是上海市工商行政管理局在“内地与香港更紧密经贸关系安排”（CEPA）框架下批准成立的第一家位于上海的平面媒体外国独资广告公司，该公司旨在为中国那些希望在道琼斯全球出版物投放广告的客户提供服务。

8月23日，由中国广告协会主办，江苏广播电视总台和南京财经大学承办的“佳洁士2004中国大学生广告之星”选拔赛在南京举行。

8月24日，北京市公安局责令北京新兴医院停止制作和播放违法医疗服务广告。

9月7—10日，以“突破——从现在到未来”为主题的第39届世界广告大会在北京国际会议中心召开，意味着中国广告业得到了全世界的关注和认同。

9月7日，北京广播学院更名为中国传媒大学，并于学校50周年校庆时正式挂牌。

“2004首届中国国际广告模特大赛”在北京召开新闻发布会。

9月18日，旭日因赛与智威汤逊正式签约合资经营。

9月21日，135位户外广告界代表在上海签署了《中国户外广告产业上海宣言》。

9月26日，江苏广播电视总台城市频道《南京零距离》、安徽电视台经济频道《第一时间》、福建电视台新闻频道《现场》和浙江电视台钱江都市频道《城市新闻》联合推出“华东第一品牌栏目联合体”。

9月27日，中央文明办与国家工商行政管理总局联合下发《关于开展2003—2004年度优秀公益广告作品评选工作的通知》。

北京市工商局启动全国首家虚假广告监管计算机系统，该系统具有广告与非广告的自动识别、违法广告自动检测等功能。

奥美顾客关系行销在香港4A互动及直效营销大奖赛上获奖。

10月1日，《北京市户外广告设置管理办法》正式实施。该办法规定，除公共电、汽车外，其他车辆（包括小公共汽车）禁止在车身设置广告。

10月8日，国家工商行政管理总局下发《关于规范和加强广告监测工作的指导意见》（试行）、《关于加强广告执法办案协调工作的指导意见》（试行）、《关于广告审查员管理工作若干问题的指导意见》（试行）、《关于规范和加强广告监测工作的指导意见》（试行），要求广告监管机关通过监测发现违法广告，分析广告发布违法趋势，及时报出违法广告的社会识别预警和警示，制定监管对策措施。《指导意见》要求各级工商机关广告监测坚持监测报告制度，广告监管机关应定期向社会发布《广告违法警示公告》。《关于加强广告执法办案协调工作的指导意见》（试行）。明确指出，对报纸、电视、广播、杂志、互联网站等大众传播媒介的广告违法案件，由违法行为发生地（即媒介广告经营登记所在地）县级以上工商行政管理机关管辖，实行分级管理的，适用级别管辖。《指导意见》对广告审查范围、审查程序，以及加强对广告审查员的培训、管理等方面问题给出了明确的说法。

10月12日，由中国广告协会电视委员会主办、辽宁电视台承办、沈阳电视台协办的中国首届电视广告交易会在沈阳举行。

10月13日，法国国际投资局发布公告，将向包括中国在内的世界经济大国的主要报纸投放广告，并举行多项公关活动，旨在向这些经济大国的商界推销“新法国”形象。

10月18—19日，国际广告协会主席迈克·李先生前来北京与中广协领导人洽谈有关国际广协与中国广告协会工作交流与合作事宜。

10月19日，国家工商行政管理总局下发《关于2004年第三季度广告监测情况的通报》。对全国部分报纸发布的食品广告进行了检查。本次检查的是由市场中介机构提供的61种报纸2004年8月9日—15日发布的食品广告。共检查食品广告694条，发现违法或者涉嫌违法广告413条，违法（涉嫌违法）率为59.51%。

10月21日，“佳洁士2004中国大学生艺术节”颁奖盛典在南京举行。

10月24—27日，中国广告协会外联部主任张泽满代表IAA中国分会前往新加坡出席IAA亚太地区分会会长会议。

10月28—30日，第十一届中国广告节在成都举办。本届广告节以“突破、实效、魅力”为主题，内容包括展览、赛事、论坛、场外活动等四大部分，参赛作品达3608件，数量超过往届。网络广告大赛优秀作品展及颁奖晚会、媒体企划奖的案例评审首次在广告节上亮相。

10月29日，中国广告协会户外广告委员会首届常委（扩大）会议在成都召开，与会人员共同探讨了户外广告的现状和发展。

11月12日，上海文广新闻传媒集团2005年度节目广告信息发布会在上海举行。

11月13日，国家药品监督管理局、国家工商行政管理总局再次公布了自2005年12月1日起停止在大众媒体上发布广告的药品类别。

11月15—20日，应韩国广告自律审议机构的邀请，中国广告协会秘书长时学志率团前往韩国参加了“2004韩中国际广告审议专题研讨会”，并在会上作重要发言。

11月17日，BBDO与四川西南国际广告公司签约，成立BBDO中国西部分部。

11月18日，中央电视台黄金段位广告招标隆重举行，本次招标总额达到52.48亿元，宝洁公司以3.85亿元的中标总额名列榜首。

11月30日，国家工商总局重新颁布了修改后的《广告经营许可证管理办法》、《印刷品广告管理办法》、《广告管理条例施行细则》，以加强对广告经营的监督管理。三项法规均于2005年1月1日起正式实施。

12月3日，国家广电总局发出《关于立即停止播放“恐惧斗室”广告片的通知》。

中国晚报广告协作体在广州成立。

12月7日，广电总局公布《中国广播电视编辑记者职业道德准则》和《中国广播电视播音员主持人职业道德准则》，反对任何形式的“有偿新闻”，播音员主持人不得将自己的名字、声音、形象用于任何带有商业目的的文章、图片及音像制品中。

12月10日，国家工商行政管理总局下发《关于印发，〈申请材料补正告知书〉、〈广告经营许可证〉等文书式样的通知》

自今日起外商可以在我国境内成立独资广告公司。

2004 “One show 金铅笔”中国广告年会圆满结束。

12月16—19日，2004年全国广告学术研讨会在深圳召开。

12月23日，国家工商行政管理总局下发《关于开展“打虚假 树诚信”广告专项整治行动的通知》，此次专项整治的重点是，严厉打击欺骗和误导消费者的保健食品、药品、医疗虚假违法广告。

12月31日，国家工商行政管理总局与国家林业局联合下发《关于开展全国林木种苗行政执法专项检查行动的通知》。此次检查重点是各地规范林木种子广告发布行为，依法打击虚假广告宣传。

’2005中国广告年鉴
China Advertising Yearbook
第十三版
13th Edition

第39届世界广告大会专栏

在第39届世界广告大会开幕式上的致辞

(2004年9月8日)

国家工商行政管理总局局长 王众孚

尊敬的各位来宾，女士们、先生们：

第39届世界广告大会，在国际广告协会的领导和指导下，通过各个分会和广告传播界朋友们的共同努力，经过较长时间的筹备，今天隆重开幕了！我谨代表大会组委会，热忱欢迎世界各地广告传播界的朋友们来到中国，来到北京，参加本届大会！

广告作为市场经济发展的产物，是社会及其经济活动的有机组成部分，在国民经济中占有重要地位、发挥着积极作用。现代广告渗透于社会生活的各个领域，不仅是传播经济信息的工具、开拓市场的手段，而且是社会宣传的一种形式，是促进物质文明、精神文明建设一支不可忽视的力量。

广告的历史，悠久而漫长。我国改革开放和社会主义市场经济的发展，为广告事业的突飞猛进，赋予了强大的生机和活力。现在已经成为初具规模和效益的产业。培养了一大批精通广告业务的专业人才，产生了一批优秀的公司品牌，有了 定的资金积累，为进 步发展奠定了重要基础。2003年，中国广告经营额超过1000亿元，广告经营单位总数10万余户，从业人员总数87万多人。中国广告市场也为外商广告投资企业提供了良好的环境，外商广告投资企业保持了较高的经营额和利润率水平。

当前，我国已经进入全面建设小康社会的重要战略时期，这既是中国广告业发展的机遇，也是一种严峻挑战。中国加入WTO后，市场经济体制改革进一步深化，经济快速发展，人民生活水平和消费水平不断提高，为广告传播业的持续快速发展提供了内在驱动力。加快发展包括广告传播业在内的新型服务业，是中国一项重要的战略举措，广告业的发展将受到国家的重视和产业政策的支持。中国将根据加入WTO的承诺，在2005年12月全部放开广告市场，中国广告传播业的国际化程度将会更高。以《广告法》为核心的广告传播法律体系将不断得到完善，行业自律逐步加强，广告市场的竞争秩序将进一步得到规范。

工商行政管理机关作为国家主管市场监督管理和行政执法的职能部门，肩负着加强广告监督管理、维护广告市场秩序的重要职责。我们将认真履行职责，进一步加大对广告市场的监管规范力度，严厉打击各种虚假违法广告，维护公平有序的市场竞争秩序。充分发挥广告行业组织自身的积极作用，指导行业加强自律，推进诚信体系建设，促进行业健康发展。进一步采取积极有效措施，扶持中国广告企业做大做强，优化产业结构，提高整体竞争实力，走向国际市场。

本届大会内容丰富，规模空前。除论坛和展览以外，还增加了商务交流的内容，为国际广告传播界人士搭建了一个互动合作的平台。大会论坛的演讲嘉宾均为各方面的专家，论题涉及广告传播业的各个方面。通过本届大会，相信大家会有不菲的收获。

预祝本次大会圆满成功！希望与会嘉宾在北京期间生活愉快！

谢谢大家！

在第39届世界广告大会闭幕晚宴上的讲话

（2004年9月10日）

国家工商行政管理总局副局长　刘　凡

各位来宾，女士们、先生们：

在这个美好的夜晚，来自世界各地广告传播界的朋友们，欢聚在北京美丽的颐和园，沉浸在如此美好的氛围里，大家的内心一定充满激荡和感动。

颐和园是我国清王朝的皇家园林，凝结了我国园林艺术的精华，集中反映了我国文化的审美情趣以及对于人与自然和谐关系的透彻领悟。过去，我们的祖先以他们博大精深的智慧和连绵不绝的创造力来描绘他们理想中的世界；今天，我们的朋友们，来自世界各地广告传播界的精英们，更是以你们创造性的劳动以及由此产生的文化力量塑造着现实中的世界！

作为商业信息载体的广告传播，对消费者的选择权和市场经济的核心价值给予充分的尊重，鼓励市场竞争和变革创新，推动消费社会的形成和发展，反映着国民经济繁荣发展的状态；作为文化载体的广告传播，通过影响人们的消费观念和生活方式，进而对社会的文化价值观产生影响。“随风潜入夜，润物细无声”，无处不在的广告已然成为人们视听享受和文化审美的一部分，成为一个城市的表情、一个社会的文化特征和一种文化精神内涵的一部分。概括而言，广告是一个国家国民经济发展的“晴雨表”，精神文明程度的“风向标”，市场经济体制完善程度的“度量计”，置身广告传播业的我们有着无限美好的光明前景。

只要我们继续积极进取、不断创新，像我们曾经做到的那样；只要我们积极探索与交流，增进彼此之间的合作，像我们大会期间所做的那样；只要我们将广告传播的社会责任和历史使命铭记在心，使人类美好的文化价值日益得到维护和发展；那么，我们的事业就不断会有新的突破，我们的未来就会充满希望，世界就会因为我们的存在和不懈的努力而变得更加光明和美好。

谢谢大家！

致第39届世界广告大会的贺辞

国际广告协会原主席 让·克劳德·布勒斯

正是如此，在2004年9月7日到9月10日，北京就是世界之巅，这里将召开第39届世界广告大会！

国际广协全球董事会的全体成员都将此次大会视为重中之重。因为在这三天里，中国的首都北京，将成为真正的广告世界的首都！

来自全球各地的广告主、广告代理公司、媒体组织、技术专家、创意精英、制片人和企业家都将来到北京，与中国的同行分享传播领域里的潮流趋势、前沿技术和崭新的传播方式。

万众瞩目，中国的广告和市场营销正飞速地崛起，全世界的人们都将见证中国在突破进程中迈出的巨大步伐。

来自各国的业界翘楚将在大会上阐释他们的观点，并与数千名预计参会的代表分享他们的创见。

中国政府领导人将会见部分企业代表，并与其探讨如何扩大其在华的经营范围及商业影响力。

所有这些都将汇聚在一个融合传统与现代、具有东方神秘色彩的中国建筑的氛围中；汇聚在一块具有深厚历史文化底蕴的土地上；汇聚在世界深邃文明的古都——北京！

让我们在2004年9月相聚北京，共同领略她的风采、倾听她的声音、关注她的腾飞！

北京——明日之巅！

第39届世界广告大会概述

中国广告协会外联部

由国家工商行政管理总局主办的第39届世界广告大会于2004年9月7日至10日在北京国际会议中心举行，本届大会是世界广告大会有史以来，规模最大、到会人数最多、内容最为丰富、形式最为多样化的一届。正如国际广协主席麦克尔·李所说，这届大会令人激动，令人鼓舞，是历届大会中开得最成功的一次大会。

世界广告大会是国际广告协会举办的世界广告界最大规模的活动。国际广告协会是全球非常有影响力的协会，每两年在不同国家和地区举行一次世界广告大会，可谓是“广告界的奥林匹克盛会”。

本届大会主题为“突破——从现在到未来”，30多名世界著名专家和学者围绕这一主题进行了精彩演讲。有1000多名国内外广告界人士参加了大会。本届大会呈现以下几大特点：

一、领导重视，并直接参与重要活动议程

国务院副总理吴仪担任大会组委会名誉主席，于9月6日接见了国际广协官员和部分嘉宾，并在开幕式上发来贺信，体现了国家政府对本届大会的支持，向全世界传达了中国政府对广告业关注的信息。

国家工商行政管理总局局长王众孚出席了大会开幕式和人民大会堂招待晚宴，为大会的广告展览会剪彩，并接见了重要嘉宾。

二、参会代表人数多，层次高

除来自中国大陆和两岸三地的广告人之外，全球有38个国家的500多位代表参加了大会，是国外与会代表参会最多的一届。报名人数较多的国家依次为日本、美国、韩国、阿联酋、俄罗斯、英国、马来西亚、法国、新加坡等。与会代表整体层次很高，主要以广告公司(229位)、广告主（396位)、媒体（222位）为主，如BBH广告公司首席运营官西蒙·史吾德、株式会社电通社长俣木盾夫、株式会社博报堂社长成田纯治、宝洁公司大中华区总裁奥斯丁·拉利、LG公司数字显示及媒体公司总裁兼首席执行官禹南均、壳牌石油全球品牌和交流副主席拉乌尔·派奈尔、道琼斯公司主席贺开宇、世界报业协会第一副主席加文·奥·雷利等。

三、演讲阵容强大，主题突出

论坛演讲共35名专家学者，其中境外32人（亚太地区11名，欧美21名)、境内3人。境外演讲嘉宾既有优秀的广告公司(如李奥贝纳全球执行副总裁总律师顾问瑟·米切洛蒂）和广告主（如宝洁公司中华区总裁奥斯丁·拉利)，又有强势媒体（如《财富》杂志亚洲总编瑟·钱德勒）和顶尖级专家（如西北大学整合营销传授教授唐·舒尔茨）等等。

演讲嘉宾中有5人选择了与消费者有关的题目，如宝洁公司欧华礼的“2020年的消费者将会如何评价今天的市场营销者”，日本电通山本浩一的“消费者行为对市场动力日渐增长的影响”等；有5人选择了品牌，如Agora公司唐·舒尔茨的“衡量品牌整合传播效果的ROI－投资回报”；有6人专题讨论“广告代理公司管理的最新趋势”，不愧是一场世界最高级别的对话。他们认为“广告不是投资，是分析活动；广告代理活动更多的是一种智力活动……广告人应当和客户结成战略伙伴关系”。总之，每个演讲嘉宾都在用不同的思维方式、不同的行动方式诠释自己对广告业的理解，并博得了代表们的热烈反响。

四、大会展览精彩纷呈

大会展览共分中国广告经营单位形象展、中国广告历

史文化展、中国广告精品展和中国国际广告展四个部分。

广告经营单位形象展（4400平方米），目的在于展示经营单位的形象，宣传自身的优势，促进商务交流。主要参展商有中央电视台、北京电视台、北京人民广播电台、广州日报报业集团、TOM集团、北京电通广告有限公司等单位，其中境外参展单位共5家。

中国广告精品展（800平方米）包括以往历届“全国优秀广告作品展”及“中国广告节”的获奖平面作品、影视作品以及摄影作品，其中平面作品包括中国大陆以及中国台湾、中国香港的作品100幅；摄影作品30幅。通过展示历届广告的获奖作品，以突出中国广告20多年以来明显的变化。展览作品内容丰富，形式多样，旨在通过对中国各种形态广告的全面展示，向世界展现中国广告发展的成就，传递中国广告人的新兴理念，提高了中国广告在世界广告界的影响与地位。

中国广告历史文化展（1100平方米）是第一次以大量实物、图形等形式，向世界展示中国广告悠久历史和辉煌成果的展览，主要目的是促进境外同仁对中国文化、中国广告的了解认识，有利于双方的交流与合作。许多人都拍照留念，连连惊叹，表示要对中国广告重新认识。

中国国际广告展设置在军事博物馆西侧一层展厅，面积约5000平方米。展示内容为广告设备、广告器材，参展单位是设备制造商和材料供应商。

五、首创国际广告商合作洽谈会

国际广告商合作洽谈会开世界广告大会之先河，以商务合作洽谈为主体会议在国内广告界也是头一次举办，这是一个全新的项目，其定位、模式、内容等都有待于探索，但是在大家共同努力下，会议基本取得了令人满意的效果，使之成为了第39届世界广告大会的亮点之一。

六、社交文化活动丰富多彩，疏密有度

晚宴是与会代表进行交流的重要社交活动，也是体现主办国民族文化的重要载体。大会组委会本着庄严、隆重、有民族特色为原则安排四次晚宴：9月7日在人民大会堂举行招待晚宴，气势宏大；9月8日在工人体育馆举行名为“英雄天地间”的杂技表演，体现了中国文化的精髓；9月9日在五洲皇冠假日酒店举办2006年第40届世界广告大会招待晚宴，内容独具特色；9月10日在颐和园举行皇家园林式晚宴，在中国民族音乐的合声下让与会代表感受到中国古老文化的魅力。

七、宣传工作到位，提升了中国广告业的地位，树立了中广协的行业威信

1.会前与会间强势新闻宣传

大会共印制了大会秩序册中文版本900册、英文版本600册，折页中文900册，英文700册，让每位与会代表全面了解本届大会基本状况。大会期间邀请中央电视台、人民日报、广州日报等新闻媒体的记者26人，境外媒体驻京记者6人与会进行大会宣传报道。其中中央电视台新闻中心三天内共播发24条新闻，广州日报等也大篇幅地报道本届大会。

2.出版会刊

会议期间由中国日报出版三期会刊（每天一期），中英文对照。会刊每天清晨摆放在会议厅门口免费向与会代表发放，主要报道前一天大会的主要情况，会场的一些花絮，晚宴等活动的安排，以及当天的演讲议程。代表们对此反响热烈，出现了供不应求的场面。

3.会场布置宣传

为烘托大会氛围，在主会场外共悬挂10个空飘气球，122面旗帜，产生了 “未见其人先闻其声”的良好效果。

八、安全保卫卓有成效

所谓“防患于未然”。大会为每位代表上了意外伤害保险，以防止突发事件；在会场、展览馆、工人体育场、颐和园等地都配置了相应的保安，以维持秩序；聘请了医护人员，以便及时处理意外事件。

大会于9月10日晚圆满结束。与会代表普遍对本届大会的组织安排及取得的成果予以积极的肯定。国际广协首席执行官弗兰克·库提塔则表示与会代表对本届大

会的组织安排非常满意，认为本届大会确定的论坛演讲主题明确，反映了当前广告业所普遍关注的热点。国际广协副主席、亚太区总监宫川和夫，韩国广告联合会等代表表示，中国作为东道主，在会议的筹备和讨论进程中，体现了令人称道的领导能力，引导会议顺利进行并取得了成功。

与会代表对本届大会的后勤保障和新闻组织工作同样给予了高度评价。代表们表示，通过北京这个窗口，他们亲身感受到了中国古老灿烂的文明，以及中国改革开放和经济建设的成就。

会议结束后，与会代表普遍认为，本届大会是迄今为止举办得最好的一届世界广告大会，今年中国作为世界广告大会的东道主，做了很多细致的有意义的工作。

代表们对中国经济建设所取得的进展印象深刻，对中国广告业的发展有所认识。这些都有利于中外广告业的发展与交流，有利于在寻求合作，促进共同发展等方面发挥积极而重要的作用。

'2005中国广告年鉴

China Advertising Yearbook

第十三版

13th Edition

中国广告协会

中国广告协会的职能任务

中广协的职能

在国家工商行政管理总局的领导下，承担着抓自律、促发展，指导、协调、服务、监督的基本职能。

中广协的主要任务

制定行业自律规定，规范经营行为，开展争创文明先进单位活动，促进广告市场健康有序的发展；

开展企业资质评审活动，扶植优势企业发展，促进产业结构的优化调整；

抓好行业培训工作，确保从业人员的上岗资质，努力提高从业人员的业务素质，与教育部门联合共同进行广告专业大专班、本科班、研究生班的招生教学工作；

加强广告学术理论研究，积极开展中外广告学术理论交流，促进和引导中国广告思想理论的发展；

开展国际交流与合作，与世界各国广告协会建立联系，代表中国广告界参加世界广告组织和活动，组织中国广告界参加国际性的广告赛事；

开展广告发布前咨询工作，为广告主、广告公司、媒介广告部提供法律援助；

开发信息资源，建立信息网络，为行业提供信息服务；

举办好中国广告节等会展活动，评选创意制作精良、广告效果好的优秀广告作品，推举新人，树立广告界的良好形象，促进广告业的发展；

积极参与广告业的立法立规工作，向政府有关部门反映会员单位的意见和要求，提出合理建议；

办好《现代广告》杂志，及时传递行业管理信息，发布行业统计数据，促进广告思想理论的发展和经营秩序的规范。

中国广告协会的组织结构

中国广告协会拥有全国各省、自治区、直辖市、副省级市、计划单列市和经济特区的49家广告协会团体会员。中国广告协会下设12个专业委员会：

学术委员会拥有220名会员，有从事广告理论研究的理论工作者，有从事广告教学及策划、创意等实际工作的国内知名的广告人士；

广告公司委员会、电视委员会、报纸委员会、广播委员会、公交委员会、铁路委员会、广告主委员会、电力委员会、民航委员会、烟草委员会、户外委员会等均按中广协章程的有关规定，在本专业系统范围内开展活动；

法律委员会由法律专家、学者和有关政府部门的人员组成，主要开展广告法律、法规研究，为维护广告经营者的合法权益提供法律支援。

在中国广告协会的近500家直属会员单位中，拥有83家中国最大的国有、民营广告公司和14家中外合资广告公司；有全国124个城市的公共交通广告公司；有全国68个城市的铁路广告公司；拥有130家省级、省会、城市电视台广告部、109家省、市级电台的广告部、94家省、市级报社广告部；有在国际、国内知名的大型工商企业；还有在国内有名的教学、研究、调查机构。中国广告协会的会员数虽只占全国广告经营单位总数的0.7%，但其营业额却占到全国广告总营业额的50%以上。

中国广告协会组织机构图

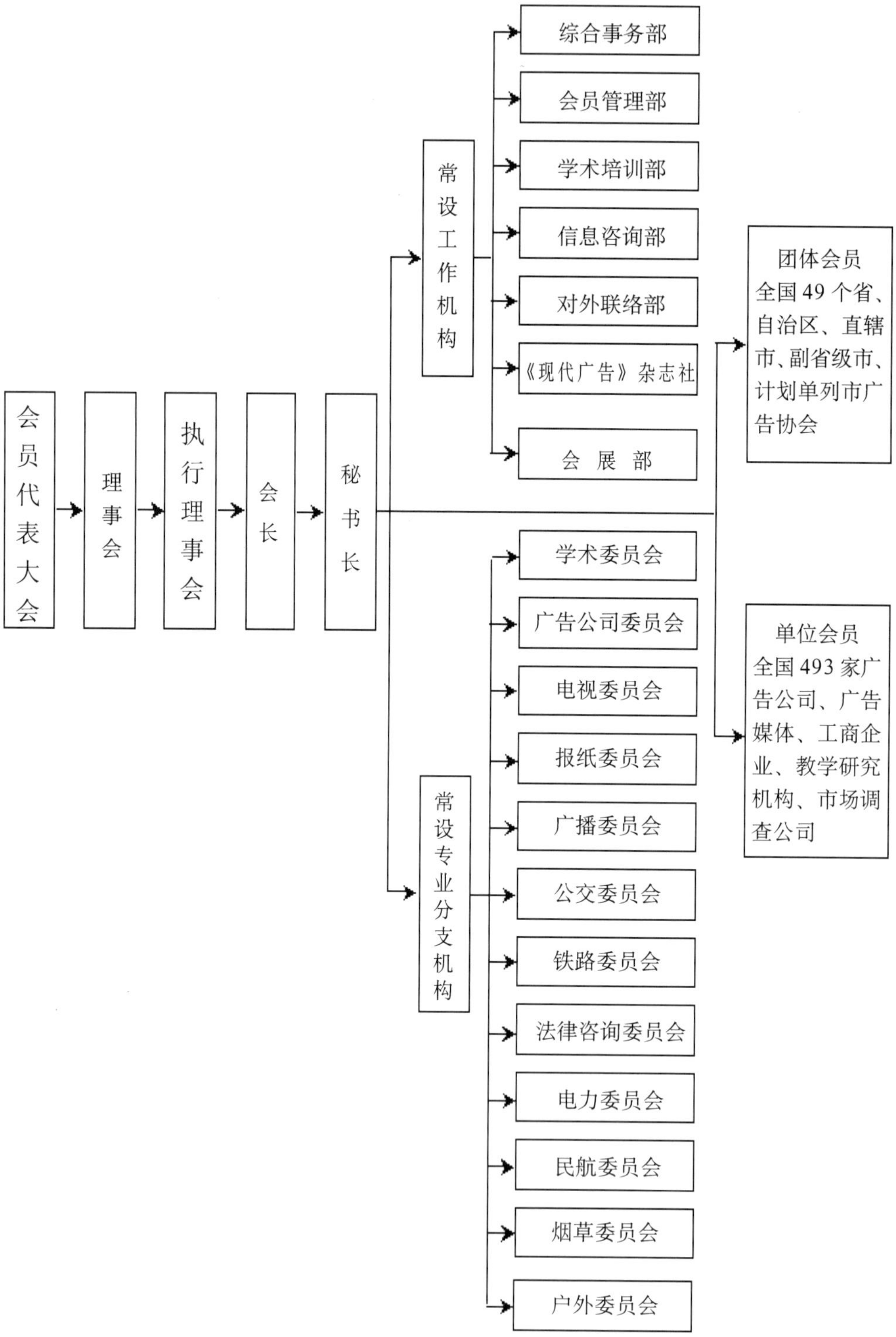

中国广告协会章程

第一章 总则

第一条 本会名称：中国广告协会

英文译名：CHINA ADVERTISING ASSOCIA-TION

英文缩写：CAA

第二条 本会性质：中国广告协会是中国广告界的行业组织，由全国范围内具备一定资质条件的广告主、广告经营者、广告发布者自愿组成，是非营利性社团组织。

第三条 本会的宗旨：坚持党的四项基本原则，遵守国家宪法、法律、法规和规章，遵守社会道德风尚，贯彻执行改革、开放的方针，代表和维护会员的正当权益，团结全国广告工作者，推动广告事业的发展，为建设社会主义物质文明和精神文明服务。

第四条 国家工商行政管理局是本会的业务主管单位；本会接受国家工商行政管理局、民政部业务指导和监督管理。

第五条 本会的办公所在地是中国北京。

第二章 业务范围

第六条 本会的业务范围：

一、宣传贯彻有关广告管理法规、政策，协助政府搞好行业管理；反映会员单位的意见和要求，就有关广告管理、行业规划向政府提出建议。

二、开发信息资源、建立信息网络，为会员单位和工商企业提供经济、技术、市场、行业等方面的信息咨询服务。

三、开展国内外人员培训和学术理论研究，提高广告从业队伍的思想水平、理论水平、政策水平和业务能力。

四、组织开发、引进和推广国内外先进技术、设备、材料和工艺，举办本行业的全国性和国际性展览会、展销会，促进广告设计、制作、发布水平的提高。

五、开展国际交流与合作，代表和统一组织中国广告界参加国际广告组织及活动。

六、开展行业资质检评活动，向社会推荐资质优秀的单位，促进会员单位不断提高经营管理水平。

七、加强行业自律，建立和维护良好的广告经营秩序，反对不正当竞争，坚持广告的真实性，提高广告的思想性、科学性和艺术性；向社会提供广告行业法律咨询服务。

第三章 会员

第七条 本会的会员种类：中国广告协会会员分为团体会员、单位会员、荣誉会员。

第八条 申请加入本会的会员必须具备下列条件：

一、拥护本会的章程。

二、有加入本会的意愿。

三、在广告行业内具有良好的资质和一定的影响。

(一)单位会员：

与本协会有经常性工作联系的单位或组织；

具有一定经营规模、较高的管理水平和较强的服务能力、合法经营三年以上并基本符合下列条件之一的广告经营单位：

1．年广告营业收入在200万元以上，能为客户提供总体策划，具有综合服务能力的广告公司；

2．年广告营业收入在3000万元以上，设有专门的广告部门的报社、电视台；

3．年广告营业收入在300万元以上，设有专门的广告部门的广播电台；

4．年广告营业收入在100万元以上的广告信息服务机构、杂志社、以及机构健全、有经营性研究工作的广告研究机构；

5．年广告费投入500万元以上，设有广告宣传机构的大、中型工商企业。

（二）荣誉会员：曾为中国广告业发展做出突出贡献的中外人士。

第九条　会员入会程序：

一、提交入会申请书；

二、经执行理事会讨论通过；

三、经执行理事会讨论通过的单位会员，由相关专业委员会备案；

四、荣誉会员由协会办事机构提名，执行理事会批准授予；

五、由执行理事会或执行理事会授权协会办事机构发给会员证。

第十条　会员享有下列权利：

一、本会的选举权、被选举权和表决权；

二、参加本会举办的各项活动；

三、获得本会服务的优先权；

四、对本会工作的批评建议权和监督权；

五、入会自愿，退会自由；

六、荣誉会员拥有上述二至五项权利。

第十一条　会员履行下列义务：

一、执行本会的决议；

二、维护本会的合法权益；

三、完成本会交办的工作，积极参加本会组织的各项活动；

四、按规定交纳会费；

五、向本会反映情况，提供有关资料。

第十二条　会员退会应书面通知本会，并交回会员证，会员如果一年不交纳会费或长期不参加本会组织的活动，视为自动退会。

第十三条　会员如有严重违反本章程的行为，经理事会或执行理事会表决通过，予以除名。

第四章　组织机构和负责人产生罢免

第十四条　本会的最高权力机构是会员代表大会，会员代表大会的职权是：

一、制定和修改章程；

二、选举和罢免理事；

三、审议理事会的工作报告和财务报告；

四、决定终止事宜；

五、决定其他重大事宜。

第十五条　会员代表大会须有2/3以上会员代表出席方能召开，其决议须经到会会员代表半数以上表决通过方能生效。

第十六条　会员代表大会每届四年。因特殊情况需提前或延期召开的，须由理事会表决通过，报业务主管单位审查并经社团登记管理机关批准同意。但延期换届最长不超过一年。

第十七条　理事会由会员代表大会选举产生。在会员代表大会闭会期间，领导本会开展工作，对会员代表大会负责。

第十八条　理事会的职权是：

一、执行会员代表大会的决议；

二、选举和罢免会长、副会长、秘书长；

三、筹备召开会员代表大会；

四、向会员代表大会报告工作和财务状况；

五、决定会员的吸收或除名；

六、决定设立办事机构、分支机构、代表机构和实体机构；

七、决定副秘书长、各机构主要负责人的聘任；

八、领导本会各机构开展工作；

九、制定内部管理制度；

十、决定其他权限范围内的重大事项。

第十九条　理事会须有2/3以上理事出席方能召开，其决议须经到会理事2/3以上表决通过方能生效。

第二十条　理事会每年至少召开一次会议，情况特殊的，也可采用通讯形式召开。

第二十一条　本会设立执行理事会，由理事会选举产生的会长、副会长、秘书长以及专业委员会主任或秘书长组成，在理事会闭会期间行使第十八条第一、三、五、六、七、八、九、十项职权，对理事会负责。

第二十二条　执行理事会须有2/3以上执行理事

出席方能召开，其决议须到会执行理事2/3以上表决通过方能生效。

第二十三条　执行理事会至少半年召开一次会议，情况特殊的也可采用通讯形式召开。

第二十四条　本会的会长、副会长、秘书长必须具备下列条件：

一、坚持党的路线、方针、政策，政治素质好；

二、在本团体业务领域内有较大影响；

三、秘书长为专职；

四、身体健康，能坚持正常工作；

五、未受过剥夺政治权利的刑事处罚；

六、具有完全民事行为能力。

第二十五条　本会会长、副会长、秘书长由业务主管单位提名，经理事会选举产生；副秘书长由业务主管单位提名，由理事会决定任免。

第二十六条　本会会长、副会长、秘书长任期四年，任期最长不得超过两届，因特殊情况需延长任期的，须经会员代表大会2/3以上会员代表表决通过，报业务主管单位审查并经社团登记管理机关批准同意后方可任职。

第二十七条　本会法定代表人由会长担任。本会法定代表人不兼任其他团体的法定代表人。

第二十八条　本会会长行使下列职权：

一、召集和主持理事会、执行理事会；

二、检查会员代表大会、理事会、执行理事会决议落实情况；

三、代表本会签署有关重要文件。

第二十九条　本会秘书长行使下列职权：

一、主持办事机构和各专业委员会开展日常工作，组织实施年度工作计划；

二、协调各专业工作机构、代表机构、实体机构的工作；

三、提名办事机构、分支机构、代表机构和实体机构主要负责人选，交理事会或执行理事会决定；

四、决定办事机构、代表机构、实体机构专职工作人员的聘用；

五、处理其他日常事务。

第五章　专业委员会

第三十条　中国广告协会设立报纸、广播、电视、广告公司、公交、铁路、广告主，以及执行理事会认为有必要设立的其他专业委员会。

第三十一条　中国广告协会设立学术委员会和法律委员会，分别从事广告学术研究和法律咨询服务、调解行业内部纠纷及诉讼代理工作。学术和法律委员会吸收个人委员。

第三十二条　法律、学术等各专业委员会是中国广告协会的专业工作机构，受执行理事会的领导，日常工作由执行理事会授权各专业委员会秘书长领导和协调。

第三十三条　各专业委员会设立常务委员会，由主任委员、副主任委员、常委若干人组成。常务委员会由委员会协商提名，报中国广告协会执行理事会批准；主任委员、副主任委员由常务委员会选举，报执行理事会批准；秘书长由委员会主任委员提名，常务委员会批准，报执行理事会备案。

第三十四条　各专业委员会职责：

一、根据本章程的有关规定，制定各委员会规章制度和自律措施；

二、按本章程第二章第六条规定的任务，在本专业范围内开展活动；

三、反映本专业会员单位的意见和要求；

四、向中国广告协会提供本专业广告经营情况和其他有关资料；

五、完成中国广告协会交办的任务。

第六章　资产管理、使用原则

第三十五条　本会经费来源：

一、会费；

二、社会捐赠；

三、政府资助；

四、在核准的业务范围内开展活动或服务的收入；

五、利息；

六、其他合法收入。

第三十六条　本会按照国家有关规定收取会员会费。

第三十七条　本会经费必须用于本章程规定的业务活动和事业的发展，不得在会员中分配。

第三十八条　本会建立严格的财务管理制度，保证会计资料合法、真实、准确、完整。

第三十九条　本会配备具有专业资格的会计人员。会计不得兼任出纳。会计人员必须进行会计核算，实行会计监督。会计人员调动工作或离职时，必须与接管人员办清交接手续。

第四十条　本会资产管理必须执行国家规定的财务管理制度，接受会员代表大会和财政管理部门的监督。资产来源属于国家拨款或者社会捐赠、资助的，必须接受审计机关的监督，并将有关情况以适当方式向社会公布。

第四十一条　本会换届或更换法定代表人之前必须接受社团登记管理机关和业务主管单位组织的财务审计。

第四十二条　本会的资产，任何单位、个人不得侵占、私分和挪用。

第四十三条　本会专职工作人员的工资和保险、福利待遇，参照国家对事业单位的有关规定执行。

第七章　章程的修改程序

第四十四条　对本会章程的修改，须经理事会表决通过后报会员代表大会审议。

第四十五条　本会修改的章程，须在会员代表大会通过后15日内，经业务主管单位审查同意，并报社团登记管理机关核准后生效。

第八章　终止程序及终止后的财产处理

第四十六条　本会完成宗旨或自行解散或由于分立、合并等原因需要注销的，由理事会或执行理事会提出终止动议。

第四十七条　本会终止动议须经会员代表大会表决通过，并报业务主管单位审查同意。

第四十八条　本会终止前，须在业务主管单位及有关机关指导下成立清算组织，清理债权债务，处理善后事宜。清算期间，不开展清算以外的活动。

第四十九条　本会业经社团登记管理机关注销登记即为终止。

第五十条　本会终止后的剩余财产，在业务主管单位和社团登记管理机关的监督下，按照国家有关规定，用于发展与本会宗旨相关的事业。

第九章　附则

第五十一条　本章程　年　月　日第　次会员代表大会表决通过。

第五十二条　本章程的解释权属本会的理事会。

第五十三条　本章程自社团登记管理机关核准之日起生效。

中国广告协会专业委员会名录

专业委员会名称	主任	秘书长	办公室电话	传真
报纸委员会	梁勤俭	倪宝忠	010-58565679	010-58565626
广播委员会	刘宝顺	吴　江	010-86090244	010-86092277

电视委员会	罗　明	陈　永	010-64978727	
广告公司委员会	鄢　刚	刘文哲	010-63317514	
铁路委员会	秦振东	秦振东	010-63440044	
公交委员会	张家骥	刘建国	010-66114761	010-66114761
学术委员会	丁俊杰	关瑞鸿	010-63317504	
电力委员会	吴　波	张　焰	010-62256249	010-62256133
民航委员会	王占海	李宝生		
烟草委员会	李宝林	高雨竹	010-63528547	
法律咨询委员会	时学志	李方午	010-63317509	
户外委员会	贺超兵		025-85804700	025-85804848

“争创广告行业精神文明先进单位”活动的总结

中国广告协会

从1997年开始，中国广告协会一直坚持在全国范围内开展“争创广告行业精神文明先进单位”的活动，在1997年、1999年和2001年评选出了几百家（次）广告行业文明单位，分别召开了两次总结表彰大会、一次书面表彰大会，并在全国性的报刊上公示了获得称号的单位名单。这项活动在社会上和行业内产生了很大影响，对广告行业的精神文明建设起了很大的推动作用。2003年中广协继续做了争创活动的工作安排，在各广告经营单位自查申报的基础上，各地广告协会进行了认真初审，向中广协推荐了276家广告经营单位，经全国六大区广告协会互查后，有271家被评为“全国广告行业文明单位”。在互查组所到之处我们看到，这些广告经营企业和部门坚持社会效益与经济效益的有机统一，在搞好广告业务的同时，积极参与政府、行业组织的各项公益活动和社会主义精神文明活动，在精神文明和物质文明建设两个方面获得了双丰收。他们的共同特点是：

1．严格遵守广告法及相关的法律法规

认真学习《广告法》、模范执行《广告法》，服从广告监管机关的管理，遵守广告行业自律规则，以诚信为本，规范广告经营行为已经成为广告行业文明单位的自觉行动。一些媒体的广告部门，虽然创收任务压力很重，但他们端正经营思想，坚持社会主义方向，坚持社会效益第一，严把广告播出关。为确保播出内容的健康合法，许多单位采取了三级甚至是四级广告审查制度，广告片要经业务经理初审、中心主管主任复审、编辑部门专职广告审查员核审等程序后才能串编，对于内容不实、含有不健康内容的广告片，不惜减少收入也要撤下来，有效的杜绝了违法、虚假广告。对于广告公司的经营者来说，更是将遵纪守法放在企业生存发展的第一位，为了遵守行业道德、诚信经营，在遇到分歧时反复与客户沟通，坚持不做虚假广告。我们看到，广大的广告经营者已经充分认识到，行业的规范有很多是靠法律

法规来规范的，但也有许多是依靠行业自律来推动和保证的。

2．坚持文明建设，坚持两个文明一手抓

许多经营单位时刻坚持与党中央保持一致，在落实“三个代表”重要思想的实践中，努力做到五个有利于：即广告要有利于引导消费者健康消费，反对奢靡；有利于弘扬中华民族精神和民族文化，增强民族自信心和自豪感；有利于普及推广科学知识，破除和反对封建迷信和伪科学；有利于促进国家各项建设事业的健康发展；有利于国家统一和各民族的团结和睦。他们积极参加政府和行业组织号召的各种公益活动，自觉开展社会公益活动。例如2002年，中广协电视委员会、报纸委员会、广播委员会为配合中国儿童少年基金会做“儿童慈善日”活动，动员了上百家会员在电视、报纸和广播等大众媒体上做宣传，收到了极好的效果，使该项活动获得了成功。可以说每一个城市的“亮起来”工程，每一个地方的大型公众活动，都有广告人的智慧和辛劳，广告行业为社会主义精神文明建设做出了很大贡献已经为社会所公认，行业的形象正日益提高。

3．重视科学管理，不断增强企业竞争力

许多企业都在不断完善自己的服务架构和功能，在管理流程和资源配置上建立相应的机制，以保障最大限度地发挥企业优势。他们在经营中强调制度化、法制化、规范化，有的单位还重金引进广告管理系统软件使广告业务从承揽、制作到发布整个操作过程不出现任何问题。

4．高度重视人才培养，积极引进先进技术和经验

广告行业是知识密集、技术密集、人才密集型行业，广告经营单位在参与激烈的市场竞争时，人才、技术是体现企业综合实力的重要标志。有的广告公司设有培训中心，由副总裁专门负责培训工作，采取“请进来、走出去、互教学”的模式，请社会上知名的、有特点有成就的专家学者来公司授课；组织员工到广告业发达的国家地区进行学习；聘请专家为公司顾问；员工间经常开展相互间的交流和恳谈等。有的公司从学校开始培养人才，组织在校学生实习、出资帮助学生参加各种广告大赛，下大力气组织后备力量，为单位经营的持续发展储备了丰富的人才资源。

几年来的争创活动表明，广告行业在精神文明建设活动中不仅自身取得了极大发展，同时也为社会主义精神文明建设做出了应有的贡献。互查组在走访这些先进单位后，得出了两个结论：

(1)广告在精神文明建设中起到了极大的作用

2003年，一场突如其来的非典型性肺炎使国人遭到肆虐，在此天灾面前，广告人挺身而出，他们通过做各种媒体广告和各种活动，宣传抗非知识、讴歌抗非英雄、鼓舞士气、稳定民心，在彻夜长明的公益广告牌中，闪烁的是中国人民不怕任何困难的决心，同时也鼓舞着亿万人民的信心，传递着爱心。为此，许多经营单位不仅放弃了部分商业利益，而且还投入了大量的人力物力，仅广州日报在抗“非典”期间的宣传费用就达500多万元。“非典”期间的公益广告凸现出广告人的快速反应和真情关爱，也是广告行业在践行“三个代表”重要思想的具体表现，许多广告经营单位被当地政府评为抗击“非典”先进单位。

几乎所有的“广告行业文明单位”都与公益广告结下了不解之缘，他们已经将制作、发布公益广告视为自身责任的一部分。有目共睹的是，公益广告的数量逐年增加，质量越来越好。许多媒体的公益广告数量远远超过了国家规定的数目或比例。如保定电视台2002—2003年度就发布公益广告14,000多条次，创作公益广告近40条。深圳公交车车体的公益广告比例能够占到广告总额的25%。在公益广告的内容上，涵盖了健康环保、禁毒防病、普法教育、扶贫助残、尊老爱幼、爱护公物、关心公共卫生、下岗职工再就业、献血、生态建设、招聘青年志愿者等方面，在倡导社会公德和文明风尚上起到了非常重要、无可替代的作用。这些都说明，我们的广告经营单位能坚持正确的舆论导向，时刻与党中央保持一致，坚决做精神文明的旗帜。可以说，在华夏大地上的任何一条高速公路上、任何一个城市里都可以看到公益广告；从全国所有的电视广播频道中都可以看到听到公益广告。在做这次活动的总结时，原准备将公益广告的数量进行一个统计，以此对党和人民做一个交代，可是我们发现，公益广告涉及的面实在是太多了，不仅设计制作发布的单位数量多（全国数以万计的广告经营单位都做公益广告），而且形式多样，涵盖了所有媒体，很难用一个统一的计量单位进行统计。尽管没有具体的数据，我们也能说，在宣传党的路线方针政策、推进社会主义精神文明、提高全民素质方面，70多万广告从业人员对党和人民交的是一份合格的、优秀的答卷！

(2)在精神文明建设活动中广告行业也得到了成长

广大的广告经营者已经认识到，做公益广告是利国利民的大事，做公益广告已经成为他们的自觉行动。而且在做公益事业奉献的同时，也提高了企业的知名度、美誉度，使社会公众对媒体和广告公司的广告经营活动更加认同。广告从业人员也对自身从事的事业有了进一步的认识。

媒体的广告部门已经走出单纯地为媒体筹集经费做广告的阶段。他们能够严于自律、公平竞争，主动促进行业水平的整体提高。一些媒体的做法是将广告栏目或版面进行公开拍卖，公布买断标的，制定竞标程序。在纪检部门、节目制片人的共同监督下，宣读竞标公司的标书，完全以标的数额确定花落谁家，营造了一个公平竞争的环境，受到了广告公司的欢迎。一些媒体的做法是将折扣政策透明、推行一个折扣制，不论谁来、不管谁接，都是一样，使客户和广告公司受益匪浅。更为可喜的是，大力推行广告代理制已成为一些大型媒体的共识，一些报纸，除了招聘等广告以外，已经全部由广告公司做广告代理了。

广告公司不论从经营规模、人员素质和专业能力方面都有很大的提高，许多优秀的广告公司早已摆脱了“拉广告”的时期，他们与广告主的生产经营息息相关，与社会经济发展息息相关。他们有着强烈的社会责任感，公益广告的创作就表明了他们对社会问题的思考和关切，他们时时刻刻都在努力学习，提高自己，去做传播文明和爱心的使者。

各地区广告协会把“争创活动”作为加强行业自律、规范行业经营行为、提高行业自我教育与自我约束的重要工作。他们常抓不懈、持之以恒，并贯穿到协会各项工作之中，许多协会做到了年初有布置，年终有检查，针对行业中存在的问题有的放矢，务求实效。在与经营单位不断的经常的交流中，协会自身也得到了发展和进步，在他们更加了解经营单位，了解行业的同时，也增加了自己的影响力和凝聚力。

在互查过程中也发现了一些不足，如还有部分医疗广告有待于规范、一些广告创意还有待于提高等等，这也是整个行业需要规范和自律的。

我们相信，在党和政府的领导下，全体广告从业人员将进一步高举邓小平理论的伟大旗帜，认真学习十六大精神，全面落实“三个代表”重要思想，解放思想，实事求是、与时俱进、开拓创新，继续开展争创精神文明先进单位活动，我们的事业会越做越大，越来越好！

中国广告协会关于认定首批中国等级广告企业资质的公告

中国广告协会企业资质认定委员会第一次认定会议日前在北京召开，会议认定了51家广告公司为中国一级广告企业，核准了经省、自治区、直辖市广告协会资质认定委员会认定的61家中国二级广告企业、32家中国三级广告企业(各级广告企业均排名不分前后)。特此公告。

中国一级广告企业(51家)

盛世长城国际广告有限公司
北京电通广告有限公司
博达大桥国际广告传媒有限公司
精信广告有限公司
北京未来广告公司
北京歌华阳光广告有限公司
北京炎黄时代广告有限公司
北京太阳圣火广告有限公司
北京通成推广公交广告有限公司
北京公交广告有限责任公司
上海广告有限公司
上海美术设计公司
上海灵狮广告有限公司
上海西南广告有限公司
上海东湖广告装饰有限公司
上海旭通广告有限公司
上海大众广告有限公司
上海中宣国际传播有限公司
上海梅高创意咨询有限公司
天津市北岛广告发展有限公司
广东省广告有限公司
广东平成广告有限公司
广州市广告公司
广东广旭广告有限公司
广东天艺广告有限公司
广州市蓝色创意广告有限公司
广州交易会广告有限公司
广州白云国际广告有限公司
广东艺精广告装饰工程有限公司
杭州公交广告公司
宁波市友谊广告发展有限公司
山东省国际广告有限公司
山东博大航空广告有限公司
青岛五洲广告有限公司
青岛天马广告有限公司
南京梅迪派勒公交广告有限公司
南京市广告有限公司
江苏大贺国际广告集团有限公司
四川省巴蜀新形象广告传媒股份有限公司
四川西南国际广告有限公司
成都阿佩克思广告有限公司
昆明风驰传媒有限公司
哈尔滨海润国际广告传播(集团)有限公司
安徽省金鹃国际广告有限公司
安徽黑白广告有限责任公司
福建奥华广告有限公司
福建新恒基广告有限公司
武汉经济技术开发区新纪元广告装饰有限公司
西安沙龙广告装饰有限公司
新疆普拉纳广告有限公司
太原好运达国际广告有限公司

中国二级广告企业(61家)

北京世纪华纳广告有限公司
上海解放广告有限公司
上海电力广告有限公司
上海市公共交通广告公司
上海航空传播有限公司
上海东亚广告装潢有限公司
上海东方航空传媒有限公司
上海智高广告有限公司
上海影城公关广告部
上海现代国际传播有限公司
上海国际机场股份有限公司广告分公司
上海邮政商函广告有限公司
上海豫园文化传播有限公司
上海大同广告有限公司
上海联想国际广告有限公司
诺贝广告有限公司
上海光明广告有限公司
重庆市场广告装潢有限责任公司
昆明市广告公司
云南玉溪深红壹佰广告装潢有限公司
云南玉溪粤港广告有限公司
宁波市顺通广告装潢公司
武汉新宇广告装饰有限公司
湖北荧丰电视艺术开发公司
湖北视星广告有限责任公司
湖北东方视博传播有限公司
武汉尊荣广告国际传播发展有限公司
武汉市方大商贸广告发展有限公司
武汉市波普广告有限责任公司
武汉华利广告有限公司
山西黄河广告有限公司
山西泰森装饰设计工程有限公司
山西新创装饰广告策划有限公司
山西同航公交广告有限公司
山西丹特森广告有限公司
延安华科广告有限公司
合肥新方舟广告有限责任公司
合肥嘉宝影视服务有限责任公司
合肥赛天使广告有限责任公司
合肥中策广告有限责任公司
合肥正业广告有限责任公司
合肥白马广告有限责任公司
合肥公交广告有限公司
合肥天戈广告有限责任公司
合肥瑶海广告有限责任公司
合肥明珠装饰广告有限责任公司
合肥信苑广告有限责任公司
合肥明亮广告有限责任公司
合肥新视野广告有限责任公司
合肥虹源广告有限责任公司
合肥大西洋广告有限责任公司
安徽省宿州市天地广告有限公司
安徽鼎盛经济文化发展有限公司
芜湖市邮政广告中心
芜湖广泰广告装饰有限公司
芜湖市泰鑫广告有限公司
滁州市公路广告有限公司
滁州市新奥广告装饰工程有限责任公司
安徽金太阳广告有限公司
安徽省池州市新光源有限公司
亳州市声屏广告有限责任公司

中国三级广告企业(32家)

上海雷鸟广告有限公司
上海信息广告有限公司
上海飞鹰广告有限公司
上海四维广告印务有限公司
上海新城霓虹广告有限公司
上海长信广告有限公司
上海正大广告实业有限公司
上海南方广告有限公司

上海协合广告装潢有限公司
上海明思广告有限公司
上海神行策划有限公司
上海得胜广告有限公司
上海三桥传播有限公司
上海工艺广告设计有限公司
上海祥灵广告有限公司
上海中岛影视广告有限公司
昆明瞬达广告有限责任公司
昆明西苑广告有限责任公司
云南玉溪信龙广告有限公司
云南红塔广告装潢有限公司
银川宏强广告有限公司
合肥市广告公司
合肥绿都广告有限责任公司
合肥市迪赛广告装饰有限公司
巢湖市野马广告装潢有限责任公司
宣城市汪健装饰广告有限公司
铜陵市创意广告装饰有限责任公司
安徽明都实业总公司明都广告分公司
滁州市新思路文化传媒广告有限公司
安徽省亚太广告有限责任公司
芜湖市阳光广告有限责任公司
马鞍山市三方广告有限责任公司

关于中国广告业企业资质认定工作的解释

中国广告协会

一、中国广告协会为什么要推行《中国广告业企业资质认定暂行办法》?

答：这个问题要从三个方面回答。

第一，这是我国广告事业发展的必然结果。我国广告行业已发展成为年营业额逾千亿元，从业人员超过80万人，广告经营单位近8万户，在国民经济生活中占据重要地位的新兴产业。广告行业不但是市场经济的重要组成部分，而且以其特有的作用促进着市场经济的发展。广告行业的重要作用已经被全社会所认识。但是，我国的广告企业普遍存在着经营规模小、经营水平低的状况。这种状况与市场经济对广告行业的客观要求形成了尖锐的矛盾。要迅速改变这一矛盾状况，就必须用企业资质认定的方法推动我国广告企业向规模化和集约化的方向发展。

第二，这是广告行业自身特点的客观要求。在计划经济时期，广告作为一个行业是不存在的，只有少数外贸企业由于出口的需要在境外做一些广告。广告真正作为一个行业发展起来始于1979年。因此，广告业不像我国其他行业那样，有一个垂直的系统，有一个专门的部委负责它的规划和投资等。广告业自诞生那天起，就与市场经济紧密联系在一起，它在资金投入、市场划分、政策优惠等等方面均未享受过其他传统行业的待遇，在企业资质、职称评定等方面也是一张白纸。这个行业要想大发展、快发展，必须建立一系列自律机制，必须自我完善、自我激励。特别是我国加入WTO以后，在世界经济一体化的进程中，外国资金和商品的进入使我国广告市场加速扩大的同时，也使我国的广告企业在市场竞争中处于不利位势。因此需要引导我国广告企业调整经济结构，实施现代企业制度，以适应激烈的市场竞争。

第三，这是中国广告协会的职责。中国广告协会是中国广告界的行业组织。《中国广告协会章程》第六条第六款明确规定中国广告协会的业务范围包括：开展行业资质检评活动，向社会推荐资质优秀的单位，促进会员单位不断提高经营管理水平。所以，中国广告协会推行中国广告业企业资质认定的工作是责无旁贷的。

二、中国广告业企业资质认定的工作机构是如何运行的？

答：中国广告业企业资质认定工作是一项系统工程，中国广告协会与地方广告协会明确分工，密切合作才能做好这项复杂的工作。中国广告协会负责全国广告业企业资质认定的管理工作，各级广告协会配合实施。中国广告协会和省级广告协会已成立由广告协会、广告主、媒介、专家等相关人员组成的独立的企业资质认定委员会负责认定工作。

中国一级广告企业资质，由注册地广告协会及省级企业资质认定委员会初审提出建议后，报中国广告协会企业资质认定委员会认定。中国二、三级广告企业资质的认定，由中国广告协会授权各省、自治区、直辖市广告协会企业资质认定委员会认定，并报中国广告协会核准。

中国广告业企业资质等级标准由中国广告协会与中国广告协会企业资质认定委员会制定。

三、中国一级广告企业应该具备哪些条件？

答： 中国一级广告企业是我国广告企业的最高资质。中国一级广告企业应具备的条件是：在中华人民共和国境内从事广告业经营活动、具有企业法人资格的单位；企业成立3年以上，采用现代企业管理制度，近3年来资产净值有所增加；注册资本不低于200万元；广告专业设备净值180万元以上，有固定的经营场所；广告年营业收入不低于800万元，并照章纳税；企业主要经营者及业务部门负责人具有大专以上学历及相应的广告经营业绩；有职工40人以上，其中80%以上的人员具有大专以上学历或者初级以上职称，或者取得了计划单列市、副省级市以上广告协会组织的法律法规、自律规则、专业知识等培训的证书；企业有一定的人才培训投入；有成功服务2年的客户3个，在过去2年内曾为8个以上品牌提供综合代理服务，并且至少有2个品牌为成功案例；企业至少在平面、广播、影视、户外等广告媒体中的4种媒体为客户提供过广告设计、制作、代理发布服务；制作发布过的广告作品在副省级以上评比中获等级奖5件以上；企业为行业、公益广告及公益事业做出了一定的贡献，在本行业有较高的影响力。

四、中国二、三级广告企业应该具备哪些条件？

答：中国二、三级广告企业的条件与一级广告企业的条件框架相同，不同的地方是注册资本分别为100万元和50万元以上；广告专业设备净值80万元和40万元以上；广告年营业收入不低于400万元和150万元；70%和60%以上的人员具有大专以上学历或者初级以上职称，或者取得了计划单列市、副省级市以上广告协会组织的法律法规、自律规则、专业知识等培训的证书；过去2年内曾为5个和3个以上品牌提供综合代理服务，并且有2个或1个品牌为成功案例；企业至少在平面、广播、影视、户外等广告媒体中的3种和2种媒体为客户提供过广告设计、制作、代理发布服务；制作发布过的广告作品在副省级以上评比中获得等级和入围奖等。

五、量化评分标准的主要内容是什么？

答：一级企业资质量化评分标准的主要内容是，将《中国广告业企业资质认定暂行办法》中一级企业资质的十条标准分为四大部分，根据其对企业资质的影响权重确定了每一部分的分值，即营业规模为21分、人员素质为20分、服务水平为38分、行业影响力为21分，总分为100分。在每一部分中又分为不同的得分层次，如上缴税款的数目差异、企业获得国际奖项与地方奖项、参与全国性组织和活动与地方性组织和活动等均会使得分不同，等等。

六、广告企业如何履行中国广告业企业资质认定的申请程序？

答：广告企业可向企业注册所在地的广告协会申

请各级资质；注册地没有广告协会的，可直接向地、市广告协会申请各级资质。各级广告协会签署意见后，报省、自治区、直辖市广告协会企业资质认定委员会。在国家工商总局注册的企业申请一级资质的，可直接向中国广告协会申请。申请二、三级资质的，向企业经营所在地的省、自治区和直辖市广告协会申请。

七、广告企业申请资质等级应当向资质认定委员会提交什么证明资料？

答：广告企业申请资质等级应当向资质认定委员会提供的证明资料有：广告业企业资质申请表及相关业绩证明资料；企业法人营业执照和广告经营许可证；企业章程；企业法定代表人和企业技术、财务、经营负责人的任职学历、职称证书、身份证；企业广告经营资格年检证书；企业经会计师事务所审计的上年相关的财务报表。企业申请资质升级，除提供上述资料外，还应当提供原资质证书。

八、广告业企业资质认定有什么时限规定？

答：广告业企业的资质认定时间为每半年一次，上半年申请的截止时间为5月31日，下半年申请的截止时间为11月30日。 对已认定了资质的企业，中国广告协会将在公众媒体上予以公告，并颁发由中国广告协会统一印制的《中国广告业企业资质等级证书》及标牌。《中国广告业企业资质等级证书 》有效期为两年。

九、如何对已经获得中国广告业企业资质的单位进行监督管理？

答：各级广告协会对广告业企业的资质进行监督管理。

广告企业申请资质或申请晋升资质等级，在申请之日前一年内有下列行为之一的，不予认定：因违反《中华人民共和国广告法》等规定而被严厉处罚过的；按照国家规定需要持证上岗的从业人员未经培训、考核，未取得证书上岗的；因有不正当竞争行为、在行业内造成很大影响的；企业财务信誉欠佳的；其他违反法律、法规的行为。

获得《中国广告业企业资质等级证书》的企业有下列行为之一的，由认定部门给予警告、通报批评、降低直至取消资质等级的处罚：申请资质证书时隐瞒实际情况，弄虚作假的；因违反《中华人民共和国广告法》等规定而被严厉处罚过的；按照国家规定需要持证上岗的从业人员未经培训、考核，未取得证书上岗的；因有不正当竞争行为在行业内造成很大影响的；企业财务信誉欠佳的；其他违反法律法规的行为。

广告企业因各种原因撤销、歇业的，应当将资质证书交回原发证机关予以注销。

总之，中国广告业企业资质认定工作的推行是我国广告事业发展的里程碑，是维护广告业经营秩序的需要，是促进广告企业向规模化、集约化方向发展的必由之路。任重而道远，中国广告协会和各地方广告协会还有大量的工作要做，我们要不断总结经验，克服困难，努力完善中国广告业企业资质认定的各项工作。

’2005中国广告年鉴
China Advertising Yearbook
第十三版
13th Edition

广告专著与学术论文选登

共享网络广告盛世华章
——回顾2004，展望2005

网易市场销售高级副总裁 胡智琴

2004年，在互联网经济欣欣向荣发展状态的带动下，网络广告市场步入了一个“春暖花开”的季节，国际、国内网络广告发展同呈一片繁荣景象：总部位于纽约的Interactive Advertising Bureau(IAB)公布，截至6月30日的第二季度，互联网公司的上半年网络广告收入达到46亿美元，较上年同期增长40%。在中国，据艾瑞市场咨询监测数据显示，截至2004年11月30日，国内新增网络广告主1954家。IT产品类、网络服务类、通讯服务类、交通类、房产类等共近20个行业类别投放了网络广告，投放总额已逾16亿元。作为国内三大门户网站之一的网易，网络广告的营收也出现持续的增长局面。2004年，网易网络广告收入由第一季度的3010万人民币跃升到第三季度的4670万人民币，增长率实现了55.5%的跳跃式发展。无可否认，相对于传统广告形式，基于网络媒介传播特性的网络广告，拥有着交互性、即时性、广泛性及对受众目标的可精确统计性等优点，越来越受到众多企业广告主的青睐。

互联网行业的跨越式增长

最近几年，国内互联网基础实现了跨越式增长，奠定了互联网经济发展的坚实基础。据中国互联网络信息中心（CNNIC）2004年7月发布的第十四次“中国互联网发展状况统计报告”显示，截至2004年6月30日，中国互联网用户总量达到8700万，目前的网络使用普及率为52%，而今后这一数值每年仍将以1.4倍的速度增加。预计2005年1月份，中国互联网用户总量可望突破一亿大关。随着网络速度的增长、上网费用的降低及网络信息内容的丰富，网络用户对网络服务期望值也不断增长。来自互联网试验室的“互联网满意度(服务)”指数调查表明：网络用户对于互联网的满意度在不断走高，2004年网络用户的满意度指数已经回升至接近2001年的最高水平，达到了109。

在中国互联网用户飞速增长的同时，国内的互联网基础设施建设也在不断得到完善。目前，中国宽带上网用户数已经达到了3110万，一些重点地区或城市，宽带网络接入普及步伐正在逐渐加快。随着宽带上网逐渐成为主流，可以预见2005年会有更多的用户轻松享受到更多的网络服务内容总量；而对广告主而言，网络媒体应用的形式可以更加丰富且多元化，这也将间接影响网络广告被评估的方式更趋复杂化。

网络广告市场不断扩大

网络广告获得较快增长最突出的表现就是网络广告主的大幅增加，掀起了网络广告投放热潮。据艾瑞市场咨询整理iAdTracker监测数据显示，截至2004年11月30日，国内新增网络广告主1954家，IT产品类、网络服务类、通讯服务类、交通类、房产类等共近20个行业类别投放了网络广告，投放总额已逾16亿元。

其中，IT行业产品类是投放网络广告最多的行业，其次是网络服务类，排在第三位的则是通讯服务类。与行业特性有关，IT行业产品类与网络服务类行业人士对于网络广告的认知和接受程度普遍好于其他行业，从事网络广告的经验也更丰富，所以位置比较靠前。“第二届中国网络广告大赛”评选出的2004年度网络广告“最佳广告主”——国内IT行业的第一品牌联想集团，继2003年度网络广告投放居国内企业之首后，2004年对网络广告仍旧倾注了极大的热情，并且充分整合各种网络资源，不断进行创新式的网络营销。而通讯服务类产品，特别是手机，随着与数字化平台之间的不断互联互通，与网络行业的关系也变得非常密切。

统计同时还显示，在2004年的网络广告市场上，网络服务类、娱乐及休闲类、快速消费品类以及房产类网络广告主数量在过去一年当中增长相对较快，BMO蒙特利尔银行、香格里拉酒店集团、欧柏莱、无忧出国教育等一大批新增广告主不断涌现。可以预见，2005年将会有更多快速消费品类、娱乐及休闲类、汽车类以及房地产类的广告主更积极地选择网络媒体进行营销。

网络广告环境得到逐步改善

网络广告的良性发展还有赖于网络广告环境的改善。伴随着互联网用户行为的成熟和网络广告市场发展的日新月异，诸如“弹窗式”网络广告出现的“扰民”问题，成为网站亟待解决的大事。2004年美国正在逐渐进行着一项禁止“弹窗式”网络广告的运动，雅虎、MSN等国际著名网站此前就已经明确杜绝弹窗式网络广告。相比之下，国内网站特别是一些门户网站“弹窗式”网络广告投放现象还比较普遍，对于网络用户舒适使用网络造成一定的影响。值得高兴的是，国内网站禁止“弹窗式”网络广告也已提上了日程，门户网站开始自觉的就“弹窗式”网络广告问题进行自查自纠。相信，假以时日，号称“网站首页牛皮癣”的干扰性广告将会被彻底清除，取而代之的将会是一些更具互动性和视觉冲击力、干扰性小、信息内容更为丰富的网络广告新形式。

网络广告环境的优化，除了内容页面将逐渐以用户经验为基础并逐渐净化外，网络广告出现在更有“相关性”的网页也将会是2005年的趋势之一。如果广告出现在高相关性的页面，并与用户正在浏览的页面有关，用户不但不觉得干扰，甚至会更愿意去点击广告。从技术应用的层面而言，这种有针对性的内容网页，乃至搜索、邮箱等网络服务，将在2005年提供给广告主更多、更好、更相关的广告环境。

网络广告形式日益丰富

2004年的网络广告，一改往日“幅面较窄、信息量不足”的形象，版面逐渐变大，随着宽带应用的逐渐普及，带宽问题已经不再是限制丰富网络广告形式发展的“瓶颈”。富媒体广告（Rich Media）形式迅速增加就是一个很好的明证。

富媒体广告的定义是指由2D及3D的Video、Audio、HTML、Flash、 DHTML 、JAVA等组成效果，这种广告技术与形式在网络上的应用需要相对较多的频宽。Rich Media能够提高广告的互动性，提供更广泛的创意空间。最新的媒体技术甚至允许用户在广告界面上直接留下数据，从而有效地促进了用户与广告的交互。

一种叫做iCast（网络视频广告播放器）的网络广告播放工具出现，使富媒体广告形式在当今受到极大关注。2004年，国内较大规模的富媒体广告服务提供商尚只有iCast一家。不过，一些国际富媒体广告公司纷纷看好中国市场的发展，诸如Eyeblaster和United Virtualities等国际知名富媒体公司将于近期陆续进入中国。网易也正在积极接洽与这些富媒体广告公司展开合作，独家使用几种最新的富媒体广告形式。

随着大幅面、富媒体网络广告形式的日益增加，网络广告也像电视广告效果一样，成为一种能够带来高曝光度的广告形式，网络广告主对于网络广告的传统印象由此可以得到彻底的扭转。

网络广告评估标准演变

在过去，提及网络广告效果，大部分广告主都会不由自主地想到用点击率（click-through）评估。点击率决定网络广告表现效果的时期，正是干扰性广告猖狂之时。但随着网络经验日渐成熟的广告主对品牌效果影响的注重以及希望更全面地了解网络营销的投资回报，单纯的追求点击率的片面心态也开始引起门户网站以及广告代理商对网络广告评估方式的反思。

既然2004年广告主多数还是从点击率的基础来看，那么我们还是纵览一下过去几个季度整体市场点击率的演变。据全球知名的网络广告监测公司DoubleClick（双击公司）统计，截至2004年第三季度，全球网络广告平均点击率已经从2003年第二季度的0.34%降低到0.2%。

尽管网络广告市场点击率因用户对广告的经验而逐渐改变，但是这并没有影响到广告主对于网络广告的信心。随着对网络广告认知的不断成熟，广告主由过去的追求点击率转变为注重品牌形象的曝光度，网络广告的“阅览率”（view-through）成为另外一个比点击率更为受到关注的评估指标。进一步而言，网络广告并不仅仅在点击之后才会产生效果，当网民在观看某个网络广告但并没有发生点击行为时，该广告的曝光与停留时间也许已经让网民产生了品牌印象，并会促使该网民稍后访问广告主的网页，这种行为可以说比单纯的点击行为有更佳的效果。网民如果能够完整地看完一个4-5秒的网络广告，了解到这个广告的大概内容，该网络广告的目的就已经达到。这也正是为什么网络广告“阅览率”逐渐成为另一项评估指标的原因。

“阅览率”作为网络广告的重要考察指标，也为富媒体广告形式发展带来了前所未有的发展机遇。来自DoubleClick的最新统计显示，到2004年第四季度，富媒体广告形式在网络广告中的使用率已经达到了42.7%。而且，由于富媒体广告形式广告容量可达300K甚至以上，是普通广告形式的10倍，创意空间不再受限制，大大增强了网络广告的表现力，提高了网络用户对富媒体广告形式的印象度。

预计在2005年，另一项开始影响广告主从更全面的角度评估网络广告的是“网络广告效果品牌后测”(Post Campaign Brand Metrics Study)。即广告主在进行某次网络媒体投放之后，可以通过网络调研的方式，对看过这次网络广告的用户以及没看过的用户，进行广告主品牌知名度(Brand Awareness)，产品使用情况(Product Usage)，品牌讯息联结(Message Association)乃至于品牌好感度(Brand Preference)以及购买意愿(Purchase Intent)等品牌评估指标的差异比较。如果这些指标的数据有显著增长，也就证明了这次网络媒体的投放对于广告主品牌而言，产生了质化的效益。

第三方网络广告监测市场重新洗牌

过去，国内只有诸如互联网实验室、艾瑞市场咨询等有限的数据支持，两者都引用国外Alexa网站的数据进行分析。由于Alexa数据受地域、语言和其他地理文化因素影响，充满许多技术局限，其调查方法与网站域名和主页名称统计的有关部分也充满争议，致使评估网站访问量与人数的考察标准有失公正。不过这种局面将彻底得到改善，在经过了长达一年的准备后，全球发展最快的第三方监测机构AC尼尔森在国内的网站已在2004年年底正式推出“NetRating市场评测报告”。

NetRating隶属尼尔森集团，高技术含量的测评服务，以近普查法收集网页浏览数，访问者数与人口统计信息，已经被网络广告发展成熟的西方国家所普遍接受。这份数据更注重的是访问网站的独立用户，可以更客观地看到各类网站（门户网站与垂直网站）的表现排名，排名指标则包括：公司排名、一级域名排名、所有域名排名、频道分类排名。而独立访问者、页面浏览量、访问频率、平均页面时间、平均访问时间等访问量信息和年龄、性别、地区、收入等网络媒体受众信息也将纳入此项数据的统计范围之内。

这一国内第三方监测机构新力量的加入，将可以为广告主在选择网络媒体时，提供更为全面、公正的参考数据。预计从2005年开始，NetRating对于推动网络成为主流的传播媒体将有着重要的意义。

网络媒体有效优化整合营销传播

如何通过整合营销传播实现营销效果的最大化，是当今广告主最为关注的一个话题。而使传统媒体同网络媒体之间有效结合，将会成为一种最具整合行销传播能力的方式之一。这主要是由于网络媒体与传统媒体尤其是电视媒体之间的互补趋势越来越强。

据CMMS（中国品牌发展报告）的调查研究显示：网络媒体与电视媒体受众之间成反比关系，轻度电视接触者是重度网络接触者，即不经常看电视的人群却经常上网。另外，对北京、上海、广州三地电视及网络受众研究发现，电视接触度越低的群体中网络接触度越高，这也证明了网络对电视媒体的补充性。

而在对于社会热点的关注上，媒体受众也并不是单纯的依赖电视媒体。与之相反，鉴于网络媒体的即时、互动性，受众很多时候对于网络媒体的依赖大于电视媒体。

据权威的网络监测机构NetRating对“CCTV-5 奥运会节目北京地区平均收视率Vs NetRatings 中国地区测评网站访问流量”监测数据显示，2004年8月22日0时—24时，网站的访问流量出现四次峰值时段，表现明显好于电视媒体。除了在电视收视高峰期，网络媒体流量在较短时间内低于电视媒体收视率，其他时间受众对网络的关注一直遥遥领先于电视媒体。即便是在电视收视的高峰期，网络媒体的流量也一度高过电视观众的收视率。

这一现象，引起了许多传统广告主的重视，在制定整合营销传播方案的时候，传统媒体整合网络媒体营销被越来越多地采用，从而开辟了一条实现营销效果最大化的成功之路。

网络广告跻身行业主流舞台

2004年，“第二届中国网络广告大赛”首次作为“2004年中国广告节”的一个子项目，跻身广告行业大舞台。从那一刻起，标志着网络广告正式昂首迈进了中国广告行业的大门。网易作为互联网行业的先行者，热情参与支持本项赛事并特别赞助了本届大赛的颁奖典礼，也表明了网易对于网络广告行业的决心与信心。对于中国网络广告行业来说，2004年是具有里程碑意义的一年，在这一年中，网络广告不仅受到了应有的关注和重视，而且极其精彩地谱写了一篇盛世华章。

2005年，随着网络媒体主流化的发展趋势，网络广告将面临着一个前所未有的发展机遇。电子邮件、搜索引擎、网络社区等网络用户日常所使用的网络工具和服务，正在无限沟通着网络用户之间的交往与互动，互联网在网络用户的生活中变得不可或缺，网络媒体的粘性在不断增强。作为国内三大门户网站之一的网易，也将不断提供诸如富媒体广告、频道内容合作、品牌活动赞助、直效行销及网络调研等形式各样的网络营销服务，帮助广告主实现营销目标的最大化。

同时，我们有理由相信：2005年，网络广告的发展不会错过任何一个超越的机会。借助搜索引擎、电子邮箱等网络平台的营销推广正在愈演愈烈；在网络社区、虚拟网络论坛中，也蕴藏着巨大的网络营销成长空间；网络媒体在企业的跨媒体整合营销行为中的地位和作用逐渐增强，基于网络媒体特性的整合营销方式和手段也在日益丰富，为越来越多的网络广告主所偏爱和运用。有专家预测，今后的几年中，网络广告市场将以平均55%的年增长率持续发展，2005年的中国网络广告市场规模将达到27亿元。因此，当我们在回首2004年网络广告事业盛世华章的时候，对2005年网络广告未来的展望已经悄然化为了一股奔腾不息的激情！

中国互联网广告回顾与展望

灵智精实整合行销传播集团副总经理　吕　勇

回顾互联网广告的过去并不容易，即便是我们这些伴随、参与它在中国的成长并以此为生的人。7年不长，却足够一个新生事物起伏，一批从业人先辉煌于风口浪尖，后搁浅于沙滩。回首往事是要找回成长中失落的东西，寻得解开今天互联网广告症结的办法，展望未来互联网应用于传播的发展方向。

互联网作为媒介，运行之上的广告通常有四个操作主体，即网站(作为媒介)、广告主、广告代理商和广告的传运、监测和咨询机构(通常称为第三方机构)。当各方的价值——共同或相互认可的，在各主体间传递时，行业成长；任何一方的价值下降，或在更多的时候被低估时，行业的成长就面临压力，而且压力自然地从上游向下游传递，导致行业停滞，或低于正常的、应有的成长率。

1997年3月，Chinabyte.com(www.chinabyte.com，2001年4月同天极网合并)上出现了中国大陆的第一个互联网广告，广告主是英特尔(另一说为IBM)，广告形式是旗帜广告(468 × 60像素)，中国互联网广告的历史由此开始。近7年的发展，互联网广告从高策划知识门槛、高创意制作难度，演变成部分行销者的整合营销传播方案中不可或缺的一部分。全年的广告投入从零增长到2003年的10.8亿元人民币。互联网在中国的运用广泛表现为一个新兴媒介的运用。广告主及其代理商在互联网广告的使用上大起大落，或盲从跟风，如DOTCOM年代，广告主以不在营销传播中运用互联网广告而感到落伍；或全盘否定，如网络经济泡沫破灭的年代，广告主无尽地质疑互联网广告的有效性。7年的发展使一些广告主认识了互联网广告，及其在整合营销传播中的作用；也迷茫了一些广告主，始终找不准互联网广告的位置。对于行业来说，7年沉淀下来的是一个不完善的广告运行环境。首先是缺少行业监管，其次是缺少完整的产业链，再者是畸形的定价和过于嘈杂的广告环境。从互联网广告策划的角度说，中国的策划人逐渐形成了颇具中国特色的策划理念，频创世界上最具新意的广告形式，享受世界上最低廉的媒介价格。

从成长的角度

依据互联网广告的年广告花费和成长率，7年的互联网广告史可划分为三个阶段(见图1)。

1. 广告连上互联网(1997—2000年)

1994年10月14日，美国著名杂志Wired推出网络版，其主页上的AT&T等14个客户的广告据称是全球最早的互联网广告。中国的互联网广告显然是个舶来品，当时中国互联网用户的数量只有区区几十万个，多数为公司的IT人员或是教育科研单位。虽然到2000年底互联网用户达到了2250万，但主要城市的媒介覆盖面仍然远低于传统媒介(见图2)，这样的小众、偏IT专业人士的媒介决定了早期的互联网广告主多为Intel、IBM这样的IT厂商。“牛栏山”，一个白酒品牌(高度二锅头)的按钮广告多少让人摸不着头脑，但它最起码占据了中国第一个投放互联网广告的非IT品牌的地位。1998年底四通利方购并华渊资讯网，逐渐打破搜狐一统内容门户网站的局面，并于2000年形成新浪、搜狐和网易三分内容门户网站天下的局面。互联网广告代理服务在传统广告公司中相继出现，如1999年初成立的灵智互动和奥美／智威汤逊的mDigital。专业的互联网广告公司如雨后春笋，加上第三方服务公司的出现，互联网广告的运营环境在中国初步成熟。其间互联网广告从无到有，也曾面临可供选择的网站少、网站内容贫乏和广告评估机制缺乏的尴尬局面，但到2000年底，中国互联网广告在DOTCOM的一阵热潮中走过了全国实践的初级发展阶段。DOTCOM烧钱的经济模式相信流量就是眼球，而眼球就是业务发展的前景。互联网广告被首选为增加DOTCOM企业网站流量的手段。它推动了互联网广告在中国的飞速发展，也催熟了互联网广告的产业链。

2. 互联网广告遭遇网络寒流(2001—2002年)

Nasdaq的网络寒流毫不留情地惠顾了中国。网络公司从疯狂烧钱转向开源节流。避寒也体现在行销者的行动上，以互联网广告点缀传播计划不再流行。行业面对各方对于互联网广告效果的质疑。行业为互联网广告、为自己把脉，也走上了2年的正名征程。一时间呼唤互联网广告回归传统之声大振、用传统的传播评估方法评估互联网广告，增加广告的可比性。为改变广告尺寸小的先天缺陷，IAB(美国互联网广告协会)推出了新的互联网广告标准，广告尺寸比以前的大3～4倍，以此增加互联网广告的创意表现空间，增加广告在品牌知名度建设上的效果。复杂的创意技术广泛应用，如丰富媒体广告(1999年由灵智大洋广告公司介绍到中国)，iCast(一种智能插播式的互联网广告投放系统，创意由电视广告片转制)等，目的只是为增加广告的影响力。互联网广告的媒介价格一路走低，专属的千人成本(CPM)

销售制被包月、包周制取代，相比1997年的平均千人成本100美金下降100倍以上。新兴的专业互联网广告公司和第三方机构相继挥泪转行，行业遭受空前打击，广告环境恶化。然而，就在互联网广告遭遇寒潮之际，中国的互联网用户突破了5000万的规模门槛(见图3)，主要城市的媒介覆盖率也超过了传统媒介中的广播，互联网的媒介价值逆流而上。在互联网的媒介价值被极端低估的同时，个别快速消费品广告主慧眼独具，开始尝试互联网广告，如2001年乐百氏整合新浪的互联网传播活动，肯德基联手搜狐的尝试，乃至2002年一汽一掷千万元的互联网广告投放。

3. 互联网广告的第二春(2003年～)

SARS改变了人们的生活和工作习惯，也在一段时间内改变了人们接触媒介的习惯。在这个特别的时间里，人们的户外活动减少，居家时间增多，互联网的接触自然增加。营销传播的继续被转移到互联网上，继DOTCOM烧钱热潮后再一次导致了互联网广告的快速增长。同时，互联网的覆盖面在主要城市人口中继续提升，宽带用户在中国的快速发展解决了网络传输的一个重要“瓶颈”，使互联网广告文件大小的限制不断减轻，互联网的媒介优势更加明显。加上网络公司相继盈利，互联网广告的第二个春天在特殊时期到来了。虽然此时的互联网广告在经历了前两年的严冬考验后已经失去了自身传播的特色，完全沦为传统媒介的补充传播渠道，但带有互联网特色的传播方式也有新的发展。搜索引擎竞价排名的广告形式开始受到行销人的青睐，实际上是对互联网广告的受众定位性的肯定。互联网广告环境开始恢复和完善：中国几大门户网站已认识到产业链的完善对下一步互联网发展的重要性，目前正和AC尼尔森合作引入在国外已发展成熟的第三方测评系统，该测评系统一旦在中国落地成功，将推进互联网广告的进一步发展。iResearch于2003年下半年开始定期公布网民的网上行为习惯，提供互联网广告及相关行业的技术和资讯服务。虽然这些第三方的调研数据仍不足以为互联网广告的策划提供足够的资讯，但希望重新点燃。

图1　中国历年互联网广告花费额和成长率

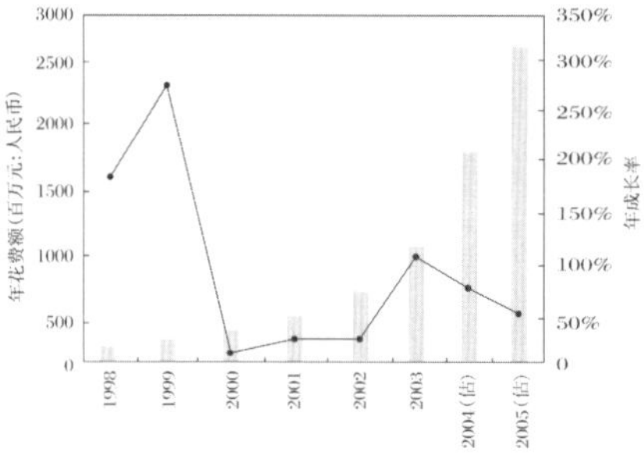

数据来源：上海艾瑞市场咨询有限公司

图2　1999～2003年主要媒介覆盖面（率）变化的情况

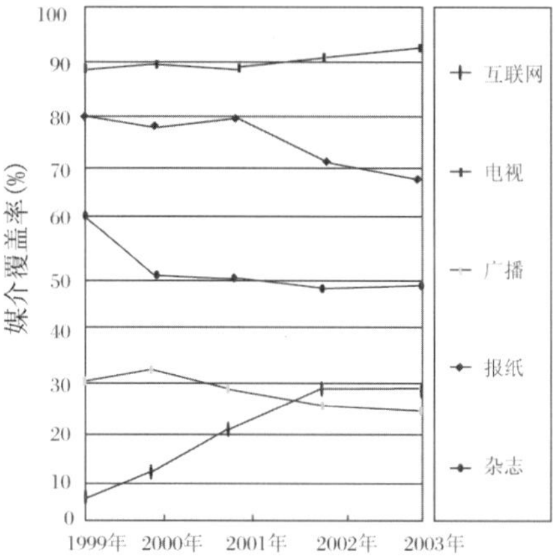

30个城市15～64岁以上的城市人口

样本数量：72036，推估人口：70338000

数据来源：新生代市场监测机构，历年中国市场和媒体调查

图3　中国互联网用户的增长情况

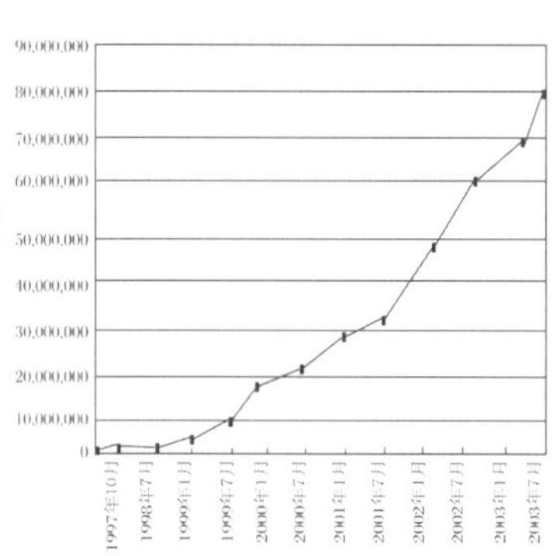

数据来源：中国互联网信息中心，历年《中国互联网络发展状况统计报告》

从广告策划的角度

第一阶段是从行业认识互联网作为新媒介的特点及其媒介价值，逐步形成行业作业的上下游和策划的逻辑思维。这个阶段策划的最大特点是尝试和磨合，不断积累经验。由于对媒介的认识不足，通常会比照相关行业的策划。于是传统媒介的策划经验和模式不断被用于策划互联网广告。最简单的做法是将互联网当成一个新的媒介，强调广告的性价比和品牌／目标对象之间的相关性。千人成本作为跨媒介比较的指标被广泛应用，并成为互联网广告定价的基本模式。至今仍有很多业内人士并不清楚互联网广告的千人成本同传统媒介策划中的概念大相径庭(传统媒介策划中的千人成本指广告到达1000个不同的受众的成本)。相关性通过安排广告出现在和网站内容相关的频道来达成，这里基于对互联网受众的一个重要假设，即受众自主选择浏览他们感兴趣的网站内容。对于点击率的高度关注，是第三方监测机构快速成长的动力。互联网广告在这个阶段过度强调了互动性，虽然这确实是互联网广告的特色。一味追求高点击率，扭曲了互联网广告的正确评估标准。在开发旗帜广告以外的广告形式以增加点击率的同时，根据不同的广告目的制定不同的评估标准的策划思维出现。

第二阶段是一个互联网传播策划反思的时期。对于新媒介传播效力的过度宣传在外因突变时黯然失色。我们不会因为互联网广告要为己正名而责怪广告操作的任何一方，因为任何新媒介的出现都必须证明其有效性。互联网广告只是在初步发展以后才补课。补课的代价很大，因为行业运行环境已经恶化。网站为了生存，在降价的同时以赠送的方式进一步压价，使广告的价格低到无法按合理的比例附加第三方服务，从而使广告的传运和监测服务商出局，也使行业最需要的第三方的价值证实无从进行。这时，互联网广告以等待来证实自己的价值，等待下一个重新腾飞的机遇。互联网广告的策划一方面面临着网站日益增加的访问量，另一方面面临着极低的媒介单价(千人成本)。更因为网站定价的不合理，很多网站首页的千人成本远低于其他频道的首页，导致广告主争抢首页资源，人为加剧页面的广告噪音。新技术和新的广告形式不断开发，页面遍布“地雷”。这种过度的开发，势必造成受众对互联网广告的反感，进而造成广告效果的下降。这个时期留给我们的思考是互联网广告是不是应当回归传统？在整合营销传播理念逐渐流行的时候，回归互联网广告的评估方法，至少有助于了解增加互联网传播对于整体传播的价值，及互联网广告在没有恰当的第三方监测的情况下如何做出有效的策划。

第三个阶段乃至今后的一段时间，是互联网传播重新突破和创新发展的机会。但发展的前提是如何解决现在存在的问题。首先，完成对互联网传播价值的评估。这需要实实在在的数据支持，也就是第三方机构的支持，以可比照的数据指标同传统媒介对比来证实互联网传播的价值。其次，定义互联网在整合营销传播中的地位。互联网具备媒介的属性，但又超越传统媒介，是一个超媒介。互联网在发挥信息传播作用的同时，还具有一对一的行销优势，具有直接营销的优势。以上两方面的完善终将为互联网广告价值回归奠定基础，在行业自律和行业协会的作用下，中国互联网广告的价格有望走出世界最低水平的尴尬。

从未来的角度

今后互联网的发展，应当从整合营销传播的角度来关注。整合营销传播的理念认为：整合营销传播是一个商业战略流程，用以策划、发展、执行和评估针对消费者、顾客、潜在顾客和其他相关的企业内外部目标对象的协同的、可测量的、有说服力的品牌传播活动。它的出现受到科技进步、以品牌区别于竞争对手和全球经济一体化的驱动。它将传统营销思维的4P延伸到4C，它关注的焦点是“人”这个个体。它强调受众的细分，强调营销预算按受众对企业利润的贡献程度的分配，从而实现营销效果的最大化。在整合营销传播的初级阶段，将互联网广告作为企业所有战术性的、外部的传播活动中的一种，实现战术性的整合以在市场上达成 “一个视觉形象，一个传播信息”的协调和一致。并注重搜集关于(潜在)顾客的信息：他们的消费行为和态度，他们的个性化信息及他们对于公司生意的贡献度，运用信息处理技术进行分析，提取策划、实施经验和应用指导。在更高级的整合营销传播活动阶段，利用互联网广告信息传递的一对一性和互联网本身具备的直接营销能力使整合营销传播可以同公司财务和公司战略匹配，实时、准确评估传播活动的有效性和效率，最大化投资回报率。互联网不仅是整合营销传播在战术性整合传播阶段应当充分利用的一个接触点，它在更高层次的整合营销传播——信息技术的应用、财务和战略整合阶段起到更重要作用。

从单纯的互联网本身的角度看，它在未来的整合营销传播中的作用可以这样表述：第一，用传统媒介建立品牌知名度，互联网广告起协同传播作用；第二，用互联网的互动传播建立带有品牌烙印的品牌体验，在互联网上建立企业网站打造数字品牌；第三，利用互联网的海量存储功能收集(潜在)顾客的数据，并分析加工整理成细分(潜在)顾客的数据；第四，将企业网站建设成为电子商务的平台，利用互联网的直接营销能力实现整合营销传播的最高目标。

中国互联网广告发展大事记

1997年1月，“中国通环球信息网”开始网络广告代理业务，提出在Internet上“我们垫钱为您做广告”；

1997年3月，Chinabyte.com获得第一笔广告收入。这也是中国第一个商业性的网络广告，广告表现形式为468 × 60像素的横幅广告。Intel和IBM是国内最早在互联网上投放广告的广告主。

1997年4月，Chinabyte.com由国际授权媒体监测机构AcNielsen旗下的专业公司开始站点访问第三方认证。

1997年12月，北方国联信息技术有限公司开通“广告情报站”(www.a.com.cn)，将网络列入广告媒体栏目中，向广告业倡导网络广告概念。

1998年初，代理IBM的奥美公司给了新浪第一单生意，以15000元的价格，在新浪网上打了一条468 × 60像素的横幅广告，促销IBM的一款笔记本电脑。

1998年7月国中网宣布“’98世界杯网站”获得200万元广告收入，国中网趁热打铁，在京举行“网上广告研讨会”。

1998年11月，在“国中网第三届年会暨Internet产业发展研讨会”上，中国国际传讯有限公司(china.com)与247MediaInc宣布合作在亚洲地区推出247Media－亚洲网络（www.247asia.com)。

1998年12月，Chinabyte以6万美元购买网络广告管理软件Netgravity，搜狐、找到啦等网络公司随后也加入购买行列。

1999年1月，国家工商行政管理局广告监管司表示，年内要出台规范性管理意见，建立对网络广告的监管制度。

1999年1月，灵智大洋(广州)广告有限公司(www.eurorscg.com.cn)在京成立“互动传播部”。

1999年4月，奥美公司与智威汤逊－中乔公司在中国推出互动媒体咨询。

1999年10月，24/7互动传媒亚洲有限公司在广州、北京、上海举办巡展活动。

1999年12月，CNNIC联合17家网站倡议推出网站访客流量度量标准——《网站访问统计术语和度量方法》。

2000年3月15日，由信息产业部信息化推进司、国家工商局广告司共同主办，中国信息协会、中国广告协会、《现代广告》杂志社共同协办的“新世纪网络广告研讨会”在国家工商局召开。

2000年4月，精信广告公司在京推出BEYOND(www.gobeyond.com)互动广告服务。

2000年5月，国家工商局向全国27家知名度较高的网络公司颁发“广告经营许可证”，开展网络广告经营登记试点工作。

2001年初，大部分商业网站都开始推出特殊形式的大尺寸广告。

2001年6月，新浪在中国网络门户中率先推出分类广告，并采取代理制来进行业务推广。

2001年11月，由于购买力有限，市场容量过小，网络媒体调研服务公司Iamasia突然死亡。

2002年下半年，好耶推出了Ad-Forward6.0，开始突击门户网站广告管理系统市场。

2002年12月9日，互动通有限公司首次在新浪推出网络视频广告ICAST(网视)网络广告形式。

2003年2月，《现代广告》杂志与新浪网合作推出定期出版的《网络行销专刊》，研究互联网行销。

2003年3月，金手指网络广告大赛大陆地区研讨会在北京举行。

2003年，百度推出搜索引擎竞价排名服务。

2003年，首届中国网络广告大赛举办。

2003年，中国互联网广告营业额达到10.8亿元。

原载《现代广告》2004年第9期

新广告三论

河南财经学院文化传播系副教授　王鲁昌

内容摘要：传统广告的销售目的论、说服方法论和商业理性风格与发展了的时代极不适应，新的时代条件要求我们秉持关系目的论、沟通方法论和生活感性风格以进行中国广告的变革，以创造中国新广告。

关键词：广告变革　关系目的论　沟通方法论　生活感性风格

近年来，业界时有广告变革的呼声，甚至有人已经公然打出了“新广告”的旗帜。然而，目前广告的主要问题是什么，广告变革的基本要点是什么，变革以后的广告将有怎样的面貌，“新广告”到底“新”在哪里呢？可惜，对如此关键的问题，至今竟无人详加探讨。这种理论缺失的状况必然使广告变革陷于方向不明的难局，甚至可能使广告变革有其名而无其实。

就上述关键问题，笔者陈述以下观点。目前的广告有三大特征，分别是以销售为目的、以说服为方法、以商业理性为基本风格。这三大特征其实就是三大问题，而这些特征都是旧时代的烙印，与巨变后的新时代已然格格不入，广告变革的要点就是要磨去旧时代的烙印，解决这三大问题。变革的广告应当秉持关系目的论、沟通方法论和生活感性风格，使广告展现全新的面貌。像这样发生了本质变化的广告，才可以堂堂皇皇地称作新广告。

一、新广告——关系目的论取代销售目的论

“我们的目的是销售，否则便不是做广告”，奥格威的这句名言可以说是广告销售目的论的代表。销售目的论的合理性基于以下三个背景。

一是经营管理的最大利润价值观。19世纪末到20世纪30年代，经营管理的主流价值观是最大利润价值观，实现利润最大化是企业天经地义的最终目的，企业的一切活动皆以利润为指归。30年代以后，经营管理主流价值观虽然发生了很大变化，甚至走向了最大利润价值观的反面，但最大利润价值观仍然与时共存着。最大利润价值观对利润的过分追求，必然要求广告以销售为目的。

二是推销和交易营销思想。推销思想只考虑售卖产品，而轻视买方的需要满足，广告当然就只是其千方百计销售的一种手段而已。20世纪60年代以后，营销思想虽然逐渐否定了推销思想而关注顾客需要，但其产品、价格、分销、促销的4P营销组合所着重解决的问题仍是销售，其对顾客需要的满足主要是通过销售的方式来实现，所以被看作交易导向的营销思想。交易营销思想把广告与促销、宣传推广、人员销售并列构成了“促销组合”，这就规定了广告的销售目的。

三是消费需求的低层次状态。在20世纪的大部分岁月中，多数人口处于经济、文化发展很不充分的社会条件下，因而消费需求长期囿于产品的物理属性，人们极少将精神、心理的深层次需要与产品相关联，消费者的满意依循着“产品——分市阅——满意”的模式，即仅仅体验产品的品质性能就可获得需求的满足。既然如此，把具有良好品质性能的产品销售出去就已经具有了满足需求的意义，就已经是广告的“功德圆满”了。这样，广告当然以销售为目的。

广告销售目的论在这些背景下合理存在并取得了巨大业绩。但是，20世纪70年代特别是90年代以后，社会的迅猛发展为广告置换了完全不同的背景，对广告提出了新的要求。

首先是生活质量价值观取代了最大利润价值观的主流地位。在此经营管理价值观下，企业的终极目的不再是获取利润，而是提高人们的生活质量。企业对生活质量的贡献，具体表现为促进、实现各个利益相关集团（如消费者、供应商、分销商、内部员工、股东、政府、媒体、社会团体乃至整个社会公众）的基本利益，特别是消费者的利益。其指导思想是合作，讲求与各个利益相关集团互利互惠。这就必然要求企业重视发展与各方面的亲善关系，因为关系的本质是利益共生，亲善关系的完满就包含并表现为实现各个利益相关集团的利益。于是，广告，它必须为亲善关系的完满铺路架桥，这是生活质量价值观赋予广告的使命。

其次是营销思想发生了令人瞩目的革新，关系营销方兴未艾。20世纪80年代中期兴起的关系营销被誉为21世纪的营销观念，它是生活质量价值观在营销上的直接体现。关系营销把营销活动看作企业与各个利益相关集团发生互动作用的过程，其核心是追求与这些集团的良好关系，旨在谋求共同发展。关系营销变传统营销的交易导向为关系导向，由追求利润最大转向追求关系最大，大大地拓展了营销的涵义和范围。对于丰富复杂的消费需求，交易营销着重经由销售予以满足，但却显得力不从心；而关系营销则通过整体关系对消费需求加以深度关照，使消费需求的满足具有了最大的可能性。如果说广告为营销服务的话，那么，交易营销时代的广告其目的自当是销售，而在关系营销时代，广告的目的则必然是建立和发展与利益相关集团特别是与消费者的亲善关系。

第三是消费需求迈向高层次。随着社会经济、文化的快速发展，“产品——综合感受——满意”已经成为消费者获得满意的新模式，完全超越了“产品——分市阅——满意”的低层次。这意味着，产品在售出之前，必须先形成可以带来“综合感受”的能力，方能真正给消费者以满意。所谓“综合感受”，不仅是对产品品质性能的属性感受，更包括对传播的信息感受。信息感受要求共鸣，特别注重传受双方在价值观、生活方式、个性、审美趣味等重要方面的协调，把精神、心理的深层次需要导向满足。很明显，理想的信息感受实质上标志着传受双方的和谐关系。只有创造出这基于信息传播的和谐关系，广告才算“功德圆满”。可见，广告销售目的论赖以成立的时代已经过去，新的时代要求广告断然转向关系目的论。

销售目的论对关系的轻忽已经造成了中国广告的严重弊端。

弊端之一，作为广告核心任务的品牌建设受到强烈冲击。在销售至上的观念下，立意于“产品与消费者的关系”（奥美给品牌的定义）的品牌被降格为销售手段。所谓品牌形象者，不过仅仅是销售所需穿戴的漂亮行头而已。品牌，可悲地沦为销售的奴仆。

弊端之二，当代广告的自足系统始终难以构建。公关、CI都是造就广告自足系统的要素，只有置于公关、CI的全景中，广告活动才能产生理想的效果。但是，由于真正意义上的公关、CI常常不能造成即时销售，因而均被销售至上主义者零碎化或者说异化掉了。所谓公关，成为只是配合销售而开展的临时活动，甚至是美丽的销售圈套；所谓CI，只剩下徒有其表的VI用以装点销售。

弊端之三，广告效果与消费需求严重不对称。广告片面追求销售效果，而受众则全面追求“综合感受”，追求传受双方的深层沟通。这种不对称状况使得满足消费需求几乎成为空悬的口号。

弊端之四，问题广告层出不穷。着眼于“销售”这个至高目标来判断，但凡不违背法律法规的广告手段都具有了合理性，甚至擦擦法律、道德的“边”也不无道理。这样，各种形式的广告阴谋和恶俗广告就经常被策划出笼。有此四大问题，中国广告，徒然抱着成就营销传播大业的梦想在沉沦。

广告关系目的论强调关系的极端重要性，它确认品牌建设的核心任务，要求以公关、CI等一切有助于关系培育的传播手段来构造广告的自足系统，加强与广告受众的全面、深层沟通，排斥一切有损于关系培育的广告手段。实践广告关系目的论才能消除广告销售目的论所造成的弊端，阻止中国广告的沉沦。应当指出，关系目的论虽反对销售目的论，但并不认为“关系”与“销售”相矛盾，因为关系是一个复杂的结构，关系结构中包含了销售关系。

在广告关系目的论倾力培育的关系之中，与消费者的关系是重中之重。与消费者的关系分为依次递进的三个层次。

一是认知关系。通过传播使消费者①接触了产品、品牌、企业等；②了解了产品品质性能、品牌内涵、企业背景等等。虽然这只是关系的起点，但已经含有发生购买的可能。

二是认同关系。通过传播使消费者确认①产品有能力解决自己的生活问题；②品牌内涵与自己的价值观、生活方式、个性、审美趣味等相吻合；③企业形象符合自己的期待。④在产品力、品牌力和企业形象的综合作用下，进而确认把自己与产品、品牌、企业相关联，将获得全面的满意。显然，认同关系所导引的满意感必然催生并进而维持和强化销售关系。传播进展到认同关系的层次，产品就进入了“自我销售”的“不销自售”状态。

三是伙伴关系。①以品牌（产品）为朋友，引品牌（产品）为自豪；②品牌（产品）被内化为自己的某种象征符号，与自身价值密切相关。在这个层次上，消费者的满意达到了饱和，购买持续发生，消费者成为品牌（产品）的忠诚顾客。

广告关系目的论致力于培育认同关系和伙伴关系，为产品创造了新价值——关系价值。关系价值的重大意义在于确保了消费者的满意和广告主的销售，实现了双赢，这也就是广告关系目的论的宗旨。

进行广告变革，必须用关系目的论取代销售目的论，否则，谈什么变革？化用奥格威的话，“我们的目的是关系，否则便不是新广告。”

二、新广告——沟通方法论取代说服方法论

“广告是一种传播信息的说服艺术”、“广告是一种说服性的武器”，这样的论断可谓深入人心，代表了广告的说服方法论。

什么叫说服？汉语词典解释道：“用理由充分的话使对方心服”。事实上，不管理由是否充分，只要以传播手段设法使对方顺服于自己的思想感情，就当然是说服。说服是单向传播，其基本特点有三。

一是移植性，即把说服者的思想感情灌注到被说服者的大脑中，使其以他人的思想为思想，以他人的感情为感情；

二是控制性，即说服者利用种种手段控制被说服者的心理活动，抑制其独立思考能力；

三是不平等性，即说服者不容置疑地占据着权威地位支配被说服者。

说服的本质是灌输。“说服就是我说你服”，无可否认，说服实在是一种缺乏人性化色彩的活动。广告以说服为方法，就意味着传播者以权威自居，利用精心策划的方法技巧主宰受传者的心理活动，从而把传播者的观点植于受传者的大脑。中国消费者太熟悉这样的广告了。广告的说服方法能够畅行无阻，有其复杂的时代背景。

一是思想一统。在此背景下的人们长期接受说服，对说服的三个特点产生了心理适应，几无反感；习惯于跟别人保持思想一致，难以或不愿坚持自己的观点，唯其如此，才不致成为异端而丧失归属感和安全感。所以，在思想一统的时代，人们倾向于接受说服，特别是倾向于接受来自大众媒介的说服。这种可悲的习性使人们对广告的说服几乎没有什么反抗能力。

二是商品匮乏。在此背景下，人们渴望购买而不得，消费需求之迫切犹如久旱望甘霖。在走出商品匮乏时代的一定时期内，消费需求的释放又好像开闸的洪水，人们热切追求着、拥抱着纷至沓来商品。这种情况使人们在接触广告之前就已经存有认同商品的心理态势，所以亦不能有抵触说服的能力。

三是信息垄断。在此背景下，商品信息被轻易地控制在卖方手中，让不让消费者知道什么、知道多少、何时知道、通过什么渠道和方式知道等，这些几乎全由卖方策划和执行。这样，严重缺乏商品资讯的消费者就只能可怜地听由经过精心“把关”的信息来摆布自己，无从进行独立的比较、分析、判断，自然不会有抵抗说服的能力。

然而，今天，从整体上看，说服方法论赖以奏效的时代已经过去了，甚至走到了说服时代的反面。

思想多元成为潮流。追求个性、标榜自我、反对盲从、主张思想多元成为主流价值。人们已经具有了对思想一统的逆反心理。在此潮流中，人们自觉地克服着顺从说服的习性，最憎恶不平等，最憎恶控制和移植。

商品丰富已成现实。大量、迅速的生产使消费需求接近饱和，竞争性产品争先恐后地推入市场，同质化抹煞了产品差异，科技发展缩短着产品生命周期等等。这使人们在接触广告时不再预先存有认同某种商品的心理态势，相反，倒预先抱了审慎态度，预先带着观望甚至漠然。

信息开放时代到来。媒体爆炸，信息爆炸，社会多方面对商品信息流通的介入，地区间和跨国度商品信息的流通等等，这使得卖方难以像从前那样严密控制商品信息。消费者前所未有地拥有了大量的资讯，可以对大量的商品信息进行独立的比较、分析、判断。

可见，说服方法论同销售目的论一样，被时代无情地抛弃了。变化了的时代要求广告确立新的方法论，那就是沟通方法论。沟通是双向传播，具有与说服完全相反的三个特点。

一是平等，采取适当的沟通自我状态从而形成“互应交流”，沟通双方在信息交换的过程中共同受益，在保持各自独立性的同时达成理解和共识；

二是互动，因为共同受益，所以沟通双方均能以积极的姿态保持“传递——反馈”的循环和畅通；

三是开放，互动的活跃性使沟通得以在多方面多层次上以多种形式进行。

沟通与说服的本质区别就是变“我说你服”的灌输为“共享——互惠”，所以它是与新时代完全适应的方法。在广告关系目的论的前提下，广告沟通方法论更具有了最大的合理性。因为平等、互动、开放，“共享——互惠”，正是建立和发展亲善关系的必然要求。

沟通的开放性对于培育与消费者的深层关系具有重要意义。说服的控制性需要封闭的状态，即把被说服者的心理活动封闭在说服者的话语阈限之内，以防其思维游离于说服者的目的。沟通的开放性则要求彻底打破封闭状态，丰富沟通的话语，激活消费者的心理活动。这样，沟通就必然要走出狭小的商业（买卖）范围而在广泛的生活领域寻求与消费者多方面的共鸣，特别是价值观、生活方式、个性、审美趣味等方面的共鸣。通过实现沟通的开放性，与消费者的关系自然向深层发展，广告自然就创造了“综合感受”，创造了关系价值。

实践沟通方法论是广告必须做出的选择。倘若固执于说服方法论，广告的许多弊端将无法克服，因为它就是这些弊端的主要根源。“强媒体，弱创意”，这个中国广告的老问题就是一例。利用强势媒体，实施狂轰滥炸，刻意用密集的信息发布控制受众的心理以强行灌输卖方的观点，无心用杰出的创意去创造认同关系，这是相当拙劣又十分典型的说服表演。普遍存在的低水平广告创意（其实就不是创意）又是一例。优秀的创意要求着眼于消费者的利益点去进行天才的艺术构想，而说服却理所当然地立足于卖方自以为是的观点去进行说教。既然说服是理所当然的，那么“创意”的低劣也就理所当然了。说服方法论所导致的最严重弊端是无法创造“综合感受”，难以给予消费者满意。这是由控制性所需要的封闭状态决定的。说服性广告习惯于把产品、企业塑造成“超凡英雄”，而对消费者丰富的精神世界、多彩的现实生活表现出失语症状。广告沟通方法论反对强行灌输、反对生硬说教，追求“综合感受”，讲求精心创意，必能克服说服方法论所造成的弊端。

进行广告变革，必须用沟通方法论取代说服方法论，否则，谈什么变革？仍然化用奥格威的话，“我们的方法是沟通，否则便不是新广告。”

三、新广告——生活感性风格取代商业理性风格

从整体上看，中国广告具有商业理性的时代风格。商业理性风格主要表现为：

广告诉求着眼于商品交易，着力促使受众认知产品的品质性能；尽管也用创意加以柔化，但“产品——品质性能——解决问题”的售卖逻辑模式却相当清楚。产品导向和认知导向是其特征，即追求“认知产品”。

商业理性风格曾经有其合理性与必然性。前文所述的消费需求低层次状况合理地要求广告侧重于有关品质性能的信息；销售目的论决定了广告执着于商品交易的范围；说服方法论规定了广告要提供一个逻辑十足的理由。

站在顺应时代变化的新广告立场上来看，商业理性风格是很不适宜的。新广告的关系目的论要求与消费者建立全面的、深层的关系，意欲通过“整体关系”给消费者以满意；新广告的沟通方法论强调开放性，意欲在广阔的生活空间中寻求与消费者的多点共鸣，而并不看重逻辑十足的理由，因为它本不打算说服；新广告看到消费需求的层次迈进突出了“综合感受”的重要性，因而它重视为产品培育可以带来“综合感受”的素质，而并不强调品质性能认知（属性感受）。

新广告需要一种与商业理性完全不同的时代风格。新广告的时代风格应当是生活感性风格。生活感性风格主要表现为：

广告诉求着眼于消费者生活（物质生活和精神生活）质量的提高，侧重使受众从生活质量的角度审视、认同并进而体验产品的整体意义；特别讲求创意，以生动的形象、丰富的情感、鲜明的个性与受众在生活多层面上发生共鸣。顾客导向和体验导向是其特征，追求“顾客体验”。

生活感性风格顺应了当今消费生活的变化，是关系目的论、沟通方法论在广告风格上的体现。

如今，中国主流消费群体对生活质量的追求进入了讲究生活格调的层次。良好的生活格调在物质生活中折射出健康的精神生活，是物质生活的良好品质与精神生活的良好品质融合无间。对于讲究生活格调者来说，产品的功能意义是体验产品的精神意义的基础，精神意义的体验帮助确认并提升了功能意义（如产品的良好品质性能为进行开放性沟通创造了条件，而开放性沟通的成果又使品质性能更显得熠熠生辉），产品的整体意义由此而获得。因此，产品的精神意义尤其重要，只有在产品成为展示精神的“道具”时，品质性能才有或者更有意义，消费者才会获得充分的满意。但是，产品的精神意义却不是厂商能够制造出来的，它需要经过成功的广告传播方能形成。广告应当在功能意义之外创造精神意义，以产品的整体意义对生活质量的提高有所贡献。生活感性风格即立意于此。

消费生活的另一重要变化是感性消费越来越盛行。感性消费的产品背景是功能同质化，其心理背景是对生活格调的追求。在感性消费中，产品成为某种象征，成为表现文化素养、显示社会地位、寄托情感、展示个性、获得愉悦的东西。产品只有变得感性才能博取人们的欢心，只有变得感性才能给人满意。生活感性风格的广告淡化甚至摒弃售卖逻辑，代之以形象化、情感化、个性化的广告表现，形成了与消费心理相和谐的特点。

毫无疑问，消费生活的变化是时代的走势，随着社会经济、文化的发展，这种走势会越来越强。生活感性风格因此而有强大的生命力。

为了避免误解，需要说明的是：生活感性风格虽与商业理性风格相反，但并不意味着它排斥对产品品质性能的诉求。生活感性风格要求这类诉求经过十分生活化（着眼于生活质量）的处理，并以极具创意的形式完成。

进行广告变革，必须用生活感性风格取代商业理性风格，否则，谈什么变革？再次化用奥格威的话，“我们的风格是生活感性，否则便不是新广告。”

品牌广告新锐观

胡川妮

一、品牌广告新锐观

传统广告观：做产品、做功能、传达商品信息——做法与方式："告诉消费者"

新锐广告观：做品牌、做个性、满足欲望需求——做法与方式："注意消费者"

品牌广告作业路线：品牌概念——大创意概念——创意策略单——创意作品

品牌广告行为要求：

1."注意消费者"是沟通的基础；

2."塑造个性"才能"建立印象"；

3."塑造是一个过程"；

4."品牌广告"是一个按既定方针去做的"个性行为"。

没有观念，品牌塑造就不知该如何做，设计师只能是枪手；有了品牌塑造意识就有原创动力支点，设计师不再是盯着一个作品，而是在大创意概念指引下追寻广告投入的终极目标：塑造个性、实现印象、建立地位、提高市场占有率。

1."注意消费者"是沟通的基础

20世纪工业时代，广告创意的主要任务是传达，称为"告诉消费者"；进入信息时代的21世纪，只有注意消费者的欲望与需求广告才能实现沟通，而沟通又是当今广告取得效果的先进手段。所以，今天正确的广告创作观是"注意消费者"。

成功的品牌广告是将大众生活作为创作源泉，把广告诉求变成消费生活的一个内容，它表述的是一种生活方式与态度，不仅完成着品牌与消费者之间的沟通任务，更让它变成消费族群之间的一个对话平台。由于"注意消费者"与"沟通"的一致性，形成了当今广告创作的中心任务是：为消费者制造一种满足，创造一个消费的理由，最后对品牌产生归宿感——它就是我！也因此"注意消费者"的创作观成为了当今优秀广告作品的创意基础。

2."塑造个性"才能"建立印象"

印象的形成靠个性，没有个性就形成不了印象。比方一个人是大众人，你很难说清他是谁，但把他的特征说出来：说话慢条斯理，人又很粗，这时他与别人不一样的地方就突显出来，我们也就容易辨认。品牌也一样，没有个性就留不下印象，与众不同之处才是个性特征，而独特的品牌个性是形成品牌印象的关键，所以品牌的个性塑造要在差异上下功夫，要在与众不同上做文章。当然这个独特的个性必须为目标对象所喜爱，必须符合目标对象的需求。

3."塑造是一个过程"

个性的形成靠塑造，它的实现是一个按着既定方针去做的成长过程，持之以恒则是"塑造品牌个性"的规则定律。比如，家长要把孩子培养成画家，那么，星期天爷爷、奶奶就应该带着孙子到美院画素描，而不是带着去体操馆练翻跟斗，这叫方针路线统一；在美院的学习中孩子开始有长进，其间会发生许多让老人家兴致勃勃述说的"他们家的画家"新奇的故事，这就叫过程，随着这些个"自己的故事"不断丰富，品牌也就开始活灵活现、似模似样起来。

假如只有方针确立而无悉心塑造，那么，自定自夸的方针一定不会让消费者领情，因为那是你说的，而不是我认为的。所以，没有独特个性的品牌很难在消费者心中留下记忆与印象；而没有品性的牌号永远成不了目标消费者心目中认可的品牌。

4．“品牌广告”是一个按既定方针去做的“个性行为”

“品牌广告”不能停留在空泛的共性概念上。为了加深品牌印记，聪明的创意做法是：即使在表述“甜”的功能，也要让受众从“吃西瓜”的动态上（“急躁的”或“斯文的”）很容易分辨出是谁在说甜。有人说，我早就在做品牌广告。但让他回答“你的品牌概念是什么？”“你的品牌策略与其他品牌有何区别？”却无法作答。没有“概念的确立”、“既定的方针”和“策略的控制”，你想让广告怎么走？难道今天比比稿，明天做个另类创意就能交差？这样的广告难道也能对品牌记忆发挥作用？

没有记忆的广告何来印象？

没有印象的品牌何来地位？

没有地位的建立何来市场？

不能扩大市场份额的广告

——那是丢钱让广告人玩创意；

——那是丢钱让媒体收费用；

品牌主：你怎能掉以轻心？

(美)大卫·艾克在《品牌领导》一书中描述一种新兴品牌领导模式：“它注意战术，更注意战略，其视野更开阔，不但为销售，更为品牌识别所驱动。”书中提到：“品牌形象是战术性的问题，它能产生短期效应，可以交给广告和促销专家处理。品牌资产是个战略性问题，它是竞争优势和长期利润的基础，它必须由企业的高级管理层来亲自决策。品牌领导模式的目标不仅要管理品牌形象，更要建立品牌资产。”“从战术管理到战略管理，品牌领导模式中的经理较之过去的注重战术和反应，变为更具策略头脑和远见卓识。他们对品牌进行战略性管理，使品牌反映消费者心目中的形象并持续有效地加以传播。”书中写道：“经营策略是品牌策略的总指挥，它同样要有战略眼光，能融入不同文化。”

二、关于概念

概念是一个哲学词汇，德国大哲学家叔本华对概念有这样的解释：“概念构成一个特殊类别的表象，和我们前此所考察过的直观表象在种类上是完全不同的一个类别，即在人的心智中才有的。”“概念只能被思维，不能加以直观，只有人由于使用概念而产生的作用或后果才真正是经验的对象。这类后果有语言，有预定的计划的行动，有科学以及由此而产生的一切。”“在每一种科学的开端总是一个概念，由于这一概念，这(分立的)部分才可脱离一切事物的大同而被思维，从这一概念这门科学才能指望一个在抽象中的完整认识。”

假如用哲学的或者说是现代意识观来展开广告运动，通过这段话，我们可以这样理解：一个科学的广告开端先是一个概念，由于这一概念，这个分立的部分才可脱离一切事物的大全而被思维，从这一概念，这个广告才能指望一个在抽象中的完整认识。

1．品牌概念

——根据目标对象的需求制定，做的是功能背后的支持。比方银行的功能是存取金钱，而消费者在选择银行时却是在挑选一种服务，那么品牌概念就应该在服务上做文章，根据服务承诺来制定。如：像“家一般的感觉”，那么银行的品牌概念可能会落在体贴入微上。

2．大创意概念

——根据品牌个性制定，通过创意塑造将自身与其他品牌区别开来。比如体贴入微用“办公室的亲密”与“家一般的感觉”分别作诠释，在味道上就不同。假设把中国银行的行头落在西装革履上，把工商银行的味道立在中山装的做派上，那么“比较洋气的举止”与“讲传统的亲情”在走法上就不一样，而这样的广告才是突显自己。因此，将抽象的共性概念体贴入微加以塑造，通过个性特征使自己丰富饱满以示与众明显区分，就成为当今新锐广告的行为特征。

为此，除了要将“品牌概念”放置于“企业品牌战略”的核心位置，在广告行为上还必须制定“大创意概念”，用“大创意”控制广告方向，用性格特征使概念鲜活。

千篇一律的广告肯定是浪费金钱，有经验的创意总监都懂得：耐克“摔不死的特定动作”是不能用在阿迪达斯广告上的，因为耐克是在用敢想敢为的坚忍不拔来表达个性，而阿迪达斯总与悠扬相关。现实生活中，穿“耐克”的也会穿“阿迪达斯”，不同的欲望也会在同一消费者的需求上体现出来，因此在创作上不是用“耐克”打倒“阿迪达斯”，而是通过个性的张扬，让受众很容易地识别你。

看过索尼娱乐站“乳头”(1999年“奔走相告”的戛纳大奖作品)成功以后的后续作品“巨型婴儿”（2003年索尼娱乐站再获大奖），我们就能感受到国际知名品牌是如何始终如一地遵循大创意概念的，两个作品情节不同，但同样传达出游戏过程的“奇特与疯狂”。

什么时候本土的品牌广告也能用明显的性格特征表述自己，也能让目标对象看到作品就认出家门，还认可所传达出的生活方式与态度，我们的广告就是跃上了一个新平台。

我们常说创意会撞车，不是为了谴责你的道德问题或者智慧问题，而是很可能你在花钱帮别人做广告，特别一些国际知名品牌已经这样做的时候。现在互联网传媒业如此发达，别人走过的路线你再去重复，除了让人瞧不起，更对你所服务的品牌不公平。我们看国际上的好广告，是要从中学习塑造个性的“持之以恒”、学习限定下的“打破常规”以及造出惊喜的“创意突破”，绝对不能跟随路线。因为相同的路线再怎么绕还是强者的轨迹。

三、这个品牌是中国

盛世广告全球首席执行官凯文·罗伯茨对“中国”这个品牌怀有极大的兴趣和信心，同时也对塑造这个品牌提出了一些建议：

我现在要向大家介绍一个品牌，这个品牌的时代即将到来。这个品牌有着一系列富有诱惑力价值，我非常愿意将它抓住，把它塑造成一个极富吸引力的全球偶像。这个品牌的价值是永恒、智慧、神秘、和谐、有创造力、有活力、高智商、高工艺、勤劳、实用主义。

这个品牌很酷。我想成为这个品牌的一部分。对一个消费者来说，它有我想寻找的品质。它的价值意味着富有、深刻，具有哲理上的吸引力。

这个品牌包含了一系列的信仰和习惯做法，从我应该如何保护我的大脑、我的身体、我的灵魂到如何设计、布置我的房子。

作为一个消费者，我对这个品牌有着很高的期望值。这些价值是我从西方无法得到的，其特别之处在于它具有五千年的文化底蕴。它在多少个世纪之前就发明了造纸、印刷术、火药、机械钟、针灸、指南针。

西方的消费者正在寻找这样的品牌价值。同时，这个品牌还赋予你新中国的希望，赋予你一个正在重新创造自己的国家所产生的刺激，一个正在重新回到它原来所占据的世界秩序的中心的魅力。

中国企业家在开发面向西方消费者的精品品牌时可以吸取的教训是，一定要找到或创造出适销的高质量的产品。

经常有人问我“一幅优秀广告的基本品质有哪些？”，下面是盛世的七点计划。一个成功的广告不需要具备所有的成分，当然，具备的越多成功的可能性就越大。

第一，独创性。消费者喜欢有差异、新鲜和独特的广告。

第二，聪明。消费者喜欢精心思考过的广告，他们往往欣赏制作者的技巧。

第三，诚实。消费者愿意相信广告中的承诺，他们也会立即发现不诚实和夸张的许诺。消费者更倾向于诱劝的方式而不是硬行推销。

第四，关联性。广告、产品和消费者之间一定要永远保持切实的联系。

第五，幽默。幽默让人放松，消费者被品牌打动，让品牌留住。

第六，攻势性。是一个关键因素。在盛世，一个广告攻势不是一年的策划，是五年甚至二十年的策划。制造攻势是客户投资价值反馈的最好方式。我们拒绝的是那种断断续续、砍掉又重改的合作模式。

第七，音乐。音乐的确可以成为整个作品的结晶。它往往是缭绕在消费者记忆中最难忘怀的，“我怎么也忘不掉那支曲子”。

四、责任与态度

1．认真负责的专业精神

态度包括认真负责的专业精神，对消费者负责，对企业和品牌尽责；态度还内涵着对国家、对民族的忠诚和对世界的尊重。

中国企业开始走向世界，为了不让“中国制造”停留在世界加工厂的定位上，塑造出被世界消费者认可并喜爱的中国品牌已成为中国广告人以及人才培养的核心任务。

我们都会认同这样一个道理：国家是品牌生存的土壤，没有民族的强大与国家经济的繁荣，品牌就无依托、无地位。反过来说，一个国家经济的强大与独立不能缺少繁荣的景象与面貌，因为它是人们通过直观、通过联想在心智中产生的印象，而在这种能让人产生联想与印象的经济实体中，品牌是其中重要的印象点与代言者。

改革开放使古老的中国大地焕发了活力，长出新芽。这片具有五千年文明的沃土滋润传承给品牌的是民族文化的丰富源泉，文化根基与经济繁荣的化合作用会让葱绿添加独特的颜色更显魅力。因此，民族文化的内涵作为中国精神的传承，在品牌建设中是品牌生存之源。

为此，从国际广告的先进模式中寻找经验与规律；从个性的角度追寻并思考民族风格的演绎对品牌记忆度、美誉度积累的价值及其产生的影响力；从人性角度探寻创意对心灵的触动以及所产生的作用力；从表现的角度追寻作品的审美品位与视觉的震撼力极为重要。

2．让艺术作用于设计

艺术作用于设计能为丰富品牌个性风貌、提升设计审美品位创造近距离体验。通过传承人类的艺术精髓，让传统美作用于现代生活可增强设计的厚重感；通过吸取现代艺术的精华，让设计的功能性更具艺术味，可让品牌的内涵塑造符合当今消费者（目标受众）对功能以外的欲望要求。由于品牌广告是现代经济的产物，它的表现既要通过对传统的诠释达到民族风格的确立（实现不可替代的个性风格）、振奋民族精神、捍卫民族尊严，也需要通过对现代艺术品位的把握，为品牌的塑造注入潮流感与现代味，因为这些都是能将人类生活品质向前推进的添加剂与润滑剂。

3．开放的思维与气度

要做国际品牌，就必须具有敢于在市场经济模式中寻规律、找高点、学经验的开放思维与气度。

广告始终如一追寻的是要打动受众，而打动的前题是能被关注并留下美好记忆。在戛纳，“做感觉”(1999年索尼娱乐站)、“做个性”(2001年福克斯体育网)、“做沟通”(1998年耐克滑板系列)、“做简洁”(1996年VOLVO安全别针)、“改变消费观”(2003年宜家家私)等广告作品之所以能被评为全场大奖并成为全球广告创意楷模，首先是因为它们踩准了“便于记忆”的传达规律，触动了“留下印象”的神经中枢，紧跟着当然是作品的原创性、相关性和执行所形成的震撼力。把它视为坐标，并非它是源自西方或东方，也不在乎它是白猫还是黑猫，而是关注并吸纳蕴藏在作品背后的、随时代发展需要而创新培育出来的、震慑人心的沟通模式与规律。

4．表述自己比吸纳别人更重要

在学习创意表现、塑造中国品牌个性的同时，我们必须清晰地看到，吸纳别人重要，表述自己比吸纳别人更重要。文化根基与自强自尊的民族精神是国家得以生存壮大的支柱，因此，走向世界的中国品牌不能没有中国味，只有流动在国际级品牌（属于中国的）骨髓里的是中华，才是在本质上实现了发展，捍卫了尊严。只有通过不懈的努力，被世界认可并且喜爱的伟大品牌才会出现，而这样的中国品牌一定会将“中国制造”的“世界加工厂”印象转变为“中国品牌”的强大力量，成为国家的符号与骄傲。

试论品牌可延伸性的核心影响因素

华中农业大学广告与传播系主任　　吕尚彬

内容提要：强势品牌资产可以延伸的广度和范围的能力称为品牌的可延伸性。影响品牌可延伸性的因素很多，但核心影响因素有四个：产品与品牌概念之间的距离揭示可延伸性的宽度，品牌的核心价值决定延伸性的“延伸基因”，消费者认知和品牌体验决定品牌延伸性的资产增减，市场环境决定品牌延伸性的现实可能。

关键词：　强势品牌　可延伸性　核心影响因素

强势品牌（或领导品牌）的品牌资产向新产品的转移和延展是品牌经营和发展的重要趋势。但这种转移和延展并不是任意的，它有一定的延展广度和范围。我们把这种强势品牌资产可以延伸的广度和范围的能力称为品牌的可延伸性。影响强势品牌延伸性的因素很多，如企业的核心竞争力、技术创新能力、人才保障、管理基础、产品属性、品牌国籍、营销渠道、广告传播、公关沟通、有形资本运作能力等等，但是，产品与品牌概念之间的距离、品牌的核心价值观念、消费者的品牌体验、市场环境等四大因素是影响品牌的可延伸性的核心因素，缺一不可。产品与品牌概念之间的距离揭示可延伸性的宽度，品牌的核心价值决定延伸性的“延伸基因”，消费者的品牌认知和体验决定品牌延伸性的资产增减，市场环境决定品牌延伸性的现实可能。

一

产品与品牌概念之间的距离由产品与品牌之间的差异所决定。品牌必须以产品为依托，但品牌远非产品。如果说产品特征包括产品的范围、属性、品质和价值、使用情况和功能性利益等要素的话，品牌涵盖了这些产品特征和其他更多的东西。品牌以产品为基础，涵盖使用者的形象、原产地、组织联想、品牌个性、象征符号、品牌和消费者的关系、自我表现性利益、情感性利益等要素。[1] 在一定意义上，可以说品牌就是一种符号意义，产品本身只不过是它的一个实体依托，而重要的是“环绕在产品周围”的那圈“光晕”，一种产品与目标消费者互动所产生的精神价值。产品和品牌都要满足消费者的需要，但产品主要以自身的品质为基础，向消费者提供功能性利益，品牌主要提供自我表现性利益、情感性利益。功能性利益是有限的，自我表现性利益、情感性利益却是无限的。因此，产品与品牌之间存在巨大的差异：产品是有形的，但品牌是无形的；产品是由生产者主宰的，但品牌却离不开消费者；产品可能是同质化的，但品牌却具有独特个性；产品立足于消费者物质需要的满足，品牌侧重于消费者的心理感受。

更重要的是，产品是实体性的，品牌是概念性的。如果从一个平面的角度看，在产品实体和品牌概念之间存在一定的空间距离。正是这一距离决定了揭示品牌延伸的宽度。这一距离的存在有三种状态：大、小、零。距离越大，说明品牌延伸的范围越宽，能延伸的领域越广；距离越小，说明品牌延伸的范围越小，受到的局限就越多；如果品牌概念与产品点完全重合，延伸距离为零，说明这个品牌无延伸性。

品牌的塑造过程实质是一个产品与品牌概念的距离形成与扩展的过程。企业往往是从单一产品开始品牌之旅的。任何一种品牌都有它的“初始产品”。例如，“海尔”的初始产品是冰箱，“长虹”的初始产品是彩电，“娃哈哈”的初始产品是果奶，“金利来”的初始产品是西服。在初始产品的推广阶段，消费者大体上会把产品与品牌等同，这时，这一品牌属于“零距离品牌”。

但是，随着产品美誉度的积累和推广传播力度的加大，品牌战略者为品牌注入超越功能利益的精神内涵，产品逐步实现“品牌化”。由产品到品牌的提升过程中，重要的是赋予一定的“品牌属性”。品牌属性并不能简单的等同于“品牌识别”。如果说品牌识别是品牌战略者们希望和保持的能够引起人们对品牌产生美好印象的联想刺激物，品牌识别的努力方向就是要帮助品牌建立与消费者的关系的话，品牌属性主要是以情感性利益和自我表现性利益的建构为主导。因此，品牌识别为建立品牌与消费者之间的关系奠定了基础，更能使品牌灵活地适应产品和市场的变化，而品牌属性则是在品牌识别体系为消费者所认知，乃至认同之后由消费者能够体验得到的某种价值。换言之，品牌属性是由消费者与品牌关系人共同努力而形成的。对消费者而言，品牌属性主要体现在情感性利益和自我表现性利益两大方面。情感性利益指的是品牌能在消费者购买和使用的过程中使购买者或使用者产生某种感觉体验，为消费者拥有或使用品牌赋予了更深的意味。特别是当品牌成为人们表达个人主张或展现个人生活形象、生活方式时，自我表现性利益也就出现了。这样一些品牌属性的出现，逐步形成消费者心中的品牌形象，导致产品与品牌的相对分离，抽象提升出“品牌概念”，拓展出一定的产品与品牌概念之间距离。一旦形成这样的距离，就会使品牌具有一定的延伸面。

“如果一个品牌与某种产品种类紧密相连，它扩展的潜力就受到了限制。”[2] 这是因为，产品与品牌概念之间并没有形成距离，或者距离过小。例如，“三株口服液”是一个典型的“零距离品牌”。在市场推广过程中，无论是企业形象、品牌形象的塑造上并没有看出品牌持有人的努力，“三株”没有形成自己的“品牌概念”，没有实现“三株”与作为产品类型的“口服液”的分离，自然也就没有品牌延伸的可能。当口服液从市场消失以后，“三株”作为品牌自然难以延伸。“太太”也是口服液，但在产品推广过程中被赋予“女性美、夫妻情”的核心内涵，抽象出品牌概念，形成了产品与品牌概念之间的距离。“海信”最早的定位是“优质彩电”，而后经营出“技术领先、品质可靠、服务一流、家电信息的前瞻者”的品牌形象，也就具有了在家电市场的品牌延伸力。因此，使产品上升为“品牌概念”，这是形成产品与品牌之间的距离，使品牌具有延伸性的关键。

二

品牌概念的内层主体部分是品牌的核心价值观念，是一种“无形的理念”。品牌的核心价值构成延伸性的“延伸密码”或“延伸基因”。主品牌或母品牌的“无形理念”的内涵决定延伸品牌的“家族相似”。

“每个品牌的核心都具有给予它力量的物质，要发展品牌就必须先理解它的核心。”[3] 品牌的核心也叫“品牌的核心价值”、“品牌精髓”、“品牌符号”等等。它是品牌识别各要素之间的粘合剂，是带动识别各要素协同工作的中轴，可以整合品牌关系所涉及的利益相关人。品牌精髓一般具有两个特征：与消费者共鸣，推动企业的价值取向。因而，它是品牌所专有的，它必须不断地向企业员工、合作者及其他品牌关系人进行灌输和激励，能持续不断地造成本品牌与竞争品牌的差异化。

品牌精髓既不同于广告口号，也不同于品牌个性。广告口号可能表现品牌精髓，但二者的内容和功能是有差异的。“品牌精髓反映了识别的内容，它的主要功能之一是与企业的内部人员进行交流和激励，而广告口号反映的是品牌定位（或传播目标），其作用是与企业的外部人员进行沟通。品牌精髓是永恒的，至少存在相当长的时间，而广告口号则寿命有限。况且，品牌精髓更能跨越市场和产品类别，而广告口号则局限在一定范围。”[4] 例如，IBM的品牌精髓表达为“你能相信的魔力”，突出了其产品和服务最有价值的内容和公司的长期历史、规模和实力带来的可信度。根据不同的市场IBM采用了具有差异的广告口号，“四海一家的解决之道”的目标消费群体是那些寻求便捷解决方式和具有全球眼光的人士。品牌精髓也不同于品牌个性。品牌个性表述的是将品牌进行人格化认同和识别时品牌所表现出来的独特性和性格魅力，它是品牌精髓延伸认同的重要方面。

品牌精髓的具体内容一般聚焦于“品牌是什么”或“品牌能为消费者做什么”两大问题。前者往往会强调品牌所依托的产品属性，立足于功能性利益的揭示；后者可能突出以情感性利益和自我表现性利益为主导的品牌“本性”。描述“品牌是什么”的品牌精髓，如大众汽车——德国工艺，宝马——最终的交通工具，施乐——数字化文件处理设备公司，康柏——最好的答案，凌志——没有妥协；表现“品牌做什么”的品牌精髓，如：百事——百事的一代，惠普——拓展可能性，索尼——数字化梦幻儿童，微软——帮助人们发挥潜能。这样一些品牌精髓的具体内容既突现了特定的品牌认同和识别的核心，又限定了品牌精髓的内涵。

品牌精髓的内涵影响到品牌延伸的外延包容性和概括力。一般地说，品牌精髓的内容抽象程度越高，品牌延伸的包容性和概括力就越大。品牌精髓与某一品类紧密相连，该品牌的延伸外延大体上就局限于这一品类；品牌精髓与某一行业不可分离，该品牌延伸的外延就难以超越这一行业。“消费者如果与某个品牌有功能性关系，他们往往会比对品牌更有感情的消费者更容易负面地看待延伸行为。”[5] 恰恰是那些抽象到“无形的理念”层面的品牌精髓更容易扩展到新的领域，因为无形的理念在各种环境中都可适应。因此，如果一个品牌的核心价值观念包容性和概括力能够涵盖相关的行业或产品，就可以大胆地进行品牌延伸。反过来说，品牌延伸应以尽量不与主品牌或母品牌原有核心价值与个性相抵触为原则。几乎所有的品牌延伸案例都可以从是否遵循这一规律找出成败的根本原因。著名的海尔品牌延伸到医药行业并不成功，其根本原因在于海尔的品牌精髓并不包容医药产品；它延伸到PC领域能够取得成功，并且连续几年被评为最受欢迎的十大PC品牌；它延伸到手机领域也能取得不俗的业绩，依然是它的品牌精髓发挥作用的结果。当然，根据市场环境和品牌发展战略阶段的不同，品牌精髓的内容可以进一步抽象到更高的台阶上，但这需要投入更大的市场成本和时间，需要进一步加深和调整与顾客的关系。

索尼、现代、通用电器、维旺迪、新闻集团、维亚康姆、维珍等国际著名品牌都是以品牌核心价值观念的扩散和资本运作相结合，所向披靡，延伸品牌帝国。例如，维珍的品牌延伸极大地突现了品牌精髓的遗传基因作用。“如果有谁愿意的话，他可以这样度过自己的一生：喝着‘维珍可乐’长大，到‘维珍商店’买‘维珍电台’上播放过的‘维珍唱片’，去‘维珍院线’看电影，通过‘virgin.net’交上一个女朋友，和她坐‘维珍航空’去度假，享受‘维珍假日’无微不至的服务，然后由‘维珍新娘’安排一场盛大的婚礼，幸福地消费‘维珍避孕套’，直到最后拿着‘维珍养老保险’进坟墓。当然，如果不幸福的话，还有提供大量的‘维珍伏特加’可供选择。”[6] 理查德·布朗逊的“维珍帝国”横跨交通、零售、财经、旅游等领域，涉及航空、金融、铁路、唱片、婚纱等产品或服务类型。这一帝国是在历经30余年的品牌锻造和延伸后形成的。维珍品牌的精髓和价值原点是“将人作为人来对待”。布朗逊在自传《失去处女之身》中解释道，之所以将新公司的名字取名为“Virgin”(处女)，因为“处女”这个名字性感，易产生联想与过目不忘。其次，维珍不仅是一个品牌名字，它更意味着一种生活态度：“自由自在的生活方式、叛逆、开放、崇尚自由以及极度珍贵的浪漫”。以品牌精髓为核心，“维珍”建立起自己的品牌核心识别：服务品质——自始至终在轻松幽默的气氛中提供一流服务；创新精神——最先提供充满创意的高附加值服务，“为顾客做得最早，做得最妙”；富有情趣——一个富有情趣的公司；物超所值——所有的服务都有价值，但并非要花高价才能享受。维珍的新产品或服务正是由这些“品牌核心识别”整合为一体。尽管可能具体的产品或服务所属的行业不同，但“维珍帝国”的成员都恪守“将人作为人来对待”这一品牌精髓及其品牌核心识别，保证了“家族相似”。维珍管理部的威尔·怀特霍恩如是说：“当我们把我们公司的品牌名称加到某个事物之上时我们就是在做出一种承诺，今后也永远如此。信守承诺比做出承诺当然要难，但这件事没有秘方可言。维珍坚持它的原则、信守它的承诺。”[7] 再如，“一切从一只老鼠开始”的迪斯尼公司，其品牌延伸范围涉及电视、出版、电影、广告、网络等行业，它在几个国家经营多家迪斯尼主题公园，每年的收入高达250亿美元。它主要依靠一个品牌，通过品牌价值链的延伸来构筑庞大的娱乐帝国。任何品牌延伸一旦偏离主品牌的核心价值观念，品牌延伸就不会成功。例如，“维珍”的服装生产线开始时，举步维艰，“因为它最初的款式既昂贵又有些保守，与维珍品牌组合时尚的、物有所值的风格大相径庭。”“索尼”也曾在台式电脑市场碰壁，“它没有对核心品牌已被接受的风格和目标保持一致。”[8]

三

强势品牌一般具有丰厚的品牌资产，这是进行品牌延伸的基本前提。品牌资产作为与品牌名称和符号相联系的附加在产品或服务上的无形财产，它的根植于消费者。无论是品牌知名度、被认可的品质，还是品牌联想度、品牌忠诚度，这些品牌财产都是以消费者的品牌认知和品牌体验为基础产生增值或减值。

品牌持有人是企业，但品牌关系生命线却掌握在消费者手中。在品牌关系的建构过程中，设计出表现品牌核心价值观念的品牌识别系统是品牌战略家们的主要任务。清晰而又准确的品牌识别系统全面指向消费者。品牌识别系统反映企业组织能够做什么和希望做什么，造成与竞争对手的差异。它既要反映企业希望创造和保持的能够引起人们对品牌美好印象的联想物，并且这些联想物暗示着企业成员对消费者的某种承诺，又要与消费者共鸣而产生效用。对消费者的承诺和这种承诺是否兑现，对消费者能否产生共鸣，取决于消费者的品牌认知和品牌体验。

消费者首先是通过品牌接触点来认知品牌、体验品牌。品牌接触点是指顾客有机会面对一个品牌讯息的环境。品牌接触点既有自发的，又有人为的。人为的品牌接触点是指那些大部分经过设计来传达品牌定位的讯息，如广告、促销和对外发布的讯息；自发的品牌接触点是指那些因购买、产品表现及服务过程自动生成的讯息。品牌接触点是积累品牌财产、决定印象好坏的关键。汤姆·邓肯等人曾经提出过一个“整合三角”的模式来解释消费者的品牌认知。在顾客的大脑里，只有当品牌做到言行一致，而且得到他人证实此品牌确实履行承诺时整合才算成功。营销传播传达出的“言”讯息（也就是人为接触点的讯息），必须与产品和服务功能“行”的讯息一致，同时还要与他人“确认”这个品牌的讯息（也就是自发的品牌接触点的讯息）一致。消费者正是通过这样一个“整合三角”来形成品牌认知。

消费者不仅要认知品牌，更要体验品牌。品牌体验是使每个人以个性化的方式参与品牌认知和接触时的感觉过程。品牌识别、品牌的情感型利益、自我表现型利益等，都通过消费者的品牌体验过程而联想、而生成、而感悟。正是在品牌体验的基础上，品牌与消费者“建立如同人际关系那样的联系”。消费者与品牌的关系并不是简单的忠诚与缺乏忠诚的问题。成功的品牌与消费者的关系非常复杂，可以是朋友（如土星汽车）、良师（如微软）、顾问（如摩根·斯坦利）、母亲（贝蒂·克洛克）、可爱的儿子或伙伴（如吉列）。福尼埃1994年指出，消费者与品牌之间有15种关系：承诺的伙伴关系、方便的婚姻关系、安排的婚姻关系、偶然的友谊关系、亲密的友谊关系、分场合的友谊关系、感恩关系、回避关系、儿童时代的友谊关系、求爱关系、依赖关系、试用关系、敌对关系、征服者关系、秘密关系。[9] 这些关系未必都是有利于品牌资产增加的良好关系，但良好的品牌关系一般具有爱与热情、自我观念的联系、相互依赖、承诺、亲切、优质、怀念等特点，与人的生命过程体验相关联。基于品牌与消费者的良好关系，品牌成为消费者日常生活的重要部分。

消费者品牌体验的具体内容与效果直接影响到品牌资产的方方面面。时下国内的部分初始品牌往往热衷于通过高密度的媒体轰炸，试图在短时间内获得较高的品牌知名度，但品牌知名度并不是品牌资产的全部。诚然，较高的市场知名度会影响消费者的品牌认知和体验，如果没有品牌知名度就不会有其他品牌资产要素的产生。人们常常可能对熟悉的品牌表现出好感，但“好感”也只是品牌体验的基础层面。对有好感的品牌，消费者可能进一步体验到它所表征的良好品质，而在消费者对品牌所表征的产品或服务的整体利益感觉和感受过程中生成品牌的“被认可的品质”。被认可的品质往往为消费者提供更高层次品牌体验的理由和动力。消费者的品牌体验的较高层次是品牌联想。无论是产品的使用场合、企业形象、品牌个性，还是品牌符号、品牌认知，都可能使消费者产生丰富的品牌联想。在品牌联想阶段能让消费者产生美好的回忆，使人想起生命中难以忘记的东西，想起对理想生活的憧憬，产生一种全然不同的消费体验，体验到一种展示独特个性的完美生活方式。品牌联想的最高境界是品牌共鸣。消费者在共鸣中，感悟到特定的品牌与人的关系。当然，所有联系消费者与品牌的东西限定了消费者品牌联想的范围，规定了品牌联想发生的“度”。而在品牌联想的美好体验过程中，消费者对于特定品牌的忠诚度能够与日俱增。正是从这个意义上，我们说品牌体验决定包括品牌知名度、被体验的品质、品牌联想度、品牌忠诚度在内的品牌资产的增值或减少。消费者的品牌体验正是品牌的良好声誉、忠诚度的等品牌资产的来源。

品牌延伸是品牌资产的延伸，如果从消费者体验的角度，我们也可以说是品牌体验的延伸。消费者的价值、规范、习惯、身份、情感等五种动机是影响品牌体验的重要心理因素。消费者之所以喜欢某个品牌，从价值动机的角度看，是因为相信这个品牌给他带来的价值比同类竞争品牌更大；从规范动机的角度看，是为了避免或消除一种（与其规范和价值相左）的内心冲突；从习惯动机的角度看，是因为它无意识地形成了这样的消费习惯；从身份动机的角度看，是因为它帮助他们在自己和他人面前显露（理想中的）身份；从情感动机的角度看，是因为它符合某种业已存在的“感情结”、某种热切的憧憬、某种理想的生活方式。品牌持有人对与消费者的价值、规范、习惯、身份、情感等心理因素相抵触的“轻举妄动”，可能使消费者产生消极的或负面的联想，产生不愉快的品牌体验，那就会导致“品牌厌恶”，形成品牌持有人不愿意见到却又难以避免的“敌对关系”、“拒斥关系”。例如，当你看见“999”啤酒的时候，马上可能联想到胃泰，联想到胃病，甚至会泛出一些酸水出来；当你使用“金鱼”洗涤灵清洗锅碗瓢盆时，又可能联想到“金鱼”洁厕灵，也许你还可能感觉到些许难闻的气味。显然，消费者的品牌体验是品牌延伸绝对不能够越过的“双黄线”。如果可能引发消费者不愉快的体验而仍然要一意孤行地进行所谓的“品牌延伸”，轻则导致品牌污染，重则无异于自掘“品牌坟墓”，导致主品牌或母品牌的终结。不管品牌如何扩展，它都应有助于受托品牌。延伸品牌不能提供不受欢迎的联想物导致消费者的消极联想，从而削弱或损坏受托品牌。

四

“品牌建设的氨纶法则值得重复一下：你能做不一定表示你应该做。”[10]“应该做”的条件不能脱离市场现实环境。市场的空间和容量、竞争程度等因素影响品牌延伸性的实现可能。

市场容量大小是品牌延伸是否成功的一个重要因素。市场容量的大小为品牌延伸理性决策提供现实依据。如果市场容量较大，只要企业有实力就有机会把一个品牌做大做强，既可以使用多品牌策略，也可以采用品牌延伸策略。如果市场容量小，采用独立品牌即使做成功效益也很有限，宜用单品牌延伸即品牌延伸策略。例如台湾20世纪五六十年代，几乎所有企业的目标市场都局限于台湾本岛，市场容量非常有限，更多的采用品牌延伸策略，即“一牌多品”，如统一、味全公司的奶粉、汽水、茶、饮料、方便面等，一概冠以“统一”、“味全”的品牌名称。而大致相同时期，大多数国际品牌，他们面临的是全球市场，相对多的企业采用多品牌策略。

产品的生命周期是影响品牌延伸实现的又一关键市场因素。被延伸领域的产品开发处于产品开发期或市场导入期，品牌延伸的空间较大，就可以乘虚而入，实现延伸；被延伸领域的产品已经进入成熟期或生命周期的后期，也就没有延伸的空间，强行延伸成功的可能性极小。例如，索尼公司的好莱坞制片公司难以取得骄人业绩，但索尼公司将品牌延伸到计算机领域时，半个世纪的信誉都毫无疑问地支持了这种一定范围的延伸。值得注意的是索尼公司并没有同康柏、IBM、戴尔在台式电脑上进行面对面的竞争，而是选择了笔记本和其他便携电脑的市场，在这一领域，它保持了小型化的良好声誉。笔记本和其他便携式电脑当时还处于产品导入期，索尼公司果断地抓住了这一机遇。

市场的竞争状况是影响品牌延伸效果的另一重要市场因素。在特定的市场空间里，有没有优势品牌或领导品牌的存在是判断一个行业和市场集中程度的重要参考变量。对市场竞争格局的理性认知可以降低品牌延伸的决策风险，增大延伸成功的机会。如果市场竞争不激烈，延伸就容易成功，反之就容易失败。娃哈哈能成功延伸到纯净水和可乐产品，其中一个主要的原因是当时纯净水和软饮料市场还不成熟；而娃哈哈延伸到牛奶产品就不一样，因为竞争对手如光明、伊力等国内著名牛奶品牌实力已经非常强大，市场竞争十分激烈。

考虑市场的空间和容量、产品的生命周期、竞争程度等市场环境因素的影响，成功的品牌延伸大体上有两种实现的延伸策略：一是间隙品牌延伸；二是边界品牌延伸。[11]

间隙品牌延伸是在品牌组合的领域内寻找缝隙，用主品牌进行扩展覆盖，拦截竞争对手的进入。例如，1993年宝洁公司的佳洁士是美国牙膏市场的老大，在“佳洁士”品牌下形成一个牙膏产品系列，但并不是没有缝隙。联合利华导入了一种小苏打洁白牙膏“曼塔邓特”(Mentadent)，在1996年的销售总额就突破了1.75亿美元，占据美国牙膏市场的第三位。对于“曼塔邓特”的崛起，佳洁士的经理们不做回应，并且对这种含泡沫的牙膏的疗效持怀疑态度。他们的怀疑并非没有道理，不久，“曼塔邓特”的销售就下降了，但市场缝隙仍然存在。1998年联合利华公司推出了一个去牙垢的延伸产品，即含有三氯生成分的高露洁全效牙膏，填补缝隙。到1999年，宝洁公司推出佳洁士牙垢特效洁白牙膏的时候，为时已晚。佳洁士品牌在技术前沿上输给了它的长期竞争对手，而且第一次失去了它在美国牙膏市场上保持了几十年的第一的位置。品牌组合的空隙是存在的，但联合利华做出了及时的反应，宝洁慢了一步，结果失去了这一领域的领导地位。

边界品牌延伸就是在现有品牌组合的边缘拓展品牌组合，找到新的消费者细分市场或者进入新的领域来产生更高的市场回报和品牌效益。品牌组合边界由4个因素划定：技术、消费者、市场细分、分销渠道以及价格点（或质量水平）。品牌边界组合延伸大体上也是在技术、消费者、市场细分这几个方向上展开。例如，“维珍”、“索尼”的跨行业延伸，主要是沿着消费者细分市场和技术创新的边界来进行。“索尼”以自己的微型核心技术来吸引新的消费群体，进入一个新的细分市场。再如，美国全国广播公司（NBC）本来在技术应用和节目形式上一路领先，成就了电视霸业。而在互联网勃兴以后，它与微软合作迅速建成有线新闻网和因特网新闻网站（MSNBC），实现跨媒体延伸。现在，以开发网络互动电视技术为契机，NBC又有了新的目标：“让手机用户可以在手机上观看电影，让手机用户随时随地在手机上见到他们远方的朋友。”如果品牌组合需要超越价格点或者产品的质量边界时，就不是品牌延伸能够解决问题了，而需要创造一个新的品牌组合。例如，迪斯尼要制作电影吸引成年人市场时，它创建了试金石电影公司这样一个新品牌，并不是简单地延伸品牌。

注：

[1][2][4][5][美]大卫·A·艾克、艾里克·乔瑟米赛勒著，曾晶译《品牌领导》，新华出版社2001年版，第59、182、54、183页。

[3][10][美]斯科特·贝德伯里、斯蒂芬·芬尼契尔著，苑爱玲译《品牌新世界》，中信出版社2004年版，第28、72页。

[6][7]胡晓云、李一峰著《品牌归于运动》，浙江大学出版社2003年版，第321页。

[9]　[美]艾尔·强森著，王言译《跨位》，延边人民出版社2002年版，第138、139页。

[8][11][美]萨姆·希尔、克立斯·莱德勒著，白长虹等译《品牌资产》，机械工业出版社2004年版，第52、56页。

品牌延伸：资产价值转移与理论模型创建

深圳大学 薛 可 余明阳

内容提要：本文通过对品牌延伸的综述和实证研究提出决定品牌延伸的三大因子，并在此基础上构成品牌资产价值，进而研究其在品牌延伸过程中的价值转移，这就构成了评估品牌延伸成败的标准。最终将各种因子和评估标准进行整合，提出了品牌延伸的理论模型。

关键词：品牌延伸 品牌资产价值转移 理论模型

品牌延伸的综述

（一）品牌延伸课题的提出

品牌延伸(Brand Extension)是指在已经确立品牌地位的基础上，将原有品牌运用到新的产品或服务，从而期望减少新产品进入市场的风险，以更少的营销成本获得更大的市场回报。

近年来，随着市场竞争程度的加剧和广告费用的日益高涨，新产品的市场导入已面临着越来越大的风险。据统计(Crawford，1979；Booz，Allen and Hamilton，1982；Bragg，1986；Aaker，1991)，在20世纪70年代至80年代企业向市场推出的新产品中，真正获得成功的仅占20%，其中有30−35%因为不被消费者所接受和过高的市场初期导入费用而失败。解决上述问题的有效途径之一，就是充分利用已有的品牌名称和品牌资产，通过延伸转移到新的产品或服务，从而大大降低新产品进入市场的壁垒。据Aaker的另一项研究表明，凡是业绩优秀的消费品公司在开拓新产品时，有95%采用了品牌延伸策略进入市场。由Nielsen公司所作的调查结果也表明(Kepferer等，1992)，在1977年至1984年间，所有进入超级市场的新产品中，有40%是通过品牌延伸而完成的。

然而，品牌延伸涉及到原有品牌的市场定位变化、消费者对不同种类新产品的接受能力以及品牌资产的变化等一系列复杂的新问题，在实践中成功和失败的例子均不少。因此，与品牌延伸有关的理论问题也已受到国内外学术界的高度重视，并成为近年来的研究热点和前沿课题之一。

（二）国内外品牌延伸研究综述

品牌延伸问题的系统研究起源于20世纪70年代末，1979年，Tauber发表了学术论文《品牌授权延伸，新产品得益于老品牌》，首次系统地提出了品牌延伸(Brand Extension)的理论问题。80年代，品牌延伸问题的研究获得了进一步发展并引起了国际学术界的广泛兴趣，Tauber、Boush、Ries、Trout、Anderson、Booz、Allen、Bragg、Lynch和Srull等学者根据大量的案例从不同的角度分析了品牌延伸的效果和价值，并对影响品牌延伸的各种要素、品牌延伸对原有品牌资产的影响和品牌定位的变化等问题作了深入的研究，大大丰富了品牌延伸的理论体系。90年代以来，品牌延伸问题进一步成为国内外学术界研究的热点，Aaker和Keller分别于1990年、1992年发表的《消费者对品牌延伸的评价》[1]及《品牌延伸连续性引入的影响》[2]等论文将品牌延伸的理论研究引入到了新的发展阶段。同时，品牌延伸效果的市场测定和评估、品牌的多重延伸、品牌延伸的反馈效应等新的研究课题也已被提出，品牌延伸理论的研究获得了前所未有的发展。

国内关于品牌理论的研究开始于20世纪80年代，但涉及品牌延伸问题的研究直到90年代中叶才开始。尤其是1995年以后，陆续出版了品牌和无形资产方面的书籍30多种，发表各类学术论文近百篇。这些著作和论文结合我国的实际案例对品牌延伸问题进行了分析和研究，促进了品牌延伸理论在我国的发展和推广。

为了系统地掌握国内外有关品牌延伸问题的研究状况，将分以下三个方面对有关文献进行综述和评价。

1．品牌延伸策略的认识

在对消费者决策行为的进一步研究中人们发现，消费者的购买行为在很大程度上受到由产品品牌所提供的先验知识的影响，不同的品牌在消费者心目中存在着形象上的差异，影响着消费者的选择和购买行为。Mcfadden、kamakura和Russell、McCulloch和Rossi等学者根据消费者对不同品牌的偏好矩阵运用对数多项式离散选择模型对消费者的品牌选择问题作了深入地研究，并将消费者对不同品牌选择概率的大小作为品牌市场定位的依据。优秀的品牌代表着卓越的产品质量和服务，能够大大降低消费者的购买风险，往往成为消费者的首选对象，并可获得高于一般品牌的成交价格。因此，品牌作为一种市场策略受到越来越多的企业关注，成为企业占领市场和获得超额利润的重要手段，同时也成为企业无形资产的重要组成部分。

20世纪70年代以来，随着市场竞争程度的加剧，产品的寿命周期已大大缩短，产品的创新机制已成为企业发展的重要源泉。而与此同时，随着市场同类产品的增多和广告费用的日益高涨，新产品进入市场的风险也越来越大。越来越多的公司在宣传其新产品时往往借助于公司的名气和原有产品的市场优势，由此而产生的品牌延伸问题已引起了学术界的兴趣和关注。Tauber在1979年发表了著名的学术论文《品牌授权延伸，新产品得益于老品牌》，较全面地分析了品牌延伸的意义和价值，系统地提出了品牌延伸的一系列理论研究问题。Park和Lessig1981年进一步研究了品牌延伸对于消费者选择决策的影响，对品牌延伸策略给予了充分的肯定。然而，Ries和Trout1986年却指出，品牌延伸将会造成消费者的心理混乱，影响原有品牌的市场定位以及在消费者心目中的良好形象。Tauber在1981年所发表的论文中也指出，不成功的产品延伸将严重影响到其原有的品牌。根据美国全国广告者协会(ANA) 1984年的另一项研究结果表明，在公司所采用的品牌延伸策略中有27%是失败的。

Aaker、Keller、Smith和Park等人在1990年至1993年期间发表了多篇学术论文，根据大量的统计资料对影响品牌延伸成败的关键要素以及消费者对品牌延伸的评价等重要问题作了深入的研究，使人们对品牌延伸策略的认识上升到了一个新的阶段。此外，Keller和Aaker1992年还对品牌的多重延伸(Multiple Extension)问题进行了探讨，提出了核心品牌向相关性较小的产品延伸时可采用连续性引入(Sequential Introduction) 的策略。Park、Sung和Shocker等人1996年对品牌的复合延伸(Composite Extension)进行了研究，[3]并以“IBM with Inter Inside”为例指出了将两个密切关联或具有互补性的品牌复合延伸到某一种类的新产品所具备的新优势。他们还对品牌延伸后所形成的反馈效应进行了研究，通过实例分析了品牌延伸过程中的正反馈和负反馈现象。

2．品牌延伸要素的研究

随着对品牌延伸策略认识的深入，人们对影响品牌延伸的关键要素作了进一步的探索和研究，Boush、Bridges、Aaker和Keller、Herry和Farquhar、Park和Milberg等众多的学者都认为品牌延伸的成功与否主要取决于以下两方面的要素：(1)消费者对核心品牌的“感知质量”(perceived quality)；(2)延伸产品与核心品牌之间的“相似性”(similarity)。Daniel、Smith和Park等人则指出，任何品牌延伸的市场效果都将受到以下三个基本因素的影响：(1)核心品牌的特性，包括核心品牌的强势度和该品牌已有的延伸产品数目；(2)延伸产品的特性，包括延伸产品与核心品牌现有产品之间的相似程度、延伸产品的质量评估方式和延伸产品被引入市场的时间长短；(3)延伸产品的市场特性，包括消费者对延伸产品所拥有的知识程度和同类产品市场竞争者的数目。Daniel等人将延伸产品根据其质量的评估方式不同划分为两大类：若产品的质量可通过简单的视觉检查进行评估，则称之为“search goods”；若产品的质量必须通过实际试用后才能评估，则称之为“experience goods”。他们认为，核心品牌对“experience goods”的影响力要大于对“search goods”　的影响力，因而对前者的延伸更容易成功。Reddy、Holak和Bhat的研究结果表明公司的大小及其市场能力、延伸过程的市场推广力度等因素对于品牌延伸的成功率亦有着重大的影响。[4]

延伸产品与核心品牌之间的“相似性”是一个广泛的概念，它包括产品物理特性、工艺、功能方面的相似程度和消费者群体、分销渠道以及销售程序的相同性。Daniel、Smith和Park等人认为“相似性”对品牌延伸的作用体现在两个方面：(1)供方相似性效应(supply-side essects of similarity)，指延伸产品和核心品牌的原有产品之间能够共享分销渠道和分销队伍等市场资源；(2) 需方相似性效应(demand-side essects of similarity)，指消费者能够从延伸产品中感受到核心品牌的共同优势。[5]消费者对于延伸产品与核心品牌之间的主观“相似性”程度一般是通过对消费者抽样后所作的心理测验来测定的。认知心理学认为，人类对自然界不同种类物体的认知存在着由“度”而构成的梯度结构。因此，物体的归类和比较是可以通过“度”来表示的。Boush、David和Shannon等人根据认知心理学的梯度结构理论对品牌延伸的“相似性”作了定量分析，David、Boush和Loken等人进一步将梯度结构理论运用于品牌宽度的测定。

3．品牌延伸价值的评估

品牌延伸价值的评估对于进行正确的品牌延伸决策和指导品牌战略实践具有十分重要的意义，也是品牌延伸理论的重要研究方向之一。Daniel、Smith和Park认为，品牌延伸的价值在于与独立品牌在新产品的市场导入期所产生的现金流的差异，并建立了以市场份额和广告效率为评估目标函数的统计分析模型。其研究结果表明：采用品牌延伸策略而引入市场的新产品比通过独立品牌引入的新产品能获得平均8.3%以上的市场份额，并使广告费用降低8.7%。Reddy、Holak和Bhat根据对34种香烟品牌20年期间的数据分析结果，提出了基于品牌延伸各要素的数量经济学模型，以此可对品牌延伸的价值进行计算和样本。目前，从总体上看有关品牌延伸的价值评估研究尚处于探索阶段，人们更多地是根据统计分析结果对影响品牌延伸的各要素进行分析，尚未提出有效的品牌延伸决策模型和具有较好预测意义的品牌延伸价值评估模型。

二、决定品牌延伸的因子分析

根据Daniel、Simth和 Park提出的三因子基本假设，我们通过62个专家访谈样本，对决定品牌延伸的因子进行了分解与分析。

（一）品牌强势度

品牌的强势度是品牌延伸的决定性因素，因为一个没有强势度的品牌就没有延伸的必要。品牌强势度中最重要的是品牌美誉度、品牌定位度、品牌知名度3个指标。

1．品牌的美誉度

品牌的美誉度是消费者对品牌的“感知质量”(Perceived quality)。它是消费者对品牌所传达的质量、信誉、档次等信息与同类产品相比的优势的综合体验，它决定了品牌的效应价值比(指该品牌的产品价值与同类同质量产品的平均价值比率)。品牌的美誉度是体现品牌资产价值的市场功能的重要因素。

2．品牌定位度

品牌定位度是指品牌的独特档次与个性特色，是依据企业优势和公众评价的风格选择、市场选择、消费者选择和发展战略选择，具有个性化、独特化、专门化的特点。任何品牌都有定位，任何品牌都是特定定位的展示，不管品牌拥有者是主动、自觉地寻求定位，还是被动、自发地接受定位，公众对品牌的定位评价是与品牌本身共存的，是构成品牌强势度不可或缺的因素。主要讨论包括：品牌定位的适应度、品牌的核心竞争力。

3．品牌知名度

品牌的知名度是指品牌在消费者群体中的知晓熟悉程度，它也体现了品牌在创立过程中所投入市场宣传的人力和物力大小。由于品牌的知名度在一定程度上反映了消费者对品牌已有的经验知识程度，从消费者行为理论来看，对消费者的初期购买决策行为有着重大影响。

（二）核心品牌与延伸品牌的相关性

一个品牌从原有的品牌向新品牌延伸，除了需要品牌强势度，还需要产品相关性，也就是品牌状态。品牌状态是按品牌在消费者心中得到赞同的相关度，最有效的传递品牌多数不是通过文字，而是通过那些在我们大脑里储存和记忆的东西所形成的相关度。这是品牌进一步延伸的保证和与其他企业品牌分别。核心品牌与延伸产品的相关程度越高延伸成功率也就越高，相关程度越低延伸成功率也越低。其相关性包括延伸主体的产品相关和延伸接受者的受众相关。

（三）品牌的环境因素

品牌的环境因素是指品牌延伸的成功与否除了品牌本身的强势度及原有品牌与延伸品牌在产品和受众方面的相关性外，环境因素不可忽视。甚至可以说，尽管上述两个要素完全一样，品牌延伸在不同环境因素条件下完成，完全有可能出现成功或失败两种结局，目标市场环境、同行竞争环境以及延伸推广力度的作用有时是决定性的。因此，环境因素是指品牌在延伸过程中，影响并决定其成败的除品牌强势和相关性要素以外的其他综合要素的统称，其主要集中表现为市场、自身的营销能力两大方面。

1．市场环境

这里所指的市场环境是品牌的外部环境，是指品牌延伸所新进行业的难度。主要包括了竞争对手和成本高低。

进入新行业必须要对竞争对手分析了解，确定自己延伸的定位。杰弗里·摩尔在《穿越断层》中提出用X/Y轴表示如何定位以及如何避开市场竞争。[6]如图1：

图1　竞争对手分析

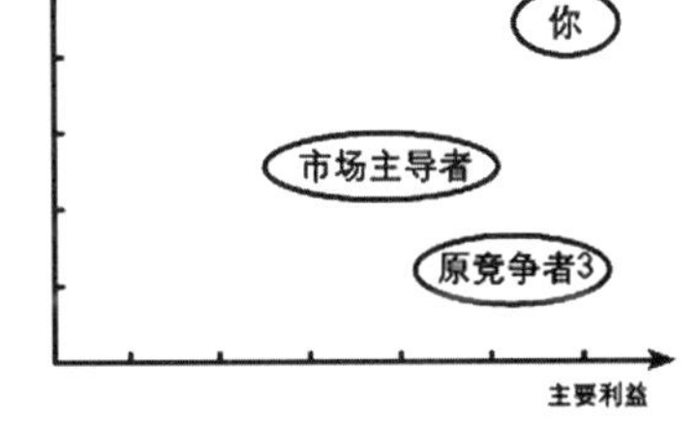

图中的X轴代表买方主要利益——不管是有意识或无意识地从购买中获得的益处。这可能是任何一种东西：一种特征（如可靠性），一种利益（如方便使用），一种社交因素（如名誉、地位），或者一种特殊需求（如一辆可供有3个以上小孩的家庭乘坐的小汽车）。这就是消费者选择他们物品的一种方法。X轴上的利益有助于减少你的选择。Y轴则是从剩余选择中作出最后抉择的因素。

品牌资产价值延伸的成本主要分为两个：（1）产品成本，它是企业利润的指标；（2）形象成本，它是指品牌从一个定位点转移到另一个定位点，或更有效地维持原有形象所支付的成本费用。

2．企业的营销能力

企业的营销能力主要包括了营销渠道和营销队伍。在品牌延伸中是否存有有效的品牌营销渠道和训练有素的营销队伍是品牌延伸成功的关键因素。因为既使消费者愿意购买，但也会因铺货不到位、销售人员素质差等原因而使消费者买不到，或不清楚延伸产品为何物，放弃购买等，所以强化营销队伍的建立、营销网络的建设，是品牌延伸中市场资源的主要组成部分。

三、品牌资产价值的要素与品牌延伸

品牌延伸过程是一个涉及传播学、社会心理学、消费者行为科学的复杂过程，目前对这一过程内在机理的研究尚处在探索阶段。现有的研究成果均建立在对各种案例和问卷实验结果的统计分析基础之上，由于缺乏用以描述品牌延伸过程的统一的理论模型，目前尚无法对各种延伸现象作出较好的理论解释。1990年，斯坦福大学的Bridges和Sheri在其博士论文“A Schema Unification Model of Brand Extension”[7]中提出了品牌延伸过程的概念，指出了品牌的强势度和产品相关性是决定了品牌延伸成功的核心因素，为品牌延伸模型的建立提供了很好的起点。我们在此基础上将进一步从分析形成品牌资产的各要素在延伸过程之中所表现的不同特性入手，对品牌延伸过程的内在机理进行深入地探讨和研究，在此基础上提出描述品牌延伸过程的理论模型，并对各种品牌延伸现作出了有效地分析和解释。

（一）品牌资产价值的要素组成及其在延伸过程中的价值转换

品牌资产价值是指品牌所具有的价值的总和，一方面在品牌的创立过程中必须投入一定的物化劳动和活劳动，另一方面品牌本身又具备一定的增值能力，不同的品牌可为经营者带来不同的超额利润。因此，品牌作为一种重要的无形资产也参与商品的生产与流通过程，并能在这一过程中完成自身的价值转换与价值积累。品牌延伸就是其资产的价值转换的重要途径之一，并通过这一过程能实现品牌资产价值的进一步积累和增值。

将一个品牌延伸到新的产品或服务，其资产的价值主要体现在品牌的知名度、美誉度、适应度（品牌所适用的目标市场范围）和品牌的市场资源4个因子。

即从品牌延伸的角度看，品牌的资产是上述各要素价值的总和，可表示为：

$E=f(K, Q, S, R)$

这里：

E —— 品牌的资产

K —— 品牌的知名度

Q —— 品牌的美誉度

S —— 品牌的适应度

R —— 品牌的市场资源

然而，针对不同的目标市场，品牌资产价值体现程度是不一样的。例如，一个在制药行业非常著名且已高度定位的品牌对于汽车制造业来说其价值可能微小到无足轻重的程度。因此，将任何品牌运用到某个特定的产品目标市场时都存在一个价值转换过程。

假设品牌资产向目标市场 M_i 的价值转换过程可定义为映射T：

$$T: E \rightarrow E_i$$

这里，E_i 为品牌资产E在目标市场的所转换的价值总和。

为了进一步研究组成品牌资产的各要素在向目标市场转换时所表现的不同特点和作用，现将品牌资产E表示为由各要素组成的矢量形式：

$$\vec{E}=\begin{bmatrix}K\\Q\\S\\R\end{bmatrix}$$

并认为映射T为线性过程，则 $\vec{E}$ 可表示为：

$$\vec{E}_i = A\vec{E}$$

其中，A为线性传递矩阵，它具有如下结构：

$$A=\begin{bmatrix}a_1\\a_2\\a_3\\a_4\end{bmatrix}$$

通过对A的研究，可揭示品牌延伸过程的价值定量转换程度以及形成品牌资产的各要素在转换过程中所表现的不同特性。在某种程度上，A也反映了品牌与其所延伸的目标市场之间的“相关性”。

对于A中各元素的大小，目前尚无法提出较准确的客观定量测定方法，采用市场调查与专家评定相结合的方式来进行确定。

以下是对乐百氏延伸案例进行分析后，所给定的A的结果：

“乐百氏”品牌由果奶向纯净水产品延伸

A=[0.96, 0.82, 0.91, 0.95]

由此可见，品牌在向一个新的目标市场延伸时，其资产的各要素的价值转换程度或被利用程度是不一样的。这种差异还表现在随时间的变化上，以下是1996年至1999年期间，对“乐百氏”品牌由果奶向纯净水产品延伸所作的分析：

1996年：A=[0.86, 0.65, 0.75, 0.88]

1997年：A=[0.87, 0.74, 0.78, 0.90]

1998年：A=[0.93, 0.82, 0.90, 0.91]

1999年：A=[0.96, 0.82, 0.91, 0.95]

从1996年起，我们课题组20多位成员，以复旦大学、北京大学、华中科技大学、上海交通大学等院校的研究生为助理，通过对乐百氏、曲美、海尔、活力28、农夫山泉等品牌的系统研究，获得了许多品牌延伸的相关资料和数据。研究方法包括问卷调查（北京、上海、深圳、广州、成都、重庆、西安、乌鲁木齐、沈阳、郑州、武汉、昆明等12个城市，共发放问卷12000多份，问卷回收率为73%，有效问卷率为68%）、专家访谈（包括国家有关部委、高校相关专业教授、社会科学院有关研究人员、专业媒体资深记者共62人)、文献法(通过对相关行业统计年鉴、行业信息汇编、专业媒体、专业网站等资料的汇总)、个案法(追踪国际、国内酒类、汽车、房地产、饮料、药品、家电、家具、日用品等14个行业的强势品牌追踪)。通过这些调查方法获得相关数据，并在此基础上建立起实证分析。通过对这些大量的实际案例和实验结果进行分析发现：

(1)组成品牌资产的各要素在延伸过程中所表现的特性是不同的，如品牌知名度可以很快地延伸到具有相同或相近消费者群体的目标市场中，而品牌的美誉度则根据具体的产品种类不同存在着较大差异。

(2)上述延伸过程是动态的，随着时间的变化的各元素也在不断变化。一般而言，a_2、a_3随时间的变化程度要大于a_1、a_4的变化程度。由此可以认为，品牌延伸的过程首先是品牌知名度的价值转换，若所延伸的新产品的目标市场与该品牌原有产品的目标市场之间存在着较大的共同空间，则该品牌原有的市场资源也可以很快被利用。品牌的美誉度则根据新产品与该品牌原有产品之间的相关性而在消费者群体中具有不同的初期心理接受程度，并且必须经过对新产品一定时间的使用实践后才能形成较稳定的评价和判断。品牌的适应度则更是随着新产品进入市场时间的长短和消费者使用时间的长短而逐渐形成的。

(二)品牌资产价值各要素在延伸过程中的动态特性

为了给出品牌资产各要素在延伸过程中动态特性的定量描述指标，根据上述的调查方法获得的相应数据，提出了实证分析，对延伸过程时间响应特性作研究，建立描述其动态特性的有关参数指标。以下为3个具有典型意义品牌的案例资料。

1."活力28"品牌由肥皂粉向纯净水产品延伸

品牌资产要素	0个月	2个月	4个月	6个月	8个月	10个月
知名度 (a_1)	1.00	1.028	1.043	1.056	1.067	1.076
美誉度 (a_2)	1.00	0.976	0.965	0.953	0.961	0.962
适应度 (a_3)	1.00	0.980	0.970	0.967	0.971	0.973
市场资源(a_4)	1.00	1.024	1.037	1.049	1.062	1.064

2."海尔"品牌由冰箱向彩电产品延伸

品牌资产要素	0个月	2个月	4个月	6个月	8个月	10个月
知名度 (a_1)	1.00	1.037	1.055	1.075	1.094	1.112
美誉度 (a_2)	1.00	1.026	1.040	1.053	1.068	1.071
适应度 (a_3)	1.00	1.021	1.030	1.046	1.058	1.067
市场资源(a_4)	1.00	1.025	1.040	1.053	1.067	1.121

3．“曲美”品牌由沙发向整套家具产品延伸

品牌资产要素	0个月	2个月	4个月	6个月	8个月	10个月
知名度 (a_1)	1.00	1.016	1.024	1.033	1.041	1.048
美誉度 (a_2)	1.00	1.012	1.018	1.024	1.030	1.32
适应度 (a_3)	1.00	1.018	1.027	1.037	1.045	1.045
市场资源(a_4)	1.00	1.014	1.021	1.028	1.036	1.042

根据上述的调查案例数据的分析，发现品牌资产价值的各要素在延伸过程中具有如下时间响应特性规律：

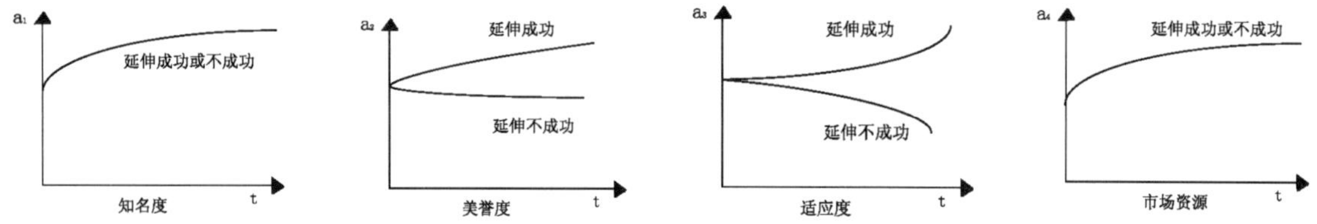

品牌资产价值各要素延伸规律模型

为了对上述时间响应特性作定量研究，建立如下指数模型：

$$A(t) = A_0 e^{\xi t}$$

其中，A_0为a_i(i=1, 2, 3, 4) 的初始值，ξ为时间常数，它反映了a_i(i=1, 2, 3, 4)对时间的弹性。

令ξ_1、ξ_2、ξ_3、ξ_4分别为a_i(i=1, 2, 3, 4)的时间常数，则矢量

$$\xi = [\xi_1, \xi_2, \xi_3, \xi_4]'$$

表示了上述延伸过程的动态特性。

采用上述模型对以上延伸案例作最小平方误差参数估计，得如下结果：

1．“活力28”品牌由肥皂粉向纯净水产品延伸

$$\xi = [0.014, -0.012, -0.010, 0.012]'$$

2．“海尔”品牌由冰箱向彩电产品延伸

$$\xi = [0.018, 0.013, 0.012, 0.013]'$$

3．“曲美”品牌由沙发向整套家具产品延伸

$$\xi = [0.008, 0.006, 0.009, 0.007]'$$

四、品牌延伸过程的理论模型创建

（一）品牌延伸过程的理论模型设定

实践中，各种品牌延伸现象是复杂而多样的，其延伸效果也是各不相同的，品牌与其所延伸的产品之间还存在着某种反馈效应。因此，国际学术界围绕着“品牌是否应该延伸”、“品牌应该向何处延伸”、“影响品牌延伸成功的关键因素是什么”、“如何对品牌延伸的价值进行评估”等一系列问题展开了讨论和研究。由于学者们研究过程中所采用的案例都存在着一定的个性，难以具备广泛的代表意义，所得出的结论也各不相同。其实，首先应该对品牌延伸过程的内在机理进行深入的研究，在此基础上建立描述品牌延伸问题的理论模型，再根据模型对不同的延伸现象进行定量分析，才能对品牌延伸的各种问题做出更加科学、有效地解释。

根据对大量的品牌延伸实例进行的分析和研究，我们提出如下用以描述品牌延伸问题的多向反馈控制模型：

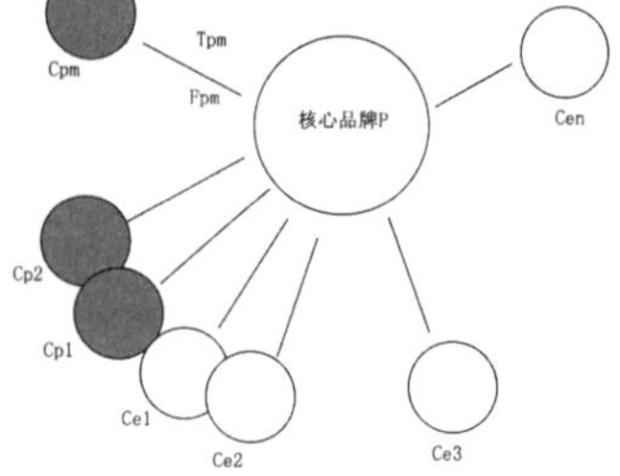

品牌延伸多项反馈模型

在该模型中，$C_{pi}(i=1,2,3,\cdots,m)$代表核心品牌P原有的产品种类的目标市场，而$C_{ei}(i=1,2,3,\cdots,n)$为品牌P向新产品种类延伸时所形成的新的目标市场。本模型将核心品牌P向新产品种类$C_{ei}(i=1,2,3,\cdots,n)$延伸的过程看作控制系统的n个闭环控制过程，在每个闭环控制环节内均存在着正向传递过程T_{ei}和反馈过程F_{ei}。它表示：品牌向新产品延伸时，一方面存在着品牌资产价值向新产品目标市场的映射和价值转换的过程；另一方面，新产品在目标市场的发展情况反过来又影响着原有的品牌属性和品牌资产价值，其反馈过程用F_{ei}表示。当品牌向多个新产品种类延伸时，这一过程要受到多个方向的闭环反馈过程影响。

品牌在延伸过程中各要素的变化将遵循如下法则：

1．品牌资产价值中各要素向新产品目标市场的价值转换程度将取决于该目标市场与品牌原有产品的目标市场的“相关程度”，在上图中用重叠区域的面积表示。“相关程度”越大，则转换程度越高。

2．品牌延伸后，不管是否成功，其知名度(K)及市场资源(R)都将增值。

3．品牌延伸若成功，则其适应度(S)有较大增加，美誉度(Q)有较小增加；反之，其适应度(S)有较大减少，美誉度(Q)也有较小减少。

（二）品牌延伸过程的理论模型剖析

运用所建立的理论模型来对各种延伸现象做出解释，可以得出以下结论：

1．延伸结果的成功与否

由本模型可知品牌资产价值向新产品目标市场的价值转换量大小将受到原有品牌资产价值的大小和新老目标市场的“相关程度”影响。资产价值微弱的品牌根本没有延伸的价值，而“相关程度”很小的目标市场也非力所能及。此外，各种外部环境因素的影响也对最终的延伸成功率有着一定程度的影响。正是由于上述因素的种种差异，才导致了众多的延伸或成功或失败的现象。当品牌的资产价值状况和新产品的目标市场都已确定时，是否采用延伸策略将在为提高延伸成功率而改善各种环境因素所需投入的资金量和采用独立品牌开拓市场所需投入的资金量大小之间进行决策。

2．延伸结果对原有品牌的影响

由本模型可知，品牌与延伸产品之间存在着反馈效应，并且品牌资产价值各要素的变化将遵循着一定的法则。因此，成功的延伸将扩大原有品牌的知名度及市场资源状况，并且品牌的适应度空间也将加大(这一变化也有一定的负面影响，若该品牌原来已高度定位，将在一定程度上使该品牌原有产品的消费者产生心理模糊，降低其在原来目标市场的影响力)，消费者对品牌的总体美誉度也有一定程度的提高，这无疑将增加原有的品牌资产。若品牌延伸不成功，尽管其知名度和市场资源状况仍会加强，但品牌的适应度和美誉度都将有一定程度的负面影响，品牌资产价值的变化情况将取决于上述因素综合作用的结果。值得注意的是，品牌延伸往往是企业改变品牌定位状况和积累品牌资产价值的重要策略。

3．品牌的多重延伸策略

由于品牌资产价值向新产品目标市场的价值转换程度将在很大程度上受到新老产品目标市场的“相关程度”影响，当品牌向一个“相关程度”很小或根本不相关的目标市场延伸时可以采用“连续性引入”的多重延伸策略。如在上述图中，当品牌欲向本不相关的目标市场C_{e2}延伸时，可先选择与C_{e2}及该品牌原有目标市场C_{P1}均有一定相关性的中间目标市场C_{e1}以提高延伸的成功率。当该延伸成功后，品牌的资产价值和属性有了进一步变化，C_{e2}也变成了具有一定相关性的目标市场了，再延伸就要容易得多了。

（三）进一步的研究

将理论模型通过实证研究的方法应用于不同产品及行业，取得相应定量数据，应用AHP因子分析法，计算决定品牌延伸成败的因子的权重系数，建构评估模型，并进一步向神经网络模型过渡。

注：

[1]Aaker,D.A.& Keller,K.L.,Consumer Evaluation And Brand Extension, Journal Of Marketing Research, (1990)

[2]Keller,K.L.& Aaker,D.A.,The Effect Of Sequential Introduction Of Brand Extensions, Journal of Marketing Research,

(1992)

[3]Park C.Sung S.Y.& Shocker A.D.,Composite Branding Allances: An Investigation Of Extension And Feedback Effct,Journal of Marketing Research, (1996)

[4]Reddy S.K.,Holak S.K.& Bhat S,To Extend Or Not To Extend:Success Determinants Of Line Extensions,Journal of Marketing Research,(1994)

[5]Smith D.C.& Park C.W,The Effects Of Brand Extensions On Markrt Share And Advertising Efficiency,Journal of Marketing Research,(1992)

[6] [美]查理·佩蒂斯《创建技术品牌》, 上海人民出版社 2000年版, 第77页。

[7]Bridges, Sheri, A Schema Unification Model of Brand Extensions, Ph.D. disseration, Graduate School of Business, Stanford University, (1990)

论构成品牌的三大要素及其相互关系

湖南商学院艺术设计系副教授 程宇宁

一、品牌概念的衍生背景

现代西方人本主义在哲学认识上的特点是把反原理、反科学、反逻辑方法的直觉、体验、冲动等置于哲学或文化思考的首位，这种哲学观点直接影响并指导着人们在社会的不同层面的行为。在消费领域，更多的消费者在处理人与商品的关系上更加关注精神层面的沟通和价值观念的认同，20世纪60年代开始出现的品牌概念正是在这样一个背景下诞生的。

与其他许多理论一样，品牌理论从其当初的概念雏形到今天的完善理论，其间经历了漫长的探索过程，也集合了众多广告专家、学者的研究成果。

事实上，从品牌由概念到理论的形成来看，可以清楚地表明品牌概念的核心从产品的物质层面向精神层面蜕变的过程。

早在1955年，大卫·奥格威就提出了品牌的概念，只不过奥格威他在那时对品牌的理解还侧重于产品的物质层面："品牌是一种错综复杂的象征，它是品牌属性、名称、包装、价格、历史、声誉、广告方式的无形总和。品牌同时也因消费者对其使用者的印象，以及自身的经验而有所界定"。[1]

从20世纪70年代中期开始，美国备受推崇的品牌策略大师、加州大学柏哈斯商学院教授大卫· 爱格便开始对品牌理论进行深入的研究，并陆续出版了《品牌资产管理》、《品牌经营法则》和《品牌领导》三部专著，他的品牌理论与奥格威相比更加侧重于将品牌概念与产品概念相区别，并认为品牌的核心价值不在于产品的物质层面，而在于品牌的精神层面："厂商制造的是有物理属性的产品，消费者购买的是有情感寄托的品牌。产品会过时落伍，被竞争者模仿，而品牌则是独一无二的。真正持久的竞争优势往往来自于强势品牌"。[2]

目前，国际营销传播领域最热门的主题就是关于品牌以及和品牌相关的讨论。国际著名的营销传播专家Larry Light曾经说过："未来的营销是品牌的战争……品牌互争长短的竞争，商界与投资者将认清品牌才是公司最珍贵的资产。这一概念极为重要，因为它是有关如何发展、强化、防卫与管理生意业务的一种远景……拥有市场比拥有工厂重要多了。唯一拥有市场的途径是先拥有具有市场优势的品牌"。

二、品牌结构分析

20世纪90年代以来，虽然有关品牌的理论著述层出不穷，但对于品牌结构的分析却不多见，其主要原因是品牌所蕴涵的内容及其相互之间的关系相当复杂，头绪繁多，难以一目了然地将构成品牌诸要素之间的彼此关系予以逻辑化地理清。笔者认为，对品牌结构进行分析，首先应分析并研究确定构成品牌的核心要素。决定品牌对消费者而言价值高低的因素有很多，而这些因素又各有轻重，但总体而言，可以把这些因素分为物质因素和精神因素两个部分。

物质因素包括产品的物理属性：质量、性能、用途、技术、价格、包装材料、分销、配送等这些通过物质性所表现出来的产品理性价值。

精神因素包括消费者通过品牌传播的各种形式所感受到的情感需求、审美愉悦、价值认同、社会认可等这些通过精神性所表现出来的情感价值。

物质因素是构成品牌的基础，但仅是具备物质诸要素则只能被称为产品而不能被称为品牌，只有在产品的物质要素基础上注入精神要素才能被称是品牌。这就好比是一个具有人的躯体，但却没有人的思想的狼孩只能被称作是一个自然人，绝对不能被称为是一个社会人。虽然人的自然属性是人之所以为人的基础，但人与动物的区别或者人与人之间的区别的决定性要素却在于其思想、文化这些精神属性。

对于一个品牌而言，其产品的物质性只有通过与其他相似产品的物质性进行比较才有意义，而其品牌的精神性则只有在与目标消费者进行传播并被目标消费者感受认可的前提下才有意义（见图1）。

图1　品牌要素及其相互联系

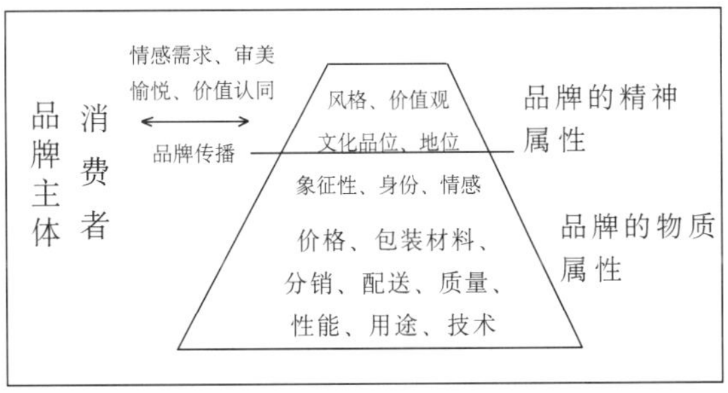

因此，在品牌结构中实际上有三大决定品牌价值的要素：产品（品牌的物质性）、品牌灵魂（品牌的精神性）、品牌主体（消费者）。在这三大要素中，产品（品牌的物质性）是品牌结构的基础，其品质质量、技术、价格、包装材料、功能等从理性上影响着目标消费者（品牌主体）是否选择该产品的意愿；品牌灵魂（品牌精神）的文化、风格、价值观等从感性上决定了目标消费者对该品牌的偏好，对于品牌主体而言，这种品牌是一种必然的选择，是一种敬仰；而品牌主体则是品牌结构中最为关键的要素，由于品牌的核心价值并不是具体的功能性物件，而是抽象的情感性思想。因此，这种抽象的审美、情感、价值等就必须获得品牌主体的认可，否则，品牌价值便无从体现。三者之间的关系如图2所示：

图2　品牌结构关系模型

产品（品牌的物质性）

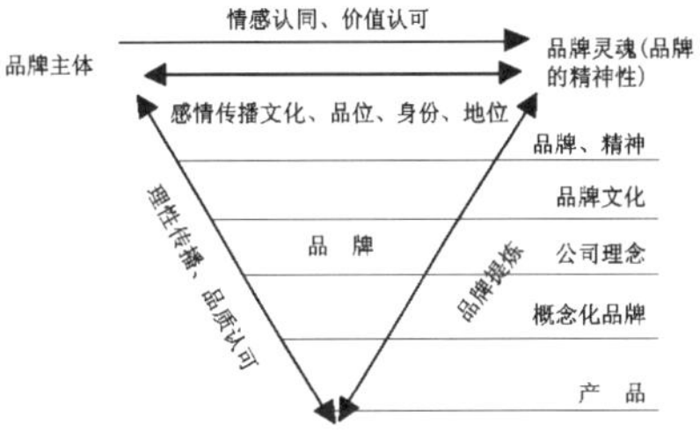

三、品牌建设的层级

品牌从产品的物质性向品牌的精神性演变不可能是一步到位的突变，而是必须经历一个逐渐提炼、上升的过程。这种提炼、上升的过程至少应包含五个阶段：

产品　这是品牌建设的最低阶段。在此阶段产品只是徒有一个名称，而与能够附着在其中的更深的价值相脱离。此时企业所销售的或消费者所购买的只是一个具有物理属性的功能化的物件，其价值不但不具有上升的空间，甚至连保持相对稳定都难以做到。

品牌概念　该阶段以提炼并传播情感价值为特征。品牌概念的建设已成为企业建立和维持竞争优势的关键，许多企业通过对品牌概念的提炼并向目标消费者诉求、传播以情感价值为主要内容的资讯，成功地创造了其市场地位和价值，如意大利著名时装品牌贝纳通便是一个极好的例证。

公司理念　公司是品牌建设过程中的缔造者。公司通过品牌向目标市场传递有关公益事业、关爱、尊重他人、友谊、和平等情感方面的资讯，以期吸引、打动目标市场并进而取得理想的销售业绩。这就要求公司的行为理念与品牌概念之间须保持一致与和谐，因为消费者购买的将不仅仅是品牌本身，还包括生产该产品的公司。消费者如果在对品牌与公司的认知中发现两者是相互矛盾的话，就会丧失对品牌的忠诚，品牌建设之路便走到了尽头。

品牌文化　当品牌建设进入第四个层级——品牌文化，就意味着一个品牌已经获得了强有力的市场地位。它在获取巨大的商业利益的同时也在无形中设置了较高的市场进入壁垒。所有的品牌文化都是在它们的消费者需求中渐渐培养起来的，公司以各种方式将普通的产品一步步升华而达到文化理念层面，并将知识的内涵注入到品牌之中，使该品牌比其他同类产品更具有可信度和可靠性。比如，五粮液所代表的就是中国的酒文化，该品牌不仅在与其他的白酒品牌进行竞争，同时它也是其他白酒产品的竞争对手。

品牌精神　品牌建设的最高层次便是品牌精神。品牌文化与品牌精神之间的转化并不是固定的，但品牌精神是扩展的、更加强大和稳固的品牌文化。Body shop在坚持天然配方及对环境关注的基础上也在推广一种精神，一种信仰，并以高度道德的方式将这种精神和信仰附含在产品之中。该公司强调他们对用动物做实验的反对，并努力突出他们与第三世界国家的团结和对他们事业的支持。

Body shop的品牌精神使它能够以“人性化”特征销售不同的产品，因为它所包含的远不只是消费者所购买的产品本身，还包含了消费者所认同、信仰的人性、道德、保护动物与环保等等诸多精神领域的价值判断。在这种情形下，竞争品牌已很难再赢得忠实于Body shop的消费者，因为这些消费者已经不再是传统的产品质量和价格等因素可以影响和左右的了。

四、结　语

本文论述了促成品牌概念衍生的两大因素：一是市场供需关系的变化所导致的消费需求从单纯的物质性向精神性过渡的市场环境因素；二是西方现代人本主义思潮在消费领域更加关注消费主体的思想影响。同时，本文还对品牌的构成要素及其相互关系进行深入浅出的分析，阐述了品牌建设层级的五个内容。笔者认为，并不是每个致力于品牌建设的公司都一定能攀登到品牌精神的顶峰。毕竟，在不同的市场上能够最终形成品牌精神的品牌是少而又少的，但这并不意味着品牌建设之路就没有意义。这就好比每一个人都不一定会成为哲学家、思想家、文艺家、科学家，但这并不妨碍人们不断地自我学习和思考。因此，品牌建设绝不是短暂的、简单的，一蹴而就的事情，而是一个需要具备坚持不懈、持之以恒的精神，和谐统一、逐步递进的规划，才有可能达成品牌建设的理想目标。

注：

[1]奥美公司《奥美的观点》，内蒙古人民出版社1998年版，第255页。

[2]大卫·爱格《品牌经营法制》，内蒙古人民出版社1999年版，第1页。

品牌快速成长十八法

广州市天进广告有限公司董事长 冯桐英

在西方，品牌被人们称为经济“原子弹”。我国加入WTO后，国外众多著名品牌蜂拥而至，其高瞻远瞩的品牌经营战略和灵活多变的品牌运作手段对国内企业界形成了巨大的冲击，反过来也促进了国内企业界品牌意识的觉醒。

多年来，我国企业界和广告界对海外品牌的相关理论奉若神明，无论是当初CI的传入，还是近来整合营销的兴起，都会引起人们的阵阵激动。但是，我们知道，任何一种观点、理论能否站得住脚都必须结合实际情况。无论国外理论也好，国内观点也罢，都离不开中国的具体国情，都必须经过本土化的检验才能决定是否为我所用。“品牌快速成长十八法”立足本土，重新审视各种营销思想，思想来源于天进广告公司多年来服务的客户，如海尔、美菱、TCL、皇明、嘉里粮油、民生银行、CECT等等中国知名品牌。

一、速度制胜

我们生活在一个速度制胜的时代。创新和资讯冲击带来的最直接影响就是发展时间压缩、速度加快，随之产生了一系列的变动。随着时间的推移，人们渐渐认识到市场的竞争就是一场速度制胜的游戏，抢占先机者，就已经掌握了一半的胜算。

今天，创新意识日益受到重视，产品的生命周期也日益缩短。我们不必探究这些变化是如何发生的，重要的是我们看到了一个事实：知识革命和互联网的出现为产品和消费者之间架起了一座全新的桥梁，大量的信息和越来越紧的时间要求品牌工作者必须扬弃传统的品牌理论，寻找新的出路。

这个世界变得太快，每天都有新产品面世，每天都有旧产品从市场上消失。产品是有生命周期的，只有品牌才可以是永恒的，这就是品牌的魅力。在商业世界里，没有上升到品牌高度的产品都是过眼云烟，品牌才是惟一可以打上永恒烙印的例外。日益增长的消费欲望不只让年轻人变得没有耐心，它还让品牌和消费者之间的关系发生了革命性的变化。品牌变得更加富有协作性、更加不稳定、更加不可捉摸、更加感性。品牌要不顾一切地求生存，品牌要快速适应这个错综复杂的社会。“品牌快速成长十八法”主张建立一个快速反应模式，将品牌放在一个全新的时代背景和市场背景下，用合理的手段进行塑造。用一句话总结就是：速度制胜。

面对复杂多变的市场，面对瞬息万变的机遇，速度成为成功品牌的重要素质。迅速捕捉那稍纵即逝的机会，落后就会被甩掉，就会被淘汰。我们越来越相信这样一个事实：品牌建立不再需要很多年，它可以在短时间内迅速成长起来。成功与否，关键是看谁创新快，看谁动作快，看谁反应快，速度决定着品牌的命脉，速度就是生命！

二、“品牌快速成长十八法”理论体系

（一）品牌快速成长理论

商业界和学术界都普遍认可的一种重要观点是：品牌就像人一样，也会经历一个孕育、出生、成长、成熟、衰退的过程。但是，大量的证据表明，品牌在达到成熟期后，可以在竞争激烈的市场中长期保持相对的市场份额。品牌快速成长理论认为：产品是有生命周期的，而品牌是可以长盛不衰的，一个理想的品牌快速成长过程应分为四个阶段：

1. 构想期（思路决定出路）。在品牌构想时期的主要工作是做好充分的市场调查，明确品牌战略规划，在设计、生产、销售之间进行协调，以确保新产品能够符

合消费者的需要，在市场上受欢迎。此时期产品的研究开发工作应该尽量地充分，对市场的调查也要尽量细致。只有在确保产品具备了一定的优势之后才可以把它推向市场，否则将难以建立品牌。

2．导入期（提高品牌知名度）。导入期的产品尚处于被消费者认识和接受的阶段，市场占有率不高，品牌尚未真正形成。新产品刚刚投入市场，顾客对产品尚不了解，只有少数追求新奇的顾客可能购买，销售量很低，为了扩展销路，需要大量的促销费用对产品进行宣传。在这个阶段，产品的生产尚未形成规模化，成本比较高，销售额不大，企业利润也不大。因售价较高，企业的注意力应放在提高品牌知名度和那些最有可能购买的消费者身上。

3．发展期（提高品质认知度）。当产品在导入期的销售取得成功之后，便进入了成长期。这时顾客对产品已经熟悉，产品已有一定的知名度，品牌的影响力在逐渐加强，大量的新顾客开始购买，市场占有率提高。产品由于逐步实现了规模化，成本降低，销售额上升，利润增长迅速。这一时期着重在于提高品牌的品质认知度。

4．成熟期（提高品牌联想度和忠诚度）。成熟期产品的销量已经基本达到最大值，市场占有率亦趋稳定，需求增长较为缓慢直至趋于稳定，利润也从最高峰降至一个稳定的水平。市场基本上已经达到饱和状态，潜在消费者少，潜在消费者已经了解或者试用过这种产品。成熟期品牌的市场地位已经确立，消费者的需求亦趋于稳定。这时期的策略重心应该是尽量使这个时期品牌的影响力维持现有的地位，提高品牌联想度和忠诚度，尽量使成熟期得到无限延长。

（二）品牌资产理论

根据大卫·艾克的定义，品牌资产由品牌知名度、品质认知度、品牌联想度、品牌忠诚度和专有资产五部分组成。累积品牌资产是“品牌快速成长十八法”的核心目标。下面分四个主要方面来讨论如何在品牌生命周期的不同阶段来快速提升品牌资产。

1．品牌知名度。品牌知名度是指消费者在购买时认出或想起某品牌的能力。提高品牌知名度的主要法则有：让独特的产品利益点琅琅上口；巧用名人善打名人牌；事件策划见效更快；巧用媒体不断创新；品牌传播的一致性和连续性。

2．品质认知度。品牌认知度是指消费者对产品或服务的整体品质或优越性做出的感知。提高品质认知度的主要法则有：依靠促销直接刺激消费者；给低价找一个充分的理由；利用品牌产品历史文化或发源地；创造新的品牌认知标准；善用策略联盟借力打力。

3．品牌联想度。品牌联想度是指消费者记忆中对某品牌能够想起的每一件事。提高品牌联想度的主要策略有：充分利用母品牌的优势；成为领导者，保持领先地位；改变消费者观念。

4．品牌忠诚度。品牌忠诚度是指消费者对某品牌的感情量度。提高品牌忠诚度的主要法则有：提炼消费者独特的价值观；细分市场再造辉煌。

（三）“品牌快速成长十八法”理论模型

基于以上理论，“品牌快速成长十八法”认为，在品牌每个成长阶段都有相对应的主要任务和主要法则，这些任务和法则是在许多知名品牌成败得失的基础上总结出来的。它理想化地描述了一个新品牌快速成长所应经历的科学步骤和所要采取的各种策略，尽管如此，这些法则对于现有市场的品牌来说，同样具有巨大的意义和价值。它表现在：

1．在实践中有些品牌缺乏构想直接进入导入期，可以参考构想期的策略并结合导入期的各种法则对品牌进行修补。

2．在实践中有些品牌已经进入发展期，但是先天不足，在构想期和导入期没有采取相应的策略，这样很可能导致发展潜力有限，品牌容易老化。这时可以参考构想期和导入期的相关策略并结合发展期的各种法则对品牌进行修补。

3．在实践中有些品牌已经处在成熟期，如何保持品牌的长盛不衰？可以反思以前各个时期的哪些策略没有很好地应用，并结合成熟期的各种法则对品牌进行修补。

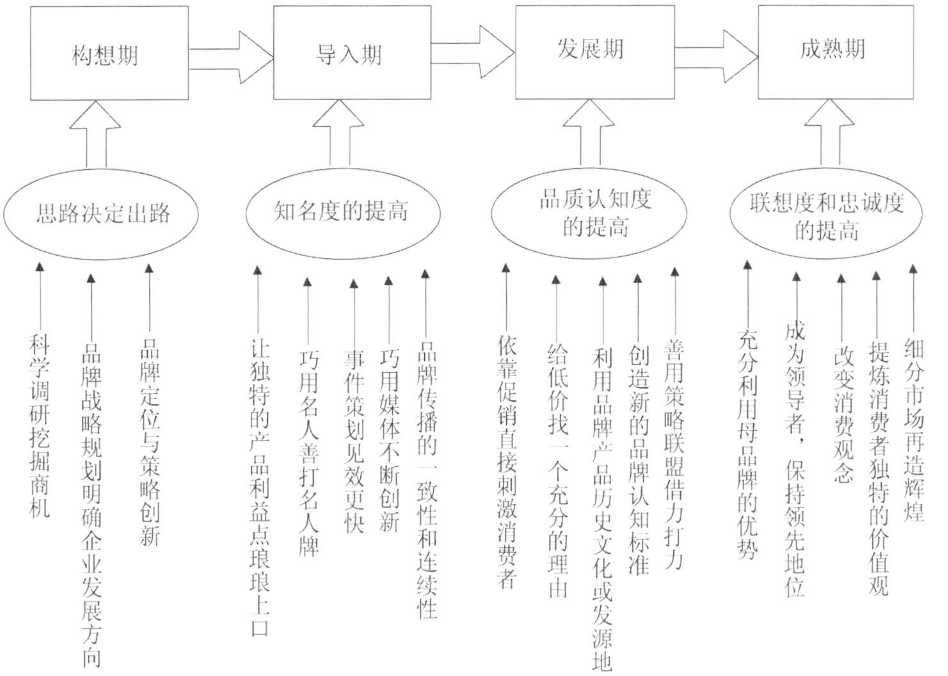

三、“品牌快速成长十八法”法则解析

（一）科学调研挖掘商机

市场调查是企业在变幻莫测的市场中正确把握未来的有力武器。没有对市场的正确认识和分析，就不可能在日益激烈的市场竞争中战胜对手，壮大自己，发展自己。正确、及时而客观的市场调查可以帮助企业正确评估自身市场态势、市场地位、市场竞争力，帮助企业迅速及时地作出经营决策，化解经营中各种矛盾冲突，保持企业经营的良好态势和健康的发展。市场调查成为企业经营决策中不可或缺的重要工具。在日益复杂的市场上，调查研究是品牌成功的枢纽。那些利用调研发现商机，进行产品的科学调整和营销策略的及时修正的企业也就是众多企业中的“常青树”。

（二）品牌战略规划明确企业发展方向

我们已进入战略制胜的时代，企业做大、做强，靠的是战略。“人无远虑，必有近忧”，解决好战略问题是品牌发展的基本条件。品牌战略解决的是诸如目标、方向与道路等品牌的根本问题，是“如何做正确的事情”问题，而品牌传播是“如何正确地做事情”问题。前者指导后者，前者是纲，后者是目，所谓“纲举目张”。品牌战略规划是品牌建设与管理的“指南针”与“方向盘”。它为品牌传播设定了基本的方向与原则，甚至确立了基本的内容与形式，为制定品牌传播计划设立了考核与评判标准。科学系统且与企业资源能力相匹配的品牌战略规划不仅能避免走弯路、绕圈子，还可以大大降低品牌塑造成本，提高传播效益。

（三）品牌定位与策略创新

创新的品牌定位和策略是关键，创新需要对市场有深刻的洞察力。面对复杂多变的竞争市场，决策者们要考虑的问题是广泛而多样化的，要考虑产品本身的问题，产品的外形、价格、渠道；更要考虑市场本身的问题，如竞争结构、行业趋势、政治经济环境、消费者构成、消费趋势等等。每一个问题都可以从战略的高度来规划企业的竞争策略。不同的行业和不同的产品有各自的重点：快速消费品对渠道和价格要考虑多些；耐用消费品对质量和售后服务要考虑多一些。许多成功品牌在创业之初能够快速成长起来，除了辛勤的劳动之外，对市场的敏锐洞察、创造出与众不同的市场策略是其成功的主因。创新的品牌定位和策略关键是说企业在市场上迅速成功不仅要有优质的产品，还要有对市场敏锐的感悟力，准确地抓住并创造市场的需求，真正了解消费者的实际内在感受。

（四）让独特的产品利益点琅琅上口

如果你有独特的产品利益点，一定要用简明通俗的口号喊出来。在品牌传播过程中，产品的利益点是传播的基础。产品的利益点既可以是产品本身固有的特征，也可以是消费者使用产品的感受。产品利益点的提炼与市场策略密切相关，但不管是什么样的产品利益点，在传播过程中要精简、琅琅上口。

（五）巧用名人善打名人牌

请名人为产品和品牌做广告尽管费用昂贵企业还是趋之若鹜，名人广告和广告名人不断充斥着我们的耳目。利用名人效应来提高产品的品牌知名度和亲和度无疑是正确的选择，近年来品牌形象代言人的走红正是基于这一背景下形成的。但品牌形象代言人的选择也有“禁区”，否则对于品牌的推广可能产生负作用。

（六）事件策划见效更快

每天都有大大小小的事件发生，这些事件大致可以分为两种：一种是自发事件，它一般不以广告主的意志为转移，广告主只能借势宣传；另一种是人为事件，它是按照广告主的意图精心安排制造出来的，有人戏称其为“无事生非”、“无中生有”。事件虽有不同的分类，但其实质都是制造轰动效应，吸引媒体报道，从而达到提升品牌知名度和美誉度的目的。事件策划要借助或制造的事件不必是完整或具体的，有时仅仅一个话题，只要策划得当也可以产生足够的轰动效应。

（七）巧用媒体不断创新

我们都知道这是一个信息爆炸的时代，每天的信息扑面而来，让人招架不住。在市场竞争中如何利用媒体是一个高深的学问。在中国市场当中由于媒介环境的特殊性，强势媒体是垄断的，所以对很多企业来说，如何利用创新的媒介手段就是市场策划人员和广告策划人员面临的重要课题。巧妙利用媒体的事例是无处不在的。每个事例当中都体现出策划者的智慧、勇气和技巧。要用创新的媒介手段，媒介计划不要按部就班。

（八）品牌传播的一致性和连续性

很多人认为，成功是许多微笑的努力所带来结果的集合。事实上，无论你是否努力，表现在市场上的结果没有本质的差别。历史证明真正在市场上卓有成效的是单一、持续、坚持不懈地抓住核心策略进行诉求。更进一步说，在任何给定的情况下，只有一个方向上的市场努力才能够得到真正的回报。品牌传播的一致性和连续性是非常重要的。DO ONE THING，DO IT RIGHT！做一件事，做好这件事，这是美国肯德基家乡鸡创始者的一句名言。在品牌传播中，品牌与消费者的沟通要用同一个声音，持续不断地向消费者传播。坚持是非常重要的。品牌的信息断裂不仅会使传播的成本上升，更重要的是会让消费者轻易地忘掉你。

（九）依靠促销直接刺激消费者

促销可以说是目前中国市场上最具杀伤力的武器之一。据统计，国内企业促销活动费用与广告费用之比达到了6：4的地步，众多企业无法抗拒其巨大的吸引力而奋不顾身地投入到了无休止的促销大战洪流中，结果是杀敌一千自伤八百，但却依旧乐此不疲。促销是市场营销理论中的一座“围城”，外面的企业想进去，而里面的企业想出来。如何跨越这座“围城”应该是里外所有企业的终极追求之一。科特勒将促销列入市场营销四大基石之一，的确说明了促销的市场能量，在对这把双刃剑的运用上，损人不利己的促销应该不属于科特勒的理论概念范畴。我们需要的是通过促销来实现产品的价值而非仅仅是账面上的销售。

（十）给低价找一个充分的理由

在任何市场竞争中价格永远是一把锋利的武器，在中国市场上运用价格更是最重要的市场策略之一。虽然有很多专家认为打价格战是低层次的竞争，其实这种认识是不正确的。竞争的目的是为了得到最大的利润。如果价格始终是可以获得长期利润的手段，这就不能说是低层次的竞争。如果你的产品价格具有较强的竞争力，可以为你的低价找一个有说服力的理由作为推广的核心。

（十一）利用品牌产品历史文化或发源地

如果你的品牌或产品来源地或历史文化比较有说服力就要好好利用它。中国是一个历史悠久的文化大国，各地的风土人情都具有迷人的特色。充分利用来源地或文化资源作为自己产品的包装可以快速地提升产品的市场地位。

（十二）创造新的品牌认知标准

如果你的品牌处于已经成熟或比较成熟的行业，可以尝试创造该行业新的类别概念或产品标准。如果你不是第一个进入某一个类别的市场，也不要放弃在该市场中创造出一个新的类别市场，使得你成为第一个就行了。只要你尽心去想，你就可以做到。

（十三）善用策略联盟借力打力

加快品牌联盟的发展是高明之举。企业借助知名品牌建立广泛的市场同盟体，实现共同开发市场，共同分享市场利益。许多公司已经发现，最有效的战略就是要求它们去寻找策略联盟。即使是巨型公司，如AT&T、IBM、飞利浦、西门子公司，如果不在国内或国际形成举足轻重的多国公司战略联盟，就不能取得领导地位。

（十四）充分利用母品牌的优势

市场不是产品的战争，而是感知的战争。如果你的企业所属集团或母公司过去具有优秀业绩和社会影响力，拥有成熟消费群，要充分利用这些优势。利用母品牌就是利用人们对母品牌的感觉来提升子品牌的市场地位。在市场竞争当中，许多具有多种品牌的企业仍有效地运用企业的传播影响来带动旗下的品牌发展。

（十五）成为领导者，保持领先地位

市场领导者要在竞争中“长赢不败”就必须设法在市场占有率等方面持续保持市场第一的领导地位。如果你想保持行业的领导者，请不要吝啬金钱为消费者做教育，但记得要在教育过程中不断确立你的领先地位。

（十六）改变消费者观念

观念广告是指在一段较长的时间内持续投入稳定费用，逐渐使所要传播的观念为受众所接受。观念广告在商业广告和公益广告中被大量运用。在商业广告中，它在创造新需求和开辟新市场中有着无穷的魔力，旧消费观念的改变或新消费观念的树立往往蕴藏着无限的商机；在公益广告中，它主要用于纠正人们的错误观念或是提倡一种有益于社会的新观念，以树立良好的社会道德风尚。

（十七）提炼消费者独特的价值观

如果你的（潜在）消费者群体具有独特的价值观或生活方式，把它提炼表达出来。不同时代的广告，它们之间的岁月承载着不同的生活领域和几十年间的价值观变迁。广告是价值转变的催化剂、加速器和增强剂。人们在广告中看到的可能只是变化了的男性女性形象，而他们不仅体现了同陈规旧习的决裂，同时也扮演着个人行为的准绳和样板角色。因此，广告具有象征性的现实内涵。

（十八）细分市场再造辉煌

市场是永远不会饱和的，它不仅客观存在，也是被创造出来的。有效地细分市场可以使产品不仅找到新的销路，还能在新市场当中占有一席之地。如果你的市场占有率目标较高或者已经较高，一定要用不同个性的分品牌策略进行市场细分。细胞分裂是天然法则，整个市场领域可以被看做一个不断扩张的不同类型的市场组成的海洋。刚刚开始时，一个市场只有一个类型，但是随着时间的推移，这个单一类型的市场就会分为几个部分。每一个市场类型都有它存在的理由，也有自己的市场领袖，常常这个领袖与初始时的市场领袖不同。但是很多公司认为市场的长远趋势是合并而不是细分，这是错误的。从长远看，市场只有细分，没有合并。

四、小　结

成功有方法，失败有原因。“品牌快速成长十八法”是我们从中国市场实践当中，根据不同阶段、不同背景的品牌应用了十八法中的不同手段，总结出来的完整而系统的营销广告思想，是天进广告公司在创造一个又一个奇迹的同时，不断地思索总结出适合本土的广告营销理论。“品牌快速成长十八法”既不是什么高深的理论，也不是一个封闭的系统，它是研究复杂多变的中国市场的一个视角、一种透视，它是一个开放性的理论体系，必然会随着实践而不断丰富和完善。

品牌核心价值的历史演绎

高 萍

品牌是企业的生命线，品牌核心价值是指该品牌产品在市场诸多同类、同质产品中表现出的关键性竞争优势和独占性资源。现代国际市场竞争正在使品牌的核心价值不断演绎和升值。品牌核心价值的变迁是社会经济与科学技术发展的产物；是人类生存与生活质量互动的产物；是社会时尚与人文精神交织的产物。反思几十年来我国经济市场产品品牌核心价值的历史演绎，可从中寻求企业品牌在今天的市场如何赢得核心竞争力，如何在市场获得独占性产品利益和品牌竞争的实力。

品牌核心价值发展的五个阶段

在我国经济发展历程中，多数产品其品牌核心价值的演绎一般可归结为从低级向高级发展的五个不同特征的阶段。

第一阶段：数量特征时代——不短缺，有得用。这是在商品短缺的卖方市场年代，市场供不应求，消费者追寻的是使用价值。企业以大量生产、低价销售为经营宗旨，产量越大，消费者越多，品牌影响越大。这是一种以生产数量带动品牌核心价值的产量竞争时代，这一阶段从我国建国开始持续到20世纪80年代初期。

第二阶段：质量特征时代——结实不易损，经久耐用。经历了第一个阶段，在市场供应相对充足的买方市场年代，消费者有条件选择产品，则以质量好，经久耐用而实惠的产品为口碑。企业以质量为卖点建立产品品牌在市场的知名度。这是一种以生产质量带动品牌核心价值的质量竞争时代，这一阶段在我国主要集中在20世纪80年代到90年代初期。

第三阶段：科技特征时代——科技含量高，简约好用。进入了质量时代以后，伴随着社会科学技术的发展与应用，高新技术与创新工艺逐步替代了传统的手工制造，谁掌握了最新技术，谁就拥有了第一生产力。产品越来越注重科技含量，消费者则选择高科技、领导潮流，快捷方便的产品。企业以科技含量为卖点塑造产品品牌在市场的知名度。这是一种以科技含量带动品牌核心价值的科技竞争时代，这一阶段在我国主要集中在20世纪80年代后期到90年代中期。

第四阶段：服务特征时代——高附加价值。伴随着产品供应的日趋丰富，市场繁荣，价格稳定，产品品牌竞争不断升级。商家开始为有形的商品增加无形的服务，即附加其他帮助：如免费送货，维修、保修时间由短期发展为长期，甚至提供特殊服务等。消费者在同质产品中以选择更加方便的服务为认牌标准，企业则以丰富多样的附加服务为卖点塑造产品品牌在市场的知名度。这是一种以服务带动品牌核心价值的服务竞争时代，这一阶段在我国主要集中在20世纪90年代。

第五阶段：体验特征时代——高享受价值。“体验消费”的基础是以商品为载体，以服务为手段，使消费者融入其中，体验更加丰富的享受价值，如娱乐因素、文化因素等。消费者在同质产品中选择能够提供高享受的体验价值为认牌标准，企业则以不断渗入商品的“体验价值”为卖点塑造产品品牌在市场的知名度。这是一种以体验价值带动品牌核心价值的体验竞争时代，这一阶段在我国大约从21世纪开始。

美国《时代》周刊曾预言，2015年前后，发达国家将进入休闲时代，而在休闲时代，“体验”的需求将会空前高涨，“体验经济”也将大行其道。

品牌人性化价值的不断提升

正如哈佛大学教授泰德·李维特（Ted Levitt）在

《营销短视症》一书中指出："根本没有所谓的成长行业，只有消费者的需要，而消费者的需要随时都可以改变"。市场竞争风起云涌，产品、品牌的经营者一直力求追赶和趋同于消费者的需要，不断开拓和塑造着迎合消费者需要的各种品牌价值。不难看出品牌核心价值发展经历的以上五个阶段也正是产品从建立品牌印象发展为日愈激烈的品牌形象竞争的市场演绎过程。

品牌核心价值由数量特征时代——质量特征时代——科技特征时代——服务特征时代——体验特征时代的历史演绎，是消费者从无意识的使用商品转向有意识的体验品牌的过程；是商家由"请消费者注意"转向"请注意消费者"营销策略的变化过程；也是品牌核心价值不断由物质硬件转向感觉软件的人性化价值的提升过程。

品牌核心价值的数量特征、质量特征、科技特征和服务特征几乎都是由卖方提供，它们所有的经济产出都停留在消费者之外，不与消费者发生关系。而到了体验特征时代，任何一种体验都是消费者个人的身心体智状态与那些筹划事件之间互动作用的结果，消费者因在某个环节甚至全程参与其中而产生兴奋、娱乐等感性情绪，所以品牌价值围绕消费者而升值得到了最充分的体现。同时在消费者看来，这种个性化体验比简单的商业交易拥有更高的价值，他们愿意为此付出额外的金钱，由此产生的享受价值是消费者选择品牌的重要诱发力。

从宏观环境考证，品牌核心价值的变化与社会经济形态息息相联。品牌体验经济学说的创始人约瑟夫·派恩二世和西方另一位著名学者詹姆斯·吉尔摩（James H.Gilmore）指出了社会经济形态发展中有关体验经济的来临。体验（experience）通常被看成服务的一部分，但实际上体验是一种经济物品。体验经济的最大特点是突出人性、更人性化的经济。在服务特征时代，许多企业是将体验与传统产品包在一起，以更加方便促进产品的销售。未来企业则彻底发挥体验的优势，让消费者为体验付费，获得个人在形体、情绪、知识上参与的所得。

通俗地说，体验经济就是经营者利用消费大众对于亲身体验的渴求心理，将原本不需消费者亲历亲为的生产或服务过程，以一定的价格卖给消费者的经济活动。它追求的最大特征就是消费和生产的个性化，将"体验"作为一种经济物品进行买卖。以往消费者在酒吧里只是品尝酿好的新鲜啤酒，但是现在消费者已经不满足于此，还会对酿造啤酒的过程产生浓厚的兴趣。酒吧经营者将这种"体验"明码标价出售。顾客在自酿啤酒的过程中获得学习、娱乐、成功的"体验"。

在体验经济中，商家提供的不再仅仅是商品或方便式的服务，而是一种最终的享受价值，充满了感性和感情的力量，能够给消费者留下难以忘却的愉悦记忆；消费者消费的也不再是实实在在的商品物件，而是一种感觉和情绪，有些甚至是体力上、智力上和精神上的体验。体验经济可以造成一种幻觉：商家把每一位消费者都看作独特的个人，进而满足他们的个性化进而更加人性化的需要。正如去拉斯维加斯游览的经历，在迪斯尼乐园游玩的经历，在硬石餐厅吃饭的经历等，我国近几年来市场黄金周的出现，一定意义上也是为了满足人们要求体验自然、休闲购物的感觉。消费者身临其境的亲身体验是远胜于一切品牌包装和广告传播的促销利器。正是品牌竞争和消费需求的不断升级使品牌的核心价值越来越人性化。进入21世纪，在与社会经济形态互动的过程中，品牌的核心价值甚至可能通过体验特征的多少决定市场胜负。

以体验为特征的品牌核心竞争力

竞争力是一个由诸多因素决定的综合概念，影响一个企业竞争力的主要因素有领导力、研究力、学习力、创新力和服务力等。

笔者认为，纷繁多杂的市场品牌竞争实际也就是各品牌实力的竞争，品牌也存在竞争力与核心竞争力问题。品牌的实力因素包括商品要物美价廉、服务要优、品牌知名度要高等等。品牌的市场占有率是品牌竞争力的直接体现。在一定的市场条件下，品牌实力的诸多因素中，最主要的品牌优势才是最关键的品牌价值，表现为品牌的核心竞争力。过去很多年来，无论是在国内还是国外市场，我国的很多品牌很大程度上还是靠商品价格表现的品牌核心竞争力打拼市场，这种做法并不符合人类经济发展和消费需求发展的规律。

按照哈佛商学院出版社《体验经济》一书的划分，人类经济发展历史经历了四个阶段：物品经济（未加工）时代、商品经济时代、服务经济时代、体验经济时代。《第三次浪潮》的作者托夫勒预言："服务经济的下一步是走向体验经济。"《哈佛商业评论》在2000年提出："体验经济时代已经到来。"

所谓"体验消费"的基础与载体仍旧是传统的商品与服务，只不过这些商品与服务中已经凝聚了"体验价值"，如娱乐因素、文化因素等，它实际上要求我们在经济活动中，必须不断渗入"体验价值"，这样才不会落后于时代，才能被越来越多的消费者接受。

"体验经济"已在全球市场显示出它的领导地位。一些成功的IT行业产品以其特征重新塑造品牌价值，如提出了"要提供最佳的全面客户体验"；IBM推出IBM ThinkPad体验中心；戴尔提出"顾客体验：把握它"；我国的联想则是以"全面客户导向"为经营宗旨等等。这些都是服务经济向体验经济过渡和发展的市场表现。

因此，进入21世纪，无论是国内还是国际市场，打造品牌的核心价值，提升品牌的核心竞争力，制造商和经销商都应该充分渗入"体验"之特征，准确把握消费者对该品牌产品的需求诱发力：

第一，创造一种品牌形象，强调消费者购买、使用或占有该产品时的良好体验和感觉，如购物环境和消费者参与等。

第二，提供更多的能够刺激感觉的道具或样品。随着消费者对体验的需求增加，他们对能够帮助产生体验物品的需求也会增加，如尝试品、纪念品等。

第三，充分重视"攻心"策略的使用，运用大量隐性广告而"让广告不像广告"。今天的广告营销中即使有好的创意也很难支撑市场销售，因此应加强现场促销活动，使消费者亲临现场并参与其中，创造具有个性化的感受以诱发购买欲。

报纸品牌广告的效果探析

人民日报社广告部 徐永新

随着我国市场经济的繁荣与发展，品牌的作用日益显著。在企业的兼并收购活动中，品牌的估值高低已经成为交易双方谈判的焦点。许多企业已经不再把有形资产(如厂房、土地等)作为衡量企业价值的主要指标，品牌所形成的价值成为了关键因素。特别在软件、生物工程等高科技企业里，品牌所创造的价值往往占据总资产85%以上的份额。

品牌的巨大价值引起现代企业经营者们经营理念的深刻变化，品牌塑造已成为成功企业战略规划中不可或缺的组成部分。从全球著名品牌企业的发展历程来看，成功的品牌塑造和维护离不开品牌广告的介入。美国著名广告大师大卫·奥格威有句名言：每一则广告都是为建立品牌形象所作的长期投资。这就要求企业经营者，也就是广告主在品牌广告的媒介购买上必须有自己的投放策略。而这一行为的前提是广告主要对各类媒体品牌广告的效果有清晰的了解。作为一名报纸媒体的广告人，笔者是在从业实践中逐渐认识、理解报纸品牌广告及其产生的广告效果的。本文谨提出一些初步的研究和思考，以期对企业品牌塑造决策有所助益。

报纸品牌广告是指以报纸为传播媒介，采取多种表现方法，以塑造产品或企业品牌个性为目标，能够提高消费者对产品或企业的美誉度，并最终提高市场占有率的广告形式。简言之，就是以实现企业或产品品牌形象塑造为目的的报纸广告。

品牌广告之所以能够成为全球报纸广告的主流，是与报纸自身的传播特性、塑造模式等优势分不开的，而通过报纸广告塑造出的品牌所带来的巨大收益又使报纸成为广告主足可信赖的广告媒介。现任国际广告协会主席麦克尔·李在为《品牌创造价值》一书题词中说："报纸广告在与消费者有效沟通方面有着悠久的历史，而且效果卓著。随着编辑水平的创新和提高，当今的报纸是一个非常有价值的广告媒介，特别有利于广告主塑造、发展和维护自己的品牌。"报纸品牌广告的存在与发展蕴含着丰富的因果关系，理清这些关系，能使我们更科学地进行报纸品牌广告的经营活动，也能为广告主提供合理的媒体决策依据。

一、报纸品牌广告的力量之源

1．纸质媒体的特殊权威性

报纸品牌广告"最原始"的力量来自于纸质媒体的权威性。这种权威性来自于多个方面。报纸历史悠久，丰富的历史积淀为报纸权威性奠定了牢固的基石。大众报刊发展两三百年来逐渐形成了可靠的信息采集发布制度。以真实性为第一生命的报纸新闻传播在漫漫历程中更赢得了受众的尊重和信赖。报纸是受众获取资讯的重要渠道，长期的阅读习惯使报纸传媒虽历经广播电视乃至互联网的冲击仍能保持其不衰的生命力。从我国的报业结构来看，主流报纸占据着主导地位。主流大报以为人民服务为宗旨，主要担负宣传国家重大政策、沟通反应基层执行情况的任务，在人民群众心目中形象好、信誉度高、具有权威性和公信力，因而是适合刊登品牌广告的媒介平台。

2．报纸媒体传播的持久性

在一次效果方面，以电视的诉求力最大，由于电视通过声画结合，充分调动受众的各种感官，更能够吸引受众的注意力。但受众在接受信息的过程中可能产生遗漏或不解，而广播、电视的节目是不可逆的线性传播，无法取得再次核实的机会。报纸则不同，受众可以通过上下文前后对照、重复揣摩等方法加深对所接受信息的理解度和记忆度。从报纸上获得的信息在受众脑海中的印象要比电视广播深得多，更为持久，对于着眼于长期影响力的品牌广告来说，报纸媒体无疑是品牌塑造的最佳选择。

报纸传播的持久性还体现在它的深度和解释力。长达数百年的发展中，无数的报业经营者、编辑、记者积累的宝贵办报经验使报纸有能力提供有深度的信息。同时，报纸的出版特征也使这一优势的发挥成为可能。日报、周报可以分别对近期的媒介事件进行深度的挖掘，而广播电视在这方面的表现要差一些，因为广播电视信息传播优势在于即时性和现场感。报纸为许多广告主提供了深入展现企业精神文化的平台，成为企业品牌广告投放的最佳媒体选择之一。

3．报纸媒体传播的灵活性

与广播电视广告相比较，报纸品牌广告具有更大的灵活性。这种灵活性的一个重要表现就是它的内容便于适时修改、完善。广播、电视的广告制作比较繁琐。例如一部30秒的广告需要经过好几道复杂的程序才能完成，其间还离不开摄影机、录音机等器材，还存在着广告人物、背景的选择等问题。一旦广告片出现漏洞或需要修改就相当麻烦。而报纸广告则不同，由于其制作简便，不存在广播电视广告的繁琐程序，只需把所要表现的主题通过图画、照片和文字表现出来即可。这有利于品牌广告根据企业经营的具体变动适时修改、不断完善传播内容，使品牌形象与时俱进，符合企业发展需求。

报纸广告的灵活性还表现在广告便于安排。报纸可以根据广告的具体需要，把它刊登在适当的版位上。由于报纸广告的规格大小具有灵活性，因此编辑可以尽量把它放在比较突出、能够吸引读者的位置上，并且有可能充分利用主题策划的编辑手段，通过报纸文章内容的关联形成对广告的强调。这正是许多报纸专版专刊品牌广告火爆的重要原因。

二、报纸品牌广告的品牌塑造模式

报纸广告的品牌塑造力不仅来源于客观的媒体传播

特性，同时，也来自于品牌广告制作者的主观创造力。这种创造力能够吸引消费者“眼球”去关注企业品牌广告，并成功地在消费者心目中树立良好的企业品牌形象。一般来说，这种创造力聚焦于企业的各个亮点，从而形成了几个不同的品牌形象塑造模式。

1．企业产品品牌模式

企业产品品牌模式包括质量和技术两个方面。产品质量是消费者对一个企业最为关注的问题。消费者心中的产品质量水平是整个企业品牌影响力的基础，因为产品质量的优劣直接关系到消费者的切身利益。企业在展示自身的产品品牌形象时，往往突出了产品的特性。这种特性是该产品区别于其他同类产品的优点，包括质量水平、技术创新、原料采用、加工技术、外观包装等方面。许多企业产品的形象就是通过这种特性给消费者留下深刻印象的。以在世界食品工业中具有举足轻重地位的雀巢公司为例，它之所以能在同类产品中脱颖而出，靠的就是长期以来坚持不懈的产品质量品牌战略。雀巢公司要求自己的每一样产品都能够朝着优质化、营养化的方向发展。我们可以从雀巢公司在我国发布的一系列报纸品牌广告中看出，“味道好极了”这句广告语体现了雀巢公司对产品质量的自信，也对消费者产生了极大的诱惑力。“味道好极了”成为雀巢品牌广告的核心内容，尽管这一广告运作持续了许多年，广告的创意也翻新了很多次，但这一广告口号一直没变，它已成为雀巢公司产品质量的一种象征，也是该公司在市场竞争中取胜的保证。

同样，企业产品所蕴含的技术水平也是消费者所关心的焦点。企业技术水平的高低直接影响着消费者对产品的信赖程度。2004年初，佳能公司在推出的一系列报纸品牌广告中，向消费者宣称该公司产品包含了1400多项专利技术。如此雄厚的技术创新实力，通过报纸品牌广告的大规模展示，增强了消费者对佳能产品的信心。

2．企业文化品牌模式

企业的文化内涵也是报纸品牌广告所致力表现的重要方面。企业文化内涵并不是一朝一夕可以形成的，它代表着整个企业对生产、对社会、对消费者的基本态度。消费者可以从企业的文化内涵中了解企业的发展历程及其前景。从某种意义上讲，消费者在选择某企业的产品时，不仅是选择了产品的功效和质量，也同时选择了产品所蕴含的企业文化。企业文化在企业品牌传播过程中必然渗透并充盈其中，企业品牌影响力扩大的过程也就是企业文化充分展示的过程。因此，企业品牌理应成为企业文化精华的凝结，成为渗透在企业品牌经营全过程中的理念、意志、行为规范和团队风格的体现。许多企业在塑造品牌的过程中，都乐于把自己文化内涵中的闪光点展示给消费者。国际著名服装品牌贝纳通为了树立自己的品牌特色，塑造了“爱自然、爱人、关怀社会”的品牌文化。贝纳通的很多品牌广告常以环境污染、种族歧视、战争灾难等为题材，远远超越了一般的广告概念，抓住了时代的矛盾特征，形成了强大的冲击力，从而使贝纳通的品牌独树一帜。还有其他的品牌诸如美宝莲提出“美来自内心”的文化理念，李宁牌提出“把精彩留给自己”的个性主张，耐克的“just do it”的生活态度等等。这种品牌文化为消费者所接受，就能深入地影响消费群体的消费文化理念，从而培养出忠实的顾客群。

3．企业服务品牌模式

产品售后服务也是消费者对企业品牌形成的重要影响因素。对于企业来说，产品只销售一次，服务却伴随着产品的整个生命周期。服务价值是企业品牌价值的重要组成部分。从售后服务，消费者可以看出企业的责任心，也可以看出企业是否具备长远的发展眼光。售后服务水平的高低，决定了企业及其产品在消费者心目中品牌形象的优劣。无数的企业经营实践证明，那些售后服务周到、对消费者关照细致入微的企业，最后都赢得了消费者的信赖，实现“永续经营”。因此，帮助消费者对企业的售后服务建立信心，展现企业售后服务的努力程度，也是报纸品牌广告必须发掘的重要内容。通用电气无疑是世界上最具影响力的企业品牌之一。这个具有百年历史的工业巨鳄经历了众多的经济风云变幻后依然健在，并且呈现出前所未有的繁荣，与它周到的售后服务工作不无关系。通用电气公司第八任CEO杰克·韦尔奇曾经说过："我们的工作不仅仅是销售产品。"他使公司原先的工业生产模式转变到全心全意为客户服务的模式上来。通用电气公司的客户服务部专门设立解答中心，负责收集有关产品改进和服务优先的有价值信息。当消费者购买了通用电气产品以后，有关消费者花费的金额和详细的数据都反馈到总部，众多的服务设施开始运作，随时待命。通用电气公司凭借着售后服务这一服务品牌广告的广泛传播，说服了广大消费者，使通用电气的品牌形象更加卓而不凡，奠定了在竞争激烈的电器行业的领袖地位。

4．企业公益品牌模式

企业是社会大家庭的一分子，社会的发展也离不开企业的贡献。企业在生产经营的过程中总要涉及社会各方面、各阶层的利益，因此企业在重视内部经营管理的同时，也要协调好社会关系，并尽可能地为社会多做贡献，特别是致力于公益活动的企业行为，更能赢得公众的美誉。突出企业对社会的贡献也是报纸品牌广告的一个重要诉求点。一般来说，具有雄厚实力的大型企业在社会贡献方面都会比较突出，通过传播这方面的成绩能使大企业的品牌更有震撼力和说服力。跨国大型企业百事公司长期致力于以建立"百事可乐基金"为切入点的良好公共关系体系，热心支持与赞助体育赛事以及其他公益事业。在我国，百事公司曾投入巨资赞助了"八运会"、甲A足球联赛等活动。但百事公司的无偿赞助并非没有私心，其报纸品牌广告紧紧围绕着这些体现时代热点的活动，既实现了向受众推广活动的目的，又树立了百事热爱公益的品牌形象。

当然，在报纸品牌广告创作的过程中，不必刻意去套用某种模式，可以表现为多种模式的自由融合。高超的报纸品牌广告能够在自然、和谐之中向消费者展示企业的多方亮点，从而实现企业品牌形象的深入人心。

三、不同条件下的报纸品牌广告效果分析

众所周知，报纸品牌广告的目标在于通过报纸媒介的广告运动塑造出符合企业或产品个性特征的品牌，并使这一品牌得到消费者的认可和支持。广告主既定的品牌广告目标能否实现是衡量一次品牌广告运动是否成功的重要标志。但实际上，通过报纸广告树立的良好品牌形象只能令广告主心情略佳而已，而真正满足广告主愿望、令其欢欣鼓舞的是品牌带来的价值。因此，塑造品牌价值理应成为报纸品牌广告追求的终极目标。这对于报纸品牌广告实务具有深刻的指导意义。报纸品牌广告所带来的品牌价值可以直接表现为企业竞争力的增强和社会关系的和谐。通过报纸品牌广告塑造的品牌形象，企业能够实现一定的市场占有率，包括通过品牌延伸开发出新产品和新服务，冲破各种各样的障碍和壁垒，赢得顾客的认可和忠诚。报纸品牌广告还能为企业形成竞争防线。品牌形成的差别是竞争对手难以仿效的，它能使企业形成强大的竞争优势，铸起一道难以逾越的竞争防线，阻碍竞争对手的进入。具体来说，报纸品牌广告的效果在正常运营和危机公关这两个方面有着不同的体现。

1．正常运营下的企业品牌广告

(1) 经济效益的提升。广告的经济效果是指广告促进企业产品市场销售额的增加和市场占有率的提高，由此引起的企业利润的变化。通过报纸品牌广告，企业把经济效益的提高与企业形象、品牌形象的成功塑造很好地结合，使企业的发展进入良性循环。在这种循环下，一方面企业生产出的适销对路、消费者满意的产品，有利于企业进行品牌广告宣传；另一方面，消费者在广告的作用下，品牌忠诚度提升，对企业的好感度增加，促进了企业销售额和利润的上升。由于报纸品牌广告对促进企业经济效益增长的巨大作用，很多大型企业特别是跨国公司在进行企业或产品宣传时都把它作为一种重要的营销手段。以日本企业为例，它们在拓展海外业务时，总是坚持"广告先行"的原则。三洋公司、索尼公司和日立公司的新产品在我国的各家商店里出售之前，其品牌广告早已频繁地在我国报纸上出现了。

(2) 知名度和美誉度的提高。一般来说，报纸品牌广告对企业知名度和美誉度提高的有力帮助主要体现在两个方面。首先是企业经营环境的改善。企业通过品牌

广告打出品牌后，在社会中的影响力也增强了。政府主管部门和金融机构对其重视程度也逐渐提升了，给予的政策支持也会增多。同时，由于企业在整个社会范围内树立了良好的形象，合作商和投资商对企业的信任度和好感度也得到提升，企业发展的机遇和空间更加扩大。其次，报纸品牌广告可以提高消费者对企业的评价。这种改变与企业的产品销售息息相关，而这一方面属于广告受众心理传播效果的研究范畴。广告信息作用于受众会引起的一系列心理反应，一般表现为注意感知、理解记忆、情感激发、态度改变和购买行动等相互继起的传播阶段和影响层面。企业通过针对消费者的这些心理变化进行适当的引导，能够逐渐在消费者心中树立起良好的企业形象，从而激发消费者对企业产品的认同感和购买欲。因此，从这个意义上说，报纸品牌广告是企业沟通生产者和消费者，连接销售商和市场的重要手段。

2．危机公关中的报纸品牌广告

企业危机的产生往往是突发性的、迅速扩散的，它能在短时间内对企业造成重大伤害。做好企业的危机公关是事关企业生死存亡的关键性战役。企业进行危机公关活动的方式是多方面的，包括召开新闻发布会，聘请有关专家、权威人士出面澄清等，其中借助权威主流报纸媒体发布品牌广告是挽救企业危机的重要方式之一。

(1) 减缓危机事件的冲击力。这一方面的作用主要是针对危机事件发生前的企业报纸品牌广告而言的。企业平时在品牌塑造方面所下功夫的深浅，在这一时刻得到了检验。危机事件对企业造成的伤害最终还是需要通过消费者来完成。它的杀伤力在于迅速降低消费者对企业产品的信赖度，拒绝购买该产品，从而给企业造成毁灭性打击。然而，危机事件的杀伤力在现实中的作用并没有理论上的那么强大。在这里我们还要考虑到消费者客体的主观因素。如果消费者长期接受企业的正面品牌广告宣传，在心目中已形成当事企业的“高大”形象，那么这种先入为主的良好印象将在危机事件破坏企业形象的过程中发挥“阻击”作用，减缓危机事件的冲击力。这就使得消费者在获悉危机事件后，仍对企业及其产品抱有希望，相信企业会做出合理的解决。企业从而在危机事件的处理过程中获得了宝贵的时间。

(2) 恢复消费者对企业的信心。根据传播学理论，信息传播的形式包括人际传播、群体传播、组织传播和大众传播等。除大众传播外，其他几种传播方式信息源的可靠性和正确性都难以保证。特别是“口耳相传”的人际传播，信息很容易失真。危机事件发生后，各类传播方式都在传递信息。这些信息含有大量夸大其辞甚至纯属造谣的虚假信息。因为，当受众想了解事情的真相却又无从着手时，就会出现许多不实的猜测，从而产生许多误解、曲解。此时，处于危机中的企业迫切需要借助报纸传媒的力量开展澄清危机事件的活动。由于主流报纸媒体所具有的权威性和公信力，能减少公众对解释内容所产生的排斥力和怀疑性，容易使公众接受企业的解释。无数的危机公关实践表明，合理有效地利用权威主流报纸传媒是实现迅速解决危机事件的必要手段。企业在危机事件解决中及解决后都可通过品牌广告来进行品牌形象的恢复工作。特别是危机后投放的品牌广告能给消费者留下不屈不挠的顽强印象，从而恢复消费者对企业进一步发展的信心。由此可见，企业面临危机，如意外事故、新竞争者的介入时，通过报纸品牌广告形成的良好品牌形象能够帮助企业化险为夷，顺利渡过难关。

美国著名广告学者大卫·A·艾克曾说：“必须记住，品牌是支持企业长期运营的资产。”随着报纸品牌广告实践和研究的不断推进，报纸品牌广告的品牌塑造力将得到极大发挥，报纸品牌广告的效果将会被更多的广告主所认同，报纸品牌广告也将成为更多广告主所青睐的最佳广告投放选择。同时，品牌广告在报纸广告收入中所占比重的多少也将成为判断媒体广告经营是否紧扣时代发展脉搏，实现广告经营与国际接轨的重要标准。

品牌个性的塑造

暨南大学管理学院商学系 杨建华 张琦

摘要：本文概述了品牌个性的涵义及塑造品牌个性的重要意义，通过分析品牌个性的驱动因素，提出了塑造品牌个性的策略以及在塑造品牌个性的实践中应当注意的问题。

关键词：品牌 个性 塑造策略

随着经济的发展和竞争的加剧，产品同质化程度越来越高，消费者的消费观念由原来的追求产品的功能利益上升为追求品牌所带来的物质利益和精神利益的统一。品牌个性是品牌形象的核心和灵魂，如果品牌的个性能够符合目标消费者的意愿，品牌就能够赢得消费者的喜爱，与消费者建立情感联系，提升品牌的价值。但目前许多企业尚未认识塑造品牌人性化特征的重要性，在品牌定位、品牌沟通上和竞争对手毫无差异可言，没有明确的个性导致消费者对品牌认知模糊，无法产生共鸣；在赋予品牌一定的"性格"后不能一如既往地经营和保持；片面强调广告宣传的重要性而忽略了先期品牌个性和品牌价值的塑造，品牌知名度上去了，品牌的美誉度却无所建树。如何认识品牌个性的内涵，进而采取有效的策略来塑造品牌个性成为企业品牌经营中存在的问题。

一、品牌个性的涵义

品牌策略专家Linn.B.Vpshaw将品牌个性定义为："品牌的外向表现，这些表现的特点与人的某些特点十分接近。"[1] David.A.Aaker教授将其定义为："特定品牌所具有的一系列与人相类似的特征。"[2]美国营销学家菲力浦·科特勒对品牌及品牌个性这样解释："品牌是一种营销沟通的科学或工具，塑造品牌将使营销更加有效，品牌所传达的信息是主体的、全方位的，它包括三层结构：第一层是品牌识别，它是将一种产品与另一种产品区分开来；第二层是品牌形象，它是指品牌形象所暗示的象征意义；第三层是品牌个性，是更深层次的沟通方式。"品牌个性是品牌形象的核心与灵魂。[3] 一些国内学者在对品牌个性研究后提出了有关品牌个性的概念：品牌个性是产品在消费者心目中的感性形象，它是在品牌定位的基础上创造人格化、个性化的品牌形象，代表特定的生活方式、价值观念与消费观念，目的是与目标消费者建立有利的情感联系。[4] 据此，品牌个性可以表述为：一种品牌向外展示的品质，其实质就是消费者真实个性在某种商品或服务上的再现，也是最能体现品牌差异的核心特性。

二、塑造品牌个性的重要意义

1．塑造品牌个性有利于创造营销沟通优势

在感性消费时代，沟通将取代促销，营销沟通成为营销是否取得成效的关键。消费者是否认同企业的产品，在很大程度上决定其对品牌个性的认识与理解。凡成功的品牌都具有一个特征，就是以始终如一的形式将品牌传递给消费者，即这个品牌意味着什么。塑造品牌个性是实现营销沟通的有效途径，对于企业的品牌个性开发过程应根据是否能实现营销沟通这个目标来开展。

2．塑造品牌个性有利于和消费者建立情感联系

品牌的个性是品牌人格化后所显示出来的独特性，对品牌的生命来说很重要。没有个性的品牌其生命往往是短暂的，因为没有人格化，所以没法与消费者建立感情，形成偏好。品牌没有稳定的特性和行为特征使消费者无法认识和认定品牌的个性，自然也无法与消费者自己的个性进行比较并确认是否一致。为了避免购物的社会性认同风险，消费者通常不会去选择这个品

牌。现在越来越多的消费者被称为品牌消费者，他们最大的特征是在认同品牌的情况下消费。只有在品牌个性和消费者自己个性一致的情况下，消费者才会选择购买。消费者有意无意地在按照自己的个性选购商品，而且往往总是购买与自己的个性和形象相一致的品牌产品。而没有个性的品牌很难引起消费者的共鸣，因而也就难以建立对无个性品牌的忠诚。年轻、有活力、特立独行和自我张扬是百事可乐品牌创建活动中所展示出来的个性，正因为百事可乐有意塑造出非凡的品牌个性，使百事可乐变得人性化，获得了青少年一代的高度认同。

3．塑造品牌个性有利于提升品牌价值

品牌个性的价值不仅表现在建立与消费者的认同上，而且它本身也能够为品牌增加价值。大量的市场分析和消费者研究显示，消费者的消费不只是满足基本的生活需要，越来越多的消费是为了满足展示个性的需要。在消费者心目中，品牌不仅代表着产品的质量，还可以是一种享受，一种社会地位的象征，能给消费者带来生理和心理上的满足，带来有形和无形的利益。而只有消费者将品牌与他们的有形和无形利益结合在一起，才能真正体现品牌的价值。品牌的个性不仅能够与消费者进行沟通，产生共鸣，而且能够为消费者创造价值，为公司带来额外的利润，所以建立品牌的个性是重要的。“充满朝气，敢于创新”是海尔人经过十几年的经营实践，留给消费者鲜明的个性形象。品牌提供的不仅是一种有形实体，而且更提供带有精神因素的、带有强烈情感作用的东西。形成品牌个性对唤起潜在消费者、塑造品牌形象有着积极的意义。

三、品牌个性的驱动因素分析

企业在塑造品牌的过程中，能帮助凸显品牌个性的因素很多，下表指出了产品相关特性和非产品相关特性对品牌个性形象产生影响的驱动因素。

品牌个性的驱动因素

产品相关特性	非产品相关特性
产品或服务特征	广告风格
包装设计	使用群体
价格定位	标志符号
	问世时间
	出生背景
	公关活动
	公司领袖

1．可以成为品牌个性驱动因素的产品相关特性

（1）产品或服务特征：品牌的个性塑造首先要以企业的产品或服务特征为基础。如果品牌个性是创新，那么其产品与服务就必须具有创新性。

（2）包装设计：产品的包装犹如人的衣服，它不仅起到美化和识别的作用，同时也能体现品牌个性。

（3）价格定位：如果企业一以贯之地坚持高价策略，其品牌很可能会在消费者心目中留下高档、富有的个性。相反，如果企业喜欢运用低价策略，它的品牌则会被认为是朴实、节约及大众化的形象。

2．可以成为品牌个性驱动因素的非产品相关特性

（1）广告风格：许多成功的品牌都会逐渐形成自身的广告风格，且其所有的广告也都会遵循这个风格，以使品牌个性越来越清晰。

（2）使用群体：使用群体是指实际使用某一品牌的是一些什么人。人们一提到奔驰，自然会联想到它的使用者——有地位、有声望，在某一领域有卓越成就。这在一定程度上强化和再现了奔驰的个性特征。

（3）问世时间：品牌诞生的时间也会影响品牌的个性。一般而言，诞生时间较短的品牌占有年轻、时尚、创新的个性优势。而诞生时间较长的品牌则常常会给人以成熟、老练、稳重的感觉，但也可能令人觉得其过时、守旧、死气沉沉。因此，企业需要经常给老品牌注入活力，以防止品牌个性老化。

(4) 出生背景：由于历史、经济、文化、风俗等不同，每一方水土都有自己的特色，每个地方的人也都会有个性上的差异。这些个性差异往往会影响到生长于斯的品牌。如奥迪这样的德国品牌可能会拥有德国人的一些特色——精确、严肃和勤奋。

(5) 标志符号：一个成功的标志符号是品牌个性的浓缩。麦当劳金黄色的“M”形拱门、万宝路的牛仔形象对它们品牌的个性都具有强化效果。

(6) 公关活动：耐克公司一直坚持只赞助体育活动而从不参与其他赞助活动，这正是为了通过体育活动树立其充满活力的个性。

(7) 公司领袖：对于大多数企业，尤其是民营企业而言，企业领导人往往会将自身具有的性格转移到企业和品牌上。海尔集团总裁张瑞敏诚恳、儒雅、富有远见的个性形象无疑左右了消费者对海尔品牌的看法。作为全球知名的公众人物，有些人甚至是因为知道比尔·盖茨，才认识微软的。

四、品牌个性的塑造策略

尽管品牌的内容包罗万象，但品牌个性仍然可以借助某些驱动因素建立起来。当然这些因素不能孤立存在，它必须置于品牌系统与消费者系统以及营销沟通的环境下，才有可能实现品牌个性的建立与深化。

1．通过产品建立品牌个性

品牌总是以优质产品为基础的，品牌个性自然也与产品的独特优势息息相关。在品牌导入市场的初期，产品优势是影响品牌个性形成的主要因素。产品的质量、包装、服务、价格都将影响消费者对于品牌的看法与态度，当然这种看法与态度只是暂时与低层次的，并将随产品生命周期的结束而终止。而对于企业来说，希望消费者对于品牌的看法与态度应是长期并不断提高的，因而依靠产品优势来开发品牌个性应有相应的应变措施与长远打算。

2．通过品牌营销沟通建立品牌个性

确定品牌独特的核心价值和与众不同的定位后，必须把它们通过有效的方式传递给消费者。企业可以通过设计独特的广告以及符合品牌个性的公关活动等营销沟通方式来塑造鲜明的品牌个性。

3．通过使用群体个性开发品牌个性

从使用群体出发调查、分析其个性需求，使自身品牌迎合这部分群体消费者的个性，从而创造一种个性化的品牌。这种方式能够最简捷、最直接的开发品牌个性，并且能迅速与目标群体达成沟通，较快地取得市场回应。然而随着消费者意识及个性的变化，很难使消费者对品牌忠诚，从而使得品牌个性在市场中的生命力不强，因而这种方式创建的个性影响是短暂的。

4．通过标志符号强化品牌个性

一个成功的标志符号是品牌个性的浓缩，对品牌的个性具有强化的效果。比如，雀巢是人们熟悉的品牌，它的标志性符号是一个鸟巢，极易使人联想到嗷嗷待哺的婴儿、慈爱的母亲和健康营养的育儿乳品。雀巢通过这个标志，在消费者心中注入了慈爱、温馨、舒适和信任的情感个性。

5．通过企业文化深化品牌个性

企业文化对于品牌个性的形成是一个历史过程，在市场中，没有经过沉淀与积累的企业文化对品牌个性是不产生影响的。当企业文化经过长期发展并形成了精炼的、统一的价值文化，就可以凝聚为无可替代的品牌个性，如可口可乐、通用电气、松下、三菱，在经过几十年甚至上百年的发展之后，使企业文化与品牌个性在营销沟通中形成了互动。

五、塑造品牌个性的实践中应当注意的问题

1．品牌个性需要有相对的稳定性

尽管品牌定位会有所发展，但一般来说品牌的个性却要保持一种相对的稳定性，目的是向广大消费者展示一个始终如一的角色。这好比一个人的个性一旦形成了一般就会一直保持下去。品牌策略专家David Martin

在他的著作里写道："著名的品牌是在很长的一段时期里塑造起来的，一直都会有广告诚实的介绍该产品的个性……品牌个性需要稳定性。失去稳定性，也就失去了品牌所具有的感染力。"[5] 保持品牌个性的相对稳定性能够持久吸引现在和未来的消费者的注意力，同时也有利于保持品牌的崇信度。

2．发展品牌个性上应注意创新

要想创造一个长期屹立在市场上的知名品牌不是一朝一夕的，需要在这个品牌的生命周期内，随着时代、外部经济等条件变化，在保持原有个性稳定的基础上，不断通过各种营销方式给品牌注入新的活力，不断改进与完善。

3．品牌个性的塑造是一项系统工程和一个循序渐进的过程

在具体的运作过程中，我们能否根据企业自身的基本情况，合乎现实地制定自己的品牌战略，并且有效地逐步加以实施是塑造和发展品牌个性的关键，是企业经营者和管理者们需要花大力气才能完成的。任何一种品牌的品牌个性塑造都是一项系统工程，涉及整个企业经营的方方面面，单靠一个方面或者想一蹴而就是很难做到的。

注：

[1]陈可《打造品牌个性，提高自身竞争能力》，《经济理论与实践》，2003.11。

[2]David Aaker著、吕一林译《创建强势品牌》，中国劳动社会保障出版社，2004.5。

[3]刘思强《论品牌个性与营销竞争优势》，《商业研究》，2002.6。

[4]夏湘龙、尹柳营《品牌个性的塑造》，《企业经济》，2002.8。

[5]康微《论品牌个性的塑造》，《中国青年政治学院学报》，1997.2。

2004上半年中国户外广告市场分析

实力传播 陈 岩

据央视调查的数据，今年上半年中国广告市场投放量达到1022亿元，户外广告占6%，比上年全年的3%增长了一倍，虽与电视、报纸有很大距离，但已超过杂志、电台，稳居第三位。

投放总额变化

从中天星河的调研数据显示（见表1、图1），上半年户外投放达到57亿元，同比上升1.32%。而按月走势则显示出1月的投放额表现出最强劲的上升幅度，明显高于其它月份，同比增长6%。2、3月份开始下滑，3月跌到最低谷，低于同期1.32%。4－6月份则上升明显（见图2）。

各地空置率比上年同期都有所下降，唯有长沙、成都有所增长，而长沙最明显，上升了9个百分点（见图3）。

表1

投放额（千元）／年度	空牌价值	投放额	市场总价值
2004年1季度	741149	2855560	3596709
2004年2季度	692297	2848357	3540654

图1

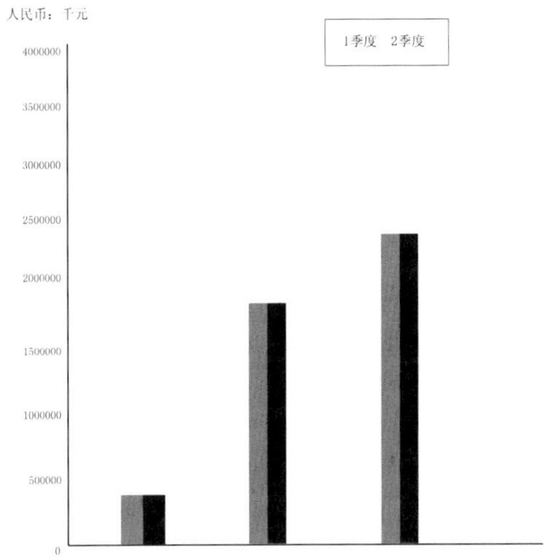

图 2

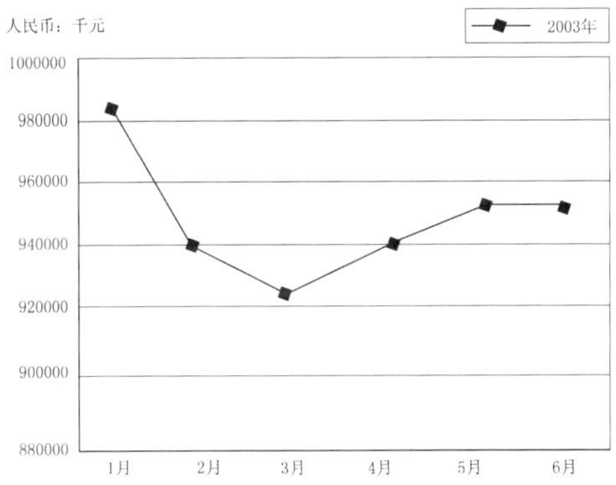

图3

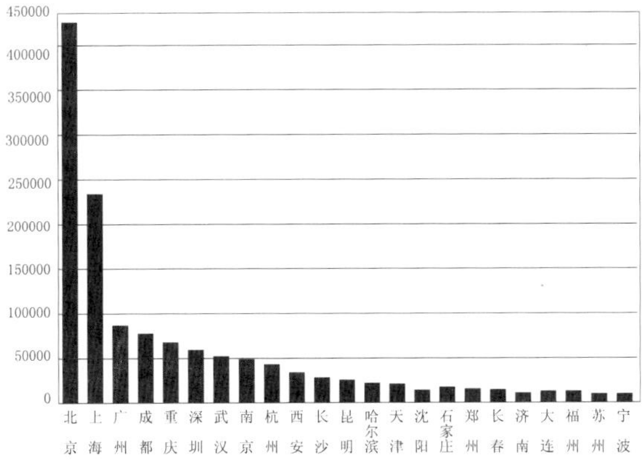

空置率下降一方面是因投放增加，另一方面也是政府整顿的结果。比如成都市王府井、春熙路一带，已经有大量大牌被拆除，并不再审批。类似情况还有广州、西安等地。

城市的投放变化

2004年上半年户外广告投放的区域特点，基本上延续了往年的格局。北京、上海、广州一级市场的优势非常明显，占据了总市场份额的49%。三地总投放额为28亿元，与2003年同期相比变化不大。但值得注意的是，上海首次出现了负增长，减幅为15%（见图4）。对于这一变化的原因到底是什么，是政府整顿、客户投放策略变化，还是上海大量新兴媒体的投放没有被调研公司监测到而产生的后果，目前暂且不得而知。

图4

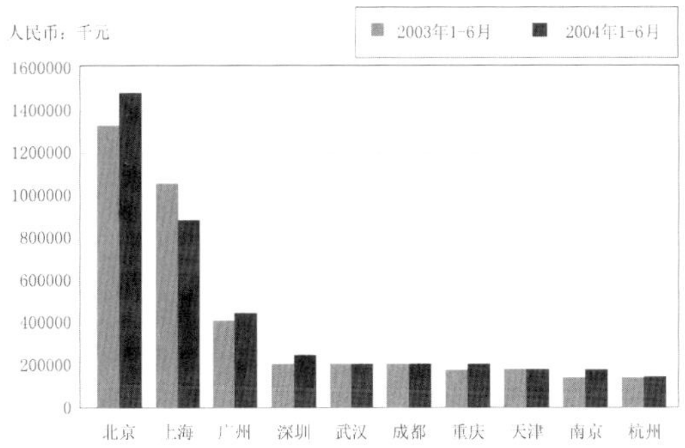

投放量增长最快的依然是深圳，增幅为15%，而市场份额最小的仍是长春、宁波、苏州，三地总投放额同比缩小7.8%。

媒体类型投放变化

前四位主流户外媒体依然占据了2/3的市场份额，比2003年同期增长了2个百分点。候车亭广告逐步攀升，与单立柱广告媒体并列第二。传统媒体的地位虽然到今天依然无法撼动，但是，传统媒体特别是射灯广告牌和单立柱的增长，不一定是数量的增长，而有可能是价格攀升所致（见图5、图6）。

图5

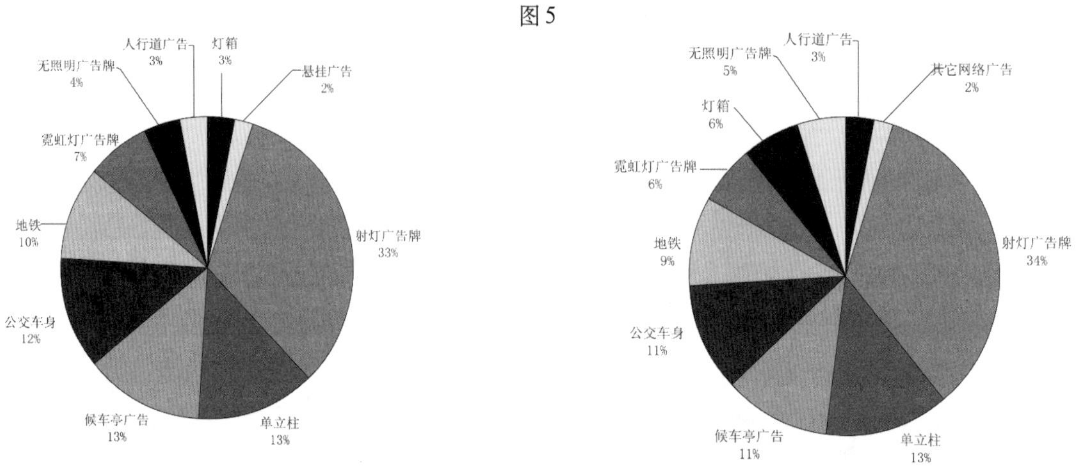

2004年1—6月　　　　2003年1—6月

图6

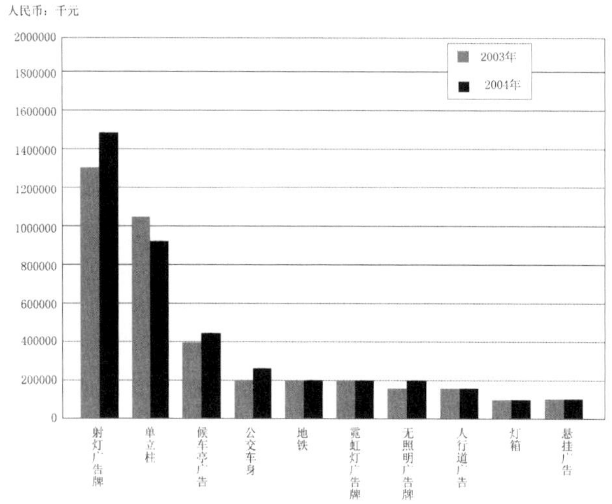

从2003年的媒体发展情况看，新型网络媒体，如电梯看板、写字楼LCD，移动媒体，还有出租车、社区媒体等都不在调研范围内，因此没有反映出此类媒体的增长态势，但是从实力传播自身的投放数据可知，此类媒体的投放额较之去年有了爆发式增长。

行业分析

房地产、邮电通讯、服务业、交通类占据了整个市场总投放的54%，是户外投放的主流。其中房地产、邮电通讯在近几年一直牢牢地占据前两位，这也与这两年的国内行业热点相吻合（见图7）。

图7

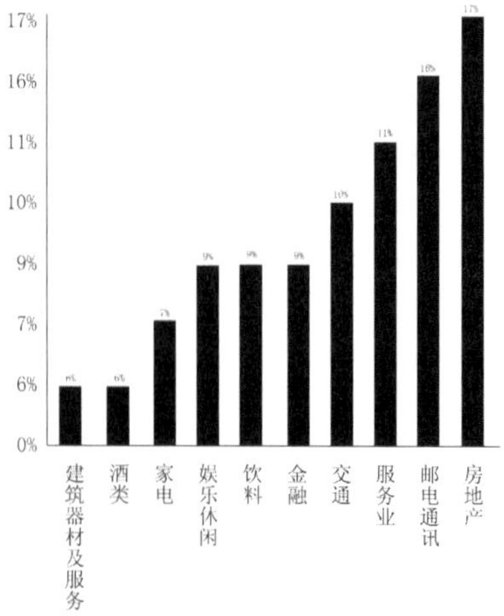

不过，随着大环境的变化，国家对抑制房地产投资过热的政策调整，未来会不会影响到房地产的广告支出还是一个未知数。

品牌分析

国际品牌在户外投放的排名可看出，电子、IT类品牌占据了60%。而且，这两年三星、LG的崛起，在户外广告投放上有明显的体现，分别位居第一、四位。剩余的40%，被快餐类、食品饮料类品牌占据，但投放额与前三位有较大差距（见图8）。

图8

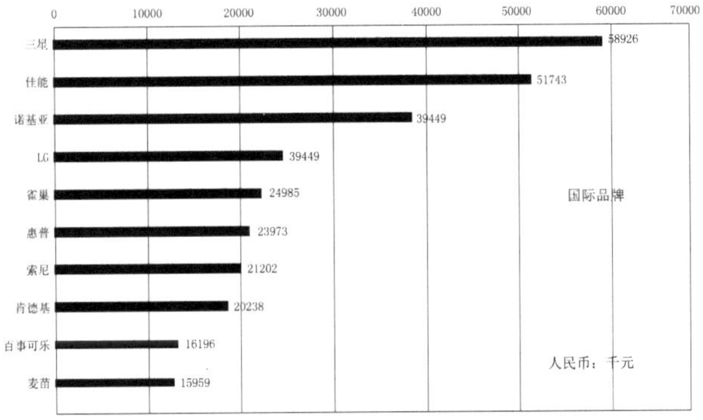

国内品牌的投放排名并没有太多的变化（见图9）。占据前三位的依然是中国移动、中国联通、中国电信这三张老面孔，而且，投放额远远超出国际品牌，甚至排在第十位的联想集团也可以排进国际品牌排名的第四位。邮电通讯行业、银行等都是国内户外广告市场最为重要的客户。

图9

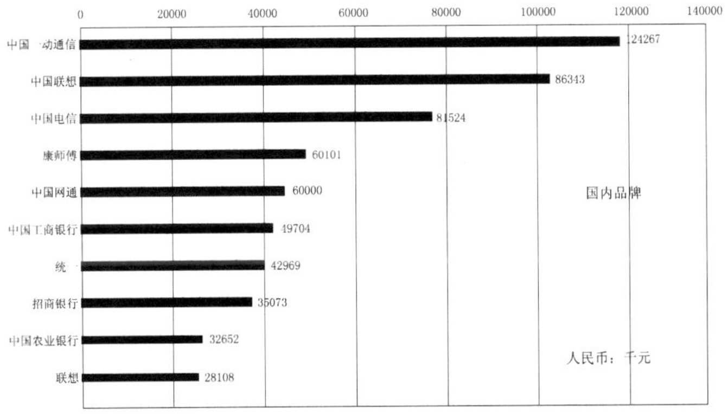

未来趋势

在户外市场增长迅速的同时，各地政府也更重视整顿和规划了，这使得优质的媒体资源、特别是繁华商业中心的户外大牌资源稀缺，价格上扬。而政府开始采用拍卖形式出售户外媒体，也是户外媒体价格攀升的重要原因。

在融资方面，南京大贺户外传媒集团在香港上市，手握大笔资金谋求更大的发展。公众传播又获得鼎辉国际、美国DFJ的注资，这说明资本市场始终密切关注着中国户外市场。从Tom开始收购国内户外公司开始，资本大潮就从来没有停歇过。相信国内户外资源将会在收购、兼并中被重新整合、分配。

随着客户销售市场的延伸，三、四线城市肯定会迎来新的机遇，但这也同时考验着客户、代理公司，如何去认知这些陌生地区，让当地的媒体商改变观念，提高服务质量，这将是考验大家的一道难题。

新兴网络媒体将会继续延续它们在2003年的辉煌，数字户外媒体的兴起，将电视广告延伸到了家庭以外的地方，而分众行销、市场细分将会为更多的媒体带来机会。

原载《中国户外广告》2004年第9期

青岛户外广告业现状和研究对策

青岛大学文学院广告学系讲师 耿志宏

摘要：青岛市在创品牌城市的进程中，户外广告媒体的设置与质量对城市环境的影响尤为重要。目前，青岛的户外广告市场充满机遇与挑战，但存在许多亟待解决的问题，成为社会各界关注的课题。本文通过大量调查数据分析青岛的户外广告现状，发现存在的问题，提出解决对策。

关键词：青岛 户外广告 品牌城市 以人为本 可持续性

随着社会经济的繁荣，科学技术的进步，青岛在世界经济一体化和我国加快建设全面小康社会的过程中，供需市场不断扩大，人们的生活空间不断扩展，生活方式不断改进，促成了户外广告业的繁荣。户外广告已成为广告业的重要组成部分，近几年呈现“井喷”似的高增长现象，受到业内人士的高度关注。随着青岛户外广告市场份额的扩大，它以各种媒体形式充斥城市的大街小巷，成为现代化文明城市不可缺少的靓丽景观。近年来，青岛市在不懈努力地打造品牌城市的战略进程中，走出了一条由名牌产品到名牌企业、名牌企业到品牌经济的成功之路，实现了从品牌经济到品牌城市战略的历史性跨越，广告信息传媒的包装、宣传功不可没。但品牌城市的塑造是一项长远的、艰巨的、可持续的战略目标，需要与时俱进地根据城市发展情况进行战略调整。而作为城市商业景观的户外广告对城市环境的影响十分重要，其媒体设置应纳入到城市品牌战略中，成为社会各界关注的课题。

下面从户外广告的微观与宏观市场环境（微观环境指与企业密切联系的具体对象，包括户外广告咨询、服务、代理企业自身状况、企业间关系、广告主、竞争者和广告受众等；宏观环境指影响户外广告市场发展的社会力量，包括人口、经济、自然、科技、政治、社会文化、政府的政策等方面）分析青岛户外广告存在的问题，研究解决的对策。

青岛户外广告业状况

1．青岛户外广告规模

2003年青岛广告营业额为10.5亿元，比2002年增长了35%，其中，户外广告媒体营业额只有1.26亿元。

2．青岛户外广告企业

青岛市广告公司大多处于成长期，有雄厚实力、较为成熟的企业不多。如：目前，青岛有广告公司1280家，2003年有1009家，在2003年广告经营单位排序中，营业额进入全国百强的只有一家（第59名青岛五洲广告有限公司），媒介单位百强的两家（第60名青岛日报报业集团，第63名青岛电视台广告信息中心）；荣获中国一级广告企业称号的有两家（即青岛天马广告有限公司和青岛五洲广告有限公司）。[1] 青岛本地73.8%的广告公司经营年限在5年以下，其中2至3年最多，占到20.7%，1—2年占17.1%，4—5年占15.3%。[2]

青岛市46.7%的广告公司从事户外广告业务，31%的广告公司以此为主要业务，但从户外媒体看，主要集中在几家大公司手中。[3] 如青岛春雨广告公司和岛城具有进出口广告代理业务历史最长的山东齐鲁国际广告公司。在流亭国际新机场六块户外广告牌的投标中，山东齐鲁国际广告公司从50多家广告公司中胜出，一举中得四块广告牌的代理权。

3．青岛户外广告从业人员

年轻化、学历提高，综合型人才聚集，是近几年岛城广告从业人员的结构变化。调查显示，平均每家广告公司有69.1%的人员在30岁以下，45岁以上人员只有3.7%。从业人员中大专生占42.35%，本科生占32.19%，硕士生占0.64%，博士生占0.43%，其中33%是广告科班出身，[4] 而从事户外广告的人员广告专业化程度更低，相对学历也较低。

研究对策

由以上数据看出，青岛市广告扩大规模虽然超出全国平均水平，但户外广告经营额在全国的份额才达到1.2%左右，明显落后；2003年青岛的户外广告投放量（约1.26亿元）与我国10城市中的北京（17.48亿元）、上海（8.87亿元）、广州（5.16亿元）、深圳（3.1亿元）、成都（3.01亿元）、武汉（2.55亿元）、沈阳市（1.89亿元）、重庆市（1.52亿元）、南京市（1.33亿元）[5] 等城市相比还有差距，这与青岛的经济发展速度相比相对滞后，与其经济环境和城市定位更是出现明显的偏离。这表明，青岛户外广告经营市场尚不成熟，需要多方面的努力与培养。研究对策如下。

一、提高户外广告媒体经营意识，迎接国际市场竞争与挑战

1．强练内功，提高资本运作能力

2005年底，我国将全面开放广告市场，广告传播业将进入国际化竞争轨道，国内户外广告市场需求会出现较大变化：打破现在“割据”式的户外媒体市场格局，分散的户外媒体资源向经营能力强，资金雄厚，服务网络健全的户外媒体公司集中，资金对公司业务的发展将非常重要。目前，青岛的广告企业最需解决好的问题是资金调配、扩大客户、寻找自身优势。有业内人士提出媒体存活有两条主线，一是运营媒体的公司之间通过在产权、运营和产品上的整合并购形成规模，产生规模效益；二是不同媒体之间内容的互动和整合，以此提高市场竞争能力。

2．发挥自身优势，找准市场定位，发展户外广告产业

由于青岛广告企业大部分较年轻，尚处于成长阶段，需要积累经验，迅速提高自身专业素质，以快速成长起来，适应国际市场竞争。经调查，受众认为，青岛的户外广告缺乏震撼力和创意的占36.8%，缺乏户外广告评价标准的占10.9%，市场相对混乱占20.6%，资源垄断占10.3%。[6] 因此，广告公司应根据自身优势，找准市场定位，进行个性化、差异化错位经营，或寻找时机强强联合，各企业间互惠互利，已达“共赢”，这样才会形成青岛户外广告产业链条，促成青岛户外广告产业的健康发展，迎接国际市场的挑战。

3．整合广告媒体资源，提高户外广告媒体经营意识

近年来，青岛户外广告质量的提高，特别是科技含量的提高是不争的事实：美观而又可遮挡风雨的广告车站亭，及时为民服务的多媒体信息亭，中山路老商业区、台东商业区、东部新商业区出现的新型户外广告媒体更是满目皆是：霓虹灯、亚克力灯箱、数码喷绘招牌、电子显示屏等，公交巴士和写字楼电梯间有了LED，香港中路与汇泉广场设置的大型LED……这也是城市经济与社会的发展需要，随着中国加入WTO和2008年青岛奥帆赛的临近，岛城的户外广告媒体有着广阔的发展前景。广告人尚需努力，如何经营媒体资源，提升青岛户外媒体的传播效率，提高其价值是关键。譬如“借势共赢”和优势互补，青岛的火车站、飞机场、长途汽车站、会展场馆等大型公共场所设置统一的广告牌，使其成为大众媒体，提高它的价值；再如，户外广告媒体中引入快速发展的互联网技术，将会进一步扩大其信息传播的诸多优势，搭上互联网的快速列车。综合信息传播媒体的新技术、开发新媒体也是提高户外广告媒体经营能力的主要手段。

二、户外广告业需要品牌企业的信任与扶持

俗话说：“近水楼台先得月。”青岛大型品牌企业较多，汇聚了在全国乃至世界有影响的海尔、海信、青岛啤酒、澳柯玛、双星、颐中、青纺联、凯联、青钢、一汽解放青岛汽车厂十大企业集团，拥有“中国名牌”产品23种，拥有中国驰名商标6个，12家企业入选中国500强企业。[7] 这里本是广告企业成长的沃土，但每年却有大量的广告费外流。调查显示，青岛只有34%的广告公司与它们有过合作，27%的广告公司与本地企业建立了长期合作关系。对于合作过却没有建立长期合作关系的占42.1%，另外，因不正当竞争占19.3%、外地广

告公司竞争占12.3%、企业不讲信用占12.3%、其他原因占22.8%。广告费的大量外流，是阻碍青岛广告业发展的重要因素之一。从青岛广告公司的实力与本地企业对广告公司的信任程度调查，广告公司认为，本地综合实力有限占56.6%，大企业观念有问题占34.7%，本地专业水平不高占30.3%。在这种状况下强者愈强，优胜劣汰是市场残酷竞争的最终结果，本地品牌企业应立足城市发展的大局，扶持本地较有实力的广告公司，与他们形成长期合作关系，培养相互的信任与信心，使他们快速成长并成熟起来，帮助青岛户外广告企业做大做强，提高广告企业的市场竞争能力。

三、青岛户外广告业的发展离不开政府政策的支持

据调查，青岛广告业需要政府解决的课题分别为：规范市场环境占60.5%，居第一位；政府政策的支持占31.6%，居第二位；减少收费占10.5%，居第三位。根据青岛的城市发展和与国际接轨的要求，政府对户外广告业进行立法、整顿、规范，利于行业的健康成长。

1．将青岛市户外广告业的经营与建设提升到城市品牌战略高度

一个品牌城市的户外广告经营模式应当是，既让广告商和媒体经营者的投资得到满意的服务和回报，又让城市利益、城市环境、市民生活环境得到提升，达到多方面“共赢”的目的。譬如，上海市将于2005年2月1日正式实施的户外广告设施管理办法规定，今后上海户外广告内容中公益宣传所占面积或者时间比例，不得低于10%。而户外广告设施设置后暂不发布广告超过15日的，应当设置公益广告。除了强调内容的公益性外，上海市的新规定还特别强调了户外广告自身的“公益性”——户外广告设施上的照明设备应当符合上海环境装饰照明技术规范的要求，不得影响周围居民的正常生活；户外广告设施设置人应当定期对户外广告设施进行安全检查，对设置期满2年的户外广告，设置人应当在每年汛期到来前进行安全检查。这将对规范户外广告的设置、改善市容环境、合理使用城市公共空间资源、推动户外广告业的进一步健康发展起到积极作用，值得我们借鉴。

青岛市的户外广告前景令人充满遐想，但我们应清醒地认识到，任何事物都有其发展规律，不可盲目乐观，尤其是城市的管理部门责任重大，在政策运用的同时应注意宏观的把握能力，使执法行之有“度”，行之有“效”，与城市的规划、经济、文化相吻合。譬如在有关国家尊严和历史文化的政府机关、纪念馆、博物馆等场所和建筑物上，还有青岛的特色建筑和名人故居上，应禁止设置商业性户外广告，即使在商业区也要对其设置的密度、安全性、合理性等方面进行调查论证后实施，在居民小区和休闲场所尽量限制设置数量，并以公益性广告代替商业性广告。使户外广告的内容、设计与设置成为展现城市风貌的亮丽风景，将青岛市户外广告业的经营与建设提升到城市品牌战略高度。

2.树立以人为本观念，建立科学管理体制

青岛户外广告业的飞速发展为政府管理部门提出了刻不容缓的管理课题。树立以人为本的科学发展观，在制定相应的法规制度的同时，最大化为本地广告企业和广告业主提供方便的服务。户外广告的特殊性决定其经常受到城管、工商、规划、公安、交通等部门的多头管理，由于现有的户外广告法规仍不够系统、合理，就像前段时间推行的户外广告“联审制度”，重复审批，从立法角度分析其本身是越位的，因为从行业管理的角度工商部门是牵头单位，从户外广告设置的角度看则是城市规划建设事项，城管部门只能涉及审批后的管理问题。工商部门由于不了解城市总体规划的情况，失去审批依据，很难达到牵头审批的预期效果，给申报单位增加了难度，各界反映强烈。譬如有的户外广告设置没有体现城市整体规划意识，刚经审批施工安装完毕，政府有关部门又命令在某个时间拆掉，造成经济损失及纠纷。

政府有关部门权责分明，制定相应的管理法规，才能有法可依，监管到位，采取有效措施应对市场变化。户外媒体受外界影响大，一般分布区域广，立于户外，难以监测，出现个别户外广告（灯箱）牌破旧不堪，影响城市环境，甚至倒塌伤人、影响交通等的事件发生。因此，加强执法队伍建设与职责划分明确，才能使监管

更加到位。这一点，从2005年1月20日的全市城市管理工作会议上可以看出有关部门的决心，将我市城市管理工作重心下移、属地管理、分级负责，其中户外广告、网点装饰等方面的主要管理权限下放到区，这会在更加了解实际情况下，使执法监督更准确及时。另外，同日举行的全市工商行政管理工作会议，按照省工商局要求，市工商局把2005年作为“执法能力建设年”，提出一系列新的工作思路。但在对户外广告工作的具体执法与监督工作上，各部门尚欠缺“一条龙服务”的具体操作依据，我们还要拭目以待。

2004年9月发表的《中国户外广告产业上海宣言》，是由130余位中国户外广告代表聚会上海，与城市规划、景观、经济、法律方面的专家及地方政府、协会、媒体代表一起，经过深入研讨和广泛协商，共同签署的。[8] 对户外广告业的立法、规范、审批等方面做出了倡议。应引起政府有关部门的关注，建立科学的管理体制，制定符合青岛城市特点的户外广告法规，推行合理的操作制度，引导青岛的户外广告业良性发展，既让广告商和媒体经营者的投资得到满意的服务和回报，又让城市利益、城市环境、市民生活环境得到提升，达到多方面“共赢”的目的。

3.户外广告的设计、制作、安装、工程技术水平需要有规范标准

在国外，户外广告工程施工需要得到建筑部门的认可，而在我国，户外广告的抗风性、抗震性等技术都没有确定的标准。各地工商部门出台的广告管理规定中，许多地区缺乏对户外广告的具体管理依据，在青岛市出台的《广告管理规定》中，一直没有关于户外广告的设置、制作、安装、灯光照明等方面的规范标准。不久前出台的《北京市户外广告设施规划标准》有了较为详细的规定，可为我们提供参照依据。

四、建立青岛户外广告行业协会

法律法规固然重要，事实证明，行业协会对维护市场秩序，进行行业自律，为会员提供服务起着有效作用。组建青岛户外广告行业协会，为大家提供互相交流、沟通、学习的组织平台，通过信息咨询、人员培训等活动，提高专业队伍的整体水平；通过价格协调，维持行业利益，促进广告企业间的团结协作，发展壮大本土的户外广告企业，增强抵御外来冲击的抗衡能力；参与政府制定行业发展规划、质量和技术标准以及技能资质考核，规范行业市场；建设权威的青岛户外广告信息数据库，加强各地的信息收集，通过这个数据库及时了解行业动态，把握市场脉搏，提供经营决策分析依据。为企业提供有偿咨询服务的同时，其收入还可作为组织资金的来源，利于行业组织的继续发展。另外，加强协会与高校联系，充分发挥驻青高校的广告专业科研与师资力量，通过行业协会组织专业人才的培训，拓展从业人员视野，提高专业水平，实现科研与实践的进一步转化。

五、青岛的户外广告市场机遇与挑战共存

青岛市被评为2004CCTV中国最具经济活力城市；品牌城市的建设也已初显成效；青岛是中国五大外贸口岸之一；是中国重要的纺织、轻工、化工生产基地之一；家用电器、电子、橡胶、机车制造以及食品加工等都具有较强实力，空调器、电冰箱销售总额，家用电冰箱、啤酒出口量均居全国第一位。[9] 青岛正在努力构建现代工业体系，包括港口、海洋和旅游三大特色经济，国内外著名企业纷纷看好青岛市场，截至2003年底，世界500强企业中有64家落户青岛。[10]在这种得天独厚的经济环境中，跨地区的产品、品牌宣传，催生了能为其提供全面服务的户外媒介公司。目前，国际资本正陆续进入中国户外媒体市场，青岛必定被列为其目标城市之一，为青岛的户外广告市场带来了难得的机遇和严峻的挑战。相信在市政府和各界人士的共同努力下，会让青岛的户外广告不仅成为国内外客商展示其产品或企业形象的舞台，也能成为展现青岛城市精神，体现城市价值观的窗口与渠道。

注：

[1]纪尚波.我两家广告公司荣获“中国一级广告企业”称号[J].《广告导刊》，2004，(2)：24

[2][3][4][6]初小燕.挽留外流的10亿元[N].《青岛财经日报》新闻调查，2004－11－17A4

[5]伍毅然.户外市场的现状与趋势[J].《中国户外广

告》，2004，(3)：4

[7][10]城市数字[J].《青岛指南》，2004，(1)：46

[8]中国户外广告产业上海宣言（节选）[J].《中国户外广告》，2004.(11)：11

[9]城市数字[J].《青岛指南》，2004，(10)：58

传媒新贵 交通广播

刘辰莹

“现代生活信息无处不在。你在开车时可以读报纸吗？”“不可以呀。”“可以看电视吗？”“不可以呀。”“可以上网吗？”“不可以呀。”“在Love FM，这一切都可以。车行天下，新闻领先一步。”这是山东广播交通音乐之声打出的广告，形象地突出了广播媒体的特性。

旨在“为车上人群办有用广播”的交通广播已成为广播界的一匹黑马，冲在广播与其他媒体竞争的最前沿。目前，各地交通电台的创收额都排在当地各电台之首，特别是北京交通广播电台，近四年的创收额在全国广播单频率中连续名列第一。湖南交通频率在司机中的收听率一直在92%—96%居高不下。浙江交通台更是从1998年开播之初的年创收200万元发展到今天已超过4000万元。

城市密如蛛网的交通网络及广播传输覆盖网络，筑就了最宜于交通广播发展的坚实舞台：其一，交通广播对象的广阔性。数量日渐庞大的公交司乘人员、交通管理人员和私车拥有者都需要交通广播。其二，对于司乘人员，交通广播的惟一性，是其他媒体难以插足的。其三，交通广播内容的最大适宜性。如新闻、气象、路况、汽车维修、新车推介、交通法制及对沿途经济开发区、风景名胜的介绍等，这都是出行人迫切需要的。据调查56%以上的移动人群锁定交通广播的目的是获取及时、准确、权威的交通信息。

从国际角度看，早在20世纪80年代美国纽约已经开始用直升飞机随时播报路况，针对交通热点问题，编辑还常让相应人员走入直播间参与节目。这些人员包括交通管理部门、车辆保养专家、车辆销售的专业人士等等。

目前全国有50家以上的交通频率。路况信息，是这些交通广播最具“卖点”的传播产品。在这一信息的获得上，各电台最基本的方式是发展一批路况信息员，除此之外又各有高招：2002年北京交通广播电台将直播室搬进市交管局指挥中心大厅，利用黄金时间，由警官大密度地播报实时的道路信息，增加了权威性。吉林交通台等利用手机短信的形式，与听众互动，既可点歌，又可点播路况，提供一对一的服务。青岛交通台还在导播室安装了警用电台，另有两部警用路况巡查车，可以发回及时的路况信息，并且实现了全天24小时的播出。中央人民广播电台在它的第二套经济之声中设有交通广播栏目，播报全国旅游信息及交通政策，有效地解决了交通广播只适用于当地的局限性，实现内容的全国性覆盖。

从“低眉做小”到“局部称王”

以往广播广告因其媒体特性，经营比较困难，在媒体广告市场中常常不可避免地扮演“小”角色：因其低廉的广告费用吸引来的都是小品牌、小企业、小产品(知名度不高)；一些电视广告的声讯版出现在广播中时，也是利用受众“记忆存留”原理在广播中做提醒式播出，也就是说广播是电视的附属品。

而交通广播的出现却使广播广告在特定的广告客户中成为“老大”，区域性大客户发现交通广播对他们是最适宜的媒体；某些城市的交通广播广告创收甚至超过了当地单个电视频道，动摇了电视广告的主导地位。

新技术新经济的发展使人们有了更多休闲选择，广播媒体对白天、对“路上”时间的争夺逐渐变得白热化。这也恰恰是电视和报纸媒体的软肋。在匆忙的城市脉动中，信息量、时效性、伴随性使广播成为受众首选，更是交通广播在媒体竞争中的杀手锏。

正是基于这种原因，交通广播活跃了广播业的收听市场，带动了广播广告市场的成长，使广播媒体在“药品”广告之外找到新的创收兴奋点。

瞄准四有新人

由于竞争，报纸、电视媒体均在不同程度上陷入价格旋涡，使大众传媒陷于“赔本赚吆喝”的尴尬处境，增长空间有限，而广播以无偿收听的方式“赚的就是吆喝”。

揭开“赚吆喝”的底牌，实际上是让媒体赚取大量资金的受众注意力。传媒的竞争也是争夺受众注意力的竞争。

哪部分受众对于广告客户最有卖点呢？中国人民大学舆论研究所所长喻国明教授把它定义为“四有新人”——有知识、有财富、有权力、有未来的人。交通广播的核心受众——移动人群可以细分为：驾车人群（职业司机和驾驶私家车的人）、常坐车人群（基本上是社会的白领阶层）、有驾车打算的人群和常外出或打算外出的人群。他们经常处于移动状态；具有不同程度的领导力；青年居多（年龄在19—44岁），这正是广告主所关注的人群。交通广播这匹广播界的黑马，自然成为拉动广播业发展的排头兵。

营销从自我开始

随着网络、手机延伸服务、声讯电话服务和车用GPS服务的产生，平面媒介如黄页、各种指南、实用地图等名目繁多，客观上蚕食着交通广播的生存空间——交通广播同样面临着来自外部环境的压力和挑战。同时，广播伴随化趋势的日益强化，越来越多的专业化广播频率都把目光投向交通广播，为自身的持续发展争夺市场资源；同时，以驾车人为代表的城市移动人群，并不会因交通频率标注了“交通”而把波段调谐器停留在交通频率上——交通广播的自我营销显得尤为重要。

目前，交通广播打出的营销口号已从建台开始的“为交通服务”转变为“为移动人群办有用的广播”，口号的改变实际上是确认了第一受众群是交通参与者。针对第一受众群，交通台提供了各种各样的专业信息服务，比如交通领域的建设与发展、道路路况信息、交通运行信息、交通法规及管理信息、汽车及配件市场信息、交通安全信息、交通气象信息等，这些都是交通参与者非常需要了解的。另外，移动人群也需要除交通以外的资讯和各类文艺节目，这就要求交通广播必须打破“交通”的局限，避免走入单一的“死胡同”，网罗天下资讯、尽展各类文艺节目。

随着媒体竞争，传媒的重心已经和正在从适应受众转向制造受众、培育市场、创造市场上来。天津台交通广播利用“姑爷节”（正月初二）直播全市交通的情况；吉林市经济台搞了“的士安全网”，在路上遇到困难甚至危险的人可以通过这个网络得到及时的救助……各种各样的活动提升了交通频率品牌的影响力。

合纵联横　强化贴身性

单个品牌独自打拼市场已非策略之举。交通广播正走向合纵联横。

以交通广播界的龙头老大北京交通台为例，已成功地组织了两届全国广播节目推展会，在加强各交通台之间的联系上起到了促进作用。而跨媒体的合作、向更大的市场切蛋糕在这几年已十分常见。很多电台有了自己的网站，手机短信也成为广播的“新翼”，交通广播自然也不例外。另外，很多交通台还与报纸、时尚杂志及电视台的汽车、交通类栏目合作，实现资讯速递和互动。

既连横又合纵的成功范例应该算是2000年3月开通的全国交通广播网——易路通网站，全国26家交通广播电台的频道总监在北京联合签署信息互动和资源共享协议，实现全国交通广播，易路通网站的达到快速整合全国交通广播信息类节目资源，实现54家播出频率在线联网，为快捷、准确、有效地广播交通信息查询、发布、沟通提供了可能。易路通将中央、省、市交通广播信息渠道打通，跨媒体、跨地域，整合资源，联合播出，最后的信息出口为《全国交通联播》节目，同时另有20余家交通宣传委员会会员单位以同步直播或者录播的方式进行二次转播。通过网络等手段实现交通广播网内甚至整个广播网的资源共享，树立整个交通广播行业的品牌形象，共同打拼市场。

总之，由于交通广播更多的属于城市，与城市生活相关的各类产品和服务都可以搭上交通广播这趟争夺“四有新人”的广播快车。贴身才能贴心，交通广播把广播贴身服务、“三心二意轻松娱乐”的特点发挥到了极至。在各种各样的城市电台星空里，交通广播已成为最为璀璨的一颗星。“广播的未来在车上”，广播的听众向行车族倾斜，已经成为人们的共识。而更令人惊喜的是，现在交通广播已开始不再只限于出租车、私家车的范畴，许多广播电台已经开始把广播做到地铁、公共汽车上，甚至在不久的将来，交通广播很可能突破地域范围，登上火车、跨上轮船、挤上飞机，成为人们用各种交通工具出行时的伴侣，而不再是只属于一个城市交通脉动中的伴音。

原载《国际广告》2004年第6期

2004年：我国网络广告的六大新发展

浙江林学院人文学院副教授 钱杭园

摘要：自1997年我国第一则商业性质的网络广告发布以来，我国的网络广告发展十分迅速，特别是在整个中国广告业长足发展的大背景下，2004年，网络广告又有新的发展，网络广告的市场规模不断扩大，网络广告的类型及表现形式不断创新，网络广告媒体不断地被开发，网络广告的研究不断深入。

关键词：网络广告 2004年 发展

网络广告（Web Ad）是一种新兴的广告形式，按照美国著名传媒研究者霍金斯的定义，网络广告就是电子广告，即通过电子信息服务传播给消费者的广告[1]。以1994年10月14日美国著名《Wired》杂志网络版Hotwired主页上刊登AT&T等14个客户的广告Banner为标志，网络广告正式登上历史舞台[2]。1997年3月，中国第一则商业性的网络广告由Intel投放在China byte网站上，这是一则468 × 60像素的广告Banner，自此以后，我国的网络广告发展迅速并已成为一种重要而有影响力的广告传播形式。2004年，在中国广告业继续长足发展，广告经营额有望突破1200亿元的大背景下，网络广告更是出现新的发展势头和希望。

一、网络广告的市场规模不断扩大

网络广告市场主体包括网络媒体和网络广告代理商，网络广告的范围包含图片式广告和文字链接广告等，但不包括搜索引擎广告。近年来，中国网络广告的市场规模稳步扩大，展现良好发展前景。2000年、2001年、2002年、2003年的网络广告经营额分别是3.5亿元、3.9亿元、4.9亿元、10.8亿元，分别占同年整个广告经营额的0.5%、0.5%、0.5%、1%。根据艾瑞市场咨询的《2004年中国网络广告研究报告》，2004年中国的网络广告经营额继续着2003年的强劲发展势头，其市场规模达19亿元，较2003年猛增75.9%，约占同年广告经营额的1.5%，同时，2004年中国网络营销市场规模达31.7亿元，较2003年的18.2亿元增长73.9%。

二、网络广告类型和形式不断创新和丰富

网络广告自出现以来，很快就拥有众多表现类型[3]。近年来，多种新的网络广告类型层出不穷，包括有：巨型广告、全屏广告、通栏广告、伸缩通栏、横向巨幅广告、声音广告、背投广告、浮标广告、页面四角可拖动广告等。中国网络广告类型之多，以致于美国媒体资讯的分类专家也认为："中国是网络广告类型最丰富的国家"[4]。2004年，类似于电视广告的视频广告频频出现于一些门户网站，这种新的网络广告类型一经出现，也获得网民们的认可和追捧。开发了ICast富媒体广告协作平台的互动通有限公司在与一些主流门户网站建立合作关系后，仅2004年一年就有200多个广告主选择视频网络广告这一新类型[5]。

与此同时，网络广告的表现形式也进一步丰富，由最初步的图片广告向图文混排广告、动画广告和音频、视频结合广告的方向发展，以期给受众传递更多的信息，并更好地吸引受众的注意力。

三、网络广告媒体不断开发

网络广告推出后，大多数是以门户网站为其传播信息的平台和媒体。在我国，新浪、搜狐、网易、TOM、21CN、QQ等综合门户网站和专业门户网站已是重要的网络广告媒体，其中新浪2004年网络广告营业收入达6540万美元，比2003年增长59%，继续排在第一位，搜狐与网易的网络广告营业收入分别为5570万美元和2066万美元，分列第二、三位。但是，在2004年，又有更多的网络广告新媒体被提出、开发和逐渐成熟，这主要包括：

1. 搜索引擎。众多权威调查机构的统计表明，80%以上的浏览者首次发现一个新网站的途径是搜索引擎，因此，在2004年前，搜索引擎就被认为是一种特殊而有效的企业推广形式。但在2004年，搜索引擎，尤其是其竞价排名的广告形式，已日益成为广告主关注的一种网络广告媒体。

商业性的搜索引擎广告包括付费排名、关联搜索、网站优化（Site Optimisation）、付费收录（Paid Inclusion）等，其最大的特点与"卖点"是按"广告效果"付费，因此，它是一种能够进行"精确内容定向的文字链网络广告"。2004年，欧洲的商人在搜索引擎广告上的投入已达8.56亿欧元，涉及金融、汽车、零售、旅游等产业，一些主流大型公司已通过搜索引擎宣传自己的产品，中小企业也开始把搜索引擎作为其推广与销售产品的渠道。据测算，2005年欧洲搜索引擎广告的市场规模将达到14亿欧元，年增长率为65%[6]，搜索引擎广告正在迎接它的商业黄金期的到来。

2. 网络游戏。网络游戏是指利用TCP/IP协议，以互联网为载体，可以多人同时参与的游戏项目[7]。自1999年网络游戏首次在中国大陆登陆以来，现在国内已有网络游戏厂商近300家，生产78个大类，共计175种网络游戏产品[8]，网络游戏的用户数已达1380万户，占互联网用户数的1/5[9]。由于网络游戏具备作为广告媒体的两个基本条件，也由于它可拥有数量众多的受众群，因此，它也可以成为一个重要的网络广告媒体[10]。美国纽约Massive广告公司的CEO米切尔·E·大卫（Mitchell Davis）称，随着游戏业的发展，在游戏中做广告和宣传产品将成为游戏的有机组成部分。2004年初，拥有庞大用户群的盛大公司总裁陈天桥曾说："我们（指网络游戏）在本质上也是广告媒体，也将进入网络广告市场"，并且，盛大不久就与eBav易趣签订了价值4000多万元的网络广告合同。

四、网络广告代理商不断增加

网络广告的迅速发展，也使得越来越多的相关企业加入到网络广告的代理商行列中来。2004年，我国从事网络广告代理业务的各类企业超过100家，这包括：

1. 专业广告公司。2004年，一部分专业广告公司，特别是4A公司，拓展其服务领域和方式，将网络广告代理作为其业务发展新空间和新的利润增长点。据2004年广告公司生态研究数据表明，有70.5%的被访

问广告公司认为“创新使用传统媒体”发展潜力较大，36.3%的被访问广告公司则认为互联网是将来希望开发利用的新形式媒体[11]。在众多4A公司中，电通是网络广告服务队伍最专业的公司之一，IT类和汽车类广告主成为电通服务的主要客户，其他如实力媒体、麦肯·光明、灵智大洋等4A广告公司依靠一些核心客户和自身的服务质量也取得较好的网络广告业绩。

2. IT类企业。目前，大量从事网络服务的IT企业已将其经营目光和重点转向网络广告代理，并开始进入到专业化分工经营阶段。2004年以网络广告代理为主的IT企业已经超过20家，它们均取得不俗业绩。比如创业奇迹广告公司的90%客户来自于网络游戏业，世纪华美公司则拥有最多的手机类客户。以网络广告管理系统起家的诠释广告公司在2004年继续保持行业领头羊的位置，业务增长迅速，增长幅度超过2003年70%以上，华扬联众—传立获得了中国网络广告历史上最大的一笔订单，成为中国移动通信的全年网络广告代理商[12]。

五、网络广告不断受到广告主青睐和关注

2004年，网络广告经营市场规模达19亿元，较上一年增长75.9%，这一市场规模约占同年广告经营额的1.5%。网络广告不断受到广告主青睐和关注。目前，我国有超过60万家企业使用或正在使用搜索引擎进行网络营销，有4000多家企业在主流网络媒体上投放网络广告。2004年，我国搜索引擎运营商收入规模超过5亿元，整个行业的市场规模达到12亿元[13]，各产业中投放网络广告量的前5位分别是TV、网络服务、手机通信、交通汽车、房地产。2004年，IT产业的网络广告，除了投放额增加、投放品牌增加（由IT国际客户到国产品牌客户）、投放方式改变（由到达型到变为覆盖型）之外，还出现了服务形式的新变化，即由品牌广告向直销广告发展，甚至可直接通过广告点击来购买等形式，如戴尔和联想的直销广告，通过广告直接可进入产品介绍页面或直接看到产品的详细信息，省略品牌的诉求，直接强调产品功能与价格，用户可通过直销电话或互动网页购买产品[14]。

六、网络广告研究不断深入并受到重视

随着网络广告在我国的全面应用和发展，广告学界和广告业界也不断对其展开深入研究，并取得相改为并研究成果。以《中国期刊全文数据库（Web)》和龙之媒广告文化书店的书目为例，按照篇名／关键词／摘要的检索项、“网络广告研究”的检索词和“模糊匹配”的模式，检索2003—2004年的研究成果，发现共有39篇学术研究文章和一本著作，比如：罗枫的《论网络媒介细分与网络广告投放的人性化》（《中国西部科技》2004.5）、郭娅丽和王兵的《违法网络广告的法律责任问题研究》（《中北大学学报》2004.3）、钟惠的《网络广告的现状与发展趋势》（《新闻前哨》2004.8）、于奎的《网络广告效果评价研究》（《江西财经大学学报》2004.4）、金雪涛的《网络广告定价标准的改进研究》（同上2004.2）、陈小桃和宋顺清的《网络广告语言初探》（《华南热带农业大学学报》2004.1）、《网络广告教程》（屠忠俊著，北京大学出版社2004年10月出版）等。这些研究文章和著作分别涉及网络广告营销策划、法律责任、效果评价、定价策略、方案创意、技术保障和媒体选择等内容。极大丰富了人们对网络广告的认识，促进了对网络广告的应用。

参考文献：

[1]李兵《论网络广告的特点和形式》，《商业研究》2001—01

[2]黄辉《网络广告：一种全新的广告形式》，《渝州大学学报》1998—04

[3]王培章《网络广告的21种形式》，《现代广告》2002—04

[4][14]艾瑞市场咨询：《中国IT广告三大趋势》，《中国电子报》2003—03—30

[5][12][13]艾瑞市场咨询：《网络广告业渐趋成熟》，《中华新闻报》2005—04—04

[6]云雀《搜索广告商业黄金期即将到来》，赛迪网2005—03—19

[7]陈柳、周勤《从网络游戏的产业模式看信息业的新趋势》，《产业经济研究》2003—05

[8]易观国际《网络游戏：盛况背后的隐忧》，《经济

观察报》2004-11-08

[9]李玉美《杭州网络游戏还缺什么？》，《杭州日报》2004-12-09

[10]钱杭园《网络游戏：网络广告新平台探讨》，《现代广告学术特辑》2005-01

[11]陈永、丁俊杰、黄升民《2004年中国广告业生态调查报告》，《现代广告》2005-03

中国广告业发展批判管窥

南京财经大学营销与物流管理学院院长　乔　均

一、中国广告业媒体发展批判

我们对媒介的批判是为了对近几年媒介的发展进行判断。中国的媒体发展具有特殊性，政策性与市场性的“二元化”并存导致媒介的市场化运作发展缓慢。虽然媒介领域“制播分离”呼吁了很久，但是媒介市场外资和民间资本的投资限定并没有得到松动。因此，中国媒介市场资本重组约束条件限制了中国媒体市场的发育，导致单体的媒介单位难以做强做大。

企图在中国媒体投资并在媒体市场掘得“第一桶金”的非媒体企业，可能会因为中国媒体市场外在约束条件太强，投资收益最大化很难实现。在近期(3-5年内)不可能给企业带来利润的最大化的背景下，笔者认为应该将媒介利润的增长点集中在以下三个领域：

第一，强化媒介中介市场的监督职能。在中国，目前比较理想的媒介监督机构都是由外资控股的。像慧聪国际是美国基金投资的，AC尼尔森、央视索福瑞等也都是外资控股。而这一领域的投资并不高，中国高校也培养了大量的媒介调研人员，从技术层面上讲不缺乏专业人员。从市场运作的层面上看难度也不大。如此大的一个中介市场为什么要被外资控股企业把持？这是令人百思不得其解的。随着今后广告主对媒体效果要求的提高，未来这个市场的需求量会越来越大，这将成为今后媒介发展空间比较大的一个领域。因此我们呼吁更多的广告公司向这一专业化方向发展，希望在未来的3-5年内，我们能够看到一批新崛起的本土专业媒介调研、监测公司的出现。

第二，重视分众媒体的研究和运用。小媒体的研究空间比mass-media的大得多。例如：网络这个新媒体，它的信息传递形式是one to one，它在一个节日的全国市场赢利就是几十个亿，而整个中国广告一年才有1000亿元。一个小媒体能做得这么大，为何不去重视它呢？而且现在小众媒体的种类层出不穷，像超市推车、地铁扶手、灯箱、路牌等都已包括在内。我把小众媒体潜量大的原因概括为3条：(1)意识形态对此领域的干涉性弱；(2)大资金多，境外资金不但可以投资而且可以控股；(3)运作成本低。

第三，今后媒介基本运作空间要向专业化经营发展。我在几次主持的跨地区合作的广告比稿中发现，媒介缺乏高水平、专业化的策划和经营管理人员，本土广告公司媒介运作的技术水平普遍较弱，而人员水平在很大程度上决定了媒介的经营量，所以媒介有必要向专业化经营发展。

二、中国广告公司发展批判

中国的广告公司经过了20多年的发展有了很大的进步，一批本土广告公司不仅规模发展较快，而且综合代理的服务能力也有了显著提高。这种进步我觉得有几个原因是比较突出的。一是中国市场经济的发展逐步深入完善，制造业对服务业的发展提出了更高的要求，促进了中国广告业的发展；二是中国广告行业内部市场竞争导致了广告公司的进步；三是国际4A公司大量进军中国市场，国际化同中国本土化的融合造就了一批高素质的本土广告人才，刺激了本土广告公司的进步。在2004年中国广告协会统计的中国10强广告公司中，本土广告公司平分秋色的表现已让国际4A公司刮目相看。但是，中国广告公司发展还存在一些根本性的东西有待进一步批判和思考：

1．“广告公司协会”不服水土，行业自律难以实施。仿照美国广告公司协会，中国大陆部分城市近10年也相继成立了自己的广告公司协会。但是，由于文化和法律实施意识的差异，中国的广告公司协会从未担当起行业自律的职责。即便对恶意价格竞争、欺诈性经营等现象，广告公司协会也无法在业内自律处裁。市场经济是契约经济，法律固然重要，但是道德自律和行业自律同样重要，缺乏约束的市场和行业，难以形成有效秩序。但是中国的环境和文化背景是否适合像美国广告公司协会那样自律行业，这是值得认真研究的问题。

2．广告公司多如牛毛，过度竞争导致秩序混乱。中国广告公司和广告经营单位多达7万多家，整个欧美国家的广告公司总和不如我国多，乍看起来让人欢欣鼓舞，然而冷静下来想想，这实在是一种灾难。“一个中国人是一条龙，三个中国人是一条虫”。几万条龙在一个市场折腾，都想当老大，都不能够自觉按规矩办事，恶意价格竞争、欺诈性经营等现象也就在所难免。可悲的是这两年连国际4A公司也开始参与恶意价格竞争的折腾，导致4A 广告公司普遍亏损。我一直在想，既然工商局管广告企业年检、登记、注册等，为何不可以提高登记、注册门槛，在一个有限的市场减少一些“龙”，少一些折腾者，保持有限竞争环境和氛围，也许会更有利于广告公司成长。

3．强者不强，优者不优。中国评出的强势广告公司、优秀广告公司让人看不懂。前几年我们评50强广告公司，主要依据广告公司的年经营额，经营额越大，表明公司实力越强。其实略有经济学常识的人都知道，经营额不能代表其赢利水平，利润才真正表明公司的赢利水平。所以赢利不到100万元的企业竟然成了中国广告界的“强势企业”，实在让人觉得可笑。中国广告协会推出了广告公司资质认定，我觉得是中国广告界的革命！这项工作的确有利于广告主甄别强弱公司。但是，我觉得中国广告协会对广告公司资质认定的办法仍有待于完善。第一，有效区别不同资质的广告企业。一级资质广告公司数量应该严格控制，二级资质广告公司略加控制，三级资质广告公司可以适当放开。第二，强化和充实评比条件。如：一级资质广告公司的纳税不能太低（可否考虑不低于年度纳税300万元）；企业不得有恶意法律官司记录；企业不得有恶意拖欠媒体款项的记录；涉及的条件必须由相关权威部门提供有效法律证明（会计事务所年检报告、税务部门完税报告、媒体无欠款证明及司法机关证明等）。

4．方法不等于目的，“策略联盟”不能满天乱飞。由于区域竞争的需要，强大的广告公司往往会选择资源互补、实力略低于自己的广告公司建立策略联盟，以增强区域渗透力，扩大自己势力。但是，中国的策略联盟让人看不懂。明明是资源互补性较差，势力悬殊较大的广告公司，偏偏结成了“策略联盟”。可恨的是国际4A广告公司也加入到这股浪潮中，于是4A公司的策略联盟公司满中国都是，鱼龙混杂，让广告主难以选择。我们有些广告公司将策略联盟作了一种目的，以为有了“策略联盟”自己就是4A公司了，这是自欺欺人。滥竽充数的“策略联盟”因其劣质服务，导致收费的低价格，直至打压了国际4A公司在本土的服务价格，使得4A公司的服务费的标准连年下滑。如果将策略联盟转变为一种学习，也许对本土公司的进步有实际意义。

三、中国广告策划业发展批判

目前在许多广告公司中策划公司最赚钱。策划公司可以说形成了一个比较独立的市场，这是一个发展新趋势。策划业成为广告业一个细分市场可以从两个方面理解：第一，策划业的利润空间正在出现。在以前广告主不愿意为广告创意、策划付钱，只愿为广告媒体付钱。

现在很多广告公司以月费的形式收取广告创意和策划费用，而广告媒体的代理则是出于广告主的自愿。第二，策划业正在形成一个品牌化的发展趋势，出现了一些强势或号称是品牌的策划公司。但是，中国广告策划业也存在一些问题亟待解决。

中国“策划行业的发展”标志着中国广告业开始同国际市场接轨，也标志中国广告行业正在走向成熟。但是，中国广告业缺乏对广告策划进行深入反思、审视和批判，缺乏一个他律机制。怎样能在中国广告公司内部结构调整过程中造就和培养一批策划人员或策划总监，形成一个学习和批判机制，这需要广告界同仁的共同努力。

1999年起，中国广告公司陆续设立策划部，策划人员从创意部门中脱离出来，并设有策划总监这个职位。但是，迄今为止，却从来就没有一种培训机制对策划人员做系统的培训。我们所看到的策划个案大多是从4A公司或本土强势公司得来的，没有专家对个案做系统批判，同时这些个案也不具有可复制性（即其他公司、企业不容易模仿）。

中国广告界要提高策划能力和水平，我认为应该重视以下方面问题：第一，中国广告策划业缺乏一个最重要的生态平衡机制。即缺少一个公平的第三方对跨国公司、4A公司、本土较强的广告公司的策划个案做一个理性的审视，对其传播效果做测定，对其品牌推销理念的准确性定位做判断，对品牌推销过程中业绩做实效测定。如果中国的策划业走向成熟的话，她需要一个医生，而这个医生就是在这个行业中的第三方。这个第三方既不从属于广告公司也不从属于广告主，他应该对广告主同时也对广告公司负责，独立地、科学地对策划做审视。这在欧美国家都很普遍，但是我国广告业发展20年仍没有树立起来，这是中国广告业的一大悲哀。策划的实效性和科学性一定是通过做检测得出来的。没有科学的检测在一定程度上制约了整个中国策划的发展，同时也制约了中国广告公司实际运营的能力。我们应该积极倡导一批独立运营的企业、公司从事于这项工作。第二，中国高校没有对广告策划开设系统的课程。这是源于我们高校师资对实务的接触还比较欠缺，同时从实务界来看除了4A公司经常举办“夏令营”对其策划人员做短期专业培训外，其他本土公司并没有什么策划培训。广告公司内部学习机制没有建立起来，公司本身的批判精神没有树立起来，不仅不能对自己策划的个案做审视，也没有能力对其他公司的个案做批判，因此制约了本土公司在实际策划运作能力上的进步。应积极倡导本土广告公司建立一个学习机制，其重要的一个方面应兼顾到对策划个案的反思和批判。第三，策划人才供给上存在问题。目前的策划人员相对缺乏，素质不高，这些策划人员是从创意人员转过来的。虽然他们的思维跳跃，但是缺乏系统的整合营销理念。策划不是创意，而是要把多种要素有机地、科学地、艺术地整合在一起。这个整合力在目前策划中是比较弱的，这样就使得本土广告公司在承接大品牌的树立、推广过程中显得自己的底气不足。

从今后的发展来看笔者想提出一点建议，希望能通过一个强势媒体联合高校专家来做对现有本土广告公司策划的宣传和批判。任何个案在执行完了后都会有问题。我们应把问题找出来教育现在和未来的策划人员。这就需要媒体、高校、广告公司的通力合作。我还希望中广协或一些强势媒体每年组织一个类似4A公司“夏令营”式的个案批判讲座活动，以此来普及、强化学习和批判机制。

企业传播新亮点：虚拟社区广告

王 佳

虚拟社区又称网络社区，关于虚拟社区有很多定义，英文就有online community、virtual community、E-community等。正如社会学家难以对社会学作一个准确的定义一样，对于虚拟社区我们也很难给它下个定义，但虚拟社区的某些特征——由有共同兴趣和需要的人们组成、在线交流的方式、匿名性等足以让我们对虚拟社区作一个大体上的勾勒：虚拟社区是一个通过网络在线方式供有共同兴趣爱好的人们集中进行交流的地方，这些成员可能散布于各地，但共享一个语义空间。虚拟社区包含的核心功能主要有：公告栏、群组讨论、社区通讯、社区成员列表、在线聊天等。

随着基于互联网的电子商务的兴起，虚拟社区开始呈现出越来越大的商业潜力和价值。美国Relevant Knowledge公司的统计结果表明，习惯于每天上网的美国人中，有70%是因为参加了互联网上的某个虚拟社区。美国著名的在线社区咨询公司Forumone的调查结果则显示，1997年因特网上的虚拟社区共有9万个，而到2000年底这一数字则增加到80万个，其中85%的虚拟社区是由商业组织(域名结尾为.com)经营的。在中国，根据CNNIC的统计，经常使用网上聊天室的网民约有22%，经常使用网上寻呼机(OICQ、ICQ 、MSN)的网民约有37.6%，而经常使用新闻组的网民又占了13.4%。由此可见，虚拟社区正吸引着数以亿计的网络用户，这些网络用户将成为具有相当规模购买力的群体。既然虚拟社区已经成为如此重要的一个领域，那么，企业完全有必要、也应该认清这一领域的商业价值，将其作为广告投放的新战场，进行有效地信息传播。

在虚拟社区投放广告的可能性——虚拟社区蕴含着无限商机

1．虚拟社区能够帮助企业更好地锁定目标顾客

一般而言，企业选择何种媒体投放广告主要是看它是否切合自己的受众面，即是否能有效地、经济地向潜在消费者传达广告信息。大众媒体虽然具有传播的无限性功能，但由于受众面太广，难以准确到达目标消费者，因此广告效果并不太好。虚拟社区则不然，由于聚在同一虚拟社区的人都有着共同的兴趣和需要，这种共同的特点能为企业在复杂的市场环境中找到、找准自己的目标消费者，从而为企业营销和广告计划的实施提供了坐标式的参考。而消费者在加入虚拟社区时留下的个人资料几乎可以成为企业建立消费者数据库的天然来源，对这些数据的分析可以帮助企业了解消费者的基本情况，制定有的放矢的广告，从而精确地实现和自己目标消费者的接触与沟通。

2．利用虚拟社区有助于培养忠实消费者

由于虚拟社区成员之间共同的爱好和兴趣使得其对虚拟社区有着一定的忠诚度和信任，这种忠诚度可以提高虚拟社区的凝聚力，增强成员的归属感。这种归属感对企业来说是很珍贵的，企业若能合理利用虚拟社区，则能使这些有着归属感的会员转化为企业的忠实消费者，实现营销流域的“二比八法则”，即两成铁杆顾客的购买力占销售额的8成。另一方面，虚拟社区所累积的丰富的成员资料，如成员的统计信息、消费风格以及购买历史等，可以帮助企业更准确地把握消费者的需求，提供个性化的产品和服务，增加消费者满意度。由于虚拟社区是一种“体贴式”服务，如果消费者能从中获得满足感，就会乐在其中，形成正反馈，甚至会介绍

周围的亲朋好友购买企业的产品，利用人际传播的巨大力量，给企业带来更多的忠实消费者。

3.利用虚拟社区可以与消费者形成互动，提高产品质量和服务水平

虚拟社区在企业和消费者之间所扮演的沟通者角色给企业和消费者提供了一个互动的平台，在这个平台上，不仅企业和消费者可以自由交流，消费者之间也可以毫无顾虑地进行即时的沟通。实际上，消费者之间的交流更多的是一种寻求解决问题之道的多方讨论，若问题消费者无法解决，企业则可及时介入，化解消费者的不满。同时，通过对消费者言行的研究，企业能够很好地掌握其真实的想法，了解其新的需求，并把他们的意见整合到产品设计和开发中去。这不仅有利于企业提高服务水平，还有利于企业的新产品开发和市场创新，使自己的产品能够取得更大的顾客满意度。

以何种方式在虚拟社区投放广告——两种道路的选择

对于企业来说，利用虚拟社区投放广告涉及到一个方式的选择问题。企业可以建立一个自己的虚拟社区，也可以加入其他已经存在的虚拟社区(主要是各大专业网站所建立的垂直性社区)。以哪种途径加入到虚拟社区中去应主要视自己的实际情况而定。相比较而言，一个生产日用品的企业就比较适合自己建立虚拟社区，而一个乐器生产商利用已有一定影响力的虚拟社区则更好。因为日用品企业的目标消费群太广，难以把握，且这些消费者很难自发形成一个有着共同爱好和兴趣的拥护群，因此这类企业应该自建社区来聚集一群自己的铁杆消费者，然后利用这个社区推广开来。如全球知名日用品生产商安利就建立了自己的虚拟社区，社区里信息齐全，消费者可以查阅到一切有关于安利的信息，还能完成一个消费的流程。专门经营乳制品的亨氏公司，不仅在自己的虚拟社区内详细介绍了喂养婴儿的基本知识，还提供有关婴儿健康、生理、心理等方面的知识，使有婴儿的家庭把亨氏网站看作是家庭顾问，大大提高了其知名度。相反，有的行业本身就可以有一个自然形成的拥护者或是族群，如音乐、体育、游戏等，因此相关企业可利用已有的有影响力或一定知名度的虚拟社区进行广告宣传，不仅能隐秘地与社区会员进行交流，了解其真实想法和对产品的态度，还能降低成本，用相对少的广告投入获得较大的回报。如游戏开发商就可以选择著名的游戏虚拟社区，以一种巧妙的方式融入其中，使广告发挥最大的效应。

如何在虚拟社区投放广告——应注意的一些问题

1.企业在虚拟社区进行广告宣传时要注意与消费者的互动性

Hagel和 Armstrong在《Net Gain》一书中提出了一个极有价值的观点，就是虚拟社区应该代表成员向企业争取权益，而不是代表企业向成员推销东西。如果企业经营者仅仅把虚拟社区当作是投放广告的场所，那只是把虚拟社区当作了另一个普通的大众媒体，展示商品而已，并没有挖掘出虚拟社区的优势来。在虚拟社区中，消费者对商品的评价和信任是经过反反复复的体验和相互间的沟通而自发形成的，这与在传统环境中，企业通过促销或其他广告形式自上而下进行商品形象宣传是截然不同的。因为虚拟社区破坏了原有商业交易中的平衡，在社区里，成员的地位被提高到了前所未有的高度，虽然单个的消费者对于以往大众媒体“填鸭式”的、无所不在的广告没有抵抗力，但在社区当中，成员随着社区集体意识的发展很容易形成一致行动，对于“炮轰式”的广告，他们会进行集体抵抗。因此企业在虚拟社区进行广告宣传时要注意与消费者的互动性，只有互动才能化解社区成员对被动接受广告的反感，只有互动才能创造与消费者之间的关系，只有关系才能带来认同，有了对企业的认同就会产生忠诚度，而忠诚度正是消费者转向其他品牌的障碍。以著名的亚马逊公司为例，它不但提供全套的网上购书交易，还在自创的虚拟社区中提供畅销书或新书的章节，以及会员或知名人士的书评，每隔一段时间还会安排作者与读者的见面会。正是以这种良好的互动方式，亚马逊吸引了数百万会员，并在短短几年的时间内成为全球知名品牌。

2．企业在虚拟社区投放广告时不能太直接、太露骨，以免招致潜在消费者的反感

虚拟和网民追求的自由，是互联网最具吸引力的地方，也是虚拟社区中最为重要和根本的基石，失去这一点社区将无法生存，也不再称之为社区。社区会员对于广告的敏感度非传统媒体受众所能比，对于社区里出现的某个商家的广告，他们很可能群起而攻之，发布广告的会员会被其他会员所鄙视，被贬之为"托"，甚至因此会员会失去对社区的信任。所以如果企业没有自己的虚拟社区，需要在已有的社区投放广告时，不能太直接、太露骨，以免招致潜在消费者的反感。企业可以参与社区有关自己产品讨论的活动，对消费者提出的问题给出得体的答案，在不知不觉当中使企业的广告文案成为一种解释，表面上则是以提供免费的、专业的资讯以博取消费者的欢心；另一种方法是，对于社区内的一些活动或场所，企业可采取冠名或赞助的方式进行广告宣传，这样企业的名号和产品信息就会在网民们的活动过程中进入彼此的交流视野，产生口语传播的效果。比如，国内很多企业就对知名的在线游戏社区"联众世界"(www.ourgame.com)的棋牌室进行冠名，玩家的位置则以企业的产品命名。这样企业的品牌和产品信息就会频繁在游戏过程中出现，在游戏结束后也可能在玩家的讨论中无意识地再现，这样一来，传播的效果被大大扩大了。在国外，知名的AT&T、NBC等公司则以赞助的形式出现在Riddler网站的特色社区里，为猜谜、填字游戏等提供奖品。因此，虽然没有直接做广告，但公司的赞助信息整合在每款游戏及获胜者的奖品中，给游戏者(也可能是潜在消费者)留下了深刻印象。

3．企业要注意发挥虚拟社区广告的人际传播特点

虚拟社区是网络传播的主要形式，它既具有大众传播的广泛性，又具有突出的人际传播的直接性，因此企业在投放广告时要注意结合两者的特点，使广告发挥最大的效益。虚拟社区中网民都有着共同的爱好和需求，这种共征性使得他们之间有着强有力的说服场，他们不仅求同，更能存异，他们所拥有的相近的规范如交谈的语言、问候的方式、惯用的网络符号等使得社区里的传播方式更近于人际传播和群体传播。正因为这种独特的传播方式，虚拟社区的网民易产生跟风行为，即一窝蜂地去做同一件事情，所以企业在投放广告时，可以深入地研究这些潜在消费者的心理，触动他们心中那根"弦"，利用这种心理使其产生集体行为。此外，虽然虚拟社区中不存在绝对权威式的或功利式的传播者，但在信息交流中或早或晚还是会出现类似于"意见领袖"的具有影响力的网民，他们不一定承担社区的管理职务，如"管理员"、"版主"等，但他们对信息的驾驭能力和丰富的知识能赢得其他网民的信任和支持，因此企业在投放广告时除了要与会员们互动以外，还要注意"意见领袖"在虚拟社区中的影响力，尽量取得他们的支持，在社区中形成强有力的说服场，将社区居民网罗其中。

结论

应该说网络社区等新型传播通道的出现给市场带来的最大变化就是消费者获得企业产品信息比以往任何时候都要容易得多，同时对品牌的忠诚在某种程度上也有一定的削弱，因为信息的海量使得他们有了更大的选择余地。这样一来，企业更应该仔细研究网络社区这一新媒体的特点，利用好这个平台，把虚拟社区作为企业未来营销战略的重要一环。

原载《现代广告》2004年第11期

’2005中国广告年鉴
China Advertising Yearbook
第十三版
13 th Edition

业界论坛

大型广告活动策划浅论

山东信通广告有限公司

近年来，由于广告数量急剧膨胀，加之社会各种信息泛滥成灾，使得广告在促销中的实际作用一再被缩小，越来越多的广告主学会了约翰·华纳梅克那句名言："知道我的广告费用有一半浪费掉了，但不知道是哪一半。"作为广告策划人，我们不得不尴尬地面对这样一个事实。

现代企业的广告活动已经远不是一张海报、一幅喷绘那么简单了，为了更能吸引消费者，促使更多的人购买产品，广告策划者们使出浑身解数，把广告从形式到内容都来了个翻天覆地的变化，如摩托罗拉手机在大中华区投放的连续剧广告，橱窗里的真人秀，杂志广告粘贴实物样品等等不尽其数，另外还有各种花样繁多、形式各异的广告活动。大型广告宣传活动由于具有较强的娱乐性和新奇性，公众参与感强，宣传效果理想，因而受到了现代广告业的重视。

大型广告活动策划应遵循的原则

活动策划的形式多样。一般而言，包括产品推介会（说明会）、节日促销、新闻事件行销、主题营销等，而对于上述的任何一种方案，针对于不同的企业情况和市场分析，都可以衍变出无数的形式。大型广告活动耗资巨大，牵涉面广，非一般小型企业所能承受和操作，所以在开始唱戏前一定要让策划搭好台。作为一种战略行为，策划大型宣传活动前要把握全局性、长远性、阶段性、稳定性等几个基本原则。

① 策划须考虑全局性　在大型活动特别是大型社会活动中，公司的主体地位明显降低，有时要依附甚至依赖于活动而存在。比如在各种赞助活动过程中，公司基本处于被动状态，难以如己所愿随时随地进行宣传。在这里，希望企业从大局出发，以回报社会为己任，让公司和品牌镀上一层真金！

② 策划要有长远性　我们必须认识到，每一次活动除了要做好本次工作以外，还必须给下次操作设预留策划空间，时时把握可持续性发展策略。每家公司都想做百年老店，但对平均寿命7.5年的中国企业而言，有些事最后只留一声叹息！

③ 策划应具备阶段性　我们知道，罗马不是一天建成的，广告也不是一天炼成的。从几个小时新闻发布提前数月的安排到几十年奥运会的连续赞助，都给我们策划者们不小的考验。因而在大型广告活动策划前除了要明确界定目标外，还必须设计好其具体实施程序和执行步骤，否则，这个不完整的策划案很可能令参加者手足无措，甚至面临夭折的危险境地。

④ 策划应遵循稳定性　所谓"逝者如斯矣"，在日复一日的广告活动中，商家的很多想法会因自身或市场而有所改变，这时我们是否会设身处地的想一下：消费者对我们的广告活动还能记住什么？很遗憾，有些广告主及制作者今天一个招式，明天一个花样，还以为自己读懂了广告真谛。殊不知，消费者很可能两年后还不能确定你到底葫芦里卖些什么药，想不想让我买？由此可想而知，那几百几千万的广告费都去了哪里？所以，我们要保持广告宣传活动主题的一致性！"充满活力的可口可乐"、"百事——新一代的选择"、"宝马汽车——享受驾驶乐趣！"在这些耳熟能详的广告语面前，你想到了什么？主题诉求一致性能给我们带来长久回报，并能使我们在错误前面多了一层免疫力。当然所谓的保持主题诉求一致性并非要求我们一成不变，在保持大方向一致的情况下各出绝招也是必不可少的，那就要看各家的手段了！

大型广告活动策划应注意的问题

大型广告活动的组织策划本身是一项复杂的系统工程，其参与机构复杂、影响面广、时间跨度大，所需动用的人力、物力、财力更是数不胜数。因此，组织策划者务必如履薄冰、战战兢兢地面对过程中的每一件事，市场要求我们的策划人必须精心策划、周密安排，每一个环节都要求丝丝入扣，不能有半点偏差，每一个错误都将会是策划人心底永远的痛。要做出一份理想的活动策划案，需要注意以下几点。

① 注重市场分析和调查

在进行活动策划的前期，市场分析和调查是十分必要的，只有通过对整个市场局势的分析，才能够更清晰地认识到企业或者产品面对的问题，找到了问题才能够有针对性地寻找解决之道，主观臆断的策划者是不可能做出成功的策划的。同样，在策划书的协作过程中也应该避免主观想法，切忌出现主观类字眼。策划者的主观臆断将直接导致执行者对事件和形式产生模糊的分析，而且，客户如果看到策划书上的主观字眼，会觉得整个策划案都没有经过实在的市场分析，只是主观臆断的结果。

② 主题应明确单一，继承总的营销思想

在策划活动的时候，首先要根据企业本身的实际问题（包括企业活动的时间、地点、预期投入的费用等）和市场分析的情况（包括竞争对手当前的广告行为分析、目标消费群体分析、消费者心理分析、产品特点分析等）做出准确的判断，并且在进行SWOT分析之后，扬长避短地提取当前最重要的也是当前最值得推广的一个主题，而且也只能是一个主题。在一次活动中不能做所有的事情，只能把一个最重要的信息传达给目标消费群体，正所谓“有所为，有所不为”，这样才能把最想传达的信息最充分地传达给目标消费群体，才能引起受众群关注，并且比较容易地记住你所要表达的信息。

③ 直接阐明利益点

在确定了唯一的主题之后受众消费群体才容易接受我们所要传达的信息，但是仍然会有很多人虽然记住了广告却没有形成购买冲动，为什么呢？那是因为他们没有看到对他们有直接关系的利益点。因此，在活动策划中很重要的一点是直接地说明利益点。如果是优惠促销，就应该直接告诉消费者你的优惠额数量；如果是产品说明，就应该贩卖最引人注目的卖点。只有这样，才能使目标消费者在接触了直接的利益信息之后引起购买冲动，从而形成购买。

④ 活动要围绕主题并尽量精简

很多策划文案在策划活动的时候往往希望执行很多的活动，认为只有丰富多彩的活动才能够引起消费者的注意，其实不然。其一，容易造成主次不分。很多市场活动搞得很活跃，也有很多人参加，似乎反响非常热烈，但是在围观或者参加的人当中，有多少人是企业的目标消费群体？即使是目标消费群体，他们在参加完活动之后是否纷纷购买产品？目前一些策划者经常抱怨的一个问题就是很多围观者经常是看完了热闹就走，或者是拿了公司发放的礼品就走了。其实问题往往就在于活动的内容和主题不符合，所以很难达到预期效果。在目前的市场策划活动中，有一些活动既热闹，同时又能达到良好的效果，就是因为活动都是仅仅围绕主题进行的。其二，成本提高，不易执行。在一次策划中如果加入了太多活动，不仅要投入更多的人力物力和财力，直接导致活动成本的增加，而且还有一个问题就是因活动过多而导致操作人员不易执行，最终导致方案的失败。

⑤ 具有良好的可执行性

一个合适的产品，一则良好的创意策划，再加上一支良好的执行队伍，才是成功的市场活动。而执行是否能成功，最直接和最根本地反映了策划案的可操作性。策划要做到具有良好的执行性，除了需要进行周密的思考外，详细的活动安排也是必不可少的。活动的时间和方式必须考虑执行地点和执行人员的情况进行仔细分析，在具体安排上应该尽量周全，另外，还应该考虑外部环境（如天气、民俗）的影响。就我公司曾经操办过的几次大型活动（台湾宏基电脑大陆年会、广西玉柴集团年会、国际信息技术博览会、各类大型广场活动等）所积累的经验而言，“精彩”二字是“做”出来的，不是“写”出来的。真正踏实可行的方案也许与天花乱坠的“纸上谈兵”相差甚远，但却能够起到截然不同的效果。

最后，仅靠一次活动不可能达到巨大的效果，也不能因此就建立起名牌，所以千万别想通过一次活动解决所有的问题，一次活动只能主要解决一个问题。在品牌的建设和商品的销售上，只有坚持正确的营销思想，并且在此思想下在适当的时间和适当的地点进行适当的促销活动，才能使企业更快更好地继续发展下去。

五粮液品牌策划纪实

北京世邦广告公司　郝　彤　杨　飞

真正的品牌策划，不是哗众取宠的肤浅之作，不是杀鸡取卵的应时之作，更不是一蹴而就的功利之作。好策划，既要为企业解决现实销售问题也需要居安思危、筹划长远，发展企业独特的价值主张，并让品牌资产持续增值。

——世邦的品牌策划观

白酒业：一个危机四伏的行业

中国白酒行业是中国传统名牌最多也是营销环境最为混乱、竞争手段最为复杂的行业之一。

自1993年以来，对中国白酒营销环境有重大影响的就是国家政策限制。

◆国家轻工业“十五”规划明确规定酿酒行业“四个转变”，要求重点发展葡萄酒、水果酒，积极发展黄酒，稳步发展啤酒，总量控制白酒。

◆从1994年1月1日起国家对酒类产品开征消费税，白酒税率最高。

◆2001年初，国家税务总局规定白酒企业的广告费不得超过销售额的20%，超过部分不能在所得税前支出。

◆2001年5月1日，国家在从价征收消费税比例不变的情况下，增加从量征收消费税项目，按每生产1公斤白酒从量征收1元消费税；同时取消勾兑酒的生产企业可以扣除其购进酒已纳消费税的抵扣政策。

与政策限制相比，更大的危机来自于市场本身。人民生活水准提高、健康意识增强、饮料礼品代用品增多，加上假酒劣酒的负面报道不断，使中国白酒市场规模自1996年以后持续下降。

1996年，我国白酒年产量曾达到800万吨，而目前的年产量，大致在400万吨左右。2002年全国白酒行业从业人员下降3.69%，销售收入、工业产值徘徊不前，利润总额更是下滑13.45%，有关数据显示，全国白酒行业亏损企业超过50%。

五粮液：品牌资产的百亿级跨越

正是在这样一种行业环境中，来自四川宜宾的五粮液却连续10年稳居中国酒类企业规模效益之冠，并在“2003年全国最有价值品牌”中排名第三，同年实现销售收入121.04亿元，品牌无形资产达到269亿元。五粮液，以无可争辩的数字，成为中国酒业的巨擘、领袖。

作为行业领导者，五粮液的每一个市场动作，都对行业内产生了震动与深远影响，多年来，企业花园建设、OEM经营、品牌营销、三次提价、超高档白酒、瘦身计划、“1＋9＋8”工程、……这些名词，都已是中国白酒策划圈里人人皆知的概念。

一位汾酒销售经理曾深有感慨地说：“20年前，汾酒的价格比茅台低1元多，比五粮液低2角。现在呢，平均差了200多元。同为四大名酒，价格却如此悬殊，差在哪里？我认为就差在品牌形象。”作为五粮液长期品牌合作伙伴，北京世邦公司从1994年起就开始介入五粮液品牌战略规划与传播执行的系统服务，至今已逾10年。这10年（1994～2003年），也正是五粮液集团远超其他中国传统名酒，成功实现品牌资产的百亿级跨越的10年：品牌无形资产分别由31.56亿元、35.85亿元、41.81亿元、60.62亿元、86亿元、120.56亿元、201.2亿元直到2003年的269亿元，超过行业第二名100亿元之多。

数字的背后，是对五粮液集团市场经营策略的肯定，也是对五粮液品牌策划与运作能力的肯定，五粮液成功的关键就是品牌。可以说，以质量、口碑、文化、公众形象所共同组成的五粮液品牌，创造出了巨大的价格、价值差异，让五粮液在众多传统名酒中一跃而出，遥遥领先。

吾国泱泱，有酒五粮——五粮液品牌策划DNA

“不积跬步，无以至千里”。我们对五粮液品牌的打造，是从企业品牌战略规划、品牌架构、品牌文化内涵、品牌宣传手段、公关执行系统、营销管理系统等多个方面进行的整合塑造。

1．有品牌，才有未来

一位管理大师有个形象的比喻：没有战略的品牌，就像流浪汉一样无家可归。对于中国白酒市场的清晰认识，对于整体行业格局发展的理性思考，是决定五粮液品牌战略的重要前提。

感性与理性的市场调查，是品牌服务的第一步。

感性：五粮液品牌服务小组成员，多次参与白酒销售第一线的工作，与片区经理、区域经销商保持着密切关系，熟悉行业内的各种动向，对中国白酒行业从整盘到局部都有明确的判断，能做到既讲广告、品牌，又讲销售、促销。

理性：连续5年来，世邦都自投经费，进行一年一度的《中国白酒市场暨五粮液品牌调查》。通过各个片区的问卷、走访、座谈等形式，客户人员定期拜访销售经理、经销商，收集整理市场动态、消费者人文统计资料、消费形态、消费观念、品牌利益、品牌价值、企业形象等诸多品牌课题。

在完全熟悉行业动态的专业经验之下，辅助以科学调查手段，使我们对整个白酒行业有了高屋建瓴的清晰认识，也对五粮液的品牌规划有了明确定义。

1）看准行业危机与机会。

◆危机：市场总规模下降、行业产销量下降、行业利润下降、OEM品牌过度开发、白酒信誉度降低。

◆机会：马太效应。行业集中度提高。在利润分配上，大中型企业仍主导着我国白酒市场，利税前20位企业占全行业利税总额的61%，其中利润占全行业的94%。

随着水井坊、国窖1573等高档酒的出现，中高档酒市场规模扩大、利润提高，且消费者品牌消费意识提升。

传统通路开始整合，规模增大，专业化加速。

2）把握行业未来趋势。

◆全行业整体滑坡后开始复苏，市场总量稳定在400万吨左右，各档次白酒保持稳定消费量。

◆行业格局呈金字塔状，利润分配趋于垄断，中高、高档白酒将是获利主体。

◆品牌数量将大幅度减少。多数OEM品牌和本地产品牌被整合。品牌进一步集中，形成“全国性名品+区域性名品”的市场格局，全国性名品集中为中高、高档白酒。

◆以“质量为基础，品牌为中心”的成熟市场形成，继广告战、终端战、渠道战、促销战、资本战之后，中国白酒市场竞争将是传统几大名牌的“品牌战”。

◆消费者走向理性、成熟。忠诚型消费者数量将大为增加。品牌竞争将从“知名度之争”升级为“忠诚度之争”。

3）就此，我们提出五粮液的6大品牌规划观：

◆整合观：做强“五粮液”大品牌，缩减OEM品牌，清晰各档次分布，完成“全国性名牌+区域性名牌”的品牌布局。

◆增值观：坚持在产品质量基础上清晰品牌文化内涵，整合传播，使品牌持续增值。以品牌文化创造忠实消费。

◆高档观：品牌开发应以中高档品牌为主，整体做强“五粮液代表高档酒”这一形象，并使各中高档品牌在消费者群体、品牌文化上差异明显，追求长线效益。

◆背书观：超越“五粮液”品名的产品含义，按背书品牌、企业品牌的方向塑造“五粮液”，使其品牌带动面广、透支性强、塑造成本降低。

◆第一观：五粮液的品牌定位不是比附、挑战、收缩型的，而是求先、强硬、开放型的。

同时，应肩负扩展整体市场容量的领先者重任，改善中国白酒形象。

◆全球观：中国白酒是世界三大蒸馏酒之一，五粮液作为中国酒王应全球寻找市场，做世界级品牌，从观念上彻底与国内竞品拉开档次。

这6大品牌规划观，直接表现在2003年五粮液大力度的品牌结构调整上。

2. 星罗棋布，布局清晰——2003年五粮液品牌架构重大调整

1994年，五粮液与福建邵武糖酒副食品公司合作，打造出中国白酒的第一个经销商买断品牌：五粮醇。五粮醇上市后的巨大成功，拉开了中国白酒业OEM战国时代的序幕。到2001年，五粮液股份公司和服务公司开发出不下于100个品牌、200多种规格的新产品，不仅有着五粮春、金六福、浏阳河、京酒等全国家喻户晓的名牌，也有大量充斥市场、低水平运作的地方牌子，这些品牌不仅导致五粮液品牌资源严重透支，更致使五粮液品牌口碑遭到恶性毁坏。

对此，调整旗下品牌，清晰品牌架构，已是势不容缓。

1）2003年末，五粮液集团明确提出了“1＋9＋8”的18个名牌工程。

1＋9＋8：即1个国际品牌——五粮液。

9个全国性名牌——包括五粮春、五粮醇、金六福、浏阳河等家喻户晓的产品。

8个区域性名牌——包括正在开发中的8大片区品牌。

2）在年末的五粮液经销商大会上，五粮液集团又提出了“三个转变”的改革思路。

第一转变：厂商要从一般的产品生产、销售的经营方式转到以打造、培育名牌上来。品牌至上，名牌制胜，注重名牌的塑造与培养。

第二转变：厂商要从生产销售一般的低价位产品为主转到以生产销售中高价位的产品上来。集团领导明确指出，五粮液就是要满足高中档次的消费需求。

第三转变：经销商要从一般意义上的批发、分销产品为主转到以抓终端、抓直销上来。这是五粮液在通路格局上的一次变革。

其中第一、第二转变，正是对五粮液品牌规划观中整合观、高档观、增值观的具体政策体现，而瘦身后的五粮液品牌架构，从原先的200多个品牌，调整为目前仅余的18个重点品牌，其削减力度之大，表现出五粮液调整品牌架构的坚定决心。

3）调整后的品牌结构，在消费档次上呈现出品牌清晰、收缩低档、发展中高档的倒梯形式样（见图1）：

图1

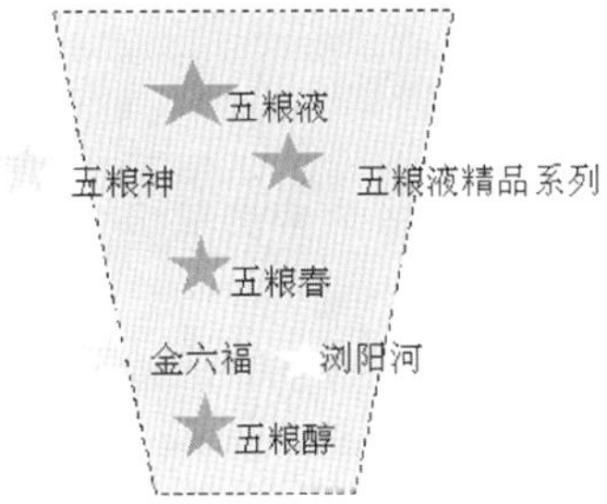

4）各品牌不仅有规格档次的明确划分，更在内涵价值上进行了定位区分，实现了消费人群不同，内涵不同，表达方式不同。

品牌名	市场定位	品牌定位	传播口号
五粮液	高档公务、商务宴请	与时俱进的文明	你一生的选择
五粮神	超高档商务宴请	超越世间平凡，神者	惊天动地五粮神
五粮春	中高档私人、亲友宴请	女性阴柔的时代美	妩媚风韵……名门之秀
五粮醇	大众型中档消费	真实纯净的感觉	真实感受五粮醇
金六福	喜庆、节日消费	中国福文化	好日子离不开它
尖庄	低档、日常消费 （USP）	物美价廉	实实在在的酒

3．高瞻远瞩，泽被子孙——以企业品牌带活产品品牌

五粮液集团的最主要产品当然是名酒五粮液。但是，在“五粮液”这个品名的内涵赋予上，我们到底是偏重于集团企业，还是偏重于产品本身，或者两者并重？通过仔细调查研究，在五粮液品牌规划观上，我们提出了“背书观”，即虚化“五粮液”品牌的产品层面意义，按背书品牌、企业品牌来塑造“五粮液”，使其对旗下众多子品牌具有担保、增值作用，并极好地节约品牌建设成本。

回看五粮液发展至今，五粮醇、五粮春、一帆风顺等副品牌；金六福、京酒、百年老店等独立品牌都曾借着五粮液的品牌实力迅速取得市场消费者的认可，在市场上立稳脚跟。《2002年全国4城市五粮液品牌调查报告》中的一项数据，证明此点（见图2）

图2

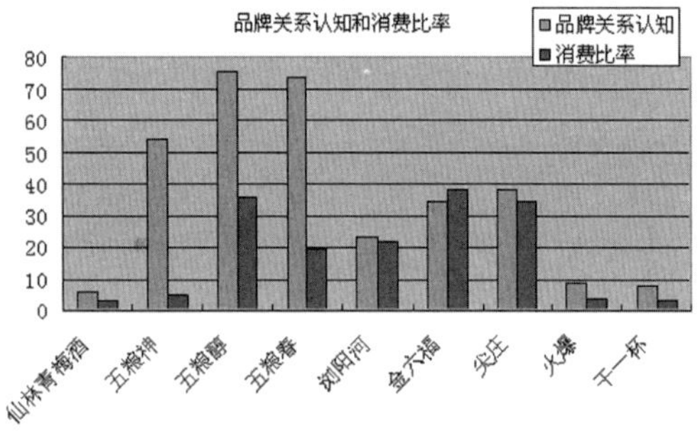

在中国名酒中五粮液集团的企业形象是首屈一指的，在国内众多优秀企业中五粮液采用企业形象展示的方法来整合企业品牌，带动品牌家族，恐怕也是唯一的一家。这种具有前瞻性的品牌战略性思维让五粮液企业在白酒品牌繁衍、集团多元化发展上都更具主动。五粮液的企业品牌形象工程不满足于一般的CIS系统，其最大的创造性手段就是把企业形象建设公众化、广告化。而操作中最成功的地方是避免了一般商业性炒作与做秀，而是采取了软性宣传手段，春风化雨，润物无声。

1）CCTV—1的19：00点报时广告。“用多大的媒体，做多大的市场”，五粮液连续多年的CCTV整点报时广告不可不谓为白酒行业的大手笔。其前提更多是出于企业实力的综合展示。在亿万观众面前，反复强化企业标志、企业形象，提升五粮液高档价值。2003年，五粮液通过招标以1.2亿元再次获得CCTV—1全年的19：00点报时广告，而通过世邦精准的媒介策划，实际获得了中央台近2亿元的广告组合回报，为旗下多个产品建立了全国性的优势媒介资源。

2）CCTV—2著名企业歌曲展播（MTV）。14首MTV基本都出自名家之手，歌曲旋律优美，歌词琅琅上口。

3）CCTV—2五粮液企业故事系列短片。每集1分钟，介绍五粮液的历史、荣誉、品牌故事。

以上三项，每年的费用投入在1.5—2亿元以上，其实际效果如何呢？我们以《2001年全国4城市五粮液品牌调查报告》数据引证（图3至图5）。

图3　对五粮液企业的评价

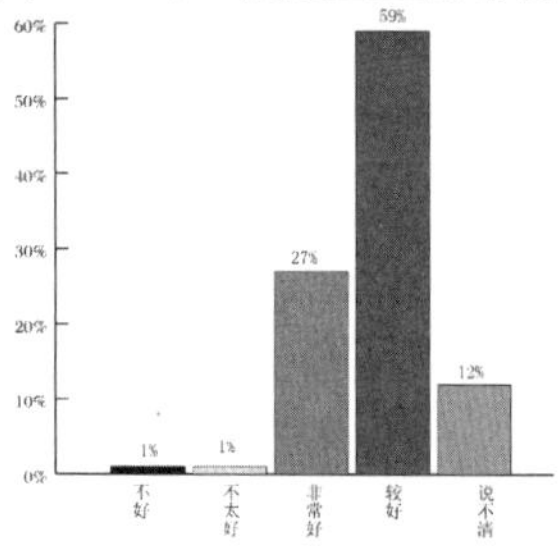

图4

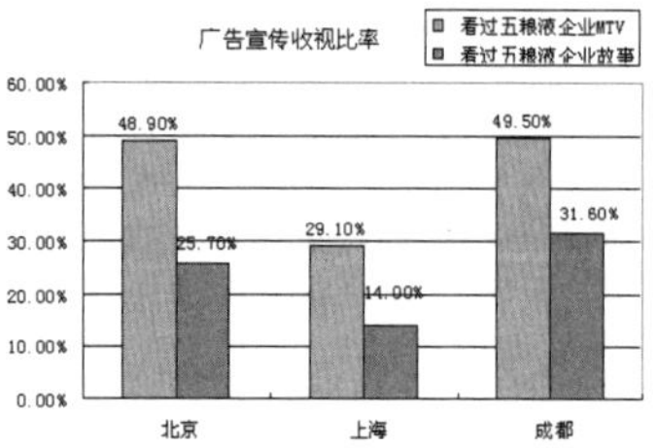

图5

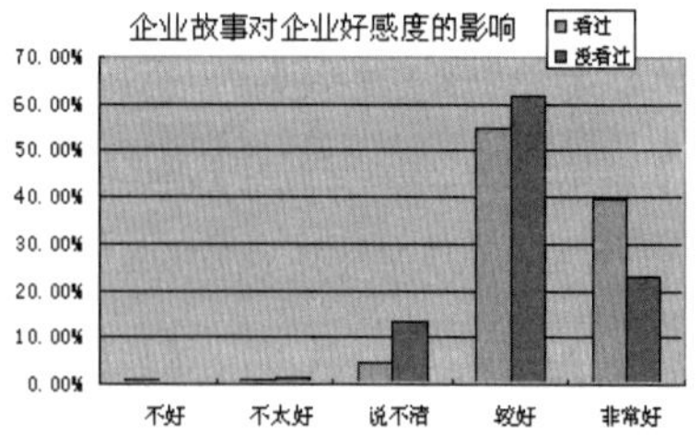

4．与时俱进，独树一帜——现代进取的五粮液品牌形象

企业品牌要想取得强有力的市场地位，与产品品牌一样需要个性鲜明的、差异化的品牌定位。这种差异既

可以表现在产品、质量、价格、技术、包装、售后服务、企业领导人等实际方面，也可以是企业观、企业个性、企业风格、企业文化等务虚方面。

近年来，中国的很多企业开始注重自身企业宣传，但在具体广告使用中却忽视了定位的差异原则，导致众多企业在对外形象宣传上雷同撞车，比如众多企业热衷的概念不外乎“诚信”、“人性化”、“有爱心”、“科技实力”等。这些形象即使广告攻势强大，消费者能够记忆，但也无从分辨它们之间的区别，不可能对企业有发自内心的品牌青睐，宣传费用如打水漂。

作为中国最具传统的产品之一，白酒行业同样如此。白酒消费的传统感与情绪化演变成为中国白酒策划里一个非常流行的概念：文化营销。做白酒就是做品牌，而做品牌就是做文化，成为很多白酒企业的品牌建设误区。

于是乎，从1998年到现在，中国白酒行业出现了种种怪现状：不重产品质量，不重技术更新，而是在品名、包装上费尽苦心，利用历史典故的“文化掘墓派”喧嚣尘上。历史上的一个名人、一句古诗、挖掘出来的一个陶罐、一点文物，都煞有介事地描述成为“酒文化”，都要跟自己的产品联系在一起，随之拍上一条广告，组织一场新闻发布会，就可以欣然上市换取高价。

这种文化营销的实质不过是缺乏品牌根基的文化贴牌。不可否认，最初有一些产品因此高打高举，获得了暂时的市场追捧，而更多的跟进者则一无所获，甚至血本无归。而与此同时，几乎所有的传统名酒，如茅台、剑南春、古井贡等，也大张旗鼓地打起了“历史牌”，希望与后起的文化秀星们争夺“文化正宗”。你是明时坊，我是唐时酒；你有1000年，我有1500年；你是才子佳人，我就是宫廷御用……中国白酒的品牌形象，始终离不开祖宗皇帝、玄儒道法，怎一个“旧”字了得。中国白酒形象，在当代年轻人心目中正变成“老土”、“过时”、“陈旧”的代名词，对于年轻族群的缺乏感召意味着未来的市场消费断层。

五粮液虽然同样具有古老的酿酒历史，但其形象定位远远突破了这一思路局限。五粮液明确指出：文明是承接古今的，历史是发展延续的。正如白酒行业已经从作坊式生产变成现代化工业生产一样，在整个世界经济一体化、世界文化多元化的大背景下，五粮液的企业形象应该是：代表与时俱进的人类文明，继往开来，富有朝气。这一形象定位从观念上拉开了与对手的档次，代表着全新的中国白酒形象。我们在企业文化、企业宣传以及日常的产品开发中也始终贯彻着这一定位，尽量把产品往当代感拉，往年轻感拉，避免老气过时。事实表明，五粮液的企业形象、气势、胸怀、目光都更为远大，获得了中高档消费者普遍认同，找到了历史感与现代感之间的平衡点。在消费年龄上，五粮液的消费者多集中在30—40岁之间，而其他传统名酒的消费者平均年龄则到了50岁以上。

5．众星托月，大象无形——特点鲜明的五粮液广告策略

广告策略是对品牌策略的具体传播执行。好的广告策略表现在准确的创意概念、出众的创意文案、优秀的广告执行以及精准的媒体投放上。

准确的创意概念，是解决创意销售力的关键。纵观近年来中国白酒广告在“文化风”、“品牌风”的大旗翻飞中，千军万马都挤上品牌形象的广告独木桥，虚、大、空泛的文化历史典故成为广告表现的唯一主题。广告拍得美，但却失去了实际解决目标，成为不痛不痒、无病呻吟的无效广告，丧失了厂家、品牌争夺市场的最好机会。

多年来，世邦公司不仅努力通过广告提升品牌形象，更重要的是，把广告作为阶段性手段，严格考察不同生命周期、不同市场环境中品牌所最需要的广告，提出解决问题的创意概念，使每一条广告都能激发需求、改变消费行为，达到最终销售效果。世邦认为：创意概念的重要性，远胜过创意表现，在此仅举两例。

1997年，秦池、孔府等鲁酒拉开了中国白酒的第一次“广告战”，勾兑型鲁酒来势汹汹，对浓香型鼻祖的川酒形成不小压力。恰逢其时五粮醇上市，如何定位、如何制造差异、如何超越鲁酒形成市场亮点？世邦通过调查分析，决定不走感性路线，而是采用了USP（产品独特卖点）策略，针对勾兑酒提出了技术性的新概念——

“粮食酒”，将白酒酿酒工艺拉回到消费者普遍接受的传统形象上。其后，“五粮酿成五粮醇”的电视广告一经传播，很快受到了市场认同，尤其是中老年人，普遍认为粮食酒才是好酒。借助该广告，五粮醇上市的当年在华南销量就超过了3000吨。

又如五粮春品牌开发。作为五粮液的衍生品，五粮春走位高端，格局较高，是五粮家族的核心成员。如何与五粮液相辅相成，既获得背书支持又避免与五粮液形象重合，启动中高档白酒市场？我们当时考虑：五粮液雄浑大气如伟男子，位居“中国酒王”，而五粮春妩媚春韵，宛如“酒后”，是否可以走女性化形象？就此，提出了五粮春“名门之秀”这个颠覆性的品牌概念（在当时还没有白酒走女性路线，多标榜男性气质），并最终成就了脍炙人口的“五粮春——名门之秀”篇创意。其唯美雅致的白酒女性化风格，开拓了白酒界眼光，成为中国广告的经典之作。

文案：

名门宫闱，美丽的古装女子深情回眸，伴随酒水的荡漾，她穿越长长的走廊，群裾飞扬中，名门之秀的端庄大气、妩媚风韵，令天下名士怜爱。

旁白：她，系出名门，丽质天成。

秀其外而决无奢华，慧其中而内蕴悠远。

壮士为之洒泪，英雄为之牵情。

名门之秀，五粮春。

2000—2003年，世邦公司相继制作的五粮液产品篇、五粮春杨丽萍篇、一帆风顺之艺术篇、熊猫酒、国宴酒、三杯爽、干一杯、尖庄、百家宴等广告，均取得了较好的市场反响，作品多次入选IAI年鉴及相关评奖。值得一提的是经常有学者专家问：电视上可见到五粮液各个子品牌的广告，为什么却很少见到五粮液品牌自身的形象广告？

桃李不言，下自成蹊。对于五粮液品牌广告宣传，我们提出：“内涵不具象、技术要突出、企业带产品”。这种对品牌内涵的刻意模糊，完全是根据产品消费实际，实事求是的品牌考虑：

1）五粮液自身不同于新开发白酒，有很强的特殊性：作为历史酒、政治酒、当代国酒，其多年来形成的内涵沉淀极其深厚，文化、文明、历史、社交、品格、风范、健康……任何单一定位方向都可能具象五粮液品牌，削弱其内涵，破坏消费者的想象空间与情绪感受。

2）作为主流的高端公务用酒，五粮液多年来的消费口碑是最好的传播渠道，不作大众型广告仅辅之于持久的上层公关，更能够维持其神秘、高贵的窄众口碑，塑造韬光养晦的政治深意。

3）从品牌规划来看，以企业品牌涵盖产品品牌，可减少五粮液品牌宣传量，而通过企业诸多的软性宣传方式获得品牌增值。

4）不做形象广告不等于不要形象。多年来，世邦都以最快的速度对五粮液的产品技术革新广而告之。因为每一次产品变革都是企业的重大决策，都牵动着消费者的最终利益，都应尽快、尽可能获得市场认可，深度引导忠诚消费。如：

1999年五粮液三重防伪篇是国内高档白酒的第一条防伪广告片。该广告使五粮液获得了经销商、消费者的巨大信任，在当年因假酒报道引起国内白酒消费信任危机的环境中销量不退反增。

2000年五粮液3M透视镜篇首次提出了透视防伪概念。广告深入浅出地表现了该技术，片子播出3个月，全国开始流行透视防伪，消费者主动学习并引以为乐，3M成为五粮液防伪代名词。

2003年，新包装PET五粮液上市。广告片“三心篇”表达了五粮液的质量观、服务观，理性、优美、尊贵，该片成功配合了五粮液第三次提价。

正所谓大象无形，大音希声。虽然五粮液很少在屏幕露面，但通过五粮春、五粮神等诸多广告，却能感觉到它们背后五粮液王者的威严与矜持，而通过技术革新的历年广告，又深刻传达了成熟品牌“为消费者而生而长”的质量观，提升了五粮液现代、进步、创新、诚信的社会形象，有力地支撑了五粮液在特定群体心目中的上乘地位。

6.志存高远，口碑造势——五粮液公关系统建设及主要活动策划

多年来，五粮液一直非常重视企业、产品的公关活动。白酒品牌常规的营销手段如高频次广告、大力度促销、买断终端进店等近年来已屡见不鲜，效果日益减弱，而针对政府、媒体的高档次公关活动，有助于提升品牌美誉，赢得领导人群，以高带低，以小搏大，维护品牌忠诚消费。因此，公关（PR）手段已经成为五粮液在品牌成熟阶段最为重要的对外传播方式。五粮液形象公关系统的建立是对企业形象系统、品牌广告宣传系统的重要补充，三大系统相互配合，形成五粮液品牌的整合传播结构。世邦公司参与了五粮液公关系统的建设过程，并借助多年积累起来的优势资源，策划出多项针对性强、立意点高的精彩公关活动（见图6）。

针对五粮液特有的高层消费人群，世邦在公关创意的活动策划上都尽量做到“高（职位地位高）、精（活动精彩精细）、尖（控制成本避免浪费）”三字。

比如1998年五粮液杯名人网球邀请赛、1999年五粮液长城世纪跳、2003年钓鱼台大师桥牌赛。这些活动赢得了很多高层人士的青睐，社会反响极大，有些活动的影响力甚至长达数年之久，有力地塑造了五粮液在社会上及政府系统内的品牌声誉，培养、引导了老中青三代高档消费者。

总　结

10年来，世邦与五粮液的品牌合作是系统而长久的，也正因为如此，经历了中国白酒业的诸多风风雨雨，五粮液始终能够坚持走自己的品牌之道，并以坚实

图6

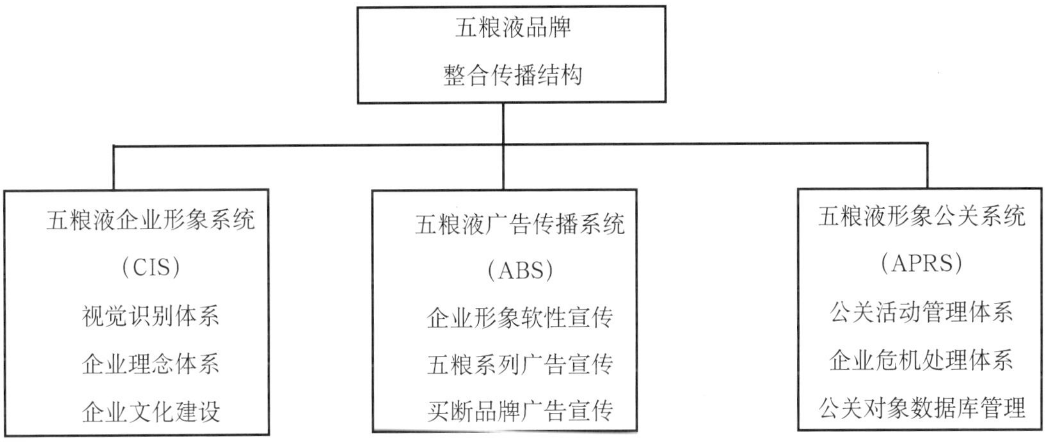

的步伐完成从产品到企业品牌的积累与跨越，成为中国最有价值的大品牌之一，品牌资产2003年达到269亿元。同期，为世邦所服务的五粮春品牌资产也达到22.20亿元，获得由国家工商总局评选的“2003中国最有价值品牌”之一。

一直以来，世邦的目标是“成为中国著名企业的品牌服务师”，这一想法在五粮液的品牌工作中得到了很好的体现。世邦“五粮液品牌小组”的成员多是白酒市场行家，长期调研于市场一线，与各地经销商保持着密切联系，关注白酒行业的一举一动。我们立足于国内市场的“中国特色”，坚持“专业、高效、求真、务实”，以扎实的市场基础工作（行业调查数据、白酒业资料数据库、经销商拜访制度）、专业的行业营销经验、带着解决问题的眼光、带着为企业负责的诚心，去思考、策划、创意、执行！既要一时一地的销售上量，更要持续统一的张扬品牌价值主张！当然，五粮液集团务实高效的工作风格也深深影响着我们，“戒浮夸、求实信”成为公司经营的座右铭。

当前，五粮液“1＋9＋8”工程已经启动，作为打造一个国际品牌，五粮液的品牌国际化问题摆在我们的面前。品牌的对外输出必然伴随着文化的对外输出，作为中国酒王、行业领导者，如何打造“中国酒道文化”，如何提炼出国际化的传播概念，世邦公司正为此踏上新一轮的征程。

如何看营销和广告

西安麦道广告有限公司 范 雨

营销

营销的实质就是沟通。企业所有的营销行为，都是为了让消费者达成一个认知：该商品比别的好，应该使用！

通常，企业派出两个沟通代表：一个是产品，一个是媒体。产品系会传达给消费者一些更直观的信息并尽力刺激消费者即刻购买。媒介系传递另外一些信息，帮助消费者了解商品，并对该商品产生偏好及强烈购买欲望。

品牌

品牌即影响消费态度的所有因素总合。

广告的目的，是为了使消费者形成一种非常有利于销售的认知。通俗地讲，就是消费者一旦了解到该商品如此如此，就非常愿意买它并忠诚它。我们把让消费者形成这种认知的过程叫做品牌建设。

在实际工作中，常有客户把品牌片面地理解为“知名”和“美誉”，所以就会把品牌建设和销售工作当成两件事。知名和美誉只是成功品牌的特征，却不是品牌建设的过程。品牌建设的过程实际是不断销售的过程：通过传递经过规划的商品信息——既刺激销售，又能累计可持续销售力——最终使消费者形成了一个有利于商品持续销售的看法，即品牌。

在现实市场中，有一些企业为追求即时利益，向消费者一味传递最刺激“下货”的信息，而忽视了可持续销售力（即品牌）的建设。这样的商品寿命一般为0.5–2年。如果我们有更长远的品牌企图，何必学习他们？

品牌当然不是仅依赖广告就可以完成，因为消费者还会接触到另一个沟通代表——产品。但通常，经过分析，我们可以预先规划出消费者的理想态度，即品牌愿景。作业中，我们称之为品牌定位。有了明确的品牌定位，不仅可以规范广告，还可以有效地指导产品，包括功能开发、包装、价格、渠道设计、销售说辞、售后规范等。

消费者以口袋里的钞票为选票，将其投给自己喜欢的某个品牌，往往取决于该品牌产品是否更可口、漂亮、耐用，企业是否更值得信赖、广告是否有趣或更有身份感等、价格是否更实惠、包装是不是够新颖、购买是不是方便、服务是不是更好——所有影响消费态度的因素之合就是消费者头脑中的品牌。

因此一切企业行为包括企业名称、企业发展理念、视觉识别系统、产品、包装、价格、广告、公关、通路、乃至所有工作人员都应为品牌服务，且保证品牌在每一次，与每位顾客、潜在顾客接触的所有环节中保持一致、清晰、长期、有效的沟通。

两个沟通代表发出一致的声音，就容易形成清晰的印象。这也是整合营销的核心思想之一：发出一个声音。

当然，整合营销还有另外一个核心：分众。通过分众，让媒介更有效率，也让沟通更贴合。

再回到具体作业。品牌定位确立后，通常需要主题广告语。广告语实际上是将很感性的品牌定位，用一句简单的话来诠释，而且这句话非常容易传播。所以评价广告语的标准是：消费者会联想到什么。

让消费者形成一种态度，当然需要很多支持点。支持点来自于商品的物理方面和精神方面，通常我们叫“卖点”。卖点需要以创意的形式传递给客户。

为什么需要创意？为什么不能详细地、逻辑地、推心置腹地介绍给顾客？这涉及到以下基本传播原理：

1.消费者只接受自己感兴趣的或简单好玩的信息。

2.消费者有自己的生活，并不怎么重视我们，一般没有耐心坐下来听我们介绍自己。

3.消费者不是专家，获得的信息也有限，所以对商品的看法是感性和主观的。

4.如果广告的制作没有品质，消费者就会联想为商品没有品质。

5.如果广告没有创意，在众多信息中可能不被留意。

在实际工作中，创意评价是广告工作中最关键的一环。评价创意最忌讳的是评委们像是在为自己挑选饰品，而忽视了我们想要告诉消费者什么。

媒介

媒体的实质是与消费者沟通的管道。我们通常把电视、报纸、广播、户外叫传统媒介，为沟通管道之一；之二我们称之为线下媒介，通常指活动推广、终端POP、特别通路促销、一对一接触或特别群体接触等。

媒介管理的核心是媒介策略，即媒介的选择与放弃。

当今的媒体影响非常分散，也使客户的媒体投资风险徒增。放弃任何一个媒介都会有不安全感，但广告预算有限，我们只能小心翼翼地选择最有效的。

媒介专业的要点是放弃经验和行程经验：知道该选择哪些媒体、放弃哪些媒体；选择什么时候、什么地方、知道应该选择什么而值得放弃另一些；媒介投放进程如何把控？和铺货、市场孕育规律、竞争态势如何配合？甚至如选择1/4版还1/2版、黑白还是彩色、一周一期还是两期等……都需要经验和智慧。

奇怪的现象是通常企业非常在意媒介价格的差异，往往用价格选择自己的广告商，即使价格差异只有1% 。

媒介不是采购，媒介投放的实质是投资行为。如果企业以销售额的5%作为广告预算，期望广告能带来20%的营业增长，那么广告价格1个百分点的差异与营业增长额的权重仅仅为1/400 即0.25%。

线下推广近几年也被市场极度推崇。它与传统媒介不同，优点是沟通对象更精确、沟通的质量更高、更易贴近销售，风险也更小。缺点是传播效率低，耗费精力。

活动最忌拍脑门天马行空的“策划” ，也不能“为活动而活动”。正确的做法是先确定营销障碍（即沟通任务）。目的明确，创意自然无限，但重要的是活动传播效率与可执行性的评估。活动的策划思想必须由“消费者请注意！”转变为“关注消费者”。

广告执行

广告作业的过程，伴随着复杂的分析及思考过程。但好的广告作业，实际要呈现的动作却非常简单。这是科学技术进步的必然特征。也是人才的基本特征。简单意味着智慧，简单也意味着省钱（如果同样达成目标）。但广告执行无疑需要团队协作，一个团队的铸建也需要时间的磨练。一个久经磨砺、智慧非凡的团队，无疑会是一个重量级的生意伙伴。

寄言中国广告二三语

上海利达广告有限公司执行副总经理　　吴智良

中国的现代广告事业自改革开放伊始，已有二十多年的历史，但其真正专业化有序发展却只是近十年的事情。今日上海众多大型本地民营广告公司多半是成立于94、95年前后，笔者有幸于1994年中国现代广告初始之际，奉台湾联广公司调派至上海工作。转瞬至今，亲身经历了中国广告事业近十年的风起云涌。

这十年间，中国广告业的年总营业额不断的快速攀升，媒体的发展越来越多元化，广告从业人员不仅数量直线上升，素质也越来越高，同时精彩的广告创意也不时涌现。这些都显现中国的广告业已由过去十年的导入期逐渐过渡到下阶段为时更长的成长期。国家人事部预测未来急需人才的八大产业中，广告荣膺其列，成为未来中国最有“钱”途的行业之一。

通常一个产业发展得越成熟，其对经营环境与自身的要求也相对越严格，中国广告业的现况从继续深度发展的角度来看，在以下两方面尚存在着一些隐忧，笔者愿以自己的浅见与业界贤达共同讨论。

一、中国广告业经营环境存在的问题

首先我们面对的是中国广告业经营环境的问题。广告业是反映一个国家或地区综合性指标的事业，一个国家或地区的广告业水平直接反应了它的经济水平、文化水平与政治水平。社会对这个产业既然有所需求，情理上首先应为它塑造一个良好的经营环境。关于这方面，我们面临了下列诸项问题。

（一）现行广告法规亟待完善和更具操作性

1995年2月《中华人民共和国广告法》正式颁布，这是我国政府给予广告业政策性辅助之滥觞，其中最重要的两项利多是确立广告代理制与调整广告代理费10%为15%。但是这两项法案由于执行不力或缺乏刚性条款做依据，并没有为正在发展的中国广告业带来应有的助益。几乎所有大广告主仍一如既往的持着大量的购买预算直接向媒体下单，而媒体不但接受，有时甚至还给予比代理商更优惠的待遇。代理制度不能切实执行，大大的影响了代理商的获利空间，也阻碍了行业专业水平的提升。同时15%的代理费用，在缺乏有效的执行力度与业者自身的恶性竞争下永远只是上限参考，代理商的利润仍任由广告主宰割而毫无左右的能力。

政府的有利政策未能完全发挥实效，而其他的一些限制条款在某种程度上制约了行业发展。诸如1995年后全国大部分地区冻结新广告经营许可的申请，其中包括外商独资或中外合资的广告公司。此举虽在一定层面上减轻了既有业者的竞争压力，但也阻断了境外华文广告界的参与机会。过去十年中，我国台湾、香港及新加坡的广告业界只能有个人的参与，虽然他们也都对国内的广告业起到了一定的帮助，但个人的力量与整个企业的参与其差别还是很大的。据笔者所知，台湾业界除王商广告公司在限制条例颁布之前拿到第一也是惟一的一张国际广告公司的牌照外，其他极少数具有合法经营身份的都是以本地人做法人登记的。而真正具有实力与影响力的台商广告公司又不具备这种弹性经营的灵活性，所以举凡台湾赫赫有名的大型广告公司如联广、东方、清华、华威等虽都曾勉力登陆，但全都铩羽而归，无一幸免。而它们恰恰都是具有丰富华文广告经验，最能为中国广告业带来助益的业者。这不仅是台湾业者的损失，从某种意义上讲也是国内整个业界在整体进步上的损失。

另如广告审查制度因缺乏有效的执行机制，往往给业者带来很大的困扰。广告公司必须配备广告上岗证与审查员亦是困扰之一，那些受单位指派到政府相关机构接受短期培训就领有资格证照的广告审查员，回到单位的工作岗位后往往起不了预期作用，反而替业者凭添许多人事上的困扰。笔者认为这些法令虽有其意义与必要性，但把审查机制或责任置于业者自身内部是不现实的。同时，各地的广告审查执行单位也存在素质不齐，无认定客观标准的问题，对广告策略与创意表现都有很大的影响。如不可妄称第一或最佳的文案限制，被某些人士解释成不可出现“最”字，因此出现过“某某鱼翅可能是上海顶贵的鱼翅之一”或“某某商品品质绝佳是品位人仕的尚佳选择”之类的奇怪的广告文案。

相关政府部门并非没有关注广告业的发展，只是过去在政策的拟定上缺乏对行业需求的全面了解，同时又因一些地区缺乏对政策有力的执行而导致成效不彰。但广告业的发展需要政府继续以正确的政策予以支持与辅导是毫无疑问的。

（二）人才教育需继续加强

广告既已成为国内的一个热门行业，自然会有大量的人才需求。自从厦门大学首开广告系的先河之后，国内各高校也纷起效猷。但由于办学经验不足以及师资的缺乏，国内各高校的广告系在广告人才的培育上大多都有侧重上的偏差，这种现象充分反应在各校广告系课程内容的编排上。过去十年，笔者在国内每逢招聘，都首先考虑广告科系的毕业生。但后来发现他们在本科的四年受教中有三分之二以上的课程是偏向于设计与绘图，而在行销、传播与策划上的理论课程往往付之阙如。这种人才培育的观念与方向并不符合广告业的需要。高校的广告人培育课程侧重的应是行销理论、传播理论、调查研究、广告心理、策略拟定、媒体策略与广告管理等课程。而设计与绘图只是广告的一部分,而且这方面的专业培训更应该放在美术相关科系内。这种不正确的教学观念如果继续不变,不仅将会误导有志从事广告的学子们对广告的正确认知,同时也会造成广告界的人才失衡,严重的影响广告业的正常发展。不过,笔者也欣见近年来各高校广告系的课程编排已务实了许多,这不仅是办学者的观念有了进步,同时也显示广告专业师资的匮乏也已获得一定程度的改善。

(三)媒体业与广告业的关系更需协调

我国由于国情的需要,媒体至今仍处于官方垄断的状态。但现今媒体之于广告业的问题,不在于它因垄断造成的量的不足,而在于因资源寡占所引起的广告生态失衡与价值扭曲。由于长久以来南向而坐的心理,造成媒体界的封闭与不思作为。这种现象不仅增加了广告业的经营难度,同时也对行业的生态与伦理造成一定的影响。

虽然近年来媒体界本身也有很大程度的进步,例如周边媒体的多元化发展以及公开竞标的承包方式……等等。但整个生态中真正有利于广告发展的进步仍嫌太慢,远远不能满足现今广告业的需求。但笔者相信中国的媒体界正在蓄势待发,一旦政策适度开放,它将会有惊人的变化。届时不仅是媒体界的福份,也会是广告业的福音。

(四)买方市场形成不平等的主雇关系亟待改观

中国现代广告的发展至今不过是十余年的光景,仅仅十年的时间要让 个产业从初生到成熟似乎尚嫌太短。广告业是如此,作为广告主的企业又何尝不是如此。近年来,由于市场竞争变化得太过快速,大部分的广告主还来不及学习如何合理而妥善的运用广告公司来解决销售的问题,但却以为广告可以解决所有的销售问题。虽然广告公司究竟应否对广告客户的销售成绩负最终的责任,仍是个见仁见智的问题。但严格来说,广告要解决的应是传播问题而不是行销问题。而由于大部分的广告主对行销都不甚娴熟,所以广告公司必须越俎代庖,先为客户解决行销问题后才有业务可做,或者是在没有明确行销策略及行销组合的情况下勉力而为。如此,广告业不仅做得辛苦也承担了不合理的责任与风险。因为行销组合由产品规划开始以至价格、通路与宣传。广告充其量是宣传部分的执行者,而前三项更多的是业者当负其责。

另外,大部分的广告主都认为广告公司的主要收入来源是媒体佣金,因此广告主应付愿付的也只有这一部分。至于其他策略拟定、创意构想、文案撰写、设计制作等都不应收费或只应象征性收费。这种忽视广告公司智慧与经验价值的观念对广告业者是极不公平的,这种观念甚至是阻碍广告业进步的原因之一。

我们深切的期盼国内的广告主都能逐渐明了广告公司在行销组合中正确功能与角色。同时都懂得如何正确运用广告公司达成最高的行销使命,如此则不仅是广告业者之福也将会是企业之福。但这个期盼只能靠广告业者自己的努力才有望实现。

(五)错误的比稿风气应予摒弃

用比稿方式来获取广告业务仍是现今国际广告业通行的法则,但中国广告业中的比稿风气可说已到了泛滥成灾的地步。年度执行案理应要比稿,但经常连一个小小的设计案也煞有介事的比稿就太过了。前些年,上海一种小有知名度的保健品征求比稿,说明会当天竟有60几家广告公司前去参加,业者甚至为此沾沾自喜。孰不知这正充分显示当地企业界与广告界对广告的认知都还未臻成熟。

广告行业中的比稿只是一种惯例,绝不是广告主的绝对权力而任由行之,国际间对比稿也有一定的规范与法则。首先广告主应就自己案件规模的大小决定是否有采行比稿的必要。如果是,则再依案件的规模、需求以及各种特殊条件,从众多广告公司中先筛选出最适合自己的3至4家,给予相同的说明与条件,然后公正、公开、公平的进行比稿工作。其中很重要的一点是征求比稿的广告主有义务向参与者说明比稿案件的预算规模、佣金比例、合作方式及其他相关承诺。因为参与比稿的广告公司有权知道他们参与竞争案件的经济规模与利润空间,并就此评估风险与抉择进退。

另外,对参与比稿的落选者支付合理的比稿费用一直是国际间普遍的惯例。此举不仅是对比稿者心力投入的尊重,也是保证提案品质的手段,更可杜绝恶性比稿的泛滥。

笔者在国内从事广告工作十余年，参加比稿的次数多不胜数，但符合上项规范的鲜如凤毛麟角。此种现象造成大量人力、物力与时间的浪费以及诚信架构的崩溃，对中国广告业的经营环境具有严重的负面影响。但要解决这个问题，其实主要还是要靠广告业自身的觉悟与团结。

以上五项是笔者就近年自身的经验总结出的属于中国广告界的环境问题。

二、广告业界本身存在的问题

事实上广告业界本身也存在着一些待改进的现象，以下仍是笔者个人的浅见。

（一）专业头衔泛滥职场伦理不彰

广告是一个特别讲究职级分明的行业，这种级职制度犹如军衔一般，形成了一种无形的伦理结构。其中每一种职衔不仅代表了一定的位阶，同时也是相对资历与专业水平的象征，更蕴涵了业界对自身专业水平的认定。

广告是一项技术密集的产业，它所涵蕴的技术多半须由一定的经验与天分结集而成，因而这些技术很难有一个客观的评定标准，也无法形成任何资格认证的模式，所以业界对于从业人员职衔的赋予必须秉持着非常审慎的态度。中国广告业真正的发展不过是近十年的光景，这短短的时间内要培育出这项产业中普遍的中坚人才其实是远远不够的。但这几年笔者经常在圈内碰到从业不过二三年，专业经验还十分稚嫩，却已挂着指导或总监头衔的同业。这些职衔名不副实的从业人员有些是自封的，但更多的是其所服务的公司所赋予的。这种现象不仅显现广告界对自身专业要求的无知与松散，更会导致业界整体专业水平的降低以及人事成本的增高。更有甚者，最近竟有行业杂志推波助澜，不经任何具有公信力的评选，就草率的对某些个人颁发所谓“中国最具影响力的100位策划人”之类的头衔，这种行为不仅对中国广告业界的进步没有助益，反而会带来负面的影响。笔者呼吁广告业界重视职衔的赋予，尊重职衔就是尊重我们自己的产业，同时要体认每一项职衔不仅代表一定的专业水平，同时也包含了一定的职业伦理与职业操守。

（二）各自为政难以形成产业力量

近十年来中国广告业虽发展迅速，但似乎只见愈演越烈的同业竞争，却始终见不到能促成业内沟通并能形成产业力量的商会组织的诞生。几乎每一个中国的广告从业人员都知道4A这个名词，但却鲜少有人明了它背后的涵义。4A的全称是The Association of Accredited Advertising Agents（直翻为：资质合格的广告代理商协会），它原本只是美国国内的一个广告同业组织，后随着其会员如奥美等公司的全球化发展而逐渐成为国际化广告公司的一种身份认证或代名词。它们利用行业组织的力量制定专业的认定体系、工作模式以及收费标准等等，并以之形成行业的经营规范来主导市场。它的涵义与国内多数人所持的“4A公司即指境外或国际广告公司”的认知其实有很大的差距。

国内本土广告公司要成为国际4A会员，在短时间内尚难实现。但国内业界贤达实有必要团结起来组织中国广告界自己的4A协会。这项工作应由国内有识之业者先筹组委员会，然后依国内政经环境与广告业的现况来拟定中国4A广告公司的资质标准，招收符合资质标准的会员，同时对想要加入但资质不符者给予适当的辅导。有了如此的行业组织，广告业才能结合整体的力量共同制定广告业的行业规范，向市场争取应有的权益，向政府争取有利政策的支持。否则中国的广告业只有永远在买方市场的夹缝中求生存。

（三）骨干人才的养成几乎全靠4A

广告是以人才为本的行业，所以人才培育是广告业发展的根本问题。前文曾述及目前国内高校广告学科的教育方针并不能完全符合业界的现实需要，而业界本身也不重视人才的培育工作，似乎只依赖向4A公司挖墙角，俨然把4A公司当成业界的人才培育中心。然而，在4A公司镀过金的广告人被挖到本地广告公司后，水土不服的现象却屡见不鲜。

我国台湾在广告迅速发展的那二十年中，其实也有同样的问题。当时台北一个从事成人教育的财团法人首开风气之先，推出了一个非常完整的广告在职人员培训课程。课程内容从行销、传播、广告、市调、创意到广告管理无所不包，由大学相关科系教授及广告资深人士组成教学班子，理论与实际并重，每星期上课四天，为期一年。这个课程虽不能授予学员任何学历资格，但学员参与的动力来自自身的需要，所以不仅学习踊跃，培训效果也十分显著。为当时台湾的广告界培育出一批中坚的经营人才，也对台湾广告业素质的提升起到了相当的助益。

笔者认为广告人才的成长与培训最终还是要靠广告业者自身来解决，并且不是由各公司各自为政，而必须是结合整个产业共同来做。台湾曾经有过的经验应该值得国内业者借镜，而行业协会组织如能先行成立，则这项工作的推动应更为顺利。果真如此，整个产业的人才需求问题才能从根本上获得解决。

中国广告业二十年有成，尤其近十年的发展成就有目共睹，笔者有幸亲身经历了这个辉煌的时代。国内的经济发展将越来越快速，政府各方面的相关政策也势必会随之跟进，广告业的全面开放已指日可待。届时将会有更多的国际资金与技术涌入中国的广告市场，对中国的广告业必定会有一番新的冲击，凡我业者不得不有以待之。以上谨就一个广告老兵的心情，以个人的管窥之见揭橥一些现存于中国广告界的现象，愿藉此作为中国广告业开启下个十年里程碑的献言。

户外广告非内容性载体的核心特征与作用

上海梅迪派勒广告有限公司市场总监　杜劲松

户外广告非内容性载体的特质，决定了其在广告传播与受众接触过程中的特殊性

这是一个非常重要但又被常常忽略的问题。就广告信息的传播方式以及消费者对广告媒体的接触习惯角度而论，户外广告与其它所有传统媒体相比，存在着一个非常本质的区别，其核心就在于媒体所承载的“内容性”：传统媒体基本上都是一种内容承载性媒体，例如，电视媒体承载的主体内容是电视节目、平面媒体承载的主体内容是新闻文字等，而广告是依附于这些内容而存在的附属品。同时，这些传统媒体的广告受众大多也是因为这些内容的存在而去接触媒体，并顺着这些内容的引导才接触到这些媒体所搭载的广告。因此，传统媒体的广告接触方式可以称之为内容诱导性接触，传统媒体可以被称作为内容诱导性媒体。但在户外广告中却没有所谓的“内容”承载，换言之，户外广告是一种无内容的纯广告媒体，消费者日常在户外媒体中所接触到的除了广告之外，没有任何其它内容。这一媒体特性的存在决定了户外广告的受众在接触户外广告时，存在着与传统广告完全不同的方式：由于没有“内容”的存在，消费者在与户外媒体的接触过程中，缺乏由内容而产生的诱导接触过程，而更多地是处在一种随机状态之下的突发性广告接触，即消费者置身户外，在没有任何引导条件或诱因的状况下，随机与户外媒体产生突发性的接触，并完成对广告内容的接收过程。因此，户外广告的接触方式可以被称之为一种非内容诱导性接触，户外媒体可以被称作为非诱导性媒体。

户外广告的非内容性特质以及无内容诱导性接触的特征，决定了户外广告媒体在传播过程中必须对受众有足够的媒体亲和力

由于户外媒体非内容性的传播特质与无内容诱导性的接触特征，决定了消费者对户外媒体接触时的随机性状态，这样一种随机性接触状态就决定了户外媒体本身必须要有足够的亲和力去配合广告受众的接触，所谓的户外媒体亲和力指的是户外媒体与广告受众之间在接触过程中最小的接触障碍，其中包括广告受众与户外媒体

间的接触观察角度、观察距离、观察视觉障碍物以及传播内容的清晰完整性等要素，当广告受众在户外纯随机状态下与广告媒体发生接触时，要求广告媒体必须随时都能提供一种非常良好的易接触状态，使广告媒体完整暴露于广告受众的接触视线范围之中，达成最为充分的广告信息传播。在易接触性或称之为媒体亲和力方面，目前主流户外媒体中表现最好的当属公交媒体。公交媒体在户外媒体中独一无二地采用多面体立体方式传播(由两侧车身加车尾形成的三面立体)，这种传播方式构成了一个超过300°的宽广视角，使得公交媒体毫无疑问地成为户外媒体中可视角度最大的载体。最大观察视角意味着无论广告受众与公交媒体处于何种状态的相对位置，都能完整接触到公交媒体所搭载的广告内容，从而有效确保了广告接触的传播效率，这一点从实力媒体去年所做的户外广告效果调研中可以清晰地得到印证。在关于消费者日常特别留意的户外媒体形式调研中，公交媒体以60%的消费者留意率遥遥领先于其它户外媒体形式，而在日常接触最多以及最容易留下深刻印象的调研中，公交媒体同样以57%与36%的高比例遥遥领先。这一切很大程度上归功于公交媒体独特的传播特性以及由此而所形成的消费者广告接触最小化障碍，即公交媒体无与伦比的媒体亲和力。

户外媒体非内容性特征使户外媒体的人群包容性最大化

户外媒体的非内容性特征，避免了传统媒体的广告受众因为对媒体所承载内容有意识的主动回避而产生的广告接触障碍。传统媒体“内容”的存在一方面固然是诱导了消费者对所搭载广告的关注，但另一方面，“内容”的存在同样迫使一些消费者因为对“内容”的排斥而远离这些广告，人为造成了广告的接触障碍，缩小了广告的接触范围与接触人群。因此，从这个意义上讲，户外媒体的非内容性特征，完全避免了传统媒体由内容所形成的消费者接触屏障，实际上使户外媒体成为一种人群包容性最广泛的媒体形式，没有任何人为排斥消费者的特性。这一特性使户外广告正日益成为仅次于电视广告的消费者接触率最高的媒体形式。

户外媒体的非内容性特征，使户外媒体成为消费者心理排斥性最小的媒体形式

任何搭载于内容性媒体之上的广告都由于侵占了消费者对媒体“内容”的接触而为消费者所排斥，例如电视广告侵害了消费者看电视节目的时间、平面广告侵害了消费者对平面文字的接触量等等。消费者所产生的这些排斥性会在实际的消费者广告接触过程中直接产生对广告以及品牌的排斥心理。而户外广告的非内容特征，使其不会对消费者产生任何利益侵害，因此，消费者对户外广告及其所搭载的广告排斥心理最小，这一点同样也可以从实力媒体去年所做的户外广告效果调研报告中得到验证。户外广告的消费者反感率（15%）最低，远远低于电视广告反感率（33%）、平面广告反感率（32%）。因此，户外广告可以被称作为最具消费者好感度的媒体形式。

户外媒体非内容性特质，决定了户外媒体在媒体策划运用过程中与传统媒体的差异性

在几乎所有的媒体策划过程中，媒介人员首先都会确定广告向谁传播的问题，即媒体传播的目标人群是谁？在哪里？如何去接触？并最终根据这些资讯并结合其它的一些要素进行媒介计划的制定与实施。在传统媒体中，我们往往可以依据媒体的“内容”来指向目标人群，例如特定的电视频道、栏目总有人群特质相对集中的一个收视群体，特定的报刊杂志同样也存在着一批行为特征相对固定的阅读者人群。因此，在传统媒体中，媒体的“内容”可以帮助我们将广告准确地指向目标受众。而在户外媒体中，由于其非内容性的特征，不具备传统广告中指向消费者时常用的内容性导向指标，因此通常无法按照传统媒体的内容导向来索引目标消费者，而需要依靠另外一些指标，如户外媒体的环境特征来接近消费者。户外媒体的环境特征主要包括：地理环境特征与人文环境特征两个方面，前者是对于广告媒体周边“硬”环境特征的描述，例如：建筑物、服务设施、商业环境等，后者是对与地理环境相对应的特定人文“软”环境的描述，例如：在办公区域中的白领人群比例、中心商业购物环境中年轻人的比例等。地理环境与

人文环境共同构成了户外广告的人群针对指向性。

户外广告的非内容性传播特征与非诱导性接触特征，从根本上决定了户外媒体与传统媒体之间必然存在着相当大的差别。这些差别的存在又决定了户外广告的运作必定具有非常独特的专业性，决不可照搬照抄传统媒体的运作模式与经验，只有当我们充分重视这些有别于传统媒体的基本特征，并进行针对性的使用时，才能真正发挥好户外广告的巨大作用。

户外广告之我见

惠州市广告装饰工程有限公司总经理　郑启春

广告伴随着人类信息交流活动而产生，在商品生产和商品交流活动中得以发展。随着大众传播媒体的成长，广告活动有了更为广阔的空间和更为丰富多彩的表现形式，对人类社会产生的影响也越来越大。值此《中华人民共和国广告法》颁布实施十周年到来之际，作为广告经营单位广告人中的一员，应为促进我国广告业健康发展，进一步整顿和规范广告市场秩序，倡导广告经营单位诚信经营，同时加强广告经营单位与广告主之间的交流与合作，引导广告主合理投放广告，促进广告业的全面发展，发挥其在市场经济中的作用，更好地推动经济再上新台阶，为全面建设小康社会做出应有的贡献。

众所周知，户外广告作为广告行业的生力军已成为公众与广告品牌之间感性体验的桥梁。当人类已进入网络化的信息时代，人的记忆空间的有限性和信息传播的无限性，使传播已成为资本和技术之外的第三大社会力量。在广播、电视、报纸、杂志等不断公众化之后，户外媒体已成为真正的大众媒体。作为一种面对公众的信息传递活动，户外媒体对人们生活的影响已变得不可避免，其独特价值正在显现，也被越来越多的企业、商家、投资者所青睐。为增强户外广告的表现力，提高户外广告的整体形象，促使户外广告媒体种类多样化，不仅要充分利用各种可利用的建筑物，也要将着眼点放在人们出行的必经之路上，如立交桥的支柱、交通出入口、地铁的扶手旁、公共汽车站台上等。一句话，能够发挥户外广告效果的地方应有尽有。户外广告的设计或精致，或简洁，或切意，都在用无声的语言传达各自的声音，真乃此处无声胜有声。

润物细无声。为了加强户外媒体的冲击力、辐射力，户外广告经营者开始尝试媒体的组合方式，结合各种户外媒体的优势，加强画面的视觉冲击力，力求给人以全新的体验。霓虹灯和射灯，三面翻加单立柱，灯箱加射灯等形式如雨后春笋般的涌现，与此同时，有些业界人士通过各种尝试和无数次的努力，试图将平面的户外广告动起来，使户外广告的表现力不断增加，与活跃的市场经济，激烈竞争的商品市场和经济利益相伴。综上所述，户外广告的形式和内容只有与地方文化、周边环境、大众情趣等兼容，因势利导，通过既有元素的新组合或再创新，才能达到审美意义上的和谐，才能真正体现雅俗共赏的效果，才能沟通广大消费者。之所以户外广告是受众面最广的媒体，是因为它具有最古老的媒介形式，有旺盛的生命力。自有商品贸易起，就有户外广告，从最初的木雕牌扁、灯笼旗帜到今天的电脑喷绘、霓虹大牌，户外广告历久弥新，根深蒂固。不仅如此，它还有很多特点和与其它媒体的不同之处，只有了解和掌握，才能更好地开创户外广告的新局面。

1．户外广告是为了吸引对广告商或服务的注意，选择在户外恰当的场所并采取合适的形式，在一段时间内向公众持续展示明了视觉信息的广告物、位置和创意最能体现户外广告的价值。

2．户外广告是最大的媒介形式，有广泛的亲和力。

户外广告在公共醒目位置免费供所有经过的人持续观赏，一目了然地闯入大众的脑海，以图形演示品牌，以创意交流情感，用轻松传递理念，沟通男女老少。

3. 户外广告是最经济的媒介形式，有持续的购买力。户外广告投入成本较低，固定发布时间较长，性价比高，传播受众广，是商家必争、品牌竞选的公共沟通渠道。

4. 户外广告是最丰富的媒介形式，有强大的适应力。从固定的大型看板到移动的公交载体，从社区街道到终端的卖场售点，户外广告形式多样，创意无限，总能因地制宜，除陈创新。

5. 户外广告与建筑、交通、绿化等城市系统并置，共同形成城市的地理空间和视觉界面，是城市的识别坐标之一。在促进商品流通，引导大众消费，美化城市空间，营造城市氛围等方面发挥着不可替代的作用。

户外广告经过几代广告人的艰辛努力，默默耕耘，已形成有自己特色、初具规模的大众媒体。留下一份真实，记下一段历史，总结一点经验，交流相互情感……无论成功、失败，无论大企业、小商家，都在其中留下了足迹；无论大师、新兵，相信都会找到自己希望发现的启迪！国家正在全面建设小康社会，正在经济现代化过程中积极推进城市化，随着城市化水平的提高和城市经营理念的调整，面对入世后的竞争态势，面对纷至沓来的国际厂商，人们多少感受到新的浪潮冲击。加之若干法规的修订，许多惯常方式的改变，意味着游戏规则的彻底更新。在一个商贸全球化的背景下，广告经营者如何领会、理解对方的话语呢？如何表达自身的意思，维护自身的利益呢？广告，自然也就成为一种重要的国际沟通语言，如果不会使用，或者说不愿意使用，结局要么在沉默中爆发，要么在沉默中死亡，换言之，机遇与挑战同在，成功与失败并存。

“运筹帷幄之中，决胜千里之外”这句话虽说是兵家谚语，但在瞬息万变的信息时代，商场如战场，对广告经营者来说，不亚于是一种预警和忠告。面对如此复杂动荡的经营环境，有必要重新审视广告的作用和价值。言及广告，人们就会想到市场竞争、产品促销，这是对的，然而，如果把广告的价值和作用仅仅局限于此，那就有点偏差了。因为广告的作用绝对不止于促销，而是事关需求唤起、市场竞争、企业沟通和公众接受等的头等大事，也就是说必须从宏观战略的角度充分考虑广告问题。

第一，集约使用空间资源应成为户外广告的社会良知。户外广告是对户外共享资源的再利用。主张采用节能、环保的材料与工艺，开发推广标准化的、可循环使用的材料与部件，倡导珍惜、持续利用资源的行业风格，坚决反对破坏环境，乱搭乱建户外广告的自杀行为。

第二，创新是户外广告业的核心竞争力。户外广告是知识密集、技术密集、人才密集的策略与创意加工业。丰富的户外资源和科学成果赋与户外广告无限的创造性。大力支持建立一定的风险资金，鼓励开发，应用新技术、新材料、新工艺、新媒体，同时尊重户外广告领域知识产权，反对未经许可的模仿与复制。

第三，一目了然是户外广告的创意准则。户外广告是吸引大众眼球的视觉艺术，公众停留在户外广告上的时间平均只有几秒钟。因此，户外广告画面应尽量简洁、生动，具有强烈的视觉吸引力。

第四，户外广告应成为公众与广告品牌之间感性体验的桥梁。户外广告特别强调第一眼的吸引力，也就是说要入目三分，要针对人们不同感觉器官的特点，对应地开发一些会动的、有声的、有味的、可触摸的媒介，生动地传播品牌信息。

第五，户外广告是公益广告的理想载体。利用公益形式使户外广告融入城市，借助公益广告的优秀创意与公众联动，主动加强与所在城市、社区及公众的联系。

第六，户外广告的最终目标是引导消费，促进购买。在此基础上应尽快建立与完善独立的、科学的监测体系，注重发布效果和监测数据的分析与采用，主张潜心研究大众消费心理，努力使户外广告传播效果最大化。

纵观户外广告的发展历程，各种机遇、挑战、成功、失败相伴而生，而广告人靠的是锲而不舍的精神与之风雨同舟。任何事物都是要生存发展的，无论市道如何，市场总有其增长的空间，问题是我们能不能寻找到。所以，我们要不断给自己打气、鼓劲，只要有百分之一的可能，就要百分之百地去努力。请相信：阳光总在风雨后。

触动，而非一闪而过
——洞察消费者的媒介渠道

星传媒体北方区总经理　植一平

星传媒体：以洞察为主导的品牌构建专家

星传中国：最受喜爱品牌的伙伴

今天，我们所处的时代是信息轰炸泛滥的年代。漫天飞舞的信息无可避免地会导致大脑疲劳！在此种年代人们通常只接受与自身认知相符合的信息，而信息接受的渠道却又是最重要的前提和暗示。这样的时代在关于消费者的新观念以及关于消费者行为和消费者品牌观念的忠诚度和易变性方面，我们必须认识到：媒体覆盖已经不再万能，而基于消费者洞察的媒介策略已成为新的战场。

一．策划的观点

我们以为，必须洞察品牌、消费者、媒体三者之间的关系——以创新沟通渠道创造品牌体验来寻找有价值的媒体接触点，并寻求沟通渠道革新以获得高效益产出。如图 1 所示：

图 1　品牌助燃器

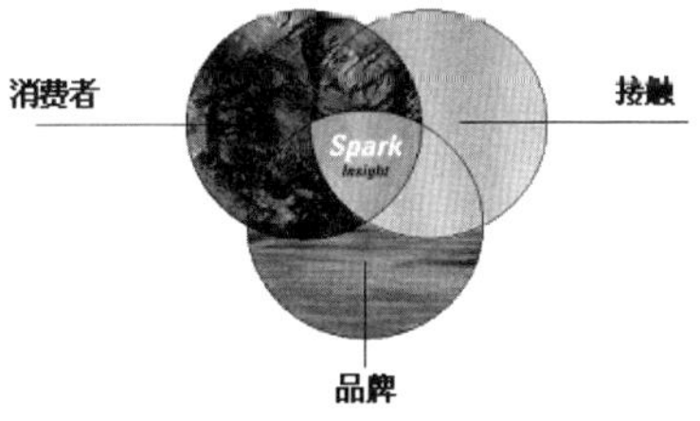

消费者洞察→沟通接触点、升华→创造高回报和价值

二．策划的流程

星传的角色 ＝ 整体策略的合作伙伴 & 通过消费者洞察占据竞争优势。如图 2 所示：

图 2

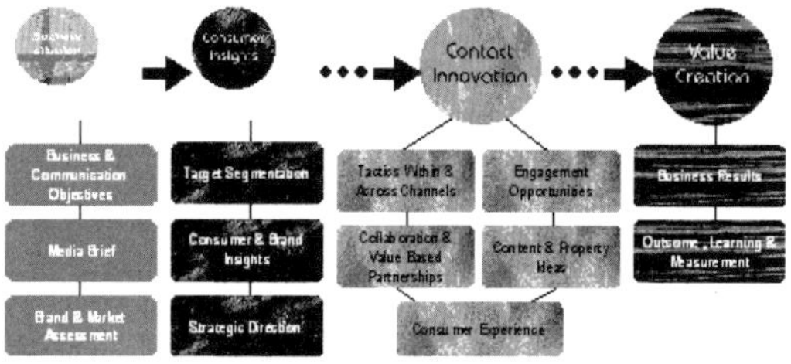

三．有效的期刊策划

通常客户们常常会张口就问：我们应使用期刊作为广告载体吗？该怎样买？买多少合适？花多少适当？等等。可是作为专业媒介公司，我们却不能马上回答！我们会反问你们的品牌及市场策略是什么？这次的整体宣传策略是什么？广告目的及媒体目标是什么？市场的覆盖面如何？核心消费群是谁？广告创意定了吗？广告预算多少……

大家都清楚注意力并非与生俱来，所有的一切都得从洞察开始。那么，我们该洞察些什么呢？

1）什么影响着消费者的行为而不仅仅是他们的需求；

2）明了他们如何定义自己；

3）品牌在他们的生活中扮演一个什么样的角色。

过去，通常的操作规程是：媒介专员——购买——执行——跟进；仍然是购买——执行——跟进；还是购买——执行——跟进，几乎是同一模式。而现在，一切将基于沟通传播策略沟通——思考——好点子！

四．专业的策划流程

首先，我们得进行策略性思考。在这样的思考过程中，我们肯定会考虑：期刊特性是否传播目标及沟通策略？创意执行点子是否有效到达目标受众？至于是否会选择放弃期刊作为传播品牌的载体呢？答案当然是否定的！

然后，是战术计划方面的思考：期刊的选择、组合及到达率优化＝定量分析（发行量，阅读率，千人成本，到达率优化）＋ 定性分析（编辑、排版、内容、目标受众、印刷质量）＋ 其他考虑（广告刊登的准确度，创意性，购买灵活性，媒体的服务质量，执行的灵活性包括版面安排及付款要求等）；最后是购买执行及刊后的监测工作。

当然，这些只是战术考虑。

五. 广告主及广告公司眼里期刊所具有的特性

1）大信息量媒介载体相对于电波媒体而言，期刊可承载更多、更完整的商品信息；

2）内容具权威性，可信度高，读者认为期刊是国家向群众传播信息的窗口，并真实反应社会及民生，对虚假信息制约严谨；

3）时间性信息不随时间消失因而具有传阅效果，期刊的阅读 VS 时效性的制约；

4）主动性与非强制性读者阅读主动性令信息接受更为深入，说服力强，由于阅读的主动性令信息传递不具备强制性，信息压迫力较低对目标群体的文化水平要求较高，对读者层次进行了自动筛选；

5）较强的都市化期刊的新闻针对性，通常令期刊阅读都市化，有较强的地域概念，受文化教育影响，阅读人口集中在都会和城区。

在阐述完期刊的特性之后，让我们来了解一下期刊的市场清单。

1．以内容划分：综合类／体育类／科技类／娱乐类／男性类／女性类（在我们这个信息爆炸和泛滥的年代里，期刊杂志的分类越来越多）；

2．以出版周期划分：日刊／周刊／月刊；

3．以版面尺寸划分：大报 ／ 小报；

4．以平均印刷张数划分；

5．以发行量(零售／订阅率分布)划分；

6．以传阅量划分；

7．以印刷质量（纸张的选用）和色彩（彩色／黑白）划分；

8．以阅读地点划分；

9．以广告版面安排划分；

10．以购买规定划分等。

再来看一下期刊的基本术语。

用于定量分析：·净到达率(Net Reach)·平均接触率(Average Frequency)·有效接触率(Effective Frequency)·千人成本(CPM)·发行量(Circulation) ·平均每期阅读人数(AIR) ·平均每期阅读率(%AIR) ·传阅率(Readers Per Copy) ·广告到达率 (%Reach) ·广告到达率曲线

用于定性分析：·印刷量(Print Run)·大报(Broadsheet) ·小报(Tabloid) ·读者忠诚度(Loyalty)·核心受众(Core Audience)

关于发行量的问题——只有核数所得的发行量才是可信的发行量如图3所示：

图3

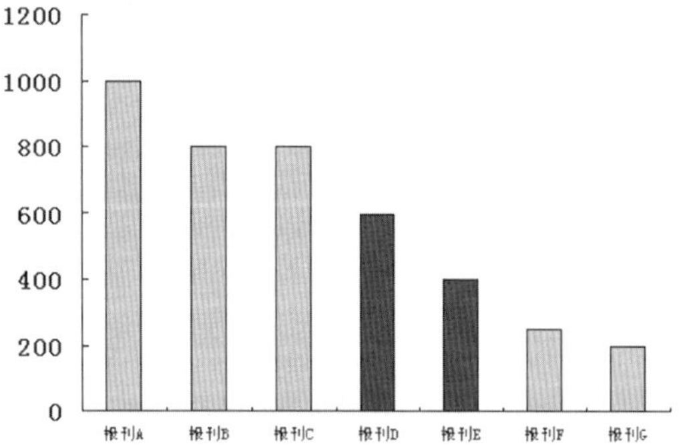

实际阅读人数、阅读率与发行量之间存在差别。如图4所示：

图4

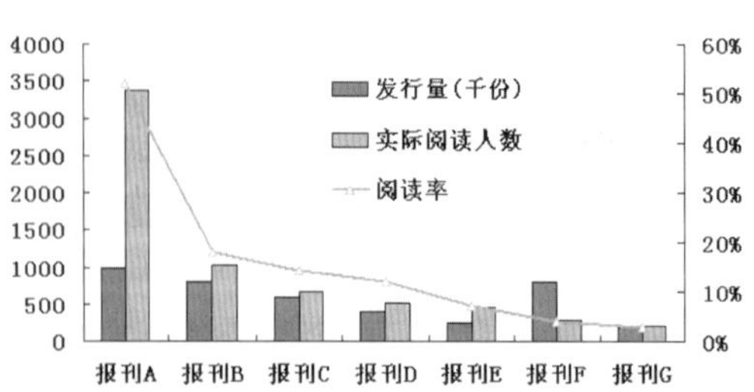

六. 印刷媒体战术性策划案例分析（简化版）

背景资料

· 品类：油漆

· 市场现状：市场占有率第一位，但面临全国性及地方性品牌强势攻击

· 品牌现状：品牌知名度高，但忠诚度受考验

· 产品现状：产品种类多，消费者认知度低

· 广告目的：维持高知名度，提升品牌忠诚度及产品认知度

· 市场：广州市并辐射深圳

· 受众：20—40岁所有人（中高收入家庭）

从以上背景资料可以看出，印刷媒体是适当的支持媒体。作为补充媒体可使整体到达率最大化，而且应作为传播产品信息及促销活动的主要媒体。

要知道，注意力并非与生俱来，策略方向才是更重要的取决因素——报刊媒体尤甚！

第一步，通过市场调研获得高阅读率报纸。如图5所示：

图5

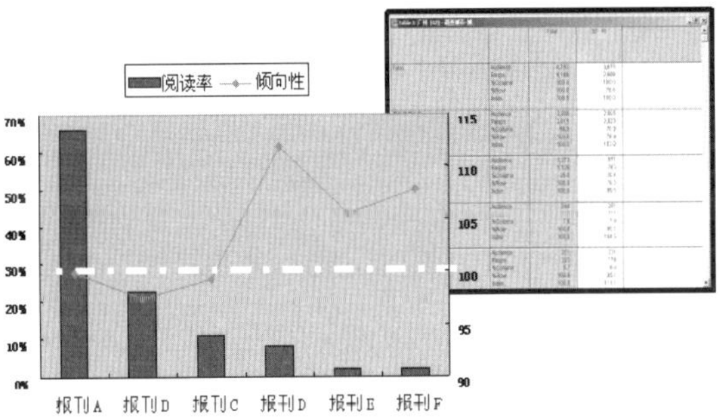

第二步，作对应量化分析。如表1所示：

表1

报纸名称	总发行量	广州发行量	阅读率（%）	半版彩色净价（RMB）	阅读人群千人成本
报刊A	1600000	850000	69	111288	34
报刊B	1620000	800000	27	93520	73
报刊C	880000	600000	8	30282	83
报刊D	1000000	570000	6	48675	180
报刊E	320000	150000	2	22190	193
报刊F	1500000	400000	2	71400	661
报刊G	980000	460000	2	61125	611
报刊H	1200000	336000	2	76480	933
报刊I	650000	58000	2	44200	605
报刊J	350000	220000	1	12500	192

第三步，优化报纸组合。通过不同的方案测试出恰当的组合方式、优化到达率及成本。如表2所示：

表2

Schedule - Multi-Schedule

广州 (GZ) - 20-40
Pop (000): 3,231　Sample: 2,
China Marketing & Media Sur

Publication	1 Insertions	2 Insertions	3 Insertions	4 Insertions	Unit Costcost
广州日报(GZ)	1	2	3	2	62,368
羊城晚报	1	2	1	2	55,840
南方都市报(GZ)	1	2	1	1	56,850
信息时报(GZ)	1	0	1	1	56,182

Totals

Schedule	Insertions	GRP's	Net % Coverage	Effective Delivery (3+)	CPTcost
1	4	110	86.5	1.8	84.97
2	6	198	87.1	21.4	54.67
3	6	246	91.2	64.1	44.73
4	6	200	90.9	23.6	53.96
Total	22	755	94.3	88.5	52.74

最佳结果

在找出最合适的期刊之后，再让我们看看关于消费群体方面的策略思考。

1. 目标消费群结构。如表3所示：

表3

	15岁以上	报刊A	报刊B	报刊C	报刊D	报刊E	报刊F	报刊G	报刊H
所有成年人	100.0	100.0	100.0	100.0	100.0	100.0	100.0	100.0	100.0
男性	51.2	56.2	50.7	52 .0	53.1	50.7	27.0	66.5	42.6
女性	48.8	43.8	49.3	48 .0	46.9	49.3	73.0	33.5	57.4
15–24岁	21.8	16.5	18.2	19.6	18.5	17.4	42.1	33.5	39.9
25–34岁	20.0	20.6	24.5	19.6	25.8	27.3	27.6	24.6	19.8
35–44岁	26.7	24.6	27.2	29.3	35.4	30.8	22.6	41.9	16.5
45–54岁	18.8	21.0	18.5	19.4	12.7	16.2	5.4	0.0	12.9
55–64岁	12.8	17.3	11.5	12.2	7.6	8.3	2.3	0.0	10.9
月收入800元以下	34.8	27.3	21.7	31.9	27.9	33.1	37.0	19.4	50.0
月收入800–2000元	41.1	44.7	43.3	43.4	40.3	37.3	32.1	24.3	37.0
月收入2000–3000元	12.0	14.5	18.6	12.7	17.4	14.5	13.9	56.3	9.7
月收入3000–5000元	5.2	8.9	8.5	5.4	7.7	9.0	8.7	0.0	3.4
月收入5000元以上	2.0	1.8	2.9	1.9	2.8	3.3	4.6	0.0	0.0

2．不同类别产品的消费群结构。如表4所示：

表4

	15岁以上	报刊A	报刊B	报刊C	报刊D	报刊E	报刊F	报刊G
手机拥有者	65.8	71.9	76.8	68.2	76.0	77.3	85.3	68.8
未来一年预购手机者	3.6	3.4	4.0	3.7	2.5	3.8	4.5	6.1
私家车拥有者	11.8	14.5	15.9	14.1	16.1	16.6	18.1	20.8
未来一年预购私家车者	1.7	2.3	2.2	1.2	2.4	1.9	3.7	1.9
保险购买者	27.4	32.7	31.8	26.6	30.4	32.3	39.1	41.5
未来一年预购保险者	11.7	7.7	9.8	8.9	10.4	9.3	14.1	19.6
银行卡使用者	42.9	49.7	49.5	40.9	47.4	51.0	60.4	44.3
未来五年预购住房者	10.7	14.0	14.2	10.0	13.3	15.9	20.9	11.6
家用电脑拥有者	61.3	70.0	72.3	61.4	63.2	68.5	75.3	78.5
未来一年预购电脑者	1.8	3.5	1.4	1.7	1.4	2.4	1.8	0.5
摄像机拥有者	7.3	12.3	10.3	7.7	10.1	8.0	11.9	8.9
未来一年预购摄像机者	2.8	4.7	3.9	2.6	5.5	3.7	6.5	1.9
照相机拥有者	77.2	85.4	83.7	81.8	79.5	86.4	87.0	87.3
未来一年预购照相机者	1.8	2.6	2.8	2.0	2.6	3.8	2.9	1.2
音响拥有者	24.5	31.6	30.0	28.5	31.9	36.6	35.4	30.8
未来一年预购音响者	1.2	0.4	1.7	1.0	1.2	2.0	1.8	3.1
打印机拥有者	22.1	34.0	31.9	22.2	25.5	31.1	28.6	30.1
未来一年预购打印机者	1.8	2.2	1.7	1.7	1.5	1.6	3.9	4.3

策略性提升执行

· 低媒介成本的杂志

· 发起“李宁服装漫画服饰模仿”竞赛，获胜者被授予李宁时尚系列模特并且公开出版在杂志上（图6）。

以上所述只是希望与大家共同分享我们对于期刊杂志与广告的一些思想。在这个信息爆炸和泛滥的年代里，我们期望对于广告在期刊杂志的投放以及把期刊杂志作为建立品牌影响的媒介载体之广告行为——都一定要“触动，而非一闪而过”！

图6

公交广告：跑动的广告 经营的亮点
——浅议城市公交广告的特色、发展趋势与战略管理

北京公交广告有限责任公司总经理　张家骥

中国大量的人口决定了公共交通的重要性和未来的发达程度，同时，也给公交车身广告的发展提供了绝无仅有的巨大空间。

出行乘坐公交车的乘客们发现：等车的时候，可以看到站牌广告、车体广告，进入车厢里，电视、广播、招贴画到处是广告，甚至连拉手、座位套，也都不失时机地加以利用。公交车成为发布广告的媒介之一，各种形式的公交广告相结合，形成了一种独特的公交广告文化。

据公交广告公司有关人士介绍，近几年来，公交车站牌、车体及车内广告量逐年递增，涉及各个行业和品牌。

公交广告的特色

（一）公交广告的优势

在媒体形式越来越多元化的今天，聪明的广告主频频选择车身作为发布广告的媒体，有以下理由：

1．公交广告是唯一可移动的户外媒体形式。

相对于其他的户外媒体形式，车身广告的传播方式是主动出现在受众的视野之中，在传播方式上最为“积极、主动”。从人的注意力角度讲，移动的物体总是比较引人注意，因此，可以移动的车身媒体能够在众多户外媒体中脱颖而出，得到更多的注意，实现高到达率。

2．公交广告以多面立体展示方式传播广告信息，近距离接触消费者。

车身广告的有效可视范围大于270度，消除了视角盲区。车身的两侧展示位，面积巨大，特别是在经过交叉路口时，画面展示充分。车尾展示面配合两侧展示面构成展示整体，并大大延伸了广告的有效可视距离与角度。此外，车身广告的高度位置正好与行人视线持平，可以将广告信息近距离地传播给受众，具有最大的可视机会。

3．广告画面清晰，有效传播距离远。

大面积的画面展示是广告信息有效传播的前提条件，庞大的广告画面可以带来强大的视觉冲击效果。车身广告最大有效可视距离达到70—75米，双层车甚至达到100米．形成范围广阔的有效可视区域。

4．适合各类产品发布。

公交广告几乎适合所有行业发布广告信息。常见的有食品、饮料、酒类、日用品、家居建材、公益广告等等。随着车身广告越来越成熟，很多以往较少使用户外类型广告的客户，也已经充分认识到了车身广告的优势。

（二）公交广告的劣势

调查显示，乘客对于公交广告并不反感。不少乘客表示确实从中获得了一定的信息，但也存在一些问题：

1．关于公交广告的区域针对性问题。车身媒体的可移动性使之可以有针对性地靠近特定场所传播广告信息，达成广告目的。但由于其区域性的特征，限制了其投放产品的多样性。

2．公交广告多为广告策略的配合实施部分。要想达到完美的城市投放广告计划，公交广告是其重要的一点，但还需要有效配合电波媒体的广告落地工作(高空+地面的广告投放模式)。对于在全国性媒体上投放广告的产品来讲，车身广告能够帮助其进行广告信息在各地域的落地工作。

3．公交广告的内容与道德问题。公交车厢内的粘贴广告明显增多，其内容层次不齐。有乘客就对车身广告中如何利用手机的新用途来丰胸等内容表示担心，认为处于成长期的孩子们每天看着这样的广告，结果不容乐观。

公交广告的发展趋势

拿北京举例来说。北京的公共交通网络十分庞大，公交运营总长度达17000余公里，伴随着北京2008年奥运会的举办，把首都北京建设成交通便捷之城已成为北京城市发展的长远目标。

北京公交总公司拥有公交线路500余条，公交车总数16000辆，是全国经营公交线路最多、公交车辆最多的公交公司。北京公交广告有限责任公司独家经营和管理公交总公司所有的广告媒体。几年来公司投入了相当大的精力和财力，在媒体建设上取得了长足的进步，成为公司可持续发展的战略资源，确立了公司在北京广告市场上举足轻重的地位。如今，可做车身广告的公共电汽车1万余部，这些电汽车所运营的线路家喻户晓，按市场知名度来说，可谓是品牌线路。2002年8月，公司决定开发非空调车车身彩绘，使车身广告面貌为之一新，档次得到了提升，同时，车身广告的幅面加宽加长了，价格却没有提高，提高了市场竞争力。

候车亭灯箱是公司媒体建设的重点。近年来，建设候车亭灯箱6000余个，分布在北京二环、三环、四环的110余条主要街道上，其中自建自营的3500个，与其它户外媒体公司合作经营的有2500余个。这些候车亭的样式新颖，质量上乘，得到了客户的赞誉。在加强候车亭灯箱建设的同时，公司还重新设计制作了新型的站牌。新型的站牌不仅使公司增加了新的媒体，其重要的意义是使公司自营媒体延伸到王府井、东单、西单、中关村大街、平安大街等国内外知名的黄金地段，并形成了一个新的媒体网络群。形形色色的候车亭广告是城市广告的一种重要模式，从其内容可以知道目前城市的流行趋势，也是社会消费潮流的“晴雨表”。它装点着城市的欢娱，促进着经济的飞跃，形成城市独特的魅力。

精制作、公益性将成为公交广告趋势。公交车上的广告作为提高公交服务质量的表现，应该更多体现公益性和文化味的一面，但也不要太单调、乏味，否则适得其反。乘坐天津公交车的外地乘客提出，可以多一些介绍天津风土人情、文物古迹、餐饮娱乐、交通指引方面的内容，这样既能方便乘客，又可增加公交部门的广告收益，最终取得双赢的效果。

公交广告媒体作为户外广告的重要组成部分，与道路、交通、建筑、绿化并列，是衡量一个城市发展水平的标准之一。为此，北京公交广告公司十分重视公交广告的创意设计、制作及发布后的维护。在创意设计上，公司着力提高设计人员的创意设计能力，重视对广告表现的认识，重视表现环节，注意研究和展现公交广告媒体的特点。北京公交广告的创意标准是：冲击力强、创意新颖、信息鲜明、感染力强。对于设计人员，公司实行挂牌上岗制度，由业务人员挑选设计人员创意设计，竞争上岗。同时，建立设计作品的专家及客户评审制度，对优秀作品及获奖作品给予奖励。公司广告创意多次在全国广告创意比赛中获奖，其创意设计水平在全国同行中居于领先地位。

提高广告质量一定要树立精品意识。在创意设计上，客户一般不是很挑剔，但要知道一个作品不是贴出去就完事了，客户投放广告总是希望有回报的。我们要求设计人员一定要出最好的创意，在制作上精益求精，在广告发布时画面要整洁漂亮，这样客户才会满意。我们要通过美好有效的设计制作把客户带回来。

公交广告公司的战略管理问题

在广告业中，拥有媒体资源是企业竞争优势的一个重要体现，对以媒体为主要业务的公司尤为明显。

北京公交广告有限责任公司是北京公共交通总公司所属的国有资产控股企业。公司从2000年改制后仅用4年的时间资本由4000万元扩大到2.6亿元，增长了5倍多。2001年，与北京巴士股份公司在上海证券交易所成功上市，融资7亿元。同年，被中国广告协会首批评为全国49家优势广告企业之一。2003年，在全国广告业排行榜中排序第9位，被中国广告协会评为全国广告行业资质认定“一级广告企业”，被北京工商局评为市“守信企业”，连续7年被市委宣传部、市工商局、市广告协会授予广告行业精神文明建设先进单位。

如何将这一品牌发展起来，我们做了以下几方面的工作。

（一）加快企业改制步伐，塑造公交广告品牌

广告经营重要的是要更新观念，尤其是现代营销观念，核心是以需求为导向。过去认为有广告媒体就有经营，这是一种粗放的媒体经营模式，有客户就有经营也是没有摆脱生产导向的经营模式。另外，企业以人为本，以质量求信誉，以信誉求发展，只有重视广告人才、培养人才，注重对人才的开发管理，企业才会拥有一批有头脑、会经营、懂管理的广告人才。对于媒体经营与经营媒体，一要实施长期的战略方针，明确媒体经营目标方向；二要集约化整合资源，形成媒体经营的核心竞争力；三要理顺广告的内部运行机制，增强媒体面向市场的营销能力；四要经营好媒体品牌，媒体经营要持续性参与并占领市场，使公交广告媒体品牌有丰富的内涵和外延。

面对激烈的市场竞争，我们还要全方位塑造公交媒体品牌，不断开发建设新型公交媒体，完善公交广告媒体管理方法，提高公交广告设计制作水平，把公交广告媒体扮靓。适应市场经济不断变化发展的形势，大力发展国有资本、集体资本和非公有制资本参股的混合所有制经济，实现投资主体多元化，使股份制成为公有制的主要实现形式。城市公交广告企业应该积极从本地区经济发展的实际出发，学习先进的经验做法，积极探索搞活企业发展的方法途径，推进国有企业的市场化进程，进一步增强企业竞争力。

（二）加强交流，造就学习型人才

不同区域，不同的经济环境，公交广告发展是多形式的，且各有所长。我们提倡各城市公交广告公司在企业经营、客户开发、媒体服务、设计制作、广告维护和企业文化等方方面面进行经常性的交流、探讨。通过大家积极参与，相信能够学到别人的长处，推动自己的工

作。坚持以人为本，全面、协调、可持续发展的科学发展观，以及正确的政绩观、人才观、群众观，提倡建设学习型社会，学习型企业，培养学习型人才，这是新的形势给我们提出的新要求。广告业本身就站在市场竞争的潮头，人才的培养与造就更显得重要。我们要树立以人为本的新观念，注重广告各类人才的培养，做到从业人员持证上岗，每一位从业人员都具备相应的、必要的营销、设计、管理资格。在企业内部形成提倡学习、善于学习的氛围，形成新的企业文化，将自己的企业打造成有一定实力和影响的新型企业。

（三）媒体专业化销售

2002年，北京公交广告有限责任公司正式实行媒体专业化销售，以适应市场和公司发展的需要。专业化销售就是将公司的销售部门按照媒体类型划分为车身专业销售部门、灯箱专业销售部门等，各销售部门再按照不同行业类别划分不同的客户部，这些客户部在分管不同行业的同时，还要按照不同的区域研究和开发市场。

公司在实施经营发展战略的工作中，把“媒体的专业化销售和公司的业务销售推向更高层次，推向更广阔的国内外市场。媒体的专业化销售使销售人员在本部门行业范围内明确了行业销售的主攻方向，更积极有效地拓展业务市场，使其快速成长为此类行业的精通人才、策划人才、公交媒体推广销售人才。而不同业务区域的划分，有利于部门业务的开展，减少了业务‘撞车’，减少了盲区，业务开发更具目标性，已形成广泛、稳定的客户源，促进了公司整体的大发展”。

近年来，为了争取更多的市场，北京公交广告公司目前已与日本、韩国、土耳其、英国等国家及我国的台湾、澳门、香港地区的客户建立了广泛的业务关系，这些都得益于公司致力于打造精品广告以及诚信服务的理念。“励精图治、扎实工作、力争为国内外品牌客户提供最优质的户外广告服务，并为公交总公司的进一步深化改革和发展做更大贡献。”这是公交广告公司孜孜以求的目标。

企业内部广告部门运作方式浅探

浙江亚视传播有限责任公司总经理 李天行

广告如何运作才能更有效?同时又更节约成本?这是每个企业都在关注和思考的问题。随着市场体制的深化，广告代理制逐渐成为中国广告业主流的广告运作模式，其中，广告代理公司专业的品牌策划和创意能力，以及媒体投放技巧，是关键所在。而企业内部的广告部门，通常只是负责企业与广告代理公司之间的沟通。

但是，由于大企业日渐增加的广告预算，加上对国内广告公司专业水准的怀疑，也为了减少广告服务费的支出，许多企业采取了设立全职能的广告部门，将传统意义上的广告公司职能收归企业，或仅仅在媒体投放上与强势的媒体代理公司进行合作。就本人所接触到的情况来看，这样的企业不在少数。然而，这样的广告运作模式能否达到企业的初衷，高效节约地做好企业的广告传播沟通工作？这是一个值得探讨的现实问题。

一、国内企业广告运作部门的模式和现状

所谓企业内部全职能的广告部门，是指涉及策划、创意、文案、媒介执行等所有广告事务的机构，也即企业将原先由专业广告公司服务的内容收归自营。具体有两种方式，一是在企业的市场部辖内，设置广告组或宣传组，由组长、创意文案、设计和媒介执行组成。一是单独设立广告部，作为与市场部并立的部门，由经理(部长)、创意文案、设计和媒介执行组成。两者结构基本相似，视广告业务量决定广告部门的规模和人员配

备。如图所示：

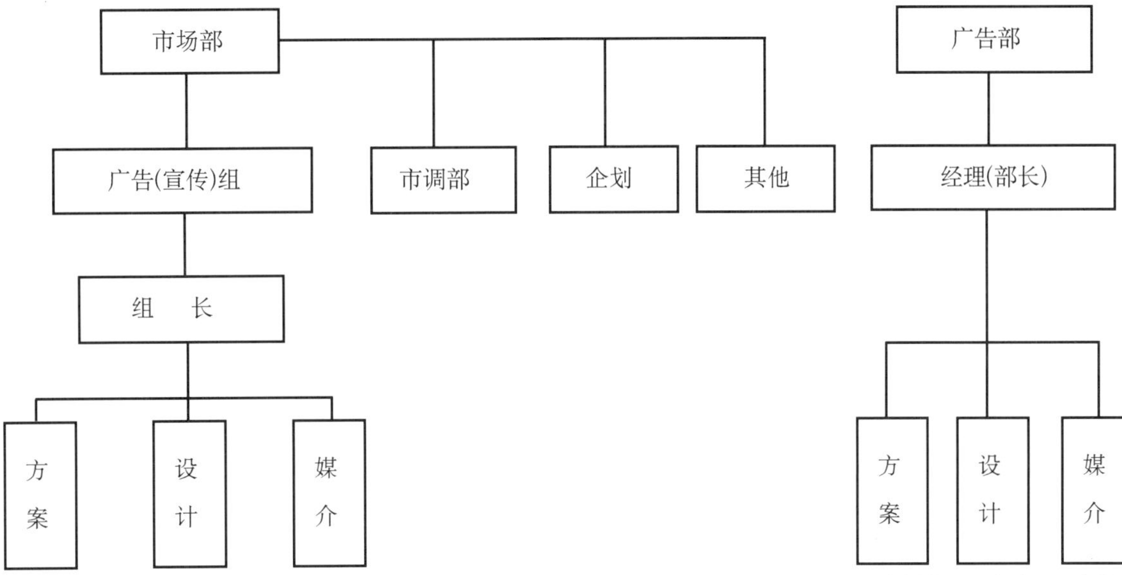

这种模式，在一定程度上加强了广告运作的时效性和灵活性，也节约了成本，但也面临广告质量难以提高的“瓶颈”。究其原因，主要有以下三点。

（一）职能分工混乱，缺乏有效管理

虽然许多企业按照广告公司的模式在企业内部的广告部门设置了所有必要的职能部门，可是毕竟还只是停留在表面的模仿，而广告公司所具备的专业性和文化氛围是无法复制的。

企业先前缺乏广告运作经验，导致广告部门内各职能工作分配失衡的状况也十分突出，组长往往过多地涉及了非广告类事务，文案则过多地牵涉了策划和对外联系的工作，导致其花在文案创意上的时间不足，而媒介执行又因为只简单负责媒介的预定和一些后勤事务，工作相对较少。工作量的不平均状态严重影响了团队的积极性；工作过于烦杂零乱则严重影响了工作效率。

（二）双向沟通不足，传播失误多

由于许多企业不像广告公司那样把策划人员也分配给广告项目组，而是让策划人员在市场部领导下成为单独的团队，执行所有的市场策划工作，甚至包括涉及广告企划部分业务。通过这种方式确保对市场快速有效的反应，有一定的科学性。但是，这样做实际上让广告部成了单独的策略执行部门，相当于广告公司创作部。策划会议往往只有广告组组长和相关的策划人员参加，在制定策略时未能很好的反映创作人员的意见，忽视了创作人员的作用。以至于广告组内的创作人员只能间接地了解到策略，而这势必会在不同程度上造成策略传达的失真或失误。因为任何媒介的传播都将导致传播准确性的下降，而几乎所有的人都会根据自己已有的经验对接收到的信息加以删减和再造，烙上主观的印记。如果作为媒介的组长没有做到足够专业，那么很可能会导致对创作人员来说比较重要的创作信息的遗失，给创作工作带来误导和损失。

企业内还有一种倾向，那就是创作人员往往会把自己富有创意的作品不能通过归咎于领导的保守，墨守成规，缺乏尝试勇气。我们应该清楚地看到：求稳，是任何大公司都必须的，因为公司越大，涉及的面越多，它所做决定的风险也就越大。但是追求稳定并不能说明公司高层不愿意接收新的思想；相反，他们中的绝大多数是比较愿意，也比较支持对工作做一些有益改进和尝试的。而这里有一个关键因素，就是领导很难或很少直接听到来自基层创作人员的声音。绝大多数信息被人为的“过滤”，即“发送者有意操纵信息，以使信息对接受者更为有利”[1]。这样做是因为“低层的管理者们以这种方式提供信息，他们就能获得自己想要的答案”[2]。所以几乎没有人给领导详细地解释过这些广告作品的创作理念。很多创作人员在创作作品

时，都会不自觉地臆测领导的意思，导致作品没有生命力，而负责人在向领导解释作品时又往往对作品所包含的创作信息进行“过滤”，不敢把问题摊开，缺乏在领导面前提出自己独具特色但行之有效的解决方案的魅力。更有甚者，基层创意人员的理念经常在层层传达的过程中被人为的进行再加工和扭曲，最终面目全非，导致领导否决了本可以极大促进销售的作品，影响了创作人员的积极性，致使作品原创力不足，水平无法提高。

（三）专业知识缺乏，把握消费者心理能力差，创作力不高

创作人员自身对于公司内相关业务知识的不了解和对广告专业知识的缺乏也是造成创作力低下的一个重要问题。公司习惯于把宣传组只作为创作广告、发布广告的工具，而忽视其在消费者沟通和促进销售上的重要作用，很少给创作人员提供必要的业务培训和专业训练。在这样的体制下，创作人员积极性不高，主动性不足，习惯于“等饭吃”的操作模式，习惯于接收来自策划小组的指令和领导的创作命令，不愿意主动去占有大量相关资料，也很少走出办公室去接触和了解消费者。如果公司提供的资料不足，便产生了“巧妇难为无米之炊”的局面，想要产生原创力的广告更是天方夜谭。

二、企业广告部门专业化提升的解决之道

企业内广告部门不再是单纯负责制定广告预算和销售计划，联络沟通广告公司的管理部门，它已经发生了质的变化，成为了完整的运作部门。就个人观点而言，选择专业的广告代理公司应该是一个方向。就企业现状而言，如何通过良好的制度模式来减少弊病，提升专业水准和效率，关系到企业的市场命运。从这个角度看，我认为可通过以下几方面予以关注和引导。

（一）重视制度化建设，保障沟通准确性

1. 强化组长的沟通职能。对于企业广告部门来说，做到内部各个层面的完全准确沟通是有难度的，但却是工作所必须的，因为这是广告工作的基础。准确、有效地沟通是保证高效运作的前提，这里指的沟通，包括纵向的沟通和横向的沟通。作为企业内部的沟通，广告组长起着承上启下的关键作用。我将从强化组长职能的角度重点讨论如何确保有效沟通。

在纵向沟通上，组长要确保领导的意见和要求及时地传达到创作人员的手中，并且要确保包括自己在内的每个人都能完全清楚地理解领导的意图；同时，也要时刻注意倾听小组成员的建议，如果觉得是对工作有帮助的，就应该及时地向上级报告并提出个人对这些看法的意见，不能因为考虑到可能领导会通不过，或与目前的体制、某些已形成的思维方式或操作方法有冲突而主观的加以否决。事实上，很多好的建议都是切中弊端的，而弊端总是因某些惯性的因素而很难改变的。组长并不了解新的建议是否会被采用，也无法凭空评估这些建议的成效，最好的做法是多收集有益的建议，让它成为日后领导进行工作改革的一些参考。开辟领导——组长——组员和组员——组长——领导这样一个双向沟通模式有利于调动每个成员的积极性和团队的荣誉感，当一个人的意见受到重视的时候，无疑是他进一步成长的最好动力。

“自上而下占主导地位的沟通程序效果是不佳的。成功的程序是自上而下与自下而上的沟通达到平衡。”[3]需要特别强调“组员——组长——领导”这一方向上的沟通是因为在传统的企业内部，自下而上的有效沟通往往被忽略。要么是没有这样的沟通，要么就是因为某些复杂的因素而被“过滤”，造成领导很难或很少听到最有针对性的来自基层的看法。

在横向沟通上，组长要确保策划人员的声音如实的被创作人员听见，同时要确保他们能准确的理解这些策划案的每一个细节，不让他们带着疑问开始广告创作。最好的解决方法是，在一些比较重要的业务推出或宣传方案出台时，务必请相关的业务制定人员和策划人员参与广告组的会议，让他们面对面的直接交流思想，解答创作人员的疑问，杜绝任何媒介间接传播带来的偏差，防止这种偏差给公司的业务带来意外的损失。这里，需要强调一个观点，就是要确保创作人员和策划人员双方的意见都能被对方及时准确的听到，强化整个团队的效率，在相互交流中，提高整体的业务水平。

为了尽量减少传播中的错误，必须最大限度地减少传播层次。在条件允许的情况下，尽可能的安排策划人员和创作人员的直接对话，定期安排直管业务领导和创作人员的直接对话，如果能做到每季度一次的话，将对工作产生意想不到的促进作用。

使用文字表达是一个好的习惯，书面的交流可以减少传播媒介，而且更精确、更清楚。作为指导整个创作的一切最重要的要求都应该记录在《创意简报》里面，以求更直观的呈现在创作人员面前，让他们随时可以复查和研究。

2．坚持召开创作会议。在4A公司的运作模式中，创作会议具有举足轻重的作用。那么，企业内的广告部门，是否可以借鉴，又如何去运作呢？

首先，我们必须明确，哪些人必须出席会议？

广告组所有的成员都必须到会。然后可以考虑邀请一些业务骨干和客户服务人员；领导的出席是有好处的，只要他们没有起到抑制的作用。或者，在条件允许的情况下召开一个“创作预备会议”，和相关领导及客户事先沟通。

在任何情况之下，要确保出席的每个人事先都清楚地明白会议的主要目的，以便他们能够很好地为会议做准备。要让所有的与会人员都行动起来，尤其是创作人员；大家除了要学会如何有效的参与创作会议外，还要做到如下要求：

①所有的小组成员都需要为讨论做充分的准备，这意味着开会前就要收集必要的信息，做好要求范围内的阅读，进行认真的思考。对要讨论的问题、要推广的业务和消费者之间的关系等问题要有一个明确、清晰的认识。

②在会议中，项目负责人必须清楚地向所有与会人员阐述项目的目的、背景和一切相关的资料，允许任何人在阐述后提出疑问，并解答所有可以确认的问题。

③在讨论过程中，每个人都需要仔细地考虑，这意味着每个人对任何一个问题都必须仔细地倾听，并保持客观地判断。

④每个人都必须愿意与他人分享自己的观点和反应。有观点但不去分享与根本没有观点一样，只有把观点提供给小组考虑或讨论时他们才有用。

⑤那些不支持小组建议的成员必须在会议商讨时说出自己的想法，而不要等到小组做出决定以后。

⑥会议最终必须有决议，即明确由谁来统筹这个项目，实施哪个方案，哪些人负责什么工作等。这个时候可以考虑采用“职能型小组领导模式”，选择最了解这个广告项目的小组成员来负责统筹安排，由他撰写《创意简报》并指导整个创作。

3．学会运用《创意简报》。对于企业内的广告部门，《创意简报》有两重作用：一是作为创作会议的纲要总结指导创作；二是当没有时间召开创作会议却要完成一项广告业务时，它作为一份详细而明确的工作清单，可以直接指导工作，既节省时间又能确保工作要求和内容准确地传达到创作人员手里。由于企业内广告运作针对性明确，所以《创意简报》并不需要像4A公司那样做得全面，只需要抓住以下6个重点进行充分说明：

① 广告目标；

② 品牌或业务状况分析；

③ 目标消费群状态分析；

④ 消费者什么时候使用本企业的产品；

⑤ 创意和诉求方法；

⑥ 广告中必须提到的事项。

“广告目标”是指通过这次广告运作本企业要达到的最终目的。这点必须明确地告诉所有的创作人员。

“品牌或业务状况分析”里必须归纳所有关于品牌的信息。如它的功能、优势、缺点，它目前使用的区域范围等等一切需要说明的信息。

“目标消费群状态分析”是简报的重点。“过去制造商们的座右铭是由顾客自行负责：‘消费者请注意’，现在已经不得不被‘请注意消费者’所取代。”[4]“目标消费群状态分析”应把整个消费群描述成一个具体的人，写出他的性格，他的爱好，他平时的生活习惯等等，给创作人员提供一个了解消费者状况的途径。

“消费者什么时候使用本企业的产品”。应把他们可能用到这个产品的所有场合写出来。很多时候，这里的某个场合最容易引起他们的共鸣。这种细节的描述有利于创作人员从中寻找与消费者的沟通点。

接下去就是执行的核心——提出“创意和诉求方法”。如果说前面的所有分析都是铺垫的话，那么这个部分就是真枪实弹开始杀敌了。这里要做的就是阐述广告运作的核心策略和由这个核心策略发展出来的某些创作方向或某个创作方向上的几个创作点。这是直接引导和规范创作的部分。

最后我们不能忘记告诉创作人员“还有哪些注意事项”。要明确我们的要求，指出我们的广告必须具备哪些元素。以免有时候时间太紧造成广告元素的缺失。

（二）多渠道加强管理，科学运作广告

1．权责明确，合理分工，强化组长对业务的管理。广告组的每个人都必须有明确而均衡的分工。在企业内部，一般情况下设计的工作是明确的，这里需要指出的是文案和媒介部分的工作必须要有更合理的分配。文案应该把主要精力放在广告创意上，注意和设计的协作；而媒介应该加强媒介安排的科学性，全面接收原来由文案负责的媒介计划。

广告组长是整个广告组的核心，他负责指导和监督整个广告组的运作，相当于广告公司的AE。一个好的广告组组长，需要多方面良好的素质。由于企业内部并不需要专门广告公司那样的人力资源，不可能也没有必要对广告的各项工作进行很细化的分工。所以广告组的负责人势必要承担专业广告公司内项目总监、客户总监、设计总监的所有职能，成为集客户沟通、创作指导、项目管理为一体的超级管家。

他作为客户总监，必须负责和策划人员以及公司领导沟通，传达上级部门的各种市场策略和要求，同时最快地反馈实际操作中的困难和问题，以获得公司的帮助来加强广告宣传工作的效率和力度；他又是项目总监，需要负责协调小组内人员的协作分工，制定工作进度，并监督小组内部人员按时完成；他还是创作总监，要全权负责广告组的创作指导，决定具体创作方案。

广告组长还要明确自己在项目执行过程中管理的重要性。他不是单纯的传声筒，他必须“热衷于带领团队，热衷于促使好创意付诸实现，热衷于建立客户的品牌”；“必须经常性的对品牌采取主动性的关怀，拥有独树一格的建造蓝图[5]”。也就是在如实地传达一项任务之后，广告组长必须要组织好整个团队进行广告方案的进一步细化，进一步地讨论分析。他必须结合自身的经验提出有效的个人观点，指导大家创作。

指导创作首先表现在对工作计划的制定。广告组长必须制定明确的工作进程表，具体地列出小组每天应该做什么，什么时候完成资料的收集，什么时候是再讨论计划的日期，什么时候决定细化方案，什么时候完成所有工作（包括媒介投放），这些都应该明确。同时还应该进一步指出这些工作分别由谁去完成。只有要求清楚，责任明确，效率才会更高。尤其是在企业内部，组员对广告创作的流程还不是很熟悉，还不能每个人都做到“对每项作业的运作产生条件反射，随时知道他们应该处于哪个关键[6]”，所以需要详细的计划进行指导，反复地训练，直到每个人能形成条件反射为止。

在组织大家充分占有资料、分析资料的基础上，最重要的事情是召开创作会议，这是决定整个广告创意工作成败的关键，绝大多数好的作品，好的方案都是在这个时刻诞生的，在这个会议上，将产生指导整个广告创作活动的创意简报。

一个不容忽视的问题就是媒介投放计划。它不是媒介人员个人的事情，广告组长必须事先给出自己的方案，来指导媒介人员制定详细的媒介计划。广告组长还有一个问题不能忽视的是绝对不能将媒介计划和广告创作割裂开来，必须在创作开始之前，就提出一个大致的媒介方案，即使它并不具体，但是必须要让创作人员明了他们的作品是在哪里被使用，在什么时候被使用，因为这些都是创作的必要元素。

2．重视对创作人员的培训，提高专业能力。要做到科学、高效，就必须做到专业。“专业的原点应该是来自对自己所从事的行业领域有了非常深入且广泛透彻的理解；专业应该指专业部门的专业作业[7]”。而广告组作为一个专业部门，其专业性来自于员工专业水准的不断

提高，而提高来自实践的积累和对创作人员的训练。

①要对创作人员进行业务训练，让创作人员了解本行业的情况，了解本企业的策略，同时也了解广告行业，了解市场。

②让创作人员多看，眼界广，标准自然会提高。每个月举行一次广告作品评析会，组织全体组员甚至整个市场部一起来欣赏、评析广告作品。看好的作品、不好的作品，看全国各地的作品、全世界各地的作品。当然，最重要的是要让大家看本月自己创作的作品，以及竞争对手发布的广告作品。大家各抒己见，一起讨论对所有作品的看法——可以是自己的作品和竞争对手的广告的对比，也可以是自己作品或竞争对手作品和其他业界广告优秀作品的比较。大家通过讨论了解自己的不足，提出改进的方案，从而提升自己的创作能力。

③训练创意人员懂得专业沟通，懂得听，特别是懂得倾听客户的意见。

④积极创造条件让创作人员零距离面对客户，及时了解用户的想法。广告作品的最终目的是说服消费者使用我们的产品或服务，所以创作人员对用户状况的了解和意见的把握对提升广告的针对性是很有必要的。

3．充分认识广告效果评估测定的重要性，加强对其的投入。企业在广告费用的投入构成上，应该逐步从重发布转到注重广告设计制作、市场调查、整体策划和广告效果评估测定上来。广告效果的评估测定需要受到企业思想和行动上的全面重视，并逐步完善。

企业的广告效果评估最重要的是事后的广告效果监测，它把人们凭借经验、直觉等对广告做出的评价，变成以科学的方法和手段进行的严格评测工作，它对企业的广告工作有着极其重要的意义。

广告效果评估的首要意义在于使企业的高层决策认识广告的作用，使之在以后的经营决策中明确广告战略对企业整个经营活动的重要性。

其次，鉴定广告质量和广告的作用，评价广告投资是否获得了预期的效果，以利于全面准确掌握广告活动的发展现状，从而对广告活动给整体市场带来的变化进行明确的、定量的分析和把握。

再者，为修正广告计划提供经验和依据，以提高广告工作的管理水平。通过对广告效果的评估，了解哪些方面是成功的，哪些方面失败了，以便尽快地对接下去的广告工作进行改进或随市场情况的变化加以调整，保证广告活动始终沿着正确的轨道进行。

再次，明确哪些外部因素是广告无法改变的，企业可据此及时调整经营策略和产生机制以适应外部不可控制因素。广告活动的效果不能依照一些表面的反映来衡量。有些广告看起来热闹，却未必达到促销的目的；有些广告似乎平淡无奇；却能收到很好的效果。所以如果企业仅从表面的反映简单地去估计广告效果，很可能会扼杀富有创意或潜在效果的好广告。对于广告人员来说，如果不对广告效果进行评价，就不了解自己所进行的广告创作与制作工作取得怎样的效果，是否符合广告目的的要求，最终导致广告不能更好地为企业服务。

最后，有利于全盘掌握广告活动的成功与不足，找出问题点和机会点，促进整体营销目标和计划的实现，监督并推动广告质量的提高。为制定新的广告计划提供依据，促进广告制作水平的进一步提高。

广告效果的评估测定涉及广告活动的各个环节，贯穿整个广告活动的全过程，涉及市场行销学、心理学，特别是统计学上的许多专业理论和手段，形成了一个很复杂的科学体系，并不是一般企业自己可以承担的。为了更加客观、有效、准确地对企业的广告进行及时全面的分析，一般的企业最好是选择一个比较权威的市场调研或者广告调研评测机构进行长期合作。这里需要明确的是，评测机构不能频繁的转换，否则将导致广告评测能力的下降。

总之，企业内广告部的建设是一个系统工程，涉及到企业和各个方面，需要企业各个层面上的高度重视和配合。而当务之急，企业必须加强广告部门的制度化建设，强化沟通的准确性和运作的科学性，这是进行进一步改革和提高的基础。在企业内培养良好的创作氛围和广告文化是一个长期的过程，需要时间和努力。

注：

[1][2][美]斯蒂芬·P·罗宾斯《组织行为学》，（第七

版）第301页。

[3] 同上，第304页。

[4][美]舒尔茨《整合营销传播》，内蒙古人民出版社1998版，第21页。

[5][台]宋轶铭、庄淑芬编著《奥美的观点》，第38页。

[6]朱海松编著《国际4A广告公司基本操作流程》，第2页。

[7][台]宋铁铭、庄淑芬 编著《奥美的观点》，第89页。

浅议广东广电媒体面临的挑战及出路

广州电视台经营中心副总监兼广告部主任 黄振英

广东广播电视产业的建设与发展是新世纪广东文化产业乃至整个经济社会发展的一个重要组成部分。进入21世纪，在全球经济一体化的浪潮中，尤其是我国加入世界贸易组织后，广播电视面临越来越多境外媒体的冲击和挑战。面对激烈的市场竞争，如何在学习、吸收、借鉴境外优秀经营理念的同时，充分利用我们丰富的文化资源和“主场作战”的优势，不断发展和壮大自己，在激烈的角逐中争一席之位，这是广东广电产业一个不容回避的重大课题。

一、多方挤压，四面“埋伏”

（一）外部世界异军突起

“入世”首先意味着市场的开放，同时意味着地区市场的国际化。准入制度的放宽大大诱发了境外传媒和文化娱乐业进入国内进行“圈地”的欲望。越来越多的外资进入电影、电视、音像制品、网络服务、文艺演出、体育竞技、时装表演、休闲娱乐等文娱行业，抢夺了越来越多的原广电媒体受众群。受众对娱乐和信息的选择空间空前扩展，形成了地地道道的“买方市场”，广电媒体昔日得天独厚的市场占有已风光不再。

（二）内部市场激烈角逐

在信息产业内部，各种不同形态的信息载体为争夺用户进行着旷日持久的角逐。这种角逐尤以“可替代”行业之间的竞争最为激烈，而“可替代”行业间的竞逐，又主要表现为对受众的争夺战：

1．平面媒体凭借自身的特点和优势，左右着受众对媒介的选择

报刊的“信号”（即图片和文字等）可供携带，可反复阅读，便于保存。报纸若要扩版和增刊，比广电媒体方便得多。近年来，广州地区房地产随社会经济上升而迅猛发展，其最理想的广告宣传载体莫过于报刊。有时，广州日报的68个版中，竟有28个房地产广告的特刊专版，其广告收入可见一斑。

2．互联网的出现，改变着受众的媒介消费方式

互联网以其综合性、数字化、网络化的媒介特征，以及互动性、即时性、个性化的传播特征深受受众的欢迎。互联网用户正呈几何级数增加，但国内对互联网业务和经营范围的监管却严重滞后，至今没有专门的法规和管理制度，甚至隶属不明。经营环境相对宽松的互联网可以给受众提供的服务内容也就越来越多，而且信息传递更加精简、方便、快捷。随着社会的发展，人们对信息的需求将从以新闻为主，转向对经济、生活服务、娱乐资讯等多个方面，这就势必使互联网较之传统的广电媒体更具竞争优势。

3．“边缘”媒介异军突起，无孔不入地“稀释”着受众群体

一贯行业壁垒最森严的电讯，现在也千方百计插足大众传媒。随着移动通信技术的发展，手机已不再仅仅是通信的工具，而成为重要的资讯终端。在广州移动的广播新干线里，“新闻频道”是它主推的重要频道之一。除此之外，它还推出沟通100、购物、财经、体育、游戏、交友、休闲等多个频道，面对“边缘媒介”的攻城掠地，受众市场被逐步“稀释”和挤占将是不可避免的现实。

4、同业你追我赶的扩张发展，直接造成广告客户的不断分流

改革开放后，国内的广播电视也有了长足的发展。据统计，目前国内电视市场有12亿多潜在观众，每天有近9亿人收看电视，是世界上拥有电视受众最多的国家。与之相对应，国内目前有3595个电视频道，是世界上拥有电视频道最多的国家。

以中办发[2001]17号文件为标志，国内广电产业已进入了一个崭新的发展时期。这个时期广电产业的鲜明特征是市场全球化、组织集团化、经营产业化、频道专业化、技术数字化。突飞猛进的发展必然会引发行业内竞争的白热化。据悉，中央电视台和上海文广新闻传播集团，都已在广州设立了客户服务或广告经营中心，所有这些举措，无疑都是为了争夺广告客户。

显而易见，上述四点正好表明广东广电产业要面对的是经济全球化进程中各类媒体“群雄四起”的局面。

（三）境外电视来势汹汹

广东毗邻港澳的特殊地理环境，使广东广电媒体所面对竞争的激烈程度是国内其他任何地区所无法比拟的。由于广东与香港、澳门使用共同的语言——粤语，历史上文化相当独特，人际上有着密切的亲缘关系。从传播的意义上说，有文化认同的特殊背景。过去经济发展水平和意识形态上的差异，信息传递、娱乐形式甚至生活方式等都有很多的不同，使人们对港澳文化怀有一种新奇感。

广东人对粤语的文化认同，使香港电视特别有市场。香港电视于1994年已开始进入广东人的家庭了，他们凭借超强的经济实力和先进的经营管理模式，营造了自己的竞争优势：一是对重大事件反应神速；二是内容丰富信息量大；三是节目制作量多质优；四是明星济济阵容鼎盛；五是贴近生活轻松活泼；六是手法标奇立异娱乐性强；七是形式多变常演常新；八是版面简洁受众定位清晰。对于广电媒体说来，竞争不仅仅是节目的竞争、实力的竞争，更重要的是公信力的竞争、社会形象的竞争。

除了香港电视之外，凤凰卫视、华娱、星空都已在广东落地。由于“入世”后准入政策将逐步放宽，势必招致越来越多来自境外的新的威胁，本土广电媒体在内外夹击的狭缝中生存，其发展空间受到越来越大的挤压已是不争的事实。

二、机制体制，双管齐下

众所周知，WTO是把双刃剑，一方面“入世”将为我们进一步借鉴和吸收世界优秀文明成果，丰富广播电视内容，提高节目质量，提供了更多的机会和空间。另一方面，境外广电产品不仅会拼命争夺国内的市场份额，而且会使我们的广播电视面临西方意识形态、生活方式和价值观念的更大冲击。也就是说，国内广电媒体既要敢于直面来自境外产品的挑战，拿出勇气去参与市场竞争；又要乐于承担时代的重托，毫不畏缩地争夺思想文化阵地，这是责无旁贷的历史使命。

在广播电视产业面临种种挤压及挑战的现实下，广东广电产业要赢得新的发展，至少要从两个层面去考虑，那就是机制层面和体制层面。若从产业“生态”环境的角度来说，它需要的是合理的和先进的管理体制；若从企业内部动力的角度来说，它需要的是灵活的和有效的经营机制。

（一）激活运营机制

1．树立消费者本位意识，科学细分受众市场

节目生产的最终目的是为了消费，受众作为媒介市场的消费者，是天然的“上帝”。尤其是在媒体过剩，买方市场已经形成的今天，受众把握了市场的选择权，受众对某一媒体的支持和偏爱程度，直接决定该媒体的命运。

消费者是多层次的，是由不同的需求和偏好群体构成的，所以，就产生了市场学的“市场细分”概念。受众细分，是对消费者市场的分析在受众领域的应用与延伸。广东广电媒体要准确把握受众的不同需求和偏好，科学地对受众市场进行细分，创办各种不同风格的节目，以满足不同职业、不同性别、不同年龄、不同文化水平和不同兴趣与爱好的人们的需要。正确的决策选择有三个方面：一是节目本土化；二是栏目对象化；三是频道专业化。也就是节目设置要体现受众的个性选择与追求；用别具一格的栏目为特定的服务对象提供资讯与娱乐；通过类型化的节目整合，搭建志趣相投的收视平台；依靠频道内容的鲜明定位，培育、吸引和维系忠诚的追捧群体（广州话称之为“拥趸”）。与之相对应，具体策略上要设法使内容通俗化、品种多样化、形式娱乐化和包装时尚化。“我喜欢的就是最好的”，萝卜青菜，各有所爱，就是要通过一群群“小众”的聚合，把各个不同层次的受众连接成一条“中坚链”，从而产生不同偏好和不同需求的受众各自心目中的“黄金栏目”、“黄金时段”和“黄金板块”，进而形成不断扩大的受众规模，最终实现受众的最大化。

2．树立品牌意识，着实培育核心竞争力

品牌可以说是企业的形象特征。生产者的精心打造是品牌的基础，但从严格的意义上说，它只能是消费者选择的结果，必须是被消费者所接受、具有一定的知名度和指名度。为了建立广电媒体的品牌系统，一定要舍得调动一切内部资源，精心策划和打造自己的“名牌”产品。也就是说，要以受众的选择为依归，要在强烈的品牌意识指导下，以策划为先导，全面实施品牌策略。

品牌策略应该包括：频道品牌、栏目品牌、节目品牌和剧目品牌等。在诸多专业频道中，要至少打造一个“拳头”频道；在同一频道中，要至少打造一个“拳头”栏目；在同一栏目中，要至少打造一个能压轴的“拳头”节目；在全年的电视剧制作或大型综艺节目中，要至少打造一个既能拿奖又创高收视（听）的剧目或“大秀”；在全天众多的播出时段中，要至少打造一个“黄金”时段。凡此种种，打造以品牌栏目为支撑的“黄金板块”则是重中之重。总而言之，就是通过资源的整合优化，提高核心竞争力，提高受众重叠率，将自己打造成媒介市场上的“强势媒体”。

3．树立能本意识，为员工与媒体的同步发展提供对接平台

能本，是以人的能力为本位，就是重视人的能力。真正的能本是伴随市场经济的成熟和知识经济的发展而出现的。本土广电媒体与境外广电媒体的竞争，虽然直接表现为节目的竞争，但归根到底是人才的竞争，说到底就是人的素质的竞争。

加入世贸组织后，国内广电媒体在人才方面将会出现“两难”局面。一方面节目生产人才和经营管理人才本来就短缺，另一方面还要面临境外媒体或其驻华代理机构的“挖墙脚”。因此，要使自己在对外抗衡和市场竞争中立于不败之地，也要从两方面进行努力，一是发掘和培养人才，二是要留住人才。

（二）创新管理体制

面临实力雄厚的西方传媒集团的强烈冲击，广电产业要敢于面对外来的挑战，积极参与国际分工，主动推进广电产业的国际化发展进程，加速体制创新，努力抢占产业发展的制高点。

1．明确市场定位，坚定产业化的信念

要弄清自身的市场定位，先要认识广电媒体的市场主体地位。在市场经济的大环境中，作为信息产业重要部门的广电产业也必然走向市场，其一切经济活动都直接或间接地处于市场关系之中。国内的广播电视业伴随着市场经济和信息革命的进程，已从单一的大众媒体迅速发展成为一种新兴产业，这就要求广播电视行业的各级管理机构和经营者，彻底抛弃媒体单纯是党和人民的喉舌的旧观念，真正认识广电媒体在市场经济条件下的“二重性”，理直气壮地以市场主体的姿态，积极参与国民经济产业结构的调整，明确市场定位，义无反顾地走产业化的路。

广电媒体要尊重经济规律，按照自身的实际情况，客观地制定发展目标和选准市场定位，争取经营效益的最大化，在市场中先将自身做强。综观广东广电媒体的

现状和面临的挑战，现阶段的目标市场应该定位为积极占领珠三角的受众市场。发展的第一步是以当然的主流媒体的姿态，发挥本土优秀文化和当地鲜活信息的优势，逐步“收复”珠三角内被境外电子传媒占领的“失地”。第二步是联合发展，利用一切有利因素不断将自身做大，抓住机遇适时地建立西太平洋华语广播电视网，最大限度地占领世界华语受众市场。第三步是在做大做强的基础上，以优质产品挺进世界其他地区。

2．加快集团化的进程

广东广电媒体的产业化毕竟起步晚，又要面对外来电子媒体越来越紧迫的挤压与冲击，所以，产业重组整合迫在眉睫。规模经济和集团化经营是发展的根本取向。所谓媒介集团化，指的是新闻传媒从业单位从经营单一媒介向经营多种、多个媒介发展的过程和趋势。集团化的主要意图，就是要跨地区、跨媒介整合国内极为分散的媒介经营资源，优化媒介格局，集中优势，提升竞争实力，把媒体做大做强，决意融入日渐激烈的国际竞争中，在经济全球化背景下，打造能在市场上抵御更大风浪的“强势媒体”。

3．大胆地走资本运营的新路

直至目前，国内的广电管理体制仍然是纵向的行业管理和横向的行政管理相互交叉重叠的管理模式。这种“条”“块”交织结合的管理体制与市场经济严重脱节，尤其是与“入世”后的市场形势极不适应，若不迅速打破这些束缚，将会严重地妨碍广电产业的健康发展。“条”“块”分割，难以通过市场方式开发和利用社会资源，抑制了产业功能的有效发挥。

因此，改制和重组必须同步进行。国内广电传媒产业的体制改革不应仅仅是对原有体制的一般调整，而是谋求管理体制的重大突破与创新，这也是应对国际传媒战略重组的现实选择。“入世”后欲要使广东的广电媒体释放出巨大潜能，可从两方面做出大胆的尝试。一是放宽对广电产业的资金准入政策，二是跨媒体、跨行业或跨地区组建大型传媒集团。

在技术革命和信息化浪潮的推动下，广电产业发展前景无可限量，这一世界公认的“朝阳产业”正极大地吸引着其他行业资金不断进入。较便捷的方式是，放开广电产业某些经营领域（新闻及编播业务以外），与上市公司合作，按市场规范公开、公正、公平地吸纳个人资本和社会资本，推动更深层次的资产重组。进而可以考虑设立广电产业风险投资基金，使业外资本通过产业融资渠道融入广播电视领域，使之有稳定持久的后续支持，以保持其发展后劲。通过资本的扩充，实现资本运营。

扶持和促进国内大型媒体之间的兼并联合有利于减少资本的投入，缩短投资回收期限；有利于充分利用现成的营销渠道，迅速扩大市场占有率；有利于降低经营风险，增强市场控制力；有利于拓展媒体规模，获取规模经济效应；最终有利于整合资源，形成一定程度的垄断。广州电视台1995年便在国内率先与电信网并网，有着跨行业运作的经验和良好的合作信誉。广州地区的主流媒体完全有条件实行强强联合，集报纸、电视、广播、出版、音像于一体，共同打造国内传媒产业的“航空母舰”，并通过抢先控制未来技术，夺取传媒产业发展的制高点。

综上所述，在“入世”背景下，广东广播电视产业的建设与发展，有赖于观念的更新、机制的激活和体制的创新；有赖于岭南广播电视人海纳百川、开拓进取、灵活应变、与时俱进的精神，以及立足中国、服务世界、面向未来的气魄。

电视台广告经营之思考

广东电视台广告部主任 尹景云

在市场竞争日益激烈的今天，各个产品都挤破了头地想将自己的品牌刻进消费者的脑袋里，以同类产品在同一块市场蛋糕上的割据尤为明显。这也就引发了内地同类产品营销的季风现象，前几年刮“酒”风，然后是“VCD与DVD”风，接着是“药品与化妆品”风。

在产品同质严重的情况下广告也严重同质，大家的表现形式都是“模仿秀”。保健品就是“送礼要送××”，洗发水就是明星甩秀发。同质化现象严重造成我们的广告荧屏非常枯燥。

受众对广告非常反感，他们有最厉害的武器——遥控器，电视机前的观众见到广告就转台。根据实力媒体在北京和上海做的调查，31%的观众在放电视广告的时候会转台；9%的观众不转台，但是会去做别的事；43%的观众不转台，但是也不专注看广告；剩下只有16%的观众，专心地看广告(见下图)。

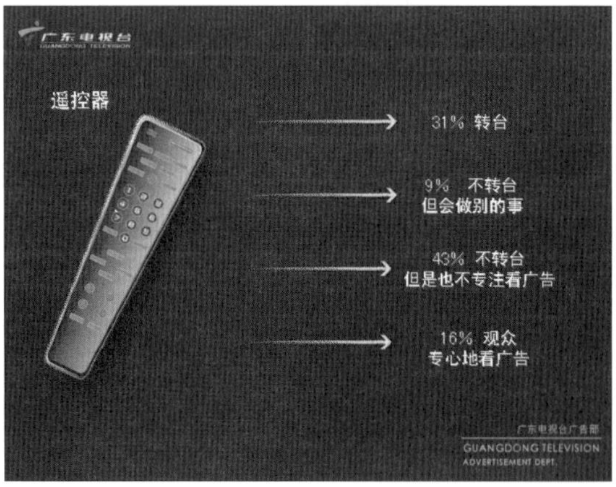

由于广告商无法确定广告的效果，所以很多广告商都在考虑是否还有更好的方法来运用他们的推广费。根据过去几年的观察，在推广费用里面，广告占的比例越来越低，促销和通路占的比例越来越高。不单在中国是这样的情况，在国外也是一样。在美国，20年前快速消费品有60%的营销预算用在广告，现在已经低于30%。

去年，美国行销大师阿尔·里斯和他的女儿劳拉·里斯出了一本新书叫《公关第一，广告第二》。他提出了一个具有轰动效应的理论——“广告的衰落和公关的崛起”。书中阐述了广告正在走向衰落，公关将无可置疑地取代广告的地位和作用。对他的观点，人们褒贬不一，持赞同、反对态度的都有，但这样一个事实却不容忽视：消费者或多或少都对广告有着怀疑。广告客户希望弄明白广告费用里面有多少被浪费?广告的效果究竟有多大?

一、与广告商良好互动

目前在内地，广告效果不好，原因是很多的。除了与企业本身产品定位、广告卖点、目标受众不明确、广告制作水平有关以外，媒体的引导也相当重要。媒体有责任为广告商提供一个吸引眼球的媒介载体、创新的广告形式选择，以及提供更多的投放建议。如果媒体广告经营者仅仅是卖广告时间给广告商，那么与广告商建立的是短期的、不稳固的，甚至是一次性的关系，只有当我们把卖广告上升到卖服务，才能与广告商建立长久的、稳固的关系。

卖服务，你就要站在广告商的角度，替他考量，如何使他的传播效果达到最佳，最终达到提升品牌，拉动销售的目的。作为广告经营者，我们至少可以为广告商做到以下几点：

1. 为广告商提供更贴心的服务。我们了解我们的资源，利用我们的数据资源，分析资源的价值，为不同的广告商设计个性的、科学的广告投放计划。

2．我们了解本地市场，可以为广告商开启本地市场提供相应的建议。

3．为广告客户提供创新的广告形式。

4．广告经营者要成为广告商与节目制作者的纽带。

观众是广告商的目标消费者，若广告商无法真正了解节目，而节目制作者又不希望广告商插手节目，那么广告商、节目制作者、广告经营者三者之间就不能良好沟通、互动。实际上，只有当这三者的关系上升到合作、追求共赢的阶段，促使广告商支持节目的良好互动，才能实现大家利益的最大化，形成节目吸引观众。

下面与大家分享一个我们与广告商合作的例子。

《明日之星》是广东电视台在2000年打造的一个品牌节目，旨在选拔演艺人才，培养影视界后备力量。去年冠名该节目的是广东的日化品牌“立白”。在节目启动之初，我们就组成了一个组委会，成员来自立白公司、节目制作者、广告经营者三方。大家多次沟通、讨论如何在节目中表现“立白”的品牌理念，如何与“立白”的营销活动相结合等等。

在节目前期，我们推出了高密度的节目宣传片、张贴了大量的活动海报，吸引了大众的关注，仅报名者就达2000多人。

节目中期，我们设计了入围选手与“立白”人在劳动节一同慰问环卫工人、与抗“非典”医护人员联欢、栽绿色环保林等公益活动，提升了“立白”的美誉度。

节目后期，尤其在万众瞩目的总决赛中尽量糅合进“立白”的品牌特质元素，如比赛场地的地面广告、四周的布景，使品牌随着赛事的高潮得到广告效果体现的最大化。

活动结束后，我们还对获奖选手进行了跟踪报道，将活动的影响力延伸至今。

我台的网站、电视周报、周刊、相关娱乐节目以及广州各大报纸均对整个活动的全程进行了报道，提高了该品牌的曝光度，增加了受众对该品牌的关注度。

换一个角度看，我们实际是给“立白”提供了整合营销的服务：活动涉及广告、公关、促销。

经过三方的共同努力，活动结束之后，“立白”的品牌知名度、销售量均有了大幅的增长，并且“立白”与广东电视台也建立了良好的合作关系，今年又冠名了广东电视台即将推出的大型益智类节目《赢遍天下》。由于该项活动的影响力获得了提升，在第四届《立白杯明日之星》还未结束之时，广东另一知名品牌“浪奇”即与广东电视台签下了冠名第五届《明日之星》的合同。他们看中的就是《明日之星》在提升品牌形象、拉动产品销售方面的力量。

二、新技术带来的新商机

一项新技术诞生的时候总会给人带来忧虑。广播诞生的时候，人们为报纸的生存担忧；电视诞生的时候，人们又开始为广播担忧；互联网技术诞生了，又有一些人开始忧虑，互联网是不是会取代广播、报纸、电视等传统媒体。照现在的情况看，互联网不仅没有取代这些传统媒体，反而与这些传统媒体相互融合，共同发展。例如，互联网技术与电视技术的“联姻”，就实现了视频点播等以前单一媒体所不能达到的功能，实现了二者优势的互补。

我台利用互联网作为我台的另一重要窗口，对我台的各个节目、活动都有相关报道，还为网友提供了视频点播节目、视频直播等服务。

在网络媒体与电视技术不断推进的过程中，我们发现它强化了受教育程度高、消费力强、主导性大的那部分群体的关注，而这部分群体正是很多企业锁定的目标消费群。目前，我们在许多品牌节目、活动的进程中，不断尝试与网络媒体的结合，使传播范围更广阔、效果更大化。

移动通讯技术现在也广泛地应用在电视媒体上。为中外电视媒体所常用的手机短信互动就弥补了电视单向传播的不足，增强了观众收看节目的参与性和主动性。我们觉得，移动通讯技术的应用不仅局限于此。产品营销中讲究“铺货”、“终端”，甚至提出“终端为王”的口号，指出了终端对产品销售的重要性。套用营销中的这些概念，电视技术是将信息终端铺到了每个家庭，而移动通讯技术则登峰造极，将信息的终端直接设到了单个个体。电视技术与移动通信技术的联姻，延伸了电视的触角，目前我国部分发达地区已经实现了手机看电视。另外，电讯用户已经开始分众化，例如中国移动就根据年龄层次、消费水平，将用户分成了不同的群体，如“全球通”、“动感地带”等。电视媒体是大众媒体，对广告商而言，传播的准确度不高。我们是不是可以利用电讯已有的不同用户群，提高传播的针对性，增强传播效果，实现广告商的最大利益，巩固我们的合作关系。

事实上，我台广告部已开始利用短信技术，将广告商的资料建立数据库，不定期将我们的资讯发给他们，速度比原来的直投资料快了很多，也准确了很多。再有，在节目与广告结合的过程中，为广告客户设置了有奖问答的环节，将传统广告、软性广告与观众营销有机地进行结合，使广告的效果更立体、更全面。

华北强势媒体——河北电视台

河北电视台广告信息中心

河北省内环京津、外环渤海，与京津经济互补、相辅相成，是中国市场容量最大的地区之一。经过多年的开放与发展，河北省已初步形成了以环渤海地区为前沿，以中心城市为依托，以各类开发区为窗口，以铁路、公路干线为纽带，外资、外经并举的全方位、多层次、大开放格局。河北省经济总量、人口均居全国第五，已形成的京津冀三位一体的经济圈拥有1.2亿消费群体，市场容量占全国总量逾10%。

河北省省会石家庄市市场繁荣活跃，被誉为“全国最大的服装集散地”、“中国服装第一市”的石家庄新华集贸中心市场以得天独厚的地理环境和便利的经营条件吸引着全国29个省、市及俄罗斯、中亚等国家客商来市场交易；南三条小商品城曾两次荣膺全国十大小商品市场称号，吸引全国2000多家名牌厂家在此设立销售代理处，形成了全国小商品市场“南有义乌，北有三条”的格局。

河北电视台作为河北地区首屈一指的强势媒体，自1969年建台以来，便以其独有的覆盖优势、节目资源吸引着广大观众及广告客户。

河北电视台目前已经开通了六套电视节目，每天共播出110小时。

河北一套（卫视）自1998年底上星以来，通过亚洲2号卫星已覆盖全亚洲，目前省内覆盖率达97%，在北京、天津、广州、杭州等27个直辖市、省会城市、计划单列市和68个地级市及以下城市落地入网，全国收视人口3.5亿。

河北二套采用微波传送，拥有1500公里的微波传输干线，覆盖全省98.9%的人口及京、津大部分地区，并能辐射辽宁、山西、山东、河南、内蒙古五省毗邻地区，有效收视人口一亿两千万。

河北三、四、五、六套以现代化的有线传输网络为主传播渠道，覆盖全省11个省辖市和部分县市区，有效收视用户500万。

河北卫视（新闻综合频道）作为上星的主频道，以全面宣传河北形象、体现大台形象为主旨，形成了以新闻、社教、文艺三大类节目构筑频道的整体框架。

河北卫视以强化新闻节目为龙头，突出社教节目的整体宣传功能，充分发挥文化娱乐类节目的收视强势，全面调整影视剧及观赏类栏目的比重，频道整体编排设计综合性和特色化和谐统一，形成了新闻综合频道独有的自身优势。

河北二套（经济生活频道）以经济新闻节目为龙头，以经济专题节目为骨干，以生活类名牌演播室节目为亮点，以优秀影视剧为基础，节目编排形式新颖、内容丰富、视角独特，黄金时段收视率一直位居前茅，已成为名副其实的优势频道。

河北三套（都市频道）是2004年5月17日由原文化娱乐频道和体育健康频道整合后的新频道，以“立足燕赵大地，面向城镇居民，突出文化品位，营造欢乐气氛”为宗旨，节目设置包括娱乐、音乐、体育、戏曲、曲艺、少儿等。都市频道是奉献给全省人民的一道都市文化大餐。

河北四套（影视频道）是2004年5月17日后改版的新频道，以播放中外精品影视剧为节目主体，以传播影视资讯、介绍影视文化、报道最新影视娱乐动态为主要内容，此外还奉献《影视圈》、《影视宝典》、《电影直通车》等全新的影视栏目。收视主体为中青年、中高等学历、中等收入的观众，拥有稳定、忠诚度极高的收视群体。

河北五套（少儿科教频道）于2004年10月18日正式开播，是河北电视台打造的全新专业频道。以弘扬科学精神、加强未成年人思想教育、传播现代教育理念为宗旨，以不断开掘人的知识、智慧为目标，以多种电视表现形式为手段，通过丰富多彩的节目成为宣传科教兴冀的窗口，普及科学知识的课堂。《探索时代》、《教育新时空》、《职海冲浪》等专栏节目力争体现科学的品质、教育的品性、文化的品位，全天节目组成了一个动静有序、知识教育性与娱乐趣味性相结合的立体板块。

河北六套（公共频道）于2002年7月1日正式开播，是以面向基层、服务城乡，以新闻、影视、文艺节目为主的综合服务频道。节目注重思想性、公共性、服务性，以大批优秀的影视剧为基础，《过把瘾剧场》、《怀旧剧场》、《好剧大放送》等四档剧场每天放送精彩剧集，早、中、晚“三好”节目贯穿全天，此外还重播河北电视台其他频道的精品栏目。

河北电视台广告信息中心对全台六个频道广告进行统一规范化经营管理，为客户提供强大的数据支持及精准的投放分析，在最大范围内为观众与客户搭建广阔的沟通平台。

以市场为导向、以客户为中心，为客户提供专业化服务，使客户得到更满意的投放效果和愉快的合作体验。对大客户增值服务既使企业享受到媒体带来的真诚馈赠和无限回报，更验证了河北电视台巨大的无形价值，预示了将来与产业界合作的光明前景。

多年的光荣与梦想，多年的成就与辉煌，伴随着企业的迅速成长，河北电视台也因此成为华北地区最有价值的广告传播平台。

华北媒体的强势之巅，实力品牌的聚会之所，河北电视台愿与您一起努力，一起飞翔！

浅议城市电视台的广告营销

威海广播电视台　刘海涛　钟建新

在现阶段，城市电视台的经济支柱事实上仍然是电视广告，广告创收的多少，已经成为衡量一个电视台综合实力和节目制作水平的重要指标。今后从业人员的收入，工作条件的改善，技术装备的更新等等，都必须依靠本身的自我积累来实现，即完全走上了“自收自支，自负盈亏，自我经营，按章纳税”的企业化管理之路。所以，广告经营的好坏，对城市电视台来说实在是太重要了，已经关系到电视台的生存和发展。为了生存，为了发展，城市台必须全力经营和管理好广告。

一、面临的形势

首先，城市台面临着中央台和省级台的挤压。有人说，中国的电视结构呈现金字塔的形状，中央电视台在金字塔的顶端，省级卫视在中间，省级地面台和城市电视台，则构筑在金字塔的底端，电视台之间的强弱是非常分明的。就政策体制上来说，省台做地方新闻更具优势，所受的政策限制小。省台属于省委宣传部领导，不受制于地方领导，这样更容易发挥舆论监督作用，监督的力度更大。而监督报道这一块正是民生新闻吸引观众注意力的重头戏，省台只要能充分发挥政策体制上的优势，敢于监督，打好监督报道这张牌定能在民生新闻上做强做大，从而建立起自己的收视群体。有了收视率，就有了广告市场。尤其是在一些经济不发达城市，省级台基本上占领了本地的广告市场，尤其是有线无线合并后，一些省级台专门设置了针对省会城市市场的频道，直接争夺城市广告资源，使城市台雪上加霜。显然，中国电视媒体的竞争进入了白热化的阶段。用一位业内人士的话，中国电视媒体的竞争悲壮而惨烈，大家都想在这种“战国”竞争格局中分得一杯羹，有的求发展，有的要维持生计，而有的城市台只是求生存。

其次，城市台与省级台地域重合，目标受众雷同，广告来源也差不多，争得你死我活十分自然。地方城市电视台，在纵向方面要与央视和省级卫视甚至境外频道竞争市场，在横向方面则要与省台的地面频道和同城的不同媒体拼抢地盘，稍有懈怠，便会失去受众，失去广告。这对于在经济上几乎完全依赖广告收入的电视台，结果就是在惨烈的竞争中艰难度日。况且，大部分城市台资金、技术、人才都比较匮乏，节目质量不高。经营意识、营销和服务意识都还比较淡薄，经营观念的落后，依旧是城市台与省台之间最大的差距。

二、应对手段

1．改变经营理念，办好节目，提高收视率。电视广告的经营也和企业的产品经营一样，其营销理念应该是一致的。企业营销的理念是最大限度的打开产品销路，实现利润最大化。而要打开销路，把产品卖出去，首先要进行市场调研，分析市场需求，针对市场需求制定生产规划。电视媒介广告经营也应这样，它的经营理念是最大限度地追求电视节目的收视率。城市电视台由于地域限制，目的受众明确，节目也必须突出地域特色，打好地域牌、乡情牌、民生牌。只有这样的节目才会有竞争力。

2．做好行销服务，为客户提供一流的专业服务和放心的广告投放环境。现在，很多电视台的广告经营部门都认识到做行销服务的重要性。但是成功的关键在于怎么做和是否能坚持。目前，绝大部分的城市电视台的广告创收都是由广告部来承担的，广告部在城市电视台内是起支柱作用的重要部门。因此，广告部门应当按照广告生产的流程来配置内部结构。根据我们的实践，建议广告部的部门设立如下：

①策划部。主要职责：协助总编室进行收视率调查，研究分析“市场需求”；参与全台节目、栏目的设置和内容定位的筹划；重大活动或优秀电视节目定位的筹划；广告节目播出时间的建议；建立客户档案；重点客户的走访联络；观众对广告意见的收集、反馈；并定期形成广告资讯，为客户提供资讯供给，策划创意。进行资讯管理，客户关系管理，数据库的建立，广告投放资讯度等方面的工作。

②业务部。主要职责：与客户洽谈，签订合同；初审广告内容；索要相关有效证件；协助办理广告收费、交款手续；协调广告制作、播出等其他相关事项。并为客户提供播后的相关服务。

③制作部。主要职责：负责广告带的录制、汇编、加工；广告播出前的一切技术准备工作。

④综合管理部。主要职责：负责广告合同的审核、广告内容的审查、广告串编、数据统计到广告监播等各种专业服务。并对各部门的工作进行考核、管理。

当然，电视台的情况千差万别，不可能也不应该把广告部门设置得一模一样，同时影响广告创收的因素很多，但坚持电视广告经营单位的专业行销服务，必定是未来电视广告经营做强做大的一条必由之路。这里只是不揣冒昧提供一个初步的设想，仅供参考而已。

浅谈省会电视台的作用

太原电视台广告部

当各省会台广告部的同仁们在一起时，经常会谈论省会电视台在当今电视媒体中的地位，以及央视、卫视和省会台之间的关系。对这一点省会台协作体会长吴秀娥看得非常清楚，她说：央视、卫视与省会台的关系是有竞争，更有协作，甚至可以说是一种战略伙伴关系。放眼中国广告业，电视媒体是无可厚非的行业老大，而支撑电视广告行业的主力军分别是中央台、卫视台和城市台，只有这个三角形的三个边共同发展，相互协作、相互支撑，才能健康成长。

在电视广告业中，央视早已成为中国第一媒体，成为塑造大品牌的最佳平台，它就像军队中作战范围可覆盖全国的空军；而卫视在细分观众或区域后，正朝着专业化的方向迈进，进一步强化品牌或营销，它们就像军队中具有专业技能的特种部队；以省会台为代表的城市台作为地面部队，最擅长短兵相接的巷战，也就是为客户实现最终的销售。当您已建立起一定的品牌形象时，省会台就是帮您站在巨人肩膀上摘苹果的那个人。记得一部老电影中有句台词："大炮不能上刺刀，解决战斗还要靠我们步兵。"省会电视台的这种自信来自省会城市自身具有的优势。

一

省会城市拥有最具消费能力、庞大的消费市场。全国28个省会城市的人口约占全国人口的12%，而GDP则占到了全国的30%；2002年，全国人均GDP是7517元，省会城市则为17679元，已经超越了2000美金，是全国平均水平的2.35倍。许多省会城市的经济总量和消费力相当于中西部一个省，而中西部一个省会城市的消费力就是全省的一半。而且，省会城市GDP增长率一般高于全省平均水平的30%，市场空间只会越来越大。

省会城市不仅是一个省的经济制高点，还对全省市场具有强大的引领示范作用。省会城市也是每个省的政治、文化、交通中心，对新的消费理念、产品和服务，容易接受、交流、传播，因此，无论对厂商铺货通路的促进，还是对周边市场消费潮流的引领开拓，都具有无可比拟的示范作用。

除此之外，我们这些步兵还拥有三种最直接、最锐利的武器！

第一种武器是地方有线电视网。现在有线电视在省会城市的覆盖率一般都达到90%以上。而有线网网住的恰恰是城市中最具消费能力的实力人群。在数字电视改造完成之后，我们会拥有一个数目更庞大、资料更翔实的观众数据库，其价值不可估量。

第二种武器是拥有最具影响力的收视人群。电视是一种"家用媒体"，这决定了电视永远是"平民化"和"大众化"的。以"电视剧、本地新闻、娱乐、生活资讯"为主要内容的城市台节目满足了家庭成员的不同需求，也锁定了不同定位的目标消费人群。

第三种武器是省会台拥有最不可替代的地缘优势。省会电视台依托电视节目的本土特征，努力发挥节目的贴近性、服务性，实现与观众零距离的互动、沟通，在省会城市拥有最高的占有率和到达率。2003年，除直辖市外，省会城市台在当地平均收视份额占到了20%以上。杭州台是城市台的标兵，超过了34%，太原台第二，达到了31%。

二

在电视媒体的大家庭里，陆、空、特种部队样样都有，关键看您如何制定战略、战术，充分发挥各自的战斗力，协同作战，最大限度地发挥电视军团的力量。那么，在什么情况下才是我们步兵出击的最佳时机呢？

第一，省会城市电视台对本地收视资源拥有足够强的控制力。通过中央台、省台无法解决本地的传播问题的时候，不走省会城市台是不行的。

第二，省会城市地域经济发达，消费能力超强。企业追求最佳投入产出比时省会台是必不可少的或者说是唯一的选择。

第三，当企业产品的品牌力足够强，同时需要在重点销售区域精耕细作的时候，省会台的作用非常大。

第四，企业竞争进入“巷战阶段”，需要在城市进行攻坚时，省会台就会变成主力频道。

第五，与在中央台和省台做广告的投入相比，省会台的门槛比较低，对于刚刚起步和发展中的企业是最好的选择。

尽管您已选择了正确的战略，但是这还不足以打赢一场战斗。那么，在具体战术中怎样才能把这些优势发挥到极致呢？

三

前一段时间，美国人里斯父女俩出的一本新书《公关第一 广告第二》（也有的地方译成了《公关的崛起 广告的衰落》），曾经让公关行业欢呼雀跃，在广告行业争议不小。其实，我认为，无论公关第一还是广告第一，其实质或者趋势还是整合营销。

举个例子：如果我站在大街上大做广告，“我武功天下第一，打遍天下无敌手”，会有几个人相信我？恐怕至少90%的人会认为我有毛病！可是如果换一种情况，我上来先拳打脚踢打倒3个彪形大汉，这时候我再做广告：我武功天下第一，那可能就有些人信了，还会有一部分人开始半信半疑。这就是一起公关事件，也可以说是一次整合营销。我认为做整合营销就是将我们省会台这个媒体用好用足的最佳战术。

为什么这样说呢？整合营销的实质是在产品与消费者之间建立直接和多渠道的人性化沟通。近、快、密、信，它的几个基本要素恰好与我们省会台的特点相吻合。

第一，整合营销也好，公关也好，要离消费者越近越好。除非是您利用的事件足够大，就像蒙牛借“神五”上天这样一个全国人民都关注的大事件大做营销。可惜这样的大事并非天天有，而有些事也并非人人都关心。中国地域辽阔，文化习俗也大不相同，作为普通市民，他们最关心的是他们身边的事。省会台凭借着与观众最贴近的优势，与您的消费者离得最近，最熟悉、最了解您的消费者。我们知道他们喜欢吃什么、用什么、玩什么。在我们的势力范围内量身定造一起地域性、个性化的公关事件，相对来说是容易的，也是我们所擅长的。

第二，反应快、应变快，这个更是我们的强项。这个城市刚刚发生的事和正在发生的事老百姓都能通过我们在第一时间看到。以广告投放为例，只要您今天早上拿来广告带，我们就能在晚上让您的广告铺天盖地。这样的速度，平时也许您不觉得有什么用，但是当处理一起危机公关时，您就会切身体会到速度意味着什么。

第三，在目标区域内覆盖广、暴露频次高。要知道在同样的暴露频次中，比起其他媒体，省会台是成本最低的。您可以用最低的成本覆盖最有效的人群。

第四，有公信力和亲和力。省会电视台与老百姓的关系可谓最密切，省会电视台几乎所有的栏目都是以人为本的定位，与老百姓水乳交融。老百姓有什么喜怒哀乐，都愿意反映给我们。像南京台的《直播南京》，叫好又叫座，沈阳台的《生活大放送》，市场渗透率高达72%，是观众中的著名品牌。通过这类节目搞一点公关活动，肯定会事半功倍。

这里讲一次太原电视台的整合营销。康明眼科医院是一家由几位著名眼科专家成立的中美合资医院。在鱼龙混杂的医疗环境中，该怎样做广告宣传呢？针对一般民营医院美誉度较差、大家又对眼科手术有心理恐惧的实际情况，我们首先策划组织了“康明眼病救助基金”启动仪式。会后各大媒体的消息遍地开花，电视台和报纸平分秋色。但是，接下来电视台的力量就凸显出来了，太原台为这家医院专门制作并播出一系列“爱眼卫生公益广告”，强大的覆盖率和暴露频次使得康明眼科知名度、美誉度大增。后面的一招更让其他媒体望尘莫及。在太原台的健康栏目里进行了山西省第一次手术现场直播，之前还做了大量的预告。这一下在市民中产生强烈影响，对这项手术的了解一下增强许多，医院手术量一时间翻了几倍，取得了十分良好的效益。在这个基础上，每逢医院在电视上打几天广告，都可以起到非常好的效果。可以说：康明眼科不是在太原台投广告最多的客户，但太原台一定是康明眼科最好的媒体合作伙伴。

这就是电视的力量！这就是省会电视台的力量！

这样的案例，每一位省会电视台广告部主任都可以讲出几个，在每一个省会电视台广告部，都有许多不同类型，但同样成功的经验和案例。只要您花一些时间同他们谈一谈，一定会满载而归。

如果您觉得在省会台投放广告虽是一个不错的选择，但要飞到20几个省会城市，分别和20多个广告部主任谈判却是件费心费力的事，那您就多虑了。现在您只要找到我们省会台协作体，一切都可以搞定。

有了省会电视台协作体这个平台，您既可以任意地组合定位您的区域市场，打一场像外科手术一样精准的市场品牌或营销战；也可以发动一场覆盖20多个省会台和我们身后几百个城市台的地毯式轰炸。灵活机动的市场组合与合作方式一定会让您以最少的投入、获得更大的回报，取得意想不到的成功。

省会城市电视台同盟愿与央视、卫视同仁一道，共同耕耘、拓展电视广告市场这片沃土，共同把中国电视广告市场做大，做强！

“风情万种　随你心动”
——广西卫视强力打造“中国第一女性频道”

广西电视台

2004年11月8日，“广西电视台2005年优势媒体推介暨广告征订会”在南宁隆重召开，会议以“风情万种 随你心动”为主题，结合了广西卫视的自办特色栏目《寻找金花》和美丽资源《中国模特之星大赛》，才艺绝伦的金花姑娘和青春亮丽的模特都展现了各自的风采，不仅凸显了其自办栏目的特色，更彰显了广西卫视“中国第一女性频道”的鲜明定位。这次会议的圆满成功，为2005年广大客户提供了最精准的媒介投放、最有利的投资回报，也表明了广西电视台更加倾力高举“风情万种 随你心动”的鲜明旗帜，与广大客户满怀信心地迈向2005年的辉煌前景。

回顾昨天

2003年底，广西卫视瞄准女性，结合自身节目优势，充分利用上星资源，定位为女性特色的全国性综合频道。2004年，在视听传媒竞争白热化的形势下，广西卫视率先在全国提出了女性定位的差异化竞争战略，将广西卫视定位为女性特色综合频道，全面整合资源，突出女性特色，明确锁定全国女性受众，全力打造“中国第一女性频道”。至此，广西卫视确立了差异化竞争战略，积极推进战略实施，与电视同仁共享中国电视市场。

围绕女性特色定位，广西卫视把品牌战略建立在清晰的观众价值主张之上：广西卫视最懂女人，最爱女人！观众不仅可以通过广西卫视荧屏领略女性的美丽，更可以通过其荧屏及系列的大型活动展现女性的美丽。围绕其品牌核心价值——美丽，广西卫视提出了鲜明的频道口号：“风情万种 随你心动”，并启动全新的CIS识别系统工程，使得品牌战略更好地服务于频道战略。

审视今天

而今，在广告营销方面广西卫视提出了打造“女性决策品全国传播平台”的战略定位，以女性消费群为核心目标，积极推进战略型广告营销。广西卫视2004年上半年广告创收增长率高于全国卫视平均水平，获得了良好的市场回报，客户构成方面更趋合理，女性决策品不断进入广西卫视，品牌数量不断提高，也使得广告客户获得了满意的市场回报。

2004年，某国际知名日化用品品牌在做全国传播策略选择的时候，只选择了五家省级卫星频道，广西卫视名列其中。用该品牌媒介总监自己的话说：“我看中的是目标观众收视率，我们的品牌消费者绝大多数是女性，广西卫视女性观众收视率位居省级卫星频道前五，收视成本非常合理，是我们的当然之选。”娃哈哈广西区总经理施展作为广西卫视的长期客户也深有感触：“不知不觉我们娃哈哈公司已经与广西卫视一同走过了8个年头了！这8年来我们合作得非常愉快，广西卫视的业务员非常热情，而且越来越专业。正是因为与这么一个专业的团队合作，我们娃哈哈在广西树立了良好的品牌形象，产品在广西的销量一直是稳步增长。”迄今，广西卫视已取得骄人成绩：全国覆盖率已进入省级卫视前十名，全国收视率名列省级卫视前五，女性观众收视率同样名列省级卫视前五（来自尼尔森媒介研究的统计数据），广告经营创下了前所未有的优秀成绩。广西卫视在全国省会以上城市组中，女性观众比例由2003年的48%提高到53%，成长率10.4%，逐渐获得了全国更多女性观众的青睐；女性观众数量增长34%，达到了预期的目标，也印证了定位的准确及实施的到位。

目前，广西卫视以清新、柔美、亮丽的荧屏气质吸引着全国观众，尤其是女性观众的目光。节目板块构成以“女性”和“美丽”为灵魂，以“风情”和“文化”为承托，呈现出别具一格的荧屏魅力：

女人宠爱的剧场：幸福、丽人、温馨、欢乐四大剧场，精选播出女人品位的电视剧集，在“情”的缤纷世界里道不尽千般滋味，万种风情；在各自播出的时段收视人数排名均进入全国卫视前五名（见下表）。

栏目名称	播出时段	收视千人数（'000）	女性高出男性百分比（%）	全国卫视收视排名
幸福剧场	08:30—12:30（周一至周五）	95	31	4
丽人剧场	12:40—14:40（周一至周五）	126	47	4
温馨剧场	15:10—17:05（周一至周五）	101	51	4
欢乐剧场	20:10—22:50（周一至周日）	217	21	5

数据来源：克顿数据库（croton）全国31个省会城市。

女人欣赏的栏目：《寻找金花》展示秀美山川、美丽少女和旖旎动人的才艺人生故事。

《大开眼界》展现民族聚居地自然美景、奇风异俗和民族多重文化的奇特魅力。

《风起南方》双向报道中国与东盟的经贸文化、风土人情，是中国与东盟各国沟通之桥梁、风情之画廊。

女人眷恋的歌曲：《唱山歌》横跨传统与流行、民族与时尚，展现一幅中国大地各民族音乐的风情画卷，是广西作为民歌故乡的又一壮举。

女人期待的时尚：中国时尚界最权威的顶级模特大赛“中国模特之星大赛”，2004年秋天落户广西电视台并且初绽芳菲，踏上了为期五年的合作路程。

“北京国际时装周”超级豪华阵容，广西电视台独家电视媒体全程播出。届时，广西卫视将携手海外巨头，隆重推出一档更时尚、更女性的栏目“中国时尚先锋”，借助这一国际性赛事平台，广西电视台的美丽工程可望万众瞩目。

展望明天

2005年，广西卫视将继续聚焦“女性决策品的全国传播平台”这一切实可行的定位，围绕目标观众的收视需求，持续创造与定位吻合的优秀节目，努力提高观众的满意度，打造广西卫视的传播价值，吸纳与频道定位吻合的广告商与战略合作伙伴，致力于为全国的广告客户建立一个信誉好、服务佳、投资回报率高的传播平台，努力开创观众、广告主、媒体三赢的局面。展望未来，广西卫视正在成为全国性的强势媒体，立足神州大地，牵手东盟，放眼世界，以全新的姿态逐鹿全国市场。

实施三新战略，把广播产业做大做强

秦皇岛广播电台 张良良 郎云壮

近年来，秦皇岛广播电台牢固树立以创新求发展的工作理念，促进了广播产业的快速发展。近几年经营收入平均以30%以上的速度增长，2004年比2001年翻了两番。市场份额由2001年占所在地区媒体广告的5%，2004年达到10%。初步实现了由小到大，由弱到强的突破性发展，树立起地方强势媒体的良好形象。

一、创造新理念，以全新的服务培育广播产业核心竞争力

市场学认为，客户是上帝，是市场营销中的主导者，它不仅决定着市场主体的强势和弱势，而且在一定意义上，特定的服务对象决定着所对应的营销者的存在与消亡。为此，我们在经营工作中始终坚持服务第一、客户第一的经营理念，以服务创新培育经营工作的核心竞争力。

一是积极进行阳光营销，靠增加营销工作的透明度培育良好的市场环境。做到经营品种公开，时段公开，价格公开，折扣公开，责任人公开，信息渠道公开，以六公开保证经营工作公平和公正。为了保证信息渠道的畅通无阻，我们在全台设立了客户投诉电话，全天24小时受理客户对经营工作的投诉和建议，保证客户宣传有选择，营销有选择，举报有渠道，利益有保证。

二是用新体制来保证做到服务科学合理，满足客户需求。我们建立了广播节目慢录系统，设立专门的广告查询热线电话，全天20小时开通，每期节目保存两周时间，广告播了多少次，是否准点足时一个电话全知道，不但弥补广播稍纵即逝的弱点，而且加强了广告从业人员的事业心和责任感。电台四个专业频率分别配备了专门的广告监听员对全天广告进行全程监听，然后指定专门人员把监听记录与广告播出单进行核对。一旦发生漏播现象，首先按照内部制度对责任人进行处罚，并由广告部主动通知广告客户，按客户要求补播。

三是努力做好服务内容的延伸工作，让客户享受品种丰富，内容多样的服务。有人说“99%普遍服务+1%精细服务=100%满意服务”，对此，秦皇岛电台有着深刻的体会。1 %的精细服务看似比例很小，但却是服务工作价值所在，因为通常的服务大多数单位都是一样的，所谓1 %的精细服务恰恰又是一个单位的特色服务，做好了这1 %的特色服务，才能升华另外99%的服务，彰显整个团队的服务特色。所以，从一定意义上说，这1 %的精细服务恰恰是赢得市场的制胜武器。

在节目管理上，我们在广告部内部专门成立了听众研究室，对全台各频率的定位及节目设置、节目形态以及节目的运行情况进行专门的研究和论证。按照市场化和客户的要求，及时对全台的节目进行调整、改进和提高，保证频率的定位与市场对接、节目的设置与听众的需求对接、栏目的形态和内容与品牌对接，从而保证了节目的适销对路和社会效益的最大化。还成立了专门的听评委员会，从社会招聘近百名节目听评员，请他们为节目打分，为全台的节目提建议、指问题，从而把服务

听众，服务客户的理念融入其中。

二、运用新思维，以全新的服务赢得听众，占领市场

广播界有一个说法：听众是上帝，客户是财神。在经营工作中，经常遇到既不敢得罪上帝，又不能得罪财神的二难问题。为此我们在经营工作中，从七个连接着手，既维护了上帝的尊严，又保全了财神的面子，保证了社会效益和经济效益的双赢。这七个连接是中国台湾省电视广告与内容资源结合的创始人颜淑珍女士创立的著名广播电视策划与营销理论——“铅笔理论”。这一理论认为随着广播电视媒体日益普及和繁荣，其竞争的程度越来越激烈和残酷无情，有时到了你死我活的地步。在这种情况下，单纯依靠出卖广告时段经营的时代已经过去，媒体广告经营将以广告与节目资源结合方式取代单纯的向客户出卖时段方式。颜淑珍女士将广告与内容资源连接的方式划分为七种，分别是节目连接、节庆连接、新闻连接、名人连接、形象连接、抽奖连接和大型活动赞助。从这七种连结入手，近年来，秦皇岛广播电台坚持走开门办广播，办听众看得见的广播工作思路，根据秦皇岛地区的产业特点和当地群众的文化需求，走符合广播媒介特色的经营之路。在节目设置上积极以听众需求为导向，在保证节目政治导向性、保证社会伦理道德的基础上，我们努力做到以听众的需求为导向，听众喜欢什么样的节目样式，我们就怎样设置，听众习惯什么时间收听，我们就把对应的节目时间调整到什么时间开办。为了满足年轻听众的参与需求，我们开通了手机短信系统；为了方便中老年人参与节目，我们同时保留热线电话参与节目的方式；为了方便偏远地区听众参与节目，我们在节目中不断地公布节目联络方式。尽量保证在节目调整中不丢失一个听众，每个节目都形成自己的听众群体。在搞好对应听众办节目的同时，还积极地搞好对应市场办节目，先后开办了对应餐饮业的《饮食男女》、服务汽车行业的《我车任我行》、满足卖房买房需求的房产节目《家有好房》，这些节目得到秦皇岛餐饮、汽车、房地产商家的积极参与和支持。同时我们还广泛开发节庆资源，每逢大的节日，特别是一些行业性的节日，我们都有相应的市场营销策划方案，展开直播活动，为商家和行业服务。我们还策划并组织了在当地具有广播特色的传统的商业活动，形成相对稳定的服务内容和合作伙伴。如每年一届的“公牛啤酒节”、“3.15维权之星评选”、“业余歌手大赛”等。“月圆情更浓爱情短信大赛”、“绿化城市广播林植树活动”、“健康之声老年俱乐部”等活动则以鲜明的人文关怀色彩，得到听众的广泛参与。

为了发挥新体制在产业发展过程中的积极作用，我们从实际出发，把原来的新闻部、播音部合并，成立以专门生产新闻节目的新闻频率——秦皇岛之声台，全天播出新闻节目十几个小时，充分发挥广播新闻的整体优势，扩大广播的社会影响力。新频率除原来早间新闻节目外，打造出《港城事大家议》、《阳光消费》、《天天星期八》等一批名牌栏目，有力配合了广播产业的发展，取得社会效益和经济效益双赢目标。基于秦皇岛市广播资源和广告资源的现状，多年来，秦皇岛电台对广告工作实行广告部统一管理，由广告部对全台的广告经营工作负责，做到广播广告市场统一开发、统一价格、统一受理、统一制作，并将广告任务分解到各专业频率，由各频率负责广告市场的培育，并在保证完成好宣传任务的情况下，全力以赴对应市场办节目，最大限度地开发市场资源。全台总的任务指标落在广告部头上，同时将总任务再分解到各个频率，做到一个指标考两头，每月按频率完成的经营业绩确定分配的多少，充分调动了各频率的创收积极性。

三、打造新品牌，以全新的形象扩大广播媒介的社会影响力

打造广播品牌，使广播成为地方强势媒体是秦皇岛电台近年来坚定不移的策略。近三年来秦皇岛广播电台开展了大规模“广播明星主持人评选活动”，在30多名广播主持人中评选出10名明星主持人，活动充分调动听众参与的积极性，10名明星主持人完全由听众投票选出，同时在参与投票的听众中开展“评明星、中大奖、听广播、游香港”活动。这一活动持续时间长达半年之久，参

与听众近10万人，收回选票近5万张，有10多个商家参与这次评选活动，极大地提升了广播在媒体中的形象。

在每年的计划中，坚持突出重点、重点突破的原则。在推进频率专业化的同时，每年确定一至两个频率重点打造，每个频率确定二至三个重点栏目强力推进，在经费、待遇、人员配备上给一定优惠政策，鼓励其快速发展，尽快成为品牌，都收到了标榜示范和带动作用。为扩大影响，市政府一些重要活动，秦皇岛电台进行免费直播，市内多家媒体立体报道，使广播媒体深入人心，形成了广播品牌效应。

各频率也依据自身的频率定位，积极开展各项活动，提升频率形象。现在秦皇岛电台四个频率每年开展的各项活动加在一起不下几十个，有时一周内有四五个活动。这些活动以节目为依托，多数活动都有商家参与，不仅提升了频率形象，也拉动了创收。各频率还依据受众群体分别成立了听友俱乐部，广泛听取听众对广播的意见，让听众和广播工作者面对面交换意见。

经营工作的最终的支撑点是广播节目，打造主持人节目是秦皇岛电台不遗余力的目标。秦皇岛电台利用节目慢录系统，对四套广播节目实行全程录音，每月定期进行两次节目评议，全体主持人综合排位，连续三次节目评议末位者自动离岗学习。现在秦皇岛电台四个频率每个频率都有自己的品牌节目，都有自己的品牌主持人，有的主持人已经成为秦皇岛市家喻户晓的名人。

秦皇岛电台目前有四个频率，全天播音70个小时，但全台人员只有60人，有人觉得不可思议，这大概得益于秦皇岛电台一套行之有效的管理运行制度。如果把秦皇岛电台的节目运行比作金字塔，这个金字塔以主持人为塔顶，以频率为塔身，塔基是电台一整套激励约束机制和管理制度。如果把秦皇岛电台经营工作比作金字塔，这个金字塔则是以广告经营人员为塔顶，以频率和节目为塔身，塔基仍然是电台行之有效的经营管理机制。

营销制胜：电视台经营的必然选择

天津电视台副台长　高桂华

竞争是事物生存的基本法则，伴随着中国经济向市场化和全球化方向的深入发展，各种媒体之间争夺受众眼球和注意力的竞争可以用惨烈一词形容：2149家高速商业化的报纸；8000家早已市场化的杂志；已近饱和状态的3000多个广播频道和3000多个电视频道；每年以两位数迅速增长的户外广告经营者；数以万计逐步走出低谷的网站；都在凭着自身的优势瓜分全国1000多亿元的广告费。而中国四级办电视的体制不仅仅催生了3000多个电视频道，更使省级电视台处于垄断全国资源的中央台和贴近市场与观众的区域电视台（地市、区县台）的夹缝中，上压下堵的生存态势在向产业化迈进的过程中越来越外现。

20世纪末，国家将广播电视列入加快发展的第三产业，并提出：在市场经济条件下，媒体既要搞好宣传又要经营，要把广播电视建成以新闻宣传为主业，有独特生存能力与竞争能力的特殊“市场实体”。这一精辟而有远见的论述为广播电视业的发展开辟了道路。近几年广电部门的改革一浪高过一浪，节目个性化、栏目品牌化、频道专业化、全员竞聘上岗、高薪引进人才等措施不断为这一传统大众媒体注入新的活力。而打造品牌，提升形象，加强营销与推广成为电视台经营的一个紧迫课题。

一、营销自我：电视台面临的一个突出问题

国外的新经济学家有一项研究——如何用创新去得到更好的回报。研究表明，用产品去做创新的回报率大概是10%左右，如果用营销模式去创新就可能得到90%的回报。因此企业应该更加关注怎样通过营销模式的创新得到更大的财富。

营销是市场经济条件下企业生存与发展的核心工作，各大企业纷纷设立"市场总监"、"营销经理"、"运营主管"等职位来统筹公司的销售与推广工作。对于一个电视台来说，无论是更好地完成喉舌使命，还是要充分发挥其产业属性，都需要有良好的品牌形象，较高的美誉度，雄厚的经济实力。要达到以上目标自然离不开科学主动的营销。香港电视传媒决胜残酷市场竞争靠营销，时代·华纳、迪斯尼、新闻集团等国际化发展靠营销，就拿安徽卫视的成功来说，也可谓是"营销"的成功。

2003年底，顺利完成频道专业化改革的天津电视台迎来了有线无线整合后的第一个年度招商会，台领导审时度势，高瞻远瞩，决定走出去，走向全国；展示自己，广交朋友；推介媒体，广告招商。精心策划了"天津卫视2004年媒体推介会"。历时20多天，行程16000多里的上海、广州、哈尔滨三地推介会是天津台历史上第一次走出天津，直接面对各地广告客户，它的成功不仅仅是每场都吸引了200多名广告客户和媒体记者参加，广交了朋友；亦不仅仅是用辛苦的谈判换取沉甸甸的1.6亿广告额，更重要的是它展示了两台合并后不断改革和整合的天津电视台的全新形象，为下一步的广告经营打下了坚实的基础。这同样是重视营销所取得的收获。

二、营销新理念：整合传播

现代营销的成功需要整合传播，其核心理念就是用同一个声音说话，以及利用一切媒介的力量和优势，将所传播企业的统一标识、系列产品、核心价值不折不扣地传达给消费者，即整合多种媒介输出同一信息。香港电视媒体的营销在这方面做得非常成功。拿TVB的形象推广来说，每当有重大活动或新剧目播映前，它总要调动各方力量，比如：电视宣传、报纸炒作、户外推广、艺人路演、网站互动等，制造轰动效应，吸引观众眼球，扩大电视台的影响力。

各省级台都有强大的广电集团做后盾，多个专业化频道占据本省绝对多数的市场份额，应该增强整合营销传播的意识，变资源优势为市场竞争胜势。拿天津电视台来说，我们实行"统分结合，以统为主"的经营战略，这为我们整合频道资源，开展立体营销提供了条件。同时我们还充分利用自己的网站开通广告论坛，出版沟通、传递客户信息的《天视传媒资讯》，通过购买或合作的方式利用路牌宣传自我形象，收到非常好的效果。

三、营销的关键：制定可行的市场策略并执行到底

走产业化道路，搞好电视台的营销，必须要有一个可行的市场策略。香港无线电视台与亚洲电视台多年来水火不容，此消彼长，但目前香港无线电视台却一枝独秀，清晰地展示出市场策略对路则胜，反之则处于下风。一个成功的市场策略并不是凭空产生的，它来自于对市场、观众和对手的全面了解和分析。研究市场，不断求新求变；研究观众，力争投其所好；研究对手，做到避实就虚、博弈中求生存。另外，再好的策略得不到执行就毫无价值。因此，有了可行的策略要坚决、高效、迅速、彻底地贯彻执行。

中国电视业是一个实践性很强的行业，在此领域没有成熟的理论供借鉴。惟有积极探索、开拓创新，才能缩短和赶上国际传媒发展的水平。我们在实践中总结出了"以观众收视为纲，创造性经营"的思路，包括推出统分结合、分行业经营、全频道代理制、频道承包制、项目组推广制、单一品牌制、广告淡季优惠套播、黄金周特别套餐等经营方式，不断取得经营与宣传的双丰收。

四、营销的目标：打造电视台的品牌

一家电视台要想吸引更多的观众和广告客户不能没有品牌栏目、品牌主持人和全台良好的品牌形象。香港各家电视台都设有公关部或对外事务部专职品牌提升工

作，具体内容有正面炒作与危机处理两大方面，有专门的经费保证公关宣传的需要。他们非常注意结交其他媒体的记者，平时不断感情投入，关键时候让他们主动替你说话。反思我们的公关宣传，范围较窄、力度较小，缺少专职的队伍和专门的经费保障，在其他媒体的报道中声音不够大，制约了我们的形象提升。

用荧屏办夏令营的设想，就产生在抓住时代热点利用大型活动加大公关宣传的理念中：本市有百万少年儿童，漫漫暑期怎样度过，是学校和家长都揪心的事情，盼着有谁能管起来。这时，由我台策划的大时段《暑期荧屏夏令营》推出了，用新颖、多彩、富有趣味的节目和参与其中的收视方式，把少年儿童吸引到荧屏前来。通过按照节目要求完成的作业作品，对他们潜移默化地进行德育、智育、美育教育，为家长省却一份心思，帮学校开展一项活动，得到了社会的高度重视与评价。闭营式活动那天，有上万名少年儿童和家长参加，其热情与积极性十分感人。由于节目适应了观众需求，已成功连办三年，成为我台的品牌活动之一。

另外，我们还结合电视台的各种资源，策划组织多样性的主题活动，如“影片首映式”、“剧组见面会”、“行业高峰会”等等，用电视媒体的知名度、美誉度吸纳最广泛的观众。其中，影响较大的有获得天津电视节目一等奖的《“走向辉煌” 电视文艺晚会》、邀请朝鲜国家剧院演出歌剧《卖花姑娘》（恢复了两国断绝几十年的文化交流）、策划组织了张学友、任贤齐等著名歌星演唱会，特别是《张学友演唱会》创参与人数最多、影响最大两项全国之最，歌手本人多次在香港赞扬天津演唱会的组织工作。这些活动从多方面满足了观众的需求，宏扬了先进的文化，增强了观众同媒体的亲和度，大大提升了天津电视台的品牌形象。

五、营销的决策依据：建立庞大的受众及客户数据库

20世纪80年代客户只要做广告就能挣钱，90年代客户只要投入足够的资金就能挣钱，而今天客户做了广告也未必能挣钱。在频道资源供大于求的今天，客户自然在新的博弈中处于优势地位，这是当前电视媒体不得不面对的现实，我们称之为客户制定规则的时代。对客户的称谓也出现了“衣食父母”、“上帝”、“战略合作伙伴”，甚至将其直接纳入资产评估中。

市场竞争争的就是观众和广告客户。广告客户是电视台生存和发展的衣食父母，观众是电视文化产品的消费对象，他们自然也就是电视台制定市场策略的决策依据。一些成功的传媒集团都成立了媒体事业开发部，开展客户服务、研究等工作，日积月累形成了一个庞大的客户数据库，成为电视台的一笔宝贵财富。

企业的成功靠品牌产品，电视台的成功则要靠品牌栏目，要打造品牌栏目则必须从观众的需求着手。具有普遍意义的观众需求，体现着一定的社会认识，是隐蔽的公众舆论，这要以犀利的新闻敏感去捕捉与反映。获得理性认识之后，我台把它应用于实际，在影视频道率先建立了“收视资料分析系统”，对节目进行有效监控和评价，以保持稳定的收视率并形成良性发展机制。经过不断摸索与完善，我台建立的收视分析系统由四个部分组成：提供观众及竞争对手收视情况部分；综合分析收视情况后制成的文字或图表部分；利用收视资料对观众需求与节目现状做的针对研究部分；向决策层提供建议和节目发布的信息部分。事实证明，收视分析系统的建立使我们掌握收视率不再是一句空话，在宣传与经营中发挥了不可或缺的耳目与参谋作用。以《电视选房》栏目为例，节目推出以后，收视资料显示：栏目观众中现住两居室的比住独居室的高出30个百分点。据此，我们把《电视选房》栏目的定位调整为中等收入家庭选房服务，使栏目内容同观众需求的接近性更好，让观众既不是“不屑一顾”，也不是“高不可攀”，而是“有看头儿有选头儿！”。调整后的栏目犹如红杏出墙，吸引了江苏、河北、辽宁等兄弟台来津探讨，北京台、哈尔滨台还移植了这个栏目。

正是依托收视分析系统对节目的定位、内容与形式的反馈，才使全台节目处于日臻完善的改革之中，涌现出一批观众喜闻乐见的好节目（栏目），其中包括获得中国新闻奖的《百姓家居》、《艺林芳草地》、《汽车时空》

等。节目质量好，收视率就高，媒体经营自然也水涨船高。拿有线电视台的经营来说，建立收视分析系统的第二年（1998年），经营收入由1997年的1400万元猛增到5500万元，增长近4倍。此后长足发展，到2002年达到1.4亿元，已是1997年的10倍。

单体栏目（节目）如此，整个频道的策划构架也如此。以影视频道为例，依据收视分析系统提供的资料，按性别、年龄、职业、文化程度、美学趣味、收视特点的不同细分观众市场，提出了“时段阶梯”的设置理论，重点将1998年以前每天黄金时段播映两集电视剧，改为针对不同观众播映两档四集。同时，对频道全天节目结构相应调整，形成了全国第一个影视频道。据全球最大的媒介调查公司——AC尼尔森统计，自2000年以来，天津台影视频道的收视率连年居全国城市电视台之首，已形成节目与经营的强势品牌，使天津台专业频道的经营跨入了全国四强行列。通过对天津电视台七个频道整合，天津电视台的整体经营连续两年持续增长30%以上，达到5个多亿。

六、营销新伦理：从竞争到竞合

媒体与客户合作方面近20年来发生了根本性的变化。从早期的媒体高高在上，到后来媒体成为一个传播工具并增强了市场竞争意识，再到今天媒体应该跟广告主结合成为一个捆绑在一起共同去奋斗的战略合作伙伴。因此广告主在考虑投放广告的媒体选择时，不应该仅仅想到是成本这样的简单问题，实际上应该有一些更重要的战略上的考虑，更应该看到传播力、市场效益等等指标。世界营销大师科特勒在2002年曾经指出，任何一个公司要成为赢家的话，有三点是最重要的：第一点，有没有能够为顾客提供更高价值的表现。第二点，在同行中有没有执行的竞争能力。第三点，有没有建立起合作性的网络来竞争。特别提到的第三点，在今天的竞争中，显然已经不是一对一的竞争，不是一个企业跟一个企业的竞争，在全球范围包括跨国公司在内都是在用一个新的理念指导竞争，这个竞争的新理念是说竞争不是存在于单个企业之间，而是存在于合作的企业之间、合作的网络之间。也就是说如果一个小舢板在市场中将来不会有大的前途，必须和其他的资源整合成平台，甚至是航空母舰，才有可能成为大赢家的希望。因此，由竞争走向竞合，追求双赢、三赢、多赢成为现实的选择。帮助客户成功，也就是在成就自己。谁都想在多赢的过程中赢得更多，而其法则就是“成就别人方可成就自己”。

这一新的生存法则不光适用于媒体与客户，也同样适用与媒体与媒体，特别是省级电视台之间。省级电视台共同的市场压力和优势互补的特点，使得深层次的合作成为可能。关键是要有领军人物和愿意付出的精神，同时还要制定合理的游戏规则，并想法避免或减少“搭便车”现象的发生。

七、电视台营销：收获的将不仅仅是广告

省级电视台在央视、地市和区县频道夹缝中生存的现状规定了其独特位置和角色特点。开发宣传省级卫视的“省外价值”，具有明显性价比优势的省级台全国整合（广告联播、节目交流、联合购片等），更加贴近受众需求的频道专业化全面推进（各省频道数达到6—10个），都是省级台强势出击所祭出的新战略。目前，这些战略与举措业已见到一定效果，大家正在沿着产业化的道路力争将自己的电视台打造成有竞争力的“市场实体”。

在传统的电视经营中，广告是电视台创收的绝对主渠道，但是多媒体、多频道和互动电视、付费电视的崛起正在冲击和改变着这一格局。全世界的电视台都在探索从核心产业到多元化经营的发展之路，形成了一个电视媒体运作的产业链：内容制造（新闻、栏目、电视剧）——内容集成（专业频道）——内容通路（有线、无线、卫视）——内容整合（品牌延伸、贴片广告、节目销售、附带产品开发、资本运作等），广告只是这个产业链的一部分。电视媒体多元化经营已成为大势所趋，随着国际化大潮的推动和影响，这一进程的速度还会不断加快。

当前，广电走集团化、频道专业化的改革也正是要应对这一国际潮流。因此，我们的经营要高瞻远瞩，未雨绸缪，面向世界，面向未来，抢占电视经营的制高点。

对于整合传播营销，我们收获的将不仅仅是广告，它将是多元化产业经营的新起点。这恐怕是省级电视台甚或所有电视台今后要长期探索和实践的重大课题。

参考文献

[1]鞠侃彬主编《改革中国电视》，工商出版社，2002年版。

[2]张锦力著《解密中国电视》，中国城市出版社，1999年版。

[3]张海潮主编《电视中国——电视媒体竞争优势》，北京广播学院出版社，2001年版。

[4]赵曙光、禹建强、张小争著《中国著名媒体经典案例剖析》，新华出版社，2002年版。

[5][美]菲利普·科特勒著《营销管理》（第11版），上海人民出版社，2003年版。

[6][美]唐·E·舒尔茨等著《整合行销传播》，中国物价出版社，2002年版。

《佛山日报》广告经营策略

佛山日报信息广告部主任　张　伟

自2003年元旦开始，伴随着媒体的整合、报纸自身的改革，广东第三大城市的佛山日报社全面实行广告代理制，一系列面向全国广告招商的宣传密锣紧鼓地进行，使《佛山日报》这份一直走在全国地级市报前列的区域性媒体备受关注。

2003年到现在，《佛山日报》开始变厚，新闻信息量激增，发行飚升，广告经营量在往年两位数递增幅度的基础上，再创新高。单日、单周、单月的广告刊登量均创历史最高水平，广告总量列入全国地级报20强的前列。

《佛山日报》广告经营有何门道？佛山日报社总结了最近两年的做法。

坚定推行广告代理制

从2003年1月1日开始，佛山日报社对广告管理体制实行大刀阔斧的改革，最重要的举措就是按照“公开、公平、公正”的原则，对《佛山日报》实施广告代理制，摒弃了以前报社属下报业广告公司独家广告总承包、总代理的做法，变垄断经营为有序竞争。广告代理制顺利展开，开拓出报纸媒体广告经营新天地，成为全国地级党报中一道亮丽的风景线。

在实施广告代理制时，佛山日报社首先将广告部与广告公司的管理与经营职能分开。广告部代表报社制定广告政策，管理与服务广告代理公司，监控终端市场，强化广告策划，适时推出新的广告产品。而业务拓展则全权委托广告代理公司执行。

新的信息广告部面向全国广告代理公司招商。在开拓、建立本地区域市场方面，先后与20家有代理资格和经验的广告公司签订了广告代理合同，并在下辖的顺德、南海、三水、高明等区相应建立起广告代理公司的网络；在广州、北京、上海、深圳、珠海、天津、四川、重庆、武汉、江西、海南、大连、贵州、云南，以及东北等地也发展了为数不少的广告代理公司，广告代理网络覆盖全国各经济发达地区。同时，在北京、上海、广州、海南、贵州、南京、宜昌、成都、大连等地多次参加广告招商会，宣传《佛山日报》广告代理制的做法。此外，在佛山日报社直属的佛山在线网站（http://www.fsonline.com.cn）上建立网上广告站，方便广告客户和代理公司查询价格。

2004年下半年，佛山日报社又通过风险投标，对佛山市下辖的区县区域市场实行独家广告代理，有效地改善了区域市场广告经营薄弱的状态。通过广告服务，有效地服务了区县读者，促进了发行。佛山日报社还通过公开招标，对市区范围的十多个行业，包括金融业、教育、医疗、药品等行业，实行独家风险总代理，将市场逐一细分，使独家代理广告公司与报社利益共享，风险共担。

为提高报纸的实用性、可读性、服务性，提高在零售市场上的到达率，佛山日报社将各区域市场的分类广告经营权招标、授权给代理公司经营，有效地提高了分类广告的占版率，提高高端读者对报纸的关注度，并有效地拉动了规格广告的经营。

总结广告代理制的做法，佛山日报社主管广告的负责人感觉到，对报纸自身而言，经营收入大幅提高了，先收款后刊登的政策使得广告坏账率减少了，广告从业人员素质提高了，服务水平提高了；对市场而言，由于众多广告代理公司的加盟，使得报纸服务的客户群，尤其是品牌广告大幅度增加，报纸影响力增强了，广告市场潜力被充分挖掘出来了。

城市变革给报纸带来机遇

“区域城市媒体的形象，其实就代表着当地城市的形象。”这是佛山日报社传媒集团总编辑、佛山日报社党委书记谢昭良对佛山市近年的城市变革和经济发展给媒体带来机遇的深刻感触。

2002年底佛山市对下辖的南海、顺德、三水、高明四个县级市实行撤市设区，区划调整后的佛山毋庸置疑地成为广东第三大城市。

佛山的区划调整来得比较快，此项举措将包括有经济“四小虎”之称的南海市和顺德市，以及三水市、高明市撤市设区。一夜之间将数以百万计的农民全部转为市民的政策实施，给主流媒体提供了大量充分表演的舞台。可以说，将佛山建设成为广东第三大城市的举措对媒体的远程发展具有决定性的影响。

同时，落实中央19号文件，佛山市对媒体实行整合，成立了佛山日报传媒集团，原《三水报》、《高明报》停刊，原《佛山晚报》、《南海日报》、《顺德报》、《佛山侨报》、《佛山文艺》、《佛山年鉴》并入佛山日报传媒集团，之后又顺利将《佛山晚报》、《南海日报》整合为《珠江时报》，将《顺德报》整合为《珠江商报》，《佛山日报》作为集团的旗舰地位进一步凸现。

《佛山日报》作为佛山地区唯一的主流媒体、发行量最大的报纸，在撤市设区之前基本上是固守阵地。随着旧有行政区划的打破，《佛山日报》的发行力度和范围随之扩张，发行量迅速增长。区划调整才一个多月的时间，《佛山日报》的发行量在南海区上升了30%，顺德区上升了50%以上，三水区、高明区均上升了20%，禅城区（原佛山市区）上升了5%，其他外围城市也有10%左右的增长。这一切都为广告客户带来了巨大的收益，同时也拉动了《佛山日报》本身的广告开拓。现在，《佛山日报》区域主流媒体的地位得到一致的认同，成为市民必读的报纸。

区域整合后，媒体如何整合，《佛山日报》如何大跨步地迈进，更好地承担起佛山市第一大报的重任？佛山日报人思考的关键是主客观条件具不具备，尤其是客观条件，当地的企业和各个区政府的领导给报纸多大的空间，在这个阶段要用什么策略才能过渡得比较顺利。像《广州日报》那样扩张行不行，各方面的心理承受能力如何？在分析佛山地区的社会心态和有关条件后，佛山日报社认为，要分阶段前进，要一心一意抓报纸新闻影响力的扩张。作为当地主流报纸，同地方政府机关保持良好的沟通是必不可少的，因为地方报纸要抓两性，特别是党报，一个是指导性，另一个是服务性，这是媒体和受众亲和性的具体体现，主流媒体一定要围绕这两性来抓，这是正道。因此，报社近年大量从各高校招收大学毕业生，充实采编队伍，并吸引了一大批在职优秀人才加盟。同时，围绕扩大版面、改进民生报道、加强区域市场的报道等课题，报纸几乎每个季度有一次改版的动作，报纸从日均对开彩色16版，加厚到日均对开彩色24版。

致力完善 建立品牌

对外来媒体进入佛山市场，佛山日报社的策略是冷静分析、沉着应战。再说媒体整个开放的形势下，《佛山日报》要做好两手准备。但最关键的是要办好报纸，提高核心竞争力。这是一个媒体、一个品牌能不能做得起的最根本所在。经过近几年的改造，《佛山日报》的操作流程、出报方法已和大报完全一样。现在《佛山日报》的编辑直接在电脑做版，实现了采编合一，办公自动化水平绝不落后于大报，某些方面甚至还稍微领先了。这些都保证了《佛山日报》产品的规范化。

为保障主流媒体的区域垄断地位和新闻信息量，《佛山日报》利用自身雄厚的经济实力，一方面不断扩大版面，报纸从日均对开彩色印刷16版提高到现在日均24版，并计划提高到日均40版的规模。另一方面，通过降低利润率、提高市场覆盖率的做法，不断加强与政府机构、主流社会机构、大型企业的合作，加强报刊的征订量；还通过加强民生报道，提高报纸在零售市场读者的忠诚度，使得《佛山日报》真正走进读者、走进家庭。现在，《佛山日报》的有效发行率大大提高，发行深度和广度达到新的水平。

《佛山日报》保证产品的质量的第一个战略是投资几千万买了先进的印刷设备，并在继续购买新的印刷流水线。因为现代印刷媒体质量既体现在内容上，也体现在品相上。品相是指传输手段、印刷手段、编排手段。第二个就是人才战略，报纸是人做的。这几年《佛山日报》在新闻第一线的记者、编辑基本上都是新闻系毕业的年轻人。比如世界杯期间，《佛山日报》让几个年轻人搞球评，搞得很轰动，不亚于某些省级报纸。第三个是营销战略：禅城区60%以上的家庭订户是自办发行！《佛山日报》实行的是以自办发行为主的多渠道发行。原来《广州日报》6点钟到佛山，《佛山日报》却要7点多钟才能上市。现在《佛山日报》5点多钟就已经出现在市场上了，这样可以保证《佛山日报》的品牌。当然，讲报纸质量最重要的还是在报道内容上与当地老百姓接近。《佛山日报》和市政府各部门关系都很熟，要搞什么报道，马上就可以到位。

《佛山日报》是本地媒体，保证社会公信度的永久性是《佛山日报》品牌的意义。打一枪放一炮就走的事，《佛山日报》绝对不做，靠写揭内幕之类的新闻来讨好读者的做法，《佛山日报》绝对不做，不规范的市场竞争手法也绝对不做。讲求实效，把发行做上规模，广告收入保持稳定增长，是《佛山日报》实实在在的做法。

全面整合 从小入手

目前传媒产品这个概念已被提出来，这就意味着媒体的放开是必然的，无论是否愿意都是大势所趋。研究报业经营的学者提出，报业经营必须树立“完整的报纸”观念，就是报业经营要从编辑部门开始，各部门共同参与、协调一致，共同进行媒介产品的策划、设计、生产和营销。

为此，佛山日报社设有专门的部门，就是公关策划工作室。它将市场调查作为一项重点工作来做。读者市场、广告市场、竞争对手情况等等，均在密切关注的范围。佛山日报利用佛山科技学院的调查机构对读者市场进行不定期的调查，这为报社重大决策提供了科学的数据依据，明确了报纸的定位。而一些经常性的广告市场调查也为广告部及时调整策略提供了依据。与外地报社的交流，也为报社做广告管理决策提供了经验性的借鉴。

同时，公关策划工作室直接面对市场，通过策划来做广告，开拓市场真空地带，在这方面《佛山日报》进行了可喜的尝试，有效地整合新闻与广告资源。每年“五一”和“国庆”黄金周期间，报社承担主流媒体应尽的责任，发动采编部门新闻铺路，策划开展“共建美好家园”等系列活动，邀请房地产商、汽车经销商、陶瓷企业、内衣生产企业参加，使得黄金周期间活动高潮迭起，政府、企业和消费者都感到非常满意。仅此一项策划，每年吸纳的广告收入数百万元。

广告部还和专刊部合作，创办出版灵活的各类经济周刊，为广告增值服务开道，并依托各周刊，开展各种活动，提高客户投放广告的附加值。《佛山日报·汽车周刊》已经成为广东平面媒体的著名品牌，其建立的汽车俱乐部知名度很大，组织的自驾游、汽车宝贝评选、新车试驾等活动常年不断。汽车周刊与车城合作，使得佛山汽车销售增长显著，广告收入与销售同步增长。结合佛山市的大型商业活动，《佛山日报·楼市周刊》策划出版了佛山第七届房地产展销会特刊，取得了宣传业界、宣传佛山、扩大报纸影响力、增加广告收入、锻炼队伍的良好效果。佛山日报还邀请全国40多家新闻单位开展企业与媒体互动活动，推出陶瓷周刊，通过借势，使得陶瓷周刊很快就在业内成为知名品牌，得到广告商的认同。

佛山日报体会到，传媒具有利用新闻策划发掘潜在广告资源的巨大优势，应该很好地利用这个优势，组织开拓引导广告市场，以取得广告最大化。近年来，佛山日报直接或间接策划的职业教育特刊、陶瓷博览会特刊、房地产展销会特刊、花博会特刊、城市规划特刊等，帮助广告经营人员开拓后续潜在广告，为报社创造广告收入过千万元，效果相当好。

强实力造就新神话
——津报集团操盘“中马大战”赛事营销实例

天津日报报业集团

2006年德国世界杯足球赛亚洲区预选赛“中马大战”的申办成功是天津有史以来第一次承办世界杯外围赛，这也意味着天津体育的一个质的飞跃。除了比赛的举办带来的巨大经济效益，体育赛事的举办还能凝聚人心，满足人的心理需求和精神需求扩展，带给人精神上的满足。对于一个城市来说能争取来一场重要的赛事，不仅能丰富市民的文化生活，还能增强市民的自信心和凝聚力。2002年韩日世界杯给了全世界一个漂亮的证明，使得越来越多的城市热衷于争办各种大型赛事。

此次申办2006年德国世界杯足球赛亚洲区预选赛“中马大战”的竞争也格外激烈。从去年得知该场比赛已定在国内举办开始，天津日报报业集团就积极运作，争取把该场比赛落户天津。但在申办路上，天津受到了来自上海、沈阳、大连、成都等城市的“顽强阻击”，各申办城市纷纷亮出自己的“王牌”。上海以城市的经济实力来说话；大连、青岛则以城市环境的美丽来说服中国足协；沈阳和成都分别以多次承办过世界杯预选赛的经验为竞争砝码；天津则以城市的巨变、海河的开发、道路的改造和高水平的专业足球场及天津日报报业集团的能力赢得了最终的胜利。此次获得“中马大战”的承办权固然是天津城市的魅力使然，而天津也确实需要这一场高规格、大规模的体育赛事来向全国乃至全世界展现自己近年来的发展成果。这场盛大的赛事也是津报集团为天津建卫600年献上的一份厚礼。

“中马大战”的最终胜利不仅仅只是“4：0”这个简单的数字比分和各方经济利益的大丰收，通过现场广告向全国乃至全亚洲观众充分表现了自己品牌的企业，淋漓尽致地展示了各方面能力的天津日报报业集团，迅速提高了美誉度和知名度的天津塘沽开发区和新落成的泰达大球场，尽情享受了足球、烟花和快乐的球迷，都是这次活动的直接受益者！

在这些巨大成功的背后，则是天津日报报业集团3个月来的积极筹备、精心策划、坚决执行的结果，也使这场比赛成为了一艘豪华游船，每一个购票上船的游客都在旅行的过程中重新感受了自己。

新闻策划——传媒集团优势尽显

作为这次大型体育赛事的承办人，天津日报报业集团扮演的已不再是简单的媒体支持，更是一个全方位、多角度的策划者和执行者。津报集团在申办和执行过程中的策划能力、组织能力和推广能力充分显示了城市主流媒体在提升城市竞争力方面所起的强大推动作用。

天津日报报业集团是天津唯一的报业集团，以《天津日报》为龙头，由《每日新报》、《城市快报》、《假日100天》、《球迷》报等组成十一报、两刊、一网的强大报刊体系，日发行量150万份，占天津报纸总发行数的90%，媒体的广告收益更是稳居天津报业市场的首位。有了如此强有力的后盾，对 “中马大战” 有条不紊的系列报道自然不在话下，从来自世界各地的球迷到球场各种设施的完善；从售票进展的点点滴滴到国足备战的每一步骤；从各种纪念品的介绍到对新天津的新宣传；至于两支球队的以往战绩和对阵策略，更是无一疏漏，至详至尽。但新闻的真正魅力远不止此，只有把这把宣传的火烧到最旺，才显出津报集团的过人之处。

“中马大战”是天津市建卫600年以来第一场真正的世界级足球赛事，也是最高规模的一场体育赛事，更是世界杯第一次来到天津！天津球迷经过多年的热切企盼，终于可以在家门口与世界杯“第一次亲密接触”。而前不久国奥队与马来西亚队的“1∶1”的比赛结果，更激起了全国球迷对6月9日“中马大战”的期待。大家都憋着一口气，希望中国队能够在6月9日津门扬威，为中国的荣誉而战，完胜马来西亚队，以慰全国的广大热心球迷……所有这些被津报集团努力发掘出的比赛看点使得原本实力悬殊、毫无悬念的一场比赛，成为了全国球迷竞相追逐的不可不看的经典之战。

津报集团尽管是平面媒体的龙头，但是并没有自己把自己圈住，把宣传工具限定在平面媒体中。闹市区的大型户外广告不断地冲击着天津人的视野，通往北京的高速公路上大型广告位把“中马大战”的消息传输给了所有往来于京津两地的旅客们。

而为了推动球票的零售，津报集团也使出了浑身解数，把比赛宣传成了全家共享天伦的机会，把球票宣传成儿童节的礼物、学生考试结束后的放松方式、收藏爱好者的新珍宝……如此众多而特别的卖点来充实球迷的记忆，怎能不让“中马大战”火爆异常呢？

票务策划——智慧先行决策果断

球赛在刚刚落成的可容纳5万人的泰达大体育场举行。想象着人山人海的场面，谁都会相信“中马大战”的售票方案势必是一项浩大的繁复工程，没有点真知灼见还真不成。比赛筹备小组在反复分析比赛本身和当今球势以及受众购买力的前提下果断结论，把本场比赛购票的主力阵容确定为企业、外埠球迷及开发区球迷。有了这些高消费水平能力的球迷，也就不难理解为什么这场毫无悬念的比赛会被津报集团标出如此高的票价——均价350元，而票房的大获全胜，也尽在津报集团的掌握之中了。

津报集团考虑到了外地球迷较强的购买力和看球欲望，为他们度身定制了包罗万象的售票方式和无孔不入的售票网络，都成为了本场比赛座无虚席的保证。津报集团先是借力于天津中旅启动国内外中国旅行社系统，组织国内外球迷来津观战；也与津报集团手眼通天的媒体同行合作，《北京青年报》、《沈阳日报》、《长春晚报》、《郑州日报》等十几家媒体发挥在当地的独特区域优势，在异地售票上助了津报集团一臂之力；现代化的网上购票方式津报集团也积极尝试，天津票务网的“送球票上门”服务让球迷足不出户就能满足需要，颇受大家欢迎；全国各地球迷协会也是津报集团锁定的售票好帮手，他们有组织地自发踊跃购票，将中马大战的烽火传遍大江南北。

但仅有零售的票房，对于一个可以容纳5万人的大球场来说是远远不够的，更何况津报集团的票房目标不仅是售出所有球票，更把目标定位于票房收益最大化上，即票房收入能够高于票面本身的价格。而另辟蹊径的“企业方阵”售票使来自企业的票房收入远远高出了球票本身的票面价格。至于如何让企业心甘情愿地多掏钱来买票，则得益于提出的“方阵即广告位”的全新概念，即买了球票方阵就等于买了一块超级巨无霸广告位，企业可以在座位席上用布标、旗帜甚至着装等任意形式向现场球迷及全国数亿电视观众打出自己的企业形象。如此一举两得的球票方阵概念使现场10个巨型方阵被赞助商在两周内全部“旋下”，相信亲临现场的人都不会忘记人型“古文化街”方阵和“新世界房产”的硕大布标。

暴满的球场，热情的球迷，真心的呐喊，多彩的方阵，满意的企业，津报集团的票房策划大获成功!

活动策划——细节构筑宏大工程

这场比赛对于津报集团来说更是一个商业运作的平台，“赚取每一分应得的收入，创造条件尽可能多的提高收入”指导着所有策划人员的工作。于是大到球场内的广告挡板，小到“中马大战纪念扑克”，每一处都闪烁着策划者的思维火花，其中最值得一提的就是“中马大战纪念扑克系列生活线”这个闪亮的细节。作为大策划中的一个小策划，它完整活泼、异彩纷呈。筹备小组在讨论售票这个环节时，就曾考虑用赠品来促销球票。这种买票附送的赠品必须同时满足以下条件：制作成本低；贴近大赛主题；与球票可分可合；表现力丰富；适于多家赞助商介入。小小的扑克牌成了不二选择，因为纸是成本最低的介质之一；打扑克是最受大家欢迎的娱乐方式之一，就算在比赛结束后，人们用“中马大战纪念扑克”消遣时仍会重温起津报集团精致到细枝末节的匠心；54张牌外加一个牌盒就是55个广告位，可以吸纳尽可能多的赞助商在牌面上推出自己的企业形象。另外，化整为零地招商可以降低风险，增加活动收益；购票就赠扑克这种形式新颖别致，球迷也会乐于收藏，同时就增加了产品和企业形象的曝光率，商家势必对这样的高效并持续时间长的新模式而大力追捧。

至此，这宗小策划已经很完整，但经典绝不会就此结束，筹备小组要将它运作成考究的大文章。津报集团本着传媒特有的宣传意识和敏感度，意识到仅仅球迷参与远比不上全民参与的宣传面广，“把扑克搬到版面上来”，又成了“中马大战”聚拢人气的新招式。从距开战的55天起，在《每日新报》上每天刊登一张扑克牌，为大赛倒记时。54张牌构成一支轻巧柔韧的骨架，支撑起了所有有关“中马大战”开战前的相关新闻报道、花絮、点点滴滴。与此同时，赞助企业也有机会在《每日新报》的70余万读者面前露脸，受众面瞬时由5万一下子扩大了10余倍。为了吸引所有嗜球和普通读者的关注，同时也为了不动声色地促进新报发行，筹备组在比赛结束后不仅为所有按要求集齐报纸版面上扑克牌的读者送上一副真扑克，另外，还有上千名幸运的读者被抽中，得了大奖。

“扑克系列生活线”策划案从首到尾一环紧扣一环。全部牌面广告位自公开招商之日起六天内全部售磬，赞助企业涉及十余个行业。嘉华国际商业中心觉得一张扑克广告位不过瘾，抢订了12个牌面。巨川置业相信这种全新的宣传方式潜在着巨大的广告回报，将扑克牌盒及大小王买断；集牌抽奖活动迎来了6000余位可爱读者，他们中很多人因此从《每日新报》的零售读者跻身到订阅读者行列；中国扑克牌协会李会长斥巨资大量收购中马扑克，赠给全国各地的会员珍藏。他说，一副扑克中出现这么多赞助商我还是第一次见到，这种形式申报吉尼斯世界纪录应该没有问题。

这种随球票附赠的方式，也吸引了其他商家的关注、支持和跟随，星巴克咖啡和标准眼镜也为买票的球迷们免费提供优惠券，他们希望借着“中马大战”的东风，在天津乃至全国范围树立自己的形象。

收藏策划——点滴之中珍藏经典

不是所有的比赛都能永远铭刻在大家的记忆里，由于本场比赛精彩程度和重要程度的限制，注定了就比赛本身而言无法成为经典之作。但是津报集团就是有着化腐朽为神奇的能力，从球票到各式纪念品，任何被贴上“中马大战”标签的物品，都引来了大家竞相抢购。

首先是能够申请吉尼斯纪录的球票，因为本次世界杯“中马大战”以纪念邮票作为入场券，刚一公开面市两部订票热线就被一大批“邮迷”们打爆了。该创意属国内首创，从历史上看这种具有“开先河”性质的邮品升值空间非常大。而且球票（纪念邮票）的发行量有限，也为以后升值创造了空间，引起大家的追捧也在意料之中。中国吉尼斯申报中心负责人唐日松透露，此款球票的创意和防伪技术都是前所未有的，申请世界纪录只是时间问题。

还有为“中马大战”特制的四款纪念T恤，均出自欧洲制衣名师之手。纪念T恤将亿万球迷心目中的圣物“大力神”杯印制在胸前或背后，印于两肩的是“中马”两国国旗，T恤上还印有“中马大战”LOGO。制作极其精美的T恤不仅可以作为收藏品，也可作为“超铁”球迷披挂的“战衣”，与“超强”赛事的光彩相映生辉。

津报集团还特地委托上海造币厂为本次赛事度身定造发行带有收藏证书编号的 “中马之战镀金纪念币”。该纪念币的正面图案为大力神杯和中国、马来西亚两国国旗，并刊有国家、地区名称及比赛日期，背面图案为“纪念建卫600年”中文字样，在制作工艺上采用了世界领先的喷砂技术，使之能被长久保存收藏。此币是上海造币厂首次为单场赛事特制纪念币，此举也为宣传天津建卫600年写下了浓墨重彩的一笔。

津报集团的影响力远不仅此，澳大利亚联邦铸币局和南非全球铸币厂也为“中马大战”特别精心制作了彩色纪念套币。纪念币全球限量发行各2006套，这个数字包含了2006年德国世界杯的意义，国内发行的仅有各800套，更增加了本套纪念币的收藏价值。在“中马大战”的光环下，在津报集团的宣传下，全部卖空。还有国外的好多读者为没有能够收藏一套而懊恼不已。

津报集团在频频推出以上纪念品的同时，还专门为本次“中马大战”设计了“大力神”杯吊坠和“大力神”杯胸针。吊坠和胸针凭借着新颖的设计、优美的造型和精湛的制作，再加上本次制作侧重纪念意义，数量极为有限，更使得其身价倍增。

有了被收藏界誉为“中国球票第一藏品”的“中马大战”邮折球票和这些精美别致、富有深意、深受喜爱、值得收藏的纪念品之后，“中马大战”又怎么会从大家的脑海中淡出呢?

广告策划——真知灼见　战火延续

津报集团为了延续比赛的热浪，更先一步将战火在大家心里燃起，策划了 “足球宝宝”的招募活动，把足球宝宝的招募权全权委托给天津市少年儿童体育运动协会来运作。在以往中国队参加的亚洲杯预选赛中，各地主办方都没有想到将足球宝宝商业化运作，没发现选拔宝宝也是增加收益的一个方面。火爆的报名现场着实乐坏了承办方，津报集团也笑着看“足球宝宝”用天真烂漫融化世界杯。

买票就附的《看球指南》也成了津报集团的一个秘密武器。津报集团邀请开发区的商家来作大文章，使《看球指南》的内容从简单的球队和赛事介绍，发展成为 “吃喝玩乐看球全策略”。让客户都有机会露了脸。

在津报集团的精心策划之下，被中国足协严格要求的固定格式的球赛海报也成为了广告收益的一个重要驱动点。A、B、C、D……更多版本的企业冠名海报，不仅让商家成为了海报上惟一的主角，也丰富了球赛宣传的多样化，策划本身就是无限自由的。

别看赛场内围着那么多的广告挡板，真正可供津报集团利用的只有4块。但是面对着众多的企业和商家，怎么把有限资源无限利用起来，是摆在津报集团面前的新难题。“把一块拆分成三块”，这个绝妙主意的提出，不仅解决了供不应求的广告位有限的尴尬，更是为企业和厂家争取到了更多的亮相机会，满足了他们对于亲密接触世界杯的强烈欲望。

场内的各色条幅、大屏幕广告、张贴的海报，包括最后颁发给中国足球队的汽车，都是在中国足协的“严格封杀”下，津报集团千方百计找出的广告机会。谁说世界杯足球比赛不能做成商业比赛！津报集团为所有人创造了一个先例，做了一个最好的榜样！

盛典策划

回想“中马大战”现场史诗般的恢弘气势，至今仍能激荡无数球迷的心。观战者仿佛置身于角斗场上一般恣意宣泄、疯狂。筹备组在策划过程中早就先于球迷，在头脑中编织了一幅浩大的风起云涌的比赛场面。因为有了那么多球迷的支持，因为有了超过400家国内外媒体的参与报道，因为有了津报集团一直秉承的不断创新和服务读者的理念，如何在现场让所有人感受到最酷最炫的节日气氛，津报集团借鉴了大型庆典和文娱PARTY的模式，用焰火来极度渲染现场气氛！津报集团不仅注重经济效益，更注重为所有球迷、所有读者带来全新的享受！

焰火代表了荣誉、庆贺、喜悦和美好。焰火是津报集团为中国队特设的“庆功焰”，是对球迷最高的礼遇。焰火的表现力其实很丰富，进球与失球、领先与落后的不同心情，大胜以后的雀跃欢腾都可以用多样的焰火语言来与球迷交流观战感受。钛雷擂响了开战鼓；红火炬和冷光花束随着球迷的热情而喷发；足球型的三交环礼花和王冠礼花预示中国队必将夺冠；终场哨响，彩色大丽、变色拉手、彩色环、群龙戏水等30余个品种的1000多发焰火同时冲向夜空。事实证明，这套个性化方案在现场沸腾了一片人海，这个经过周密策划、巧妙安排的方式绚烂了球迷的目光，映亮了所有人的面庞。焰火燃放总数1508发，创天津一次一地燃放焰火数量的历史新高。天津市供销社烟花炮竹有限公司负责焰火的燃放任务，据该公司有20多年从业经验的任经理讲，“津报集团是我从业以来第一家提出要求燃放个性焰火的客户，这种想法很对路、很专业，个性才能突显特征。比赛后一定会被大家竞相效仿”。

纪念扑克、邮折球票、焰火燃放……这样的体育盛会，自然会引来各方客人。马来西亚驻华大使达图·阿卜杜勒·马吉德十分关注这次比赛，特地率大使馆官员和家属组成专团赶来天津观看这一体育交流盛事，和天津人民以及来自世界各地的球迷一道欢度激情之夜。

爱心策划——大报勇担社会重任

为了给比赛增添更多的人情味，为了尽可能圆大家的世界杯梦，尤其是那些由于各种特殊原因无缘世界杯的可爱读者，津报集团更是无偿地帮助他们结缘“中马大战”。由津报集团牵头，联合天津电视台、天津票务网举办的“助残圆梦　同看世界杯”活动中，筹委会安排了30余名特殊球迷到现场观看了球赛。从小就是一个超级球迷的小齐洋，由于行动不便从未到过现场看球赛，这次终于可以亲临现场观看比赛了，圆了他的世界杯梦。天津理工学院的聋哑大学生戴军也在津报集团的捐助下，如愿以偿地在5万人大体育场吹响了最嘹亮的助威喇叭，“我现在看到了真正的球场、真正的球赛。多年的看球梦终于实现了。在此特别感谢新报对我们这些残疾人的帮助！”正是有了这些读者、这些球迷的热情支持，津报集团才更有干劲，把活动办得更出彩，也才更能保持自己在媒体中强势地位。

为了积极响应党中央关于加强和改进未成年人思想道德建设指示的精神，比赛结束后津报集团还特别设置了一场精彩的“中马大战热销纪念品公益拍卖”，全部拍卖所得都捐献给了“天津日报青少年思想道德教育基金会”。全面落实思想道德建设的主要任务是关心未成年人的成长，为他们身心健康发展创造良好的条件和社会环境，也是天津日报报业集团义不容辞的职责。在巨额拍卖款移交到基金会领导手中的一刹那，中马大战以高度的圆满谢幕。

“赛区组委会在球队接待、外事、安保、裁判、场地、新闻、商务等方面进行了大量艰苦、细致的赛事组织工作，确保了赛事的顺利进行，真正做到了球队满意、观众满意、媒体满意。亚足联比赛监督和裁判监督对比赛的赛事组织工作也给予了高度评价。”——中国足协在赛后向天津日报报业集团发来了热情洋溢的感谢信，这是对津报集团“中马大战”赛事组织工作的完美表现表示的诚挚感谢。中国足协有关人士透露，这是中国足协第一次向世界杯预选赛小组赛组织单位发函致谢。

唐山广播电视报广告经营管理体会

社长助理兼广告部总经理　刘建禄

在当今社会的经营管理中，“创新”已成为主流。创新学说促使很多经营管理部门提出“没有创新，没有出路；创新，开创企业明天”等企业文化主题，这都无可非议。但是，我们也看到有许多企业在创新演绎中搁浅。究其原因主要是没有从实际出发，偏激求新、标新立异，更有甚者是人与物混淆，自以为是地又造出了一些空中楼阁新的笑谈。

针对我们这个地区性媒体的广告经营管理者来说，上述观点虽深感妄自菲薄，但确实是现实感触，也是我们这最基层的经营管理者中存在的不揭丑不能显示自己“高”的小家通症。

借此，把我们近几年来经营管理的具体运作阐述，以畅我们不吐不快的心情。

几年来的经营管理业绩

本媒体从2003年起，加大了改革的力度，针对各种机制的最薄弱环节进行了大手术的动作。解决了多家承揽、政策不一的内耗问题，在本地代理广告公司尚不成熟的条件下，实行按行业分部运作；解决激励机制滞后问题，实行了底薪加提成及年终超创奖励的分配机制；解决了本位主义、唯我的主观经营策略问题，实行了市场为导向的针对性经营管理策略。

2002—2004年度，本报广告经营额分别为2100万元、2420万元、3200万元。从创收水平上，唐山广播电视周报已成为本地市最大的创收媒体，同时也说明我们占据了广告主流媒体的位置。

把握资源的客观属性

把从实际出发、实事求是的思想在经营管理上具体化的重要内容就是把握资源的客观属性，找准定位；把握经营管理的主动权，促进经营管理机制的适应性转变。

第一，是在本媒体资源的利用开发上讲实效性。本媒体属于周报，对于广告诉求来说，一方面是阅读周期长，适应消费者从认知到产生求购欲望的过程；另一方面，从现代信息的传播速度及刺激角度也存在一定程度的时间间隔过长的负面影响。这就要求在广告文案的内容上强化刺激成分达到过目能记及还要回首的效果；还要在广告内容上追求与版面内容的协调性，使两者相得益彰。通俗讲就是让读者在反复认知内容信息的同时同样重视广告信息。我们采取了遵循价值规律经营管理广告的灵活性，区分各行业利润点，保持随行就市。按现代经营管理理念，我们应该着重实施差异化的竞争策略。但针对现有实情，如果片面求新、求差异化将导致本媒体拱手奉送广告半壁江山。为此，我们的竞争策略的制定，就需要联系本媒体的发展过程和所占据的广告强势媒体的优势地位，联系本地市场，联系冀东地区的文化背景，特别是唐山人民对周报的需求关系，确立我们在本地区的行业领导地位，也确立了同质化竞争，求稳定发展；差异化竞争，求突破开源的策略。

第二，是在人力资源的管理和开发上讲实用性。我国的媒体脱胎于计划经济，目前大多数还淌着事业单位企业管理的两河水。存在着既人才紧缺又用人不由己、能人不能进、庸人不能出等畸形人事现象；还存在着重管理、轻经营的现象。对此我们提出人才兴业、创新经营是行业的发展方向。对于经营管理者来说，事业想要挺起来，想要干好，就必须把实用性放到第一位。在管理的结构设置、分配机制、激励机制上，我们采取分部、分行业承揽广告的机制，广告部下设立管理部和广告业务部，广告业务部又下设公关策划部和三个按行业承揽广告的业务部。这种结构日本在20世纪60年代就通用了，国内很多媒体也在90年代启用。分配上实施底薪加提成的办法，激励采取信息量加广告业绩。

第三，是在忧患意识上讲客观现实性。我们针对报刊整体发展的总形势特别是全国广电报行业的滑坡现象，结合本媒体的客观实际，既放下小富则安的乐观思想，也摒弃前途渺茫，诚惶诚恐的悲观失望心态。通过科学定位确立我们在市场竞争中主动出击，保“老”开“新”，齐头并进；攻为主、守为辅，通吃本市、拓宽外埠，把本地区广告市场做大的策略。我们连续在省会石家庄召开媒体推介会，确立在全省中心城市的优势地位；与全国各地广告公司的经常性沟通，得到广泛的支持和力量蓄势；用良好的服务和勤奋忘我的精神赢得本媒体的良好品牌效益，从而保持了广告业绩快速攀升，队伍整体素质快速提高，广告部的品牌形象不断提升。

把握经营管理的主流方向和市场导向作用

解放思想，更新观念的思想在经营管理中的具体化就是把握主流方向，推动广告业顺畅快速发展；把握市场导向作用，不断提高广告市场的驾驭水平。在把握主流方向上我们的态度是跟进不模仿，要学习主流强势媒体，但不搞他做我也干的事。明确这些媒体今天干的事，将是本媒体明天要努力干成的事。如中央台广告老总提出“心有多大，舞台有多大”，对它来说，这不是夸大而是气魄，是很客观的因人、因地、因时的开创精神。特别是加入WTO后，中央台依靠自身的资源优势，全世界都是它的舞台，广告舞台无限大。而对我们来说，是可望不可求的事。为此，中央台搞一些大手笔的广告运作，如代理制、投标等，下面也有些跟风而起，失败者不少。本媒体却实施了很原始的按行业分部承揽制逐渐向各部代理引领社会广告公司代理的运作方法，效果很好。其主要原因是诸多因素的作用，利弊权衡的结果。权衡主要是本地广告公司在代理媒体广告的能力水平方面；媒体内部运作过程所处的现实阶段；媒体本身的操作水平等。投标我们更是没有启动，主因是本媒体资源的局限性及资源的最有效运作。如果把最好的资源进行投标，缺少国内外大的品牌来竞标，起不到引领作用，将形成好的版面竞标低、差的无人投的局面，得不偿失；好坏版面搭配，又很少有广告主按竞标要求去运作，失调、失控，势必形成市场紊乱的结局；还有最重要因素是不能达到我们提出的广告创收总量目标。也就是说在现阶段我们自身运作不论增长速度，还是本媒体的协调发展，都较之投标利大于弊。为此，在运作时，就需牢牢把握媒体资源运作的主动权，把握经营的最终目标是客我双赢。但是，我们也非常明确代理制是总体趋势，是成本风险的转移，是发展方向。投标更是市场为导向的具体运作，也是客户与媒体直接确认价位的最实效手段。

树立市场观点，提高广告市场的应变能力。目前有很多媒体的自我定位中主观主义很严重，这是计划经济媒体垄断的最大后遗症。这些媒体也在竞争日渐加剧的状态下吃尽了苦头。主要问题是媒体广告价位与市场不吻合。如报纸广告一版定价为多少钱，不管是什么产品一概而论，你做不起不做，不求市场的针对性。我们在这方面做得很到位，首先是用价值规律制定价格，共同探索双赢的基本点，以保证媒体广告资源的广泛性。两年来，本媒体广告所涉列的行业从原来的几个到现在30多个。逐步摆脱周报广告涉猎行业单调的困惑。还要重视历史的发展过程，保持其延续性，使很多老客户不断焕发青春，即使有的转产也不脱离本媒体，保持继续合作，与媒体双赢俱进。再就是不断提高市场的应变能力和具有一叶落而知秋的敏感性。随着竞争的加剧，广告市场变化很快，如电器广告，当此行业产品的价格下落时，我们广告的价位没有跟进措施，导致此行业广告逐渐退去，至今很难运作。这是我们市场应变迟缓的深刻教训。2003年我们加强了市场针对性策略，成功运作了“非典”期间的广告。2004年又引导客户克服了广告淡季现象。三是要有前瞻性，即对于市场准确的预见。我们主要采取“拿来主义”为主的策略，以大媒体特别是央视媒体及各大报刊的发展为预见的主要依据。我们地方性媒体由于各种资源的局限，在方向性的策略上就是绞尽脑汁，使出浑身解数，也出不了大媒体的运作策略。但是，强调“拿来”，必须会拿，重在实事求是。不要做鞭长莫及、本身各方面的力量达不到的事。再者，就是要领悟，真正能够取人之思路。近年来，通过密切关注央视及中国青年报的成功运作，给我们提供了很重要的方向性指导。中国青年报分类广告的运作，更是我们具体运作的方法论。

不断追求适应媒体发展的硬道理

不断追求适应本媒体发展的硬道理是我们创新的灵魂，也是我们具体工作的指南。在治理本部门无序和内耗式竞争的工作中，加大管理机制的改革，进行人力资源的合理配置，实施分行业部门运作机制；进行激励机制的市场化转化，实施合理目标底线，加大超创奖励及底薪加提成的分配机制；进行科学化、人性化管理的探索，实施现代信息化管理模式。不论是从利弊权衡的角度，还是从事业发展的速度来评价，我们这种看似不新的适应性改革很成功。在具备稳定的管理机制条件下，使我们更多的精力致力于广告的经营上，全力贯彻跟进式策略，也就是跟进大媒体的发展思路。在本地区克服周报及全国性广电报下滑的不利因素，采取信息读者“定势”为先、广告前后一体化开发、两个换位（与消费者换位，与客户换位）等相关战术，在广告方面一直处于本地区的优先位置，强势媒体地位越加巩固。总之，在我们的广告经营管理中，没有大手笔的运作轨迹，但却是我们费尽心力之作。我们借此用常引领自己的格言作为结束语：跟进是胆识，拿来为聪明，适应的就是最好。

与时俱进　开拓创新　再创辉煌
——山西报业现状分析

三晋都市报　李蜀昌　李振海　段永刚

山西有着深厚的文化底蕴。山西报业作为山西文化产业的重要支柱，充分利用山西文化资源的优势，以与时俱进、开拓创新的精神状态推动山西文化产业的繁荣，促进山西的经济建设和社会发展，有着义不容辞的责任和义务。这也正符合山西省提出的“建设文化强省”的精神。从某种意义上讲，山西报业是人们了解山西的窗口。为此，山西报业必须从实际出发，向国内先进报社（集团）学习，建设与省情相适应，符合市场要求和可持续发展的全新的报业市场。

第一部分　山西报业概况

一、报纸总量实现了从“数量规模”向“质量效益”的转变

早在清朝末期，山西就拥有《晋报》、《晋阳日报》、《晋阳公报》、《晋乘》等报纸。抗日战争时期，晋绥、晋察冀、晋冀鲁豫（含太行、太岳）等抗日根据地办有《晋绥日报》、《太行日报》等多种党报。1949 年 4 月 24 日太原解放后，4 月 26 日《山西日报》即合并几种解放区报纸而创刊。解放后，一直到 20 世纪 90 年代，山西报业一直保持着以党报为主的格局。90 年代后，山西省的晚报、都市类报纸迅速发展。

2003 年，为了实现从数量发展模式过渡到质量效益发展模式，山西省也像全国一样进行了报业大整顿。整顿后，山西省现有报纸总量 76 种，包括省、市级党委主管主办的党报、都市类报、行业报与专业报，以及其他类报纸。整顿后，实现了在数量保持相对稳定的基

础上追求出版质量的趋势，山西报业的出版质量有了普遍提高。为了适应日趋激烈的报业竞争，各报的新闻及时性得到加强，报纸内容更加丰富，印刷质量很快提高，主流报纸全部实行了彩色印刷。

二、报纸结构实现了由“单一党报”到“种类齐全”的转变

党报和行业报在全省报纸总量中占有较大比例，20世纪90年代起都市类报纸增长势头较快。各级党报一般具有创办时间长、政策性强、理论色彩浓厚、发行量相对稳定的特征。都市类报纸因争夺发行广告的市场占有率，而呈现出贴近生活、风格多样化与刊期增加、版面增多趋势。教辅类报纸，如《英语周报》、《语文报》，内容丰富且可读性强，深受全国各地学生和老师的厚爱。其他行业报、专业类报纸也较以往内容更为丰富且表现形式更为多样。

三、报纸布局实现由“集中省城”到“蔓延全省”的转变

全省报纸呈现出地域与行业的分布不均衡态势。

从地域角度来看，都市类报纸与行业报主要分布在省会太原，其他地级城市各有党报1份，有些地级市还办有晚报，少数县级市党委也办有党报；行业报与专业类报纸中，大学学报占比例最大，面向教育学习的报纸所占比例也较大。另外，还有一些大型矿业企业办有企业报，以铁路、工矿为主要行业。另外有一些面向市场信息、科技、健康的报纸。

1．报纸的区域分布

省会太原有各类报纸44家，占全省58.7%；第二大城市大同有4家，占全省5.3%；其他城市共有报纸27家，占全省36%。

2．报纸的种类分布

党报共有13家，占17.35%；晚报、都市类报纸共有16家，占21.3%；大学学报共有17家，占22.7%；教育学习类报刊共有7家，占9.3%；其他类共有22家，占29.3%。

3．报纸分布趋势

随着市场经济的进一步发展，人民群众生活水平的逐步提高，晚报、都市类报纸的市场需求会越来越大，并会走向信息最大化和服务专业化方向。所占比例必将稳步上升，与此相对应的是党报、行业报所占比例会逐步下滑。

第二部分　报业市场环境分析

一、经济环境分析

实施西部大开发战略、加快中西部地区发展是党中央总揽全局、面向新世纪做出的重大决策。山西作为中国中部的重要省份，正在积极参与调整区域经济结构以达到缩小地区差距，依靠科技进步和体制创新培养新的经济增长点，加大开放程度和优化投资环境，发展新的特色产业，实现兴晋富民的新世纪战略目标。

山西省科委已推出100个全省重点行业关键发展项目。这些项目的技术水平74%以上属国内领先或先进水平，24%为国际领先或先进水平，其中53%的项目已进入产业化发展阶段。这100个项目开发后，将为山西新增产值77亿元、利税24亿元，潜在效益每年预计可达894亿元。

二、人口消费环境分析

“九五”以来，山西省居民消费结构发生了显著变化。在全部消费支出中，反映基本生存需要的食品、服装和基本生活用品支出所占的比重大幅下降，而体现提高生活质量需求的住房、交通、通信、医疗保健、文教娱乐等项支出的比重则迅速上升，恩格尔系数城镇为32.5%，乡村为43.9%，都呈下降趋势。城镇居民吃好、吃精、注重营养、追求方便的倾向更加明显，在外就餐明显增多，超市、百货的净菜、速冻食品和半成品销售一派红火。农村居民食品消费中主食消费下降、动物性食品消费增加的倾向更加明显。随着生活水平的提高，文化消费比例上升，为新闻出版业的发展奠定了良好的基础。

三、加入WTO对山西报业市场环境的影响

WTO服务贸易总协定允许少数成员在2005年以前，可以存在与最惠国待遇不符的暂时性措施。但在2005年后，要求所有成员最终遵守最惠国待遇和国民待遇。面

对新闻业开放的承诺，山西省无论是传媒从业人员，还是管理部门，都有了明显的危机感，更多的相关人士在竞相学习国际规则。山西日报报业集团已经成立，太原日报也在积极准备成立报业集团，报业资源整合浪潮势头正猛。报业在行政和组织管理上更加统一、更加规范，不少大牌报社已实行了社长领导下的总经理与总编辑双轨负责制。这说明了以往那种普遍存在的重采编、轻经营的观念已开始转变。报纸的产业化运作模式渐入人心。

第三部分　报业经营分析

一、发行

1．发行总量以及市场规模

据统计，报刊市场进行整顿后，山西现存报刊的发行总量为161358万份，平均期发总量为2318.8万份。报纸发行量中，几种教学辅导类报纸占有较大比重，英语周报、学英语报、语文报、小学生拼音报、学习方法报五种针对中、小学生的教学辅导类报纸，合计平均期发量达2023万份，占报纸平均期发量的87.2%。生活类日报发行量最大的是《山西晚报》，平均期发行量为18万份，排名第二的《三晋都市报》平均期发行量为15万份。市场规模仍有较大的拓展空间。

2．读者结构

综合主要报纸的读者调查情况来看，读者的年龄主要集中在26—45岁之间，25岁以下和45岁以上的读者相对较少。职业分布主要为公务员、事业单位和公司职员。属于人群中学历和收入较高的人士，党报的读者群平均年龄较大。都市类报纸的读者群以中等以上收入者为主。

3．报纸发行模式与渠道

发行模式主要有：邮政发行、自办发行、报邮结合、委托发行和零售等。

山西的报纸发行渠道和网络的模式，大体经历了三个阶段。第一个阶段是邮发模式一统天下时代；第二个阶段是“邮发”和“自发”两种模式并存；第三个阶段是多渠道发行并存的混合模式阶段。例如，山西日报、山西农民报采用邮发模式；太原日报、太原晚报、山西青年报采用自办发行模式；山西晚报、三晋都市报等报纸采用邮发、自办与零售多渠道发行。

4．发行存在的问题

山西省的报纸发行业务一般由报社发行部办理，有些规模较大的报社还将发行部组建为相对独立的发行公司。目前，太原市主要有几家报纸建立了自办发行的发行公司。如以发行《山西晚报》为主的山西晋万家报刊发行公司；发行《山西青年报》的红马甲发行公司。《太原晚报》和《三晋都市报》也都各自办有发行公司。现在各发行公司都存在功能单一、资源得不到充分利用，没有组建起为多种报刊提供综合服务的发行公司。省市党报市场化发行举步维艰，多数党报靠行政手段维持发行量。生活类报纸竞争白热化，无序竞争造成发行成本提高。唯有教辅类报纸完成走市场发展之路，畅销全国。

二、广告

1．广告运营与管理模式

山西报纸的广告经营与管理模式目前正处于一个过渡阶段，广告运营处在自营和代理两种模式并存阶段。如，山西晚报、三晋都市报、太原广播电视报等报纸实行广告全面代理制；太原日报、太原晚报等报纸实行自营广告和广告代理两种模式相结合的做法；山西工人报、山西经济日报等报纸以自营广告模式为主。

对于广告管理，自营广告一般是由报社内部专业广告业务人员联系业务，专业设计策划人员完成后期制作，报社广告管理部门统一管理；代理广告则按照行业或地域的区分，由社会广告公司来代理，报社一般会对合作的广告公司收取一定有关广告额度及质量方面的保证金，按照合同完成情况，对广告公司实行价格优惠或奖励。

山西报业广告的经营模式出现了创新。2003年，三晋都市报社与山西中北广告有限公司签订合同，由中北广告公司全面代理《三晋都市报》的发行与广告业务。中北广告注入近2000万元资金扩大三晋都市报的发行，使三晋都市报由1万多份的发行量迅速增长到15万份，预计2005年还会有较大增长，广告收入也迅速攀升。

2．广告种类的结构

山西属于国家煤炭重化工基地，民用工业不发达，本省民用产品、名牌产品少，商品广告资源相对匮乏。多年来，医疗服务类广告在报纸广告中占重要地位，大多数报纸的医疗服务类广告在广告总量中占1/3左右。近年来，一些面向百姓生活的大额耐用商品广告如房产类广告和汽车类广告等有上升趋势。

3．广告经营额与广告收入

全省报业广告营业收入总额为22727万元。其中：《山西日报》、《山西晚报》、《太原日报》、《太原晚报》、《三晋都市报》、《大同日报》、《大同晚报》、《山西广播电视报》、《太原广播电视报》、《山西青年报》10种报纸的广告收入为18427万元，占总营业收入的81.1%。

4．广告经营存在的问题

（1）广告总收入偏低，全省报纸广告总收入还赶不上京、沪、粤及沿海发达地区一张报纸。

（2）广告结构不合理，医疗服务类广告比例偏大。

（3）违规广告问题还不断出现。

总体来说，山西报业缺乏专业的传媒职业经理人才。随着报纸面向市场化进程的加快，各家报社都认识到了广告经营的重要性，但广告经营人才大面积断层、高级经营人才严重缺乏是尴尬的现实。实行社会机构代理制是报纸广告经营的趋势之一，然而代理制在山西还处于尝试阶段。代理及广告协作业务的达成对利润和优惠折扣依赖程度较大，依靠高水平的策划在竞争中胜出的时代还没有真正到来。

三、财务及资产管理

1．报纸财务管理的模式

报纸的财务及资产管理一般采用社长负责制，社长为法定代表人，对报社的经营、创收及资产的管理承担主要责任。财务管理采用收、支两条线分开管理，资金运用科学合理，流向清晰，使报纸能够在良性循环的轨道上快速发展。

2．报社资产状况

从经费来源看，自收自支的报纸占总量的39%，全额补贴的占23%，依靠差额补贴方式的占21%，自筹资金仅占6%。加大自收自支的转变力度，减轻国家及企业补贴是报纸今后发展的一个方向。通过年度财务分析显示，广告、发行收入为报纸收入的主渠道，能够实现经营良性循环的报纸为95%。以山西日报为例，2003年度广告、发行收入占到报纸总收入的76%，非报业收入达24%。可见开辟非报业收入是报纸今后发展应考虑的又一新课题。做好这方面的工作，在报纸运营中将增加新的经济增长点，非报业收入的经营在报纸总体运营过程中有着不可替代的作用。

3．多元化经营

多元化经营是今后报纸发展的必然趋势。报纸的多元化经营应围绕报纸本身的优势展开，以自身传媒优势吸引企业合作，全程负责产品的策划及营销，在市场销售过程中获得增值利益。经营管理形态应与合作伙伴共同以合作项目来确定管理模式，以项目负责人的形式对项目运行进行有效管理，报纸及企业以监督者的身份出现，这样既符合现代企业管理模式，又能够在有效的监督管理机制下使项目运行取得较好的社会效益及经济效益。

整合资源　优势互补　多元发展
——报业集团化运作的优势及其发展态势

温州日报报业集团副社长　王秀权

温州日报报业集团去年开始运作，集团对主报和系列报刊网进行资源整合，优势互补，建立与完善同集团化相适应的有一定规模的组织机构；与市场经济相适应的管理体制和运行机制；多元化、立体化、集约化经营的发展架构，努力做大做强，使温州的报业，特别是党报具备更强的竞争力和抗风险能力，更大的发展空间和发展后劲。运作优势明显，发展趋势日渐看好，突出表现在三个方面。

一、整合开发，共享资源，发挥规模优势，提高整体效益

报业的核心资源主要是信息资源、智力资源、网络资源、资金资源、品牌资源（无形资产）。实行集团化运作后，我们充分开发利用集团内各子媒体之间的各种资源，优化配置，整合共享。

对信息资源的整合，我们将集团属下的四报一刊所有信息都集中到新闻网站，新闻网在为各报出一张电子版报纸的同时，整合信息资源，对外发布综合消息。同时，根据这些信息资源，编辑《温州乡讯》周刊，向国外发行。目前正与“欧华时报”合作，联合办一张由我们提供版面内容、覆盖欧洲的华文报纸，使信息资源得到更充分地利用。

在智力资源整合方面，我们根据各报人才结构的不同和实际工作的需要，实行集团内部干部员工交流调配使用，把长期从事党委机关报采编工作的业务骨干调配到城市类报纸负责版面把关，把充满活力、市场意识强的城市类报纸的经营人员调到党报从事广告、发行等经营工作，并根据人才的不同特点和各报对经营人才的不同需求进行交流使用，做到优势互补。

网络资源整合最成功的是各报发行网络的合并。日报、晚报、都市报等几家报纸的发行网络合并后，成立了发行中心，完全实行公司化运作，裁减了100多名投递员、50多名行政管理人员。投递成本普遍降低，2004年仅人头费就减了200多万元。投递时效大大提高，职工待遇明显改善，管理人员的工资几乎增了一倍。使发行队伍的向心力、凝聚力、战斗力得到了有力地加强。

资金资源的整合，我们主要是在集团层面成立资金运管结算中心，对各报刊网实行会计委派制度，对集团内所有资金实行捆绑运作，提高资金的周转利用率，实行并税和资金内部有偿使用。去年，仅此一项节约银行利息约200万元。

在品牌资源的组合开发利用上，可做的事情更多，发展的空间更大。我们利用各报不同的定位，把主流媒体、强势媒体、权威媒体等等所有的品牌优势都加以组合利用。最近正在着手成立投资公司，准备充分利用报业的品牌优势（无形资产）进行一些回报高、风险小的实质性的投资运作。比如我们正在与法国里昂银行洽谈，在温州合作创办一家超五星级的凯悦大酒店（2个世界500强企业）。与永嘉县政府合作共同开发国家级风景区楠溪江古村落等。这些项目可以说都是对方冲着党报的政府背景和集团的经济实力来的，也就是说，如果没有权威媒体和强势媒体这些品牌资源的组合，顺利地实行这些项目的合作是不可能的。

二、强化集聚效应，发展集约经营，盘活

存量资源，降低生产成本

集团化运作后，我们十分注意整个集团竞合能力的培育进化，要求各报能从资源独占到发挥竞合优势。首先体现在集团内部子媒体之间通过协作，在与集团外部组织之间交易时形成全力。在广告经营上，我们实行了广告捆绑、分类定位，吸引客户在集团内各子媒体上投放广告。党报突出政府公告形象类的广告，而卖场、时尚类广告则分流集中到城市类报纸。统一广告底价统一折扣率，形成一种新的垄断性和排它性，形成一种新的垄断性和排它性效果非常好。2004年，我们集团广告总量同比增加了6800多万元，很大原因是守住了广告的折扣底价。

由于强化了集聚效应，在许多问题上我们开始变被动为主动。最典型的如广告部门办车展、房展，过去由于各报之间相互竞争，大家都被有关部门，包括会展中心牵着鼻子走，不得不接受许多苛刻的条件。现在，我们要办一起办，不办都不办。并规定如果不办，所有报纸版面上一律不予宣传，广告一律不予刊登。媒体和有关部门的主次关系倒过来了，不再是我们被牵制，而是人家更需要我们支持。

相对其他行业，报业可整合的资源实际上非常丰富。这些资源整合在一起，能产生1+1>2的效果，能释放出巨大的能量，产生可观效益。比如去年下半年，我们将原日报印务中心和原晚报印务中心进行合并重组为一个印务中心。所有报纸都由该中心统一安排印刷。中心按照各报出版时间不同，发行份数不同，对机器和员工进行合理的调配，使机器和工人的空置率明显降低，劳动生产率有效提高。去年，印务中心增加利润800多万元。

在一些有关报业经营的重大问题决策上，我们更多地考虑成本和效益的关系，不再纠缠于做大和做强的矛盾中。去年，集团针对各报在发行上重量不重效的现象，硬性规定：各报的发行量一律下浮10%，共减少了7万份报纸，减少发行支出至少600万元。为集团增加效益300多万元。此外，在一些重大材料采购方面，由于采购量增大，可以集体压价，降低采购成本。在报纸网刊相互之间可以进行联动、互相协作或互为补充，广告势头好的报纸可以和弱势媒体进行联动，朝一体化方向发展。当然资源整合的问题不仅体现在自身产业链的整合，还包括社会的一些政策以及外部资源的运作。

三、面向市场，以资本为纽带，产业化运作

集团化运作初始，党委就提出了重版面更重报业，重规模更重效益，重管理更重机制的思路，并在领导层形成了共识。在此基础上，去年下半年集团党委要求报业发展实行三个转变：一是从量的扩张向质的提升转变；二是优化产业结构，从单一平面媒体向多元化经营转变；三是从传统的事业单位向以资产为纽带的现代企业转变。同时要求报业经营对象要由经营产品学会逐渐向经营产业转变，报业管理模式要由资产管理学会逐渐向资本管理转变。

要实现这些转变，首先必须学会以市场眼光去发现存量资源的资产价值，以资产的眼光去发现存量资源的价值。报业的资源非常丰富，不仅仅局限于经济意义上的资源，而且在很大程度上属于国家赋予的带垄断性的资源。许多我们能做的事，人家不一定可以做。比如最近我们同省公安厅协商合作在温州建1000个“平安浙江”信息栏的户外广告项目和人民日报社浙江分社找我们合作在沪杭高速嘉兴段路旁建大型广告牌的项目，都是人家看中了报业这种资源。因为报业既有经济实力，又有政府背景。

当然，从经营报纸向经营报业转变，就必须从资源的视角研究一系列政府现行的政策和这些政策可能发生的变化，以及对传媒竞争格局、利益格局、市场格局带来的调整等诸多因素。还必须从资源与降低风险的角度研究一些相关的规则及其变化等等。特别是要学会算账，学会资本运作，学会从资产管理向资本管理转变。我们现行的管理模式，基本上是管有形资产，管有形资源、有形产品，即管人、管钱、管信息。实际上，报业的无形资产价值可能远远大于有形资产的价值。我们必须学会发现并开发利用报业的无形资产，品牌资源，重视对报业无形资产的研究。这种无形资产，实际上就是

报纸的声誉、影响力、权威性的综合反映。我们要通过这种综合反映的实力最大限度地追求资本的利润、追求资本的增值。

毫无疑问，这种利润或增值是通过资本的运作才得以实现的。所以集团化运作不能不涉足资本经营，懂得怎样去运作资本。否则，靠广告和发行市场求得自我积累和发展，最多只能实现算术级数的增长，不可能像资本运作那样呈几何级数的增长。何况，一个地区广告总量的增长毕竟受企业投入的限制，增幅的空间不可能无穷大。因此，报业为赢取更大的发展空间和利润支撑，必须拓宽思路，多元发展，面向市场，以资本为纽带，实现产业化运作。

连环四式 实现广告超常增长
——2004年精品购物指南报广告经营额增长原因解析

精品购物指南报社副社长 徐方

没有真正令人失望的市场，只有真正令人失望的经营。

资料统计：2004年，全国性报纸的广告经营额与2003年同比减少9.93%；地区性报纸的表现还算不错，广告经营额与2003年相比小有增长，平均增幅为2.4%；而北京地区的报纸经营有突出的表现，与2003年相比，同比平均增长了19.52%，大大超出业内的水平。

2004年《精品购物指南》的经营表现更是令人高兴，在北京的主要都市报纸中，《精品购物指南》的广告经营额增长率是较高的，达到同比增长87.97%，经营额绝对增长数字达到25197万元（参见表1和表2）。从北京主要都市报纸所占市场份额来看，《精品购物指南》也有比较大的提升，占有9.16%的市场份额（参见图1）。对于一份周二刊的报纸来说，这样的市场占有率非常不易。

2004年《精品购物指南》在经营、管理、业务上的一系列频频出击，归结起来主要有以下几个方面的特点。可以说正是这“连环四式”成就了《精品购物指南》在广告经营方面的超常增长。

一、落实编辑方针 提升报纸品质

2004年，《精品购物指南》跨入创刊的第11个年头。11年以来，《精品购物指南》在日趋激烈的京城报业市场中，凭借其独特的市场定位，完全的市场化运作模式，成为北京乃至全国生活服务类报纸中的佼佼者。

表1：2004与2003年北京主要都市报纸广告刊登额对比表（单位万元）

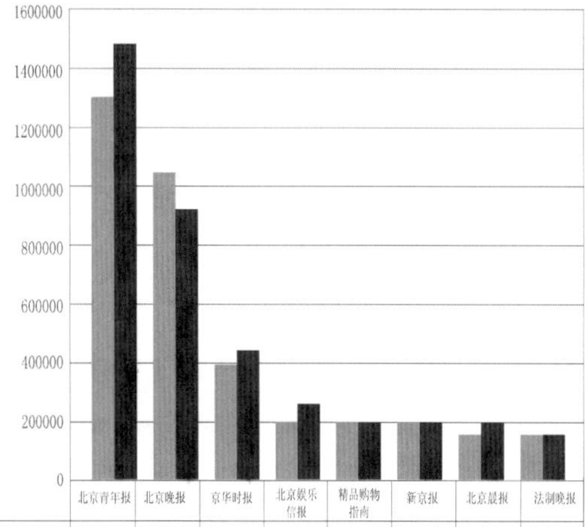

	北京青年报	北京晚报	京华时报	北京娱乐信报	精品购物指南	新京报	北京晨报	法制晚报
■2004年鉴广告刊登	158112	149186	72218	57486	53839	44880	40712	11515
■2003年鉴广告刊登	141376	150988	52844	43589	28642	3714	39812	1878

数据来源：慧聪国际

今天的《精品购物指南》，每期全部彩色印刷，期平均出版100版以上，是一份报道内容涉及时尚（化妆品、服装服饰）、娱乐、休闲、物业、IT、通讯、家居、旅游、汽车、人才、精品资讯等行业（板块）的完全生活时尚媒体。《精品购物指南》是在不断满足上百万日趋成熟的、理智而时尚的读者需要下形成的。在其发展过程中，“改版”几乎是每天与每个阶段都在思考和执行的一个“程序”，而改版的核心就是我们报纸追求的“阅读品质”。

表2：2004年北京地区主要都市报纸广告刊登额同比增长率表

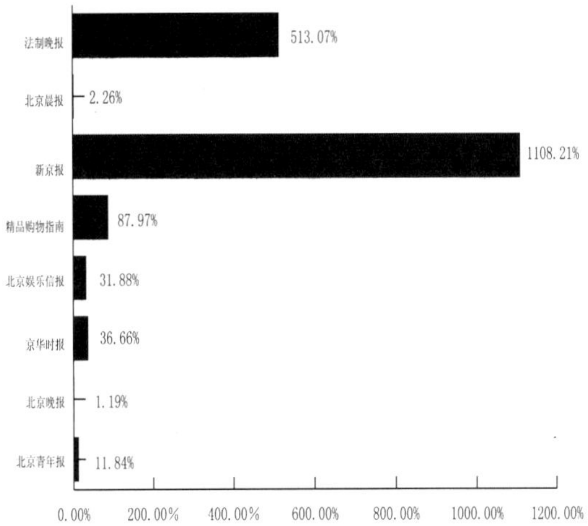

数据来源：慧聪国际

图1：2004年北京地区主要都市报纸广告刊登额媒体分布图

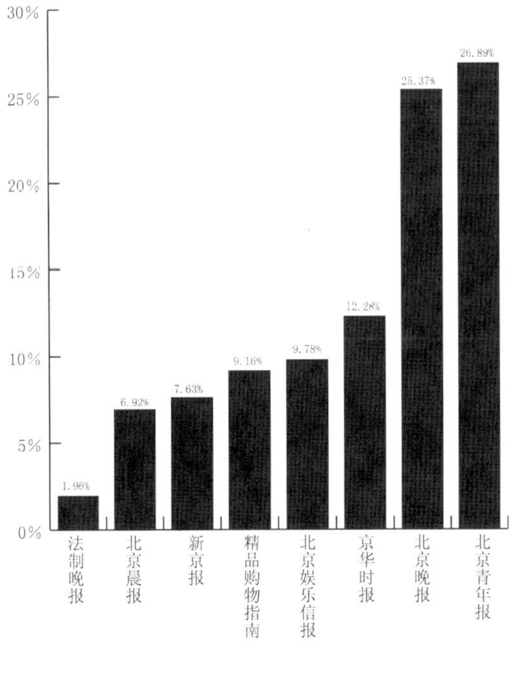

（数据来源：慧聪国际）

阅读品质是一份报纸的命脉，没有阅读品质的报纸就不会有忠实的读者。作为一份生活服务类报纸，《精品购物指南》其实有很好的编辑传统，以广大读者的需求为自己的需求，以最专业的精神服务读者、回报社会是《精品购物指南》一直倡导的企业文化。但是这种企业文化在前两年有所松懈，而正是这两年北京都市报风潮刮起，多份都市报陆续创刊、改版，他们的很多报道内容涉及了原本《精品购物指南》所擅长、垄断的领域，对《精品购物指南》的读者和经营市场都形成了较大压力。不少人预测：生活服务类报纸将走向没落。可是他们错了，《精品购物指南》不仅仅没有没落，还在2004年达到了自己的历史高峰，再次应验了我们在开始讲的那样——“没有真正令人失望的市场，只有真正令人失望的经营”。《精品购物指南》用实实在在的工作成就着自己的理念和辉煌。

首先，《精品购物指南》编辑部恢复、健全了编辑部的管理措施，制定多项措施调动员工的工作积极性。例如：《精品购物指南》编辑部每月都要评选出“优秀稿件”、“优秀版面”、“优秀策划”、“优秀选题”，并张榜公布给予经济上的奖励。虽然奖金只有1000-2000元，但是标志着个人和部门的荣誉，对编辑部的采编人员、美编甚至校对都有激励作用。此外，报社还每季度评选“季度优秀员工”、“季度优秀集体”，不断地给予员工和集体以激励。这种激励方式实际上也是不断重复告诉大家产品品质的标准。激励的结果效果明显，在大家的共同努力下，《精品购物指南》变好看了，读者的阅读率大幅提高，发行量也达到了历史最高水平。

其次，《精品购物指南》加强了报纸的选题策划。根据CMMS2003年秋季的调查数据显示（此调查涉及北京目前6家主要报纸）：《精品购物指南》的读者最年轻（平均年龄29.4岁），低于北京其他主要报纸的读者年龄6-7岁，其中15-34岁的读者比例近3/4；《精品购物指南》的读者个人收入最高（月均收入2115元）；《精品购物指南》的读者还是私家车拥有比例最高的人群（千人中158.9人拥有汽车），其中女性有车族最高是本报更显著的特点。针对《精品购物指南》读者的特点，我们加大了豪华版（铜版纸）的版数，同时在内容上加大了时尚的报道比例。在版面设定上我们开辟了引导流行的“风尚”版，前卫运动的“律动版”。

在报纸结构上，我们于2003年3月18日就开始，对周一、周四出刊的两期报纸进行差异化的区分，以吸引更多的读者，制造更大的经营空间。周四出版的“生活周刊”我们强调提供及时、准确、全面的生活及消费资讯，使读者在周末有一份“生活消费指南”。“生活周刊”秉承的是《精品购物指南》一贯的服务原则，是读者的消费参考、生活顾问。我们把周一刊改刊为“风格周刊”，提供给读者的是一种时尚品位、生活格调、城市新风。在报道上，我们不限于地域，强调时尚与流行，倾向于“双城记”——“多城记”，更注重于海外的流行与趋势，一个“诱”字把“风格周刊”的定位凸现出来。可以说“风格周刊”是时尚生活的倡导者。

2004年，我们策划了两刊的大量选题，不管是创造了国内全彩色印刷版数之最的“影响2004专刊”；还是内容和经营双赢的“2004圣诞别册”以及“新生活主义专刊”，都在读者中产生了很好的反响，由此带来的广告收益也相当丰厚，成为2004年《精品购物指南》采编、经营双赢的“杀手锏”。

二、事业部发展走上正轨，版面内容针对性强

《精品购物指南》是一艘在市场中行进的航船，我们尽量用我们对市场的理解和感知，调整我们的策略和前进的方式。2003年北京市轿车的拥有量突破200万台，这时对于汽车的报道与关注成为了读者生活中不可或缺的部分；而黄金周以及境外旅游热的不断升级，把大众关注旅游报道的热情点燃。因此我们相继设立了专门报道“汽车”和“旅游”的印张，而集中的报道版面催生了相关的“事业部”。《精品购物指南》的很多举措都是来自于市场的推动，而其特有的“事业部”制度也是市场推动的结果。

所谓“事业部”就是一个个按行业、经营领域划分的报纸核心智能部门。每一个“事业部”都可以看做是一个小的“实体”，规模虽小，功能不小。这种缩小了的经营单元，提高了报社的经营效率。目前《精品购物指南》有房地产事业部、IT事业部、家居事业部、旅游事业部、健康事业部、汽车事业部、人才事业部等7个事业部。“事业部”的组成方式我们并不强求一致，有的事业部“麻雀虽小，五脏俱全”，俨然是一个小型媒体。例如：《精品购物指南》的房地产事业部，这个部门由于成立较早，运作也比较成熟，一直是《精品购物指南》的支柱部门之一。“房地产事业部”不仅有编辑记者，还有广告经营人员，由于同在一个部门，有专项的业务目标。房地产事业部的人员之间彼此配合默契，使采编和经营两方面的信息得以及时和充分的沟通，得到了双赢的局面。显而易见，这种事业部体制更便于行业的资源整合。而有些“事业部”只负责采编业务，广告经营交给报社广告部或者社外合作广告公司经营，更像传统意义上的编辑室。不过，这类“事业部”也受到“房地产事业部”的影响，非常注重和经营部门的交流，以了解和协调读者以及市场的需要。这也许是生活服务类媒体的天生的优势，在内容和经营中你中有我，我中有你。为了保证读者的利益，报社规定：只要报纸的广告版面超过40%就必须扩版，一来保证报纸的报道容量，二来保证广告发布者的市场效果。

现在报纸的广告投放已经完全脱离了早期投放的随意性，是建立在大量数据分析的前提下的理智决策：读

者构成、消费特征、媒体影响力、报纸品质、发行量等等，无一不是这个决策过程中起重要作用的因素。《精品购物指南》一直在市场上取得认同，一位学者的研究大概可以揭示其中的奥妙："对于《精品购物指南》而言，25-30万的发行量在北京并不是最大的，甚至进不了前三名，但是它在发行有效性方面做了很多有效的工作。购买这份报纸的读者有一个共同的特点，就是有明确的消费期待，是消费市场上最活跃的群体，这是《精品购物指南》在读者把握方面的一个特色，也是它的一个重要价值。"

三、充实广告部管理力量，完善经营管理体制

1．充实管理人员，完善管理架构

事业部制度使编辑部的效率得以大幅提高，而广告经营部门的效率同样需要不断提升。2004年《精品购物指南》首先充实了广告经营管理人员，完善了广告经营管理架构，第一次把报社的商业广告和分类广告并列管理。在北京报纸市场，《精品购物指南》的分类广告经营是非常出色的，它最早独立成册单独印刷，曾经创造了单期出版80版的业内纪录。分类广告与商业广告的并列管理，有利于分类广告经营的灵活度。在2004年初的分类广告招商中，分类广告的经营策略得到了广告代理公司的认同，预定版面价值9000万元左右。一本纯资讯的信息手册能够有这样的经营业绩，相信会让很多报社感到羡慕。

2．理顺管理体制，强化管理能力

在2004年，《精品购物指南》还在理顺广告管理制度，强化广告管理能力上下了不少功夫。在各个职能部门的协调下，广告部明确了各个环节的广告管理裁定权；制定了"文字广告、软广告"管理规定等一系列监管条例。这些制度的完善，使报社广告经营的运行既保持了规范性又具有相应的弹性。

3．培训员工能力，提高营销水平

2004年经营部门对员工能力的培训也不遗余力。报社专门聘请了4A广告公司的专业培训人员对报社的广告经营人员进行了为期1年，将近100个课时的专业培训。培训让报社的广告经营人员了解了正规广告公司的业务流程、工作习惯，以及相关的专业知识，可以以更专业的姿态开展工作，取得了不错的效果。

4．建立完善的销售队伍

针对《精品购物指南》长期以来过分依赖广告公司，而自身广告业务拓展能力不足的现象，2004年《精品购物指南》还开始致力于建立专业的广告营销队伍。2003年《精品购物指南》专业的营销人员是10人，2004年专业销售人员增加到50人以上。

5．培养市场，与广告公司共同成长

广告公司是《精品购物指南》在经营方面最亲密的合作伙伴，我们与上千家广告公司建立了业务关系，其中核心的广告公司也有数百家。良性的广告经营市场靠大家一起规范，报社的经营部门也会根据市场的具体情况，制定相应的特殊政策。例如： 2004年我们专门为开拓分类广告市场建立特殊政策，以购买分类广告经营权的形式招标经营。招标成功的广告公司，就开始经营《精品购物指南》的自留地，有了前所未有的自主权。

6．扩展销售空间，建立外埠客户渠道

所有的报纸都希望自己的经营领域无限大，但是无论多大的经营空间都需要一寸一寸地去耕耘。2004年我们的广告部门利用一切机会联络外埠的广告公司，由于地域的原因，联络与维护这些广告公司都非常的困难，但是从长远的观点看，这些维护都是非常必要的，也为《精品购物指南》未来的发展提供了准备和可能。

四、利用品牌资源，增加经营手段

《精品购物指南》到2004年已经11岁了，对于一张

报纸来说也许还算不上老，但是在中国的生活服务类媒体中，我们是绝对的先行者。11年的耕耘我们拥有了一些独特的资源，也拥有了一个为业界信赖的媒体品牌。针对“精品”这个牌子，我们一方面要利用它的价值，另一方面我们还要不断为它增加新的附加值。2004年由《精品购物指南》投资的现代话剧《想吃麻花现给你拧2》商业演出大获成功，成为一时间炙手可热的文化演出之一。不仅为“精品”带来了经济效益，还给“精品”增加了更多的文化色彩。而“精品”每年两次的高尔夫名人赛也渐渐成为一张报社的名片，让“精品”成为时尚潮流的倡导者，也成为“精品”公关的一部分，“精品”自己给自己搭建了一个全新的舞台。

还有2004年出版的《影响2004专刊》、《新生活主义专刊》以及《圣诞别册》也都是利用“精品”长期在时尚生活领域积累的影响力和读者缘，精心打造的2004年北京媒体亮点。

’2005中国广告年鉴

China Advertising Yearbook

第十三版

13th Edition

广告优秀作品评选

第十一届中国广告节广告大奖赛获奖作品名单(注)

全场大奖 (1项)

类　　别：影视类
作品编号：A6-34-(1-3)
作品名称：随时系列——爆米花、电线杆、迟到
报送单位：上海智威汤逊-中乔广告有限公司

金奖 (21项)

类　　别：影视类
作品编号：A2-7-1
作品名称：送冰箱篇
报送单位：上海麦肯·光明广告有限公司

类　　别：影视类
作品编号：A3-43-(1-2)
作品名称：雪丽糍系列广告片之1—2
报送单位：精信广告有限公司广州分公司

类　　别：影视类
作品编号：A4-47
作品名称：光明舒睡奶——哈欠篇
报送单位：奥美广告

类　　别：影视类
作品编号：A4-69
作品名称：火车
报送单位：上海麦肯·光明广告有限公司

类　　别：影视类
作品编号：A6-21
作品名称：梦篇
报送单位：北京博达大桥国际广告传媒有限公司

类　　别：影视类
作品编号：A7-33
作品名称：飞标篇
报送单位：奥美北京

类　　别：影视类
作品编号：A10-13
作品名称：金地地产(戏剧排练篇)
报送单位：深圳市高小龙影视广告制作有限公司

类　　别：影视类
作品编号：A11-15
作品名称：离别篇
报送单位：李奥贝纳广告(中国)

类　　别：影视类
作品编号：A13-125
作品名称：务实篇
报送单位：北京太平盛世广告有限公司

类　　别：平面类
作品编号：B1-202-(1-10)
作品名称：中医篇、乐队篇、调酒师篇、理发师篇、花旦篇、按摩篇、瑜珈篇、跆拳道篇、母女篇、玩具男孩篇
报送单位：李奥贝纳广告(中国)

类　　别：平面类
作品编号：B1-243-(1-4)
作品名称：EMBA课程系列——同学会篇、论坛篇、图书馆篇、课堂篇

报送单位：灵智大洋（广州）广告有限公司北京分公司

类　　别：平面类
作品编号：B5－10－（2－4）
作品名称：炒菜篇、卖鱼篇、修车篇
报送单位：盛世长城国际广告广州分公司

类　　别：平面类
作品编号：B7－76－（1－4）
作品名称：点击wulamusic.com，享受原汁原味音乐
（盆篇）（瓢篇）（碗篇）（锅篇）
报送单位：桂林华顿广告策划公司

类　　别：平面类
作品编号：B12－37－（1－2）
作品名称：《生活报》形象广告——墓地篇、佛龛篇
报送单位：哈尔滨海润国际广告传播集团

类　　别：平面类
作品编号：B12－110
作品名称：家乐福入口篇
报送单位：广州阳狮广告公司

类　　别：平面类
作品编号：B13－87－（1－2）
作品名称：保护耕地，刻不容缓(1)(2)
报送单位：南京银都广告商务有限责任公司

类　　别：平面类
作品编号：B13－104
作品名称：囍·喜
报送单位：南京雷迪欧广告公司

类　　别：平面类
作品编号：B13－727（1－4）
作品名称：“学校情境”篇

报送单位：宁波市友谊广告发展有限公司

类　　别：广播类
作品编号：C1－104－（1－3）
作品名称：催生系列：跳绳篇、医院篇、吸尘器篇
报送单位：上海智威汤逊－中乔广告有限公司

类　　别：户外类
作品编号：D5－8－（1－3）
作品名称：《运动无止境》攀岩、免跳、网球
报送单位：上海李岱艾广告

类　　别：户外类
作品编号：D6－63
作品名称：头像系列——镂空海报
报送单位：上海智威汤逊－中乔广告有限公司

银奖（37项）

类　　别：影视类
作品编号：A1－50－（1－4）
作品名称：东方卫视形象广告“开播系列”
报送单位：上海共同传播有限公司

类　　别：影视类
作品编号：A1－64－（1－7）
作品名称：Channel V 系列广告（1－7）
报送单位：上海邱是广告制作有限公司

类　　别：影视类
作品编号：A1－82
作品名称：上海城市形象片“梦想”篇90秒
报送单位：达彼思广告有限公司

类　　别：影视类
作品编号：A2－16

作品名称：handycam dcr-350e tvc

报送单位：电扬广告有限公司（上海分公司）

类　别：影视类

作品编号：A3-10

作品名称：沙沟香油——画展篇

报送单位：徐州华茨（创世）广告制作中心

类　别：影视类

作品编号：A4-21

作品名称：银鹭葡萄饮料“后羿射日”

报送单位：厦门大峡谷广告有限公司

类　别：影视类

作品编号：A4-77

作品名称：跳飞机篇

报送单位：李奥贝纳广告（中国）

类　别：影视类

作品编号：A5-24

作品名称：迷宫篇

报送单位：上海智威汤逊－中乔广告有限公司

类　别：影视类

作品编号：A6-33

作品名称：随时系列——车站

报送单位：上海智威汤逊－中乔广告有限公司

类　别：影视类

作品编号：A6-35

作品名称：随时系列——送花

报送单位：上海智威汤逊－中乔广告有限公司

类　别：影视类

作品编号：A8-36

作品名称：按摩篇

报送单位：李奥贝纳广告(中国)

类　别：影视类

作品编号：A12-19

作品名称：《音乐擂台》广告片之地下通道篇

报送单位：中视金桥国际广告有限公司

类　别：影视类

作品编号：A13-47

作品名称：千里走单骑之关公卖刀

报送单位：金鹃国际广告公司

类　别：平面类

作品编号：B1-221-（1-4）

作品名称：标语系列

报送单位：上海智威汤逊－中乔广告有限公司

类　别：平面类

作品编号：B2-49

作品名称：海信等离子电视——送货篇

报送单位：上海梅高

类　别：平面类

作品编号：B3-35-（1-3）

作品名称：对话框——大蒜篇、带鱼篇、洋葱篇

报送单位：上海麦肯·光明广告有限公司

类　别：平面类

作品编号：B4-122-（1-2）

作品名称：冰川时代加气矿泉水系列——灭火篇、释放篇

报送单位：成都阿佩克思广告有限公司

类　别：平面类

作品编号：B4-123-（1-2）

作品名称：乒乓球篇、跳机篇

报送单位：李奥贝纳广告（中国）

类　　别：平面类
作品编号：B6-56
作品名称：宽路
报送单位：江苏电视台广告部

类　　别：平面类
作品编号：B6-71-（1-2）
作品名称：收腹霜——毛衣篇、旗袍篇
报送单位：上海丽人广告公司

类　　别：平面类
作品编号：B10-137
作品名称：黑板篇
报送单位：李奥贝纳广告（中国）

类　　别：平面类
作品编号：B10-140（1-2）
作品名称："恒久篇"系列
报送单位：李奥贝纳广告（中国）

类　　别：平面类
作品编号：B11-35
作品名称：Quatro 昆虫篇
报送单位：上海灵狮广告有限公司北京办事处

类　　别：平面类
作品编号：B11-73
作品名称：佳通轮胎——雨珠篇
报送单位：上海梅高

类　　别：平面类
作品编号：B11-135-（1-6）
作品名称：奥拓系列广告之破车篇、关门篇、开瓶篇、记号篇、小巷篇、餐桌篇
报送单位：张晓岚营销策划中心

类　　别：平面类
作品编号：B13-152-（1-4）
作品名称：公益广告食品安全——超市篇、菜市场篇、盒饭篇
报送单位：哈尔滨海润国际广告传播集团

类　　别：平面类
作品编号：B13-457-（1-2）
作品名称：消费维权公益广告之"老太"篇、"少女"篇
报送单位：北京东方捷先广告传播有限公司

类　　别：平面类
作品编号：B13-533-（1-2）
作品名称：铁皮箱篇、蓝布娃娃篇
报送单位：JODYXIONG.上海

类　　别：平面类
作品编号：B13-637
作品名称：十字红包篇
报送单位：上海圣峰广告有限公司

类　　别：平面类
作品编号：B13-792
作品名称：节约用电
报送单位：巴蜀新形象广告传媒股份有限公司

类　　别：广播类
作品编号：C1-025
作品名称：口吃篇
报送单位：哈尔滨海润国际广告传播集团

类　　别：广播类
作品编号：C1-029
作品名称：冲锋篇
报送单位：哈尔滨海润国际广告传播集团

类　　别：广播类
作品编号：C1-064
作品名称：招聘广告——农村篇
报送单位：新疆普拉纳广告有限公司

类　　别：户外类
作品编号：D2-88
作品名称：猫眼篇
报送单位：李奥贝纳广告（中国）

类　　别：户外类
作品编号：D3-6
作品名称：金象苑
报送单位：哈尔滨潜龙广告有限公司

类　　别：户外类
作品编号：D4-1
作品名称：看见这只手，就抓住它
报送单位：绵阳莱德广告有限公司

类　　别：户外类
作品编号：D6-33
作品名称：多美诺轻松减肥开门见效
报送单位：维传凯普传播机构

铜奖（135项）

类　　别：影视类
作品编号：A1-33-（1-2）
作品名称：鞍马篇、吊环篇
报送单位：北京恒美广告有限公司上海分公司

类　　别：影视类
作品编号：A1-57
作品名称：肯德基——1000家店篇
报送单位：奥美广告

类　　别：影视类
作品编号：A1-59-（1-4）
作品名称："宝宝"系列
报送单位：上海智威汤逊－中乔广告有限公司

类　　别：影视类
作品编号：A1-75
作品名称：2004李宁"同一梦想"品牌电视广告
报送单位：李奥贝纳广告（中国）

类　　别：影视类
作品编号：A1-83
作品名称：上海城市形象片"世界"篇60秒
报送单位：达彼思广告有限公司

类　　别：影视类
作品编号：A3-32
作品名称：巨无霸姚明篇
报送单位：李奥贝纳广告（中国）

类　　别：影视类
作品编号：A4-25
作品名称：盖瑞牛奶——争宠篇
报送单位：乌市福成企划广告有限公司

类　　别：影视类
作品编号：A4-28
作品名称：农夫山泉——大脚篇
报送单位：博采广告有限公司

类　　别：影视类
作品编号：A4-33-（1-2）
作品名称：骨头篇、猫拖鞋

报送单位：北京恒美广告有限公司上海分公司

类　　别：影视类
作品编号：A4－76
作品名称：水龙头篇
报送单位：李奥贝纳广告（中国）

类　　别：影视类
作品编号：A4－81
作品名称：竹叶青茶业“有心”篇
报送单位：成都阿佩克思广告有限公司

类　　别：影视类
作品编号：A5－7
作品名称：榄菊蚊香——土著篇
报送单位：广州海岸明灯广告有限公司

类　　别：影视类
作品编号：A5－8
作品名称：榄菊杀虫剂——英雄篇
报送单位：广州海岸明灯广告有限公司

类　　别：影视类
作品编号：A5－20
作品名称：六神沐浴露“关门”篇
报送单位：达彼思广告有限公司上海分公司

类　　别：影视类
作品编号：A7－7
作品名称：网球篇
报送单位：灵智大洋（广州）广告有限公司广州分公司

类　　别：影视类
作品编号：A7－34－（1－5）
作品名称：生活写真系列（5支）

报送单位：奥美北京

类　　别：影视类
作品编号：A8－33
作品名称：对话篇（皮炎平）
报送单位：上海智威汤逊－中乔广告有限公司

类　　别：影视类
作品编号：A8－35
作品名称：作弊篇
报送单位：李奥贝纳广告（中国）

类　　别：影视类
作品编号：A8－41－（1－3）
作品名称：静心口服液大男孩篇、白领篇、小夫妻篇
报送单位：平成广告有限公司

类　　别：影视类
作品编号：A9－5
作品名称：神行车保“好险”篇
报送单位：达彼思广告有限公司上海分公司

类　　别：影视类
作品编号：A10－2
作品名称：“荷塘月色”形象篇
报送单位：广州市蓝色创意广告有限公司

类　　别：影视类
作品编号：A10－12
作品名称：金地地产（风篇）
报送单位：深圳市高小龙影视广告制作有限公司

类　　别：影视类
作品编号：A10－22
作品名称：小狗篇

报送单位：上海李岱艾广告(TBWA/SHANGHAI)

类　　别：影视类
作品编号：A10－24
作品名称：香槟广场——激情仪式篇
报送单位：成都凯思美迪光嘎文化传媒有限公司

类　　别：影视类
作品编号：A10－25
作品名称：小鸟篇
报送单位：李奥贝纳广告（中国）

类　　别：影视类
作品编号：A11－13
作品名称：别克品牌形象片“逗号”篇
报送单位：达彼恩广告有限公司上海分公司

类　　别：影视类
作品编号：A12－4
作品名称：普拉纳招聘广告
报送单位：新疆普拉纳广告有限公司

类　　别：影视类
作品编号：A12－5
作品名称：猴年篇
报送单位：沈阳推动广告有限公司

类　　别：影视类
作品编号：A13－10－（1－2）
作品名称：吸烟公益广告系列——自虐篇、虐待家人篇
报送单位：江苏大唐灵狮广告

类　　别：影视类
作品编号：A13－20
作品名称：除陋习、树新风之苍蝇篇

报送单位：贵州天马广告公司

类　　别：影视类
作品编号：A13－58
作品名称：心诚秤就准
报送单位：伊犁电视台广告部

类　　别：影视类
作品编号：A13－82
作品名称：谁吃谁篇
报送单位：上海智威汤逊－中乔广告有限公司

类　　别：影视类
作品编号：A13－109
作品名称：送伞篇
报送单位：成都电视台广告部

类　　别：平面类
作品编号：B1－1－（1－3）
作品名称：隆鑫之打坐篇、火炬篇、读书篇
报送单位：重庆写真广告有限公司

类　　别：平面类
作品编号：B1－4－（1－4）
作品名称：重庆晚报“966988”舆论援助热线
报送单位：重庆大方广告艺术有限公司

类　　别：平面类
作品编号：B1－86
作品名称：慕尼黑啤酒篇
报送单位：青岛天马广告

类　　别：平面类
作品编号：B1－126－（1－5）
作品名称：佳通轮胎——笔迹篇、笔迹篇、足迹篇、足

迹篇、足迹篇
报送单位：上海梅高

类　　别：平面类
作品编号：B1-160
作品名称：保鲜篇
报送单位：上海麦肯·光明广告有限公司

类　　别：平面类
作品编号：B1-237-（1-2）
作品名称：系列稿——飞机篇、飞碟篇
报送单位：上海智威汤逊－中乔广告有限公司

类　　别：平面类
作品编号：B1-246-（1-2）
作品名称：飞跃篇
报送单位：李奥贝纳广告（中国）

类　　别：平面类
作品编号：B2-35
作品名称：海信笔记本电脑——超薄篇
报送单位：上海梅高

类　　别：平面类
作品编号：B2-38-（1-3）
作品名称：海信等离子电视系列稿——视界观系列（1-3）
报送单位：上海梅高

类　　别：平面类
作品编号：B2-50-（1-3）
作品名称：海信等离子电视——超薄篇A、超薄篇B、清晰篇
报送单位：上海梅高

类　　别：平面类
作品编号：B2-71-（1-3）
作品名称：特福电蒸锅——西兰花篇、藕篇、青椒篇
报送单位：上海唐都广告公司

类　　别：平面类
作品编号：B3-33-（1-3）
作品名称：口气系列1-3
报送单位：上海麦肯·光明广告有限公司

类　　别：平面类
作品编号：B3-34-（1-3）
作品名称：过山车篇、床上篇、电影院篇
报送单位：上海麦肯·光明广告有限公司

类　　别：平面类
作品编号：B3-50
作品名称：哈根达斯——耶稣篇
报送单位：佳捷广告

类　　别：平面类
作品编号：B4-38-（1-3）
作品名称：来自千山朝的野葡萄——群体篇、攀岩篇、攀树篇
报送单位：桂林华顿广告策划公司

类　　别：平面类
作品编号：B4-67
作品名称：一只刚盛过蜂农佳酿酒的酒杯
报送单位：浙江广策广告有限公司

类　　别：平面类
作品编号：B4-73-（1-3）
作品名称：吊环系列1-3

报送单位：上海麦肯·光明广告有限公司

类　　别：平面类
作品编号：B4-78-（1-2）
作品名称：合作伙伴
报送单位：上海麦肯·光明广告有限公司

类　　别：平面类
作品编号：B4-83-（1-2）
作品名称：光明舒睡奶——睡姿篇（baby）、（couple）
报送单位：奥美广告

类　　别：平面类
作品编号：B4-94-（1-3）
作品名称：水墨画——1-3
报送单位：上海智威汤逊－中乔广告有限公司

类　　别：平面类
作品编号：B5-3
作品名称：灭火筒篇
报送单位：盛世长城国际广告广州分公司

类　　别：平面类
作品编号：B5-4
作品名称：雕牌牙膏海报：压根篇
报送单位：广东英扬传奇广告有限公司

类　　别：平面类
作品编号：B5-5
作品名称：雕牌天然皂粉杂志广告：影子篇
报送单位：广东英扬传奇广告有限公司

类　　别：平面类
作品编号：B5-59-（1-2）
作品名称：心诚保鲜袋——感情篇、时光篇
报送单位：新疆普拉纳广告有限公司

类　　别：平面类
作品编号：B5-96-（1-3）
作品名称：发现系列之新大陆篇、珠穆朗玛峰篇、大堡礁篇
报送单位：奥美北京

类　　别：平面类
作品编号：B6-47-（1-2）
作品名称：恒安七度空间338超长夜用卫生巾系列稿之打拳篇
报送单位：北京博达大桥国际广告传媒有限公司

类　　别：平面类
作品编号：B6-60
作品名称：肥皂篇、蒸笼篇、刷篇
报送单位：北京恒美广告有限公司上海分公司

类　　别：平面类
作品编号：B7-12-（1-2）
作品名称：DoubleA复印纸皱纹系列之鱼尾纹篇、额纹篇
报送单位：北京星美广告有限公司广州分公司

类　　别：平面类
作品编号：B7-116-（1-4）
作品名称：中国网 宽天下——双耳篇、双脚篇、双眼篇、双手篇
报送单位：北京阳光加信广告公司

类　　别：平面类
作品编号：B7-125-1-3

作品名称：X500少女篇、摩托篇、朋克篇
报送单位：北京明思堂国际广告公司

类　　别：平面类
作品编号：B7-207-（1-3）
作品名称：国际漫游系列之一句话距离篇、奔牛篇、倒影篇
报送单位：奥美北京

类　　别：平面类
作品编号：B7-215-（1-5）
作品名称：先河通信——贺岁系列1-5
报送单位：天津时代先锋广告传媒有限公司

类　　别：平面类
作品编号：B8-38-（1-3）
作品名称：爱尔眼科——书页篇、台历篇、时钟篇
报送单位：新疆普拉纳广告有限公司

类　　别：平面类
作品编号：B8-52
作品名称：恩密达——手纸篇
报送单位：盛世长城国际广告有限公司

类　　别：平面类
作品编号：B8-92-（1-4）
作品名称：中智中药冰淇淋篇、雪糕篇、牛排篇、汉堡包篇
报送单位：福建蓝道广告公司

类　　别：平面类
作品编号：B9-7
作品名称：止血贴篇
报送单位：麦肯·光明广告有限公司广州分公司

类　　别：平面类
作品编号：B9-10-（1-3）
作品名称：路标篇1-3
报送单位：卓越形象品牌传播事业机构

类　　别：平面类
作品编号：B10-61-（1-3）
作品名称：梦园听荷居“听荷”之沐浴篇、耳机篇、雨伞篇
报送单位：安徽春秋广告

类　　别：平面类
作品编号：B10-125-（1-10）
作品名称：兰乔圣菲系列——桃花篇、红色陶瓦篇、CEO篇、船篇、Stucco外墙篇、盆景篇、石板路篇、低坡屋顶篇、 爬山虎篇、河篇
报送单位：精信广告公司上海分公司

类　　别：平面类
作品编号：B10-160-（1-2）
作品名称：品阁——路口篇、大脑篇
报送单位：天津时代先锋广告传媒有限公司

类　　别：平面类
作品编号：B10-166-（1-4）
作品名称：万科金色家园
报送单位：成都蓝色飞扬广告

类　　别：平面类
作品编号：B11-10-（1-2）
作品名称：上刀山系列
报送单位：江苏大唐灵狮广告

类　　别：平面类
作品编号：B11-98
作品名称：别克关怀——围巾篇
报送单位：达彼思广告有限公司上海分公司

类　　别：平面类
作品编号：B11-111-（1-2）
作品名称：动物系列之象鼻篇、巨蟒篇
报送单位：广东广旭广告有限公司

类　　别：平面类
作品编号：B12-13-（1-3）
作品名称：娱乐周刊海报系列之星哥篇、校长篇、玲姐篇
报送单位：广东英扬传奇广告有限公司

类　　别：平面类
作品编号：B12-54-（1-2）
作品名称：寻找新家园，关注新日报
报送单位：乌鲁木齐市四强广告营销有限公司

类　　别：平面类
作品编号：B12-89-（1-3）
作品名称：鸡篇、鱼篇、肉篇
报送单位：麦肯·光明广告有限公司

类　　别：平面类
作品编号：B12-101-（1-3）
作品名称：救急——人、搭档、创意小组
报送单位：上海李岱艾广告

类　　别：平面类
作品编号：B12-106
作品名称：黑比较瘦篇
报送单位：上海智威汤逊－中乔广告有限公司

类　　别：平面类
作品编号：B13-8-（1-2）
作品名称：三十六计之空城计篇 、无中生有篇
报送单位：重庆正宗广告有限公司

类　　别：平面类
作品编号：B13-23-（1-2）
作品名称：公益系列——易拉罐篇、啤酒瓶篇
报送单位：广东省广告有限公司

类　　别：平面类
作品编号：B13-85
作品名称：指示牌篇
报送单位：南京银都广告商务有限责任公司

类　　别：平面类
作品编号：B13-86-（1-2）
作品名称：喷嚏篇、咳嗽篇
报送单位：南京银都广告商务有限责任公司

类　　别：平面类
作品编号：B13-186
作品名称：交通安全系列公益广告——地雷篇、刀子篇、火篇
报送单位：山东三石广告有限公司

类　　别：平面类
作品编号：B13-208
作品名称：孤独的孕妇
报送单位：卓越形象品牌传播事业机构

类　　别：平面类
作品编号：B13-209-（1-2）
作品名称：斑马线画框、红绿灯画框
报送单位：卓越形象品牌传播事业机构

类　　别：平面类
作品编号：B13-311
作品名称：帮助贫困儿童——易拉罐篇
报送单位：合肥嘉宝广告传播有限公司

类　　别：平面类

类　　别：平面类

作品编号：B13-425(1-3)
作品名称：更高?更快?更强?
报送单位：沈阳推动广告有限公司

类　　别：平面类
作品编号：B13-451
作品名称：地雷篇
报送单位：谢志平　熊超

类　　别：平面类
作品编号：B13-468-（1-4）
作品名称："办假证"之疯狂广告系列——最佳广告创意奖篇、最佳广告传播奖篇、最佳广告执行奖篇、最佳广告实效奖篇
报送单位：乌鲁木齐一鸿超维广告传播有限公司

类　　别：平面类
作品编号：B13-492-1-3
作品名称：减肥"椅子"、"菜花"、"水笼头"
报送单位：北京北岛广告

类　　别：平面类
作品编号：B13-496
作品名称：半旗
报送单位：盐城千千惠行销有限公司

类　　别：平面类
作品编号：B13-512
作品名称：成名之作
报送单位：南通德者行广告商务有限公司

类　　别：平面类
作品编号：B13-522-（1-2）
作品名称：苏州印象——青砖篇、瓦片篇
报送单位：常熟市华平广告有限公司

类　　别：平面类
作品编号：B13-531-（1-3）
作品名称：迎奥运生活系列
报送单位：江苏电视台广告部

类　　别：平面类
作品编号：B13-631-（1-2）
作品名称：节约用电盲文篇、盲道篇
报送单位：山东世纪纶营销企划

类　　别：平面类
作品编号：B13-638
作品名称：劝酒篇
报送单位：上海盛世长城医药保健

类　　别：平面类
作品编号：B13-639
作品名称：树桩篇
报送单位：上海盛世长城医药保健

类　　别：平面类
作品编号：B13-641
作品名称：剧院篇
报送单位：上海盛世长城医药保健

类　　别：平面类
作品编号：B13-691
作品名称：烟灰篇系列二款
报送单位：旭日因赛广告

类　　别：平面类
作品编号：B13-696
作品名称：酒后开车篇
报送单位：旭日因赛广告

类　　别：平面类
作品编号：B13-698（1-3）
作品名称：凶器篇系列
报送单位：旭日因赛广告

类　　别：平面类
作品编号：B13-723-（1-3）
作品名称：“统一”之1-3
报送单位：天津市帝十三广告行销策略中心

类　　别：平面类
作品编号：B13-725
作品名称：“关注弱势群体”公交拉手公益广告
报送单位：宁波市嘉和公交广告公司

类　　别：平面类
作品编号：B13-745
作品名称：盗版片
报送单位：北京智威汤逊－中乔广告有限公司

类　　别：平面类
作品编号：B13-746-(1-2)
作品名称：帮助流浪猫（乞讨篇）、(看病篇)
报送单位：北京智威汤逊－中乔广告有限公司

类　　别：平面类
作品编号：B13-795-（2-3）
作品名称：白色污染系列（白鹭篇、黄鹂篇）
报送单位：巴蜀新形象广告传媒股份有限公司

类　　别：广播类
作品编号：C1-005
作品名称：新东方学校
报送单位：湖北人民广播电台、交通音乐台

类　　别：广播类
作品编号：C1-016
作品名称：商品广告《时代广场》
报送单位：江西人民广播电台广告经营管理中心

类　　别：广播类
作品编号：C1-105-（1-3）
作品名称：农村系列1-3
报送单位：上海智威汤逊－中乔广告有限公司

类　　别：广播类
作品编号：C2-3
作品名称：保护儿童、远离暴力污染
报送单位：湖北人民广播电台交通音乐台

类　　别：广播类
作品编号：C2-13
作品名称：对话篇
报送单位：哈尔滨海润国际广告传播集团

类　　别：广播类
作品编号：C2-25
作品名称：交通公益广告“人车争霸赛”篇
报送单位：西安广播广告中心

类　　别：广播类
作品编号：C2-38
作品名称：城管110与都市110空中联动
报送单位：吉林市经济广播电台

类　　别：广播类
作品编号：C2-71
作品名称：公益广告《两块铜钱》
报送单位：山东广播经济频道

类　　别：广播类
作品编号：C2-80
作品名称：广告节宣传片
报送单位：成都人民广播电台

类　　别：户外类
作品编号：D1-17
作品名称：文字篇
报送单位：哈尔滨海润国际广告传播集团

类　　别：户外类
作品编号：D1-74
作品名称：哪有不平哪有我
报送单位：山东济宁新思域企业形象设计

类　　别：户外类
作品编号：D1-85-（1-4）
作品名称：索尼“敢创”系列户外广告
报送单位：李奥贝纳广告（中国）

类　　别：户外类
作品编号：D1-103-（1-5）
作品名称：新光饰品——蜘蛛篇、秋千篇、窗口篇、T台篇、浪花篇
报送单位：浙江新光集团

类　　别：户外类
作品编号：D2-30
作品名称：地毯篇
报送单位：杭州黑弧广告有限公司

类　　别：户外类
作品编号：D2-38-（1-4）
作品名称：美尔洁牙膏系列
报送单位：苗笛　刘爽

类　　别：户外类
作品编号：D2-80-（1-2）
作品名称：道路交通安全法公益广告之楼梯篇、小巷篇
报送单位：广东艺精广告装饰工程有限公司

类　　别：户外类
作品编号：D2-97-（1-4）
作品名称：系列《小猪》《小驴》《小老鼠》
报送单位：江苏大唐灵狮广告

类　　别：户外类
作品编号：D3-2
作品名称：酷客网络休闲中心
报送单位：河北霓虹广告有限公司

类　　别：户外类
作品编号：D3-7
作品名称：欣欣霓虹灯
报送单位：南通金品堂广告公司

类　　别：户外类
作品编号：D4-34
作品名称：多美诺轻松减肥　开门见效
报送单位：维传凯普传播机构

类　　别：户外类
作品编号：D4-39-（1-2）
作品名称：为人民服务——1，2
报送单位：苏州明日企业形象策划传播有限公司

类　　别：户外类
作品编号：D5-7
作品名称：苍蝇篇
报送单位：麦肯·光明广告有限公司

类　　别：户外类

作品编号：D6-32

作品名称：Ci 引力

报送单位：昆明风驰传媒

类　　别：户外类

作品编号：D6-43-（1-4）

作品名称：瓶子篇系列

报送单位：上海智威汤逊－中乔广告有限公司

类　　别：户外类

作品编号：D6-47

作品名称：Toilet

报送单位：上海智威汤逊－中乔广告有限公司

题注：其它635项入围奖信息略

第五届全国青年广告设计大奖赛获奖作品名单

金奖（1项）

作品名称：好点子系列——1，2，3

姓　　名：胡玲霞（女）　张峰

单　　位：上海麦肯·光明广告有限公司

银奖（2项）

作品名称：垃圾桶系列——1，2

姓　　名：徐洪武　王谦

单　　位：北京北岛广告公司

作品名称：颠覆系列——1，2

姓　　名：汪信标　方振宏

单　　位：南京银都广告商务有限责任公司

铜奖（3项）

作品名称：赛前赛后

姓　　名：陈方铭　陆碧贞（女）

单　　位：南宁良策广告设计有限公司

作品名称：大脑系列——1，2，3

姓　　名：汤磊　高华伟

单　　位：四川省巴蜀新形象传媒股份有限公司

作品名称：设计·核动力系列——1，2

姓　　名：房开柱（女）　秦添

单　　位：四川大学艺术学院设计系成都国奥文化体育发展有限公司

入围奖（11项）

作品名称：牛头篇

姓　　名：张烨　黄风平

单　　位：江西东方广告有限公司

作品名称：有种系列——1，2

姓　　名：张云飞（女）　江涛（女）

单　　位：南京银都广告商务有限责任公司

作品名称：裤子系列——1，2

姓　　名：杨翀　陈利（女）

单　　位：重庆广骥广告文化发展有限责任公司

作品名称：亮出你的长处

姓　　名：卢凯程　司继江

单　　位：广西柳州市灵诺广告策划有限公司

作品名称：实现就在眼前
姓　　名：傅辅政　吴孟柯
单　　位：成都市麒跃阁文化传播有限公司

作品名称：创新系列——1，2，3
姓　　名：赵圣君　孙维帮
单　　位：天津市北岛广告发展有限公司

作品名称：创新系列——1，2，3
姓　　名：白耀天　唐莉
单　　位：江苏苏垦广告有限公司

作品名称：24小时系列——1，2
姓　　名：张帆　侯宗昆
单　　位：成都阿佩克思广告有限公司

作品名称：或许系列——1，2
姓　　名：杨帆　任帆
单　　位：成都阿佩克思广告有限公司

作品名称：罩得住
姓　　名：史忠明　贾世民
单　　位：济南新三友广告有限公司

作品名称：激情系列——1，2，3
姓　　名：周文明　王卫红
单　　位：江苏大贺国际广告集团、品牌视觉设计公司

2004中国艾菲奖参赛案例获奖名单

金奖（3项）

类　　别：日用品
编　　号：A014
案例名称：蒙牛牛奶——强壮中国人
报送单位：成都阿佩克思广告有限公司

类　　别：耐用品
编　　号：B001
案例名称：千里马刘翔战役
报送单位：上海广告有限公司

类　　别：服务
编　　号：C004
案例名称："奥运年，大赛年，CCTV-5频道年"
报送单位：广东平成广告有限公司

银奖（10项）

类　　别：日用品
编　　号：A008
案例名称：雀巢冰淇淋形象重塑（蓝冰精灵）+X脆新品广告
报送单位：上海智威汤逊-中乔（北京）广告有限公司

类　　别：日用品
编　　号：A015
案例名称：竹叶青品牌形象打造（平常心——竹叶青）
报送单位：成都阿佩克思广告有限公司

类　　别：日用品
编　　号：A019
案例名称："静心送给妈妈"广告运动
报送单位：广东平成广告有限公司

类　　别：日用品
编　　号：A020
案例名称：水晶之恋的情人节
报送单位：广东平成广告有限公司

类　　别：日用品
编　　号：A023
案例名称：立白品牌提升超越价格战
报送单位：旭日因赛传播

类　　别：日用品
编　　号：A028
案例名称：古纳斯上市运动（情人的诞生）
报送单位：精信广告有限公司

类　　别：耐用品
编　　号：B002
案例名称：康佳高清电视王者无敌
报送单位：广州市协作广告有限公司

类　　别：耐用品
编　　号：B012
案例名称："扬子空调，自然更好" 扬子空调品牌重塑&渠道推广
报送单位：卓越形象品牌事业机构

类　　别：耐用品
编　　号：B004
案例名称：2004年全新福特蒙迪欧"世界就看我的"上市宣传
报送单位：上海智威汤逊－中乔（北京）广告有限公司

类　　别：企业形象
编　　号：D001
案例名称：中国节能氟里昂替代冰箱广泛商业化障碍消除项目
报送单位：上海麦肯·光明广告有限公司

铜奖（10项）

类　　别：日用品
编　　号：A002
案例名称：抢占"日常助消化药"第一品牌
报送单位：广州成美广告有限公司

类　　别：日用品
编　　号：A003
案例名称：思念品牌定位和形象塑造
报送单位：上海旺世广告有限公司

类　　别：日用品
编　　号：A006
案例名称："橱窗篇"
报送单位：上海智威汤逊－中乔广告有限公司

类　　别：日用品
编　　号：A007
案例名称：999正天丸二次上市
报送单位：上海智威汤逊－中乔广告有限公司

类　　别：日用品
编　　号：A009
案例名称：伊利优酸乳青春痘篇
报送单位：上海智威汤逊－中乔（北京）广告有限公司

类　　别：日用品
编　　号：A021

案例名称：洋河蓝色经典品牌塑造（男人的情怀）
报送单位：南京银都广告商务

类　　别：日用品
编　　号：A027
案例名称：五丰包子速冻包点早餐运动
报送单位：卓越形象品牌事业机构

类　　别：耐用品
编　　号：B006
案例名称：向左 · 向右 · Living（有你有我有可能）
报送单位：成都阿佩克思广告有限公司

类　　别：耐用品
编　　号：B008
案例名称：“发达路路有五菱” 品牌提升运动
报送单位：广东平成广告有限公司

类　　别：服务
编　　号：C002
案例名称：黑龙江移动短信双提升策划推广全案
报送单位：哈尔滨海润国际广告传播集团有限公司

入围奖（11）

类　　别：日用品
编　　号：A001
案例名称：王老吉品牌的重新定位
报送单位：广州成美广告有限公司

类　　别：日用品
编　　号：A005
案例名称：翠花全国市场营销企划全案
报送单位：哈尔滨海润国际广告传播集团有限公司

类　　别：日用品
编　　号：A010
案例名称：阿尔卑斯品牌形象建立（传递无限情意）
报送单位：麦肯 · 光明广告有限公司

类　　别：日用品
编　　号：A012
案例名称：辣妹子品牌形象提升运动（相传百年，妙不可言）
报送单位：重庆正宗广告有限公司

类　　别：日用品
编　　号：A017
案例名称：越来越好吃
报送单位：福建蓝道广告公司

类　　别：日用品
编　　号：A018
案例名称：雪顿品牌形象重塑
报送单位：北京蓝道广告公司

类　　别：日用品
编　　号：A026
案例名称：“新品五粮液”上市的品牌推广
报送单位：四川高阳广告传播有限公司

类　　别：耐用品
编　　号：B003
案例名称：品牌形象强化运动（移山填海 · 厦工气派）
报送单位：厦门佰诚设计装饰有限公司

类　　别：耐用品
编　　号：B011
案例名称：定义品——中电电器新产品
报送单位：沐古（上海）咨询管理机构

类　　别：服务
编　　号：C001
案例名称：联通133绿色飓风

报送单位：福州盛世元年广告有限公司

类　　别：服务

编　　号：C003
案例名称：加加卡上市
报送单位：上海智威汤逊－中乔广告有限公司

2004中国媒体企划奖案例作品获奖名单

最佳奖（3项）

类　　别：电视类
奖　　项：媒体品牌形象推广奖
作品编号：M1-06
案例名称："江苏品牌战略联盟"项目动作方案
报送单位：江苏广播电视总台电视广告中心

类　　别：电视类
奖　　项：媒体品牌形象推广奖
作品编号：M1-13
案例名称：安徽影视频道抢先占位"3+2影视巨无霸"
报送单位：安徽电视台影视频道

类　　别：报纸类
奖　　项：媒体广告经营奖
作品编号：M2-11
案例名称：深圳市首届购物节
报送单位：深圳晚报社

优秀奖（9项）

类　　别：电视类
奖　　项：媒体广告经营奖
作品编号：M1-03
案例名称：中国大学生广告艺术节策划案
报送单位：江苏广播电视总台电视广告中心

类　　别：电视类
奖　　项：媒体品牌形象推广奖
作品编号：M1-05
案例名称："江苏卫视——中国情感卫视"上市方案
报送单位：江苏广播电视总台电视广告中心

类　　别：电视类
奖　　项：媒体品牌形象推广奖
作品编号：M1-11
案例名称：中国四川电视台——大众消费品牌的成就者
报送单位：四川电视台广告部

类　　别：电视类
奖　　项：媒体品牌形象推广奖
作品编号：M1-12
案例名称：超越梦想　一起飞——2004湖南电视媒介推广暨广告招商年会
报送单位：湖南广播影视集团广告经营管理中心

类　　别：报纸类
奖　　项：媒体广告经营奖
作品编号：M2-01
案例名称：北京个人购房房地产展示交易会
报送单位：北京晚报广告部

类　　别：报纸类
奖　　项：媒体广告经营奖
作品编号：M2-07
案例名称：北京汽车展销会
报送单位：北京晚报广告部

类　　别：报纸类
奖　　项：媒体广告经营奖
作品编号：M2-08
案例名称：《北京房典》系列
报送单位：北京晚报广告部

类　　别：报纸类
奖　　项：媒体广告经营奖
作品编号：M2-16
案例名称：《成都商报》四川车市七城联动
报送单位：成都商报

类　　别：广播类
奖　　项：媒体品牌形象推广奖
作品编号：M4-01
案例名称：湖南人民广播电台交通频道“平安小精灵”品牌形象系列推广活动
报送单位：湖南人民广播电台交通频道

入 围 奖（3 项）

类　　别：电视类
奖　　项：媒体品牌形象推广奖
编　　号：M1-01
案例名称：首届“成都小姐大赛”
报送单位：成都电视台经济资讯服务频道

类　　别：报纸类
奖　　项：媒体品牌形象推广奖
编　　号：M2-09
案例名称：潇湘晨报 2003 年“品质出众、当然领先”秋季品牌推广策划全案
报送单位：潇湘晨报

类　　别：报纸类
奖　　项：媒体广告经营奖
编　　号：M2-13
案例名称：“国际深圳”
报送单位：深圳特区报社

’2005中国广告年鉴

China Advertising Yearbook

第十三版

13th Edition

公益广告专栏

关于开展2003–2004年度优秀公益广告作品评选工作的通知

工商广字[2004]第164号

各省、自治区、直辖市及计划单列市文明办、工商行政管理局：

按照中央文明办和国家工商行政管理总局工作安排，今年第四季度将组织开展2003–2004年度优秀公益广告作品评选工作。现就有关问题通知如下：

一、关于奖项的设立

中央文明办和国家工商行政管理总局设立公益广告全国奖。

公益广告作品的奖项分别为金奖、银奖、铜奖、入围奖四个等级，奖励获奖作品的创作单位、出资单位和主创人员。为激励优秀公益广告创作人员，设立个人最佳创意奖、最佳设计奖、最佳摄影奖、最佳音效奖。对于在公益广告活动中表现突出的广告主、广告经营者、广告发布者及其个人，中央文明办和国家工商行政管理总局将予以表彰和奖励。同时，设立组织奖，表彰在公益广告活动中表现突出的省级文明办和工商行政管理局。

二、关于参评的范围

2003–2004年度首次在各类媒体（含户外广告）上发布的各类公益广告均可参加评选。参加优秀公益广告作品评选的公益广告作品，应当符合“优秀公益广告作品评选标准”（见附件1）和“参评作品要求”（见附件2）。

在2003–2004年度公益广告活动中贡献突出的单位和个人均可被推荐或自荐。各地报送的先进单位和先进个人事迹材料，应当符合“报送先进单位和先进个人事迹材料的具体要求”（见附件3）。

三、关于参评办法

1．参评公益广告作品，由各省、自治区、直辖市文明办、工商行政管理局组织评选后统一报送国家工商行政管理总局广告监管司，并按要求填写“送评作品登记表”（见附件4）。各省（自治区、直辖市）送评作品数量：影视、广播广告作品各3件，平面广告作品4件。

2．各地要对推荐报送的作品认真审查，严格把关。凡涉及抄袭、模仿等问题的，一律不得送评。

3．公益广告活动先进单位和先进个人，由各省、自治区、直辖市文明办和工商行政管理局共同推荐，提名单位和个人均不超过3个。

四、关于时间要求

送评公益广告作品、送评作品登记表、推荐先进单位和个人事迹材料，请务必在11月30日前报送国家工商行政管理总局广告监管司。

各地文明办、工商行政管理局在公益广告作品评选工作结束后，要将开展本年度公益广告活动的情况写出书面总结，于12月30日前分别报送中央文明办协调组和国家工商行政管理总局广告监管司。

国家工商行政管理总局

二○○四年九月二十七日

附件：1．优秀公益广告作品评选标准
　　　2．参评作品要求
　　　3．报送先进单位和先进个人事迹材料的具体要求
　　　4．送评作品登记表

附件1

优秀公益广告作品评选标准

一、导向：主题鲜明，观点正确，思想性强，有时代特征，符合国家法律、法规、政策要求。

二、创意：新颖独特，内涵深刻。

三、表达：信息传递清晰准确，易认易记，说服力强。

四、制作：表现完美，制作严谨，视听语言运用好。

五、效果：把握媒体特征，综合效果好。

参评作品登记表

<table>
<tr><td>广告题目</td><td colspan="3"></td></tr>
<tr><td>广告类别</td><td></td><td>发布日期</td><td></td></tr>
<tr><td>首次发布媒体</td><td colspan="3"></td></tr>
<tr><td>出资单位</td><td colspan="3"></td></tr>
<tr><td>创作单位</td><td colspan="3"></td></tr>
<tr><td>创 意 人</td><td colspan="3"></td></tr>
<tr><td>设 计 人</td><td colspan="3"></td></tr>
<tr><td>摄　影</td><td colspan="3"></td></tr>
<tr><td>广播音效</td><td colspan="3"></td></tr>
<tr><td>送评单位意见</td><td colspan="3"></td></tr>
<tr><td>联 系 人</td><td></td><td>联系电话</td><td></td></tr>
</table>

说明：1．广告类别写明平面、影视、广播等；

2．送评单位为省文明办和工商行政管理局；

3．联系人与联系电话填写送评单位的联系人姓名和电话号码。

附件2

参评作品要求

一、参评作品范围：2003–2004年度发布的公益广告。未发布的公益广告不得参评。

二、参评登记表：每幅参评作品均应详细认真填写参评作品登记表，并随参评作品同时报送（参评作品登记表附后）。

三、电视广告以数字带（DVW）报送，并应有1分钟的颜色条和30秒倒数显示，每条广告留出10秒间隔。数字带必须注明标签，并用盒子装好。

四、广播广告应录制在数码带（DAT）上，每条广告留出10秒间隔。每条广告附广告词文字稿两份（A4纸打印稿）。数码带（DAT）必须用标签注明，并用盒子装好。

五、报纸、杂志、招贴等平面广告应交送用150克轻黑硬卡纸裱起的作品1份，广告作品规格为A3，后面贴上参评作品登记表。

六、路牌、车身、霓虹灯、灯箱、橱窗、立体等广告均采用照片形式报送。照片用150克轻黑硬卡纸裱起，广告作品规格为A3，后面贴上“参评作品登记表”。

七、主办单位有权展示或出版所有参评作品。

附件3

报送先进单位和先进个人事迹材料的具体要求

一、先进单位事迹材料报送要求

1．2003–2004年度出资制作、创作、发布公益广告情况，应有具体数字说明；

2．常年关心、支持、参与公益广告事业情况，应有具体数字说明；

3. 出资制作、创作、发布公益广告具有一定的质量水平，无错误导向和违反国家法律、法规、政策等问题；

4．《广告法》施行以来，出资制作、创作、发布的商业广告无重大违法事件发生。

二、先进个人事迹材料报送要求

个人事迹材料应写明推荐表扬人2003–2004年度积极参与公益广告活动情况，以及在组织、宣传、创作、发布、制作等某项工作方面的突出表现。

三、各省（自治区、直辖市）文明办、工商行政管理局应对推荐表扬的单位或个人事迹材料签署意见，并加盖公章。事迹材料统一用A4纸打印。

附件4

送评作品登记表

(送评单位盖章) ________________省（自治区、直辖市）工商行政管理局

序号	广告类别	广告题目	创作单位	出资单位	首次发布单位

联系人：　　　　　　联系电话：

读者林——期刊参与社会公益活动的成功尝试

《读者》杂志社　杜孟瑛

期刊，作为文化传播的重要载体，担负着推动人类社会前进的重任。为人类社会谋福利是期刊的终极目的。生态环境作为人类社会赖以生存的基础，正遭遇着空前的危机。如何为保护生态环境做出贡献，成了一个现实的问题摆在期刊面前。2000年初，《读者》开中国媒体直接参与生态环境保护工程建设的先河，隆重推出“保护

母亲河，共建读者林”大型社会公益活动。随后，捷报频传，《读者》取得了社会效益与经济效益的双丰收。

一种文化品牌该如何通过参与社会公益活动，进行自身品牌的深度开发，以求品牌综合效益最大化？对此，《读者》进行了成功的尝试。

2004年4月2日，由读者杂志社和中国青少年发展基金会共同倡议发起的“保护母亲河，共建读者林”活动，第一期333.5公顷（500亩）造林工程在地处黄河上游的甘肃省永靖县刘家峡水库龙汇山隆重开工。10名“读者绿色希望工程林”捐款人，代表着全国各地的5万多名捐资者，同来自全国各地的2500余名捐款者和当地1万多名干部、群众、战士一起，参加了植树活动。2003年8月25日，“读者林”二期工程兰州大砂沟项目落成暨揭碑仪式隆重举行，由花岗岩制成的三本杂志造型的读者碑树立在读者林前，它将历经风雨，永远铭记人们为母亲河所做的一切。“读者林”活动凝聚着千千万万读者对母亲河的爱心，是期刊参与公益事业社会化运作的一次成功尝试。对提高杂志品牌影响力、增加美誉度，进而直接促进期刊发行产生了积极作用。

一、读者林的策划、实施、落成

1999年7月，共青团中央、全国绿化委员会、全国人大环境与资源保护委员会等单位和中国青少年发展基金会共同发起“保护母亲河——绿色希望工程”的活动，决定动员社会力量，绿化黄河两岸。

当时正在北京的《读者》杂志副主编彭长城听到这个消息，马上与中国青少年发展基金会项目部副主任汪文斌相约见面。双方商议共同发起“保护母亲河，共建读者林”活动。

带着这一消息回来后，彭长城向老总们作了汇报，甘肃人民出版社总编张正杰、《读者》主编陈绍泉、《读者》常务副主编胡亚权表示，不但要不遗余力推动这一活动，而且要捐款20万元，直接支持。

分管社刊工程的甘肃人民出版社副总编傅保珠等同志前往永靖进行实地调查，最终确定永靖县龙汇山为第一期“读者林”造林地。此事定下来时，距传统的植树日期还有两个多月的时间，2000年2月，《读者》杂志正式刊发了公益广告，倡议全国读者“保护母亲河，共建读者林”5元钱捐植一棵树，200元钱捐植一亩林。

倡议一发，举国响应，3个月内，就有近十万人次捐款，当年4月2日，就一次完成首期333.5公顷地的绿化任务。几年来，《读者》共刊登有关“读者林”的彩插公益广告20版，文字报道42面，并开辟刊中刊《绿色档案》6期，文字报道上万字，发表环保志愿者文章1篇、彩插1页。

“巨龙没有鳞，容易受伤；黄河没有林，很悲伤”，三年前，这样一句话触动了无数人的心灵。三年后，甘肃刘家峡、四川乐山、兰州大砂沟，母亲河畔1334公顷（两万亩）用爱心培植起的树林正蓬勃生长。

二、读者林的启示

1、期刊积极参与公益活动；达到了期刊社会影响的最大化，是对期刊功能的提升

期刊作为一种大众传媒文化，其功能是传播文化、积累知识、提高道德修养。《读者》利用品牌媒体和受众最大的优势，积极参与公益事业，产生了很好的效果。很多人因为读者林活动从而关注《读者》杂志。2000年4月，《读者》发行量突破600万，比1月份增加100万。在“读者林”奉献社会的同时，活动本身也给了《读者》杂志丰厚的回报。这些活动扩大了杂志影响，创造了杂志与读者的互动平台，唤起了人们保护母亲河的意识。

在2002年1月18日召开的2002年全国保护母亲河行动电视电话会议上，读者杂志社受到共青团中央、全国绿化委员会、全国人大环境与资源保护委员会、全国

政协人口资源与环境委员会、水利部、农业部、国家环保总局、国家林业局等8个部委的联合表彰，授予读者杂志社“全国保护母亲河行动先进集体”荣誉称号。

原本一次单纯的公益行为，在追求社会效益的同时，却意外地让《读者》得到了丰厚的回报。这个文化品牌一次人性化的尝试，也让更多人认识到了追求社会效益并不意味着没有经济效益。如今读者林的诞生，也令本地文化产业找到了一条提升品牌竞争力的道路。

2、期刊参与公益活动，建立一个与读者交流、沟通的良好平台，提高了期刊的亲和力

读者林活动使许多爱好环保的读者因此更加关心这本杂志。通过《读者》找寻一个平台，让更多有爱心的人来参与。这种爱心流动滋润了社会和国家的人文环境，从而跟一本杂志本身的品牌建设联系在一起。从市场运营角度来看，因为媒体经济是一种影响力经济，也就是说它只有在社会中产生自己的影响力它才有价值，这种影响力可以通过内容来体现，也可以通过社会公益活动来体现，这都是杂志跟社会、读者紧密相连的一种方式。

一位年逾古稀的老人来信说：

我是一名83岁的妇女，喜欢看书，这次在儿子家中看到一本《读者》，是2000年3月下半月号，翻开封面，有一幅全国地图，上面画了一条巨龙，中间写着“保护母亲河，共建读者林”的倡议。这个倡议提得好，一棵树工程起点低，照顾了我们普通老百姓。我没有退休工资，靠6个儿女生活。这个盛举我要参与，全家18口人每年每人捐一棵树，一年90元。现在我提出“三个100”：我写100封信，给亲戚朋友，动员每家每人捐种一棵树，他们收到我的信，再写信给他们的亲友，这样连环下去，就能发动许多人，为母亲河尽一片孝心。第二个100是100年不间断，代代相传。我死后，大女儿沈芳接过担子继续捐下去，滴水成河，粒米成箩，发挥中国老百姓的爱国热情。第三个100是捐树的人们要活到100岁，有生之年看到黄河两岸，绿树成林，鲜花似锦，我们就可含笑九泉。我想植树造林、治理沙化，是百年大计，要用愚公移山的精神来干这件事。中国是个人口大国，人多是坏事，过去毛主席说过坏事可以变好事，如果植树造林、治理沙化，人力资源只有我们国家充足，中国人民勤劳节俭，只要组织起来，这支专业队伍从科研、育苗、土质、栽种、保护、防火，需要的人力很多。我们这些老年人如果留钱给子孙，还不如留下一片青山绿水、锦绣山河，让子孙后代有一个清幽的环境。

这一封封热情洋溢的来信，一句句肺腑之言，真正体现了读者林活动的意义所在。

3、期刊公益活动策划的新颖、别致是该项活动被读者极大关注的前提，也是该项公益活动成功的保证

纸上的方案不等于荒山的绿色。从2000年2月起，按照方案，《读者》连续在第3、4、5、6、7、8期上刊出公益公告，号召《读者》的读者为绿化母亲河捐款。其形式图文并茂，其内容情真意切，字字句句敲击着每位读者的心。截至2000年10期，《读者》共用了14个版面来宣传这一活动，其中彩插9页、正文5页。这对于寸版寸金的《读者》来讲，难能可贵，但更可贵的是新颖的宣传创意。

2000年第6期封二占两页，一幅画有巨龙的中国地图赫然入目，下面写着两行字：

黄河像条巨龙，巨龙没有鳞，容易受伤；黄河没有鳞，非常悲伤。

孩子般极富想象的画和话，震撼着人心。

2003年第7期，白色的画面上一个拟人化的地球裁判右手高举黄牌，3月21日（世界森林日），左手拿着红牌，大红标题赫然醒目“我们不要被红牌罚下”。富有想象力的画面，再一次敲醒了我们沉睡的心灵。除了生动的牌面，还有一些看似不起眼的做法：“捐款5元，

种一棵树；捐200元，植一亩林。” 这句反复出现、近似平白的“广告”词，其效果是不言而喻的。“响应党中央开发西部的战略决策，从自身做起。”——西部大开发？请从这里开始。选取10名捐款人，特邀参加“读者绿色希望行”——哪个人不向往？公布“五个一”，第一位咨询的人，第一笔捐款的个人，第一个捐赠的企业等——无疑在发布光荣榜。

海南省海口市某小学六（2）班樊小铭打来电话，说她看到《读者》上登的民谣“二月二，龙抬头，黄河水，向东流；二月二，龙抬头，黄河泪，向东流”。第一个感觉是直想哭，她担心树种不好，钱花不好。工作人员给她讲了“报账制”、“管理措施”，她放心了。

宣传广告刊出后，捐款如潮。广东东莞一位化名“赵氏孤儿”的读者在捐款附言中写道：“赵利莲就是中华民族的象征，百家姓中的第一个姓氏就是赵姓。我们毁了母亲河，我们都成了‘赵氏孤儿’！今天我捐出一份祝愿，愿黄河永不再断流，愿赵利莲的子孙们不再恐慌，愿中华民族的香火永远绵延。”

太多的人，太多的爱，太多的故事。

实际上，“读者林”公益广告的传播过程就是一个人们共享社会文化的过程，也是一个有价值的社会观念不断被传送、强化和公众接受、社会文化教化的过程。这一过程包含着两个方面：一是公众接触、接受广告及其认同广告与其所含文化的过程；二是广告主和广告人精确地把握社会群体期望或文化圈的继承，并进而超越自身所在群体文化传统的过程。

广告是目前世界上最普遍、最广泛的一种经济现象，作为现代商战的利器，广告是被作为竞争策略和武器来使用的；同时，广告更是一种品牌工具，在繁荣市场经济，促进生产力发展方面有着不可替代的功能。

作为一种特殊的时代文明，它不仅贯穿于经济生活的方方面面，而且波及人类的经济社会、文化社会乃至政治社会；不仅在很大程度上支配着人们的消费观念、消费方式、消费文化，而且影响着人们的世界观、价值观、社会观和生活观。

4、期刊参与公益活动要有始有终，要信守诚信原则，对社会、对读者要有清楚的交待

中国公益捐助制度的不完备，确实可能使捐款者的初衷得不到完整的体现。如何保证捐款人的爱心得以圆满实现，如何保证“读者林”能够建成管好，这是每一位捐款人关心的问题。

因此从一开始，《读者》杂志与中国青少年发展基金会一起建立了“读者林”档案，既铭记捐款者的爱心和功德，又接受捐款人和社会的监督。向读者承诺：所有捐款均开具发票，所有捐款一分不少地在黄河上游建造“读者林”，所有捐款均接受政府审计与社会监督。这一原则公开透明，让读者放心。根据所有可能出现的问题，我们还制定了“报账制”。这办法体现了《读者》一惯的严谨与细致的特色，从法律上根本上保证了读者捐款的效用！

捐款到位后，马上立项并与实施地政府签订法律协议：当地政府按计划要求造林；第一年的造林款由当地垫付，不拨付捐款；第二年由主办者检查验收，成活率达到90%以上，方支付50%的捐款；第三年经检验后，拨付30%捐款；第四年乔木保存达到百分之百后再拨付20%的捐款。以保证资金使用的有效性、安全性，不让读者的爱心付之东流。《读者》杂志此后几乎每期都将有关情况向读者公示，以此来增加大家对这次活动的公信力。2000年7月，《读者》杂志与中国青少年发展基金会再次特邀10位代表参加“读者绿色希望行”活动。考察“读者林”的植树地点和百期333.5公顷树林的生长管护情况。充分体现了对此次活动全过程的有效控制。无论是活动初期的宣传，还是中期款项的管理，还是后期的检查验收工作都做得有条有理，有张有弛，有

始有终。展示了《读者》大刊的形象，兑现了《读者》对广大读者的承诺，赢得了读者的信任。可以想象《读者》品牌将在这样集文化、环保、爱国情怀于一身的活动中得到提升和发展。

有一位读者来信说："我是贵刊的一位老读者，说是老读者，因为贵刊我年年订，期期读，甚至每篇文章都不落下。另外，我今年已经六十有三，是一个老人了。贵刊从今年第3期开始，发起了'保护母亲河，共建读者林'活动，我第二天就去邮局捐款了。我捐款一是为了保护母亲河，二是出于对《读者》杂志的认同和信任。如果说《读者》一直是采集百花、贡献琼浆的蜜蜂的话，现在就是鸣春催耕、呼唤绿色的布谷鸟，是绿色使者、希望使者。在大西北的黄河上游，长出了《读者》这片精神绿洲。你们现在做的"读者林"，也一定能够得到千千万万读者的响应。大西北的黄河边上，又会出现另一片新的生命绿洲。"

目前读者林建林1334公顷，长势良好。有效地缓解了当地黄河泥沙沉积的压力，对保护母亲河，保护库区起到了积极作用。

5、期刊参与公益活动，带动其他媒体积极参加该项活动，从而提高整个期刊行业的社会影响力

在《读者》的带动下，有近几十家社报刊和一些大企业陆续营建了自己的"读者林"、"企业林"。仅一年时间，"保护母亲河，共建读者林"活动迅速在全国开展起来，一时成为西部大开发的一个热点。

2000年4月19日，中国青少年发展基金会与中国青年报社联合开展了"保护母亲河，共建中国青年报读者林"活动，目前已捐款70万元。6月5日是世界环境日，中国青少年发展基金会与中国计算机世纪出版服务公司联合发起"保护母亲河，共建IT世纪林"活动，《计算机世界》、《网络世界》、《微电脑世界》、《IT经理世界》、《家用电脑世界》等媒体联袂行动，面向IT业界发出倡议，捐款保护母亲河。中国计算机世纪出版服务公司向活动首捐50万元，建设"IT世纪林"。一些国际知名企业如佳能香港有限公司、美国国际数据集团、美国APC公司北京代表处也参加了行动。

2001年8月11日，中国青少年发展基金会与中国期刊协会在京联合举行"保护母亲河，共建读者林"的倡议。《求是》、《半月谈》、《人民教育》、《中国税务》、《中国科学》、《新周刊》、《小小说选刊》、《党员文摘》、《家庭》、《知音》、《少男少女》等12家知名期刊率先响应，参与活动。中国期刊协会非常重视这一活动，拟在2001年内将参与期刊扩大到100种，形成全国百家期刊"开发大西部，保护母亲河，共建读者林"的波澜壮阔的社会公益行动。在社会各界的努力下，2002年母亲河没有断流。

期刊作为一个公众形象参与社会活动，一方面与整个社会发展趋势相统一、相协调，使活动深得人心；另一方面，期刊作为一种文化信息的象征，又体现了期刊对公众的一种姿态。使读者看到期刊时，同时感受到它的文化品位和精神品格。因此，这种活动具有一定的引导性、超前性，与当前的社会环境结合，找到了最佳切入点，并将读者两字注入活动的主题，使活动的主题与期刊融为一体，从而使此次公益活动与《读者》的品牌相得益彰。公益活动引起社会各界普遍关注，大量媒体跟踪报道。"读者林"井上当大，当地各电视台、报刊社，新华社，法新社，凤凰卫视，中央电视台都来到了现场采访报道。"读者林"活动成为全国媒体报道的一个新热点，既宣传了自身品牌，又吸引了大量读者，提高了发行量。

黑龙江一位76岁的退休医生，身患重病，第一次手术不理想，又吃了不少苦头。再做第二次手术，也无太大把握，经济上也承受不起。老人干脆横下一条心，不做手术了，自己忍受痛楚，把治病的5000元全捐给读

者林，为母亲河保健疗伤。来信寄到《读者》杂志社后，全社员工非常感动，彭长城副主编费了许多周折，才把电话打到仅有一条专线的偏僻矿区，找到了这位老人。又设法委托邻近的邮局，为老人送去一个花篮，送去一份感谢和祝福。

2002年4月，在“言承旭歌友会”网站上，一个叫“拖拖拉拉”的网友向网站的负责人和歌迷发出倡议：捐建一片以言承旭命名的“读者林”。他的倡议，立即受到网站负责人和歌迷的积极支持。

网上募捐、捐款代收开始了。为了避免出现差错，负责北京代收捐款工作的“ANNY · D”对歌迷的每一笔捐款都及时登记、入账，并且在网上公布，接受捐款人的核查和网民的监督，每次捐款后，又将收据和证书在网上公布。截至2002年10月，全国各地及美、英、日等地的“言承旭歌迷”，通过互联网捐款达51150.37元。

此次活动，极大地提高了期刊界在社会中的影响力。营建“读者林”的活动已超出了单纯的植树造林的意义，对《读者》更有利的是它与读者形成了良性互动，对《读者》形成品牌带来了不可估量的好处，对杂志的发展产生了积极的促进。

中国期刊协会常务副会长张伯海认为，读者林活动体现了期刊人的社会责任感和人文精神，体现了期刊人的良知和奉献，是刊物密切读者关系的一次良性互动。是一次丰富刊物人文内涵、树立刊物社会形象、优化刊物品牌、使刊物上境界的很有意义的社会公益行动。

6、期刊参与公益活动，是落实国家西部大开发，实现可持续发展战略的具体体现

20世纪末，中国拉开了西部大开发的序幕。重温中国西部开发的历史，一个沉重的教训进入我们的视野：伴随开发而来的是生态环境的破坏。以史为鉴，可以明兴衰，保护与建设生态环境成了西部大开发的重中之重。《读者》审时度势，以多种方式为西部大开发鼓与呼。

《读者》作为一本刊物，承担社会责任，倡导社会风气，融入社会生活，建设精神文明，这是义不容辞的责任。《读者》杂志社敏锐地借西部大开发的东风，利用《读者》品牌媒体的优势，情系读者，举办这一次以环保和促进西部经济持续发展为主旨的大规模活动。它的成功实践表明，群众中蕴藏着极大的公益积极性和环保热情，同时有利地证明，党中央提出的西部大开发战略以及可持续发展战略有深厚的群众基础，它对我们的启示是深远的。杂志要办一些群众看得见和感觉得到的实事，因此这些回报社会的活动，不仅是建设社会主义精神文明的具体行动，也是实实在在种起了一片林，从某种意义上说，切实的行动比呼吁更重要。

“读者林”的策划者是富有智慧的！我们的周围不乏爱心！多灾多难的母亲河大有希望！

凝聚着数万人爱心的“读者林”已扎根在龙汇山上。“读者林”以其洋溢着生命活力的绿色装扮着龙汇山、装扮着母亲河。

保护母亲河的道路还长，但我们坚信爱心的力量。“读者林”的重要价值与深远意义正逐渐被人们领悟。“读者林”是母亲河迎接黎明的一只号角，是母亲河前进交响曲中的一个音符……

参考资料：

1.《甘肃新闻出版》2002年第2期。

2.《读者》绿色档案。

'2005中国广告年鉴
China Advertising Yearbook
第十三版
13th Edition

广告教育

中国当代高校广告教育系列研究(上)——高校篇

中国当代高校广告教育系列研究课题组

这是一个讲求变化的职业，这是一个需要创意的行当，这也是一个需要年轻的广告新兵不断加入的big group。尽管“英雄不问出处”早已是广告业信奉的法则，然而，高校广告专业已经无可争议地成为广告业不可忽视的新兵训练营。

这些训练营在哪里？缘何设立？教官是谁？训练的方式怎样？带着这些问题，在将近半年的时间里，我们收到全国120所院校(含本科院校和专科院校)广告专业的回馈问卷，并对14位老师进行了访谈。那么，现在就按照这份汇总的专业地图，请您跟随我们的笔触，一起来探访这些营地的风景。

营地规模：多就是好or多反而少

经济的复苏促进了广告业的繁荣，而广告业的繁荣则进一步催生了广告专业人才培养基地的兴盛。1983年厦门大学广告专业的成立宣告了我国第一座广告新兵训练营的正式建立。此后，开设广告专业的院校逐渐从沿海中心城市向内陆地区扩张，广告界对人才持续旺盛的需求和国家高校扩招政策的推动，分别促成了1992年和1999年两次广告专业的办学高潮。这种飞跃性增长不仅表现在覆盖地域的广泛，更反映在招生数量的增加。

小结：广告业界需求和广告教育内部推动两种因素共同作用，形成了今天广告新兵训练营“星星之火已燎原”的规模。本次调查表明，反馈的111所已开始广告专业本科招生的院校[注]覆盖了全国23个省区、4个直辖市。已有7所高校的本科在校生总数达到400人以上，同时有4所高校硕士在校生总数达50人以上。然而在广告专业欣欣向荣的繁华背后，完全以市场的需求为导向也将为高校广告教育的未来暗藏危机。高等教育是具有一定周期性的，盲目扩张学校规模而缺乏专业发展的战略性思考，不仅造成了现阶段我国广告专业开设泛滥的情况，同时也势必会给广告专业学生的就业带来潜在压力。因此，有时候“more”(多)未必就是“better”(好)，“more”(多)反而是一种“less”(少)。

所幸的是，在这种突飞猛进的专业扩招之下，“教育质量”已经成为管理部门、学界和业界共同关注的话题。教育部日前推出的“红黄牌制度”已经对高校教学必要的硬件设备进行了考核。不难设想，不久的将来加强教学效果的评估也将成为广告专业教育的热点问题。

战略定位：理性思考or盲目追求

广告是一个讲究品牌推广和差异化定位的行业。高校同样是要讲究品牌推广和差异化定位的实体。然而，到目前为止高校广告专业拥有明确定位，注重打造专业品牌形象的却寥寥无几。厦门大学的陈培爱教授认为“一个学生就是一个品牌”，北京广播学院黄升民教授认为专业的品牌构建是“发挥大学‘知识装置’的作用，建立专业知识方面的权威和引导地位”。从调查中也可以看到，随着广告专业规模的扩大、广告行业新兴服务类型和新媒体的出现，高校广告专业开始增设专业方向，尝试多方向办学的思路。

然而，面对已然形成燎原之势的广告专业兴办热潮，并不是每一个学校在专业设置时都已经具备相对明确的战略定位和成熟的办学条件。综合来看，现阶段国内广告专业的办学水平已经形成多等级的层次划分(详见相关报告)。

专业方向开设统计 (n=98)

专业方向名称	频次	频次百分比(%)	有效百分比(%)
广告学	89	56	90.8
艺术设计	42	26.4	42.9
公共关系	2	1.3	2
媒体经营与管理	7	4.4	7.1
会展	5	3.1	5.1
网络传播	5	3.1	5.1
广告营销	6	3.8	6.1
其他(注)	3	1.9	3.1
总计	159	100	162.2

注:其他包括国际广告、广告与文化传播和广告模特表演。

小结:总体来看,高校广告专业的开设主要是一些有相关专业优势的高校以市场为导向利用原有专业资源优势开始探索广告教育。随着本科开始招生年份的递延,专业成立的原因越来越多样化,非理性因素也开始增多。

广告专业办学方向的多样化已经成为一种趋势,有一些高校是由于办学规模扩大的需要,开始新专业方向的延伸性尝试;也有个别高校则是依据自身的资源特色,完全以新兴专业方向为突破口,开始其广告教育的探索。华中科技大学依托工科院校优势设置“网络广告”专业,在课程设置上“强调合并部分广告基础课程,加强网络广告上的优势。课程上的一减一增,就显出了特色,学生就业能力自然得到提升”;上海外国语大学从4A公司的需求出发,依托外语优势确立了“为4A公司培养客户服务人才”的定位,强调学生扎实的英语基础和广告专业知识的结合。这些学校在专业定位上的深思熟虑与教学上的精耕细作使专业培养的人才特色突出,在就业市场受到欢迎。在为专业奠定了良好的生存基础的同时也开拓了专业未来的发展空间。

教官白描:走出去 & 请进来

可以说,新兵的教官——师资是每个训练营最重要、最根本的资源,也是每个营地的技术支持者和核心生产力。广告专业作为一门实践性极强的专业,对师资提出了更高的要求。教师不仅要给学生传授理论知识,同时也必须保持与实践的互动,给予学生最新的业界资讯和实操演练。但是,对于历史仅仅20年的广告专业来说,同时具备完整的理论体系和丰富实践经验的教师,实在是一将难求。从广告专业整体情况来看,目前的师资规模很难满足在校生总数的教学任务。在这种情况下,采取“走出去,请进来”的兼容并包政策,搭建互补型的“理论派+实践派”师资结构,不乏是缓解眼下专业师资缺乏的有效途径。

中流砥柱:专职教师写生

广告专业的专职教师是支撑教学过程的稳定力量,是整个营地建设的中流砥柱。可以看到,广告专业的教师是一支相当年轻的队伍。目前,各校专职师资的规模普遍集中在10人以下,绝大多数学校都存在不同程度的师资缺乏情况。同时,各校广告专业教师的专业背景也与广告专业的所属院系紧密相关。

专职教师在外兼职的利与弊 (n=88)

兼职的有利因素	频次	有效百分比(%)
丰富教师实践经验	85	98.8
建立专业与业界沟通渠道	80	93.0
为学生提供实习机会	51	59.3
提高专业知名度	20	23.3
有利于争取横向科研课题	14	16.3
总计	250	290.7

(n=80)

兼职的不利因素	频次	有效百分比(%)
分散教师教学精力	56	70.0
分散教师学术研究精力	56	70.0
增加教师流失可能性	28	35.0
影响其他教师教学积极性	10	12.5
其他(注)	5	6.3
总计	155	193.8

注:不利影响中的其他项包括引起学生不满、增加竞争对手的实力、对院系的其他情况关注度减少、无法保证广告理论体系的完整性与系统性。

拿来主义：兼职教师透视

为弥补广告专职教师数量的不足和知识结构的欠缺，111所院校中66.7%的院校都聘请了兼职教授。来自业界的兼职教师与来自院校的兼职教师总人数基本持平。讲座是这些兼职教师最常使用的授课形式(54.5%)，这种灵活的授课形式使学生能够了解最新的业界动态；同时也为兼职教师的授课时间提供了弹性空间。

外校兼职教师开设必修课程前三位统计

(n=39)

课程名称	频 次	有效百分比(%)
美术设计制作类	13	33.3
广告文案写作	7	17.9
传播学／广告设计／广告学	5	12.8

业界兼职教师开设必修课程前三位统计

(n=21)

课程名称	频 次	有效百分比(%)
广告策划	6	28.6
媒体研究	5	23.8
广告设计	5	23.8

小结：广告专业作为新兴学科，师资大部分是从其他相关学科转过来或借过来的，本身就存在着先天不足。受区域经济不平衡、学校投资不足等因素的制约，某些院校与广告业界的接触、交流很少。这些原因致使一些院校广告教学与实践严重脱钩。由于专业教师学科背景的多元化、专业程度不高以及高校教师录用机制僵化，因此一些高校为迁就教师的知识背景和专业水平，出现了“因人设课”或者“因缺师资而不设课”的现象。

同时，专业扩充和学生扩招使现阶段广告专业师资问题从素质的薄弱、结构性的失衡进一步扩大为数量上的不足。师资问题已经成为目前制约高校广告专业教育发展的最大“瓶颈”。

附表：高校广告专业排行榜

高校广告专业负责人卷　(n=107)

院　校	频 次	频次百分比(%)	有效百分比(%)
北京广播学院	99	26.8	92.5
厦门大学	84	22.7	78.5
武汉大学	39	10.5	36.4
深圳大学	18	4.9	16.8
复旦大学	15	4.1	14.0
上海师范大学	14	3.8	13.1
北京大学	9	2.4	8.4
清华美院	9	2.4	8.4
浙江大学	9	2.4	8.4
上海大学	8	2.2	7.5
中国人民大学	7	1.9	6.5

高校广告公司[注]负责人卷　(n=107)

院　校	频 次	频次百分比(%)	有效百分比(%)
北京广播学院	50	26.7	70.4
厦门大学	36	19.3	50.7
上海师范大学	10	5.3	14.1
北京大学	8	4.3	11.3
复旦大学	8	4.3	11.3
上海大学	8	4.3	11.3
江南大学	7	3.7	9.9
清华美院	6	3.2	8.5
深圳大学	5	2.7	7.0

注：广告公司问卷的分布情况为北京25份；上海21份；广州26份；其他地区30份。

[注]截至2003年底，教育部备案的开设广告专业的院校共144所。此外，由于专业审批权的下放，加上民办、电大、夜大以及在各省教委备案的广告学专业，全国估计共有200个左右的广告教育点。

原载《国际广告》2004年第7期

中国当代高校广告教育系列研究(中)——学生篇

中国当代高校广告教育系列研究课题组

高校的广告专业是立志投身广告行业的青年人的一块从业敲门砖。年轻的准广告人满怀着憧憬和向往走进高校广告教育的殿堂，由此开始了他们广告生涯的求索。

面对广告这个机遇和挑战并存的行业，“不当总统就当广告人”的豪言壮语在压力重重的职业生活中早已转化成“吾生也有涯，而知也无涯”的格言。“学习、学习、再学习”，已经成为广告人共同的座右铭。

为了了解广告专业学生的学习状态，我们对部分广告专业的在校生和毕业生进行了调查。在将近半年的时间里，共收到三、四年级在校生有效问卷519份[1]；毕业生有效问卷122份[2]。希望能够从中得到一些启示，并对广告教育提供一些参考。那么就请您跟随我们的焦点，一起来关注广告专业学生的广告学习进行时。

风华正茂：在校生的校园学习

知识的传授过程是一个信息交流与理解的过程，在这个闭合的回路里，正在接受教育的学生作为信息的接收方，其意见的回馈是不容忽视的。我们首先选择了正在接受广告专业教育的三、四年级的在校生作为考察对象，因为他们大多是20—22岁之间意气风发的年轻人，他们对广告充满了热情和期待，同时对广告教育有着自己的理解和要求。相信在经过2—3年的大学生活后，他们已经对所受的广告教育形成了自己的判断和适应方式。

本校已开设的最重要专业课程前五位统计

(n=531)

课程名称	频次	有效百分比(%)
广告策划	235	45.8
设计课	217	42.3
市场营销	208	40.5
广告文案写作	169	32.9
广告学	164	32.0

希望学校开设的广告专业课程前五位统计

(n=453)

课程名称	频次	有效百分比(%)
影视编辑、多媒体设计	96	21.2
广告表现与制作	74	16.3
视听语言学习与鉴赏	72	15.9
广告心理学	59	13.0
媒　介	56	12.4

教与学的对话：

广告专业学生在入学以前对广告有着这样那样的设想，入学后学校的统一教育与自己的设想难免会有一些错位与偏差。对于学生心中存在的落差，学校有必要了解学生对课程的要求与期待，并在入学之初就向学生阐述专业教学计划的整体思路，达到教、学双方良好的交流与互动。

多种渠道，为我所用：

广告实践性强这一特征决定了其学习不能仅局限于课堂，教师只是一个引路人，学校也只是为学生的学习提供各种方便条件和可能，至于学习效果如何，还要发挥学生自己多渠道涉猎知识的积极性。总之，广告专业知识的学习和积累是无时无处不在的，因为广告本身就存在于生活之中。

那时的青春：毕业生在校学习回顾

广告流程环节多、知识涉及面广这一特点，为学校的排课和学生的选课出了一道难题。面面俱到则会泛而不精，突出重点又怕落于狭隘。怎样才能使学生参加工作时能学有所用，不但上手快，而且后劲足，一直是广告教育改革探索的重点。在工作中真枪实弹地经受过各种考验的广告专业毕业生，对高校广告教育效果应该有更深的体会。他们的意见对高校的教学改革和在校生的专业学习更具参考价值。

毕业生在学校获益最多的专业课程前五位统计

(n=121)

课 程 名 称	频 次	有效百分比(%)
设计课	46	38.0
广告策划	36	29.8
广告调查	34	28.1
市场营销	32	26.4
广告心理学	27	22.3

就从业经历来说，认为高校最应开设的课程前五位统计

(n=112)

课 程 名 称	频 次	有效百分比(%)
市场营销	24	21.4
媒 介	18	16.1
广告心理学	17	15.2
视听语言学习与鉴赏	16	14.3
案例分析	16	14.3

艺术＋科学＝大广告观：

毕业生在参加工作后，那些真正能帮助和指导他们解决工作问题的知识才是最具实际意义的。广告专业毕业生认为艺术感和市场营销观念在广告运作中是同等重要的，这种对广告整体上的理解和把握使他们学到了一种大广告观。广告专业的毕业生经过几年专业素质的训练，所获得的最大收获是广告理论知识的学习和广告思维意识的形成，这正是广告科班出身的从业者与其他从业者的最大不同之处。

将学习进行到底：广告毕业生的终身学习

当一些青年人到处宣扬要“将爱情进行到底”时，广告人面对瞬息万变的广告行业，却不得不把“将学习进行到底”当作自己的从业宣言。他们虽然脱离了高校的学习氛围，但工作的压力更是他们终身学习的直接动力。同时，心中的广告梦想也引领着他们在广告从业生涯中不断进取、不断超越。

有压力，才有动力：

广告是一个竞争度极高的行业，面对喜新厌旧的消费者，面对变幻莫测的潮流，面对不断涌入这个职业的“新鲜人”，几乎所有的人都时刻感觉到压力与危机。但对于勇于迎接挑战的广告人来说，有压力，才有动力。他们如暴风雨中的海燕一般，面对来自多方的压力与危机，大声呐喊：“让暴风雨来得更猛烈些吧！”

我充电，我做主：

已经工作的广告专业毕业生，毕竟是“人在江湖，身不由己”，不可能像在学校时那样有大块的时间完全投入到学习中去。他们更喜欢选择一些不受外界条件限制，灵活度较高的充电方式。并且能根据各自的兴趣爱好，将专业上的自我提升和日常生活、休闲娱乐有机地融合在一起，真正做到无时无处不广告。

注：①通过查阅教育部备案的已经开设广告专业的名单，以省级行政单位为依据，采取分层抽样的方式，设立5所院校以下的省／直辖市抽取1所，设立6—10所院校的省／直辖市抽取2所，在北京、上海、广州三个地区选取比例相对较高；同时为了平衡不同学科背景差异的院校，根据院校属性进行了调整，共选择65所学校在校本科三、四年级学生作为调查对象。除部分院校外，每所高校发放10份问卷，随高校广告专业负责人调查问卷一并发放回收。

②由于广告专业毕业生群体比较分散，课题组在调查实施过程中，利用多种渠道来获取调查样本：a．网上电子邮件发放问卷；b．直接向广告公司发放问卷；c．通过校友在同事间转发问卷。由于调查实施条件的限制，毕业生问卷回收数量有限，仅就122份广告专业毕业生数据报告有效问卷进行分析，并不代表广告毕业生总体。

原载《国际广告》2004年第8期

中国当代高校广告教育系列研究(下)——公司篇

中国当代高校广告教育系列研究课题组

广告公司是广告人大展拳脚的领地，是广告人尽显才华的舞台。作为高校广告教育人才的主要需求方，他们期待着筛选出既有专业知识、又有较高素质和综合能力的人才来满足公司业务增长的需求。同时，随着我国广告业的发展，广告公司的正规化程度日益升高，其对人才的要求也越来越高。

为了解广告公司的用人状况，我们对部分广告公司进行了调查。在将近半年的时间里，共收到有效问卷102份(注)。尽管不能以此准确地推断总体情况，但希望能够给高校广告专业人才的培养带来一些启发。

求贤若渴：广告公司人才需求

中国加入WTO之后，市场进一步开放，将有更多的跨国大型企业进入中国，广告市场扩大的同时竞争也更加激烈。随着广告行业市场规范和整体服务水平的提升，广告公司的竞争越来越体现为人才的竞争，人才已经成为广告公司的核心生产力。无论是4A的还是本土的，集团化的还是作坊式的，全面综合代理型的还是单一专业制作型的，广告公司对优秀人才的需求和渴望都是一样的迫切。

专业基础≠优秀广告人才

相对于所学专业来讲，广告公司的用人要求更体现在对责任心和人品等多种基本素质和个人能力方面的重视。广告专业的毕业生在接受了四年的广告专业基础训练以后，较其他专业出身的从业人员或许会有一定的专业优势。但广告公司仅靠员工的专业基础是无法得到更进一步的发展的，它更需要团队成员的通力协作来互相激发创造力。然而，一部分高校只注重学生广告专业的基础培训，而忽略学生基本素质和能力的培养，这样的广告教育是很难培养出优秀广告人才的。

厉兵秣马：广告公司的员工培训

高校的广告专业更注重训练学生基本的专业知识，培养专业素质和能力，至于如何适应不同公司的用人要求，还需要进入公司以后，通过公司的员工培训来进一步完成。同时，广告公司的培训机制如何，也是广告专业毕业生择业时重点考虑的因素之一。大部分广告专业毕业生宁可放弃较高的薪水，而选择有较正规员工培训体系的公司。因为公司的培训对广告人的从业生涯将是重要的一环，这也是众多广告专业毕业生为何钟情于4A公司的原因。

我用人，我培训

进入公司的新人从业经历不同，专业水平也参差不齐，很难形成团队作业的默契。此时，公司对员工的定期培训显得尤为重要。尤其是对刚刚走出校门的广告专业毕业生而言，公司的上岗培训是他们从理论向实践自然过渡的有效途径。90%以上的广告公司都有对员工不同程度的培训，为公司企业文化的形成和整体服务水平的提升奠定了良好的基础，同时也为广告专业人才的健康发展和自身不断提高提供了广阔的空间。

条条道路通罗马

无论是公司员工培训还是整个广告业界广告人才的培养，其方式和途径都是多方面的。高校广告教育提供理论支持，业界的实践与交流积累从业经验，广告研讨会的探讨激荡最新的观念，这一切都是广告人才培养不可缺少的外部环境。

实话实说：广告公司把脉广告教育

有人这样理解业界与学界的关系——业界是低头拉车者，学界是抬头看路者，即业界是推动广告行业持续前进的动力，而学界则是把握整个行业方向的舵手。广告人才的供应与需求则是联系两者最主要的纽带。广告公司作为人才的使用方，其对广告专业的人才培养必定有自己的理解和认识，听听来自业界的声音，对广告教育的改进不无裨益。

广告公司对以下关于广告教育的看法赞同与否(注)

对大学广告教育的看法	有效样本数	平均数	标准离差
应注重专业素质的培养而非技能的传授	97	3.46	1.18
学生在校期间应该学更多专业以外的知识	97	4.02	0.94
广告教育重在培养通才而不是专才	96	3.05	1.21
学习成绩与工作能力关系不大	96	3.13	1.14
实践锻炼比课堂学习更重要	96	4.09	0.96
大学能培养广告业的精英人才	96	2.96	1.08
广告实践性强，理论研究并不重要	96	2.34	1.00
国内大学广告教育滞后于广告实践	95	4.20	0.78
广告专业的毕业生专业优势不明显	97	3.63	1.06
广告专业的学生普遍缺乏实践	97	4.00	0.82
校友资源对广告教育发展非常必要	92	3.59	0.96
入行教育应是广告专业教育的必需环节	97	4.11	0.92

注：此题为5分制，平均数分值越高表示越赞同，分值越低表示越反对；标准离差越低表示态度越集中。

实践＆理论

广告是一个操作性极强的行当，同时又是一个快速发展变化的行业，实践和理论哪一个更重要是业界和学界互相争论的话题。从广告公司用人需求角度出发，他们需要的是能将理论运用于实践，并且能为公司创造价值的人，而不是只会读书的书呆子。因此广告人才的实践能力对广告公司来讲尤为重要。但是，从广告公司反馈的信息来看，他们也并没有否定理论的价值，因为整个广告行业的成熟和地位的提升，有赖于广告理论的发展和完善。

业界不容缺席

我国高校广告教育的成功，不能只靠高校广告专业来唱独角戏，广告公司的积极参与必不可少。只有广告公司积极地参与到高校广告教学中来，才能为在校学生提供更多接触实践的机会，才能带给在校生更多的业界最新动态，使学生接受到最鲜活的广告知识。只有学界和业界互通互动，共同协作，才能培养出适合我国广告业发展的优秀广告人才。

注：由于广告公司分布范围广，从调研的科学性和可操作性方面考虑，问卷的发放主要以京沪穗三地广告

公司为主，通过邮寄、传真的形式发放问卷。共计收回有效问卷102份，其中北京25份、上海21份、广州26份以及其他地区30份。

原载《国际广告》2004年第9期

论广告学学科建设与研究生培养

河南大学新闻与传播学院 杨海军

内容摘要：本文回顾了我国高校广告学方向研究生培养的历程，分析了不同类型高校在广告学方向研究生培养方面的特色，梳理了学科门类、一级学科、二级学科与广告学学科之间的关系，结合广告方向研究生培养方面存在的问题及研究生教育的发展趋势，对研究生培养与广告学学科建设之间的关系进行了全面论述。提出增加专业内涵，注意学科规范，合理配置资源，尽快使广告学上升为二级学科，是促使广告专业研究生教育由高速向高质发展的关键。

关键词：研究生教育　学科建设　二级学科　学位点　资源共享

一、研究生培养在广告学学科建设中的地位

我国高校学位点的申报一般是依托二级学科来进行，学位点申报成功后，也多设在二级学科之下。目前，新闻传播学一级学科下面，只有新闻学和传播学两个二级学科。[1] 这就意味着，迄今为止，我国广告学招收的硕士研究生均为新闻学或传播学二级学科下所设的方向。这个问题的澄清，对于我们正确认识广告学在新闻学与传播学中的地位及研究生培养在广告学学科建设中的重要性具有十分重要意义。

任何一门学科，都有其成长、成熟的过程。20年来，广告学研究生培养仍然是在“方向”的框架下运作，从一个侧面反映出广告学是一个正在成长的学科，即便如此，广告学自身的成长以及在研究生培养方面快速发展的势态也足以引人注目。

近年来广告学本、专科教学点急剧增多，广告学方向研究生的培养也呈现出快速上升的趋势，迄今为止，国内并无一个准确、详实的有关广告学方向研究生培养的硕士点和相关师资的权威数据统计来作为勾勒国内广告学方向研究生培养轨迹的重要依据或参考，本文也只能选择一些代表性院校来加以阐述。

厦门大学是我国大陆第一个招收广告学方向硕士研究生的院校。1983年6月，厦门大学正式建立了国内高校中第一个以传播冠名的新闻传播系，并率先设置了“国际新闻”和“广告学”专业。1983年9月，招收了第一批广告方向硕士研究生，1984年招收了第一批广告方向本科生。1984年，新闻学硕士点试办，1994年，新闻学硕士点正式批准，下设传播和广告两个方向。[2] 厦门大学广告学方向硕士研究生的培养和招生在国内起步较早，为国内广告行业和高校培养了大批人才。

相较而言，北京广播学院新闻传播学院的广告学方向研究生的培养迈出的步子较大一些。1989年，该学院招收了广告学方向本科生，1993年招收了广告学方向硕士研究生，[3] 2001年则招收了国内广告学方向第一届博士研究生。从1989年招收广告专业本科生到1993年就开始招收广告方向硕士研究生，北京广播学院仅用了4年的时间就使广告专业的学历层次上升了一个台阶，其广告教育的成果令人瞩目。同时，北京广

播学院也是国内第一家招收广告方向博士研究生的院校。

回顾中国高校广告学方向研究生教育历程，人们不得不关注武汉大学。武汉大学既不是国内第一个开办广告学本科专业的院校，也不是第一个招收广告方向硕士研究生或博士研究生的院校，武汉大学之所以引人注目的重要原因在于其广告专业发展的质量及广告方向研究生教育发展的速度。1994年，武汉大学开始招收广告方向本科生，较之厦门大学和北京广播学院，开设该专业的时间错后不少，但1997年，武汉大学就以广告专业为主体成功申报了传播学硕士学位点，当年在传播学硕士学位授权点下招收了广告方向硕士研究生。更引人注目的是，2002年，武汉大学又以广告专业为主体，成功申报了传播学博士学位授权点，并在当年招收了广告传播方向博士研究生。[4] 武汉大学用8年的时间，完成了广告专业教育的三级跳，也创造了国内高校广告方向研究生教育的奇迹。

与以上三个具有代表性的高校相比，国内开设广告专业且拥有新闻学或传播学硕士学位授权点的院校也相继招收广告学方向硕士研究生，根据2001年深圳第二届中国广告教育研究会学术研讨会上中国广告教育研究会提供的资料显示，在49个理事单位中，招收广告学方向硕士研究生的院校有13所，占49个理事单位的26%，主要包括北京大学、中国人民大学、浙江大学、河北大学、河南大学、南京师范大学、四川大学、苏州大学等13所院校。[5]

这一统计数据虽然不完整，但足以说明我国广告学方向硕士研究生的培养已渐成规模，许多院校已经认识到广告学研究生教育在广告学学科建设中的重要性，纷纷加大研究生培养力度，在传播学或新闻学下设广告学研究方向，招收硕士研究生。

2004年，全国招收广告学方向硕士研究生的高校明显增多，在研究方向上也逐渐呈现出自己的特色，从网络上搜寻到2004年招收广告方向硕士研究生的院校和其特色方向为数不少：

国内高校2004年招收广告方向硕士研究生情况一览表[6]

院校名称	招收方向
武汉大学新闻与传播学院	广告传播
厦门大学新闻传播系	广告学
北京广播学院广告学院	广告理论与广告史
东北师范大学文学院	广告传播
暨南大学新闻与传播学院	广告传播与策划
辽宁大学文化传播学院	广告史与广告业务
西北大学新闻与传播学院	广告学
北京电影学院美术系	影视广告
清华大学	广告摄影的艺术表现
云南大学	广告应用与传播研究
上海大学	广告传播理论与实务
郑州大学文化传播学院	广告学
南昌大学	广告学
河南大学新闻与传播学院	广告理论及实务

不同高校在广告学方向研究生培养上呈现出不同的特色，表明各个高校在整合研究生教育资源时注意到自己的专业发展的优势，并借助这种优势来强化其专业特色，使我国广告方向研究生教育向着多元化方向进一步发展。

综上所述，不难看出，我国高校广告方向专业教育已经步入了一个新的时期，上了一个新台阶，具体表现在以下几个方面。

其一，广告学方向研究生教育已成为广告学学科建设的重要组成部分。从广告学学科建设的总格局看，广告教育逐渐形成了涵盖包括博士研究生、硕士研究生、本科多层次，多规格的办学模式，初步实现了高校广告专业教育从高速向高质发展的转变。

其二，从目前我国招收广告方向硕士研究生高校的数量看，已达到一定规模，广告方向硕士研究生的培养已成为高校广告专业教育的一支重要生力军。

其三，广告方向博士研究生的培养有所突破，武汉大学的异军突起，打破了北京广播学院在博士生培养上一枝独秀的局面，不同高校申报传播学博士点，或在传播学博士点下设立广告研究方向的工作正在紧锣密鼓进行。2004年，复旦大学已设置了广告学博士研究生招生方向，厦门大学广告传播史方向博士研究生2005年的招生准备工作也正在积极进行之中。广告方向博士学位授权点的增多，扩大了广告方向硕士研究生毕业出口，也为广告学学科建设向着更高层次发展注入了新的活力。

二、学科门类，一级学科与广告学研究方向的关系

正确认识学科门类、一级学科与广告学研究方向的关系，对于在学理规范下搞好广告学学科建设及研究生培养具有重要意义。

新闻与传播学上升为一级学科，是近几年的事情，许多高校尽管成立了新闻与传播学院或新闻与传播系，但对于一级学科下二级学科的设立及二级学科下的专业方向设置并不是十分清楚，无论是在专业建设和发展或是硕士学位授权点的申报上，多是摸着石头过河或凭着感觉走，不利于在集中优势力量或整合相关资源的基础上使广告方向研究生的培养沿着学理规范的道路进一步发展。根据国务院学位委员会和研究生教育发展中心颁发的硕士研究生教育规划，我国研究生教育学科设置共有12大门类，其中，新闻传播学是文学门类的一级学科，具体学科规范如下：[7]

- 历史学
- 管理学
- 法　学
- 教育学
- 文　学 →
  - 中国语言文学
  - 外国语言文学
  - 新闻与传播学 →
    - 新闻学 →
      - 新闻学
      - 编辑学
      - 广播电视新闻学
    - 传播学 →
      - 传播学
      - 广告学
      - 公共关系学
      - 出版学
      - 媒介经营与管理学
  - 艺术学
- 理　学
- 工　学
- 医　学
- 农　学
- 哲　学
- 经济学
- 军事学

1. 新闻学学科研究范围

新闻学 →
- 理论新闻学：新闻基础理论研究
  - 新闻法规研究
  - 新闻伦理研究
- 应用新闻学：新闻采访与写作研究
  - 报纸编辑研究
  - 报刊评论研究
  - 广播电视研究
- 历史新闻学：中国新闻史研究
  - 外国新闻史研究

2. 传播学学科研究范围

传播学 →
- 理论传播学：传播学基础理论研究、传播史研究、传播与社会发展研究、传播法制研究、舆论与宣传研究
- 应用传播学：广告学研究、公共关系学研究、出版学研究、媒体经营与管理研究、摄影传播学研究
- 边缘传播学：国际传播政策与策略研究、跨文化传播研究、信息经济研究等

从以上对学科门类，一级学科、二级学科与广告学学科关系的勾勒可以看出，新闻与传播学一级学科之下，已有了较为明确的研究领域和研究范畴，其专业设置也多是在二级学科统领下渐显学理规范，按照这样一个学理规范去进行硕士学位授权点的申报或进行广告方向硕士、博士研究生的培养，关系较为顺畅。在对以上内容进行研究时，也发现了一个值得重视的问题，在新闻与传播学一级学科之下，二级学科仅有两个，而我国硕士学位授权点的申报，主要是依托二级学科进行，这就使新闻传播类各方向硕士研究生的培养缺少了一个宽广的平台和一个广泛延伸的空间。这一问题不得不引起我们高度重视。

三、高校广告学方向研究生教育发展趋势

2003年11月武汉大学全国第三届广告教育研究会学术研讨会上，与会代表提供的最新数据是：全国高校中

已有190个广告学本、专科教学点，而全国招收广告方向硕士研究生授权点只有20余家，招收广告方向博士研究生的授权点只有2家，这反映出中国高校广告方向硕士研究生的培养与广告专业本专科教育宽广基础相比，还有相当大的发展空间。而发展广告方向研究生教育则首先需要拥有新闻与传播学科硕士学位、博士学位授权点。

1.2002年高校新闻与传播学科申请硕士学位授权点情况回顾

2002年，笔者被国务院学位委员会和研究生教育发展中心聘请为新闻传播学科申请硕士学位授权点通讯评议专家，接触到41所高校提交的申报材料，其中，申报新闻学硕士学位授权点的院校有22个，其中含一个新增硕士学位授权单位；申报传播学硕士学位授权点的院校则有29个，也同样含有一个新增硕士学位授权单位。其中，在申请传播学硕士学位授权点院校的申报材料中，涉及到广告学方向的院校17个，占58%，以广告为第一方向或其中一个方向申报单位有8个，占29%，说明广告学方向硕士研究生的培养已被许多高校提上议事日程，并进行积极努力的工作来争取其申报成功。

2.国务院学位委员会增列硕士学位授权点通讯评议指标体系

在一些高校的申报材料中，可以明显地看到方向设置不科学，队伍组成不合理，科学研究不到位，直接影响到了申报结果。参考国务院学位委员会增列硕士学位授权点通讯评议指标体系，对硕士学位授权点的申报成功具有直接的指导意义，其指标体系主要由学术队伍、科学研究、教学与人才培养、工作条件四大部分组成。

增列硕士学位授权点通讯评议指标体系[8]

指标项目(代号，加权系数)	评 价 标 准
学术队伍(S_1 0.30)	有一支知识结构和年龄结构均较合理，各层次人员配备比较齐全，且团结协作，学术思想端正、活跃的学术队伍，其中至少有本单位4名以上具备指导硕士研究生水平和能力的教授、副教授(或相当专业技术职务者)，应有科研工作经验，近5年来在本学科领域取得一定的科研成绩，有较高水平的专著或论文，或有较重要的工程技术成果，获得较高等级的奖励。现正在从事科研工作或重要的工程技术工作。
科学研究(S_2 0.25)	有一定的科研基础，有2个以上相对稳定、特色明显的研究方向。科研工作做到理论联系实际，面向我国经济建设和社会发展以及学科发展的需要。近5年来科研成绩突出，有一定数量的较高水平的学术专著、论文，或取得一定数量的技术成果，获得国家级、省部级奖励。工程技术和实践性强的学科、专业，其科研工作应对经济发展和社会进步做出直接贡献。目前承担有一定数量的国家、省部的重要项目或其他有重要学术或应用价值的项目，有比较充足的科研经费。
教学与人才培养(S_3 0.25)	本单位在相应学科领域有比较丰富的培养本科生的成功经验，教学质量较高。能够为硕士研究生开出较高水平的务类必修课和选修课，课程设置合理。讲授或指导硕士研究生学习课程的教师，应主要由副教授以上人员(或相当专业技术职务者)担任。
工作条件(S_4 0.25)	能提供研究生完成硕士学位论文所必备的实验设备和图书资料，实践性强的学科有相应的培养研究生实践能力的条件和基地。

注：1.项目指标S_1、S_2、S_3、S_4均按百分制，满分100分。可按参考0～59分(差)、60～74分(一般)、75～89分(较好)、90～100分(好)进行评分。

2.总分S的计算公式：$S=0.30\times S_1+0.25\times S_2+0.25\times S_3+0.25\times S_4$。

由以上相关材料看，学位点申报成功应是一个长期积累的过程，加强广告学及相关学科的学科建设是一个系统工程。学位点的申报成功实际上是学科建设质量的直接检验。广告方向硕士研究生的培养既是广告学学科建设本身的一项重要成果，又反过来进一步促进广告学学科建设方向向更高层次迈进。

3.目前高校广告学方向硕士研究生培养的几种模式

国内高校新闻与传播学科硕士学位授权点只有两个，即为新闻学和传播学。由于有些院校先拥有新闻学专业硕士学位授权点，这些院校往往在新闻专业下设置广告方向，招收硕士研究生，如果传播学硕士学位授权点申报成功，广告方向便会调整到传播学专业之下。除了在新闻学专业或传播学专业下设置广告学方向外，国内高校还有一些高校依托相关学科，如经济、管理、艺术设计等专业来设置广告方向，招收硕士研究生，使广告学方向硕士研究生的培养呈现出明显的中国特色。

4.一级学科下资源共享与学科专业特色

新闻与传播学学科领域较为宽泛，在不能同时拥有新闻学和传播学两个二级学科的情形下，国内许多高校则把目光锁定在一级学科之下，淡化新闻学与传播学学科之间的差异，实现二级学科层面上的资源共享，这也是我国广告学方向硕士研究生培养的一大特色。

根据2002年国内高校申报材料，发现下列高校在专业方向设置上均有自己的特色，如中国人民解放军南京政治学院的军队传播理论，西南师范大学的出版与知识产权研究，深圳大学的广告与品牌，河南大学的编辑出版研究，武汉理工大学网络传播研究，华中农业大学的乡城社会传播，山东师范大学的教育传播学等均有自己的显著特色。

新闻学与传播学尽管因研究对象研究主体不同而呈现出分离趋势，但国内学界仍多将其视为一个整体看待，因此，在现阶段下，广告方向硕士研究生教育可整合两个二级学科的资源，达到资源共享。突出广告教育的专业特色也是未来广告方向研究生教育发展的一种趋势。

四、对研究生培养与广告学学科建设的几点建议

对于大多数高校来说，广告学专业是一个新兴专业，新闻与传播学科是一个新兴学科，专业建设和学科发展面临的问题很多，如何在现有条件下加快广告方向研究生培养步伐，促进广告学专业学科建设上层次、上台阶，笔者认为有以下几项工作可以去做。

1．关于强强联合与合作招生的设想

广告学专业发展和学科建设与传统学科和专业相比，不是那么成熟，国内高校广告专业开办的时间也有早有晚，广告专业教育水平参差不齐，但在我国广告教育学界，活跃着一批有扎实理论功底，又密切关注业界前沿动态的专家学者，他们是广告教育专业的奠基者，引领着中国高校广告教育的方向。他们虽然个体都很优秀，正如前所述，广告学学科建设和广告方向硕士、博士研究生的培养是一个系统工程，单凭个人的力量难以在较短的时间内使广告学学科建设出现质的飞跃。因此，打破院校界线，国内高校相关、相近方向专家学者的强强联合申报博士点或挂靠招收广告方向硕士、博士研究生，是提高我国高校广告方向研究生教育水平的有效途径。

为了改善生源关系，实现高校之间硕士研究生培养经验的双向交流，拥有广告方向硕士研究生培养权的院校之间，相互接收免试推荐研究生，也是提高广告方向研究生培养质量的一个重要途径。这种方式扩大了广告专业应届毕业生的出口，同时，能够采取相应的措施使品学兼优的本科生继续接受研究生阶段的学历教育，使广告方向人才培养的渠道更加畅通。

为了解决高校广告方向研究生培养理论教育和实践相脱节的问题，选择业界具有高级职称的有识之士联合

招收培养广告方向硕士研究生也是一种可行的设想，研究生的实习和就业如果能和业界紧密联系或有业界人士作为桥梁加以培养和引见，特别是有海外背景的业界人士加以指导，广告方向硕士研究生的出口也会更加通畅。

2．理顺学科、专业关系，规范学科建设

在传播学下，或是在新闻学下设置广告专业方向，在现阶段专业发展不成熟、学科建设不规范的情形下均可以实施，但从学理规范和专业发展的长期规划看，广告学应是传播学下的专业方向，因此，今后一个时期，以广告本科专业为基础，独立或联合集中力量，突破传播学硕士点，是我国许多高校在发展广告学专业过程中面临的一项重要任务。

但如果仅把视野停留在传播学下设置广告方向，也不利于广告方向研究生培养在更广阔的空间内发展。因此，国内高校共同努力，使广告学上升为二级学科，才是扩宽广告方向研究生培养“瓶颈”的根本之路。

早在上个世纪末，我国老一辈新闻传播教育专家就提出把新闻传播学上升为一级学科的设想，并为此做出积极努力，在本世纪初，新闻传播学实现了从二级学科到一级学科的飞跃，为高校广告和相关学科的专业教育归口及纷纷成立新闻与传播院系提供了学理依据。近年来，我国老一辈专家又在积极倡导、奔走，希望把新闻传播学上升为学科门类，这些具有远见卓识的设想，必将推动我国新闻传播学学科的快速发展，在新闻传播学学科建设发展的大背景下，广告学的学科建设得以规范发展，这不仅需要专家倡议，学者响应，还要积极发挥各级学会的作用，使广告学，广播电视新闻学，编辑出版学各级学会共同努力，形成合力，为新闻传播学科和下属的各个方向争取到一块独立发展的领地。

从形式上规范广告学学理规范带有相应的政策层面的色彩，而从新闻传播学自身发展规律及广告学自身的学科范畴来寻找学理规范则更有积极意义。

如果新闻与传播学科上升为学科门类，一级学科该怎样设置，二级学科又该怎样设置，二级学科下专业方向及相应的课程又该怎样安排，这些都是广告教育工作者必须认真思考的问题。

注：

[1] 中华人民共和国教育部高等教育司编著《普通高等学校本科专业目录和专业介绍》，高等教育出版社1998年版。

[2] 陈培爱《中外广告史》，中国物价出版社1997年版，第161—162页。

[3] 黄升民、丁俊杰等《30所高等院校广告教育现状分析及建议》，载《广告新生代》，中国广播电视出版社1997年版，第24页。

[4] 参见武汉大学新闻与传播学院网站(http://media.whu.edu.cn)。

[5] 2001年深圳会议上，《中国广告教育研究》公布了49个理事单位中招收广告方向硕士研究生的院校名单。统计数字显示有13所院校招收广告方向硕士研究生。这一数据因一些院校没有入会或入会代表填写表格有误而不够准确，但基本反映了当时广告方向研究生教育的概貌。

[6] 参见各高校相关网站。

[7] 国务院学位委员会办公室，教育部研究生工作办公室《学位与研究生教育文件选编》，高等教育出版社1999年12月版。

[8] 《增列硕士学位授权点通讯评议指标体系》，国务院学位委员会2003年3月。

培养学生具备可持续发展的能力
——关于广告专业教育的根本任务和目标

天津师范大学新闻传播学院广告系 许 椿

内容提要：四年的本科教育时间是有限的，而社会的需要是无限的。我们没有办法做到在有限的时间里，培养学生无限的能力。如果要使学生在毕业以后具有无限的能力，我们只能培养他们具备可持续发展的能力。

关键词：广告教育 可持续发展能力 语言能力

广告专业教育应该培养学生的哪些能力？如果具体说起来，可以总结出很多的方面，但是综合起来说，实际就是一种能力，那就是：要培养学生具有可持续发展的能力。

可持续发展问题是现在全世界最关注的核心问题，联合国开会要讨论这个问题，国家领导人讲话要谈到这个问题，每一个地方政府都不能回避这个问题，任何对子女有责任感的父母都关心这个问题。

在网上随便哪一个搜索网站敲入“可持续发展”这个词语，都可以得到上百万条搜索结果，我们国家早在1991年就成立了隶属于国家科委的“中国可持续发展研究会”。2003年，中国科学院可持续发展战略研究组发布出版了《2003中国可持续发展战略报告》，在这份报告中，明确提出了“强化和提高全民族的可持续发展综合国力意识”的迫切任务。指出：“可持续发展意识的建立和提高要求人们准确地理解可持续发展。可持续发展是对整个系统而言的，即指整个系统的发展，而不是指系统的某一部分或某一方面的发展……从某种意义上可以说，可持续发展最终将依赖于人们生活或消费方式的根本改变”。[1]

需要指出的是，中国广告业最近几年关注的核心，也是广告业自身的可持续发展的问题。

广告教育和用人单位的矛盾

曾经和十几家广告公司的老总探讨过广告专业教育究竟应该培养什么样的人才的问题，结果感觉多数老总都认为学校的广告专业应该把学生培养成什么都会干的应用型人才，虽然他们也都承认学校实际上不可能，或者说很难做到这一点。

北京的某位公司经理说，我们雇人就是用人，我们没有培养教育的责任，我们花钱雇佣员工，如果再进行培训，那岂不是太不合算了？可是这位经理同时也承认，年轻人走出学校以后肯定存在一个适应的过程，和客户谈判，对产品、对市场的准确把握和敏锐的感觉需要靠长期的实践经验、社会经验，很多事情不是二十多岁、三十多岁的年轻人能够做到的。

有的公司经理认为，学校应该在课程的设置上，在学生的实践机会方面多多地体现适应今天广告业需要的特色。“你们设那么多没有用处的课程，政治、外语、文、史、哲、艺术……有什么用？”可是他们又无法回答在学校有限的四年期间到底应该怎样设立课程。而且，现在大部分公司的老总还都认为广告专业应该培养出“全才”，会“说”不会“做”不行，会“做”不会“说”也不行，不仅要会分析市场，还要懂得其他很多，说到底，广告公司对我们广告专业教育提出的是一种“苛求”。

实际上，我们做广告教育的人都明白，广告公司对我们提出的这种“苛求”虽然有一定道理，但是我们确实很难做得到。随着高等教育的发展，随着高等教育日益由精英教育演变成大众教育，随着高校扩招数量的不断扩大，入学生源相对质量的逐年不断下降，男女生比例的长期失衡，某些根据教育部门要求必须设立的公共必修课程我们无法减少，学生考研升学的压力不断加大等等，我们不仅不能满足，而且可以说是越来越不能满足广告公司的苛求了。

实际上，现在高校广告专业的教师，尤其是各个学校那些“第一代”的广告专业教师，或多或少大家都有着一定的广告工作经验。很多人或者做过经理、或者做过老板，不少人的社会经验、市场经验并不见得比广告公司的负责人少多少，如果看一看这些人的平均年龄，其实是要比现在国内广告经营单位的负责人大一些的。广告公司到底需要什么样的人才，我们所了解得并不见得就比公司的负责人少多少，我们不仅不需要完全听命于广告公司的要求，而且我们实际上也做不到。

应该培养什么样的学生

四年的本科教育时间是有限的，而社会的需要是无限的。

我们没有办法做到在有限的时间里，培养学生无限的能力。

如果要使学生在毕业以后具有无限的能力，我们只能培养他们具备可持续发展的能力。

可能是因为广告行业现在还是一种充满了浮躁气氛的行业，老板需要快速地赚钱，员工需要快速地立足。老板时刻感觉自己的公司不稳定，不知道哪一天就会破产倒闭；员工有了一定的本事、能力、客户资源，心理就会不平衡，就想着跳槽，不停地跳槽。结果在现在社会的各种行业中，可能只有广告行业会这样拒绝生手，会这样讨厌对年轻员工进行培训。

但是我们也没有办法，在差不多三分之一的学分被公共课程所占用，在英语四、六级必须通过，在越来越多的学生要走考研升学的道路，在一批又一批新生带着明显的应试教育的烙印走进校门，在几乎全部学生都是独生子女，在学生越来越娇生惯养、经不起挫折，在很多学生盲目地选择填报广告专业志愿，在所有的教师都被繁重的教学科研任务压得喘不过气来的今天，在……如果我们还要天真地简单迎合广告公司的短期要求，那么我们不仅什么都做不到，而且实际就是不负责任！

美国的广告教育脱胎于新闻教育，中国的广告教育也脱胎于新闻教育。半个世纪以前，美国的新闻传播教育界有所谓“绿眼罩人”和“卡方人”的激烈争论，结果，虽然主张职业化和专业化教育的“绿眼罩人”曾经一度占据过上风，但是最终还是主张重视理论研究和理论知识教育的“卡方人”取得了社会最终的认可[2]。20多年来，我们的新闻教育也经历了一个极为相似的过程。在20世纪80年代，一些学校的教师曾经沾沾自喜于自己培养的学生经过了四年的新闻专业课程教育、专业训练和专业实习，“采、写、编、评、摄、广”几大基本技能样样精通，到了新闻单位以后能够立即上手工作，比那些非专业(如：文、史、哲等专业)毕业生的实用价值要大得多，而且当时那种实用主义的教学也得到了新闻单位的肯定[3]。但是，十几年过去，那种过于重视实践能力的教育结果是什么呢？除了少数本身基础素质好的学生，一届又一届的学生逐渐流于平庸，而其他专业、特别是那些基础性专业毕业的学生，凭着相对更为深厚的文化素质，逐步获得了更大的成功，这种教训对于我们新闻传播教育界(自然也包括广告教育界)来说是极为惨重的。

时至今日，我们在培养广告专业的学生时，再也不能重复20世纪80年代新闻专业教育曾出现的错误。我们必须清楚地认识到，任何技能性的教学内容虽然是必要的，但是必须控制在一定的适当程度之内。特别是在目前新技术、新方法日新月异、层出不穷的形势之下，越是那些新的东西就越可能是不应该让学生花费精力去学的东西，最多有所了解就可以了。我们应该明确地意识到，我们和发达国家相比，落后的绝不是那些技术性的东西，我们落后的是观念、意识和理论素养[4]。因为，那些新的东西、技能性的东西学生虽然可以在学校里学会(比如计算机的各种应用软件、摄影、摄像、非线性电视编辑、市场调查分析的方法等等)，但是到了他们毕业的时候，可能就已经被淘汰了。

当然，这样做的结果会招致广告公司的不满，学校必然承担相当大的压力，可是为了学生的长久发展，我们别无选择。

可持续发展能力的内容

培养学生的可持续发展能力主要应该包括哪些方面呢？在这方面我们可以比照可持续发展理论中关于一个国家综合国力内容的观点。关于综合国力的内容，现在有很多不同的认识，有的人把综合国力划分得非常细致，但是往往却把综合国力肢解得七零八落，让人难以对其实质进行把握，容易造成各项要素划分、归类的不合理以及它们之间关系的混乱。其中美国哈佛大学小约瑟夫·S·奈教授的划分比较简明，他认为一个国家的综合国力可以由硬实力和软实力两种形态构成，硬实力是指支配性实力，包括基本资源、军事力量、经济力量和科技力量；软实力分为国家凝聚力、文化被普遍接受的程度和参与国家机构的程度等[5]。

我们认为，参照上面的方法，也可以把广告专业学生的可持续发展能力划分为两种，即硬能力和软能力。

什么是硬能力？我们可以简单归纳为学生掌握各种基本文化知识的状况，比如深厚的文学艺术阅读面，文艺、美学理论的基础，丰富的历史知识，对现代哲学、政治学、文化学理论的了解和分析，归纳问题、解决问题的方法等。

什么是软能力？主要就是学习的能力、适应社会的能力、吃苦耐劳的素质等，另外还有一个特别的能力，就是语言的能力。

关于语言的能力问题，我们感觉在现阶段可能是最为需要突出关注的问题。虽然现在很多学校都会有一批语言能力突出的学生，但是大多数学生的情况可能非常的不乐观。从根本上来说，广告行业、广告职业是一种沟通、交流、传播的行业、职业，那种传统的“君子敏于行，而讷于言”的标准不是广告行业所需要的人才标准。

具体地说，按照符号学的方法，语言能力可以分为三种：即：内部语言(反映一个人的思考水平)，口头语言(面对面交流的能力)、文字语言(也称为书面语言，是书面交流表达的能力)，这三种语言同时又都具体表现为两种语种，就是：中国语言和外国语言(主要就是英语)。

在十几年的广告教学实践当中，我们感觉到，一个学生今后就业的情况如何，关键不在于他们究竟掌握了多少专业业务知识，而真正起决定作用的是是否善于表达自己的观点、想法，是否善于和外界交流。广告职业其实就是一种交流的职业，一个人如果没有非常好的交流能力，那么他的专业水平再高，也无法获得别人的理解，更不可能取得事业的成功。而同时与之相反的现象是，在很多情况下，一个完全相同的广告策划案，由不同的人向客户做说服工作，口才好的人获得成功的可能比口才不好的人其成功率要高出很多倍。

最后，我们认为，学生的可持续发展能力归根结底是各种能力的总和。很多方面的能力无法具体地细分，在各种能力要素方面实际上是盘根错节、浑然一体，难以严格区分，也没有必要严格区分。

我们认为，培养学生可持续发展能力的关键是要坚持以人的基本素质教育为根本，以人与自然、社会(市场)的和谐为主线，以激发学生的未来潜力为核心，推动学生的全面、持续、协调的发展，为学生走上社会奠定坚实的基础[6]。

退一万步讲，即使一些学生毕业之后不从事广告行业的工作，也要让他们具有能够在社会上生存的能力。因为，我们广告专业并不是只为广告行业培养人才，也不可能限制学生选择其他的行业。

注：

[1] 中国科学院可持续发展战略研究组《2003中国可持续发展战略报告》，科学出版社2003年3月第一版。

[2] [美] E·M·罗杰斯著，殷晓蓉译《传播学史》，上海译文出版社2002年3月第一版。

[3] 赵传惠、许椿《新闻专业教育刍议》，《天津新闻学会会刊》1985年第一期。

[4] 陈拓光《落后的不是技术》，《现代广告》2002年第9期。

[5] 中国科学院可持续发展战略研究组《2003中国可持续发展战略报告》，科学出版社2003年3月第一版。

[6]《中国可持续发展国家报告》，中国环境科学出版社2002年第一版。

全国高等院校广告专业名录

中国人民大学

院系全称：新闻学院
专业全称：广告学
学　　制：本科4年　专科3年
地　　址：北京市海淀区海淀路39号
邮　　编：100872
电　　话：(010)62554623

北京大学

院系全称：新闻与传播学院广告学系
专业全称：广告学
专业设置年份：1993年
学　　制：硕士3年　本科4年　专科3年
专业师资：教授1人　副教授1人　讲师3人
招生对象：文／理科考生
招生范围：全国
录取分数：较高
地　　址：北京市海淀区北京大学新闻与传播学院
邮　　编：100871
电　　话：(010)62761189
传　　真：(010)62761189
联 系 人：陈刚

清华大学

院系全称：美术学院装潢艺术设计系
专业全称：广告设计
地　　址：北京市海淀区清华园1号
邮　　编：100084
电　　话：(010)62785001

北京师范大学

专业全称：艺术设计
地　　址：北京市新街口外大街19号
邮　　编：100875
电　　话：(010)58809248

中央民族大学

院系全称：文学与新闻传播学院
专业全称：广告学
专业设置年份：2001年
学　　制：本科4年
专业师资：副教授2人　讲师3人　助教3人
招生对象：文／理科考生
招生范围：全国
录取分数：偏高
地　　址：北京市海淀区中关村南大街27号
邮　　编：100081
电　　话：(010)68932911
传　　真：(010)68932911
联 系 人：赵富芬

中国传媒大学

院系全称：广告学院
专业全称：广告学　艺术设计
专业设置年份：1988年　2000年
学　　制：博士2年　硕士3年　本科4年
　　　　　函授3年
专业师资：教授3人　副教授8人　讲师12人
招生对象：文／理科考生(广告学)

艺术类考生(艺术设计)
招生范围：全国
录取分数：较高
地　　址：北京市朝阳区中国传媒大学新闻传播学院
邮　　编：100024
电　　话：(010)65779272　65779363
传　　真：(010)65779363
联 系 人：汪琴

北方工业大学

院系全称：艺术设计学院
专业全称：广告学
专业设置年份：2001年
学　　制：本科4年
专业师资：副教授2人　讲师3人
招生对象：文科考生
招生范围：全国
录取分数：中等
地　　址：北京市石景山区晋元庄路5号
邮　　编：100041
电　　话：(010)68838909(H)
联 系 人：史建

北京电影学院

院系全称：美术系
专业全称：影视广告
地　　址：北京市海淀区西土城路4号
邮　　编：100088
电　　话：(010)82045883

北京林业大学

院系全称：工学院
专业全称：艺术设计
地　　址：北京市海淀区清华东路35号
邮　　编：100083
电　　话：(010)62338216

中央美术学院

院系全称：设计学院
专业全称：平面设计
地　　址：北京市朝阳区花家地南街8号
邮　　编：100102
电　　话：(010)64771000

北京工业大学

院系全称：人文社科学院广告系
专业全称：广告学
专业设置年份：2001年
学　　制：本科4年
专业师资：副教授2人　讲师3人　助教1人
招生对象：文/理科考生
招生范围：本市
录取分数：偏高
地　　址：北京市朝阳区平乐园100号
邮　　编：100022
电　　话：(010)67391781
传　　真：(010)67391781
联 系 人：付德根

北京工商大学

院系全称：传播与艺术学院广告学系
专业全称：广告学
专业设置年份：1993年
学　　制：硕士3年　本科4年
专业师资：教授1人　副教授4人　讲师3人
招生对象：文/理科考生　艺术类考生
招生范围：全国
录取分数：偏高

地　　址：北京市海淀区阜成路11号
邮　　编：100037
电　　话：(010)68905960　68905480
传　　真：(010)68905941
联 系 人：张翔

北京联合大学

院系全称：广告学院
专业全称：广告学
地　　址：北京市海淀区温泉镇东埠头路1号
邮　　编：100095
电　　话：(010)62489663

北京印刷学院

院系全称：出版传播与管理学院出版系
专业全称：广告学
专业设置年份：2000年
学　　制：本科4年
专业师资：副教授1人　讲师6人
招生对象：文科考生
招生范围：全国
录取分数：中等
地　　址：北京市大兴区兴华北路25号
邮　　编：102600
电　　话：(010)61265661
传　　真：(010)61265661
联 系 人：黄若涛

首都经贸大学

院系全称：公共管理系
专业全称：广告学
地　　址：北京市丰台区花乡张家路121号
(西校区)
邮　　编：100070
电　　话：(010)83952258

北京航空航天大学

院系全称：艺术设计系
专业全称：艺术设计
地　　址：北京市海淀区学院路37号
邮　　编：100083
电　　话：(010)82315088

北京服装学院

专业全称：广告学
地　　址：北京市朝阳区和平街北口
邮　　编：100029
电　　话：(010)64288410

北京理工大学

专业全称：艺术设计
地　　址：北京市海淀区白石桥路7号
邮　　编：100081
电　　话：(010)68912682

中央财经大学

专业全称：广告学
专业设置年份：2004年
学　　制：本科4年
地　　址：北京市西直门外学院南路39号
邮　　编：100081
电　　话：(010) 62256395　62251188

首都师范大学

专业全称：广告学
专业设置年份：2004年
学　　制：本科4年
地　　址：北京市海淀区阜外花园村

邮　　编：100037

电　　话：(010)68414411

同济大学

院系全称：管理学院广告学系

专业全称：广告学

专业设置年份：1995年

学　　制：硕士3年　本科4年

专业师资：教授1人　副教授2人　讲师4人

招生对象：理科考生

招生范围：全国

录取分数：较高

地　　址：上海市四平路1239号

邮　　编：200092

电　　话：(021)65981779　65310705

联 系 人：王肖生

复旦大学

院系全称：新闻学院广告学系

专业全称：广告学

专业设置年份：1994年

学　　制：博士3年　硕士3年　本科4年
　　　　　专科2年　函授3年

专业师资：教授6人　副教授12人　讲师4人

招生对象：文／理科考生

招生范围：全国

录取分数：较高

地　　址：上海市邯郸路220号

邮　　编：200433

电　　话：(021)65642315

传　　真：(021)65644584

联 系 人：程士安

华东师范大学

院系全称：人文学院传播学系

专业全称：广告学　艺术设计

学　　制：本科4年

地　　址：上海市中山北路3663号

邮　　编：200062

电　　话：(021)62232312

上海外国语大学

院系全称：新闻传播学院

专业全称：广告学

专业设置年份：1998年

学　　制：硕士3年　本科4年

专业师资：教授2人　副教授3人　讲师2人

招生对象：文／理科考生

招生范围：全国

录取分数：较高

地　　址：上海市大连西路550号

邮　　编：200083

电　　话：(021)65311900-2969

传　　真：(021)65311900-2943

联 系 人：姜智彬

上海工程技术大学

院系全称：艺术设计学院广告系

专业全称：广告学

专业设置年份：1997年

学　　制：本科4年

专业师资：副教授2人　讲师4人

招生对象：文／理科考生

招生范围：上海市

录取分数：较高

地　　址：上海市仙霞路350号

邮　　编：200336

电　　话：(021)62752832

传　　真：(021)62752832

联 系 人：潘惠德

上海师范大学

院系全称：人文学院广告与网络传播系

专业全称：广告学

专业设置年份：1994年

学　　制：硕士3年　本科4年

专业师资：教授2人　副教授15人　讲师6人

招生对象：文／理科考生

招生范围：附近省市

录取分数：偏高

地　　址：上海市桂林路100号

邮　　编：200234

电　　话：(021)64321849

传　　真：(021)64321849

联 系 人：聂老师

上海大学

院系全称：广告系

专业全称：广告学

地　　址：上海市宝山区上大路99号

邮　　编：200436

电　　话：(021)66132815

上海建桥学院

院系全称：广告艺术设计系

专业全称：广告学

地　　址：上海市唐桥路1500号

邮　　编：201319

电　　话：(021)68130021

华东理工大学

院系全称：艺术系

专业全称：艺术设计

地　　址：上海市梅陇路130号

邮　　编：200237

电　　话：(021)64253226

上海应用技术学院

专业全称：艺术设计

地　　址：上海市桂林路201号

邮　　编：200233

电　　话：(021)64941077

上海戏剧学院

院系全称：艺术设计专业

专业全称：艺术设计

地　　址：上海市华山路630号

邮　　编：200040

电　　话：(021)62482920

天津师范大学

院系全称：文学院新闻传播系

专业全称：广告学　广告艺术设计

专业设置年份：1992年

学　　制：硕士3年　本科4年　专科2年

专业师资：副教授3人　讲师2人

招生对象：文科考生(广告学)

　　　　　艺术类考生(广告艺术设计)

招生范围：全国

录取分数：偏高

地　　址：天津市卫津路六里台

邮　　编：300073

电　　话：13001380628

传　　真：(022)23542622

联 系 人：许椿

天津工业大学

院系全称：艺术设计学院

专业全称：广告学

专业设置年份：2000年

学　　制：本科4年

专业师资：教授1人 副教授1人 讲师1人
助教4人
招生对象：艺术类考生
招生范围：全国
录取分数：中等
地　　址：天津市河东区程林庄路63号
邮　　编：300160
电　　话：(022)24528157
传　　真：(022)24528072
联 系 人：宋魁友

天津理工学院

院系全称：艺术学院
专业全称：广告学 广告设计
设置年份：2001年 1994年
学　　制：本科4年
专业师资：教授1人 副教授4人 讲师6人
招生对象：艺术类考生
招生范围：全国
录取分数：中等
地　　址：天津市南开区红旗南路263号
邮　　编：300191
电　　话：(022)23679210
联 系 人：苗延荣 赵传

天津财经学院

院系全称：贸易经济系
专业全称：广告学
专业设置年份：2003年
学　　制：本科4年
专业师资：教授2人 副教授4人 讲师4人
招生对象：文科考生
招生范围：全国
录取分数：较高
地　　址：天津市河西区珠江道25号
邮　　编：300222
电　　话：(022)28114323
传　　真：(022)28171306
联 系 人：李树茂

天津美术学院

院系全称：艺术设计系
专业全称：艺术设计
地　　址：天津市河北区天纬路4号
邮　　编：300141
电　　话：(022)26242718

天津科技大学

专业全称：艺术设计
地　　址：天津市河西区大沽南路1038号
邮　　编：300222
电　　话：(022)28340538

天津职业技术师范学院

专业全称：艺术设计
地　　址：天津市河西区柳林东
邮　　编：300222
电　　话：(022)88181513

天津城市建设学院

院系全称：艺术系
专业全称：艺术设计
地　　址：天津市津静公路
邮　　编：300381
电　　话：(022)23783161

河北工业大学

院系全称：建筑与艺术设计学院
专业全称：艺术设计
地　　址：天津市红桥区丁字沽光荣道29号

邮　　编：300132

电　　话：(022)26582623

四川美术学院

院系全称：设计艺术系

专业全称：艺术设计

专业设置年份：1958年

学　　制：硕士3年　本科4年

专业师资：教授3人　副教授3人　讲师7人

招生对象：艺术类考生

招生范围：全国

录取分数：较高

地　　址：重庆市九龙坡区黄桷坪

邮　　编：400053

电　　话：(023)68501650

传　　真：(023)68502497

联 系 人：杨仁敏

重庆市渝西学院

院系全称：渝西学院美术系

专业全称：艺术设计

学　　制：本科4年　专科3年　函授3年

专业师资：教授4人　副教授6人　讲师8人

招生对象：艺术类考生

招生范围：本市

录取分数：中等

地　　址：重庆市永川渝西学院美术系

邮　　编：402168

电　　话：(023)49815638

联 系 人：薛效成

四川外语学院

院系全称：英语语言文化系

专业全称：国际广告

专业设置年份：2003年

学　　制：本科4年

专业师资：教授3人　副教授3人　讲师6人
　　　　　助教1人

招生人数：本科生25人(2003年)

招生对象：文/理科考生

招生范围：全国

录取分数：偏高

地　　址：重庆市沙坪坝烈士墓

邮　　编：400031

电　　话：(023)65385216

传　　真：(023)65385263

联 系 人：肖肃

重庆商学院

专业全称：广告学

地　　址：重庆市南岸5公里

邮　　编：400060

电　　话：(023)62801982

内蒙古大学

专业全称：艺术设计

地　　址：呼和浩特市新城区大学路1号

邮　　编：010010

电　　话：(0471)4973162

内蒙古民族大学

院系全称：艺术学院

专业全称：艺术设计

地　　址：通辽市霍林河大街22号

邮　　编：028043

电　　话：(0475)8314164

内蒙古师范大学

专业全称：广告学

地　　址：呼和浩特市新城昭乌达路内蒙古师范大学

邮　　编：010022

电　　话：(0471)4393022

包头钢铁学院

专业全称：广告学

地　　址：包头市昆都仑区包头钢铁学院

邮　　编：014010

电　　话：(0472)2125345

内蒙古科技大学

院系全称：文学院广告学系

专业全称：广告学

专业设置年份：2001 年

专业师资：教授 1 人　副教授 3 人　讲师 2 人
　　　　　助教 6 人

学　　制：本科 4 年　专科 2 年

招生对象：文科考生

录取分数：中等

招生范围：全国

地　　址：包头市内蒙古科技大学东校区

邮　　编：014030

电　　话：13171209153

传　　真：(0472)3993050

联 系 人：袁川峰

山西大学

院系全称：文学院

专业全称：广告学

专业设置年份：1999 年

学　　制：本科 4 年

地　　址：太原市坞城路 36 号

邮　　编：030006

传　　真：(0351)7010255

山西财经大学

院系全称：文化传播系

专业全称：广告学

专业设置年份：2000 年

学　　制：本科 4 年

专业师资：教授 1 人　副教授 2 人　讲师 2 人
　　　　　助教 5 人

招生对象：文科考生

招生范围：全国

录取分数：较高

地　　址：太原市坞城路 696 号

邮　　编：030006

电　　话：(0351)7666701

联 系 人：蔡勇

太原理工大学

专业全称：艺术设计

地　　址：晋中市榆次区迎宾街 113 号

邮　　编：030600

电　　话：(0354)3362192

太原重型机械学院

院系全称：艺术系

专业全称：艺术设计

地　　址：太原市陌林区瓦流路 138 号

邮　　编：030024

电　　话：(0351)6222123

雁北师范学院

专业全称：艺术设计

专业设置年份：2004 年

学　　制：本科 4 年

地　　址：大同市御河桥东

邮　　编：037000

电　　话：(0352)6023616

运城学院

专业全称：艺术设计

专业设置年份：2004年
学　　制：本科4年
地　　址：运城市河东93号
邮　　编：044000
电　　话：(0359)2090418

河北师范大学

院系全称：传播学院广告传播系
专业全称：广告学　广告设计
专业设置年份：1994年　1999年
学　　制：本科4年
专业师资：教授1人　副教授7人　讲师10人
招生对象：文/理科考生(广告学)
　　　　艺术类考生(广告设计)
招生范围：本省
录取分数：偏高
地　　址：石家庄市桥西红旗大街495号河北师大西校区
邮　　编：050091
电　　话：(0311)83834262-63666
联 系 人：冯智敏

河北经贸大学

院系全称：人文学院
专业全称：广告学
专业设置年份：2001年
学　　制：本科4年
地　　址：石家庄市学府路47号
邮　　编：050091
电　　话：(0311)87655553

石家庄经济学院

院系全称：人文与社科学院
专业全称：广告学
专业设置年份：2000年
学　　制：硕士3年　本科4年
专业师资：教授1人　副教授3人　讲师2人
　　　　助教6人
招生对象：文科考生
招生范围：全国
录取分数：偏高
地　　址：石家庄市槐南路302号
邮　　编：050031
电　　话：(0311)87207228
传　　真：(0311)85882562
联 系 人：郭有献

河北科技师范学院

专业全称：艺术设计
专业设置年份：2004年
学　　制：本科4年
地　　址：昌黎县城关四街
邮　　编：066600
电　　话：(0316)6062198

河北大学

院系全称：新闻传播学院广告学系
专业全称：广告学
专业设置年份：1993年
学　　制：硕士3年　本科4年
专业师资：教授1人　副教授2人　讲师5人
招生对象：文科考生
招生范围：全国
录取分数：较高
地　　址：保定市合作路1号
邮　　编：071002
电　　话：(0312)5079310
传　　真：(0312)5079308
联 系 人：丁晓正

华北电力大学

专业全称：广告学

地　　址：保定市青年路204号
邮　　编：071003
电　　话：(0312)7522320

辽宁大学

院系全称：文化传播学院
专业全称：广告学
专业设置年份：1994年
学　　制：硕士3年　本科4年
专业师资：教授2人　副教授4人　讲师1人
　　　　　助教3人
招生对象：文科考生　艺术类考生
招生范围：全国
录取分数：较高
地　　址：沈阳市皇姑区崇山中路66号
邮　　编：110036
电　　话：(024)62202473
联 系 人：宋玉书

沈阳工业大学

院系全称：文法学院艺术设计系
专业全称：广告学
地　　址：沈阳市铁西区兴华南街58号
邮　　编：110023
电　　话：(024)25691111

沈阳航空工业学院

专业全称：艺术设计
地　　址：沈阳市皇姑区黄河北大街52号
邮　　编：110031
电　　话：(024)86141586

沈阳建筑工程学院

专业全称：广告学
地　　址：沈阳市浑南新区沈阳建筑工程学院
邮　　编：110168
电　　话：(024)24824211　24690008

辽宁工学院

院系全称：文化传播系
专业全称：广告学
地　　址：锦州市古塔区士英街169号
邮　　编：121001
电　　话：(0416)4168584　4198417

渤海大学

院系全称：文理学院新闻系
专业全称：广告学
专业设置年份：2000年
学　　制：本科4年　专科3年
专业师资：副教授3人　讲师5人
招生对象：文／理科考生
招生范围：附近省市
录取分数：中等
地　　址：锦州市渤海大学东校区
邮　　编：121000
电　　话：(0416)2849323
联 系 人：伍旭

东北财经大学

专业全称：广告学
专业设置年份：2004年
学　　制：本科4年
地　　址：辽宁省大连市沙河口区尖山街217号
邮　　编：116023
电　　话：(0411)4671101

辽宁师范大学

院系全称：文学院中文系
专业全称：广告学

地　　址：大连市黄河路850号
邮　　编：116029
电　　话：(0411)82158305

大连外国语学院

院系全称：国际艺术学院
专业全称：艺术设计
地　　址：大连市中山区延安路94号
邮　　编：116002
电　　话：(0411)82803168

大连民族学院

院系全称：工业艺术设计系
专业全称：艺术设计
地　　址：大连市开发区
邮　　编：116600
电　　话：(0411)87656193

大连大学

院系全称：美术学院
专业全称：艺术设计
地　　址：大连市大连经济技术开发区
邮　　编：116022
电　　话：(0411)87402590

东北师范大学

院系全称：媒体科学学院广告学系
专业全称：广告学
专业设置年份：2000年
学　　制：硕士3年　本科4年
专业师资：教授4人　副教授8人　讲师4人
　　　　　助教5人
招生对象：文／理科考生
招生范围：全国
录取分数：中等
地　　址：长春市东北师范大学净月校区
邮　　编：130117
电　　话：(0431)4531188
联 系 人：徐跃权

吉林大学

院系全称：文学院广告学系
专业全称：广告学
专业设置年份：1994年
学　　制：本科4年　专科3年
专业师资：教授1人　副教授3人　讲师10人
招生对象：文科考生
招生范围：全国
录取分数：较高
地　　址：长春市朝阳区前卫路10号
邮　　编：130012
电　　话：(0431)5166160
联 系 人：姚力

吉林艺术学院

院系全称：设计学院
专业全称：视觉传达系
专业设置年份：1993年
专业师资：教授5人　副教授12人　讲师15人
　　　　　助教16人
地　　址：长春市红旗街55号
邮　　编：130012
电　　话：(0431)5882579
传　　真：(0431)5882579
联 系 人：吴畏

长春理工大学

院系全称：文法学院广告学系
专业全称：广告学
专业设置年份：2000年

学　　制：本科4年
专业师资：教授1人　副教授3人　讲师4人
　　　　　助教3人
招生对象：文科考生
招生范围：全国
录取分数：偏高
地　　址：长春市卫星路7949号
邮　　编：130022
电　　话：(0431)5385931－3039
传　　真：(0431)5384664
联 系 人：马连湘

长春工业大学

院系全称：艺术学院
专业全称：广告学
地　　址：长春市延安大街17号
邮　　编：130012
电　　话：(0431)5955521　5952413

吉林工程技术师范学院

院系全称：艺术学院
专业全称：艺术设计
地　　址：长春市宽城区凯旋路52号
邮　　编：130052
电　　话：(0431)6908120

吉林艺术学院

专业全称：艺术设计学
专业设置年份：2004年
学　　制：本科4年
地　　址：长春市自由大路21号
邮　　编：130021
电　　话：(0431)5645763

东北电力学院

院系全称：艺术学院
专业全称：艺术设计
地　　址：吉林市长春路169号
邮　　编：132012
电　　话：(0432)4806384

哈尔滨工业大学

院系全称：人文学院
专业全称：广告学
专业设置年份：2002年
学　　制：硕士2年　本科4年
专业师资：教授2人　副教授5人　讲师4人
招生对象：理科考生
招生范围：全国
录取分数：较高
地　　址：哈尔滨市西大直街92号
邮　　编：150001
电　　话：(0451)86415515
传　　真：(0451)86414608
联 系 人：高驰

哈尔滨师范大学

院系全称：计算机系
专业全称：计算机广告
学　　制：本科4年
专业师资：教授1人　副教授2人　讲师4人
招生对象：艺术类考生
招生范围：全国
录取分数：较高
地　　址：哈尔滨市南岗区和兴路50号
邮　　编：150080
电　　话：(0451)86302915
传　　真：(0451)86302915
联 系 人：贺楠

黑龙江大学

专业全称：广告学

地　　址：哈尔滨市南岗区学府路 74 号
邮　　编：150080
电　　话：(0451)86664942　86608634

东北林业大学

专业全称：广告学
地　　址：哈尔滨市和兴路 26 号东北林业大学
邮　　编：150040
电　　话：(0451)82113560　82113443

哈尔滨理工大学

专业全称：艺术设计
地　　址：哈尔滨市动力区林园路 4 号南区 315 信箱
邮　　编：150040
电　　话：(0451)86392419

佳木斯大学

专业全称：艺术设计
专业设置年份：2004 年
学　　制：本科 4 年
地　　址：佳木斯市西南岗
邮　　编：154007
电　　话：(0454)221751

齐齐哈尔大学

院系全称：艺术学院
专业全称：艺术设计
地　　址：齐齐哈尔市文化大街 30 号
邮　　编：161006
电　　话：(0452)2738301

南京林业大学

院系全称：人文社会科学学院广告学系
专业全称：广告学
专业设置年份：1996 年
学　　制：本科 4 年　专科 2 年
专业师资：教授 1 人　副教授 3 人　讲师 5 人
　　　　　助教 1 人
招生对象：文科考生
招生范围：全国
录取分数：偏高
地　　址：南京市龙蟠路新庄 9 号
邮　　编：210037
电　　话：(025)85427309
传　　真：(025)85428232
联 系 人：杨杰

南京大学

院系全称：新闻传播学系
专业全称：广告学
专业设置年份：1993 年
学　　制：硕士 3 年　本科 4 年
专业师资：教授 2 人　副教授 4 人　讲师 5 人
招生对象：文／理科考生
招生范围：全国
录取分数：较高
地　　址：南京市汉口路 22 号
邮　　编：210093
电　　话：(025)83686366
传　　真：(025)83593690
联 系 人：胡翼青

南京师范大学

院系全称：新闻与传播学院广告学系
专业全称：广告学
专业设置年份：1999 年
学　　制：硕士 2 年　本科 4 年
地　　址：南京市宁海路 122 号
邮　　编：210097
电　　话：(025)583598524

南京财经大学

院系全称：营销与广告学院
专业全称：广告学
专业设置年份：1993年
学　　制：本科4年
专业师资：教授3人　副教授12人　讲师21人
招生对象：文／理科考生
招生范围：全国
录取分数：偏高
地　　址：南京市鼓楼区铁路北街128号
邮　　编：210003
电　　话：(025)83495921
传　　真：(025)83495919
联 系 人：李慧

南京工业大学

院系全称：艺术设计学院
专业全称：艺术设计
地　　址：南京市中山北路200号
邮　　编：210009
电　　话：(025)583239617

南京艺术学院

院系全称：设计学院
专业全称：艺术设计
地　　址：南京市虎踞北路15号
邮　　编：210013
电　　话：(025)83498099

三江学院

院系全称：策划系
专业全称：广告学　艺术设计
学　　制：本科4年
地　　址：南京市雨花区铁心桥龙西路10号
邮　　编：210012
电　　话：(025)52897066

江苏大学

院系全称：艺术学院艺术设计系
专业全称：艺术设计
专业设置年份：1991年
学　　制：本科4年　专科3年　函授3年
专业师资：教授1人　副教授6人　讲师15人
招生对象：文／理科考生　艺术类考生
招生范围：本省　附近省市
录取分数：较高
地　　址：镇江市学府路301号
邮　　编：212013
电　　话：(0511)8780182
传　　真：(0511)8791739
联 系 人：王平

江苏技术师范学院

院系全称：艺术设计系
专业全称：艺术设计
专业设置年份：1985年
学　　制：本科4年　专科3年　函授3年
专业师资：教授1人　副教授8人　讲师16人
招生对象：文／理科考生　艺术类考生
招生范围：本省　附近省市
录取分数：中等
地　　址：常州市育英路2号
邮　　编：213001
电　　话：(0519)6965819－5080
传　　真：(0519)6961964
联 系 人：薛生辉

江南大学

院系全称：设计学院
专业全称：广告学
专业设置年份：1998年
学　　制：硕士3年　本科4年

专业师资：教授1人　副教授2人　讲师2人
招生对象：艺术类考生
招生范围：全国
录取分数：较高
地　　址：无锡市线荣路68号
邮　　编：214064
电　　话：(0510)5501491
传　　真：(0510)5501307
联 系 人：虞海良

苏州大学

院系全称：苏州大学文学院广告系
专业全称：广告学
专业设置年份：1993年
学　　制：硕士3年　本科4年　专科2年
专业师资：教授1人　副教授3人　讲师3人
　　　　　助教3人
招生对象：文／理科考生
招生范围：本省
录取分数：偏高
地　　址：苏州市苏州大学东区535信箱
邮　　编：215021
电　　话：(0512)67165747
联 系 人：王伟明

苏州科技学院

院系全称：美术系
专业全称：艺术设计
专业设置年份：1994年
学　　制：本科4年　专科3年
专业师资：教授1人　副教授6人　讲师10人
招生对象：艺术类考生
招生范围：全国
录取分数：中等
地　　址：苏州市苏州科技学院石湖校区
邮　　编：215009
电　　话：(0512)68418422
联 系 人：钱罡

徐州师范大学

院系全称：商学院广告学系
专业全称：广告学　艺术设计
专业设置年份：1993年　2004年
学　　制：本科4年　函授3年
专业师资：教授1人　副教授3人　讲师4人
招生对象：文科考生
招生范围：本省
录取分数：中等
地　　址：徐州市和平路57号
邮　　编：221009
电　　话：(0516)3867587
传　　真：(0516)3867586
联 系 人：樊传果　薛媛

淮阴工学院

院系全称：社科系
专业全称：艺术设计
地　　址：淮阴市北京北路89号
邮　　编：223001
电　　话：(0517)3591010

淮阴师范学院

专业全称：广告学
专业设置年份：2004年
学　　制：本科4年
地　　址：淮阴市师专路24号
邮　　编：223001
电　　话：(0517)3511021

安徽大学

院系全称：艺术系
专业全称：广告学

专业设置年份：2004年
学　　制：本科4年
地　　址：合肥市合作化路
邮　　编：230039
电　　话：(0551)3631840

巢湖学院

专业全称：广告学
专业设置年份：2004年
学　　制：本科4年
地　　址：巢湖市
邮　　编：238000

安徽农业大学

院系全称：艺术学院设计与艺术系
专业全称：艺术设计
地　　址：合肥市蜀山路16号
邮　　编：230036
电　　话：(0551)2823795-3455

合肥工业大学

专业全称：广告学
地　　址：合肥市合肥工业大学57号信箱
邮　　编：230009
电　　话：(0551)2901105

安徽财贸学院

院系全称：市场营销系
专业全称：广告学
专业设置年份：2002年
学　　制：本科4年
专业师资：教授3人　副教授6人　讲师3人
招生对象：文／理科考生
招生范围：全国
录取分数：中等
地　　址：蚌埠市安徽财贸学院市场营销系
邮　　编：233041
电　　话：(0552)3112132
联 系 人：耿一兰

淮南师范学院

院系全称：中文系
专业全称：广告学
地　　址：淮南市学院路
邮　　编：232001
电　　话：(0554)6424927　6424926

安徽师范大学

专业全称：广告学
地　　址：芜湖市人民路1号
邮　　编：241000
电　　话：(0553)3869348

安徽工程科技学院

专业全称：广告学
专业设置年份：2004年
学　　制：本科4年
地　　址：芜湖市乌江新村
邮　　编：241000
电　　话：(0553)2871265
传　　真：(0553)2864698

阜阳师范学院

院系全称：美术系
专业全称：艺术设计
地　　址：阜阳市西关外
邮　　编：236032
电　　话：(0558)2596084

淮北煤炭师范学院

院系全称：美术系

专业全称：艺术设计
地　　址：淮北市淮北煤炭师范学院
邮　　编：235000
电　　话：(0561)3802248

山东大学

院系全称：文学与新闻传播学院
专业全称：广告学
地　　址：济南市山东大学南路27号
邮　　编：250100
电　　话：(0531)88361865

山东工艺美术学院

院系全称：装潢艺术设计系
专业全称：广告学
专业设置年份：1998年
学　　制：本科4年　专科2年
专业师资：教授3人　副教授6人　讲师13人
招生对象：文科考生
招生范围：本省　附近省市
录取分数：偏高
地　　址：济南市千佛山东路23号
邮　　编：250014
电　　话：(0531)82619417
传　　真：(0531)82619237
联 系 人：高小燕

山东建筑工程学院

院系全称：工商管理系
专业全称：广告学
专业设置年份：1999年
学　　制：本科4年
专业师资：副教授5人　讲师5人
招生对象：文/理科考生
招生范围：本省
录取分数：中等
地　　址：济南市和平路47号
邮　　编：250014
电　　话：(0531)86417774
传　　真：(0531)86417775
联 系 人：由磊明

济南大学

院系全称：艺术学院
专业全称：艺术设计
地　　址：济南市顺根路13号
邮　　编：250002
电　　话：(0531)82769251

山东轻工业学院

院系全称：艺术设计系
专业全称：广告学
地　　址：济南市二环东路999号
邮　　编：250100
电　　话：(0531)8619861

山东艺术学院

专业全称：广告学　艺术设计
专业设置年份：2004年
学　　制：本科4年
地　　址：济南市文化东路91号
邮　　编：250014
电　　话：(0531)86956129

山东理工大学

院系全称：文学与新闻传播学院广告学系
专业全称：广告学
专业设置年份：2000年
学　　制：本科4年
专业师资：副教授5人　讲师5人　助教1人
招生对象：文科考生
招生范围：本省

录取分数：中等
地　　址：淄博市张周路
邮　　编：255000
电　　话：(0533)2782260
联 系 人：梁绪敏

山东科技大学

院系全称：文法学院广告学系
专业全称：广告学　广告设计
学　　制：本科4年
专业师资：教授1人　副教授3人　讲师3人
　　　　　助教3人
招生对象：文／理科考生(广告学)
　　　　　艺术类考生(广告设计)
招生范围：全国
录取分数：较高
地　　址：青岛经济技术开发区前湾港路579号
邮　　编：266510
电　　话：(0532)86057613
传　　真：(0532)86057613
联 系 人：王书侠

青岛大学

院系全称：文学院新闻传播系
专业全称：广告学　广告艺术设计
专业设置年份：1992年
学　　制：博士3年　硕士3年　本科4年
专业师资：教授2人　副教授8人　讲师5人
招生对象：文／理科考生(广告学)
　　　　　艺术类考生(广告艺术设计)
招生范围：全国
录取分数：较高
地　　址：青岛市宁夏路308号
邮　　编：266071
电　　话：(0532)85951066
联 系 人：徐照东

青岛科技大学

院系全称：文学与艺术学院
专业全称：广告学
专业设置年份：1997年
学　　制：本科4年
专业师资：教授1人　副教授6人　讲师7人
　　　　　助教4人
招生对象：文科考生　艺术类考生
招生范围：全国
录取分数：较高
地　　址：青岛高科园青岛科技大学501信箱
邮　　编：266061
电　　话：(0532)88958981
传　　真：(0532)88958938
联 系 人：杨明

青岛理工大学

院系全称：艺术学院
专业全称：广告学
地　　址：青岛市抚顺路11号
邮　　编：266033
电　　话：(0532)85071060

莱阳农学院

院系全称：传播学院
专业全称：艺术设计
地　　址：青岛市城阳区莱阳农学院
邮　　编：266109
电　　话：(0535)86080747

德州学院

院系全称：美术系
专业全称：艺术设计
地　　址：德州市北园路东首2号
邮　　编：253023
电　　话：(0534)8985880

潍坊学院

院系全称：美术系

专业全称：艺术设计

地　　址：潍坊市潍城区东风东街149号

邮　　编：261061

电　　话：(0536)8785130

烟台师范学院

专业全称：艺术设计

专业设置年份：2004年

学　　制：本科4年

地　　址：烟台市红旗中路

邮　　编：264025

电　　话：(0535)6246451

曲阜师范大学

院系全称：电化教育系

专业全称：广告学

专业设置年份：2000年

学　　制：本科4年

专业师资：教授2人　副教授15人　讲师14人

招生对象：文科考生

招生范围：本省

录取分数：中等

地　　址：曲阜市西关静轩路57号

邮　　编：273165

电　　话：(0537)4455697

联 系 人：李兴保

临沂师范学院

专业全称：广告学

专业设置年份：2004年

学　　制：本科4年

地　　址：临沂市临西一路21号

邮　　编：276005

浙江大学

院系全称：人文学院新闻传播系

专业全称：广告学

专业设置年份：1993年

专业师资：副教授4人　讲师5人

学　　制：硕士3年　本科4年　函授3年

招生对象：文科考生

招生范围：全国

录取分数：较高

地　　址：杭州市天目山路38号浙江大学西溪校区

邮　　编：310028

电　　话：(0571)88973989　88273646

联 系 人：胡晓云

浙江工业大学

院系全称：人文学院新闻传播系

专业全称：广告学

专业设置年份：1999年

学　　制：本科4年

地　　址：杭州市朝晖六区浙江工业大学人文学院

邮　　编：310014

电　　话：(0571)88320356

浙江工程学院

院系全称：服装与艺术设计学院

专业全称：广告学

专业设置年份：2001年

学　　制：本科4年

专业师资：教授3人　副教授6人　讲师7人

招生对象：艺术类考生

招生范围：全国

录取分数：中等

地　　址：杭州市文一路118号

邮　　编：310033

电　　话：(0571)88495100

传　　真：(0571)88495098

联 系 人：楼丽娜

浙江财经学院

院系全称：人文艺术学院

专业全称：广告学

地　　址：杭州市文华路269号

邮　　编：310012

电　　话：(0571)88922827

浙江传媒学院

院系全称：广告系

专业全称：影视广告

专业设置年份：1992年

学　　制：本科4年　专科3年

专业师资：教授1人　副教授6人　讲师6人

招生对象：艺术类考生

招生范围：全国

录取分数：中等

地　　址：杭州市舟山东路65号

邮　　编：310015

电　　话：(0571)88024394　88024396

传　　真：(0571)88024394

联 系 人：曹家俊

杭州商学院

院系全称：人文与公共管理学院

专业全称：广告学

专业设置年份：1999年

学　　制：本科4年

专业师资：教授1人　副教授4人　讲师4人

招生对象：文/理科考生

招生范围：全国

录取分数：中等

地　　址：杭州市教工路149号

邮　　编：310012

电　　话：(0571)88071024

联 系 人：程大荣

中国美术学院

院系全称：职业技术学院

专业全称：艺术设计

专业设置年份：2004年

学　　制：本科4年

地　　址：杭州市南山路转塘镇

邮　　编：310024

电　　话：(0571)87091375

浙江科技学院

院系全称：艺术设计系

专业全称：艺术设计

地　　址：杭州市学院路85号

邮　　编：310012

电　　话：(0571)85070555

杭州师范学院

院系全称：艺术设计系

专业全称：艺术设计

地　　址：杭州市西湖万塘路258号

邮　　编：310012

电　　话：(0571)28865736

浙江林学院

院系全称：人文学院新闻传播系

专业全称：广告学

专业设置年份：2000年

学　　制：本科4年　函授3年

专业师资：副教授4人　讲师3人　助教4人

招生对象：文科考生

招生范围：附近省市
录取分数：偏高
地　　址：临安市环城北路88号
邮　　编：311300
电　　话：(0571)63730922
传　　真：(0571)63732737
联 系 人：钱杭园

宁波大学

院系全称：传播与艺术学院传播系
专业全称：广告学
专业设置年份：1995年
学　　制：本科4年　专科2年　函授2年
专业师资：教授2人　副教授4人　讲师6人
招生对象：文／理科考生
招生范围：全国
录取分数：偏高
地　　址：宁波市宁波大学传播与艺术学院
邮　　编：315211
电　　话：(0574)87600448　66868158
传　　真：(0574)87608286
联 系 人：贺雪飞

浙江万里学院

院系全称：艺术学院
专业全称：广告学
地　　址：宁波市高教园区钱湖南路8号
邮　　编：315100
电　　话：(0574)88222005

湖州师范学院

院系全称：人文系
专业全称：广告学
地　　址：湖州师范学院
邮　　编：313000
电　　话：(0572)2321111

温州大学

院系全称：管理学院
专业全称：广告与广告管理
专业设置年份：1998年
学　　制：硕士3年　本科4年
专业师资：副教授2人　讲师3人
招生对象：文／理科考生
招生范围：本省
录取分数：偏低
地　　址：温州市学院路茶山校区
邮　　编：325035
电　　话：(0577)86689070
传　　真：(0577)86689117
联 系 人：叶柏霜

温州师范学院

院系全称：美术系
专业全称：平面设计
专业设置年份：1998年
学　　制：本科4年
专业师资：副教授2人　讲师4人
招生对象：艺术类考生
招生范围：本省
录取分数：中等
地　　址：温州市温州师范学院美术系
邮　　编：325000
电　　话：(0577)86680929
联 系 人：王薇

浙江师范大学

院系全称：美术学院
专业全称：艺术设计
地　　址：金华市北山路

邮　　编：321004

电　　话：(0579)2283182

江西财经大学

院系全称：艺术与传播学院

专业全称：广告学

专业设置年份：1999年

学　　制：本科4年

专业师资：教授1人　副教授2人　讲师3人

招生对象：文／理科考生

招生范围：全国

录取分数：较高

地　　址：南昌市双港路

邮　　编：330013

电　　话：(0791)3816915

联 系 人：罗书俊

南昌大学

院系全称：新闻与传播学院

专业全称：广告学　艺术设计

专业设置年份：1993年　2004年

学　　制：本科4年　专科3年

专业师资：教授7人　副教授13人　讲师15人

招生对象：文／理科考生

招生范围：全国

录取分数：较高

地　　址：南昌市南京东路235号南昌大学北区

邮　　编：330047

电　　话：(0791)8304524

联 系 人：曾光

江西师范大学

院系全称：传播学院

专业全称：广告学

专业设置年份：1992年

学　　制：硕士3年　本科4年　专科3年

函授3年

专业师资：教授2人　副教授7人　讲师8人

招生对象：文／理科考生

招生范围：全国

录取分数：较高

地　　址：南昌市北京西路437号

邮　　编：330027

电　　话：(0791)8506485

传　　真：(0791)8511619

联 系 人：邢若南

江西科技师范学院

院系全称：中文系

专业全称：广告学

地　　址：南昌市昌北国家经济技术开发区

邮　　编：330013

电　　话：(0791)3815370

南昌航空工业学院

院系全称：艺术系

专业全称：艺术设计

地　　址：南昌市丰和南大道669号

邮　　编：330063

电　　话：(0791)8224757

东华理工学院

专业全称：广告学

地　　址：抚州市学府路14号

邮　　编：344000

电　　话：(0791)223831

宜春学院

专业全称：广告学

地　　址：宜春市学府路16号

邮　　编：336000

电　　话：(0795)3201115

南方冶金学院

院系全称：文法学院

专业全称：广告学

专业设置年份：2003年

学　　制：本科4年

专业师资：教授1人　副教授3人　助教4人

招生对象：文科考生

招生范围：全国

录取分数：中等

地　　址：赣州市南方冶金学院

邮　　编：341000

电　　话：(0797)8312291

联 系 人：刘祚时

赣南师范学院

院系全称：美术学院

专业全称：艺术设计

专业设置年份：1993年

学　　制：本科4年

专业师资：教授2人　副教授3人　讲师5人
　　　　　助教6人

招生对象：艺术类考生

招生范围：全国

录取分数：中等

地　　址：赣州市章贡区红旗大道53号

邮　　编：341000

电　　话：(0797)8267406

传　　真：(0797)8268080

联 系 人：孙胤

福建师范大学

院系全称：文学院

专业全称：广告学

专业设置年份：2002年

学　　制：本科4年

地　　址：福州市福建师范大学文学院

邮　　编：350007

电　　话：(0591)3465202

福建工程学院

专业全称：广告学　艺术设计

学　　制：本科4年

地　　址：福州市仓山区长安路32号

邮　　编：350007

电　　话：(0591)3441313

厦门大学

院系全称：人文学院新闻传播系

专业全称：广告学

专业设置年份：1983年

学　　制：硕士3年　本科4年　专科3年
　　　　　函授3年

专业师资：教授5人　副教授5人　讲师2人

招生对象：文／理科考生

招生范围：全国

录取分数：偏高

地　　址：厦门市厦门大学新闻传播系

邮　　编：361005

电　　话：(0592)2180475

传　　真：(0592)2186382

联 系 人：郭婉玲

仰恩大学

专业全称：广告学

地　　址：泉州市仰恩大学

邮　　编：362014

电　　话：(0595)2805019

湖南大学

院系全称：新闻与传播学院

专业全称：广告学

专业设置年份：2003年

学　　制：硕士3年　本科4年

专业师资：教授3人　副教授3人　讲师4人　助教2人

招生对象：文／理科考生

招生范围：全国

录取分数：偏高

地　　址：长沙市麓山路331号

邮　　编：410006

电　　话：(0731)8821931

传　　真：(0731)8711515

联 系 人：肖桂清

湖南商学院

院系全称：艺术设计系

专业全称：艺术设计　广告学

地　　址：长沙市岳麓大道97号信箱

邮　　编：410205

电　　话：(0731)8686604

中南大学

院系全称：艺术学院

专业全称：艺术设计

地　　址：长沙市岳麓山

邮　　编：410083

电　　话：(0731)8836761

湖南师范大学

院系全称：新闻与传播学院

专业全称：广告学

专业设置年份：2003年

学　　制：博士1年　硕士3年　本科4年　函授3年

专业师资：教授1人　副教授3人　讲师2人　助教1人

招生对象：文／理科考生

招生范围：全国

录取分数：较高

地　　址：长沙市麓山南路36号

邮　　编：410081

电　　话：(0731)8872389

传　　真：(0731)8872929

联 系 人：王战

湖南工程学院

院系全称：设计艺术系

专业全称：艺术设计

专业设置年份：1996年(专科)　2002年(本科)

学　　制：本科4年　专科3年

地　　址：湘潭市东湖路18号

邮　　编：411104

电　　话：(0732)8680041

湖南农业大学

专业全称：艺术设计

专业设置年份：2004年

学　　制：本科4年

地　　址：长沙市东郊西湖

邮　　编：410128

电　　话：(0731)4448591

湘潭大学

院系全称：文学与新闻学院广告系

专业全称：广告学　艺术设计

专业设置年份：1997年　2004年

学　　制：本科4年

专业师资：教授3人　副教授5人　讲师6人　助教2人

招生对象：文科考生

招生范围：全国

录取分数：偏高

地　　址：湘潭市西郊羊牯塘
邮　　编：411105
电　　话：(0732)8292597
传　　真：(0732)8292167
联 系 人：唐晓玲

湘潭工学院

院系全称：广告学
专业设置年份：2000年
学　　制：本科4年
地　　址：湘潭市北郊
邮　　编：411207
电　　话：(0732)8290011

株洲工学院

院系全称：传播系
专业全称：广告学　艺术设计
专业设置年份：1999年　2004年
学　　制：本科4年
专业师资：教授1人　副教授2人　讲师6人
招生对象：文／理科考生
招生范围：全国
录取分数：中等
地　　址：株洲市樟树湾株洲工学院
邮　　编：412008
电　　话：(0733)2622202
联 系 人：刘芳

湖南理工学院

院系全称：新闻传播学系
专业全称：广告学(本科)　广告艺术设计(专科)
专业设置年份：2001年
学　　制：本科4年　专科3年
专业师资：教授3人　副教授4人　讲师10人
招生对象：文科考生(广告学)
　　　　　艺术类考生(广告艺术设计)
招生范围：全国
录取分数：中等
地　　址：岳阳市湖南理工学院新闻传播学系
邮　　编：414006
电　　话：(0730)8640952
传　　真：(0730)8640000
联 系 人：黎千驹

中南林学院

院系全称：环境艺术设计学院
专业全称：艺术设计
专业设置年份：1986年
学　　制：博士3年　硕士3年　本科4年
　　　　　专科3年
专业师资：教授3人　副教授6人　讲师8人
招生对象：文／理科考生　艺术类考生
招生范围：全国
录取分数：中等
地　　址：株洲市田龙路
邮　　编：412006
电　　话：(0733)8703488
传　　真：(0733)8703452
联 系 人：陈杰

湖南文理学院

院系全称：美术系
专业全称：艺术设计
地　　址：常德市洞庭大道170号
邮　　编：415000
电　　话：(0736)7186137

怀化学院

院系全称：美术系
专业全称：艺术设计

地　　址：怀化市怀化学院

邮　　编：418008

电　　话：(0745)2851006

吉首大学

院系全称：文学院

专业全称：广告学

地　　址：吉首市吉首大学

邮　　编：416000

电　　话：(0743)8564106

湖北大学

院系全称：文学院新闻传播系

专业全称：广告学

专业设置年份：1994年9月

学　　制：本科4年

专业师资：教授2人　副教授2人　讲师5人
　　　　　助教1人

招生对象：文科考生

招生范围：本省　附近省市

录取分数：较高

地　　址：武汉市武昌学院路11号

邮　　编：430062

电　　话：(027)88661842

传　　真：(027)88662083

联 系 人：胡远珍

湖北美术学院

院系全称：设计系

专业全称：视觉传达设计

专业设置年份：1985年

学　　制：本科4年

专业师资：教授18人　副教授50人
　　　　　讲师94人

招生对象：艺术类考生

招生范围：全国

录取分数：偏高

地　　址：武汉市武昌中山路374号

邮　　编：430060

电　　话：(027)88877952

传　　真：(027)88862397

联 系 人：范汉成

中南民族大学

院系全称：文学院广告学系

专业全称：广告学

专业设置年份：1996年

学　　制：本科4年

专业师资：教授1人　副教授2人　讲师7人
　　　　　助教2人

招生对象：文科考生

招生范围：全国

录取分数：较高

地　　址：武汉市洪山区民院路5号

邮　　编：430074

电　　话：(027)87532864

传　　真：(027)87532864-8001

联 系 人：张贤平

武汉大学

院系全称：新闻与传播学院广告学系

专业全称：广告学

专业设置年份：1994年

学　　制：博士3年　硕士3年　本科4年
　　　　　专科2年

专业师资：教授2人　副教授4人　讲师4人

招生对象：文科考生

招生范围：全国

录取分数：较高

地　　址：武汉市武昌珞珈山

邮　　编：430072

电　　话：(027)87870969

传　　真：(027)87870969

联 系 人：周丽玲

华中农业大学

院系全称：文法学院广告与传播学系

专业全称：广告学

专业设置年份：1999年

学　　制：硕士3年　本科4年　函授3年

专业师资：教授1人　副教授7人　讲师4人
　　　　　助教3人

招生对象：文科考生

招生范围：全国

录取分数：偏高

地　　址：武汉市洪山区狮子山街特1号

邮　　编：430070

电　　话：(027)87282069

传　　真：(027)87280507

联 系 人：吕尚彬

华中科技大学

院系全称：新闻与信息传播学院

专业全称：广告学

专业设置年份：2000年

学　　制：本科4年

地　　址：武汉市华中科技大学新闻与信息传播学院

邮　　编：430074

电　　话：(027)87543520

江汉大学

院系全称：人文学院新闻传播系

专业全称：广告学

地　　址：武汉市沌口经济开发区

邮　　编：430056

电　　话：(027)84226819

武汉科技学院

院系全称：社会科学系

专业全称：广告学

专业设置年份：1999年

学　　制：本科4年

专业师资：教授4人　副教授8人　讲师12人

招生对象：文／理科考生

招生范围：全国

录取分数：中等

地　　址：武汉市鲁巷纺织路1号

邮　　编：430073

电　　话：(027)87801395−371

联 系 人：邹先玉

武汉理工大学

院系全称：人文学院

专业全称：广告学

专业设置年份：1995年

学　　制：本科4年

地　　址：武汉市武昌珞狮路122号

邮　　编：430070

电　　话：(027)87651131

湖北工业大学

院系全称：艺术设计学院

专业全称：广告学

地　　址：武汉市武昌南湖湖北工业大学马房山校区

邮　　编：430068

电　　话：(027)88034039

武汉工业学院

专业全称：广告学

地　　址：武汉市汉口常青花园

邮　　编：430023

电　　话：(027)83955620

湖北经济学院

专业全称：广告学

地　　址：武汉市珞瑜山37号

邮　　编：430070

电　　话：(027)87811392

咸宁学院

专业全称：艺术设计

专业设置年份：2004年

学　　制：本科4年

地　　址：咸宁市温泉

邮　　编：437100

电　　话：(0715)8338004

襄樊学院

院系全称：艺术学院

专业全称：艺术设计

地　　址：襄樊市隆中路7号

邮　　编：441053

电　　话：(0710)3593223

河南财经学院

院系全称：文化传播系

专业全称：广告学

专业设置年份：1997年

学　　制：本科4年

专业师资：教授1人　副教授5人　讲师9人

招生对象：文/理科考生

招生范围：本省

录取分数：偏高

地　　址：郑州市文化路80号

邮　　编：450002

电　　话：(0371)63519175

联 系 人：王鲁昌

郑州大学

院系全称：文化与传播学院广告系

专业全称：广告学

专业设置年份：1994年

学　　制：本科4年

专业师资：副教授1人　讲师4人

招生对象：文/理科考生

招生范围：全国

录取分数：偏高

地　　址：郑州市大学路75号

邮　　编：450052

电　　话：(0371)67761556

联 系 人：颜景毅

郑州工程学院

院系全称：新闻传播系

专业全称：广告学

地　　址：郑州市嵩山南路140号

邮　　编：450052

电　　话：(0371)67789888

郑州航空工业管理学院

专业全称：艺术设计

专业设置年份：2004年

学　　制：本科4年

地　　址：郑州市金海大道2号

邮　　编：450005

电　　话：(0371)6964905

洛阳师范学院

院系全称：美术系

专业全称：艺术设计

地　　址：洛阳市龙门路71号

邮　　编：471022

电　　话：(0379)65515020

河南大学

院系全称：新闻与传播学院
专业全称：广告学
专业设置年份：1996年
学　　制：本科4年　专科3年　函授3年
专业师资：教授1人　副教授1人　讲师8人
招生对象：文科考生
招生范围：全国
录取分数：较高
地　　址：开封市明伦街85号河南大学东二斋
邮　　编：475001
电　　话：(0378)2859388
传　　真：(0378)2861029　2868822
联 系 人：杨海军

暨南大学

院系全称：新闻与传播学院
专业全称：广告系
专业设置年份：1994年
学　　制：硕士3年　本科4年
专业师资：教授1人　副教授3人　讲师5人
招生对象：文／理科考生
招生范围：全国
录取分数：偏高
地　　址：广州市暨南大学新闻与传播学院广告系
邮　　编：510632
电　　话：(020)85222397
传　　真：(020)85222862
联 系 人：杨先顺　李苗　王天权

广州大学

院系全称：艺术与设计学院
专业全称：商业美术设计
地　　址：广州市解放北路桂花岗东1号
邮　　编：510091
电　　话：(020)86237571

广州美术学院

院系全称：装潢艺术设计系
专业全称：艺术设计
地　　址：广州市海珠区昌岗东路257号
邮　　编：510260
电　　话：(020)84017740

广东商学院

院系全称：人文传播学院
专业全称：广告学
专业设置年份：2001年
学　　制：本科4年
专业师资：教授3人　副教授8人　讲师12人
招生对象：文／理科考生
招生范围：全国
录取分数：较高
地　　址：广州市珠海区赤沙路21号
邮　　编：510320
电　　话：(020)84096903
联 系 人：邱右先

广东外语外贸大学

专业全称：广告学
专业设置年份：2004年
学　　制：本科4年
地　　址：广州市北郊黄婆洞
邮　　编：510421
电　　话：(020)86627595

广东技术师范学院

院系全称：艺术设计系
专业全称：艺术设计
地　　址：广州市天河区中山大道293号

邮　　编：510665

电　　话：(020)38256712

华南农业大学

院系全称：艺术学院

专业全称：艺术设计

地　　址：广州市天河区五山

邮　　编：510642

电　　话：(020)85280364

华南师范大学

院系全称：美术系

专业全称：艺术设计

地　　址：广州市天河区石牌

邮　　编：510631

电　　话：(020)85211338

韶关学院

院系全称：美术系

专业全称：艺术设计

地　　址：韶关市韶关学院

邮　　编：512005

电　　话：(0751)8120134

韩山师范学院

院系全称：美术系

专业全称：艺术设计

地　　址：潮州市桥东

邮　　编：515607

电　　话：(0768)2526493

汕头大学

院系全称：艺术学院艺术设计系

专业全称：艺术设计

专业设置年份：1988年

学　　制：本科4年

专业师资：教授2人　副教授4人　讲师8人

招生对象：艺术类考生

招生范围：本省

录取分数：较高

地　　址：汕头市汕头大学艺术学院

邮　　编：515063

电　　话：(0754)2902845

传　　真：(0754)2902936

联 系 人：韩然

深圳大学

院系全称：文学院传播系

专业全称：广告学

专业设置年份：1989年

学　　制：本科4年　专科3年　函授3年

专业师资：教授1人　副教授6人　讲师5人

招生对象：文／理科考生

招生范围：本省

录取分数：偏高

地　　址：深圳市深圳大学文学院传播系

邮　　编：518060

电　　话：(0755)26536124　26535207

传　　真：(0755)26534442

联 系 人：吴予敏

肇庆学院

院系全称：美术系

专业全称：艺术设计

地　　址：肇庆市东岗区东岗

邮　　编：526061

电　　话：(0758)2716352

广西大学

院系全称：新闻系

专业全称：广告学

专业设置年份：1993年

学　　制：本科4年　专科3年

地　　址：南宁市西乡塘东路

邮　　编：530004

电　　话：(0711)3833821

广西艺术学院

院系全称：设计学院

专业全称：广告学

专业设置年份：1993年

学　　制：硕士2年　本科4年

专业师资：教授3人　副教授3人　讲师4人
　　　　　助教3人

招生对象：艺术类考生

招生范围：附近省市

录取分数：中等

地　　址：南宁市教育路7号

邮　　编：530022

电　　话：(0771)5333347

传　　真：(0771)5319407

联 系 人：汤晓山

广西商业高等专科学校

院系全称：贸易经济系

专业全称：广告学

地　　址：南宁市农院路8号

邮　　编：530003

电　　话：(0771)3835102

玉林师范学院

专业全称：艺术设计

专业设置年份：2004年

学　　制：本科4年

地　　址：玉林市东校路117号

邮　　编：537000

电　　话：(0775)2627397

桂林工学院

专业全称：广告学

专业设置年份：2004年

学　　制：本科4年

地　　址：桂林市建干路12号

邮　　编：541004

电　　话：(0773)4845621

贵州民族学院

院系全称：中文系

专业全称：广告学

专业设置年份：1995年

学　　制：本科4年

专业师资：教授3人　副教授14人　讲师3人

招生对象：文科考生

招生范围：本省　附近省市

录取分数：中等

地　　址：贵阳市花溪区董家堰

邮　　编：550025

电　　话：(0851)3610255　3613465

联 系 人：孟维佳

海南大学

专业全称：广告学

地　　址：海口市海甸岛人民路18号

邮　　编：570228

电　　话：(0898)66259926

四川大学

院系全称：文学与新闻学院广告系

专业全称：广告学

专业设置年份：1993年

学　　制：博士3年　硕士3年　本科4年
　　　　　专科2年
专业师资：教授2人　副教授4人　讲师5人
招生对象：文／理科考生
招生范围：全国
录取分数：较高
地　　址：成都市四川大学文学与新闻学院
邮　　编：610064
电　　话：(028)85412532
联 系 人：吴建

四川农业大学

院系全称：人文社科学院
专业全称：广告学
专业设置年份：2002年
学　　制：本科4年
专业师资：教授2人　副教授4人　讲师8人
　　　　　助教4人
招生对象：文／理科考生　艺术类考生
招生范围：全国
录取分数：偏低
地　　址：雅安市四川农业大学
邮　　编：625014
电　　话：(0835)2882153
传　　真：(0835)2882345
联 系 人：朱冰

成都理工大学

院系全称：传播科学与艺术学院
专业全称：广告学
专业设置年份：2001年
学　　制：本科4年
专业师资：教授1人　副教授2人　讲师3人
招生对象：文／理科考生
招生范围：全国
录取分数：偏高
地　　址：成都市二仙桥东三路1号
邮　　编：610059
电　　话：(028)84076718
联 系 人：肖建春　陈卓

四川师范大学

专业全称：广告学
地　　址：成都市东效沙河堡
邮　　编：610068
电　　话：(028)84442612

西南民族学院

院系全称：艺术学院
专业全称：艺术设计
地　　址：成都市一环路南四段西南民族学院双流新
　　　　　校区
邮　　编：610225
电　　话：(0812)3371013

西南交通大学

院系全称：艺术与传播学院
专业全称：艺术设计
地　　址：成都市西北桥外九里堤
邮　　编：610031
电　　话：(028)87600508

西南财经大学

院系全称：工商管理学院
专业全称：广告学
地　　址：成都市光华村街55号
邮　　编：610074
电　　话：(028)87352246

绵阳师范学院

专业全称：艺术设计
专业设置年份：2004年

学　　制：本科4年
地　　址：绵阳市仙人路一段30号
邮　　编：621000
电　　话：(0816)2200018

西南石油学院

专业全称：广告学
专业设置年份：2004年
学　　制：本科4年
地　　址：南充市油院路30号
邮　　编：637001
电　　话：(0817)2642302

内江师范学院

院系全称：美术系
专业全称：艺术设计
地　　址：内江市桐梓坝
邮　　编：641112
电　　话：(0832)2341742

宜宾学院

院系全称：美术系
专业全称：艺术设计
地　　址：宜宾市育才路9号
邮　　编：644007
电　　话：(0831)3545086

云南大学

院系全称：国际现代设计艺术学院
　　　　　广告设计艺术系
专业全称：艺术设计
专业设置年份：1994年
学　　制：本科4年
专业师资：副教授3人　讲师6人
招生对象：艺术类考生
招生范围：全国
录取分数：中等
地　　址：昆明市滇池路云南大学海埂校区
邮　　编：650228
电　　话：(0871)4315271
传　　真：(0871)4181956
联 系 人：农伟

云南师范大学

院系全称：艺术学院
专业全称：艺术设计
专业设置年份：1993年
学　　制：本科4年　专科3年　函授3年
专业师资：教授1人　副教授2人　讲师4人
招生对象：艺术类考生
招生范围：全国
录取分数：中等
地　　址：昆明市环城北路58号
邮　　编：650092
电　　话：(0871)5152910

云南财贸学院

院系全称：新闻传播系
专业全称：广告学(整合营销传播方向)
专业设置年份：2001年
学　　制：本科4年
专业师资：教授1人　副教授7人　讲师6人
　　　　　助教3人
招生对象：文/理科考生
招生范围：全国
录取分数：中等
地　　址：昆明市龙泉路南段
邮　　编：650221
电　　话：(0871)5113220　5113227
传　　真：(0871)5113220
联 系 人：朱老师

云南民族大学

专业全称：广告学

专业设置年份：2004年

学　　制：本科4年

地　　址：昆明市环城北路420号

邮　　编：650031

电　　话：(0871)5154304

昆明理工大学

专业全称：广告学

地　　址：昆明市一二一大街文昌路78号

邮　　编：650093

电　　话：(0871)5152291

西北大学

院系全称：新闻传播学院广告系

专业全称：广告学

专业设置年份：1993年

学　　制：本科4年

专业师资：教授1人　副教授5人　讲师7人

招生对象：文科考生

招生范围：全国

录取分数：偏高

地　　址：西安市高新四路西北大学桃园校区

邮　　编：710069

电　　话：(029)88302525

联 系 人：杨立川

曲靖师范学院

专业全称：艺术设计

专业设置年份：2004年

学　　制：本科4年

地　　址：曲靖市内环东路

邮　　编：655000

西安美术学院

院系全称：设计系

专业全称：展示设计

地　　址：西安市含光南路100号

邮　　编：710065

电　　话：(029)88222342

西安工业学院

院系全称：人文学院

专业全称：广告学

专业设置年份：2002年

学　　制：本科4年

专业师资：教授1人　讲师3人　助教3人

招生对象：文科考生

招生范围：全国

录取分数：中等

地　　址：西安市西安工业学院78号信箱

邮　　编：710032

电　　话：(029)83208052

联 系 人：白军芳

西安石油大学

院系全称：人文学院

专业全称：广告学

专业设置年份：2001年

学　　制：本科4年

专业师资：教授1人　副教授4人　讲师3人
助教8人

招生对象：艺术类考生

招生范围：全国

录取分数：中等

地　　址：西安市含光南路6号

邮　　编：710065

电　　话：(029)88382753

传　　真：(029)88382752

联 系 人：朱玮

长安大学

院系全称：人文社会科学学院广告学系
专业全称：广告学
专业设置年份：2001年
学　　制：本科4年
专业师资：教授1人　副教授3人　讲师3人
　　　　　助教3人
招生对象：理科考生
招生范围：全国
录取分数：较高
地　　址：西安市南二环路中段
邮　　编：710064
电　　话：(029)82334306
传　　真：(029)82334302
联 系 人：曹胜斌

渭南师范学院

专业全称：艺术设计
专业设置年份：2004年
学　　制：本科4年
地　　址：渭南市站南路24号
邮　　编：714000
电　　话：(0913)2133041

宝鸡文理学院

院系全称：中文系
专业全称：广告学
专业设置年份：2001年
学　　制：本科4年
专业师资：教授1人　副教授3人　讲师2人
　　　　　助教3人
招生对象：文科考生
招生范围：全国
录取分数：中等
地　　址：宝鸡市宝光路44号
邮　　编：721007
电　　话：(0917)3364296
联 系 人：仵军智

兰州大学

院系全称：新闻与传播系
专业全称：广告学
地　　址：兰州市天水路216号
邮　　编：730000
电　　话：(0931)8913404

兰州铁道学院

院系全称：经济管理系
专业全称：广告学
专业设置年份：2001年
学　　制：本科4年
专业师资：教授1人　副教授2人　讲师7人
招生对象：文科考生
招生范围：全国
录取分数：较高
地　　址：兰州市安宁区西路22号
邮　　编：730070
电　　话：(0931)4938997
联 系 人：李莹

兰州商学院

院系全称：艺术学院
专业全称：广告学
地　　址：兰州市段家滩418号
邮　　编：730020
电　　话：(0931)4677647

西北民族学院

专业全称：广告学

地　　址：兰州市西北新村1号

邮　　编：730030

电　　话：(0931)8404011

宁夏大学

院系全称：人文学院新闻系

专业全称：广告创意与传播

专业设置年份：2000年

学　　制：专科3年

专业师资：副教授1人　讲师7人

招生对象：文科考生

招生范围：本省

录取分数：偏高

地　　址：银川市新市区宁夏大学

邮　　编：750021

电　　话：(0951)2061116

传　　真：(0951)2061116

联 系 人：薛金强

青海民族学院

专业全称：广告学

专业设置年份：2004年

学　　制：本科4年

地　　址：西宁市八一中路3号

邮　　编：810007

电　　话：(0971)8175340

新疆大学

院系全称：人文学院新闻系

专业全称：广告学

地　　址：乌鲁木齐市胜利路14号

邮　　编：830046

电　　话：(0991)8582815

’2005中国广告年鉴

China Advertising Yearbook

第十三版

13th Edition

广告出版物简介

2004年广告类新书简介

书　　名：全球整合营销传播
书　　号：ISBN 7-5005-6947-5
作　　者：唐·E·舒尔茨、菲利普·J·凯奇
定　　价：¥39.80
出版时间：2004年1月
出 版 社：中国财政经济出版社

书　　名：创意——并非广告人独享的文字饕餮(中英文对照版)
书　　号：ISBN 7-80165-197-9
作　　者：(美)詹姆斯·韦伯·扬
定　　价：¥24.00
出版时间：2004年1月
出 版 社：中国海关出版社

书　　名：创意的竞赛
书　　号：ISBN 7-5005-6831-2
作　　者：斯科特·C·珀维斯
定　　价：¥39.80
出版时间：2004年1月
出 版 社：中国财政经济出版社

书　　名：数字电视广告
书　　号：ISBN 7-81085-267-1
作　　者：冯广超、方钰淳
定　　价：¥28.00
出版时间：2004年2月
出 版 社：北京广播学院出版社

书　　名：当代广告学教程

书　　号：ISBN 7-81085-287-6

作　　者：何辉

定　　价：¥39.00

出版时间：2004年3月

出 版 社：北京广播学院出版社

书　　名：公关第一　广告第二

书　　号：ISBN 7-208-05069-4

作　　者：(美)阿尔·里斯、劳拉·里斯

定　　价：¥32.00

出版时间：2004年4月

出 版 社：上海人民出版社

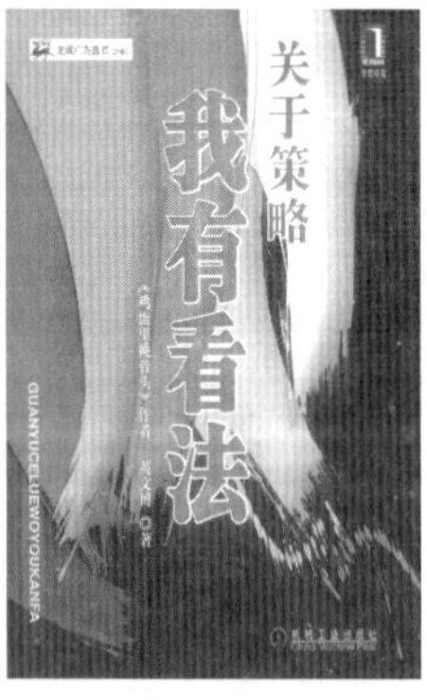

书　　名：关于策略——我有看法

书　　号：ISBN 7-111-14199-7

作　　者：黄文博

定　　价：¥29.80

出版时间：2004年5月

出 版 社：机械工业出版社

书　　名：广告战略·营销传播策划指南(第二版)

书　　号：ISBN 7-5086-0195-5

作　　者：(美)唐纳德·帕伦特

定　　价：¥45.00

出版时间：2004年5月

出 版 社：中信出版社

书　　名：中国近代广告

书　　号：ISBN 7-80668-698-3

作　　者：黄志伟、黄莹

定　　价：¥28.00

出版时间：2004年5月

出 版 社：学林出版社

书　　名：广告文化学

书　　号：ISBN 7-81061-904-7

主　　编：宋玉书、王纯菲

定　　价：¥28.00

出版时间：2004年5月

出 版 社：中南大学出版社

书　　名：广告效果测定

书　　号：ISBN 7-81061-750-8

作　　者：王晓华

定　　价：¥29.00

出版时间：2004年6月

出 版 社：中南大学出版社

书　　名：整合营销传播——利用广告和促销建树品牌

书　　号：ISBN 7-5005-6886-X

作　　者：(美)汤姆·邓肯

定　　价：¥298.00

出版时间：2004年8月

出 版 社：中国财政经济出版社

书　　名：谁主鱼

书　　号：ISBN 7-5015-4008-X

作　　者：安德鲁·杰夫

定　　价：¥25.00

出版时间：2004年8月

出 版 社：知识出版社

书　　名：中国本土广告论丛

书　　号：ISBN 7-80012-952-7

作　　者：唐忠朴

定　　价：¥25.00

出版时间：2004年8月

出 版 社：工商出版社

书　　名：4A杰出人性创意96例(含光盘)
书　　号：ISBN 7-5080-3490-2
作　　者：张惠辛
定　　价：￥58.00
出版时间：2004年8月
出 版 社：华夏出版社

书　　名：文案发烧——20座ONE SHOW奖杯得主的广告心得
书　　号：ISBN 7-5005-7442-8
作　　者：(美)路克·苏立文
定　　价：￥39.80
出版时间：2004年8月
出 版 社：中国财政经济出版社

书　　名：'2004中国广告年鉴
书　　号：ISBN 7-5011-6723-0
编　　者：中国广告年鉴编辑部
定　　价：￥220.00元(精装)
出版时间：2004年8月
出 版 社：新华出版社

书　　名：'2004中国广告经营单位名录
书　　号：ISBN 7-5011-6724-9
编　　者：《中国广告经营单位名录》编辑部
定　　价：￥380.00元(精装)
出版时间：2004年8月
出 版 社：新华出版社

书　　名：中国广告年鉴(1988-2003)合订本(光盘)
书　　号：ISBN 7-89495-635-X
编　　者：中国广告年鉴编辑部
定　　价：￥220.00(精装)
出版时间：2004年8月
出 版 社：万方数据电子出版社

书　　名：发展中的中国广告业——中国广告业廿五年发展报告

书　　号：ISBN 7-5011-6733-8

编　　者：中国广告年鉴编辑部

定　　价：¥280.00(精装)

出版时间：2004 年 8 月

出 版 社：新华出版社

书　　名：360 度品牌传播与管理

书　　号：ISBN 7-111-14960-2

作　　者：(美)马克 · 布莱尔、理查德 · 阿姆斯特朗、迈克 · 墨菲

定　　价：¥28.00

出版时间：2004 年 9 月

出 版 社：机械工业出版社

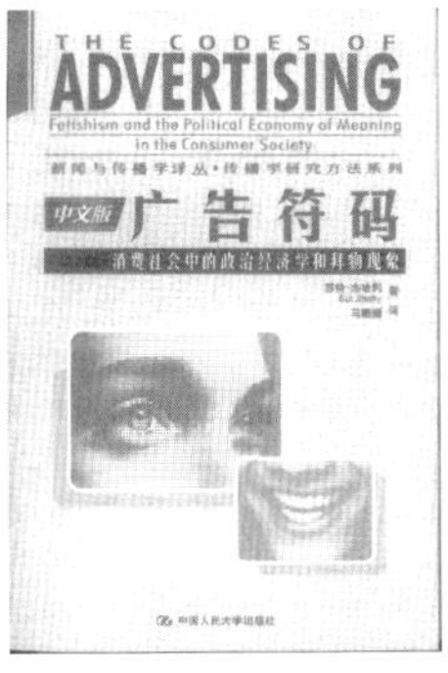

书　　名：广告符码

书　　号：ISBN 7-300-05822-1

作　　者：杰哈利

定　　价：¥28.00

出版时间：2004 年 9 月

出 版 社：中国人民大学出版社

书　　名：小丰现代汉语广告语法辞典

书　　号：ISBN 7-5006-5946-6

作　　者：丰信东

定　　价：¥70.00

出版时间：2004 年 9 月

出 版 社：中国青年出版社

书　　名：我的广告生涯

书　　号：ISBN 7-5057-2038-4

作　　者：唐忠朴

定　　价：¥56.00

出版时间：2004 年 9 月

出 版 社：中国友谊出版公司

书　　名：中国广告猛进史(1979—2003)

书　　号：ISBN 7-5080-3574-7

编　　者：国际广告杂志社、北京广播学院广告学院、IAI国际广告

定　　价：¥98.00

出版时间：2004年9月

出 版 社：华夏出版社

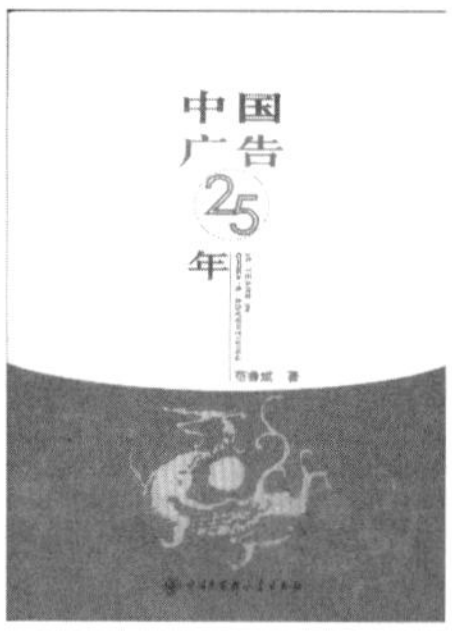

书　　名：中国广告25年

书　　号：ISBN 7-5000-7134-5

作　　者：范鲁斌

定　　价：¥20.00

出版时间：2004年9月

出 版 社：中国大百科全书出版社

书　　名：机器新娘——工业人的民俗

书　　号：ISBN 7-300-06024-2

作　　者(加)马歇尔·麦克卢汉

定　　价：¥35.00

出版时间：2004年10月

出 版 社：中国人民大学出版社

书　　名：网络广告教程

书　　号：ISBN 7-301-08023-9

作　　者：屠忠俊

定　　价：¥36.00

出版时间：2004年10月

出 版 社：北京大学出版社

书　　名：广告沟通与促销管理

书　　号：ISBN 7-300-06112-5

作　　者：(澳)罗西特、(美)珀西

定　　价：¥90.00

出版时间：2004年11月

出 版 社：中国人民大学出版社

全国主要广告类刊物名录

现代广告／Modern Advertising

主管单位：国家工商行政管理总局
主办单位：中国广告协会
编辑出版：《现代广告》杂志社
地　　址：北京市宣武区广安门外大街248号
　　　　　机械大厦909、910室
邮　　编：100055
电　　话：(010)63317498
传　　真：(010)63317499
电子邮件：ad6898@vip.sina.com
网　　址：www.cnad.com.cn
国内刊号：CN11-3168/F
国际刊号：ISSN 1007-2888
邮发代号：82-685
开　　本：12开
出版周期：月刊
定　　价：￥18.00/期　￥153.60/年
国内发行：北京市报刊发行局
订　　阅：全国各地邮局
广告经营许可证号：1000004000018

国际广告／International Advertising

主管单位：中华人民共和国商务部
主办单位：中国对外贸易经济合作企业协会、
　　　　　中国对外经济贸易广告协会
编辑出版：《国际广告》杂志社
地　　址：北京市建国门外大街12号4层
邮　　编：100022
电　　话：(010)65681637
传　　真：(010)65681942
电子邮件：hhh@g999.com
创刊年代：1985年
国内刊号：CN11-2487/F
国际刊号：ISSN 1000-4122
邮发代号：82-705
开　　本：大16开
出版周期：月刊
定　　价：￥12.00/期　￥144.00/年
国内发行：北京市报刊发行局
订　　阅：全国各地邮局
广告经营许可证号：京朝工商广字第0088号

艺术与设计／ART AND DESIGN

主管单位：中华人民共和国新闻出版署
编辑出版：《艺术与设计》杂志社
地　　址：北京市西城区阜外大街34号干休所3号
　　　　　楼5层
邮　　编：100832
电　　话：(010)68583578
传　　真：(010)68570933
电子邮件：article@artdesign.com.cn
网　　址：www.artdesign.com.cn
国内刊号：CN11-3909/J
国际刊号：ISSN 1008-2832
邮发代号：82-273
开　　本：大16开
出版周期：双月刊
定　　价：￥25.00/期　￥150.00/年
订　　阅：全国各地邮局

广告直通车／AD Express

主管单位：中华全国供销合作总社
主办单位：北京广告协会、北京市广告管理服
　　　　　务中心

出　　版：《中国营销导刊》杂志社
编　　辑：《广告直通车》编辑部
地　　址：北京市复兴门内大街45号
邮　　编：100801
电　　话：(010)82327006
传　　真：(010)82000350
电子邮件：ndragon@public.bta.net.cn
国内刊号：CN11－3966/F
国际刊号：ISSN 1008－7443
邮发代号：80－380
开　　本：大16开
出版周期：月刊
定　　价：￥15.00/期
国内发行：北京市报刊发行局
订　　阅：全国各地邮局
广告经营许可证号：京工商广字0016号

市场观察·媒介/MEDIA

主管单位：国务院国有资产监督管理委员会
主办单位：中国企业家协会
编辑出版：《市场观察·媒介》编辑部
地　　址：北京市东城区东交民巷28号红都会馆B座4层
邮　　编：100006
电　　话：(010)65450238
传　　真：(010)85116750
电子邮箱：media@twmcn.com
网　　址：www.teamworkmedia.com.cn
国内刊号：CN11－3281/F
国际刊号：ISSN 1006－9089
邮发代号：80－267
开　　本：12开
出版周期：月刊
定　　价：￥18.00/期　￥216.00/年
广告经营许可证号：京门工商广字第0466号

市场观察·广告主/Market Observer

主管单位：国务院国有资产监督管理委员会
主办单位：中国企业家协会
编辑出版：《市场观察·广告主》编辑部
地　　址：北京市海淀区紫竹院南路17号
邮　　编：100044
电　　话：(010)68732257　68701296
电子邮件：ad100@ad100.sina.net
网　　址：www.cec-ceda.org.cn
国内刊号：CN11－3281/F
国际刊号：ISSN 1006－9089
邮发行号：2－790
开　　本：大16开
定　　价：￥12.00/期
订　　阅：全国各地邮局
广告经营许可证号：京海工商广字0151号

中国传媒广告指南/AD·DM·MAGAZINA

主管单位：中国商业联合会
主办单位：中华全国商业信息中心
承办单位：北京祥寰广告有限公司
地　　址：北京市海淀区西客站南路16号7号楼1层
邮　　编：100073
电　　话：(010)63267631
传　　真：(010)63268236
创刊年代：2004年
开　　本：8开
出版周期：季刊
国内发行：免费直投
广告经营许可证号：京工商印广登字20040025号

中国广告/CHINA ADVERTISING

主管单位：中国出版集团
主办单位：东方出版中心/上海一百(集团)有限公司/上海市广告协会

编辑出版：《中国广告》杂志社
地　　址：上海市宁海东路200号申鑫大厦1805室
邮　　编：200021
电　　话：(021)63551958
传　　真：(021)63551811
电子邮件：China-ad@online.sh.cn
创刊年代：1981年
国内刊号：CN31-1174/F
国际刊号：ISSN 1005-9156
邮发代号：4-408
开　　本：大16开
出版周期：月刊
定　　价：￥12.00/期　￥144.00/年
国内发行：上海市报刊发行局
订　　阅：全国各地邮局
广告经营许可证号：3101014000003

广告大观／AD PANDRAMA

主办单位：江苏省广播电视集团
编辑出版：《广告大观》杂志社
地　　址：南京市中央路32号联通大厦十楼B、C座
邮　　编：210008
电　　话：(025)83217901
传　　真：(025)83217905
电子邮件：adp@vip.163.com
网　　址：www.cnadp.com
国内刊号：CN32-1730/F
国际刊号：ISSN 1672-9005
邮发代号：28-292
开　　本：大16开
出版周期：月刊
定　　价：￥15.00/期　￥180.00/年
广告经营许可证号：3200004040733

中国标识／China Sign

主管单位：江苏省广播电视集团
主办单位：《广告大观》杂志社
编辑出版：《中国标识》编辑部
地　　址：南京市成贤街39号成贤公寓02栋1-202室
邮　　编：210018
电子邮箱：chinasign@vip.163.com
网　　址：www.GotoRead.com
电　　话：(025)83693950/83693951
传　　真：(025)83693950-1010
开　　本：大16开
出版周期：月刊
国内刊号：CN32-1730/F
定　　价：￥10.00/期

广告人／ADMEN

主办单位：江西省人民广播电台　江西电视台　天津市广告协会
出版单位：《声屏世界》杂志社
编辑单位：《广告人》编辑部
地　　址：天津市河西区永安道泰达园1号楼2门101室
邮　　编：300204
电　　话：(022)23241100 23241101
传　　真：(022)23241087
电子邮箱：Mggg@Public.tpt.tj.cn
国内刊号：CN36-1149/G2
国际刊号：ISSN 1006-3366
广告经营许可证号(赣)002-209号

包装＆设计／PACKAGE DESIGN

主办单位：中国包装进出口广东公司
编辑出版：《包装＆设计》杂志社
地　　址：广州市侨光路2号5楼
邮　　编：510116
电　　话：(020)83341674
传　　真：(020)83341694
电子邮件：faxingbu@sohu.com
网　　址：www.package-design.net
国内刊号：CN44-1262/TB
国际刊号：ISSN 1007-4759

开　　本：大16开

出版周期：双月刊

定　　价：￥25.00/期　￥150.00/年

国内发行：自办发行

广告经营许可证号：4400004000473

大市场·广告导报

Marketing Max·Advertising Pointer

主办单位：贵州人民出版社

编辑出版：《大市场》杂志社

地　　址：贵阳市中华北路289号

邮　　编：550004

电　　话：(0851)6828370

电子邮件：ad@vip.sina.com

网　　址：www.newad.net

国内刊号：CN52-1129/F

国际刊号：ISSN 1671-7902

邮发代号：66-61

开　　本：大16开

出版周期：月刊

定　　价：￥15.00/期　￥180.00/年

订　　阅：全国各地邮局

广告经营许可证号：黔工商广字0015号

全国主要广告专业书店名录

北京龙之媒广告文化书店

地址：北京市东城区东直门南大街9号华普花园A座205室

邮编：100007

电话：(010)84094096

传真：(010)84094090

北京俊杰视点广告文化书店

地址：北京市西城区南礼士路3号龙蕃写字楼B座207室

邮编：100037

电话：(010)68038931

传真：(010)68020361

北京麦迪逊广告人书店

地址：北京市东城区和平里北街

邮编：100013

电话：(010)64206691

传真：(010)64206691

天津新思路工具书店

地址：天津市南开区复康路7号龙潭康乐园302室

邮编：300074

电话：(022)23524875

传真：(022)23524875

上海龙之媒书店

地址：上海市淮海中路381号中环广场商场307室

邮编：200020

电话：(021)63916848

传真：(021)63916910

上海麦迪逊广告人书店

地址：上海市黄浦区湖北路20号底楼

邮编：200001

电话：(021)33040306

传真：(021)33040306

重庆广告人书店

地址：重庆市渝中区较场口85号大元广场12-2号

邮编：400010

电话：(023)63725730

传真：(023)63725730

山西广告人书店

地址：山西大学西门北20米2楼(山西大学)

邮编：030006

电话：(0351)7189677

传真：(0351)7189677

沈阳美好广告人与设计书店

地址：沈阳市沈河区药王庙路5号

邮编：110014

电话：(024)22944099

传真：(024)22927900

大连广告人书店

地址：大连市沙河口区民政街419号科技广场大厦A座1206室

邮编：116021

电话：(0411)84519927

传真：(0411)84519927

南京龙之媒书店

地址：南京市鼓楼区汉中路108号金轮大厦汇贤楼204室

邮编：210029

电话：(025)84728505

传真：(025)84728505

浙江亚博广告人书店

地址：杭州市文三路100号305室

邮编：310012

电话：(0571)88226411

传真：(0571)88226411

宁波广告艺术书店

地址：宁波百丈东路62号

邮编：315041

电话：(0574)87844777

传真：(0574)87784019

山东广告人书店济南店

地址：济南市历山路72号

邮编：250013

电话：(0531)6991358

传真：(0531)6415362

山东广告人书店青岛店

地址：青岛市漳州二路54号香港花园(高层)B座1804室

邮编：266000

电话：(0532)5899338

传真：(0532)5967936

青岛市海伦广告人书店

地址：青岛市南京路98号1号楼705室

邮编：266071

电话 ：(0532)5824562

传真 ：(0532)5824562

长沙龙之媒书店

地址：长沙市五一西路189号锦绣中环大厦1602室

邮编：410005

电话：(0731)2324695

传真：(0731)2324690

广州龙之媒书店

地址：广州市环市东路358号珠江大厦西塔1101室

邮编：510060

电话：(020)83856275

传真：(020)83846383

广州市麦迪逊广告人书店(总店)

地址：广州环市路498号广发花苑柏丽商业中心22楼C座

邮编：510075

电话：(020)87603532

昆明麦迪逊广告人书店

地址：昆明市书林街71号

邮编：650011

电话：(0871)3120529

传真：(0871)3120529

成都龙之媒书店

地址：成都市城守东大街59号蓝光大厦1610室

邮编：610016

电话：(028)66815866

传真：(028)66815868

西安龙之媒书店

地址：西安市长安中路100号西北文化艺术大厦1109室

邮编：710061

电话：(029)85360278

传真：(029)85360272

乌鲁木齐广告人书店

地址：乌鲁木齐市中山路116号国际合信大厦14楼1405室

邮编：830002

电话：(0991)2826296

传真：(0991)2826296

'2005中国广告年鉴

China Advertising Yearbook

第十三版

13th Edition

广告经营单位介绍

北京市

公 司 类

灵智大洋(广州)广告有限公司北京分公司

地　　址：北京市朝阳区东三环北路19号华鹏大厦南208室
邮　　编：100020
电　　话：(010)65975180
传　　真：(010)65975169
负 责 人：陈智豪
联 系 人：蔡云

你要的冲击力!

中视金桥国际广告有限公司

地　　址：北京市海淀区阜成路58号新州商务大厦606
邮　　编：100036
电　　话：(010)88116820
传　　真：(010)88130505

桥的基柱　丰厚的资源

多年来，中视金桥运作越来越多的媒体资源，如同桥的基柱一般，丰厚牢固。因为拥有全方位的媒体资源，所以为客户提供更加整合，经济的品牌传播方案。

桥的胸怀　通达的气魄

中视金桥致力于品牌传播服务，无数品牌与中视金桥共同造就了通达的气魄，放眼未来，期待更多品牌结缘中视金桥，造就更通达的品牌传播通道。

桥的目的　成功的抵达

中视金桥的多个团队精诚合作，协助无数客户抵达目的。如今，我们能提供更加专业，多样的服务，协助您成功地抵达。

北京电通广告有限公司

地　　址：北京市东城区朝阳门北大街8号富华大厦F座11层
邮　　编：100027
电　　话：(010)65545087
传　　真：(010)65542098
负 责 人：吴子华
联 系 人：黄慧珍

北京电通成立于1994年，随着业务的发展，北京电通分别在上海、广州、青岛、深圳设立分公司，现有员工900余人、客户近百个，主要客户有丰田、佳能、松下、东芝、NEC、联想、联通、两面针、雀巢、海尔、夏新、三得利、花王等。2003年度北京电通在中国广告公司的营业收入排行第一。生机勃勃的北京电通自成立以来，在中国迅速拓展扩大，业务范围得到了进一步发展壮大，通过功能齐全，设置完善的电通体系，随时随地为客户提供电通独具特色“全方位信息交流及传播服务”。挑战所有的传播课题，寻求最佳的解决方案是电通始终如一的奋斗方向。成为客户创造价值的合作伙伴是电通公司的准则。

中国邮政广告公司

地　　址：北京市西城区北礼士路甲8号
邮　　编：100044
电　　话：(010)88381356
传　　真：(010)88380915
联 系 人：徐民

中国邮政广告公司以开发邮政广告媒体进行国内外广告业务经营活动为主。公司充分利用邮政的网络优势，积极开发新的邮政广告媒体；推广和促进现有的邮政广告媒体的社会化(即邮资广告明信片、广告信函、户外广告、邮送广告)、全体员工敬业务实，以客户的需求为工作的唯一标准，通过科学的策划，新颖的创意，精良的设计和丰富的专业知识为客户提供全面、有效的广告服务。

北京世邦联合广告有限公司

地　　址：北京市朝阳区建国路88号现代城SOHO-COFT-0327号
邮　　编：100022
电　　话：(010)85802468
传　　真：(010)85802878
负 责 人：郝彤
联 系 人：孙冉

世邦广告公司成立于1996年，注册资金1080万元，创办者为著名影人陈小旭女士(电视连续剧《红楼梦》林黛玉扮演者)，现有员工40余人。公司长期致力于品牌咨询，广告创意制作、媒体发布等全面型广告业务，发展目标是成为本土优秀企业的品牌服务商。公司长期服务客户有：五粮液、五粮春、斯达舒、金六福、罗蒙、森达、报喜鸟、修正药业等。

公司1999—2003年连续获得中央电视台优秀代理公司称号。2004年获得中国生产力学会颁布的“中国十佳诚信广告机构”及“中国十大策划专家”称号。

多年来，公司以低调、务实、专业、热情的服务风格，为国内外优秀企业提供完善服务。公司作品每年均入选中国广告作品年鉴(IAI)。目前已制作电视广告片200多条，专题片20多条。在CCTV上长期播放的广告片有6至8条。公司2001年营业额1.1亿元，2002年营业额1.3亿元，2003年营业额1.4亿元，2004上半年营业额已超过1.3亿元。

北京市首发高速广告有限责任公司

地　　址：北京市朝阳区和平路2号国门路大饭店6区4层
邮　　编：100015
电　　话：(010)84701402
传　　真：(010)84701401
负 责 人：毕旭
联 系 人：曹丽敏

在你将媒体发布交给我们之前，大概也想彻底了解一下我们吧！

北京公交广告有限责任公司

地　　址：北京市东城区交道口南大街16号
邮　　编：100007
电　　话：(010)64007772
传　　真：(010)64007772
负 责 人：蒙克勤
联 系 人：刘玉民

北京公交广告有限责任公司是北京地区独家经营公交广告媒体的大型广告公司。公司主要承办北京市公交车身、车厢、候车亭灯箱、站牌等国内外广告业务。注册资金4000万元，总资产2.6亿元。

公司被北京市广告协会评为向海内外推荐的九家信得过广告公司之一，并连续多年被中广协评为全国广告行业文明单位。2001年被中广协评为“中国49家优势广告企业”称号。公司是中广协理事单位，北广协常务理事单位，全国公交广告委员会主任单位。2001年公司在上海与北京巴士股份一起上市。2003年被中国广告协会评为全国广告行业资质认定“一级广告企业”，2004年、2005年被北京市工商局、北京广告协会评为“守信企业”。2004年公司总收入1.6亿元。

北京公交广告有限责任公司媒体覆盖全城，有公交线路750余条，16000余辆公共电汽车。在二、三环路的主、辅路及西外大街、朝外大街、安外大街，公司拥有豪华不锈钢候车亭灯箱媒体6000个。公司已与国内外知名企业及大型广告公司建立了密切的合作关系。

公司十分重视学习国内外先进广告制作技术和手段，拥有国际先进的电脑彩色设计、彩色喷绘、多功能刻字及电脑管理系统等一整套先进设备，完全具备为广告客户进行全方位策划、创意、设计、制作和发布的实力。

公司在搞好广告主业的同时，先后成立了广告印刷制作分公司、出租汽车公司、租赁公司，图片社、国际旅行社有限公司，装饰装潢艺术有限公司，商贸有限公司等分公司，现都已形成生产经营规模。公司在商业化经营的同时，积极完成了税法、节水、献血、环保等多项公益广告宣传，得到了北京市政府的多项表扬。

北京未来广告公司

地　　址：北京市复兴路乙11号梅地亚中心
邮　　编：100038
电　　话：(010)68507145
传　　真：(010)68514364
联 系 人：江成

公司成立于1992年，坚持“以市场为导向，以客户为中心”的服务理念。作为中央电视台所属唯一全资广告公司，北京未来广告公司是中央电视台探索专业频道经营、面向市场多元化经营的重要平台，公司经营收入占到CCTV年度总收入的20%。公司独家代理经营着众多优质和最新央视媒体资源：CCTV－5体育频道、CCTV－8电视剧频道、CCTV－12社会与法频道、CCTV－1《东方时空》、《今日说法》栏目，央视国际网站等。

未来公司所经营的媒体历来深受客户认可，在中国电视媒体市场占据重要地位：“体育传播第一平台”CCTV－5以其独占的强大赛事资源，占据全国电视体育市场80%以上收视份额，是企业体育营销第一平台；“家庭第一频道”CCTV－8收视率居全国第二，全天8大电视剧场，帮助国内外企业与中国家庭广泛而深度沟通；CCTV－1《东方时空》、《今日说法》这两个全国知名度、满意度最高的精品栏目，独具明显传播优势；CCTV－12社会与法频道、央视国际网站、都具有优质的传播价值，为客户提供了品牌整合传播的新机遇。

1997年以来，公司连续6次被北京市工商局评为“重合同、守信用”单位。面向未来，公司进一步强化“客户导向”，从客户需求出发，不断完善服务流程，深化客户服务；与中国最具实力的广告公司建立战略合作关系，共同致力于实现客户利益，为品牌搭建强势传播平台。与客户共成长，公司连续4年位居本土广告公司第1位，2004年广告经营额达到17亿元，正努力朝综合服务型国际化广告公司发展。

“未来传播，传播未来”。让我们携手同行，一起实现品牌与市场梦想！

北京华风气象影视信息集团有限责任公司

地　　址：北京市海淀区中关村南大街46号
邮　　编：100081
电　　话：(010)68409990
传　　真：(010)62172562
负 责 人：叶阿庆
联 系 人：叶阿庆

华风气象影视信息集团有限责任公司(以下简称华风)是中国气象局直属的国家级大型高新技术企业，是中国气象局通过电视传媒向公众与全国各行业提供气象服务的唯一对外窗口，也是制作和发行国家级气象影视节目的单位。

华风(其前身“华风声像技术中心”)组建于2002年8月，现拥有一整套设施齐备、功能强大的智能化的现代化业务系统，包括4个演播室和制作机房，全新的广播级数字视音频系统与多台高档工作站。中央电视台每天24小时内播放的共40多档的气象资讯节目，都是华风独立制作完成。

华风集团的主要业务范围包括电视天气预报服务业务与相关的电视技术、计算机图形与多媒体技术、数据网络传输技术的开发和产品推广，以及广告创意设计、制作代理和工程项目等。它的服务内容有：(1)天气预警预报、气候预测评估以及重大灾害性天气、气候事件的分析；(2)交通气象、气象与健康、气象与旅游等气象信息咨询；(3)环境气象分析预报服务；(4)气象科普宣传。

每天在中央电视台播出的节目有综合(CCTV-1)、经济(CCTV-2)、海外(CCTV-4)、体育(CCTV-5)、农业(CCTV-7)、英语(CCTV-9)、科教(CCTV-10)、新闻(CCTV-新闻)等20套气象预报、服务、咨询节目，其中《新闻联播》后的天气预报节目，每天有超过5亿人收看，是中央电视台收视率最高的节目之一。另外，还录制了一些专题片、科普片、社教片、并与中央电视台合拍大型综艺晚会。其中《气象灾害的预防》获广电部全国优秀社教节目奖，《气象漫谈》获中央电视台优秀节目奖，《中期数值天气预报》，《气象与航空》，《气象知识》系列片等9部获中国气象局全国优秀电视节目奖。

华风集团大力推进全国气象影视业的发展。2001年建立了ISDN网直通全国省气象台，每天及时获得省台制作的天气新闻节目；加强对省级气象影视中心的技术指导，在全国建立了省级气象影视部门31个，地市级气象影视部门320多个，成功地建立了全国性的气象影视业务服务体系，使气象影视服务凸显现代化的强势；自1996年起，每两年举行一次“华风杯”全国电视气象节目观摩评比活动，已经举行五届，有效促进了电视气象服务节目质量的提高。

华风集团拥有“北京华风声像技术中心”、“北京华风气象影视技术中心”、“北京华风天视应用气象电视技术有限公司”、“北京华风天际卫星气象传播技术有限公司”、“北京华风创新网络传媒科技有限责任公司”、“广东新气象传媒有限公司”、　“北京八达岭温泉大城堡”等七个子公司，分别经营气象卫星、计算机网络、农气服务等高新业务。

北京太阳圣火广告有限公司

地　　址：北京市朝阳区现代城SOHO-A座2309
邮　　编：100022
电　　话：(010)85800003
传　　真：(010)85800007
负 责 人：童年
联 系 人：张莉

北京太阳圣火广告有限公司，国家一级广告企业资质。致力于国际先导水平的广告业、传媒业、影视业、文化交流、慈善教育等产业的开拓与发展。提供整合策划、创业咨询、城市营销、企业诊断、营销策划、品牌管理、市场调研、代理发布、创意设计、影视制作等专业项目服务。以北京为中心，在香港、山东等地建立分支机构，投资亿元，建造数字影视村，拥有极富创作力的精英人才群体。先后与五粮液集团、中国人寿、日本迅普、神龙富康、香港索芙特、青岛海尔、烟台张裕等几十家国内外著名企业进行了良好的合作。策划并与中央电视台合作推出“著名企业故事展播”、“著名企业音乐电视展播”、“中华旅游名胜展播”、“电视扶贫广告活动”。策划及作品荣获近百项国内外大奖，并连续六年荣获全国广告行业文明单位，被评为中国优势广告企业。荣获“2004—2005年度中国最具影响力的本土广告公司100强”称号、“2004—2005年度中国本土广告公司综合实力30强”称号。

自创业以来，在追求哲学的方向上建立做人的原则，在探索科学的规律上完善做事的方法，培育人格魅力，孕育智慧力量，不断增强国际化竞争综合实力。全面导入“榜样工程”，塑造鲜明形象，将理性管理和情感互动充分结合，整合出全新的创造型管理体系。在实践中积极倡导科学精神并充分利用文化价值的融入，多元化思考的方式探索出创新思维与科学技术互相推动的最佳组合模式，形成了强大的创造能量，奠定了服务客户、贡献社会的雄厚基础。

面对新世纪，我们始终坚持博学方可多才、融会才能贯通、创新才能超越的探索原则，秉承人类文化的博大精深，把握时代变革的脉搏，奉行“帮弱者变成强者，助强者成为智者”的宗旨。导入先进哲学理念，整合全球智力资源，策划科学管理体系，设计创新传播方案，制定实效营销计划，愿与您共同创造构筑全新的事业发展平台。

北京炎黄时代广告有限公司

地　　址：北京市西城区文津街7号国图二层
邮　　编：100802
电　　话：(010)66129928
传　　真：(010)66129928
负 责 人：赵松青
联 系 人：邱实

炎黄时代拥有十年卓越历史，是一家以户外为主的综合广告代理公司，在大型活动策划、户外开发和发布、创意设计等方面各有所长。2004年，炎黄时代广告公司经中国广告协会“企业资质认定委员会”认定为中国一级广告企业。

北京博达新大陆广告有限公司

地　　址：北京市建内大街22号华厦银行10层
邮　　编：100005
电　　话：(010)65286969
负 责 人：赵济清
联 系 人：陈波

《瑞丽》杂志社

瑞丽，是北京《瑞丽》杂志社10年铸就的著名中国媒体品牌。目前，瑞丽品牌旗下拥有《瑞丽服饰美容》、《瑞丽伊人风尚》、《瑞丽时尚先锋》和《瑞丽家居设计》四本时尚刊物，其中《瑞丽服饰美容》和《瑞丽伊人风尚》的发行量稳居中国女性时尚类杂志的第一位和第二位；拥有中国最大的女性垂直门户网站——瑞丽女性网www.rayli.com.cn；拥有中国发行总量最大、品种最丰富的系列时尚刊书——瑞丽BOOK；拥有中国最大的时尚媒体读者数据库——瑞丽读者数据库，以及最大的瑞丽模特资源储备库。

北京博达新大陆广告有限公司，是《瑞丽》杂志社广告业务的独家代理机构。全面负责《瑞丽》的广告代理、活动推广、模特经纪等多项业务。

北京博达新大陆广告有限公司充分发挥瑞丽品牌优势，制定媒体整合营销策略，为广告客户提供创造性服务，成效卓著，保证了瑞丽品牌的持续发展和企业收入的快速增长。目前，《瑞丽》的广告经营额已跻身全国平面杂志媒体前三名。

《瑞丽》杂志社与北京博达新大陆广告有限公司的共同目标是：成为影响和带动中国女性审美取向和着装潮流、最具实用特色和竞争实力、面向世界的传媒集团。

北京华闻旭通国际广告有限公司

地　　址：北京市朝阳区亮马桥路32号高斓大厦1801室
邮　　编：100016
电　　话：(010)64640088
传　　真：(010)64643889
负 责 人：朱新民
联 系 人：陈涛

走哪条路不重要，重要的是走对路……

北京阳光加信广告有限公司

地　　址：北京市海淀区中关村南大街2号数码大厦
邮　　编：100086
电　　话：(010)62191618
传　　真：(010)82511810
负 责 人：杨蕊宁
联 系 人：沈晓菲

第一个备感温暖的是你的消费者。他们引以为荣，因为品牌折射出他们的生活态度。他可以能受惠一生，并在这一生中影响他周围的人。当品牌光华外显，它将树立类别的品质标准，使消费者趋之若鹜。而为品牌打磨，为品牌抛光，让它光芒四射的代理商，并不显而易见，你亦需要一双慧眼。幸喜，阳光无处不在，你能从容享受。为品牌打磨抛光的代理商，如你所见，是阳光加信。

北京奥美地亚广告有限公司

地　　址：北京市朝阳区建国路88号SOHO现代城C座1201室
邮　　编：100022
电　　话：(010)85806066
传　　真：(010)85806044
负 责 人：袁腾方
联 系 人：李志敏

北京奥美地亚广告有限公司成立于2000年，成立以来一直致力于广告传媒领域的发展。

目前已建立了多达600家电视台的广告播出网络——中国县市级电视广告网(简称CCTN)，是国内目前电视广告播出最大的网络之一。

公司与中国电视艺术家协会等机构合作的全国性电视栏目《中国股市报道》等都已成长为全国著名电视栏目。

与此同时，奥美地亚还是《体育大观·Golf Digest》杂志、《F1赛车》杂志、《亚洲假日酒店》杂志的广告总代理，并拥有首都机场、上海机场、深圳机场等多处户外媒体。

与我公司建立合作关系的客户多达上百个，广告合作公司20多个。

2004年，北京奥美地亚广告有限公司受邀成为中国传媒大学董事单位。

我们相信，我们在业内的广阔资源会为我们的伙伴、客户带来众多的商业机会。

北京中视台影视艺术广告中心

地　　址：北京市海淀区车道沟十号院三号塔楼一层
邮　　编：100089
电　　话：(010)88443540
传　　真：(010)88435521
负 责 人：刘俊京
联 系 人：张春燕

我发挥想象与创造　您收获财富和价值

专题制作：

本公司以十年经验，一流设备，技术和人才，建立市场调研、品牌策划、创意制作、代理发布一条龙的服务模式。在交流日趋国际化的今天，将为您量身制作各类专题片、并制成光盘，您可用于自我推广、交流宣传并可作为馈赠礼品。

平面设计：

专业队伍，精良制作——可承接各种类型企业VI设计、包装设计、宣传海报、路牌灯箱。

演播厅：

位于西四环北路的演播厅，面积达220平方米。可以承接文艺节目、访谈节目、室内情景剧、各类企业广告片、专题片等的制作。

中国广告联合总公司

地　　址：北京市西城区宣武门西大街甲97号
邮　　编：100031
电　　话：(010)63074227

中国国际广告公司

地　　址：北京市朝阳区建外大街12号5层
邮　　编：100022
电　　话：(010)65685616

北京歌华阳光广告有限公司

地　　址：北京市朝阳区樱花园28号楼306室
邮　　编：100013
电　　话：(010)66416688-8251

北京国安广告总公司

地　　址：北京市朝阳区农光南里1号楼7层
邮　　编：100020
电　　话：(010)65056748
负 责 人：鄢钢

南京大贺户外传媒股份有限公司北京分公司

地　　址：北京市丰台区西卫强校村36号
邮　　编：100000
电　　话：(010)63495588
负 责 人：王明梅

盛世长城国际广告有限公司

地　　址：北京市建国门内大街7号光华长安大厦1219
邮　　编：100005
电　　话：(010)65102255
负 责 人：张新强
联 系 人：刘航

海润国际广告有限公司

地　　址：北京市朝阳区安慧北里安园5号海润大厦
邮　　编：100101
电　　话：(010)64899933-316
传　　真：(010)64932894
负 责 人：刘燕铭
联 系 人：覃航

廊坊美格广告有限公司北京分公司

地　　址：北京市朝阳区呼家楼京广中心商务楼808室
邮　　编：100020
电　　话：(010)65978768
传　　真：(010)65978782
负 责 人：黄清河
联 系 人：陈鼎强

北京通成推广公交广告有限公司

地　　址：北京市建国门外大街1号国贸大厦
邮　　编：100004
电　　话：(010)65081066

联 系 人：潘伟

北京视澜广告有限公司

地　　址：北京市海淀区复兴路乙11号梅地亚中心写字楼560室
邮　　编：100038
电　　话：(010)68509958
传　　真：(010)68574212
负 责 人：王炎言
联 系 人：王蓓蓓

达彼思（达华）广告有限公司北京分公司

地　　址：北京市呼家楼京广中心3208室
邮　　编：100020
电　　话：(010)65973999
传　　真：(010)65978559
负 责 人：梁桂泉
联 系 人：王秋泓

大广太平洋国际广告有限公司

地　　址：北京市朝阳区朝外大街22号泛利大厦407室
邮　　编：100020
电　　话：(010)64662711
传　　真：(010)84600568
负 责 人：久保正一
联 系 人：李通庄

精信广告有限公司

地　　址：北京市东城区东长安街1号东方广场东方经贸城W3座办公楼607室
邮　　编：100005
电　　话：(010)85181109
传　　真：(010)85185500
联 系 人：李建红

麦肯・光明广告有限公司

地　　址：北京市朝阳区建国门外南郎家园1号楼6层
邮　　编：100022
电　　话：(010)65683300－109
传　　真：(010)65687555
负 责 人：牛爱国
联 系 人：申红艺

天联广告有限公司

地　　址：北京市东城区新中街18号阳光都市4号楼1908号
邮　　编：100027
电　　话：(010)84473320
传　　真：(010)84473321
负 责 人：黄慧琼
联 系 人：蒋先生

智威汤逊－中乔广告有限公司

地　　址：北京市朝阳区光华路甲8号和乔大厦428房间
邮　　编：100026
电　　话：(010)65819995
传　　真：(010)65810070
法　　人：唐锐涛
负 责 人：唐锐涛
联 系 人：马艳静

中国机电广告公司

地　　址：北京市海淀区甘家口185号新新商务楼
邮　　编：100037
电　　话：(010)68361821
传　　真：(010)68326295
负 责 人：刘桂伟
联 系 人：高恒俊

中烟广告公司

地　　址：北京市宣武区虎坊路11号
邮　　编：100052
电　　话：(010)83523383
传　　真：(010)63528547
负 责 人：韩旺生
联 系 人：关蕊

北京北奥广告有限公司

地　　址：北京市朝阳区东土城路8号林达大厦A座20层
邮　　编：100013
电　　话：(010)64294581
传　　真：(010)64294579
负 责 人：陈少云
联 系 人：王迎

北京捷先广告公司

地　　址：北京市朝阳区马甸裕民东路12号华展国际公寓A座604
邮　　编：100029
电　　话：(010)82077216
传　　真：(010)62073145－39
负 责 人：周明

广播电视类

中央电视台广告部

地　　址：北京市复兴路11号
邮　　编：100859
电　　话：(010)68514422－1036
传　　真：(010)68527717
负 责 人：郭振玺
联 系 人：刘芳

中央人民广播电台

地　　址：北京市西城区复兴门外大街2号
邮　　编：100866
电　　话：(010)86090262
负 责 人：赵晓林

国家广播电影电视总局电影卫星频道节目制作中心广告部

地　　址：北京市海淀区西土城路2号
邮　　编：100088
电　　话：(010)82046622－3122
传　　真：(010)82046622－3122
负 责 人：石丽萍
联 系 人：徐楠

以诚为本，以客为尊。

电影频道－CCTV6打造与客户“同赢”的诚信传播平台。

电影频道－CCTV6作为唯一的中央级专业电影频道，在广告经营上长期恪守“以诚为本，以客为尊”的服务理念，和众多企业、广告公司建立了良好的长期战略性合作伙伴关系。

2005年电影频道收视率、市场份额再登新高，继续稳居中央电视台各主要专业频道第一！

广告经营上，在稳定的广告经营策略基础上，更加注重灵活、多样的广告形式，根据客户需求为客户量身定制传播方案，实现广告效果最大化！

北京人民广播电台

地　　址：北京市建外大街14号
邮　　编：100022
电　　话：(010)65159028
传　　真：(010)65150033－3834
负 责 人：汪良
联 系 人：陆颖

北京人民广播电台前身为北平新华广播电台，始建于1949年2月2日。建台之初，只有14名工作人员，一套节目，每天播音8小时50分钟，发射功率不足1千瓦。目前，本台有600多名工作人员，办有8套开路广播、15套有线调频广播、16套有线数字广播节目，每天播音约353个小时，总发射功率190.5千瓦，覆盖北京地区和华北各省市的部分地区。2001年8月22日，北京广播网正式开通，网址为：http://www.bjradio.com.cn。2003年9月16日，正式开通手机短信互动平台。

本台2000年起实行全员聘任合同制。2002年建立了节目考评机制，对全台节目质量进行考评，收听率连年提高。特别是交通台、文艺台、新闻台、音乐台收听率和影响力更是名列前茅。目前，本台与全国20多家省级电台、世界10多家广播媒体保持着节目交流合作关系。2003年，本台在国内广播系统中首家通过了“IS09001(2000版)质量管理体系”认证，使全台的管理步入了科学化、规范化的轨道。

本台的广告经营全部实行广告公司代理制，目前有24家广告公司代理本台广告业务。从2004年开始本台实行“统一管理、分散经营、集中操作、分别核算”的方针，全台广告经营业绩连续多年名列全国电台第一，实现了社会效益和经济效益双丰收。

中国国际广播电台广告部

地　　址：北京市石景山路甲16号
邮　　编：100040
电　　话：(010)68891606
传　　真：(010)68891582

北京电视台广告部

地　　址：北京市西三环北路3号
邮　　编：100089
电　　话：(010)68455649
负 责 人：罗影

新闻出版类

北京青年报
(北青传媒股份有限公司)

地　　址：北京市朝阳区白家庄东里23号院A栋
邮　　编：100026
电　　话：(010)65902079
传　　真：(010)65902560
负 责 人：张延平
联 系 人：朱洪辰

打造中国跨媒体、跨地区、跨行业的现代传媒集团

京华时报社
(京华文化传播有限公司)

地　　址：北京市朝阳区左家庄前街1号
邮　　编：100028
电　　话：(010)64668686
传　　真：(010)64682789
联 系 人：刘凤臣
新闻热线：(010)64656611　64656622
广告热线：(010)64668686转3532、3528
发行热线：(010)64650929　64682920
网　　址：http://www.beijingtimes.net
国内统一刊号：CN11－0255
邮发代号：1－111

《京华时报》是由人民日报社主管的一份新闻类综合性都市日报，2001年5月28日正式创刊。主要面向北京地区发行，目前日均发行近百万份。

京华时报社成立之初便吸纳了雄厚的资金，汇集了全国各地的办报精英，建立了全新的运行机制，实行现代企业化的管理，拥有资本、人才、机制等诸多优势。目前，已成为北京家喻户晓的强势媒体。

《京华时报》一改京城传统的新闻理念，实现了真正意义上的新闻还原，办出了让读者有阅读快感的、纯粹的新闻纸。在读者心中，《京华时报》关注民生、引领时尚，最具权威性，最重视舆论监督。 仅三年，《京华时报》从32版扩充为80版，由一叠变为四叠，成为北京新闻分量最足、本地资讯最多、新闻时效最强的都市报。

仅用一年，《京华时报》就跃居京城报业市场综合性日报发行量第一，市场零售量第一，自费订阅量第一，目前稳稳占有北京早报市场60%以上的市场份额，跨入百万大报的行列；订阅率稳步增长，达总发行量的60%以上；绝对发行量遥遥领先其他竞争者。

《京华时报》的广告实现“三级跳跃”式增长，创刊第一年，广告经营额就创下3亿元的骄人战绩；创刊第二年，广告经营额达到6亿元；第三财政年度，广告经营额达到创纪录的8亿元，稳居京城报业前三，昂首进入全国报刊广告的前10名，被业界称为中国最有投资价值的媒体之一。

未来的《京华时报》新闻覆盖更为全面，新闻品质更加卓越，读者结构更为合理，广告空间更为广阔。

社　　训：真诚　团结　实干　创新
办报理念：建一流队伍　办一流报纸　创一流效益
广 告 语：京华时报——北京人的都市报!

北京娱乐信报社

地　　址：北京市丰台区菜户营东街甲88号豪苑大厦B座13层
邮　　编：100054
电　　话：(010)63330280
负 责 人：毕昆
联 系 人：韩蕊

《北京娱乐信报》(以下简称信报)是由北京日报报业集团主管、主办的综合性日报，其前身是1981年创办的《戏剧电影报》，于2000年10月9日正式更名。四度寒暑，报社在采编、制作、发行、广告营销等方面进展迅速，社会影响力与市场份额不断扩大，已成长为一张集新闻性、娱乐性、实用性和可读性于一身的主流都市早报，创立了强势的信报品牌形象。

2005年，信报全面贯彻“以人为本，关注民生，突出特色，巩固提高”的编辑指导思想，与时俱进、开拓进取，坚持正确舆论导向，提供权威新闻资讯、传播先进文化思想，强化新闻贴近性与服务性，围绕百姓生活热点打造职场、星体育、电玩、健康、玩、房产、家居、家电、数码、汽车、文化星期天等精品周刊，《戏剧电影周刊》集中优势，全面释放娱乐特色，为首都百姓全方位提供更贴近、更时尚、更有用、更充满活力的新闻与服务。

精品购物指南报社广告部

地　　址：北京市海淀区中关村大街甲28号海淀文化艺术大厦B座7－8层
邮　　编：100080
电　　话：(010)82383680
传　　真：(010)82383958
联 系 人：刘子阳

《精品购物指南》为周二刊生活服务类报纸，被誉为生活服务类报纸第一品牌。它致力于全面发掘京城消费者的都市消费特点，服务特有的消费习惯，引导消费趋向。

《精品购物指南》采用杂志化的设计，以及国际流行的涂布新闻纸、铜版纸全彩色印刷，使报纸更加精致美丽；简化明确的版面分类，适合读者阅读，同时更适合广告客户有的放矢地投放广告，取得最佳回报；每期30万份的发行量覆盖京城200万主流人群。

《精品购物指南》还能为客户提供报纸、网络、地面活动全方位、立体化的广告连动。最具代表性的就是已经连续举办四届的“精品高尔夫球名人邀请赛”。球场上明星、名流云集，在业内外产生巨大的影响力，更是为各协办商户带来无与伦比的关注度和滚滚商机。

现代文明画报社

地　　址：北京市丰台区分钟寺明丹利商务楼B座二层
邮　　编：100078
电　　话：(010)87614905
传　　真：(010)67663099
负 责 人：黄晓勇
联 系 人：王建国、柳双春

《现代文明画报》为中国社会科学院主管、大16开全彩印刷的综合性周刊。是中国国际航空公司指定机上读物。

本刊坚持以主旋律为主的报道原则，加强对物质文明、政治文明、精神文明三大文明的宣传导向，关注弱势群体的诉求和社会热点的解析，特别在法律文明、道德文明、社会文明、时尚文明、健康文明、生活文明等方面做出独到而精彩的演绎。观察时政热点，挖掘重大题材，聚焦反腐大案，倡导廉洁风范，关注民生诉求，汇举名家观点，把握时事动向，树立现代文明观念，推进物资、政治、精神三大文明协调发展，是本刊一贯的宗旨。

中国体育报业总社

地　　址：北京市崇文区体育馆路8号
邮　　编：100061
电　　话：(010)67111386 67125207
传　　真：(010)67147297
负 责 人：刘猛
联 系 人：李朝辉

中国体育报业总社隶属于国家体育总局，汇集了数量众多具有权威性、独家性、专业性、趣味性的报、刊、书、音像以及网络、影视等综合媒体；齐聚了国内一流的资深体育编辑和体育记者；拥有中国奥委会、中华全国体育总会以及国家体育总局下属各运动管理中心的信息资源渠道；具备覆盖全国和世界各地的销售网络。中国体育报业总社是中国最强势的平面体育媒体集团。

中国体育报业总社现拥有5报24刊：《中国体育报》(日报)、《篮球报》(周报)、《中国足球报》(周报)、《围棋周报》(周报)、《假日休闲报－体彩导刊》(周报)、《健与美》(月刊)、《乒乓世界》(月刊)、《中国钓鱼》(月刊)、《篮球》(月刊)、《足球世界》(半月刊)、《新体育》(月刊)、《田径》(月刊)、《中华武术》(月刊)、《五环明星》(月刊)、《网球天地》(月刊)、《搏》(月刊)、《中国排球》(双月刊)、《桥牌》(月刊)、《围棋天地》(月刊)、《健康之友》(月刊)、《健康顾问》(月刊)、《嘉人》(月刊)、《运动休闲》(月刊)、《高尔夫》(月刊)、《车王》(月刊)、《中国运动医学》(双月刊)、中英文版《中国体育》(月刊)、《健身气功》(双月刊)、《体育画报》(月刊)。这些媒体已经成为国内外企业拓展中国体育市场、开发体育产业、打造和提升品牌、树立企业形象的首选体育类媒体。

中国体育报业总社广告中心，依托雄厚的媒体资源品牌和一流的专业广告人员，根据客户需求创新更为适合市场的平面广告推广策略，为客户提供专业化和个性化的立体团队服务，使客户在不同媒体刊登的广告超值发挥宣传效果，充分激发品牌活力，展示产品魅力，营造出独特、强烈的诉求表现形式。同时，广告中心不断地规范及延伸广告代理机制，充分发挥广告代理公司的媒体营销能力和客户发展能力，“搭建多元化合作平台，建立双赢机制”，使得广告中心能够始终保持快速发展的良好势头。

中国城乡金融报社

地　　址：北京市海淀区八宝庄32号
邮　　编：100036
电　　话：(010)88128430
传　　真：(010)88128430
负 责 人：王玲玲
联 系 人：陈威

《中国城乡金融报》由中国农业银行主办，创办于1987年。长期以来，本报坚持“立足金融，服务经济”的办报宗旨，通过大力宣传党的金融、经济方面的方针政策，宣传银行的业务，以及通过报纸提供有关的信息和交流工作方面的经验，正确引导社会舆论，促进城乡经济、金融的发展。

本报为金融类报纸，对开四版，每周一至周五出版，期发行量为11万份。

人民日报社广告部

地　　址：北京市朝阳区金台西路2号
邮　　编：100733
电　　话：(010)65368786

传　　真：(010)65368788
负 责 人：李宏伟

光明日报社

地　　址：北京市崇文区珠市口东大街5号
邮　　编：100050
电　　话：(010)63082569
负 责 人：左海

北京广播电视报社

地　　址：北京市崇文区夕照寺街14号
邮　　编：100061
电　　话：(010)67162521
负 责 人：陈都生

法制晚报

地　　址：北京市朝阳区建国路71号惠通时代A1座
邮　　编：100025
电　　话：(010)58635353
负 责 人：郭旭泓

环球时报社

地　　址：北京市朝阳区金台西路2号
邮　　编：100733
电　　话：(010)65369592
负 责 人：段静涛

金融时报社

地　　址：北京市丰台区太平桥44号
邮　　编：100073
电　　话：(010)63454281
负 责 人：刘玉生

经济日报

地　　址：北京市宣武区白纸坊东街2号
邮　　编：100053
电　　话：(010)58392810
负 责 人：刘海法

科技日报社

地　　址：北京市复兴路15号
邮　　编：100038
电　　话：(010)58884069
负 责 人：王代同

人民邮政报社

地　　址：北京市西城区北礼士路甲8号
邮　　编：100044
电　　话：(010)68315870
负 责 人：王珂

新京报

地　　址：北京市宣武区永安路106号
邮　　编：100053
电　　话：(010)63034574
负 责 人：唐宏斌

中国妇女报社

地　　址：北京市西城区地安门西大街103号
邮　　编：100009
电　　话：(010)66163194
负 责 人：席淑君

中国工商报社

地　　址：北京市丰台区纪家庙
邮　　编：100070
电　　话：(010)63711924
负 责 人：张卉琳

中国国防报社

地　　址：北京市西城区阜外大街34号
邮　　编：100832
电　　话：(010)68570796
负 责 人：王武

中国化工报社

地　　址：北京市西城区六铺炕中街1号
邮　　编：100011
电　　话：(010)82037800
负 责 人：刘凯

中国教育报刊社

地　　址：北京市文慧园北路10号
邮　　编：100088
电　　话：(010)62257722-518
负 责 人：赵书生

中国经济导报

地　　址：北京市西城区月坛南街38号
邮　　编：100824
电　　话：(010)63691941
负 责 人：吴浩

中国经营报社

地　　址：北京市西四环北路6号院1号楼
邮　　编：100089
电　　话：(010)88469630
负 责 人：金碚

中国食品报社

地　　址：北京市丰台区太平桥东里5号
邮　　编：100073
电　　话：(010)63490571
负 责 人：马铮

中国证券报社

地　　址：北京市西城区宣武门西大街97号
邮　　编：100031
电　　话：(010)63077303
负 责 人：陈雪良

作家出版社

地　　址：北京市农展馆南里10号
邮　　编：100026
电　　话：(010)65518029
负 责 人：于震

大众软件杂志社

地　　址：北京市海淀区亮甲店130号恩济大厦4层413室
邮　　编：100036
电　　话：(010)88135693
负 责 人：李成

上海市

公 司 类

上海文广新闻传媒集团广告经营中心

地　　址：上海南京西路651号广电大厦11楼
邮　　编：200041
电　　话：(021)62582441
传　　真：(021)62678022
负 责 人：梅利君
联 系 人：顾宇燕

上海，中国经济的坐标
SMG，您值得信赖的媒体伙伴
SMG，为您的品牌创造巅峰

上海奥美广告有限公司

地　　址：上海市长乐路989号世纪商贸广场26楼
邮　　编：200031
电　　话：(021)24051681
传　　真：(021)24051700
负 责 人：郭丽娟
联 系 人：林志伟

在人类最神秘的大脑中，有95%的领域尚未被开发。在中国，这个未来世上最大的市场中，仍有95%等你开发。这一处充满新族群，新消费，新趋势的秘境，谁能与你共同探索？10年来，奥美在中国致力于全球经验本土化，为联合利华、肯德基、柯达、IBM、摩托罗拉、白兰氏、青岛啤酒、中国网通、科龙等成功地稳居了中国的市场，印入了人们的脑海。如果你拥有自豪的产品，欢迎与奥美联系。我们会为你，在那95%里先订个位子，当然是最好的。

上海灵狮广告有限公司

地　　址：上海市威海路755号文新大厦15楼
邮　　编：200041
电　　话：(021)52921000
传　　真：(021)52921700
负 责 人：沈赞臣
联 系 人：徐建成

我们和消费者就是如此贴近

上海博报堂广告有限公司

地　　址：上海市淮海中路300号香港新世界大厦15F
邮　　编：200021
电　　话：(021)63866776
传　　真：(021)63860016
负 责 人：徐克宁
联 系 人：周国平

上海博报堂广告有限公司系由位居日本第二，世界排名第八的广告公司——株式会社博报堂，与中国最大的本土广告公司——上海广告有限公司，于1996年9月合资成立的。公司资本金为120万美元。公司的业务经营范围为：设计、制作、代理和发布国内外各类广告，以及广告市场咨询业务。

在亚洲最大的一块市场，博报堂开始了中国之行。随着公司业绩年年成长，以上海为中心向南北辐射，在北京和广州设立了分公司，北京覆盖华北地区，上海覆盖华东、华中地区，华南地区则由广州负责，基本构筑了博报堂全球服务网络协作体制之中国一体化全面沟通服务的体系。目前，三地总人数已达240人，已形成广告规模经营的雏形。

上海博报堂从求生存之道到为广大客户寻求解决之道中逐渐发展壮大。因为上海博报堂继承了日本博报堂坚韧刻苦的精神，最佳的创意服务我们的品牌，因为上海博报堂相信——赢得客户，必先赢得朋友，最后才能赢得利润。

上海广告有限公司

地　　址：上海市华山路888号
邮　　编：200050
电　　话：(021)63668828
负 责 人：郭丽娟
联 系 人：毕权军

上海广告有限公司成立于1962年，曾独家代理全国进出口商品的广告业务。20世纪90年代初期，与奥美、博报堂等跨国广告公司合资建立上海奥美广告有限公司和上海博报堂广告有限公司，汲取了丰富的国外广告经验，融汇国际专业知识和中国市场运作经验为一体，已成为中国本土广告公司中最有代表性的一家综合型广告代理公司。在1993—2004年全国广告公司营业额排名中，公司连续11年列十强行列。2003年7月，东浩集团、WPP集团、株式会社博报堂三方合资上广。2004年2月18日，上海世博(集团)有限公司成立，上广加入世博集团，成为其直属子公司。公司将致力于成为最具本土竞争优势的传播企业，以先进的经营理念，结合专业优势和资源优势，通过整合营销传播，为客户塑造更富有市场竞争力的品牌。

经营范围：

主要提供营销传播顾问、创意及执行、媒介计划与购买、视觉沟通、公关促销与地面推广等服务。

上海旭通广告有限公司

地　　址：上海淮海中路887号永新大厦10楼
邮　　编：200020
电　　话：(021)64674118
传　　真：(021)64747803
董 事 长：稻垣正夫
总 经 理：韩金科
电子邮箱：cweici@adk-sh.com

上海旭通广告有限公司是由ADK与上海百联(集团)有限公司合资成立于1993年的全面代理综合广告公司。2004年公司营业规模达2.8亿元，排名中国广告业前30强。

公司奉行“追求客户满意度第一、迈向世界标准”的企业宗旨；秉承“全员经营”的企业理念；拥有一批世界500强企业与著名品牌为稳定的客户；形成了富有特色和竞争力的服务项目：全球化标准、本土化执行的全面代理服务，以消费者利益为出发点的市场调查、策略研究、整合行销、全国范围内的电视、报纸、杂志、户外等媒体代理、影视广告与平面广告的创意设计制作，大型的公关、促销展示等活动。

2002年公司荣获上海广告业唯一的全国外商投资双优企业；2004年又获中国广告一级企业资质。上海旭通愿成为您的品牌实现国际化和本土化鼎力支持的战略合作伙伴。

上海美术设计公司

地　　址：上海市漕溪路258弄23号
邮　　编：200235
电　　话：(021)64836699
传　　真：(021)64849530
负 责 人：王濂洪
联 系 人：黄悦

49年以来，坚持转变，志在拔尖。

49年，是不断苛求的过程，时刻磨砺创意的笔锋；常思不倦，为客户的品牌注入勃勃生机；创新只是为了追求更新。

上海梅迪派勒广告有限公司

地　　址：上海市高安路8号
邮　　编：200030
电　　话：(021)34014533
传　　真：(021)64664821
负 责 人：张家骐
联 系 人：杜劲松

媒体伯乐集团是晨兴集团的一分子，并为已上市的恒隆集团之陈氏家族所拥有。1990年3月，本集团开始在香港从事户外广告业务。1994年，本集团把业务拓展至中国。本集团的总部设于上海，并在中国成立了六间合营企业及分别位于广州、武汉及北京的三间办事处，覆盖全国七个城市。本集团的交通工具广告媒体网络已遍布中国69个城市(其中户外媒体涉及36个城市)。

媒体伯乐集团有限公司是大中华地区处于领先地位的户外多种媒体管理商，拥有多元化的广告牌、街道设施及交通工具广告服务。集团于2002年1月31日在香港联合交易所创业板成功上市(股份编号：8072)。

在过去的12年中，凭借晨兴集团的坚强实力为后盾，媒体伯乐已巩固了其在香港户外广告市场中的领先地位，同时，在中国内地的业务拓展亦取得了令人瞩目的成绩。媒体伯乐将不断努力，并立志成为大中华地区首屈一指的户外多种媒体管理商。

上海广告装潢有限公司

地　　址：上海市巨鹿路417号3F
邮　　编：200020
电　　话：(021)62713667
传　　真：(021)62713651
负 责 人：王建萍
联 系 人：秦建东

纷繁复杂的市场如同浩瀚的天空，变幻莫测，风的来去，只在刹那之间，稍纵即逝。我们来到空中，聆听风的声音，把握风的方向，适时追逐，不断高飞。当风起来的时候，我们已然舞动出色。

上海华智地铁广告有限公司

地　　址：上海市淮海中路1375号启华大厦8楼
邮　　编：200031
电　　话：(021)64318666
传　　真：(021)64712976
负 责 人：叶彤
联 系 人：赵滢

上海华智地铁广告有限公司系媒体伯乐广告集团成员。独家拥有上海地铁一号线、五号线的广告经营权。集团同时独家经营北京城铁及香港机场快线广告。加上集团成员之一的广州地铁永通广告有限公司经营的广州地铁一号线广告，构成了一个全中国覆盖最多城市的轨道交通广告媒体网络。在这几个经济最为发达的城市中，集团的轨道交通媒体网络每天向数百万具有强大购买能力的乘客发布广告信息，成效卓著。媒体伯乐广告集团是当前中国轨道交通媒体覆盖面最广泛的媒体管理商，并且，其媒体网络正在不断地得以扩充。

上海中润广告有限公司

地　　址：上海市广东路689号海通证券大厦33楼
邮　　编：200001
电　　话：(021)33044599
传　　真：(021)63410373
负 责 人：唐咏
联 系 人：俞小苓

对不起，又没花完你的预算

满足你需求的信息到达率，就像喝杯咖啡那么轻松简单。

因为我们旗下代理了上海十一家主力媒体资源。

有专业的媒介分析师为你整合。

组合式的互补投放方案，既省钱，又高效。

让你的品牌形象覆盖上海，在我们这里变得前所未有的容易。

信息到达率，不再是用钱砸出来的。

我们相信，下次，你的预算一样花不完。

中润传媒，用更少的费用，为你锁定更多的消费群。

上海大广贸促广告有限公司

地　　址：上海市西藏南路218号永银大厦703室
邮　　编：200021
电　　话：(021)63343737-126
负 责 人：宋方生
联 系 人：谈胜华

创意致胜　　现在开始　　书写未来

上海元太广告有限公司

地　　址：上海市南京西路1168号1403-1407室
邮　　编：200041
电　　话：(021)32144518-717
传　　真：(021)32144519
负 责 人：孙晓刚
联 系 人：陈燕梅

元太媒体服务是一家为国内、外客户进行广告媒介发布的服务供应商，是全国广告行业排名前20名的公司，也是目前国内规模较大的民营本土广告公司。元太媒体服务擅长媒体广告代理服务，也是国内最重要的体育媒体广告发布的服务商，是国内销售规模最大的专业(频道)媒体广告购买公司之一。元太媒体服务获得中央电视台音乐频道、北京电视台、上海电视台、广东电视台体育频道的广告经营权并投资多项全国性资讯类节目的内容供应。元太媒体服务连接中国的领先市场。

上海地铁广告有限公司

地　　址：上海市黄河路357号
邮　　编：200003
电　　话：(021)63583718
传　　真：(021)63581615
负 责 人：周淮
联 系 人：蒋惠芳

我们每天在2,100,000人的关注下。

上海东方明珠移动电视有限公司

地　　址：上海市南京东路627号6楼A座
邮　　编：200001
电　　话：63610077
传　　真：(021)63610733
负 责 人：钮卫平
联 系 人：朱岚

上海东方网股份有限公司

地　　址：上海市威海路755号文新大厦42层
邮　　编：200041
电　　话：(021)52921125
传　　真：(021)52920403
负 责 人：李智平
联 系 人：凌秀雯

选择与企业经营策略相符的网站投放广告，带来的不仅是收益更有效率。

东方网拥有90%以上本地用户，真正的网上消费人群，强大的媒体优势以及专业细心的服务，众多可供选择的精彩频道，称得上是本地优秀的综合类门户网站。

海南白马广告媒体投资有限公司上海分公司

地　　址：上海市黄陂北路227号中区广场2602-2604室
邮　　编：200003
电　　话：(021)63758789
传　　真：(021)63758768
负 责 人：王海生

白马广告于1995年进入户外广告业，率先建立了由16个城市组成的候车亭广告网。为了进一步扩展业务，白马广告于1998年与Clear Channel合资成立海南白马广告媒体投资有限公司。借助于外方雄厚的资金、先进的管理经验和Clear Channel公司旗下知名的户外媒体Adshel的品牌优势，海南白马推出中国候车亭广告网的强势品牌——风神榜(Adshel Network)。海南白马将风神榜公共汽车候车亭媒体网络作为主营业务，并积极开拓新的户外媒体产品及服务种类，先后在国内29个大中城市投资近10亿元人民币兴建候车亭、的士站、路名牌、大型广告看板等，在美化城市、改善市政交通设施方面起到重大作用。

发展到今天，风神榜已遍布全国29个重点城市，共有20000多个灯箱，形成了全国性网络覆盖，为国际品牌的驻入和国内品牌的发布提供了完善的一站式户外广告服务，对促进各地经济发展起到了良好的作用，受到了各地政府的欢迎和大力支持。

海南白马的经营目标是成为中国最大的户外广告公司，并保持产品、服务及专业水平方面一贯良好的信誉。随着中国城市建设速度的加快以及市场体制的逐步完善，海南白马将把握好中国户外广告业的无限商机，继续巩固保持市场竞争优势，进一步加大投资力度、经营范围，坚持以政府市政规划为指导，积极参与配合各地的城市建设，为城市的建设、经济的发展做出最大努力。

上海上腾娱乐有限公司

地　　址：上海市淮海中路1720号众联别墅G座
邮　　编：200031
电　　话：(021)64338111-232
传　　真：(021)64336220
负 责 人：黎瑞刚
联 系 人：周春华

上海上腾娱乐有限公司(SUM Entertainment Limited)是由环球唱片与上海文广新闻传媒集团共同创办的以音乐为基础的新一代娱乐公司，主要从事艺人经纪和艺人管理、组织和执行各种与音乐相关的大型活动、开发新媒体、市场伙伴营销、代理国内外各类广告以及策划和推广各类音乐产品以及DVD等。通过整合文广新闻传媒集团在中国的强大媒体优势，以及环球唱片顶级艺术家、制作商和创意天才等国际网络，上腾(SUM)必将成为链接中国与世界的桥梁。上腾(SUM)将代表中国娱乐行业的全新形象，为乐迷及消费者奉献360度全方位音乐体验，并会持续将更高水平的国际音乐界精华注入不断成长中的中国音乐产业。

上海国际赛车场广告经营有限公司

地　　址：上海市中山南路28号久事大厦29楼
邮　　编：200010
电　　话：(021)63300182(总机)
传　　真：(021)63300422
负 责 人：毛小涵
联 系 人：施晓岚

由著名体育赛事推广人郁知非总经理率领的在中国专业从事世界一级方程式大奖赛与赛车运动宣传推广及广告经营的专业公司。

上海唐神广告传播有限公司

地　　址：上海市天目西路547号B座2106室
邮　　编：200070
电　　话：(021)63522155
传　　真：(021)63533161
负 责 人：沈刚
联 系 人：柴金荣

集媒介经营、广告代理、电视、平面内容生产制作和图书策划发行同心一体化发展的文化传媒企业。

前锦网络信息技术(上海)有限公司

地　　址：上海市威海路755号21楼
邮　　编：200041
电　　话：(021)32014888
传　　真：(021)63605788
负 责 人：甄荣辉
联 系 人：吴伟民

“前程无忧”是国内第一个集多种媒介资源的专业人力资源服务系统。它集合了传统媒体、网络媒体及先进的信息技术，加上一支经验丰富的专业顾问队伍，提供招聘猎头、培训测评和人事外包在内的全方位的人力资源服务，在北京、上海、广州、深圳、武汉、西安、杭州、成都、昆明、南京、济南、大连、沈阳、青岛、重庆、哈尔滨、长沙、合肥、宁波、长春及香港设有分支机构。

招聘猎头

“前程无忧”招聘猎头服务在国内首创了报纸+网站+猎头+软件+校园招聘的“全方位招聘方案”，拥有上千万的个人用户并为十余万家企业成功招募所需人才，帮助企业高效准确地锁定目标，用最短的时间、经济的成本找到最合适的人才。如前程招聘专版、校园招聘、无忧工作网、“网才”软件、无忧猎头等。

培训测评

"前程无忧"的专业培训测评顾问为企业量身定制各种公开课程、内部培训、实战模拟及专业测评方案，帮助企业员工迅速提高职业水平和综合素质，轻松面对工作挑战。如无忧培训、MAST测评、人力资本论坛、《人力资本》杂志等。

人事外包

"前程无忧"为企业推出了一系列"人事外包服务"，提供从员工招聘到退工的一站式服务与咨询，帮助企业更好地管理人力资源，节约成本，让员工轻装上阵，全力以赴！如人事管理系统、薪酬调查报告、HR事务外包等。

上海智高广告有限公司

地　　址：上海市北京东路689号东银大厦12楼
邮　　编：200001
电　　话：(021)63520099　63512100
传　　真：(021)63525513
负 责 人：何惠银
联 系 人：黄锋

上海智高广告有限公司是本土极具影响力的传媒广告企业，致力于打造立体化的传媒平台，整合媒体资源，向客户提供多媒体组合购买的增值服务和品牌营销服务，为客户提供全方位的媒介解决方案，锤炼媒体经营和管理的核心能力。

上海雅仕维广告有限公司

地　　址：上海市长宁路1027号兆丰广场2104室
邮　　编：200050
电　　话：(021)64031999-106
传　　真：(021)64035000
负 责 人：林德兴
联 系 人：马宇欣

雅仕维于1993年在香港成立，是一家专业开发和经营户外广告的企业。经过十多年不懈的努力，目前已经在全国主要城市拥有机场媒体、市区大牌和高速公路大牌，成为行业著名的户外广告公司。

基于良好的经营和管理，雅仕维近几年来的销售业绩突飞猛进，媒体价值超过5亿元，而且每年都有可观的增长。雅仕维拥有稳定的国际和国内知名品牌客户。

雅仕维以有序、稳定、健康地发展户外广告事业为宗旨，借鉴国外市场的发展经验，把不断超越自己为目标，积极地开创广阔的户外广告天地。

上海运筹国际广告有限公司

地　　址：上海市零陵路800号东亚大厦16楼
邮　　编：200030
电　　话：(021)64391381
传　　真：(021)64390993
负 责 人：胡神奇
联 系 人：周奋

每个人都该有一双适合自己的鞋，这样在远行的时候才能走得比别人更轻松、更远；

在瞬息万变的市场你更该有一个了解自己的合作伙伴，这样才能在市场中抢得先机步入成功！

运筹与你一起寻找开拓市场的成功捷径。

上海郁金香广告传媒有限公司

地　　址：上海市延安西路1088号2701室
邮　　编：200052
电　　话：(021)62512767
传　　真：(021)62512773
负 责 人：王敏

以"户外媒体价值观"打造核心竞争力并一贯秉承务实服务之精神，视市场为缘起，发挥专业集结优势，更多服务创造更多价值。

我们在上海地区开发，购买的户外广告牌如星罗棋布般遍及上海各个焦点区域：浦江两岸，市中心高架公路沿线，虹桥机场与浦东国际机场区域，徐家汇商圈。同时，我们在领导媒体新技术革命的不懈追求中，为品质不断注入"价值"。

上海利达广告有限公司

地　　址：上海市黄陂北路227号中区广场607
邮　　编：200003
电　　话：(021)51096909
传　　真：(021)63758072
联 系 人：饶颂琳

上海利达广告公司成立于1994年，是改革开放后上海第一代成功经营的私营广告企业之一。公司在成立之初以媒体代理为主营项目，曾为上海的广告界开辟了许多先河，也缔造了许多辉煌的纪录。

2001年伊始，利达开启了多元化整合传播的发展方向，随着业务版图的拓展，我们在北京设立了庞大的分支机构，逐步将经营项目发展成涵括综合广告代理、媒体投资及经营、电视剧与电视栏目制作以及大型公关活动等整合型业务与服务，并且拥有《外滩画报》、《潮流周刊》、《电影故事》等多项自营媒体。

在过去10年的黄金岁月中，利达随着祖国的大好局势稳步快速地发展，如今资本额已从成立之初的100万元增长到1000万元，营业额在2004年已突破2亿元。

上海斐思态广告有限公司

地　　址：上海市淮海中路138号上海广场805室
邮　　编：200021
电　　话：(021)64400500
传　　真：(021)64400506
负 责 人：周屹
联 系 人：陈汶

斐思态广告有限公司的前身——互通广告公司成立于1993年，1995年和1996年分别在北京和广州设立分公司，2004年元月正式更名为斐思态广告有限公司，目前拥有员工近百人。

公司主要服务的客户和品牌有：LG电子(白色家电、化工及LG品牌等)；东风悦达起亚(嘉华MPV等)；美国通用汽车金融服务公司；农心食品；三得利；瑞士先正达农药等。

公司注重有效传播，全方位的塑造提升品牌的知名度、认知度和销售量，最终达成客户的市场目标。"TELL THE FIRST，TELL THE BEST"是公司长期坚持的服务理念，运用在长期实践中建立起来的行之有效的"EFFETELL"行销工具，及雄厚的全国性媒介经验和网络，技巧性的创意和深入调研累积的对市场丰富洞见，斐思态以无数成功的策略性整体品牌运作案例获得客户的认同和信赖，世界500强企业之一的LG和斐思态广告的合作达6—7年之久，LG品牌传播在中国取得的耀人战绩，有目共睹。

随着中国市场的迅猛发展，斐思态广告及时应对，迅速成立了以线下、PR、EVENT、消费者资料库行销等多种渠道为传播手段的运作单位，超越传统广告思维，整合资源，针对客户市场目标，开展品牌的全行销，帮助客户在所有可能的渠道上抓住目标消费者，准确有效地传播讯息。

有效地传播，离不开准确具冲击力的广告创意。在斐思态广告公司，创意渗透在各个职能单位和每个策划的环节上，从策略思考，到媒介计划和客户服务，创意点子处处发光。来自港台和大陆的一线作业人员通力配合，创造出优秀广告作品，赢得市场的注目。从"华文时报奖"、"中国广告奖"到"中国汽车广告原创奖"都有斐思态身影闪现。

上海大众广告有限公司

地　　址：上海市中山西路1515号7楼(大众大厦)
邮　　编：200235
电　　话：(021)64287280
传　　真：(021)64286890
负 责 人：谭游学
联 系 人：王允清

用心创造惊喜与感动
首批中国一级广告企业
中国广告行业文明单位
中国最具成长性本土广告公司

上海西南广告有限公司

上海飞帆广告有限公司

地　　址：上海市中山南二路777弄2号14楼
邮　　编：200032
电　　话：(021)54252779
传　　真：(021)54248300
负 责 人：应曙光
联 系 人：张炳林

上海飞帆广告有限公司、上海西南广告有限公司是集代理、策划、设计、发布、制作于一体的综合型广告公司。公司创建十几年来，应曙光总经理以超前的市场预见、经营模式、科学的管理理念带领全体员工共同努力使公司在创意、媒体发布、整合营销企划、品牌规划、CIS形象策划等领域均有出色的成绩。公司连续多年被列入全国广告营业收入前100位，连续多年被评为全国广告行业文明单位称号，并在2004年被授予首批中国一级广告企业资质。

公司在霓虹灯、灯箱、路牌、喷绘、立体造型等户外广告方面有着明显的优势。沪上的黄金地段均有大型户外媒体。迄今为止公司的户外媒体不但拥有量达到近30000平方米，而且媒体形式多样，布点合理，遍布于浦江两岸交通、文化中心和商业繁华市区。

公司非常注重人才的引进与培养，不断地注入新的国际化经营理念，同时与诸多大型广告公司、4A公司、新闻媒体、以及政府主管部门等建立了长期稳固、诚信的合作关系。

上海合力广告有限责任公司

地　　址：上海市静安区江宁路495号博鸿大厦1907–08室
邮　　编：200041
电　　话：(021)51154493
传　　真：(021)51154494
负 责 人：路通
联 系 人：肖颖琪

上海合力广告有限公司成立于1997年，是一家集广告设计、制作、代理、发布资质的综合性专业广告公司。公司秉承专业、诚信的服务宗旨，汇集了众多从事广告事业多年的专业技术人员，聚集着一群被称为"广告发烧友"的精英人才。公司拥有独立的媒介部(新世界广告交易中心入驻单位)和设施完备的制作工场。专业从事媒介代理、展览、展示、商场、户外广告设计制作。动手能力是公司显著的特长。公司成员中从新闻行业"转业"的人员占有相当比例，信息、传媒的通路是我们的老本行。公司拥有最大的产业是被称作现代城市衣衫，企业品牌"点睛之笔"的户外媒介。

上海天波广告有限公司

地　　址：上海延安西路一二八九弄十号六楼
邮　　编：200050
电　　话：(021)62256843
传　　真：(021)62113282
负 责 人：陆云帆
联 系 人：陆云帆

一份新时尚、新视角、新风格的都市周报。

新时尚——时尚前沿的最新报道，锁定时尚的都市白领。

新视角——新角度，新观察以感性打动读者，与读者互动。

新风格——打造新鲜的都市格调。

一份白领的时尚地图和消费习惯的周报，以具最新的时尚消费资讯，打造为目前刷新率最高的时尚报纸。

一份具有宽广发行网络的周报，遍布上海东方书报亭与个体书报亭及地铁、超市、酒家、咖啡店；覆盖江、浙、沪、皖地区。总发行量达20万份。

一份同类周报中最低的个人成本的周报，其优惠的媒体价格吸引众多的广告主。

上海圣峰广告有限公司

地　　址：上海市四川北路1318号1608室
邮　　编：200080
电　　话：(021)33011382-821
传　　真：(021)33011382-801
负 责 人：朱骏
联 系 人：朱持英

上海圣峰广告有限公司成立于1997年，连续五年进入上海广告行业50强，是一家集市场调查、企业形象策划、品牌管理、创意设计、广告制作发布于一体的综合素质较高的专业广告代理公司。上海圣峰广告有限公司旗下有上海圣峰广告有限公司制作分公司、上海圣吉伟丰文化传播有限公司、上海圣峰文化演艺有限公司、北京华茂圣峰广告有限公司。

我们倡导本土主义，对中国本土市场的深入理解使我们为众多国际及本土企业创造了无数成功的营销及公关案例；我们以创意为先，独特的创意始终是企业制胜的有力武器；我们始终一切为客户着想，"诚信、智慧、勤奋、创新"是我们不变的服务理念。

南京夏普、来威漆、奥普浴霸、百威啤酒、上海移动、上海电信、西部地产集团、金龙鱼等知名企业与我们都有长期的战略合作伙伴关系。经验丰富、资质深厚的服务团队；高质量的专业服务，我们有信心为各个行业、各个领域的新老客户提供最真诚的服务。

上海圣峰广告有限公司愿以更专业的水准，更独特的创意以及全心全意的服务理念与各客户及广告同仁携手共进，共创辉煌！

上海雅视广告有限公司

地　　址：上海打浦路80弄1号23楼A、B
邮　　编：200023
电　　话：(021)53017629
负 责 人：周晓鹃
联 系 人：吕士英 赵关娣

职业球员才有不凡身手
精通专业才能得心应手
职业能力才如此熟练到位

上海焦点广告传播有限公司

地　　址：上海市斜土路768号605室(孜远大厦)
邮　　编：200023
电　　话：(021)63052333
负 责 人：徐丽
联 系 人：杨民如

焦点广告每一天做的事情就是在制造诱惑。感谢以下客户一直为我们撑腰：青春宝抗衰老片、青春宝美容胶囊、金日心源素、杞浓酒、江中牌健胃消食片、江中亮嗓、焕采羊胎娇丸、金奥康、乐谓好、肠炎宁、汇仁肾宝、汇仁六味地黄丸、汇仁脑心舒、汇仁生脉饮、汇仁复方鲜竹荔、胡庆余堂铁皮枫斗、胡庆余堂强力片、睡宝、玉林制药、美多膳食纤维、双金爱生、百味林煮瓜子、上海霞飞、一朵、高科暖卡、美国史丹利、美国奔泰。

上海池田广告有限公司

地　　址：上海市程家桥路311号甲
邮　　编：201103
电　　话：(021)64466950
传　　真：(021)64466955
负 责 人：王国荣
联 系 人：陆晓华

专业从事创新媒体制作和发布

是国内最新使用LED发光两极管、BL冷光片、材料模型进行广告和灯光工程创艺制作的综合型广告公司。

上海华伦广告有限公司

地　　址：上海市绍兴路23号3号楼底层
邮　　编：200020
电　　话：(021)64672350
负 责 人：林建潮
联 系 人：郑荻辉

如何帮助客户选择户外广告？除了考虑目标覆盖，更需要营造富冲击力的受众接触效果。

专业评估，创新传达，创导中国户外媒体实效策略投放的先河——华伦媒体。

上海解放广告有限公司

地　　址：上海市汉口路309号
邮　　编：200001
电　　话：(021)63609610
传　　真：(021)63522480
负 责 人：黄京尧
联 系 人：成雅珍

上海最具影响力的主流媒体，了解上海政治、经济、社会最新状况第一选择。

公正、权威、广泛、全面、有效、发行量大、可读性强、传阅率高、影响力广。

上海东湖广告装饰有限公司

地　　址：上海市东湖路70号东湖宾馆四号楼
邮　　编：200031
电　　话：(021)64156934
传　　真：(021)64156934
负 责 人：贾春林
联 系 人：孙喆

上海东湖广告装饰有限公司隶属于上海市东湖(集团)公司，公司制作、代理和发布国内外各类广告，承办广告全面策划与承接各类宣传印刷品、大型展览、展销和室内外装饰等。公司在本市拥有户外媒体二万多平方米，并投资参股建立了彩虹、国际赛车场、华洲、东安、现代高速公路等多家专业公司，业已形成参股公司资源共享的经营格局，竭诚为客户提供优质服务。长期以来，公司与全国各地的广告同行、媒介等有着良好的合作关系。公司凭借管理和品牌优势，不断开拓广告新业务，曾在沪宁高速公路上海段为“上汽集团”独家制作发布了企业形象和产品广告，并获得大世界吉尼斯纪录。2001年公司又受到本市雷允上药业有限公司及冠生园食品有限公司等多家驰名品牌企业的委托，策划、代理、发布其广告。近年来，公司被认定为企业合同信用3A级，多次被评为“重合同、守信用”企业，连续十多年被评为“上海市重信誉，创优质服务先进单位”，并且被授予“中国一级广告企业”资质，“中国优势广告企业”及“全国广告行业文明单位”的称号。公司综合实力在国内广告业排名前列，具有一定知名度和影响力。

上海邮政商函广告有限公司

地　　址：上海市武定路458号
邮　　编：200041
电　　话：(021)62174762
传　　真：(021)62174762
负 责 人：王观
联 系 人：周聪锠

2004年通过IS09001；2000质量管理体系认证。

被中国广告协会企业资质认定委员会认定为中国二级广告企业(2004—2005年度)。

上海新云广告有限公司

地　　址：上海浦东新区福山路450号新天国际大厦22楼A、D座
邮　　编：200122
电　　话：(021)50588282
传　　真：(021)50586758
负 责 人：王红国
联 系 人：李镇华

核心竞争力：以人为本，新云广告致力于人才的挖掘和培养，注重员工能动性和创造力，强调员工个性发展和团队力量的和谐统一；

强势媒体——公司拥有区域性的优质、强势媒体，让客户有较多的选择余地，最大程度地提高客户的知名度和美誉度。

自有媒体：户外——上海各个重要路段媒体，合计10000余平方米；

车身——贯穿浦东浦西2000多辆巴士车身媒体。

经营宗旨：品牌管家。我们致力于成为客户的品牌管家，因为我们的价值来自于客户创造品牌的价值。我们为之集思、谋划、迸发智慧的灵光。从消费者、客户的需求出发求得创意的源泉，通过细致的调研、独特的构思、精美的设计，把品牌的魅力发挥得淋漓尽致。

经营特色：新云根据不同客户的不同需求，让服务准确到位，臻入佳境。不管是每一个单元的设计还是代理制作都是新云人实现最大价值的体现。

主要客户：百事可乐、水清木华、海狮油、同福易家丽、祥美漆、联洋中邦、上海滩花园、盛大金磐、九百家居、罗马瓷砖、三星电子、太太乐鸡精、永兴家具、易初莲花、中国光大银行、中国农业银行、仁恒滨江苑、红心电熨斗、维多利华庭、IBM、麦当劳、冠生园、北

极绒内衣、联洋集团、证大家园、TCL、百家丽、鹏欣地产、嘉士多、天腾服饰、王开照相、夏普、绿波廊、绿洲千岛花园、名人苑、永达汽车、百安居、金爵别墅、香梅花园、上海建工集团、世茂滨江园、川崎、金海马家居、上海市有线网络有限公司等。

获奖或评级情况：

全市发布权；全国代理权；APEC荣誉证书；全国广告公司排名65位

新云信念：一心向自己目标前进的人，整个世界都给他让路！

上海高架道路经营开发有限公司

地　　址：上海市中山东二路8号4楼
邮　　编：200002
电　　话：(021)63300823
传　　真：(021)63308401
负 责 人：姜国翔
联 系 人：李凯

上海高架道路经营开发有限公司是一家以上海高架道路为依托，对高架的空间和广告资源进行综合开发利用的经营公司。广告经营范围为：高架非交通设施的广告设计、发布；绿化地带的广告开发管理。目前广告发布面积已达18000多平方米。公司以“以路养绿”为宗旨，尝试探索一种市政基础设施经营管理的新模式。公司的理念是依托高架，发展高架，美化高架。使上海的高架道路成为城市的一条亮丽的风景线。

上海机场德高动量广告有限公司

地　　址：上海市长宁区天山路310号10楼
邮　　编：200336
电　　话：(021)62918112
传　　真：(021)62917219
负 责 人：金伟琛
联 系 人：杨玲

德高广告始1964年在法国创建，其路牌广告及机场广告均排行世界第一，巨幅灯箱在欧洲排行第一，全球超过66万个广告牌，覆盖45个国家，每日到达超过1700万次的人流量。

与上海机场及上海动量国际传媒合资创建了上海机场德高动量广告有限公司，对上海浦东国际机场及虹桥机场的户外和户内媒体广告进行整体的经营管理。

法国德高的合资子公司香港德高贝登广告有限公司又于2005年3月收购了在香港上市的媒体世纪集团，从而拥有了上海及北京地铁和上海约700个书报广告亭，遍及全国各地超过12000辆公交车的广告媒体经营权。

上海电力广告有限公司

地　　址：上海市徐家汇路430号611室
邮　　编：200025
电　　话：(021)64154303
传　　真：(021)64154303-821
负 责 人：张晓峰
联 系 人：陈怡刚

我们的媒体　我们的策划　规划你成功的轨迹

本公司是设计、发布、代理、制作的综合性广告公司，中国电力广告集团副主任单位，注册资金500万元，经十多年的耕耘，拥有2000多个户外广告媒体及辐射20多个城市的户外媒体网络，拥有一流的户外景观设计能力。高架等重要道路上的电杆广告旗为重大活动和商业推广进行宣传。

上海电气(集团)广告装潢公司

地　　址：上海市雁荡路3号21室
邮　　编：200020
电　　话：(021)53836385
负 责 人：吴玉珍
联 系 人：冯丽

唯有专业，方可打造经典；

唯有执着，方能一飞冲天；

唯有灵活，方显务实本色。

10年之前，我们抱着谦逊的态度试探这个市场；

10年之后，我们充满善意地洞察着消费者的心；

10年之间，几代电气广告人的汗水滋养着我们的成长，几多客户的荣辱牵动着我们的表情肌。

我们行进在风起云涌的年代。

步伐，不断应和着最潮流的节拍——是脚步，也是舞步。

上海信息广告有限公司

地　　址：上海市松林路357号25楼
邮　　编：200122
电　　话：(021)58351100-101
传　　真：(021)68405513
联 系 人：俞珍英

创意与灵感一拍即合，服务与热忱两情相悦，资源与实力强强联手。

上海经济社广告有限公司

地　　址：上海市衡山路516号4E
邮　　编：200030
电　　话：(021)64734710

传　　真：(021)64734810
负 责 人：黄京尧
联 系 人：肖文捷

上海强生广告有限公司

地　　址：上海市南京西路934号101室
邮　　编：200041
电　　话：(021)62151522
传　　真：(021)62179167
负 责 人：张国权
联 系 人：高成芳

荣获国家一级广告资质。

荣获全国广告行业文明单位称号。

2004年被评为守合同重信用企业。

荣获2004年度上海市工商行政管理认定的AA级企业。

上海彩虹广告装潢有限公司

地　　址：上海市会文路50号18楼
邮　　编：200071
电　　话：(021)66531197
传　　真：(021)56632026
负 责 人：贾春林
联 系 人：郭相毅

专业高速公路户外媒体广告公司。

上海华兴广告有限公司

地　　址：上海市杨浦区许昌路1110号
邮　　编：200082
电　　话：(021)65591224
负 责 人：蔡文喜
联 系 人：程颖艳

上海华兴广告有限公司——位于杨浦区许昌路1110号，公司配置了先进的苹果和PC电脑及MIMAKI写真设备。经营项目涉及广告创意设计；CI系列开发；灯箱灯片制作；电脑刻字、写真喷绘；横幅彩旗、铜字铜牌系列及各种画品，展览、展厅会务的布置等。

上海美景广告传播有限公司

地　　址：上海市长寿路587号沙田大厦1712−1717室
邮　　编：200060
电　　话：(021)62305798
传　　真：(021)62307179
负 责 人：朱剑
联 系 人：陈正平

以平面、广播媒体代理为主业

多年来位居上海广告行业百强之列

2005年度上海人民广播电台990新闻频率6：00—8：00早新闻和全天套装广告独家代理

上海申空广告有限公司

地　　址：上海市浦西路166号
邮　　编：200030
电　　话：(021)64388672−117
负 责 人：蒋国富
联 系 人：胡厚中

上海申空广告有限公司系上海市气象局直属企业。公司是一家集代理、发布、策划、创意、设计、制作为一体的专业广告公司。公司独家代理上海电视台新闻综合频道、东方电视台新闻娱乐频道天气预报标版广告及多条繁华路段户外灯箱和广告牌，同时特别代理CCTV−1及全国几十个大中城市的气象栏目广告业务。上海申空广告有限公司连续多年荣获上海市广告行业“重信誉、创优质服务先进单位”称号，并连续两年成为上海市“重合同，守信誉”单位。公司还是全国气象系统广告协作网理事单位成员。公司凭借雄厚的人才技术优势、卓越的设计创作理念、科学合理的广告运营模式、优良的服务品质，在激烈的市场竞争中赢得了众多客户和媒体的信赖与支持。

上海东艺广告有限公司

地　　址：上海宝路202号
邮　　编：200071
电　　话：(021)56974620
负 责 人：汪培毅
联 系 人：陈逸萍

20年的专业历练

20年的诚信服务

20年我们始终如一……

上海锦江广告装饰公司

地　　址：上海市中山南二路777弄1号楼12楼
邮　　编：200032
电　　话：(021)54243690
负 责 人：陆宝生
联 系 人：朱军

公司成立于1985年，为上海锦江国际集团直属子公司。

十几年来我公司依托锦江集团的经济实力，本着

“开拓市场、发展经济、服务社会”的宗旨，以争创一流的管理、一流的服务为方向，深化企业改革，抓机遇不断创新，取得了显著的成效。

多年来，经我们努力的工作和真诚的服务取得了广大广告客户的信赖，先后为《上海浦发银行》、《华夏银行》、《太平洋保险》、《中国平安》、《锦海捷亚》、《麒麟饮料》、《日本理光》等著名企业和知名品牌发布广告。

2003年我公司被评为上海市广告业2002—2003年度《重信誉、创优质服务先进单位》。

上海一汽公共交通广告有限责任公司

地　　址：上海市四平路1230号
邮　　编：200092
电　　话：(021)65227396
传　　真：(021)55560523
负 责 人：张爱荣
联 系 人：裘伟福

专业承办公交车辆、灯箱、客票等广告设计、制作、发布。

上海形上传播有限公司

地　　址：上海市卢湾区淮海中路283号603
邮　　编：200021
电　　话：(021)63906055
传　　真：(021)63906442
负 责 人：林梦雅
联 系 人：吴茜

打造一流商业品牌，本土经验，国际规范，形上助您一笔之力

实力形上

形上传播是一家拥有十年历史的全案广告代理公司，服务领域涉及食品、化妆护肤品、医药保健品、电子类产品、房地产等。形上在业界赢得了一系列专业奖项和广泛的好评，包括被中国广告协会和媒体杂志联合评选为2004年度中国本土百家最具实力广告公司之一。

理念形上

“国际规范，扎根本土”是形上一贯的经营理念，形上云集了来自各家国际一流4A广告公司的精英，拥有丰富的本土及国际客户服务经验，深刻洞悉国内市场的细微变化，以国际化的专业服务，为客户策划并执行行之有效的出色广告活动，提升客户的市场销量和品牌形象。

团队形上

形神兼备，方为之上。形上团队秉承的是一种“螺丝精神”，讲究的是螺丝与螺帽般的紧密配合。对内，每个部门及成员之间精诚合作，真正在广告的每个流程中都做到最好；对外，与客户相互配合，休戚与共，实现客户与自身的双赢。

客户形上

成立至今，形上已成功为超过50家国内外客户(重点针对快速消费品领域)提供了全案广告代理服务，平均每个客户服务达到3–5年，并深得客户及业界好评。

上海农工商众艺广告有限公司

地　　址：上海市江场西路200号二楼
邮　　编：200436
电　　话：(021)62146666
传　　真：(021)62146666
负 责 人：周丽霞
联 系 人：印国强

上海农工商众艺广告有限公司是上海市农工商出租汽车有限公司所属的唯一一家专业广告公司。独家拥有农工商4000余辆“蓝天白云”出租车广告媒体，出租车流动性强，广告传播范围大，覆盖面广，而价格低廉、时效长，它的许多特点和优越性已被越来越多的广告客户所认可。

公司主营出租车广告，同时还为广大客户策划、设计、制作、代理、发布国内各类广告。本公司拥有广告策划、制作等专业人员。全体员工将以诚信、优质的服务理念为宗旨，竭诚为广告客户提供尽善尽美的服务。

热忱欢迎各界朋友前来本公司垂询、洽谈、合作。

上海铁路文化广告公司

地　　址：上海闸北区天目中路291号503室
邮　　编：200070
电　　话：(021)51002833
负 责 人：俞光耀
联 系 人：叶枫

上海铁路文化广告发展有限公司是一家拥有一流制作设备，汇聚一批具有卓越创意才能和丰富市场营销经验人才的企业。公司主营广告、文化两大业务，包括专业的策划，铁路广告媒体开发，广告设计、制作、发布，图刊、音像制品和铁路时刻表发行，设计、制作各类礼品及电子商务等业务。

公司长期秉承“以人为本”的经营理念，以严谨、诚实、热情、创新的工作态度，最大限度地发挥公司每位员工的积极性和创造性，努力适应现代信息社会发展的需求，以全新的理念将文化与广告完美融合。公司将在不断吸收国内外先进经验的同时，以一流的创意、完美的服务、精良的制作和培育一流人才为己任，积极谋求与海内外企业的合作与发展。

上海坤威广告传播有限公司

地　　址：上海市永和路201号201室
电　　话：(021)35053248
负 责 人：陈燕
联 系 人：高明

公司是专业设计、制作户外广告媒体的合资企业。自1989年起就从事户外媒体的制作，目前以各类车身广告的发布、设计、制作为主，拥有相当丰富的经验和先进的技术：

1、本市第一个从事公交车身广告制作。

2、国内首先改用对车身广告进行喷漆制作。

3、首先尝试将树脂漆和2K漆用于车身广告制作上。

4、首先淘汰人工制版放样改为电脑制稿放样。

公司拥有先进的设计、制作设备和一批素质较高的专业人才。员工不但具有多年从事进口轿车喷漆经验和实际操作能力，而且受过专业车身广告制作方面的培训。

公司拥有相当大的客户群，直接客户50家，间接客户350家。与公交五汽公司、空港巴士等一些市内公交公司定有长期合作协议。

公司本着务实、创新、向上的团队精神，竭全部所能为广告客户服务，获得了广大客户的好评和市场的认可。充分体现了本公司的宗旨："助客户成功，促自己成长！"希望通过我们的服务，为您沟通信息，开拓市场，使您获得更大的经济效益和社会效益。

上海港凯广告有限公司

地　　址：上海市长宁路113号6楼
邮　　编：200042
电　　话：(021)52393684
传　　真：(021)52393494
负 责 人：杨华良
联 系 人：李悦

公司成立于2002年，是上海公交行业内首家私营买断公交车辆媒体的广告公司。我公司改变了上海公交广告行业内实行多年的媒体与制作、施工的分离状况，开创了集媒体承接、设计、制作、施工、客户服务跟踪的一体化先河。极大地方便了客户，促进了公交广告行业内的服务理念。

公司买断媒体有：上海大众申新巴士服务有限公司500台车辆媒体，其主要行驶路线遍布新型商业中心徐家汇地区；上海梧柏汽车服务有限公司100台车辆媒体，其主要行驶路线是外滩地区，沿南北高架；上海巴士大厦19层顶户外媒体500平方米。

公司经营奉信"诚比命大"的服务理念。对待大小客户一视同仁，客户的满意就是我们最大的追求目标。公司在运作的几年中以500余万元的营业额起步，业务量每年翻倍递增。有服务众多国内外著名品牌的丰富经验，赢得了客户的一致好评。

广播电视类

上海教育电视台广告部

地　　址：上海市大连路1541号
邮　　编：200086
电　　话：(021)65025102
传　　真：(021)65834050
负 责 人：张德明
联 系 人：邵蓓萍

鲜花需要绿叶衬。

新闻出版类

新民晚报社广告部

地　　址：上海市延安中路839号
邮　　编：200041
电　　话：(021)62793666−1018
传　　真：(021)62896957
负 责 人：胡劲军
联 系 人：钱载扬

新民晚报，是这样的一张报纸
世界中文报业协会执行委员
全球日报百强雄踞第35位
中国媒体品牌排名前5位，品牌价值近50亿元
中国都市生活类报纸综合竞争力第一名
上海深具影响力的平面媒体，市民、客户首选

新闻报社

地　　址：上海市汉口路300号
邮　　编：200001
电　　话：(021)63601016
传　　真：(021)63601016
负 责 人：毛用雄
联 系 人：单海萍

影响180万上海人。

发行量：600000，读者主要集中在25—45岁的上班族、平均每期阅读率71%，传阅率2.7人，高度读者忠诚度比率为55%，适度忠诚读者比例26%。

新闻晨报利润持续每年增长30%以上！新闻晨报广

告到达率2.7，成为最受青睐的平面媒体。因为我们做得最好。

文汇报社

地　　址：上海市延安中路839号3楼
邮　　编：200040
电　　话：(021)62793809
负 责 人：吴谷平
联 系 人：王荣洪

《文汇报》创办于1938年1月25日，是文汇新民联合报业集团的主报，由中共上海市委直接领导，是一张在上海出版，面向全国，具有广泛影响的大型综合性日报。

《文汇报》坚持正确舆论导向，及时、准确、客观地传播新闻，评论世间万象，高扬主旋律，坚持多样化，积极反映丰富多彩的政治生活、社会生活。

《文汇报》在全面报道时政、经济、国际、社会新闻的基础上，以教育、科技、卫生、文化、理论学术、体育、旅游等领域的报道为侧重点。在深化上海新闻的同时，还在北京、江苏设有办事处，在浙江、武汉、西安等省市设有记者站，并与上海同步印刷，主要城市和周边地区当天见报。报社在美国、法国、日本、墨西哥、印度、尼泊尔、俄罗斯、吉尔吉斯斯坦和联合国等15个国家、地区、国际机构派有自己的常驻记者，这在国内媒体是屈指可数的，大大增强了《文汇报》在全国的权威性与影响力。目前报纸日出对开彩色16版，日发行量50万份，发行至世界40多个国家和地区。

《文汇报》从2004年起，开辟了房产世界、健康生活、汽车广场、人才教育、数字化生存等服务性专刊，同时还出版浙江视窗、江苏视窗、西部视窗、中部视窗等增强地区交流的专刊。

《文汇报》经过68年的发展，已经成为中国新闻界历史最悠久的一份综合性日报，具有独特的风格和鲜明的特色。

《文汇报》2004年广告收入取得了突破性进展，与2003年相比增长33%。

上海文艺出版总社

地　　址：上海市绍兴路74号
邮　　编：200020
电　　话：(021)64372608
传　　真：(021)64332971
负 责 人：何承伟
联 系 人：冯杰

把心交给读者

经中共上海市委、市政府决定，新闻出版总署同意，2004年6月，以上海文艺出版社、上海书画出版社、上海人民美术出版社、上海画报出版社、百家出版社、上海文化出版社、上海音乐出版社、上海文艺音像出版社为基础，组建了上海文艺出版总社。

上海文艺出版总社旗下8家出版社和29种报刊在文学艺术等出版领域具有雄厚的专业实力和广泛的社会影响，培育并造就了一批久负盛名的书刊品牌。50年前，“人民作家”巴金曾主持上海文艺出版社的前身之一上海文化生活出版社、平明出版社，在中国文学史和中国出版史上留下了光辉的一页。今天，上海文艺出版总社作为一个新崛起的专业出版集团，将秉承巴金精神，“把心交给读者”，不断提升文化创造力，文化影响力，为读者奉献更多、更好的精神产品。

天津市

公 司 类

天津市天健广告有限责任公司

地　　址：天津市河西区绍兴道罗马花园D座1802
邮　　编：300074
电　　话：(022)28010288
传　　真：(022)28010288
负 责 人：刘庆年
联 系 人：张军

网罗众多强势媒体，更拥有最专业的广告整合技巧，以最广的媒体覆盖率、最准的媒体到达率、最巧妙的创意影响力，给你最有效的市场竞争力，领跑品牌耐力赛。

2003—2004年度天津市广告二十强企业；

2004年度cihaf中国房地产广告品牌企业(天津市唯一获奖单位)；

《每日新报》房地产广告首席代理

《每日新报》豪华版独家代理

《每日新报》电器电子行业独家代理

《天津日报》外埠广告独家代理

天津市北岛广告发展有限公司

地　　址：天津市南开区卫津南路78号立达公寓E座2F
邮　　编：300381
电　　话：(022)23955538
传　　真：(022)23926859
负 责 人：侯旭
联 系 人：曹勇

天津市北岛广告发展有限公司(简称"北岛广告")成立于1989年，在北京设有分公司，员工总数达70余人。

2002年，"北岛"获准成为注册商标。2004年，北岛广告被国家工商总局、中国广告协会评为中国一级广告企业，是天津唯一获此殊荣的广告公司。

北岛广告是一家专业化的综合性广告公司，设有客户部、创作中心、媒介部、推广部等业务部门，按照科学、规范的业务流程运作。主要业务范围包括：品牌推广，广告全案策划代理，广告创意执行，VI系统设计与导入，公关活动策划和组织，媒介代理、创新、购买与经营等。

10多年来，北岛广告为众多优秀客户提供了出色的服务，这些客户涉及房地产业、金融业、保险业、电信业、食品业、百货零售业、旅游业、交通业、能源业和政府部门等。

天津市新地广告有限公司

地　　址：天津市和平区云南路12号清华园商务大厦B座120F
邮　　编：300051
电　　话：(022)83521719
传　　真：(022)83520702
负 责 人：王桂华
联 系 人：张侠

公司自1998年9月30日成立至今，业绩持续稳步增长；综合实力也随之逐年提升；从业人员的专业化水平不断提高；从成立初期的媒体代理公司逐步发展成为广告策划、媒介策略、媒体代理为一体的综合性广告公司。

经过多年的努力，公司得到了众多客户的认可，与众多客户保持了长期稳定的合作关系，服务范围也在不断扩大和深入。

我们获得的荣誉：

2000年国家工商总局全国广告企业排名第67位

2001—2002年度天津市百佳企业之一

2003年天津市广告行业文明单位

2003年国家工商总局全国广告企业排名第77位

2002—2003年度天津市20强广告经营单位之一

天津市双木广告策划传播有限公司

地　　址：天津市河西区马场道188号
邮　　编：300074
电　　话：(022)23528202
传　　真：(022)23528202
负 责 人：陈树林

天津市首信广告传播有限公司

地　　址：天津市静海双塘镇

邮　　编：300204
电　　话：(022)83280910
传　　真：(022)83280910
负 责 人：鞠维玉

天津盛华国际广告发展公司

地　　址：天津市和平区卫津路73号嘉利中心11层
邮　　编：300052
电　　话：(022)27834669
传　　真：(022)27834777
负 责 人：王德荣

天津渤海新世纪广告有限公司

地　　址：天津市和平区湖北路33号增2号
邮　　编：300040
电　　话：(022)23311165
传　　真：(022)23130016
负 责 人：贾建新

天津市奥利传播有限公司

地　　址：天津市和平区河南路10号
邮　　编：300070
电　　话：(022)27817585
传　　真：(022)27817566
负 责 人：杨铮

天津市金苹果广告有限公司

地　　址：天津市河东区海河东路89号
邮　　编：300072
电　　话：(022)27822200
传　　真：(022)27826620
负 责 人：孙黎华

天津市盛世文化广告有限公司

地　　址：天津市开发区洪泽路2号
邮　　编：300060
电　　话：(022)28208801
传　　真：(022)28208807
负 责 人：李江虹

天津市天野广告企划有限公司

地　　址：天津市河东区六纬路85号
邮　　编：300012
电　　话：(022)24215269
传　　真：(022)24215269
负 责 人：张德新

天津开发区创想广告有限公司

地　　址：天津市河西区欧亚花园7号
邮　　编：300061
电　　话：(022)28131166
传　　真：(022)28360734
负 责 人：赵铁林

天津开发区三艾广告有限公司

地　　址：天津市开发区第四大街揪园别墅20号
邮　　编：300450
传　　真：(022)25872445
负 责 人：张明

广播电视类

天津电视台广告部

地　　址：天津市河西区马场道188号
邮　　编：300074
电　　话：(022)23538854
传　　真：(022)23522471
负 责 人：高桂琴
联 系 人：姚志国

天津电视台于1960年3月20日正式开播，是我国创建最早的电视台之一。

天津电视台现拥有三个无线频道，即卫视、经济生活频道和文化娱乐频道，每天播出约64小时。其中，卫视频道是以新闻为主的综合频道，通过亚洲二号卫星覆盖全国及周边国家和地区，覆盖人口达20亿。

天津电视台还拥有五个有线频道，即影视频道、都市频道、体育频道、科教频道和少儿频道，每天播出100余小时。另外，天津电视台于2003年11月1日开始试播“天视家居”数字频道。天津电视台技术设备数字化程度居全国省级台前列，基本实现了电视技术的网络化、数字化。

天津电视台在各类全国性重大奖项的评比中屡屡攀枝折桂——电视剧(片)曾连续7次获得“五个一工程”奖；一批节目获“飞天奖”、“金鹰奖”、“中国新闻奖”……

天津电视台在搞好舆论宣传、发挥导向作用、服务观众文化需求的同时，积极探索产业化经营，确保创收连年攀升。年度广告经营额由2002年有线无线两台整合时的3亿元，2003年达到4亿元，2004年有望突破5亿元，实现了高速跨越式发展。本着“以客户为中心、以市场为导向”的原则，天津台的经营正在向多元化、规模化、规范化的目标迈进。

新闻出版类

天津日报报业集团

地　　址：天津市河西区大沽南路873号
邮　　编：300211
电　　话：(022)28201778
传　　真：(022)28201773
负 责 人：张建星
联 系 人：朱霖

创新图发展　诚信铸辉煌

《天津日报》创刊于1949年1月17日，毛泽东主席曾两次为《天津日报》题写报头。历经半个多世纪，《天津日报》已发展壮大为以《天津日报》为龙头，由《每日新报》、《城市快报》、《假日100天》、《采风报》、《球迷》报、《车天下》、《北方经济时报》、《天津政法报》、《新财讯报》、《新广角》、《蓝盾》、《天津日报·电子版》等组成的十报两刊一网的报刊体系，并拥有每日新传媒发展有限公司、假日传媒有限公司、天津新青年传媒有限公司、天津津报传媒投资公司和经报进修学院等众多实体。2002年8月21日，经天津市委同意、中宣部和国家新闻出版署批准，天津日报报业集团挂牌成立。

集团成立后，先后参与主办了一系列在社会上引起强烈反响的文化、体育、娱乐及社会公益活动，如：“姚明·全明星之夜”、“中马之战”、“波兰电影周”等，不仅提升了集团的知名度和美誉度，而且给集团广告经营带来了无限商机，广告收入连年递增，不断创造出骄人佳绩。连续三年主办的天津杰出广告“津报集团奖”评选，在天津乃至全国产生了深远影响。

集团在广告经营活动中，锐意进取，不断创新，诚信经营，屡获殊荣。1997年天津日报广告处荣获国家工商局颁发的公益广告政府奖，1996年至今连续四届被中国广告协会评为“全国广告行业文明单位”，天津日报广告处和每日新报广告处2000年至今在“天津市百佳二十强广告经营单位评选”中连续两届被天津市广告协会、天津市工商局评为“二十强广告经营单位”。

今晚报社广告部

地　　址：天津市南开区南京路358号
邮　　编：300100
电　　话：(022)27500193
传　　真：(022)27500175
负 责 人：王克

每日新报广告部

地　　址：天津市河西区大沽南路873号
邮　　编：300211
电　　话：(022)28201778
传　　真：(022)28201908
负 责 人：张建星

重庆市

公司类

重庆媒体伯乐公交广告有限公司
地　　址：重庆大都会商厦12楼
邮　　编：400010
电　　话：(023)63822333
负 责 人：杨茂超

重庆大贺巴蜀传媒有限公司
地　　址：渝中区宏声巷24号5-3
邮　　编：400010
电　　话：86204771
负 责 人：贾华

重庆城市广告策划代理有限公司
地　　址：渝中区李子坝正街113号附2号7-1
邮　　编：400015
电　　话：(023)63616530
负 责 人：李晓雁

重庆大方广告艺术有限公司
地　　址：重庆市渝中区大坪正街129号
邮　　编：400042
电　　话：89089233
负 责 人：胡岚

重庆华宇广告有限公司
地　　址：渝中区新华路216号鸥鹏大厦27楼
邮　　编：400010
电　　话：63734456-808
负 责 人：曾智强

重庆金朝广告有限公司
地　　址：九龙坡区科园三路68号附9号D1幢9层
邮　　编：400039
电　　话：(023)89089088
负 责 人：熊帆

重庆金牛广告有限公司
地　　址：石桥铺渝州路33-25-4-1号
邮　　编：400039
电　　话：(023)68696001
负 责 人：刘静

重庆天地广告有限公司
地　　址：重庆市渝中区健康路花园大厦B幢4层
邮　　编：400014
电　　话：(023)63865854
负 责 人：籍毅

重庆写真广告有限公司
地　　址：高新区南方花园B区银杉楼2-2-1
邮　　编：400041
电　　话：(023)68637186
负 责 人：彭建

重庆正点广告有限公司
地　　址：渝中区中山三路157号
邮　　编：400015
电　　话：(023)63610444
负 责 人：江柯

重庆正宗广告有限公司
地　　址：九龙坡区渝州路33号西亚商务大厦13F
邮　　编：400039
电　　话：(023)68633134
负 责 人：沈树忠

广播电视类

重庆广播电视集团(总台)广播板块
地　　址：渝中区中山三路159号
邮　　编：400015
电　　话：(023)63851182

传　　真：(023)63005868
联 系 人：董建华

新闻频道

新闻频道是重庆三大主流媒体之一，节目通过调频96.8兆赫、中波1314千赫全天24小时直播。节目覆盖重庆所有行政辖区以及周边部分省市，并通过"亚太"通讯卫星覆盖东南亚地区。

广告部拥有一批经验丰富、能力较强的广告业务人员、广告经营策划能力强，一直与国内外一批知名企业精诚合作，推出了《火车牌电池》《天厨味精》、《泸州老窖》、《环保篇》、《澳门回归篇》等全国获奖优秀广告。重庆直辖以来，年度广告创收平均以25%的速度递增；重庆广播新闻频道广告部愿与广大厂家、商家携手共进，共谋发展。

经济频道

经济频道于1988年12月25日正式开播，实现全天24小时播出，卫星传输、信号覆盖重庆40多个区、县、市，四川、湖北、贵州等部分地区也能收听到重庆经广的节目。17年来，重庆广播经济频道深化改革，不懈追求，开拓创新，加快发展，创收能力逐年递增，现已成为中国中西部地区有一定实力和影响的广播经济频道。

交通频道

交通广播发射频率为FM95.5通过亚太一号卫星，同频覆盖重庆主城区及周边县市。

与有关单位共建了道路信息网、航空信息网、高速公路信息网、港船信息网、重庆交通畅通安全网、交广爱心巴士、交广爱心车队、交广车友会、购车俱乐部……。行进中的人是我们社会的中坚，也是节目的主要收听对象。

音乐频道

重庆音乐台于2002年5月1日开台，是一家专业性较强的音乐类型电台，24小时播出。

重庆音乐台目前已经实现重庆11个地区的覆盖，有效覆盖人口突破了2000万人大关！重庆音乐台还建有自己的网站(www.fm881.com.cn)

重庆音乐台还十分注重通过社会活动进行市场品牌营销，经常举办大型社会活动，开展系列品牌营销活动等，并与报纸、电视进行了较为广泛的跨媒体活动，开播以来已迅速成为重庆地区有影响的时尚传媒。

都市频道

重庆都市电台于2003年12月6日开播，播出频率FM93.8，发射功率10KW，是重庆市一家以传播都市文化、提供都市生活服务为主的专业电台。

重庆都市电台以"提供服务资讯、引领都市时尚、传递娱乐情感"为节目定位，目标听众为：都市市民、都市时尚白领、大中学生、都市打工仔一族。

服务宗旨：为客户参与市场竞争搭建媒体平台，为听众提供更多消费选择的空间。

重庆电视台广告经营中心

地　　址：重庆市渝州路68号彩电中心
邮　　编：400039
电　　话：(023)68888225
传　　真：(023)68885101
联 系 人：范翊

重庆卫视2005麻辣新主张。

更多专业的编排、更多贴身营销。

2005重庆卫视，

锁定"麻辣中国"。

重视策略、开拓创新。

新闻出版类

重庆日报报业集团广告总公司

地　　址：重庆市渝中区解放西路66号
邮　　编：400012
电　　话：(023)63907272
传　　真：(023)63907094
负 责 人：李华年
联 系 人：高燕

重庆日报报业集团广告总公司是重庆日报报业集团根据发展需要，在《重庆日报》、《重庆晚报》、《重庆晨报》三报广告部和专刊部以及对外广告公司基础上，通过对市场资源和广告资源进行整合后组建的大型媒体广告公司，年广告经营额达4亿元人民币。为了向客户提供更多策略性和全方位的专业化服务，我们以创新的理念，确立了广告在市场营销上的主导性，通过建立行业工作室，在各自的领域和不同层面展开不同的经营做法，使客户达到预期的广告效果和市场的目标。

重庆日报

重庆日报报业集团旗舰媒体，创刊于1952年，是重庆市订阅量最大、覆盖面最广和权威性最强的大型综合性城市日报。50多年来，《重庆日报》充分发挥党的喉舌作用，宣传党和国家的方针政策、法律法规，提供丰富的时事新闻、经济信息和生活资讯，以主流媒体的姿态主导重庆新闻舆论取向和生活意识价值，深度影响社会主流阶层，在重庆地区读者群体中具有无可替代的影响力和公信力。《重庆日报》发行覆盖重庆所有地区、县以及西南协作区18个地市，日发行量达22万份以上，主要面向高学历、高收入、高决策的社会主流读者群体。高度影响决策，受众的影响力决定媒体的影响力，《重庆日报》已成为广告主品牌推广战略“立足城市、辐射区县”的首选媒体。

重庆晚报

《重庆晚报》创刊于1985年5月，期发行量超过30万份，是重庆市发行量最大，影响面最广的一份综合类日报。《重庆晚报》“追求真实的魅力”，以良好的公信力取信于民，坚持“普通人写，写普通人”，以“贴近群众，贴近生活，贴近现实”为特色，关注民生，针贬时弊。2004年《重庆晚报》报纸版面扩大至24版以上，气势恢宏，读者称道，是重庆市的一份压轴大报。《重庆晚报》时事新闻板块集合时政新闻、都市新闻、目击、调查、经济新闻为一体；文体板块下设娱乐、影视、体育、足球以及夜雨、市井等例刊，思想超前，观点前卫，视野开阔，内容翔实；商务专刊板块涵盖房地产、家用电器、通讯、IT、汽车、旅游、餐饮等社会各大经济领域，出色的行业新闻，震撼的主题策划，直接拉动重庆市的经济发展。《重庆晚报》平均每期阅读率、阅读人数、读者忠诚度等重要阅读指标在同城媒体中均名列榜首。1997—2004年，《重庆晚报》年广告经营额均超亿元。

重庆晨报

《重庆晨报》创刊于1995年，是重庆市场的第一份都市早报，经过8年的发展，《重庆晨报》以“天下新闻，尽在手中”为理念，以主城区零售发行为主的优良结构为基础，不断引领重庆早报市场潮流，开创多项第一。“早起看晨报，事事早知道”为社会主流核心人群所认同。自创刊以来，品牌经营成为《重庆晨报》经营理念的核心，利用品牌优势，致力于为客户创造价值。《重庆晨报》作为都市主流媒体，有自己忠诚度相当高的固定读者市场，《重庆晨报》的读者的平均收入水平、家庭收入水平、文化程度在重庆报界遥遥领先。《重庆晨报》每周三至周五推出特色专刊，双面彩印，为读者提供房地产、通讯、汽车、家电、电脑、人才、旅游、家装、购物等时尚消费资讯，也为一线品牌提供展示平台。

重庆商报

地　　址：重庆市九龙坡渝州路126号
邮　　编：400041
电　　话：(023)68591180
负 责 人：郭汉江

最具成长力媒体

《重庆商报》本土综合性主流都市报，创刊8年以“主流·原创·新锐”为办报宗旨，“创新传媒价值”为品牌核心理念，不断挖掘传媒企业的纵深价值，形成多元化发展模式。拥有独立的发行公司与发行网络、健全的发行服务体系、灵活的经营机制与极强的市场观念；并成立重庆汇融集团，由重庆商报社控股、以经营《重庆商报》为主体、以传媒产业为主导，业务涉足广告、商贸旅游、地产金融、劳动教养多个领域。更具创新活力的《重庆商报》现正成为重庆直辖以来本地自费订阅量最大、“三高”读者最多、极具品牌成长价值的主流报媒。

强劲版面铸就主流传媒

2005年《重庆商报》全面改良版面构成，提升新闻精华价值，紧扣主流事件，吸纳主流思想，锁定主流人群；力求第一时间的快速把握，第一现场的迅捷捕捉；锁定民生第一关注，树立新闻社会第一影响，成就新闻媒体与读者间共同的“第一报道”；以强势版面全力塑造本土第一传媒形象。

领先姿态奠定主流影响

自创刊以来《重庆商报》7年广告刊发量呈加速度迅猛增长，其增长势头延续至今。据中国新生代监测机构最新数据显示：2005年一季度《重庆商报》广告刊发面积、刊发频次及刊发金额均位居同城主流报媒前列，其中《重庆商报》IT、通讯、财经、家电、汽车等9个行业的广告量居同城七报之首；此外，《重庆商报》读者平均阅读率、读者忠诚度、汽车、房产、招聘、财经证券版面读者评价度、报纸阅读总体满意度均列同城主流日报之首。《重庆商报》，正以强劲版面、领先优势、全新姿态全面树立主流传媒的绝对影响力。

商报热线　(023)966965

重庆经济报

地　　址：重庆市渝中区民生路359号
邮　　编：400010
电　　话：(023)63720167
负 责 人：许大立

重庆青年报

地　　址：重庆市渝北区新牌坊新南路181号
邮　　编：401147
电　　话：(023)68888855
负 责 人：徐永恒

电脑报

地　　址：重庆市渝中区双钢路3号
邮　　编：400013
电　　话：(023)63658888-13096
负 责 人：陈宗周

河北省

公司类

河北霓虹广告有限公司

地　　址：石家庄市广安大街24号B座2802室
邮　　编：050011
电　　话：(0311)5266188
传　　真：(0311)5266185
负 责 人：王琨
联 系 人：刘增凯

河北霓虹广告有限公司创建于1992年，其前身为河北霓虹电脑图文有限公司。公司注册资金340万元，总资产4085万元。主营业务为户外媒体运营、大型广告制作、广告创意设计、平面媒体广告代理及大型活动策划实施。目前在石家庄乃至整个河北广告行业，河北霓虹综合实力位居前列。其竞争优势主要体现在三个方面：

1.人才资源——河北霓虹广告有限公司现有正式员工62人。其中，大专以上学历占56人；具有广告传播行业5年以上工作经验者占公司人员比例的80%。且聘有河北经贸大学等高校的多名教授、专家组成公司的智囊机构。

2.媒体资源——公司拥有近万平米的户外媒体资源，均具有独占性、不可替代性等特点。媒体空置率为零，盈利性好、成交单价最高(215元／平方米／月)。

3.客户资源——河北霓虹与一批国内外知名品牌，如海信、美的、格兰仕、LG、现代汽车、中国电信等建有长期良好的客户关系，因此也积累了大量高质量的客户资源。

经过十几年的快速发展，河北霓虹广告有限公司已经逐渐形成自己完善的管理制度；在经营模式上，全面引进国际4A广告公司先进经营理念和管理方法，引进ERP系统和CRM客户资源管理系统；在业务发展方向上，确定以最具发展潜力的户外媒体运营为核心，逐步发展成为河北地区最具实力的户外媒体运营商。

河北天马星宇传播有限公司

地　　址：和平东路260号
邮　　编：050000
电　　话：(0311)6698011
负 责 人：王文平

河北益和文化传播有限公司

地　　址：广安大街36号
邮　　编：050011
电　　话：(0311)6045640
负 责 人：史和平

廊坊美格广告有限公司

地　　址：廊坊市康庄道4号
邮　　编：065000
电　　话：(0316)65978768
传　　真：(0316)65978768
负 责 人：黄河清

石家庄都市文化传播有限公司

地　　址：中山东路306号
电　　话：(0311)6053626
负 责 人：赵国宏

唐山市国际广告公司

地　　址：唐山市新火车站南100米
邮　　编：063000
电　　话：(0315)2312521
传　　真：(0315)2312522
负 责 人：魏永安

广播电视类

河北电视台

地　　址：石家庄建华南大街78号
邮　　编：050031
电　　话：(0311)5118665
传　　真：(0311)5373999
负 责 人：杨国钧
联 系 人：胡静

风雨彩虹

1969年2月16日，燕赵大地一道彩虹划过长空，河北电视台正式开播。河北电视台现有新闻综合频道(卫视)、经济生活频道、都市频道、影视剧频道、少儿科教频道及公共频道六套节目，并开办了使用数字电视技术的视频点播业务。

河北电视台新闻综合频道(卫视)通过亚洲二号卫星向全国及周边国家和地区传送，目前已在北京、天津、广州、杭州等27个直辖市、省会城市、计划单列市和68个地级及以下城市落地入网，收视人口达三亿以上。用微波传送的经济生活频道(二套)节目覆盖全省和京津及毗邻省部分地区。都市频道(三套)、影视频道(四套)、少儿科教频道(五套)及公共频道(六套)节目以现代化的有线广播电视网络为传输手段覆盖全省。六套节目每天共播出逾110小时，前后期制作设备基本实现数字化、网络化。我台制作的节目在各项国家级评奖中屡获殊荣，2004年广告收入3.68亿元。

河北人民广播电台

地　　址：裕华东路203号
邮　　编：050012
电　　话：(0311)6044143
负 责 人：杨兴盛

秦皇岛广播电台

地　　址：秦皇岛市迎宾路9号
邮　　编：066000
电　　话：(0335)3601001
传　　真：(0335)3601001
联 系 人：郎立壮

秦皇岛广播电台成立于1959年7月1日。46年来，在几代广播人的不懈努力下，秦皇岛广播电台由最初的一个频率、一套节目，发展成为现在的秦皇岛之声台、人民台、交通台、娱乐台四个专业台，覆盖三区四县及周边地区，全天播音70小时。

秦皇岛广播电台坚持贴近实际、贴近生活、贴近群众的节目宗旨，先后有多篇新闻作品获全国或省级新闻奖，连续两年获全省对上报道特别组织奖。

秦皇岛电台积极推进频率专业化建设，打造特色鲜明的专业化频率。秦皇岛之声台：担负着全市广播新闻的采编播任务，以新闻资讯类为主体，以新闻话题和生活服务类节目为填充，深受中青年及较高文化层次人群欢迎。秦皇岛人民台：面向中老年听众，节目以健康、生活服务类为主，满足中老年人求医、健康、健身休闲及养生等方面的需求。秦皇岛交通台：作为秦皇岛地区专业化程度最高的媒体，围绕交通、汽车及相关产业，为有车一族和架车人、乘车人提供全方位服务，轻松、活泼的节目风格，多类型的活动带动使交通台拥有众多的收听群体和商业伙伴。秦皇岛娱乐台：青春、时尚、覆盖面广，以满足秦皇岛及周边县区年轻时尚群体文化生活和娱乐需求。

数十年春华秋实，秦皇岛广播事业欣欣向荣。如今，秦皇岛广播电台已经成为秦皇岛市一道亮丽的声音风景，成为百姓生活的相随伙伴。

保定电视台经济信息中心

地　　址：东风中路25号
邮　　编：071051
电　　话：(0312)3032449
负 责 人：黄利强

石家庄市电视台广告部

地　　址：槐中路201号
电　　话：(0311)85886677
负 责 人：安红光

新闻出版类

燕赵晚报

地　　址：石家庄市中山东路313号
邮　　编：050011
电　　话：(0311)88629276
传　　真：(0311)88629276
联 系 人：范文燕

以理性的观察和建设性的视角解读新闻
以专业服务实现客户广告投放增值效果
以精品专刊打造企业广告发布深水码头
以精确的数据为商家选择媒体提供参考

燕赵都市报

地　　址：石家庄市裕华东路210号燕赵都市报广告信息中心
邮　　编：050013
电　　话：(0311)88632764
传　　真：(0311)88632764
联 系 人：张振民

《燕赵都市报》挟风带雨走过了九个年头！如今她已成长为河北省发行量最大，经营效益最佳的报纸，究其原因，是因为我们寻找到了在燕赵大地做都市报的真理——“拇指定律”和“时针效应”，意即适宜的赢利模式。以掌为喻；省级都市报如同拇指，可以“点击”其他四指；而地市报纸如同四指。只能在自己的有限范围内活动，这就是我们所说的“拇指定律”，运用这一法则，《燕赵都市报》在全省11个地级市实行办报，发行“广告三位一体动作”，使其迅速成为全省影响力最大的媒体。现在《燕赵都市报》在全省11个城市同步印刷发行，近3000名发行人员每日把100万份报纸投递到全省县以上城镇的千家万户，真正做到了“一纸风行燕赵”，这一崭新的运营模式势必带来广告市场的“时针效应”。都市报以省会石家庄为轴心，如同时针遍布河北各个城市，是打开河北市场的首选媒体，一张报纸投入，十一城市回报，早已成为商家的共识。近年来，国际国内省内品牌广告80%投放于《燕赵都市报》，均以低廉的广告成本获取丰厚的市场回报。

2003年《燕赵都市报》又在全国首创“哑铃型”报纸，即在经济发达的省会石家庄和冀东唐山、秦皇岛地区分别创办《都市时讯》和《燕赵都市报·冀东版》，这是全国首家经国家新闻出版总署批准的都市报地方版，它们与燕赵都市报一同发行，一开始便成为地方传媒盛宴。《燕赵都市报》+《都市时讯》+《冀东版》发行达100万份。这样，都市报和地方版形成了广告的“金版”和“银版”；发行全省的通用版以其不可复制的优势成为“金版”，而地方版与当地报纸等值，成为细分广告市场的“银版”。

“金版”和“银版”，是全国商家的明智选择！

唐山广播电视报社

地　　址：唐山市高新技术开发区荣华道1号
邮　　编：063020
电　　话：(0315)3857118
传　　真：(0315)3857118
负 责 人：庄向东
联 系 人：刘建禄

唐山强势媒体之首：期发行量22万份，覆盖唐山六区、八县(市)、两个农场。

唐山平面媒体之首：四开、五十六版，内容丰富、印刷精美、版版精彩。

唐山实效媒体之首：百万人次传阅率、读者全面受益、客户超值赢利。

2004年广告创收3200万元，位居唐山媒体之首。

河北日报社

地　　址：裕华东路210号
邮　　编：050013
电　　话：(0311)8631214
负 责 人：张志欣

保定日报社

地　　址：东风中路
邮　　编：071051
电　　话：(0312)3024629
负 责 人：李占贵

沧州日报社、晚报广告部

地　　址：解放中路269号
邮　　编：061001
传　　真：(0317)2023480
负 责 人：沈波

邯郸市报社广告信息部

地　　址：邯郸市滏河北大街42号
邮　　编：056002
电　　话：(0310)3111079
传　　真：(0310)3111076
负 责 人：韩东英

唐山晚报

地　　址：唐山市西山道4号
邮　　编：063000
电　　话：(0315)2844507
传　　真：(0315)2828283
负 责 人：郭忠武

山西省

公 司 类

山西太原圣戈广告有限公司

地　　址：山西太原06069信箱(坞城路4号)
邮　　编：030006
电　　话：(0351)7186670
传　　真：(0351)7186670
负 责 人：班建民
联 系 人：景玉兰

圣戈广告公司是一家以经营教辅媒体为主的专业广告公司，是《英语周报》广告业务的全权代理机构。公司与全国百余家报刊杂志社建立了互动关系。公司自创办起就坚持“专业、诚信、务实、求真”的经营宗旨，为学校、出版商和企业在合作中创造了可观的效益，结下了美好的情谊，在业界有口皆碑。

《英语周报》创刊于1983年4月，由山西省教育厅主管，山西师范大学主办，是一份面向全国大、中、小学师生的外语教学教辅类报纸，国内统一刊号：CN14－0705/(F)。

《英语周报》坚持紧扣大纲及课标、同步辅导的编辑方针，编辑出版了小学三年级版、小学四年级版、小学五年级版、小学六年级版、初一版、初二版、初三版、初中听说读写版、高一版、高二版、高三版及高一、高二、高三听说读写版、小学教师版、初中教师版、高中教师版、大学综合版及各版的地方版，对从小学到大学的英语教学课程进行全方位的辅导。报社在全国31个省、市、自治区建有400余个发行工作站，2004年期发行量达1680余万份，《英语周报》已成为全国教辅行业的知名品牌。

《英语周报》编辑阵容强大，实力雄厚。专职编辑中具有中、高级职称的40人，其中外籍编审3人，归国留学人员5人，研究生18人，并拥有6000余名由教学一线的特、高级英语教师组成的特约编辑及撰稿人队伍。报社拥有先进的激光照排系统，实现了编辑及发行管理电脑化和网络化。

《英语周报》已连续五年被评为“山西省一级报纸”，2003年被认定为“山西著名商标”，并在全国同行业中率先通过了ISO9001国际质量管理体系认证，报社作为山西省文化体制改革试点单位，被重点纳入山西省文化强省战略规划之中。英语周报人将以更加饱满的热情，开拓进取、创新发展，为把报社建设成为全国领先的集英语教学与教研、英语报刊、图书、音像及电子产品出版为一体的现代教育出版集团而不懈奋斗。

太原公交广告公司

地　　址：太原市双塔西街221号
邮　　编：030012
电　　话：(0351)7326701
负 责 人：薄玉才

太原好运达国际广告公司

地　　址：太原市新建路水西南街16号
邮　　编：030001
电　　话：(0351)2026502
负 责 人：王冀中

山西丹特森广告有限公司

地　　址：太原市双塔西街268号
邮　　编：030012
电　　话：(0351)4966683
负 责 人：郝文英

山西华宇广告有限公司

地　　址：太原市开化寺街18号
邮　　编：030002
电　　话：(0351)8308885
负 责 人：施丽华

山西黄河广告有限公司

地　　址：太原市长治路222号
邮　　编：030012
电　　话：(0351)7328945
负 责 人：沈建勋

山西同航公交广告公司

地　　址：太原市双塔西街221号
邮　　编：030012

电　　话：(0351)4633175
负 责 人：薄玉才

山西闻汇广告有限公司

地　　址：太原市双塔寺街124号
邮　　编：030012
电　　话：(0351)4282552
负 责 人：李伟

山西沃兰德群广告有限公司

地　　址：太原市太榆路2号
邮　　编：030011
电　　话：(0351)6338872
负 责 人：储德群

广播电视类

中国黄河电视台广告经营中心

地　　址：太原市迎泽大街318号
邮　　编：030001
电　　话：(0351)8301138
传　　真：(0351)8301137
联 系 人：袁鸿

黄河之水天上来。

山西广播电视总台广告监管中心

地　　址：太原市迎泽大街318号
邮　　编：030001
电　　话：(0351)4076498
传　　真：(0351)4076498
负 责 人：刘贵珍
联 系 人：杨伯英

借国内文化产业迅速发展的春风，借山西经济迅速发展的春风，山西广电实施了以超常规、跨越式、可持续的发展战略。

“好风凭借力”山西广播电视总台愿竭诚与大家结成战略合作伙伴，携手并进，实现共赢发展！

太原电视台

地　　址：太原市漪汾街2号
邮　　编：030024
电　　话：(0351)5676567
负 责 人：薛文池
联 系 人：王峰

太原电视台拥有新闻、百姓、法制、影视、文体五大专业频道，采用无线、有线双传输，除覆盖市属三县六区一市外，其中新闻频道、影视频道的无线传输同时覆盖忻州市、晋中市、寿阳、太谷、祁县、平遥、文水及交城等两市六县，交叉覆盖600万收视人口。

太原电视台以数据明晰的一流品质，广告经营收入连续4年居本地媒体之首。

太原电视台绝对优势的收视率；本地最高的媒体接触份额；相对周边城市的低报价、低折扣；同等投入，回报更多，享有更广阔的利润空间。

宝洁、联合利华、雅倩、肯德基等国内外大品牌都不约而同地选择了太原电视台，那是因为：

太原电视台——剧目栏目收视率最高

太原电视台——目标到达率成本最优

太原电视台不断细分收视人群，五大频道定位清晰，风格连贯，节目鲜活。2004年上半年每周平均收视率保持在9.8%左右，最高收视率曾跃达24.3%；节目精耕细作使高收入观众比例持续增长，为食品类、日化类、服务类客户提供了专业细分的投放组合。成本低、到达率高，太原电视台成为山西性价比最优化的媒介收割机。

太原电视台凭借“品牌就是服务，服务创造价值”的全新理念，由过去的“以广告为中心”转变为“以服务为中心”，倾力打造品牌客户服务体系。

1．大客户服务增值计划

为客户量身定做并随机赠送企业冠名公益广告；与客户联办“趣味广告有奖问答”活动，通过手机短信及奖品达成与观众的互动沟通，实现广告品牌的强化宣传；为客户提供第三方广告监测报告及广告投放效果的评估、媒体的综合环境分析、消费者实地调研等服务。

2．设立24小时广告信息咨询服务

凡在太原电视台刊播的广告，其资料即保存在广告信息咨询服务中心，观众可以随时拨打24小时服务电话5600000，查询该广告内容，如电话、地址、价格等，让广告中的重要信息与观众随时互动，实现广告信息的二次传播增值。

3．建立VIP星级客户服务模式

我们的服务承诺是：在太阳下山之前，解决客户当天提出或遇到的所有问题，同时制定 “资深客户回报计划”，在年终或年初给予老客户、大客户以广告时间、优惠折扣等方面的优惠。广告VIP会员还可参加晚会、旅游、赠品及免费资料等活动。

山西人民广播电台

地　　址：太原市迎泽大街318号
邮　　编：030001

电　　话：(0351)4034031
负 责 人：杨增瑗

山西电视台

地　　址：太原市迎泽大街318号
邮　　编：030001
电　　话：(0351)4041592
负 责 人：王惠跃

山西电视台公共频道

地　　址：太原市迎泽大街318号
邮　　编：030001
电　　话：(0351)4038922
负 责 人：刘贵珍

新闻出版类

山西日报报业集团广告中心

地　　址：太原市双塔寺街124号
邮　　编：030012
电　　话：(0351)4282288
传　　真：(0351)4282121
联 系 人：邓光昌

掌握大势，把握成功。

三晋都市报

地　　址：太原市双塔寺街124号
邮　　编：030012
电　　话：(0351)4283343
传　　真：(0351)4283343
负 责 人：冯印谱
联 系 人：李振海

山西省首家综合性都市类报纸，山西日报报业集团所属的重要子报之一，中国新闻研究中心《2003中国内地媒体影响力调查报告》——太原市最具成长型的报刊。

山西广播电视报

地　　址：太原市迎泽大街318号
邮　　编：030001
电　　话：(0351)4036651
负 责 人：乔洪信

太原日报社

地　　址：太原市新建路214号
邮　　编：030002
电　　话：(0351)8222004
负 责 人：孟德东

太原广播电视报

地　　址：太原市漪汾街2号
邮　　编：030001
电　　话：(0351)6161310
负 责 人：董如杰

生活文摘报

地　　址：太原市双塔寺街124号
邮　　编：030012
负 责 人：杨宝林

内蒙古自治区

公 司 类

内蒙古邮政广告有限公司
地　　址：呼市锡林北路58号
邮　　编：010010
电　　话：(0471)6260433
负 责 人：张维刚

内蒙古民航广告公司
地　　址：白塔机场候机楼2楼
邮　　编：010070
电　　话：(0471)4941404
负 责 人：刘洪广

内蒙古公交广告有限公司
地　　址：呼市新城区光华路6号
邮　　编：010010
电　　话：(0471)5924786
负 责 人：王志明

内蒙古博洋广告有限公司
地　　址：呼市新城南街鼓楼世纪大厦六楼
邮　　编：010010
电　　话：(0471)6263039
负 责 人：李玉法

内蒙古卡乐广告有限公司
地　　址：呼市新城区哲里木路
邮　　编：010010
电　　话：(0471)6510469
负 责 人：刘永忠

内蒙古锐意广告有限公司
地　　址：呼市新城区北垣东街272号
邮　　编：010010
电　　话：(0471)4974455
负 责 人：刘洋

内蒙古盛典广告公司
地　　址：呼市新城西街70号
邮　　编：010010
电　　话：(0471)6600379
负 责 人：陈和平

内蒙古先行广告有限公司
地　　址：呼市和林县盛乐经济园区
邮　　编：010030
电　　话：(0471)5882705
负 责 人：程金莲

内蒙古益维智业广告有限公司
地　　址：机场路2号207室
邮　　编：010020
电　　话：(0471)6296794
负 责 人：张兰忠

包头市铁路客运广告经营处
地　　址：包头市东河区东站广场西侧
邮　　编：014040
电　　话：(0472)4182751
传　　真：(0472)4182751
负 责 人：刘祥

包头市户外广告开发有限责任公司
地　　址：包头市昆区乌兰道2号丽都酒店副楼
邮　　编：014010
电　　话：(0472)6983139
负 责 人：陈玉春

包头市精信广告策划有限责任公司
地　　址：包头市青山区幸福南路14号
邮　　编：014030
电　　话：(0472)5155092
传　　真：(0472)5159093
负 责 人：李永君

赤峰市邮政局广告经营部
地　　址：赤峰市红山区昭乌达路三段1号
邮　　编：024000
传　　真：(0476)5881692
负 责 人：齐静坤

呼和浩特市城发广告资源开发有限公司
地　　址：呼市新城区艺术厅北街6号
邮　　编：010010
电　　话：(0471)3380305
负 责 人：蔡德生

广播电视类

内蒙古电视台
地　　址：内蒙古呼和浩特市新华大街55号
邮　　编：010058
电　　话：(0471)6630555
传　　真：(0471)6631988
负 责 人：关方方
联 系 人：王大卫

内蒙古有悠久的历史、独特而深厚的民族文化和民族风情，这是唯我独有的宝贵影视创作资源。近年来，随着西部大开发战略的不断推进，内蒙古推出了建设民族文化大区的战略举措，为做大做强电视传媒和加快发展电视文化产业提供了良好契机。我们诚邀海内外有识之士到内蒙古投资，与内蒙古电视台交流、合作，共谋发展。

包头人民广播电视台
地　　址：包头市青山区钢铁大街12号
邮　　编：014030
电　　话：(0472)5163026
负 责 人：徐建生

包头市电视台广告部
地　　址：包头市钢铁大街12号
邮　　编：014010
电　　话：(0472)5154905
负 责 人：王庆瑞

赤峰电视台广告部
地　　址：赤峰市红山区钢铁西街彩电中心
邮　　编：024000
电　　话：(0476)8880899
传　　真：(0476)8880899
负 责 人：李守臣

赤峰人民广播电台广告部
地　　址：赤峰市红山区钢铁大街西街12号
邮　　编：024000
电　　话：(0476)8364400
传　　真：(0476)8364400
负 责 人：王家俊

锡盟电视台广告部
地　　址：锡市锡林大街107号
邮　　编：026000
电　　话：(0479)8207001
传　　真：(0479)82207001
负 责 人：张晓东

新闻出版类

包头广播电视报社
地　　址：包头市钢铁大街12号
邮　　编：014010
电　　话：(0472)5153236
传　　真：(0472)5153244
负 责 人：张青法

包头日报社广告部
地　　址：包头市昆区乌兰道20号
邮　　编：014010
电　　话：(0472)2100312
传　　真：(0472)2129409
负 责 人：戈华

包头晚报广告经营部
地　　址：包头市昆区乌兰道60号
邮　　编：014010
电　　话：(0472)2514192
传　　真：(0472)2514192
负 责 人：邢国华

赤峰广播电视报广告部
地　　址：赤峰市红山区钢铁大街西段12号
邮　　编：024000
电　　话：(0476)8339444

传　　真：(0476)8336727
负 责 人：陈计中

赤峰日报广告部

地　　址：赤峰市红山区昭乌达路西二段10号
邮　　编：024000
电　　话：(0476)8334457
传　　真：(0476)8332554-8105
负 责 人：方刚

红山晚报广告部

地　　址：赤峰市红山区昭乌达路西二段10号
邮　　编：024000
电　　话：(0476)8380358
传　　真：(0476)8380358
负 责 人：方刚

锡盟日报社广告部

地　　址：锡市锡林大街43号
邮　　编：026000
电　　话：(0479)8213684
传　　真：(0479)8213684
负 责 人：牛占元

辽宁省

公司类

辽宁铁道融信广告有限公司

地　　址：沈阳市和平区太原南街89号
邮　　编：110001
电　　话：(024)23508303
传　　真：(024)23508303
负 责 人：任雁
联 系 人：安双

辽宁铁道融信广告有限公司(简称"融信广告")是一家拥有18个股东单位的大型股份制企业，隶属沈阳铁路分局，经营和管理沈阳铁路分局辖区内的所有铁路广告媒体。

融信广告拥有极其丰富的广告媒体资源和多样化的广告发布形式。广告媒体覆盖沈阳、鞍山、抚顺、铁岭、海城、辽阳等7个城市、58个客运火车站和38座公铁立交桥，还拥有59.5对旅客列车。

公司在规模管理和服务上全面升级，实现CI战略管理。率先导入内部现代化办公系统，采用世界领先科技的美国进口布线系列产品，运用宽带网络，通过中心服务器，实现网络化办公，与国际化的广告公司接轨。

公司本着"以人为本"的经营理念，不断壮大公司队伍。形成了从市场调研——广告运作——设计制作——媒介策划——效果分析——市场反馈一条龙的服务体系，为今后的多元化发展奠定了坚实的基础。

公司成立三年来，一直本着"以诚相待，客户至上"的原则，以实际行动赢得了客户的赞赏与信任，建立了融洽的合作关系。融信广告以融和诚信为根，以双赢互惠为本。借延伸的双轨广交天下客商，从每座城市的中心原点向外延伸。愿我们携手并肩，共创事业，共铸辉煌!

沈阳市嘉名策划广告有限责任公司

地　　址：沈阳市沈河区热闹路33号银城大厦11楼
邮　　编：110014
电　　话：(024)22956300
传　　真：(024)22956300
负 责 人：孙志利
联 系 人：钱琨

特长：媒体发布、企业形象设计、平面设计、形象推广、POP广告设计。

北京通成推广公交广告有限公司沈阳分公司

地　　址：沈阳和平区南京北街206号
邮　　编：110001
电　　话：(024)23341779
传　　真：(024)23341772
负 责 人：刘玉阳

辽宁旷世万豪广告有限公司

地　　址：沈阳和平区二纬路9号
邮　　编：110003
传　　真：(024)22709679
负 责 人：代文武

沈阳推动策划广告有限公司

地　　址：沈阳和平区南三经街22号
邮　　编：110003
电　　话：(024)23256715
传　　真：(024)83251013
负 责 人：聂德彬

沈阳轻联广告有限公司

地　　址：沈阳和平区太原北街1号
邮　　编：110001
电　　话：(024)86297688
传　　真：(024)86297130
负 责 人：刘福章

沈阳沙诺环球传媒有限公司

地　　址：沈阳市和平区和平北大街69号总统大厦C座1405室
邮　　编：110003
电　　话：(024)22812883
传　　真：(024)22812981
负 责 人：王成诚

沈阳市路灯广告公司

地　　址：沈阳市铁西区滑翔路67号
邮　　编：110021
电　　话：(024)25916853
传　　真：(024)25916853
负 责 人：牛立新

沈阳创源广告有限公司

地　　址：沈阳和平区南三经街22号
邮　　编：110003
电　　话：(024)23252233
传　　真：(024)83250341
负 责 人：何胤宽

沈阳大业广告有限公司

地　　址：沈阳和平区八纬路78号
邮　　编：110003
电　　话：(024)22877098
传　　真：(024)22530702
负 责 人：李世伟

沈阳客运集团广告公司

地　　址：沈阳和平区十一纬路9号
邮　　编：110003
电　　话：(024)23265343
传　　真：(024)23252929
负 责 人：张华生

沈阳灵通广告有限公司

地　　址：沈阳经济技术开发区七号路5甲2-1号
邮　　编：110141
传　　真：(024)22782072
负 责 人：支雪梅

沈阳市东祥广告有限公司

地　　址：沈阳市铁西区保工南街26号
邮　　编：110021
电　　话：(024)25871902
传　　真：(024)25639670
负 责 人：孙文霞

沈阳智虹商情广告有限公司

地　　址：沈阳和平区南京北街21号
邮　　编：110002
电　　话：(024)22511410
传　　真：(024)22511690
负 责 人：冯雪松

铁岭先锋广告有限公司

地　　址：铁岭市银州区工人街
邮　　编：112000
传　　真：(0410)7301177
负 责 人：李勤

葫芦岛金世纪广告公司

地　　址：经济技术开发区
邮　　编：125000
电　　话：(0429)3188333
负 责 人：陈自修

葫芦岛金太阳广告公司

地　　址：连山区红星路
邮　　编：125001
电　　话：(0429)3903666
负 责 人：王铁成

广播电视类

辽宁广播电视节目交流中心广告部

地　　址：沈阳市和平区光彩街12号
邮　　编：110003
电　　话：(024)23872103
传　　真：(024)23872103
负 责 人：赵庆田

辽宁电视台广告传播中心

地　　址：沈阳市和平区文化路79号
邮　　编：110004
电　　话：(024)23186666
传　　真：(024)23186018
法　　人：赵颖
负 责 人：赵颖

沈阳人民广播电台

地　　址：沈阳市和平区三好街89号
邮　　编：110004
电　　话：(024)83891402

传　　真：(024)83891302
负 责 人：范吉平
联 系 人：王莹

大连电视台

地　　址：大连市沙河口区民权街162号
邮　　编：116022
法　　人：王忠玲

铁岭电视台广告部

地　　址：铁岭市银州区广裕街32号
邮　　编：112000
传　　真：(0410)2853773
负 责 人：王国芝

新闻出版类

辽宁日报社

地　　址：沈阳市沈河区中山路339号
邮　　编：110014
电　　话：(024)22699228
传　　真：(024)22699228
负 责 人：姜凤羽
联 系 人：田哲

辽宁日报报业集团是1999年由国家新闻出版总署首批批准成立的报业集团。六年来，辽宁日报报业集团高举邓小平理论伟大旗帜，坚持党的基本路线，以“三个代表”重要思想为指导，在省委的领导下，牢牢把握正确导向，坚持正面宣传为主和团结、稳定、鼓励的方针，不断提高新闻水平，以发展为主题，不断深化内部改革，发展规模经济。进一步增强集团实力、活力、竞争力和影响力，形成了以报为本、依托集团、优势互补、多元发展的战略格局，是当前在全国最有影响力的大型传媒集团之一。

目前辽宁日报报业集团拥有辽宁日报等九报四刊一网和东北地区规模最大的印务中心，所属报刊的期发行总量达200多万份，总收入位居东北地区传媒之首。在我国加入世贸组织和报业市场空前繁荣的形势下，辽宁日报报业集团这艘报业“航母”正以“与时俱进”的精神，扬起风帆，全速驶向更加光明的未来。

《辽宁日报》——是中共辽宁省委的机关报，做为辽宁日报报业集团的“旗舰”，她始终以“当好党的喉舌、作好人民的代言人”为已任，牢牢把握正确的舆论导向。

《辽沈晚报》——在全国170余家晚报中，各项指标均已位列前10名。在东北都市类报纸中，已牢牢占据着龙头的位置，印报质量、社会公信力、影响力、发行量、广告额都稳居第一，而且仍在健康、快速、稳步地发展。

《半岛晨报》——被大连市政府授予“市场喜爱的商标品牌”；在中国报业竞争年会上，迈入中国最具竞争力都市报前20名。

《北方晨报》——是一张发行范围以鞍山为中心，覆盖营口、辽阳、盘锦等辽宁中部城市群的社会生活类报纸。

《辽宁农民报》——是中共辽宁省委、省政府指导农村工作的综合性报纸。

《球报》——立足辽宁，辐射东北和全国，以新闻快捷、评论辛辣、叙事详实见长，占据了那些渴望了解体育资讯人士的心灵。

《朝鲜文报》——辽宁日报的一部分，是全省唯一的少数民族文字报纸。

《辽宁法制报》——报道我省法制新闻的权威媒体，成为中国法制建设现代化的助动者和记录者。

北国网——目前已拥有20多个频道和200多个栏目，日均信息更新量千余条的综合性新闻网站。

铁岭日报社广告部

地　　址：铁岭市银州区工人街
邮　　编：112000
传　　真：(0410)2825614
负 责 人：乔传宏

实用手术杂志社广告部

地　　址：沈阳市铁西区南七西路5号
邮　　编：110021
电　　话：(024)25741541
负 责 人：斐庆双

吉林省

公 司 类

吉林报人广告有限责任公司
地　　址：长春市二道桃花苑小区15栋
邮　　编：130031
电　　话：(0431)4945999
负 责 人：刘云平

吉林吉之视广告策划有限公司
地　　址：长春市朝阳区工农大路308
邮　　编：130021
电　　话：(0431)5636313
负 责 人：郜丽滨

吉林盘古广告有限公司
地　　址：长春市自由大路17号
邮　　编：130021
电　　话：(0431)5658754
法　　人：郑立国
负 责 人：郑立国

吉林省大地广告有限责任公司
地　　址：长春市重庆路91-1号
邮　　编：130041
电　　话：(0431)8925272
负 责 人：许艳梅

吉林省大禹广告有限责任公司
地　　址：长春市同志街88号
邮　　编：130000
电　　话：(0431)5681973
法　　人：韩国光
负 责 人：韩国光

吉林省和顺广告有限公司
地　　址：长春市民康路11号
邮　　编：130000
电　　话：(0431)8912373
法　　人：张曙光
负 责 人：张曙光

吉林省吉信广告有限公司
地　　址：长春市同志街54号
邮　　编：130021
电　　话：(0431)5640018
负 责 人：何丽

广播电视类

吉林电视台广告中心
地　　址：长春市新民大街11号
邮　　编：130021
电　　话：(0431)5663414
传　　真：(0431)5655122
负 责 人：李双义
联 系 人：吴海东

长春人民广播电台广告部
地　　址：长春市百草路3号
邮　　编：130061
电　　话：(0431)8929092
负 责 人：孙彦海

长春电视台
地　　址：长春市百草路3号
邮　　编：130061
电　　话：(0431)8929156
负 责 人：崔永泉

长春经济广播电台广告部
地　　址：长春市百草路3号

邮　　编：130061
电　　话：(0431)8925813
负 责 人：孙彦海

白城市广播电视台

地　　址：白城市洮安东路浴池胡同6号
邮　　编：137000
电　　话：(0436)3226158
传　　真：(0436)3223842
负 责 人：曲满江

白山市电视台

地　　址：白山市团结路128-1号
邮　　编：134300
电　　话：(0439)3237373
负 责 人：朱然

敦化市广播电视台

地　　址：敦化市翰章北大街69号
邮　　编：133700
电　　话：(0433)6222555
负 责 人：郝淑范

公主岭市广播电视台

地　　址：公主岭市东公主大街36号
邮　　编：136100
电　　话：(0434)6220884
负 责 人：杨晨光

吉林市电视台广告部

地　　址：吉林市重庆街28号
邮　　编：132001
电　　话：(0432)2498111
传　　真：(0432)2434921
负 责 人：刘晓柏
联 系 人：张红良

辽源市广播电视台

地　　址：辽源市河滨路15号
邮　　编：136200
电　　话：(0437)3225640

龙井市广播电视台

地　　址：龙井市吉安街6号
邮　　编：133400
电　　话：(0433)3223016
负 责 人：许成哲

梅河口市广播电视台

地　　址：梅河口市南河路70号
邮　　编：135100
电　　话：(0448)3227513
负 责 人：钟华秀

磐石市广播电视台

地　　址：磐石市福安街宏声路17号
邮　　编：132300
电　　话：(0432)5229045
负 责 人：牟玉昌

舒兰市广播电视台

地　　址：舒兰市舒兰大街104号
邮　　编：132600
电　　话：(0432)8222854
传　　真：(0432)8223674
负 责 人：王建章

双辽市广播电视台

地　　址：双辽市广播电视中心
邮　　编：136400
电　　话：(0434)7223531-8314
传　　真：(0434)7222366
负 责 人：王肃成

松原市广播电视台

地　　址：松原市宁江区临江路71号
邮　　编：138001
电　　话：(0438)3130787
负 责 人：于文化

洮南市广播电视台

地　　址：洮南市古树南街29号
邮　　编：137100
电　　话：(0436)6222882
负 责 人：杜宪臣

图们市广播电视台

地　　址：图们市迎春路
邮　　编：133100
电　　话：(0433)7223034

负 责 人：朴志远

延吉市广播电视台
地　　址：延吉市太平街204号
邮　　编：133000
电　　话：(0433)2516839
负 责 人：朴仁哲

新闻出版类

江城日报社
地　　址：吉林市松江路69号
邮　　编：132011
电　　话：(0432)2022523
传　　真：(0432)2082203
负 责 人：史丹旭
联 系 人：史丹旭

长春日报社广告部
地　　址：长春市新民大街10号
邮　　编：130021
电　　话：(0431)5649912
传　　真：(0431)5651076

城市晚报
地　　址：长春市人民大街68号
邮　　编：130051
电　　话：(0431)8930766
传　　真：(0431)8914153

大家健康报社
地　　址：长春市建政路27号大家健康报社
邮　　编：130061
电　　话：(0431)8961914

经贸时报
地　　址：延吉市河南街天池路63号
邮　　编：133000
电　　话：(0433)2854965
传　　真：(0433)2837559

农村经济信息报
地　　址：长春市西长春市大街132号
邮　　编：130041
电　　话：(0431)8957373

汽车工业研究杂志
地　　址：长春市创业大街35号
邮　　编：130011
电　　话：(0431)5978123-424

汽车技术杂志
地　　址：长春市创业大街35号
邮　　编：130011
电　　话：(0431)5978123-322
传　　真：(0431)7667341

松原日报
地　　址：松原市宁江区文化路3号
邮　　编：138001
电　　话：(0438)3137775
传　　真：(0438)3115866

新文化报
地　　址：长春市人民大街152-1号
邮　　编：130022
电　　话：(0431)5388822
传　　真：(0431)5374315

延边广播电视报
地　　址：延吉市局子街324号
邮　　编：133000
电　　话：(0433)2621683
传　　真：(0433)2621683

黑龙江省

公 司 类

哈尔滨市潜龙广告有限公司

地　　址：哈市香坊区赣水路218号
邮　　编：150036
电　　话：(0451)82310952
传　　真：(0451)82291879
负 责 人：吕兴乡
联 系 人：万媛

哈尔滨市远洋广告有限公司

地　　址：哈市南岗区昆仑商城隆顺街18号
邮　　编：150090
电　　话：(0451)82343851
传　　真：(0451)82309773
联 系 人：周盟兴

哈尔滨海润国际广告有限公司

地　　址：哈尔滨市南岗区昆仑商城天顺街22号
邮　　编：150090
电　　话：(0451)82331776
传　　真：(0451)82342013
负 责 人：潘洋
联 系 人：樊金江

广播电视类

黑龙江电视台广告部

地　　址：哈尔滨市南岗区汉水路333号
邮　　编：150090
电　　话：(0451)82890585
负 责 人：韩任宏
联 系 人：王建华

黑龙江电视台建于1958年12月20日，是继北京、上海之后中国成立的第三家电视台，英文简称HLJTV。黑龙江电视台设有卫星频道、影视频道、文艺频道、女性频道、法制频道、公共频道和少儿频道。

黑龙江电视台已搬入刚落成的黑龙江广播电视大厦，开始启用国内首家从信息采集、制作、播出到存储的数字化、网络化流程。拥有大小24个演播室，最大的演播厅面积达2800平方米，面积、功能为中国之最。

黑龙江电视台广告信息部是全台的广告经营和管理部门，以“真实承诺，诚信守法”为经营理念，以“传播有效，服务先行”为经营原则，愿与国内外广告客商共谋发展大计，共创双赢局面，共展伟业宏图。

哈尔滨电视台

地　　址：哈尔滨市南岗区满洲里街33号
邮　　编：150006
电　　话：(0451)53638085
传　　真：(0451)53677025
联 系 人：刘敬

哈尔滨是沟通东北亚、欧洲和太平洋的重要连接点，是北方中外文化融合的冰雪名城，是黑龙江省政治、经济、文化中心。哈尔滨市拥有人口990万，市区人口450万，具有城市人口消费集中、追求生活质量、购买力旺盛等特点。哈尔滨国际冰雪节、哈尔滨之夏音乐会、哈尔滨国际经贸洽谈会等都拥有广泛的国际影响。

哈尔滨电视台是国内具有广泛影响力的副省级城市电视媒体，目前已实现全面的频道资源整合，即新闻综合、影视、娱乐、生活频道和全新精彩的经济频道——都市资讯，频道群有效覆盖哈尔滨市及周边11个市县近1000万人口，是哈尔滨地区最强势的优质媒体。

哈尔滨电视台有线电视网络采用当今先进的光缆信号传输网络，拥有哈尔滨地区网络用户100万，此外还建立了宽带IP网络数据业务平台，是黑龙江最大的有线电视网。

走进新千年，哈尔滨电视台广告部全体同仁以与时俱进、不断进取的创新开拓精神，秉承“以客户为中心，追求共同发展，分享成功！”的经营理念，为您提供最优质的广告服务，开创多赢、共同发展。

新闻出版类

黑龙江日报报业集团

地　　址：哈尔滨市道里区地段街1号
邮　　编：150010
电　　话：(0451)84692615
传　　真：(0451)84610461
负 责 人：贾宏图
联 系 人：刘野石

黑龙江日报报业集团2002年6月经中宣部、国家新闻出版总署批准成立。集团下属《黑龙江日报》、《生活报》、《老年日报》、《黑龙江经济报》、《农村报》、《家庭保健报》、《读者新报》、《新都市报》、《大众家事报》、《今天消费报》、《活力》杂志、《党的生活》杂志、《新闻传播》以及黑龙江新闻网等十报三刊一网站，是黑龙江省最大的媒体集团，集团所属各报以各自鲜明的特点在黑龙江省媒体中占据着主导地位。

《黑龙江日报》——中共黑龙江省委机关报，黑龙江最具权威性的平面媒体。在黑龙江新闻界中权威性突出，资源雄厚，辐射力强，品质优越明显。

《生活报》——黑龙江第一报。

《老年日报》——中国老年第一报。在全国同类媒体中创办最早、发行量最大、覆盖面最广，被誉为中国最具影响力的老年类报纸。日发行量50万份。

《农村报》——有着55年悠久历史的全国唯一一张与共和国同龄的涉农类综合报纸。覆盖全国各省区，拥有15万发行量，每周二、四、六日出版。

哈尔滨广播电视报社

地　　址：哈尔滨市南岗区满洲里街33号
邮　　编：150006
电　　话：(0451)53636011
传　　真：(0451)53636011
负 责 人：于棣艳
联 系 人：凌明晗

多彩的生活离不开多彩的广播电视。背靠声屏、补充声屏、延伸声屏的哈尔滨《广播电视周报》，不负家乡父老的重托，正在成为百姓生活不可或缺的文化佐餐。

24版全彩精印，版版可读，期期精彩。覆盖哈尔滨八区十一县(市)，读者约120万人。

江苏省

公 司 类

江苏省邮政广告有限公司

地　　址：南京市中山北路212号同达大厦5层
邮　　编：210003
电　　话：(025)83420248
传　　真：(025)83409129
负 责 人：王乃明
联 系 人：赵友才

江苏省邮政广告有限公司是隶属江苏省邮政局的大型国营集团化广告公司，公司下辖市级分支机构13个、县级分支机构57个，从业人员700余名，是从事以邮政媒体为主的综合性广告公司。

公司以联系千家万户的邮政投递网和邮政特有的名址信息库为核心竞争力，大力发展以直邮(DIRECT MAIL)广告为主打产品的自有广告媒体：商业信函、邮资封片、邮送广告等，同时积极拓展代理媒体广告市场。近年来，公司主要合作伙伴有：中、农、工、建、交、招商等银行，移动、联通、电信、网通等电信企业，人寿、太平洋、平安、泰康等保险公司，春兰、小天鹅、樱花等电器企业，金润发、麦德龙、时代等大型超市以及麦当劳、戴尔(DELL)等知名企业。

公司本着“沟通何需见面、直邮助您成功”的良好服务精神，体现追求时尚、特色服务、满足个性化需要的特色，进一步推广直复营销，积极发展代理制，以邮政实物传递网为依托，以邮政信息技术为支撑，大力拓展直邮DM广告市场，提升邮政广告品牌，使之成为广大客户的首选品牌媒体之一。

2004年公司广告经营额达3.2亿元。凭借完善的网络、专业的精神、优质的服务，为客户提供最有效的推广手段，热忱欢迎您的加盟。

常州市通力达信息传播有限公司

地　　址：常州市通江大道 318号A座四楼
邮　　编：213022
电　　话：(0519)5115918(信息中心)　5119128
　　　　　5119158(客户)　5118128(发行)
传　　真：(0519)5112518
负 责 人：丁明
联 系 人：韦黎明

常州市通力达摩托车商情网络有限公司是一家专门从事信息传播服务、广告设计制作、媒体代理、发布的企业。公司1993年创办的《摩托车商情》立足摩托车行业、服务摩托车行业，成为公司长期的主营业务之一。行业信息的全面、准确、快速传递是《摩托车商情》的一大特色，而三天一期的出版频率满足了行业内不断增长的信息交流需求，发行一步到位、覆盖全国行业绩优渠道更让业内厂商全数捕获发展商机。尽管多年以来不断受到其他刊物模仿，但“更专业、更快速、更全面”一直是《摩托车商情》的独具特色。

目前公司拥有先进的苹果电脑、爱普森打印机、AKF扫描仪、激光照排机等印前制作系统；200平米专业摄影棚、数码相机、瑞士仙娜座机等尖端摄影设备，为公司创造一流的信息产品提供了硬件上的保障；平均27岁的人员组成、专业化的从业队伍，为公司的后续运作注入源源不断的活力。

创办时间早、信息容量大、市场指向性强、服务功效显著，使《摩托车商情》成为国内摩托车行业中最具权威的专业杂志。

《摩托车商情》小档案：

创办时间：1993年9月

出版物性质：摩托车行业内部刊物

出版频率：每周二、五出版

覆盖面：全国约5万家企业

发行对象：整车生产厂、配件生产厂、经销商、修配单位及有关行业单位

订阅方法：随时可订，起止期限由订户决定

南京银都广告商务有限责任公司

地　　址：南京市仓巷137号六楼
邮　　编：210004
电　　话：(025)52337500
传　　真：(025)52252482
负 责 人：张丽
联 系 人：秦芝

可能，我们天生就有搞大的禀赋！

银都广告一不小心连续三年，蝉联江苏广告界获

奖最多、奖项最高的广告公司。

斥资1.088亿元买断江苏黄金收视率的《南京零距离》广告经营权。

营业额达2.7亿元，全国行业排名前30强。

放心，我们绝不是吹大的！

常州欧亚国际广告有限公司

地 址：常州市怀德苑17丙202
邮 编：213003
电 话：(0519)6885078
负 责 人：严伟

常州三有广告有限公司

地 址：常州市新区黄山北路388号
邮 编：213022
电 话：(0519)8103906
负 责 人：吴萍

大丰市视听广告中心

地 址：盐城市幸福西大街
邮 编：224100
电 话：(0515)3818400
负 责 人：葛忠银

广播电视类

宜兴市广播电视台

地 址：江苏省宜兴市人民南路广电大厦
邮 编：214200
电 话：(0510)7973395
传 真：(0510)7994355
负 责 人：程同德
联 系 人：虞俊东

宜兴广播电视台是全国首批、江苏最早创办的县市级电视台之一，发展较快，实力较强，拥有固定资产2．5亿元。建有21层广电大厦和1000平方米演播厅，发射天线海拔高度为601米，是目前江苏最高的发射塔，信号覆盖苏、浙、皖三省的十多个县市，约2000多万观众。有线电视用户25万户，传输24套有线电视节目和12套数字电视节目，已开通有线电视宽带网和数字电视广播系统。并在全国同级兄弟台中率先进入了央视索福瑞收视调研系统。

宜兴广播电视台目前有新闻、生活、影视三个自办频道，其中新闻、生活频道为有线、无线同时传播。自办栏目有《宜兴新闻》、《关注》、《陶都》、《城市前沿》、《开心45》等，《农民潘根大》、《最后的鱼鹰部落》等专题节目分获中国电视金鹰奖、全国政府一等奖和《上海国际电视艺术节》入围奖。

宜兴广播电视台广告中心依托强势媒体，创新策划理念，积极承揽全国各地广告业务，历年来广告创收额居全国同级媒体前茅，2004年度电视广告创收已达3500多万元。

常州电视台

地 址：常州市广化街1号金谷大厦七楼
邮 编：213000
电 话：(0519)6669008
负 责 人：颜晓群

常州人民广播电台

地 址：常州市广视路88号广电中心
邮 编：213016
电 话：(0519)3279666
负 责 人：蒋雅芬

东台广播电视台广告中心

地 址：盐城市金海西路
邮 编：224200
电 话：(0515)5219777
负 责 人：徐峰

金坛电视台

地 址：常州市神树巷8号
邮 编：213200
电 话：(0519)2338989
负 责 人：张明方

溧阳广播电视台

地 址：常州市昆仑北路25号
邮 编：213300
电 话：(0519)7306903
负 责 人：刘明大

武进电视台

地 址：常州市武进湖塘广电中路1号
邮 编：213161
电 话：(0519)6570999
负 责 人：黄国平

盐城广播电视台广告中心

地　　址：盐城市大庆中路78号
邮　　编：224003
电　　话：(0515)8360123
负 责 人：冯忠云

新闻出版类

常州广播电视报社

地　　址：常州市杨柳巷35号
邮　　编：213003
电　　话：(0519)6637797
负 责 人：钱中苏

常州日报社

地　　址：常州市大庙弄1号
邮　　编：213003
电　　话：(0519)6603740
负 责 人：荣长春

武进日报社

地　　址：常州市武进行政中心5号楼3楼
邮　　编：213000
电　　话：(0519)6310690
负 责 人：承才林

盐阜大众报报业集团

地　　址：盐城市解放北路7号
邮　　编：224001
电　　话：(0515)8311744
负 责 人：周爱群

浙江省

公 司 类

浙江思美广告有限公司

地　　址：杭州市南山路148号
邮　　编：310002
电　　话：(0571)87926111　87926116
负 责 人：朱明虬
联 系 人：丁美玲

思美广告成立于1993年，是一家集企业规划、品牌包装、创意表现、媒介研究、媒介策略和媒介购买为一体的综合性广告公司。公司成立十余年来，一直以专业的工作技能，细致的工作作风，敬业的工作态度，为客户提供最为全面的服务。

在浙江，思美是第一个用数据来做媒介的公司；是第一个业务面涉及所有广告领域的公司；是第一个拥有自己的电子操作系统(M2系统)的公司；是第一个将业务扩大到华东并面向全国的公司。

2003年思美广告下属浙江思美广告有限公司、上海仆人广告有限公司双双列入全国广告百强企业。2004年思美广告以全年2.5亿人民币的广告类营业额稳居浙江广告业的龙头。在全国广告类经营单位中思美广告的综合实力位居前20位之列。

对于人才的培养和团队的建设思美一直都在专著。付出才有收获，思美人信奉这个道理。细节成就经典，这就是思美的精神。

浙江亚视传播有限责任公司

地　　址：杭州市环城西路8号西子公寓
邮　　编：310006
电　　话：(0571)87061265
传　　真：(0571)87061265
负 责 人：楼忠福
联 系 人：郭加深

透过亚视看世界，拥有专业优秀人才，从事各类广告制作媒体代理，品牌管理、诚信服务与您合作，让您走向世界。

专用卫星线路引进全球最新优秀电视节目，制作发行、研讨交流，为您做到世界就在眼前。

杭州公交广告公司

地　　址：杭州市中山北路507号
邮　　编：310003
电　　话：(0571)85107537
传　　真：(0571)85105982
负 责 人：李熙
联 系 人：李熙

浙江美时广告有限责任公司

地　　址：杭州市朝晖路联锦大厦A座1903室
邮　　编：310014
电　　话：(0571)85460232
负 责 人：吕美时
联 系 人：叶婷婷

广播电视类

浙江电视台影视文化频道广告部

地　　址：杭州市莫干山路武林巷5号
邮　　编：310012
电　　话：(0571)88904667
联 系 人：张向宇

浙江电视台影视文化频道是一个以影视娱乐节目为主打内容的专业频道，在浙江省乃至全国有着广泛而深远的影响。经过几年来的品牌经营，形成了电视剧、自办栏目和宣传推广三足鼎立的可持续发展态势，在浙江省十几个经济发达地市区建立了扎实的观众基础，并取得良好的收视效果。在浙江省所有省级专业频道中，晚间黄金时间电视剧和整个晚间时段收视率高居第一，广告收入在各专业频道中一马当先，2004年广告收入达到1亿5千万元。作为浙江省首个尝试与民营资本进行合作的电视媒体，浙江电视台影视文化频道将成为浙江省第一家高度产业化运作的电视媒体，具备了节目经营全面与市场接轨的契机。

“欢乐频道，幸福家庭”是频道的理念，一首“送情到你家，让爱住你家”的台歌，一位极具亲和力的形象使者傅彪，一群充满激情而又脚踏实地的电视人，共同彰显着浙江电视台影视文化频道独具特色的品质——一个“有人缘”的频道。

频道广告部是一支团结和谐、创新进取的团队，拥有丰富的市场运营经验，以市场为导向，以客户为中心，以双赢为目的，以五星级服务为标准，贴近客户，实行零距离服务，为客户提供最全面、最周到、最贴心的专业服务。

浙江卫视广告部

地　　址：杭州市延安路546号杭州大酒店12楼
邮　　编：310006
电　　话：(0571)85064140
传　　真：(0571)85054155
联 系 人：郑丽萍

三大支点撑起高效的“娱乐财富”传播平台
支点一[五大剧场扬起五个收视高峰]
支点二[品牌栏目构筑每日财富地带]
支点三[全国覆盖跃居省级卫视第一]

浙江人民广播电台广告部

地　　址：杭州市莫干山路111号
邮　　编：310005
电　　话：(0571)88800155
传　　真：(0571)88800155
负 责 人：卞学全
联 系 人：谢作有

新闻出版类

金华日报社广告中心

地　　址：金华市双龙南街276号
邮　　编：321017
电　　话：(0579)3186031
传　　真：(0579)2381370
负 责 人：吴小钢
联 系 人：郭赢

金华市位于浙江省中部，为省辖地级市，下辖婺城、金东二区，兰溪、义乌、东阳、永康4市和武义、浦江、磐安3县。人口约460万，其中市区人口95万。金华交通区位优势明显，商业繁荣，市场发达，民营经济活跃，是浙江省最具经济活力和潜力的地区之一。“水通南国三千里，气压江城十四州”。著名女词人李清照的诗句生动概括了金华的重要位置和雄伟气势。

钱江晚报有限公司广告部

地　　址：杭州市体育场路178号
邮　　编：310039
电　　话：(0571)85310647
传　　真：(0571)85310647
联 系 人：毛杰

世界报纸100强　浙江惟一

第57届世界报业大会发布了最新“世界日报发行量前100名名单”，钱江晚报为浙江省惟一上榜的报纸。

世界权威机构(WBL和WEF)评出的“中国500最具价值品牌”，钱江晚报为浙江省惟一入选的媒体。

中国报业竞争力年会公布的全国都市类报纸竞争力20强中，钱江晚报入选五强。

温州日报报业集团

地　　址：温州市鹿城区公园路53号
邮　　编：325000
电　　话：(0577)88811211
传　　真：(0577)88812604
法人代表：何建平

网　　址：	温州日报	www.wzrb.com.cn
	温州晚报	www.wzwb.com.cn
	温州都市报	www.wzdsb.com.cn
	温州商报	www.wzed.com.cn
	温州新闻网	www.66wz.com
E-mail：	温州日报	ggb@wzdaily.com.cn
	温州晚报	ggb@wzwb.com.cn
	温州都市报	www.wzdsb.net
	温州商报	gg@wzed.com.cn
	温州新闻网	news@wznews.cn
	温州瞭望	wzLw@vip.163.com

安徽省

公司类

合肥中策广告有限责任公司

地　　址：合肥市濉溪路6号
邮　　编：230041
电　　话：(0551)5522222
传　　真：(0551)5522222
负 责 人：解正刚
联 系 人：王晓萍

诚而信，业再精。

拥有众多的强势户外媒体，与强大的创作阵容，集策划、设计、户外广告制作、媒体代理为一体，牢牢立足安徽，面向国内外更广阔的空间，为您营造工艺讲究、创意卓然、提升价值的精良舞台。

金鹃国际广告有限公司

地　　址：合肥濉溪路251号
邮　　编：230041
电　　话：(0551)5611111
传　　真：(0551)5611100
负 责 人：汤达祥
联 系 人：甘龙杰

花开富贵，永续辉煌。

为客户创造价值，为广告行业创造良性影响，培育更多优秀的人才，都是金鹃国际一直奉行的宗旨。

安徽省邮电广告有限公司

地　　址：合肥市黄山路445号
邮　　编：230001
电　　话：(0551)5112358
负 责 人：李建国

安徽省传媒信息广告公司

地　　址：合肥市金寨路206号
邮　　编：230001
电　　话：(0551)2827984
负 责 人：张望梅

安徽省高速公路广告有限公司

地　　址：合肥市安庆路219号
邮　　编：230001
电　　话：(0551)2848868
负 责 人：李俊杰

安徽省明天广告有限公司

地　　址：合肥市金寨路138号南七商厦南三楼
邮　　编：230001
电　　话：(0551)3665571
负 责 人：谢小梅

安徽不夜城广告公司

地　　址：合肥市长江路160号
邮　　编：230001
电　　话：(0551)2641073
负 责 人：祁守俊

安徽金太阳广告公司

地　　址：宁国市津河东路47号
邮　　编：242000
电　　话：(0563)4022074
负 责 人：胡是文

合肥白马广告有限公司

地　　址：合肥市美菱大道419号1703室
邮　　编：230001
电　　话：(0551)2661111
负 责 人：洪莉

合肥海锋广告有限公司

地　　址：合肥市环城东路6号
邮　　编：230001
电　　话：(0551)2633061
负 责 人：黄旭

合肥赛天使广告有限公司
地　　址：合肥市马鞍山路中段
邮　　编：230001
电　　话：(0551)2888988
负 责 人：何清

合肥新视野广告有限公司
地　　址：合肥市美菱大道297号
邮　　编：230001
电　　话：(0551)4669814
负 责 人：潘来顺

马鞍山市三方广告有限公司
地　　址：马鞍山湖东中路181号
邮　　编：243000
电　　话：(0555)2359333
负 责 人：欧阳杰

阜阳国祯广告有限责任公司
地　　址：阜阳市清河路28号京九大厦
邮　　编：236000
电　　话：(0558)2281478
负 责 人：段转建

贵池新光源有限责任公司
地　　址：池州市秋浦东路
邮　　编：247000
电　　话：(0566)2023292
负 责 人：杨腊梅

广播电视类

安徽电视台广告中心
地　　址：合肥市马鞍山路38号
邮　　编：230009
电　　话：(0551)4678895
传　　真：(0551)4678895
联 系 人：常青

安徽卫视，打造中国最好的电视剧大卖场。

2004年，潜心积累，核心突破，垄断电视剧资源，力推首批上星剧目。

11月15日，《第一剧场》横空出世。

成就难以逾越的第一价值高度。

安徽人民广播电台
地　　址：合肥市桐城南路355号
邮　　编：230001
电　　话：(0551)4668398
负 责 人：李治宇

合肥人民广播电台
地　　址：合肥市阜阳路100号
邮　　编：230001
法　　人：陈强
负 责 人：陈强

合肥电视台广告部
地　　址：合肥市金寨路九州大厦381号
邮　　编：230061
电　　话：(0551)2652999
传　　真：(0551)2826579
负 责 人：左军

新闻出版类

安徽日报社广告中心
地　　址：合肥市金寨路206号
邮　　编：230061
电　　话：(0551)2828397
传　　真：(0551)2827984
负 责 人：陈强
联 系 人：袁自斌

安徽省最权威的政经类日报，党政人士、经营专家、行业权威每日必读……

新安晚报社广告部
地　　址：合肥市安庆路82号
邮　　编：230001
电　　话：(0551)2639196
传　　真：(0551)2639292
负 责 人：江海波
联 系 人：徐银群

《新安晚报》以3万元起家，历经12年打拼，在激烈的竞争中成熟与壮大，现已成为安徽报业无可争议的龙头老大。

《新安晚报》：2003年广告收入突破亿元，在全国平面媒体中排名第36位。

《新安晚报》：2004年期发行量突破43万份(合肥

地区超过22万份)。

《新安晚报》：安徽报业领路者。

安徽市场报社广告部

地　　址：合肥市舒城路3号
邮　　编：230001
电　　话：(0551)2626436
负 责 人：何洪俊

福建省

公 司 类

福建电广东南卫视广告有限公司

地　　址：福州市圣届路1号五层
邮　　编：350001
电　　话：(0591)83314480
传　　真：(0591)83361070
负 责 人：王建新
联 系 人：谢东辉

请相信，我们是能与您一同走向成功的战略合作伙伴

福建电广福视广告有限公司

地　　址：福州市新权南路12号金福大厦7层
邮　　编：350005
电　　话：(0591)83353838
传　　真：(0591)87119538
负 责 人：陈小良
网　　址：www.fjtvnet.com

福建电广福视广告有限公司、福建电广有线电视广告有限公司是福建省广播影视集团下属全资广告经营机构，全权代理集团电视综合频道(1套)、电视剧频道(5套)、都市时尚频道(6套)、经济生活频道(7套)和少儿频道(9套)的广告业务。

福建电视台作为福建省最大的电视媒体，通过无线信号和有线信号同时覆盖福建全省95%的城市和农村，波及浙、赣、粤、台等，总覆盖人口约达6000万人。本台拥有很强的节目、人才、技术和设备优势，始终坚持本土新闻、自办栏目和电视剧场全面发展的频道定位，保持着福建主流媒体的地位，成为福建观众和电视广告客户的首选媒体。作为电视广告的全权代理机构，公司多年来秉承"倾情倾力、共同发展"的企业精神，强化企业管理，建设学习型团队；加强与同行媒体、广告公司、客户之间的合作互动；以专业服务拓展广告市场，追求多赢局面；在行业和市场中获得持续性竞争优势，连续多年超额完成广告创收任务。

福建电广有线电视广告有限公司

地　　址：福州市广达路68号金源广场东区28楼
邮　　编：350005
电　　话：(0591)83321313
传　　真：(0591)83316117
负 责 人：陈小良

福建电广有线电视广告有限公司是福建广播影视集团下属全资广告经营机构，全权代理福建电视台电视剧频道(5套)、都市时尚频道(6套)、经济生活频道(7套)以及少儿频道(9套)的广告业务。

福建电视台电视剧频道(5套)、都市时尚频道(6套)及经济生活频道(7套)作为福建省最早的专业电视频道，通过有线信号覆盖福建全省，总覆盖家庭超过500万户。始终坚持电视剧(5套)、都市时尚(6套)、经济生活(7套)以及少儿频道(9套)的专业频道定位，拥有稳定的收视群体，保持着福建强势专业频道的地位，成为福建观众喜闻乐见的电视媒体。有线电视，无限空间！

作为福建电视台电视剧频道(5套)、都市时尚频道(6套)、经济生活频道(7套)以及少儿频道(9套)电视广告的全权代理机构，福建电广有线电视广告有限公司多年来坚持服务媒体、服务客户的企业宗旨，加强媒体、客户(广告代理公司)之间的合作互动，为广告主与电视媒体架起一座互信双赢的桥梁。公司以规范的管理、实效的团队、专业的技术、真诚的服务和饱满的热情，开拓电视广告市场，连续多年超额完成集团的广告创收任务。

福建电广广播电视报广告有限公司

地　　址：福州市白马北路253号四层
邮　　编：350001
电　　话：(0591)87540046
传　　真：(0591)87505617
负 责 人：陈小良
联 系 人：陈志新

福建电广广播广告有限公司

地　　址：福州市古田路2号
邮　　编：350001
电　　话：(0591)83319881
负 责 人：张向荣

福建电广广播广告有限公司成立于1997年，是福建省广播影视集团唯一授权的广播广告代理机构，全

权代理承办福建人民广播电台各频道的广告业务。公司以实力雄厚的广电集团为依托，管理严谨，设备先进，专业人才齐全，作品多次获全国大奖，企划成功个案众多，市场推广力强大，是广大客户把握福建市场的有力盟友。8年来广告创收以年平均30%的高幅增长，2004年度已超过5000万元。

公司全权代理的福建人民广播电台经过锐意深化的改革，现已发展成为综合性、多功能、系列化的广播传媒集群，下辖新闻综合频道、经济频道、交通频道、都市生活频道、音乐频道和东南广播等系列台，广播节目与时俱进，精彩纷呈，信号不仅覆盖全省各地，广东、浙江、江西、台湾及日本东南亚地区均可收听。

福建日报广告总公司

地　　址：福州市华林路84号
邮　　编：350003
电　　话：(0591)87820601
传　　真：(0591)87820601
负 责 人：陈兆伟
联 系 人：曾雅清

《福建日报》是中共福建省委机关报，创刊于1949年8月25日，是福建省发行量最大、覆盖面最广、影响力最强、权威性最高的日报。

作为福建日报社的广告经营部门和综合性专业化广告公司，我们具备了代理发布各类媒体广告业务的综合实力，创作作品连年获得全国性大奖，并曾荣获国家工商局授予的“全国广告公司综合实力50强”和“全国广告行业文明单位”称号，您的每一分投入我们都专注于实效。

公司创办以来，成功地策划过大型活动及创作出的优秀作品、户外广告：

总策划“9·8”福建投资贸易洽谈会首届广告大奖赛；

总策划’96福州国际招商月系列活动；

总策划泉州建市十周年庆典活动；

福州市华林路“名人名言”户外广告一条街的总体规划设计；

《助残篇》等系列公益广告获’96“中华好风尚”为主题的公益广告作品评比“政府奖”、“发展奖”；

为中国联通公司策划的开业广告作品《声音是有表情的》获’96广州日报杯全国广告大赛企业形象银奖、第五届全国广告作品展入围奖；

《百姓登台　商家捧场》、《我们还要盼多久》获得“翔龙杯”第三届全国报纸广告作品评比优秀奖；

《分类广告形象宣传》、《中国银行形象宣传》获得’97广州日报杯全国优秀广告作品评选铜奖；

《福建日报扩版形象宣传》获得第七届中国广告优秀作品展铜奖；

《一个也不能少》获得2000年广州日报杯全国报纸优秀广告奖银奖；

《新世纪春节扩版形象宣传》、《福建日报分类广告形象宣传》获得第八届中国广告节入围奖。

厦门市威扬广告有限公司

地　　址：厦门市吕岭路122号报业大厦11层
邮　　编：361009
电　　话：(0592)5991000　5981000
传　　真：(0592)5569000
联 系 人：黄伟城

厦门市广告协会副会长单位。厦门威扬广告有限公司成立于1998年，是一家以户外媒体经营、大型户外广告工程施工为主的综合性广告公司。目前自主经营户外媒体面积已达一万多平方米，是厦门市比较主要的户外媒体经营公司。在历经七年的发展历程中，成为了福建省首家成功通过ISO9001：2000质量标准体系认证的广告企业，并于2004年7月通过了福建省广告行业“一级广告企业”的资质评定。公司曾荣获 “中国公益百家先进集体”、“爱国报国全国先进模范单位”、“福建省广告行业文明单位”、厦门市“守合同·重信用”企业等光荣称号。

厦门欣美广告有限公司

地　　址：厦门市湖滨西路9号大西洋海景城A幢5D
邮　　编：361004
电　　话：(0592)2392233
传　　真：(0592)2398822

信任，源于实力
实力，源于专业

厦门盛世阳光广告传媒有限公司

地　　址：厦门市后埭溪路28号皇达大厦10JKL
邮　　编：361003
电　　话：(0592)5189555
传　　真：(0592)5187555
负 责 人：钟伟力
联 系 人：陈敏婷

大型户外广告·高速公路沿线广告·全国各大机场广告·《视点时尚》广告。

厦门市博美联合广告有限公司

地　　址：厦门市湖滨北路59号中信惠扬大厦商务

楼22层C—D

邮 编：361012

电 话：(0592)5206868

传 真：(0592)5207878

负 责 人：陈茂强

联 系 人：陈佩琪

精英团队／户外首选

厦门市公交广告有限公司

地 址：厦门湖滨中路64号公交店面40

邮 编：361004

电 话：(0592)5808709

传 真：(0592)5808709

负 责 人：朱金富

联 系 人：蔡静梅

厦门公交广告有限公司成立于1995年3月。显著的社会效益和经济效益获得了全国同行的肯定。公司先后被中央精神文明办和国家工商局评为公益广告先进单位和被省广告协会评为省先进广告公司的称号。公司主要经营车身广告、候车亭广告及行销策划、媒体开发。如今公司以优势的媒体网络、高素质的人才和完善科学的管理屹立于厦门广告之林。我们多次参加中国广告节和其他全国性广告大赛并获得了优异成绩，充分体现了个人优势融于团队运作之中的成效。我们强化服务至上的理念，在服务中与客户共同成长，“真诚”是服务的灵魂，只有如此才能真正做到“双赢”。“创新经营，深化改革”是一贯的主题，“创新”是企业发展的法宝，“改革”则是我们共同经历的精华。

厦门广播电视广告总公司
（厦门厦视广告公司）

地 址：湖滨北路广电中心15楼

邮 编：361012

电 话：(0592)5301998

传 真：(0592)5301988

负 责 人：许英伟

厦门广播电视集团是厦门市委、市政府重要的新闻宣传单位，实行国有事业体制。集团整合厦门电视台、厦门人民广播电台等14家广电事业和企业单位，总资产8.33亿元人民币，员工1100余人。厦门广播电视集团下属广播电视广告公司拥有专业的策划、创意、制作团队，为广大客户提供高素质的全方位广告服务，及时、准确地提供影视剧排期表，月收视率报告，广告播出证明，并备有全程监播带以供查阅广告播出，全电脑化操作保证了高质量的广告画面信号。

厦门广播电视广告公司全面经营管理广电集团现有的综合、纪实、生活、影视、海峡卫视五套电视频道，以及新闻、经济交通、音乐、闽南之声四套广播频率的广告业务，顷力打造东南沿海强势广告媒体，为厦门城市建设，为海峡两岸经济文化交流做出应有的贡献。

广播电视类

福建教育电视台

地 址：福州市五四路217号

邮 编：350003

电 话：(0591)87802248

传 真：(0591)87802248

负 责 人：孙捷敏

福建教育电视台成立于1995年，是隶属于福建教育厅的省级专业电视台。它担负着宣传党和政府的教育方针政策及全省教育改革与发展部署，实施服务于各级各类教育和现代远程教育，普及科学文化知识的重任，是传播福建教育信息，反映福建教育改革发展的权威媒体。

福建教育电视台拥有一流的广播及数字化彩编设备，前、后期制作全部实现了数字化，并实现了数字化播出。节目通过省电视网覆盖全省，全天播出节目约18小时。拥有一支作风扎实、素质过硬的专业技术人员队伍，制作的各类节目融知识性、科学性、权威性、时效性和观赏性为一体，为广大观众了解教育、关心教育、受益教育提供了便捷的渠道和信息平台，营造了全民学习、终生良好的社会氛围。为促进我省两个文明的建设做出了积极的贡献。

宁德电视台

地 址：宁德市坪塔西路2号广电大厦

邮 编：352100

电 话：(0593)2931999

福建省宁德电视台成立于1990年12月。15年来，我们坚持新闻立台、质量兴台的理念，弘扬“团结、务实、创新、敬业”精神，不断深化新闻改革，健全管理机制，改革媒体经营，社会效益和经济效益逐年提高。全台拥有先进的技术设备及技术人才。24小时全天候节目播出，年均有10多件新闻和专题作品在全国和全省评比中获奖。

宁德电视台现有两个节目频道：新闻综合频道和影视综艺频道。节目覆盖全市九县(市、区)及浙南、温州、闽北、福州毗邻地区，收视人口800万。主打栏目有《闽东新闻》、《社会观察》、《以案释法》、《红绿灯下》、《旅游时空》、《宁德党建》、《大片影评》、《黄金剧场》等。为宣传宁德、服务全市经济建设和改革开放做出了积极的贡献，已成为宁德市唯一的电视传播主流强势媒体。

龙岩电视台新闻综合频道

地　　址：龙岩市中山西路4号楼303、304室
邮　　编：364000
电　　话：(0597)2103336　2103338　2103331
传　　真：(0597)2103331　2103336

龙岩电视台新闻综合频道(原无线台)每天24小时播出，是闽西电视媒介主频道，节目信号覆盖全市五县一市一区和漳州、泉州以及江西赣州、广东梅州的部分县市，总覆盖人口400万。

新闻综合频道主打栏目有《龙岩新闻联播》、《百姓视点》、《社会广场》。黄金强档电视剧场每日两集强劲播出，是闽西收视群体最多的电视频道。

新闻出版类

海峡都市报社

地　　址：福州市华林路84号福建日报大楼8层
邮　　编：350003
电　　话：(0591)87095497
传　　真：(0591)87095337

好新闻.好生活
海峡都市报的全资子公司——
海都传媒与您共同缔造辉煌

闽西日报社广告总公司

地　　址：龙岩市登高东路155号
邮　　编：364000
电　　话：(0597)2317060

《闽西日报》是中共龙岩市委机关报，创刊于1949年9月9日，1992年7月1日由周三刊改为周六刊；1994年改为对开四版；1997年元旦，实现天天出彩报；2000年，每周增出一张对开四版报纸；2002年7月1日，每周再增出一张对开四版报纸。2005年再次扩版，从周一至周五，平均每天出对开八版报纸。

伴随着新中国前进的步伐，闽西日报社取得了长足的发展，已形成了一个凝聚力强、开拓力度大的领导班子，建立了一支政治强、业务精、纪律严、作风正的新闻采编队伍。目前，报社共拥有员工125人(其中编辑部93人、印刷厂32人)，具有高级职称者7人，中级职称30人，初级职称19人。报社现拥有总建筑面积5200平方米的办公大楼和电脑新闻采编系统、激光照排系统、塔式印刷机等先进设备，形成了采编、出版、印刷为一体的办报格局。

《闽西日报》以“鲜明党性，闽西特色”为办报宗旨，立足闽西，面向世界；坚持政治家办报，企业化管理，市场化经营，社会化服务的办报方针。近几年来在全国和全省好新闻评选中屡屡获奖，尤其是2003年，闽西日报在福建新闻奖和中国地市报新闻奖评选中，获奖总件数和一等奖的件数均取得了历史性突破，其中：有14件作品获福建新闻奖，有5件作品获福建新闻奖一等奖；有9件作品获中国地市报新闻奖，有2件作品获一等奖；有3件作品获中国时事报道好新闻奖，1件获一等奖。

在报纸印刷质量方面，报社也多次获得全省报刊印刷质量优质奖。报社印刷厂继2001年投资600多万元购买“北人”塔机后，2004年又购买了四开胶印机，更新了照排机、扫描仪，为提高印刷质量打下了基础。目前，报社印刷厂已具备对开八版双面彩色报纸的印刷能力，能承担铜版纸和高档印刷品的印刷业务。

2002年3月，报社组建发行中心，《闽西日报》实现自办发行。自办发行当年见效，取得了“三提高一降低”(报纸发行量提高、投递时效提高、报款回笼率提高及发行费率降低)的好成绩。目前，《闽西日报》日发行量60000多份，报纸人均发行量居全省首位。

东南快报社

地　　址：福州市北环中路131号时代金典大厦四楼
电　　话：(0591)87809408
邮　　编：350003
负 责 人：陆永和
联 系 人：吕莺

办福建最有影响力的报纸

《东南快报》2004年大举进攻闽南市场，形成以福建省会城市福州为中心，密集覆盖厦门和闽南漳州、泉州等重点地区的读者群的强劲发展格局，是目前福建省唯一大面积覆盖福厦两个重点城市的都市类日报，全省期发行量30万份以上。福州地区期发行量近20万份，其中征订入户率稳居第一，覆盖率高达98%以上。

《东南快报》目前为日均4开48版，最多版数72版，在同城媒体中以差异化版面彰显新锐、年轻、时尚的风格，信息量大、新闻快捷，深得企业精英、白领阶层、政府公务员等高收入知识群体的喜爱。

《东南快报》广告年增幅在福州地区位居第一，达143.98%。房地产广告增幅最大，高达156.99%；机动车、通讯广告增势强劲，保健品广告和医药广告继续领先。

海峡导报社

（福建海峡传播总公司）

地　　址：厦门市厦禾路820号帝豪大厦24层
邮　　编：361004
电　　话：(0592)2961588
传　　真：(0592)2960018
负 责 人：史可成
联 系 人：黄志龙

由福建日报报业集团主办的《海峡导报》于1999年3月9日在厦门创刊，是目前全国唯一以对台宣传为主的综合性市民生活报。创刊以来，《海峡导报》以满足市民需要为办报宗旨，正在迅速成长为本地最强大的一份新兴主流媒体。

《海峡导报》发行量不断增长，目前已经实现重点覆盖岛内、全面覆盖厦门的目标，并辐射泉漳地区。海峡导报还拥有厦门最庞大的发行和物流网络，是本埠零售量最大的报纸。

《海峡导报》拥有一群优质读者，他们的年龄、教育、职业、收入等都代表着厦门的主流消费群体，是备受广告主青睐的目标受众。高度的广告关注度、持续上升的忠诚度、低廉的千人成本、性价比最高等媒体优势使《海峡导报》成为众多广告客户的首选。而专业贴身的客户服务使媒企合作更加紧密。近年内，《海峡导报》广告呈快速发展的势头，2003年和2004年广告总量同比增长率分别达到78%和59%，远远高于同城其他报纸，其中房地产、通讯、机动车、家电等多种行业的广告增幅位均居各媒体之首，显示出强劲的市场影响力。

福建青年杂志社

地　　址：福州市晋安金鸡山路23号
邮　　编：350011
电　　话：(0591)87336950
传　　真：(0591)87336048
负 责 人：刘小敏
联 系 人：陈春新

青年博览，全国百种重点社科期刊。

青春潮，华东地区最佳期刊 福建省学生最喜欢的刊物。

厦门日报社

地　　址：厦门市吕岭路122号报业大厦十三层
邮　　编：361000
电　　话：(0592)5581515
传　　真：(0592)5581505
负 责 人：章军
联 系 人：何晓宁

作为中共厦门市委机关报，厦门日报创刊于1949年10月22日。50多年来，厦门日报社发展迅速，《厦门日报》目前已经成为日出对开20版以上、发行量18万份的大报。厦门日报社已形成《厦门日报》、《厦门晚报》、《厦门商报》、《海峡生活报》和海峡新闻网站等四报一站的格局。

作为厦门市权威主流媒体，厦门日报是广大企事业单位员工及市民政治、经济、文化生活不可或缺的权威新闻来源、资讯获取途径和精神产品。厦门日报恪守“权威、实用、互动”的办报宗旨，以深度化新闻、专业化专版、精细化版面表现赢得广大读者的好评。厦门日报社所拥有的主报、子报曾多次获得全国、省、市好新闻、好版面奖。

厦门日报社是全国报业综合实力30强单位，连续多年广告纯收入突破亿元，最近几年一直稳居福建纸媒体第一位，覆盖地区为经济较发达的闽东南，成为该区域发行量和影响力最大的报纸。报纸印刷质量连续多年跨入全国优秀行列。

故事林杂志社

地　　址：福州市鼓楼区通湖路驿里直街8号通湖苑1座406室
邮　　编：350001
电　　话：(0591)7613908
联 系 人：潘敬华

福州日报广告部

地　　址：福州市鼓楼区小柳路85号
邮　　编：350025
电　　话：(0591)3799188
传　　真：(0591)3721974
负 责 人：林永金
联 系 人：王宁英

江西省

公 司 类

南昌市绿风广告有限公司

地　　址：南昌市中山西路28号名实花园高层北楼A座5、6楼
邮　　编：330008
电　　话：(0791)6592821
传　　真：(0791)6592507
负 责 人：宁建亚
联 系 人：周小平

南昌市绿风广告有限公司是江西一家实力雄厚的本土广告公司；是经营理念新颖、极具活力的新一代广告公司；也是集策划、创意与设计、制作、媒体代理、礼仪庆典于一体的综合性广告公司。公司以报纸媒体资源整合、媒体发布为主体业务，长期以来，积淀了在医药、汽车行业推广的核心能力和智慧及经验，并形成统一、严谨的作业流程。连续多年在省内报纸媒体广告代理业务量名列前茅。

绿风广告自2001年起，就一直致力于全心服务医药及汽车行业客户，并且取得了宝贵的经验，公司立足于本土市场，强势一级代理江西主流媒体的报纸广告业务，为了更方便让利于客户，绿风先后买断几大报纸医药、汽车行业版面的广告代理权，为广大客户开启了方便之门。特别在医药、汽车行业，惊喜的折扣价，贴心的服务会令每一位广告主心动。

2005年绿风与《江南都市报》、《信息日报》等本地主流报纸建立了更深层的合作关系，公司整合本土优势，为您的广告发布提供更广阔的空间，我们以娴熟的医药、汽车行业推广经验，为您的产品畅销江西市场开启了大门。期待与您真诚合作共赢江西市场！

江西省邮政广告公司

地　　址：南昌市桃苑大街8号
邮　　编：330025
电　　话：(0791)6590732
负 责 人：刘鸿沟

江西达仁广告公司

地　　址：南昌市洛阳东路现代庄园135号
邮　　编：330029
电　　话：(0791)8272158
负 责 人：傅达仁

江西江都广告公司

地　　址：南昌市豫章路1号
邮　　编：330006
电　　话：(0791)8700687
负 责 人：赵小青

江西利德广告公司

地　　址：南昌市北京西路2号
邮　　编：330046
电　　话：(0791)6221818
负 责 人：熊安华

江西年代广告公司

地　　址：南昌市桃苑大厦
邮　　编：330009
电　　话：(0791)6528419
负 责 人：杜卫东

江西智成广告公司

地　　址：南昌市省府大院内
邮　　编：330046
电　　话：(0791)6350183
负 责 人：王成民

抚州市神韵传播有限责任公司

地　　址：抚州市临川大道53号
邮　　编：344000
负 责 人：朱通光

赣州天成广告有限公司

地　　址：赣州市健康路109号
邮　　编：341000
电　　话：(0797)8223067
负 责 人：苏文涛

九江中视广告有限公司

地　　址：九江市浔阳东路36号
邮　　编：332000
电　　话：(0792)8589741
传　　真：(0792)8555949
负 责 人：康宁

广播电视类

江西电视台广告中心

地　　址：江西省南昌市北京西路88号23层
邮　　编：330046
电　　话：(0791)6301111
传　　真：(0791)6301333
负 责 人：张晓建
联 系 人：张轶琳

2004年江西电视台各频道已覆盖全省，其中江西卫视100%覆盖本省并已覆盖全国29个省会城市，800个县级以上城市，拥有全国3亿以上的观众。

2004年江西电视台占全省收视份额高达61%。江西卫视在北京、上海、杭州等城市收视位居全国卫视台前三位！

2004年江西卫视在华东地区喜爱率达到23.6%，在全国省级卫视中排名第一位。

江西人民广播电台广告经营管理中心

地　　址：南昌市北京西路广电中心
电　　话：(0791)8313750
负 责 人：程普

南昌电视台

地　　址：南昌市民德路经济大楼21层
邮　　编：330008
电　　话：(0791)6784204
负 责 人：王国昌

萍乡市广播电视广告中心

地　　址：萍乡市滨河西路江湾里
邮　　编：337000
负 责 人：刘群兰

上饶电视台

地　　址：信州区庆丰路51号
邮　　编：334000
电　　话：(0793)8300830
传　　真：(0793)8300880
负 责 人：吴广山

宜春市电视台广告中心

地　　址：宜春市环城西路600号
邮　　编：336000
电　　话：(0795)3223530
负 责 人：祝明华

鹰潭市电视台广告部

地　　址：鹰潭市建设路1号
邮　　编：335000
传　　真：(0701)6258288
负 责 人：杨水斌

新闻出版类

江西日报广告部

地　　址：南昌市阳明路190号
邮　　编：330006
电　　话：(0791)6849908
负 责 人：陶国芳

南昌日报广告部

地　　址：南昌市象山北路374号
邮　　编：330008
电　　话：(0791)6822471
负 责 人：陈清华

都市消费报广告部

地　　址：南昌市阳明路出版大厦
邮　　编：330006

负 责 人：应晓胜

江南都市报广告部

地　　址：南昌市阳明路190号
邮　　编：330006
负 责 人：龙和南

江西商报广告部

地　　址：南昌市苏圃路335号
邮　　编：330006
电　　话：(0791)6393421
负 责 人：丁子

经济晚报广告部

地　　址：南昌市省委大院内
邮　　编：330006
负 责 人：邓景亮

九江日报广告中心

地　　址：九江市南湖支路17号
邮　　编：332000
负 责 人：谭振威

信息日报广告部

地　　址：南昌市阳明路190号
邮　　编：330006
电　　话：(0791)6849321
负 责 人：熊中桂

山东省

公 司 类

山东信通广告有限公司

地　　址：济南市堤口路七号
邮　　编：250031
电　　话：(0531)85868855
传　　真：(0531)85868867
负 责 人：米海青
联 系 人：刘斌

山东信通广告有限公司系山东省大型专业广告公司，被中国广告协会评为2001年全国广告行业百强企业之一。公司经营业务范围包括广告制作与发布、广告工程施工、展览与展示、大型活动策划、环境策划、企业CI策划、整合营销传播、影视制作等方面，多年来始终保持快速稳定的发展势头。

公司配有苹果电脑设计系统、大型三维电脑雕刻系统、宽幅刻字机、高精度写真喷绘机、哈苏摄影设备、SONY数字影视编辑制作系统等各类广告制作设备，独资兴建了济南市首座人行过街天桥，拥有7000余平方米的自主户外广告媒体，代理省内各大新闻媒体广告业务。

公司先后为中国网通、中国联通、中国移动、台湾宏基、广西玉柴及政府部门、社会团体等客户提供专业化服务，运作了信息技术博览会、小灵通有奖征文、中国网通山东市场调查、大型企业年会、原创短信大赛、奥运健儿庆功会、交响音乐会等大型活动。公司有多人、多件作品曾在国家和省级广告大赛中获奖。

山东北斗广告有限公司

地　　址：济南市马鞍山路2号南郊宾馆俱乐部3020室
邮　　编：250002
电　　话：(0531)82965556
传　　真：(0531)82965556
负 责 人：王令华
联 系 人：侯莹

山东北斗广告公司是一家以户外广告发布和霓虹灯工程制作业为主体的大型广告公司。

买断济南国际机场和山东境内高速路68只单立柱30年的广告经营权；

拥有山东境内自建媒体27600平方米；

拥有全国各大城市自建媒体35400平方米及庞大的媒体网络；

拥有十二年的户外代理发布经验；

拥有一流的霓虹灯制作队伍及广告制作经验。

青岛金桥广告有限公司

地　　址：青岛市香港西路67号光大国际金融中心9层C-E室
邮　　编：266071
电　　话：(0532)83877876
传　　真：(0532)83877876
负 责 人：刘志刚
联 系 人：蓝卉

本公司成立于1992年，注册资金218万元。目前拥有50余名员工，固定资产达1000万元以上，年广告营业额达到1亿元。

本公司始终坚持“仁和、高效、创新、诚信”的理念宗旨，高起点全方位地为客户提供亲情化的优质服务，迅速成长为青岛市平面媒体广告代理首屈一指的专业公司，连年被省市工商局评为“守合同重信用”企业，青岛市广告协会先进单位。

注重提升企业文化内涵，积极推进学习型组织建设，是本公司最突出的特点；从而增强了企业的和谐，锤炼了一支特别能战斗的员工队伍。

山东省国际广告有限公司

地　　址：济南市纬一路71号
电　　话：(0531)86911157
负 责 人：李国平

山东鲁能国际广告有限公司

地　　址：山东省济南市经三纬二路14号12楼
邮　　编：250001

电　　话：(0531)86035226
负 责 人：高洪德

山东北方广告有限公司

地　　址：德州市德兴北路75号
邮　　编：253001
电　　话：(0534)2108199
负 责 人：李秀清

山东大成传媒有限公司

地　　址：山东省济南市经十路89号
邮　　编：250062
电　　话：(0531)82927656
负 责 人：王世华

山东大众广告公司

地　　址：山东省济南市经十路46号
邮　　编：250014
电　　话：(0531)82616676
负 责 人：张红军

山东东方博大传媒有限公司

地　　址：济南市泉城17号
邮　　编：250011
电　　话：(0531)86098757
负 责 人：孙东

山东三石广告有限公司

地　　址：济南市民生大街头2号三箭银苑A座19层
邮　　编：250001
电　　话：(0531)82067206
负 责 人：张梁

山东视网联媒介发展股份公司

地　　址：济南市经十路81号
邮　　编：250062
电　　话：(0531)82663057
负 责 人：陈新民

山东新之航文化传播有限公司

地　　址：济南市经七路223号东方大厦五楼
邮　　编：250001
电　　话：(0531)86905686
负 责 人：冯捷

广播电视类

山东电视台

地　　址：济南市经十路83号
邮　　编：250062
电　　话：(0531)82956688
传　　真：(0531)82951384
负 责 人：韩国强
联 系 人：袁宗凯

情　悠悠齐鲁，泱泱之风，情情相连。所谓“情”，心系天南地北，一诺千金。

山东电视台广告部有这样的承诺：一天有多久？只有24小时，无论何时何地，我们总会出现在您最需要的时刻。世界有多大？只有您的心最大，无论何时何地，我们都是您心中最真情的温暖。

义　山川不改，岁月依旧。所谓“义”，投入产生价值，回报深于大海。

山东电视台广告部有这样的广告经营理念：客户的成功，是我们最大的心愿。创新媒体、创意广告、创造市场，让我们的“上帝”对媒体可挑可选。

诚　君子如玉，润泽以温，如琢如磨，谓之“诚”——专业时段明确，提供广告服务超市般的选择。

山东电视台广告部有这样绚丽多彩的“后光”：四十余年的精心打造，老将新秀荟萃荧屏，精彩无限，快乐无限。

智　穿越历史之行旅，厚德载物，沐传媒时代之先风谓之“智”。

山东电视台在全国落地，拥有最广泛，最忠诚的观众群。省内消费空间巨大，具有优厚的市场支撑力，全省GDP总量超过1万亿元。

和　当企业遇到广告，当广告遇到电视，当电视遇到我们，有限空间，无限创意，相同的理想，共同的腾飞。

情深似大海　义重如泰山

山东教育电视台广告信息部

地　　址：济南市千佛山西路38号
邮　　编：250014
电　　话：(0531)85591030
传　　真：(0531)85591030
负 责 人：刘振海

联 系 人：王锋

山东教育电视台又称中国教育电视山东台，于1995年3月1日正式开播，是原国家教委与山东省人民政府适应“科教兴国”的战略联合开办的卫星电视教育专业台，主要承担为全国基础教育服务的任务。十年来，在教育部和山东省政府的正确领导下，山东教育电视台遵循“立足山东，服务全国；立足教育，服务社会”的原则，坚持正确的办台宗旨，解放思想，锐意改革，形成了自己鲜明的特色，事业取得了长足的发展。

山东教育电视台信号通过“亚太1A”卫星和鑫诺卫星传送，覆盖全国及周边30多个国家和地区。全国收转、收录山东教育电视台节目的县级以上电视机构(有线电视网络)500余家，电视用户已逾3700多万户，加之众多中小学校及其他企事业单位闭路网络的收转，电视信号覆盖人口近2亿。

济宁市广播电视局(台)

地　　址：济宁市常青路9号
邮　　编：272037
电　　话：(0537)2231686
传　　真：(0537)2231686
负 责 人：李进普
联 系 人：王立强

济宁，位于山东省的南部，拥有800万人口，总面积11000平方公里，辖曲阜、兖州、梁山、微山等12个县(市)区。济宁是驰名中外的孔孟之乡、运河之都，是东方文化的发祥地之一。这里山川秀美，景观云集，历史悠久，文化发达。开启儒家思想文化先河，对中国社会历史的发展产生极其重大而深远影响的“五大圣人”孔子、孟子、颜子、曾子、子思子都诞生在这块儒雅敦厚的圣土。历史的沉淀，文化的陶冶，使得济宁成为中国人文景观最集中最辉煌的地区之一。

济宁市广播电视局(台)是2001年9月经济宁市人民政府批准，由济宁市广播电视局和直属广播电台、电视台、广播电视信息网络中心、广播电视报社等合并组建的区域强势媒体，实行“局台合一”的体制，既是市政府主管广播电视宣传和广播电视工作的职能部门，也是发展广播电视产业、承担国有资产保值增值责任的经营单位，具有独立的事业法人地位，现有干部职工近400人。近年来，按照“政治家办台、市场化经营、企业化管理、规模化发展”的总体工作思路，全市广播电视事业进入了良性循环、健康发展的快车道。目前拥有4套广播节目，3套电视节目，1份报纸和1个覆盖全境的有线电视网。广播节目日播出72小时，电视节目日播出45小时，报纸期发行20万份，有线电视用户超过55万户。

2002年12月建成并投入使用的济宁广播电视大楼，投资1.2亿元，高21层，建筑面积25000多平方米，是一座现代化的广播电视综合大楼，对于改善济宁广播电视的节目制作、新闻宣传、技术保障、信息传输条件，增强济宁广播电视的综合竞争力，起到了非常重要的作用。

威海市广播电视台

地　　址：威海市文化中路66号
邮　　编：264200
电　　话：(0631)5817731
传　　真：(0631)5817731
负 责 人：王悦之
联 系 人：刘海涛

威海电视广告中心组建于2002年2月，隶属于威海市广播电视台。2005年与方正延中传媒合作，独立经营威海电视台三个频道的所有广告经营业务。

威海电视台现有新闻综合频道、经济生活频道两套无线频道和信息娱乐频道一套有线频道，通过有线、无线两种方式双重传输，分别在荣成、文登、乳山、昆嵛山设有转播台，昆嵛山转播台使用10千瓦发射机传输电视信号，保证了电视节目的有效落地。全面覆盖威海市三市一区(荣成、文登、乳山、环翠区)，全市稳定的可接受家庭85万户，可接受人口295.5万人，覆盖率高达98.5%。

据威海电视收视情况调查报告显示，在18：20—22：00时段，威海电视台各频道的影响力一直遥遥领先。威海电视台通过完善的网络、稳定的信号实现了对全市各级乡镇的全面覆盖。

威海电视广告中心现有广告业务一部、广告业务二部、本地市场部、外地市场部、制作部、综合管理部五个部门。机构设置简练、精干，人员结构合理。形成了一个团结、向上的团队。产品要做威海市场，威海电视台各频道应该是首选的广告载体。

菏泽市广播电视台

地　　址：山东菏泽中华东路28号
邮　　编：274033
电　　话：(0530)5332993
传　　真：(0530)3960899
负 责 人：刘付德
联 系 人：王艳丽

拥有200多人的专业队伍，形成新闻、社教、文艺、外宣、服务、国际节目和电视剧等相结合的完整电视宣传格局。具备市级台先进的技术设备，无线、有线同时发射，有效覆盖全市及周边地区。突出地方文化的个性与品位，为观众奉献最新最快的娱乐和信息资讯。

1500万的受众市场，四省交汇处的无限商机，菏泽电视台广告中心，你值得信赖的信息传递服务平台。

开办新闻综合频率、交通文艺之声、戏曲频率，均为5KW调频、10KW调幅，全天24小时不间断播出。

山东人民广播电台

地　　址：山东省济南市经十路81号
邮　　编：250062
电　　话：(0531)82951295-6385
负 责 人：于钦彦

齐鲁电视台

地　　址：山东省济南市经十路81号
邮　　编：250062
电　　话：(0531)82956688-2729
负 责 人：闫爱华

青岛电视台广告信息部

地　　址：青岛市市南区宁夏路200号
邮　　编：266071
电　　话：(0532)85701888
传　　真：(0532)85701689
负 责 人：鞠侃彬

潍坊市电视台广告部

地　　址：潍坊市胜利东街85号
邮　　编：261041
电　　话：(0536)8781333

东营电视台

地　　址：东营市南一路1229号
邮　　编：257091
电　　话：(0546)8333358
传　　真：(0546)8333358
负 责 人：马洪军

枣庄市广播电视广告传播中心

地　　址：枣庄市中区龙廷路24号
邮　　编：277100
电　　话：(0632)3319658
传　　真：(0632)3319658
负 责 人：张龙海

淄博市电视台

地　　址：淄博市张店区华光路广电大厦
邮　　编：255000
电　　话：(0533)3186648
负 责 人：于明芝

新闻出版类

半岛都市报社

地　　址：青岛市湖北路5号
邮　　编：266001
电　　话：(0532)82886263
传　　真：(0532)82886263
负 责 人：毕华德
联 系 人：林国栋

日发行92万份。
年广告收入3亿元。
高密度覆盖青岛及山东半岛沿海城市。
青岛市每1.26户订阅一份半岛都市报。
青岛市广告产出投入比更高的报纸。
携手国内外驰名品牌共同打造诚信市场。

菏泽日报社

地　　址：山东省菏泽市太原路南路21号
邮　　编：274008
电　　话：(0530)5969510　5969595
传　　真：(0530)5969586
负 责 人：赵锋利
联 系 人：汪亚辉

山东省菏泽市是著名的牡丹之乡、戏曲之乡、武术之乡和书画之乡。《菏泽日报》是中共菏泽市委机关报，创刊于1991年10月1日，彩色印刷，自办发行，期发行7万余份。报社总资产达6000多万元，年经营收入1800万元。

报社先后荣获山东省“十佳”报纸、省级精神文明先进单位和全国地方报社管理先进单位，中国报业(经营管理)创新奖等荣誉。有600余件作品获全国地市报新闻奖、山东省新闻奖、山东省地市报新闻奖，3件作品获山东省精神文明建设“精品工程”奖，有3篇作品获中国新闻奖铜奖。

《牡丹晚报》是菏泽日报社主办的鲁西南地区惟一的一张生活类晚报，新闻时效性强，广告效果好，成为菏泽老百姓每日必备的精神食粮。正版每天出版四开十六版或二十四版，彩色印刷；每星期三同时出版“家教导刊”，每星期六出版“新周刊”。《牡丹晚报》目前发行量约5万份，是一张综合性晚报，并多次获全国、全省新闻奖。

菏泽日报社广告中心是全市最具实力的媒体广告公司,负责《菏泽日报》、《牡丹晚报》的广告经营业务，拥有专业策划制作人员和先进制作设备。除两报广告外，还开展本市其他媒体广告代理及商务代理。

齐鲁晚报编辑部

地　　址：山东省济南市经十路46号
邮　　编：250014
电　　话：(0531)82618086
负 责 人：张瑞云

山东商报社

地　　址：济南市山师东路4号
邮　　编：250014
电　　话：(0531)86941741
负 责 人：林平

生活日报

地　　址：济南市经十路东首46号
邮　　编：250014
电　　话：(0531)82963188
负 责 人：王大千

烟台日报社广告部

地　　址：芝罘区北大街54号
邮　　编：264000
电　　话：(0535)6218908
负 责 人：郑强

河南省

公 司 类

河南宏成广告传播有限公司
地　　址：郑州市金水区经三路 66 号 1 号楼 903
电　　话：(0371)65862566－833
负 责 人：程莉

河南惠乔广告有限公司
地　　址：郑州市东明路 218 号索克大厦 6511 房
邮　　编：450004
电　　话：(0371)65677251
负 责 人：付青

河南路港广告有限公司
地　　址：郑州市金水区柳林 107 国道立交桥东南侧
电　　话：(0371)65329222
负 责 人：张金平

河南省蓝焰广告文化发展有限公司
地　　址：郑州市顺河路 11 号
电　　话：(0371)66322051
负 责 人：贺今伟

河南省忆通广告有限公司
地　　址：郑州市丰产路 28 号
电　　话：(0371)63866055
负 责 人：傅新卉

河南天明公交广告有限公司
地　　址：郑州市高新区瑞达路 96 号科技创业广场
电　　话：(0371)68232587
负 责 人：姜明

河南天运一品广告有限公司
地　　址：郑州市东明路 218 号索克大厦 6610 室
负 责 人：王英力

河南维思广告有限公司
地　　址：郑州市经三路 28 号
电　　话：(0371)65786254
负 责 人：田春

河南新天明广告信息传播有限公司
地　　址：郑州市管城回族区金城街 36 号 4 号楼 5 号
电　　话：(0371)65723658
负 责 人：姜明

河南新众力广告传播有限公司
地　　址：郑州市未来路 71 号 B 座 1504 房
邮　　编：450008
电　　话：(0371)65615501
负 责 人：张红艳

广播电视类

河南电视台
地　　址：郑州市郑花北路 18 号
电　　话：(0371)68268402
负 责 人：周绍成

河南人民广播电台
地　　址：郑州市经五路 2 号
电　　话：(0371)68266070
负 责 人：赖谦进

新闻出版类

河南日报社广告部
地　　址：郑州市农业路东 28 号报业大厦
邮　　编：450008
电　　话：(0371)65796126

负 责 人：路国贤

大河报社广告中心

地　　址：郑州市农业路东28号
电　　话：(0371)65796166
负 责 人：路国贤
联 系 人：常红雷

河南法制报社

地　　址：郑州市纬四路5号
电　　话：(0371)65831006
负 责 人：郑修鹤

河南商报

地　　址：郑州市花园路85号新闻大厦
邮　　编：450003
电　　话：(0371)65582395
负 责 人：李兴华

河南新闻出版报社

地　　址：郑州市经五路66号
电　　话：(0371)65748602
负 责 人：孙法智

经济视点报社

地　　址：郑州市政六街5号
邮　　编：450008
电　　话：(0371)63862338
负 责 人：高光玉

湖北省

公 司 类

湖北省电信公司武汉电信号簿广告分公司

地　　址：武汉市江汉区常青花园中环西路常青支局
邮　　编：430017
电　　话：(027)82788899

湖北电广传媒有限公司

地　　址：武汉市江岸区江汉北路九远大厦 20 层
邮　　编：430022
电　　话：(027)85730991

湖北东方广告信息公司

地　　址：武汉市武昌区中北路 156 号
邮　　编：430077
电　　话：(027)87326469－8888

湖北东方视博传播有限公司

地　　址：武昌长湖小区南方大厦 A 座 8F
邮　　编：430060
电　　话：(027)88079807

湖北航空港广告有限责任公司

地　　址：武汉市江汉区贺家墩 217 号
邮　　编：430015
电　　话：(027)83518738

湖北恒信堂广告有限公司

地　　址：武汉市青山区冶金大道 32 号
邮　　编：430030
电　　话：(027)85491321

湖北华融国际广告有限公司

地　　址：武汉市利济北路 78 号
邮　　编：430022
电　　话：(027)85848337

湖北南方金鹰航空广告有限责任公司

地　　址：武汉市江汉区常青路民航里 2 号
邮　　编：430023
电　　话：(027)85300480

湖北正典广告装饰工程有限责任公司

地　　址：武汉市江岸区三阳路 128 号三阳广场 B 座
邮　　编：430014
电　　话：(027)82742201

湖北知音广告有限责任公司

地　　址：武汉市武昌区水果湖东湖路 16 号知音大厦
邮　　编：430071
电　　话：(027)87129048

湖北中兴广告装饰有限责任公司

地　　址：武汉市邬家敦 115 号 C 区七楼
邮　　编：430023
电　　话：(027)85880948

武汉奥林体育广告有限公司

地　　址：桥口区解放大道 612 号
邮　　编：430031
电　　话：(027)83750749
负 责 人：高峰

宜昌建宏传媒广告有限公司

地　　址：宜昌市西陵二路 25 号
邮　　编：443000
电　　话：(0717)6753227 6733801
传　　真：(0717)6753227
负 责 人：林金城

广播电视类

湖北人民广播电台
地　　址：武汉市汉口解放大道1237号
邮　　编：430022
电　　话：(027)85791532

湖北电视台
地　　址：武汉市紫金村特1号
邮　　编：430071
电　　话：(027)87329878

武汉电视台
地　　址：江岸区建设大道620号
邮　　编：430015
电　　话：(027)85789927-56
负 责 人：成珈乐

湖北楚天广播电台
地　　址：武汉市汉口解放大道563号
邮　　编：430022
电　　话：(027)85762122

湖北电视台经济频道
地　　址：武昌中南路84号
邮　　编：430071
电　　话：(027)87321380

黄石电视台广告部
地　　址：黄石市武汉路188号
邮　　编：435000
电　　话：(0714)6266766
传　　真：(0714)6266766
负 责 人：祁少斌

潜江市电视广告中心
地　　址：潜江市章华大道
邮　　编：433100
电　　话：(0728)6250093
负 责 人：胡同章

三峡广播电视总台
地　　址：宜昌市西陵二路25号
邮　　编：443000
电　　话：(0717)6453558
传　　真：(0717)6453558
负 责 人：吴玲

新闻出版类

武汉晨报
地　　址：江汉区建设大道长江日报路特1号
邮　　编：430015
电　　话：(027)85771888转8802
负 责 人：李翔

古今故事报
地　　址：武昌黄鹂路75号
邮　　编：430077
电　　话：(027)86786507

三峡商报
地　　址：宜昌市东山大道119号
邮　　编：443000
电　　话：(0717)6462359　6445356
传　　真：(0717)6461266
负 责 人：潘旺雄

知音杂志社
地　　址：武昌区水果湖东湖路知音大厦
邮　　编：430070
电　　话：(027)87129055
负 责 人：王毅

湖南省

公 司 类

湖南电广传媒广告分公司

地　　址：湖南省长沙市浏阳河大桥东省广电中心西裙楼2楼
邮　　编：410003
电　　话：(0731)4837001
传　　真：(0731)4837013
负 责 人：罗伟雄

全国覆盖、全国收视、全国品牌、全国市场。

湖南广视广告公司

地　　址：长沙市劳动路368号
邮　　编：410015
电　　话：(0731)5179098
传　　真：(0731)5175122
负 责 人：汪湘陵

湖南美特广告有限公司

地　　址：长沙市芙蓉中路二段89号
邮　　编：410001
电　　话：(0731)4896054
负 责 人：张进

湖南省郴州市公共汽车公司

地　　址：郴州市人民西路
邮　　编：423000
电　　话：(0735)2325381
负 责 人：李春冬

湖南省天地人广告有限公司

地　　址：长沙市韶山北路410号
邮　　编：410007
电　　话：(0731)5515566
负 责 人：邓忠

湖南省拓通广告有限公司

地　　址：长沙市解放西路江源大厦1907
邮　　编：410005
电　　话：(0731)2273111
传　　真：(0731)2273222
负 责 人：黎壮宇

湖南唐人神集团股份有限公司

地　　址：湖南株洲古大桥
邮　　编：412007
电　　话：(0733)8591298
负 责 人：陶一山

株洲市公交广告有限责任公司

地　　址：株洲市人民南路93号
邮　　编：412000
传　　真：(0733)8234666
负 责 人：何武

广播电视类

湖南人民广播电台

地　　址：长沙市雨花路167号
邮　　编：410007
电　　话：(0731)5547207
负 责 人：王本锡

湘西电视台广告部

地　　址：吉首市砂子坳
邮　　编：416000
电　　话：(0743)8222515
负 责 人：傅芳

新闻出版类

湖南日报社广告处

地　　址：长沙市芙蓉中路一段438号
邮　　编：410005
电　　话：(0731)4329888
负 责 人：唐儒轸

长沙晚报社

地　　址：长沙市晚报大道2号
邮　　编：410016
电　　话：(0731)2205807
传　　真：(0731)2205053
负 责 人：刘绍佳

常德日报、常德晚报

地　　址：湖南常德市武陵大道410号
邮　　编：415000
传　　真：(0736)7726355
负 责 人：王承英

郴州日报社广告部

地　　址：郴州市苏仙北路24号
邮　　编：423000
电　　话：(0735)2882653
负 责 人：肖向荣

怀化日报社

地　　址：怀化市迎丰中路667号
邮　　编：418000
电　　话：(0745)2712029
传　　真：(0745)2714025
负 责 人：杨宏森

三湘都市报社

地　　址：长沙市芙蓉北路一段44号
邮　　编：410005
电　　话：(0731)4329713
负 责 人：马宁

潇湘晨报社

地　　址：长沙市韶山南路258号
邮　　编：410004
电　　话：(0731)5015688
负 责 人：龚曙光

益阳日报广告部

地　　址：长益路市委大院
邮　　编：413000
电　　话：(0737)4223845
传　　真：(0737)4223845
负 责 人：孙国基

广东省

公司类

上海李奥贝纳广告有限公司广州天河分公司

地　　址：广州市黄埔大道西33号三新大厦24楼
邮　　编：510620
电　　话：(020)38201900
传　　真：(020)38201892
负 责 人：陈兆宇

星传媒体集团(Starcom MediaVest Group)在2004年度法国戛纳“国际广告节”上荣获4项最高荣誉——“媒体金狮”大奖；

星传媒体(广州)2003年度营业额超过19亿元，名列广东省第一位。

星传媒体是从属于法国阳狮集团(Publicis Group)的专业媒体代理公司，在全世界76个国家设有110间分公司，拥有员工超过4800名，总部设在美国芝加哥。

作为专业的媒体策划和购买代理机构，星传媒体提出了“品牌助燃器”(Fueling Brand Power)的服务与经营理念，市场认知与洞察及消费者认知与洞察是星传媒体的核心力量，也是星传媒体一直走在市场前面的关键所在；同时，星传媒体又是媒介行业的思想先锋，总是力求探索和挖掘最好的方式为客户塑造品牌和创造价值。

星传媒体在中国现有3个分公司，分别设于北京、上海和广州，拥有员工超过280名，媒介策划和购买服务遍布中国300多个城市，是中国媒体购买量最大的媒体代理机构之一。

星传媒体目前拥有的客户包括宝洁、可口可乐、通用汽车、美赞臣、达能、通用磨坊、立邦漆、富士施乐、罗氏制药、TCL、李宁、网易等国际国内知名品牌。

星传媒体广州：广州市黄埔大道西33号三新大厦2-3楼

总经理：慕冉巍
电话(Tel)：(8620)38201900分机号：828
传真(Fax)：(8620)38201829

星传媒体上海：上海市南京西路1168号中信泰富广场1603-1606室

总经理：罗兆麟
电话(Tel)：(8621)52984333分机号：818
传真(Fax)：(8621)52984133

星传媒体北京：北京市建国门外大街1号国贸大厦2座1308室

总经理：植一平
电话(Tel)：(8610)65058828分机号：219
传真(Fax)：(8610)65056987

广东平成广告有限公司

地　　址：广州市二沙岛花城苑海棠阁三座七层
邮　　编：510105
电　　话：(020)87352007
传　　真：(020)87352665
负 责 人：吴晓波
联 系 人：赖椰丽

广东平成广告有限公司成立于1995年，总部广州，在北京、上海设有分支机构。

平成广告秉承“专业沟通创建品牌权力”的宗旨，坚持以知识创新引导广告传播实践，注重对本土市场系统特征与中国消费者认知特点的研究、把握，所倡导的“品牌跳跃的中国之道”在企业界享有广泛影响。

平成为客户提供品牌资产管理、整合传播咨询、策略性创意及执行等综合性代理服务，服务的客户有中央电视台五套八套、广州日报、华侨城旅游、上汽通用五菱、华龙日清、喜之郎、波导、金正、奥克斯、贵州醇、东洋之花、健康元药业、金地地产等。在快速消费品、通讯、家电、医药保健、化妆品等领域具有成熟系统的品牌创建与管理经验，创造了“果冻布丁喜之郎”、“金正DVD，苹果熟了”、“波导，手机中的战斗机”、“空调要像奥克斯”等经典传播案例。平成在影视广告制作方面具有突出执行力与表现力，为包括国际品牌在内的众多知名企业创作了600余条广告片。平成是中国广告业首批一级企业、2002—2004年三届艾菲实效广告奖成绩最多的广告公司、2002年中国广告协会评定49家“中国广告优势企业”之一、《2002年IAI年鉴》中国大陆广告公司创作实力50强之一。

惠州市广告装饰工程有限公司

地　　址：惠州市江北云山东路14号小区云山花园云旺阁一楼
邮　　编：516003
电　　话：(0752)2890228　2890328
传　　真：(0752)2818938
电子邮箱：officel@hzad.cn
网　　址：www.hzad.cn
负 责 人：郑启春

惠州市广告装饰公司成立于1982年，是惠州市无烟工业——广告业最早，也是跨入中国首届广告业百强之列的广告公司；曾获广东省广告业“重信誉优质服务”先进单位称号；先后被广东省广告协会和广东省工商局授予1997、1998年度全省广告业精神文明建设先进单位；作品《社会呼唤医德医风》获广东省公益广告二等奖；2004年9月被全国市场诚信建设委员会授予“质量、诚信服务示范单位”。

公司自成立以来，本着服务于客户，服务于品牌的宗旨，不断拓展业务，努力探索，为客户提供全面、到位的服务，使客户范围不断扩大。在开展业务的同时，也培养锻炼了一批专业广告人员，聚集了一批具有丰富经验的室内外设计人员。先后为“万宝路香烟”、“金味麦片”、“嘉士伯啤酒”、“TCL王牌”、“美的空调”、“中国银行”、“中国邮政”、“中国电信”等数10家国内外知名企业、知名品牌设计制作了大量的户外广告。装饰业务范围覆盖邮政、税务、银行、电信等国企和政府机构，质量、服务、管理深得客户好评，赢得了客户的信赖。

我们愿与新老客户精诚合作，利用无限的创意空间，为您我找到最佳的市场定位，为品牌敲呼市场的大门。本公司下设广告分公司、装饰分公司、工程分公司、塑钢门窗厂。欢迎垂询。

中山市邮政局商函广告公司

地　　址：西区富华道邮政大楼三楼
邮　　编：528401
电　　话：(0760)8611692
传　　真：(0760)3325299
负 责 人：姜海林

广州白云国际广告有限公司

地　　址：广州市白云国际机场云港路白云国际大楼2楼
邮　　编：510405
电　　话：(020)86132222
传　　真：(020)86121119
负 责 人：王卫
联系人：章穗英

中山市智扬传播策划有限公司

地　　址：东区龙井街2号14卡
邮　　编：528400
电　　话：(0760)8884328
传　　真：(0760)8884323
负 责 人：高远

湛江市华星广告策划有限公司

地　　址：湛江市赤坎区海北路19号
邮　　编：524043
电　　话：(0759)3359018
传　　真：(0759)3363023
负 责 人：朱明亮

汕头市林毅广告有限公司

地　　址：汕头市金砂东路建信大厦B座605
邮　　编：515100
电　　话：(0754)8867888
负 责 人：林小毅

河源市巨龙广告策划有限公司

地　　址：河源市新市区红星路党校商住楼151-4号
邮　　编：517000
电　　话：3881983
传　　真：3881989
负 责 人：陈刚

韶关市奥美广告有限公司

地　　址：韶关市惠民南路3栋
邮　　编：512026
电　　话：(0751)8623022
传　　真：(0751)8633640
负 责 人：刘永念

阳江市新华广告有限公司

地　　址：东风三路18号
邮　　编：529500
电　　话：(0662)3338333
负 责 人：林之蔼

云浮市意达广告装饰工程有限公司

地　　址：云浮市云城区河滨东路
邮　　编：527300
电　　话：(0766)8823765
负 责 人：陈天沛

广播电视类

广东电视台

地　　址：广州市环市东路331号
邮　　编：510066
电　　话：(020)83313318
传　　真：(020)83313318
负 责 人：张惠健
联 系 人：廖佛铁

中国广东电视台以其深厚的中华民族文化内涵，强烈的岭南地方特色，吸引着庞大的受众群体。

广东电视台坐落在美丽的花城广州市，如今拥有五个电视频道，分别为广东电视台卫星频道(简称广东卫视)、广东电视台珠江频道、广东电视台体育频道、广东电视台公共频道和广东电视台移动频道。

广东电视台卫星频道

广东卫视，立足广东，贴近港澳，面向全国，辐射海外，是凸显财富特色的综合卫星频道。广东卫视接收人口达5.8亿，居省级卫星频道第4位。广东卫视贴近生活、服务大众、传播文化、引领时尚，是一个以普通话为主，全天24小时播出的主流电视频道。浓郁的地方特色、鲜活的文化气息，广泛受到国内观众及海外华人的喜爱。

广东电视台珠江频道

广东电视台珠江频道用粤语方言播音，以微波方式传送，在本省及邻近省区均可接收。珠江频道在自产短剧的强劲收视带动下，黄金时段的收视已经全面超越港台，占有了市场的主动和优势。目前，珠江频道已经走出国门——成功覆盖五大洲。珠江频道海外版在美洲、欧洲、澳洲、非洲、东南亚正式播出，深受海外华人华侨欢迎。

广东电视台体育频道

体育频道是广东电视台的另一张王牌。无论国内外大型体育赛事还是大型体育节目，体育频道都会用前瞻的理念，执著的热忱，精良的制作，娴熟的手法打造节目，及时地传送到千家万户。

广东电视台公共频道

广东电视台公共频道以它的公共性、公益性和服务性覆盖全省，成为省、市、县三级资源共享的电视媒体。

广东电视台移动频道

广东电视台移动频道，一个真正让电视、广播、户外广告三者兼容的高效新型媒体。它填补了广东省移动人群电视宣传的空白，是展示现代化大都市形象的新平台。

优越的地域经济，浓郁的时尚气息，鲜活的频道特色，使广东电视台构筑起一个庞大的收视平台，赢得了丰厚的市场份额。在由世界品牌实验室和世界经济论坛共同编制的2004年《中国500最具价值品牌》排行榜中，广东电视台位居中国传媒品牌第11位，电视媒体第5位，品牌价值为36亿元人民币。这一品牌鉴定结果不仅显示了广东电视台的整体实力，也给我们极大的鼓舞。

把广东电视台打造成在境内外具有影响力的文化品牌，为广东全面建设小康社会，率先基本实现社会主义现代化再立新功！

南方电视台

地　　址：广州市环市东路331号北座
邮　　编：510066
电　　话：(020)83319233
传　　真：(020)83595199
负 责 人：区念中
联 系 人：王穗凤

2004年广告收入3.1亿元。
2003年广告收入2.2亿元。
2002年广告收入1.4亿元。
2001年广告收入4千万元。

广州市电视台广告部

地　　址：广州市先烈中路69号东山广场31楼
邮　　编：510010
电　　话：(020)87320818-282
传　　真：(020)87320576
负 责 人：李锦源
联 系 人：刘庆

广州电视台于1988年1月10日开播，日平均播出17.5小时，收视人口超过3000万，覆盖广州、珠江三角洲及省内部分地区。

广州电视台广告部全权负责广州电视台全台广告业务。多年来，努力在品牌、管理、服务等全方位、多角度、全过程地提供优质的电视广告服务，培养高素质的专业服务团队，为使客户的广告讯息以最专业、最有效、最经济的方式传达至目标消费者。

汕头市广播电视台

地　　址：广东省汕头市潮汕路广电中心

邮　　编：515021
电　　话：(0754)8216182
传　　真：(0754)8216182
负 责 人：黄绍生
联 系 人：何维钦

汕头市

中国五大经济特区之一、东南沿海重要港口城市、粤东中心城市、国内外商品集散地，市场潜力巨大、消费需求旺盛。

汕头市广播电视台

拥有国际先进水平的节目制作、播控、传输设施，实现智能化管理、自动化播出自办广播电视节目七套、总覆盖人口2600万，以鲜明的特区风格、潮汕特色、侨乡魅力，成为粤东地区的信息传播中心，收视(听)率高、市场占有率大，2003年广播电视广告创收超过1.2亿元，在全国地级城市中名列前茅，是中国“百强媒体”之一。

我们的广告经营理念

以真诚服务客户，靠信誉赢得客户，用双赢回报客户。

湛江市电视台

地　　址：广东省湛江市霞山文明中路6号
邮　　编：524003
电　　话：(0759)2231598
传　　真：(0759)2231598
负 责 人：童小玲
联 系 人：沈育红

广东湛江是我国大陆最南端的港口城市。人口700多万，地处广东、广西、海南三省(区)交汇处。商贸业、物流业西连海南、内地，东出南海、珠三角，是一个充满商机、风光美丽的海滨名城。

湛江市电视台是由原湛江电视台与湛江有线电视台合并而成。经过资源整合后，频道资源更丰富，节目覆盖面更广。广告经营的主要频道是：湛江电视新闻综合频道(无线传输)，节目覆盖湛江、茂名、广西边邻地区；湛江电视公共频道(有线传输)、参考频道(有线传输)，节目覆盖湛江市区五县四区乡镇城市。

湛江市电视台设备先进，传播图像清晰，节目富有特色；收视率高，团队富有经验和敬业精神。是社会各界朋友传播信息、推介产品、开拓市场的理想传媒。

我们竭诚携手合作，共创传媒新纪元。

东莞人民广播电台

地　　址：东莞市莞城西正路35号
邮　　编：523001
电　　话：(0769)2236034
传　　真：(0769)2223271
负 责 人：蔡建勋

揭阳电视台

地　　址：广东省揭阳市区进贤门大道市广电中心
邮　　编：522000
电　　话：(0663)8669510
传　　真：(0663)8669513
负 责 人：林彬彬

茂名广播电视广告中心

地　　址：茂名市高凉中路13号
邮　　编：525000
传　　真：(0668)2966619
负 责 人：何辉

梅州市电视台

地　　址：梅州市江北文化公园侧
电　　话：(0753)2187666
负 责 人：刘标宏

汕尾电视台

地　　址：汕尾市区五十米大道
电　　话：(0660)3364423
负 责 人：郑伟忠

阳江有线电视广告部

地　　址：漠江路114号
邮　　编：529500
电　　话：(0662)3418433
负 责 人：朱小蛟

云浮有线广播电视台广告信息部

地　　址：云浮市宝马路广电中心
邮　　编：527300
电　　话：(0766)8823599
负 责 人：李醒良

肇庆市人民广播电台

地　　址：肇庆市星湖大道(广播电视中心)
电　　话：(0758)2791905
负 责 人：何伟雄

中山电视台广告部

地　　址：东区城桂路口侧

邮　　编：528403
电　　话：(0760)3321323
传　　真：(0760)3321311
负 责 人：高巍巍

新闻出版类

南方日报报业集团

地　　址：广州市广州大道中 289 号
邮　　编：510601
电　　话：(020)87373998-3186
传　　真：(020)87375806
负 责 人：范以锦
联 系 人：赵素云

南方报业基于市场的战略选择，实施“龙生龙，凤生凤”的优势资源滚动发展模式，利用优质报纸的核心竞争力来传宗接代，以优势品牌为龙头组建报系、孵化新的品牌，目前已拥有七报四刊一出版社一新闻网站的最佳媒体结构。南方报业正以蓬勃的创造力，旺盛的竞争力和持久的爆发力，全面覆盖读者和市场，为客户创造价值。

羊城晚报广告公司

地　　址：广州市东风东路 733 号
邮　　编：510085
电　　话：(020)88211211
传　　真：(020)87776763
负 责 人：梁国标
联 系 人：江小玲

广受关注的新闻

《羊城晚报》新闻向来深受读者追捧，世界一流的全数码印刷基地的落成，使《羊城晚报》能抢到当天中午 12 点以前的新闻，强化了《羊城晚报》独特的新闻优势，同时新开辟都市内容丰富的《新新生活》、《星期六》专版，进一步贴近读者生活。贴近、快捷、有用、可读共同构筑《羊城晚报》的新闻影响力。

合理有效的发行

坚持“密集覆盖珠三角，辐射全国”这种有效的发行模式，日发行量 180 万份，4.5 倍的传阅率，每期读者超过 800 万，深入都市主流家庭，拥有庞大的极具价值的读者群。

专业化广告经营

拥有专业的客户服务团队，高效整合品牌、新闻、发行的影响力，注重开拓媒体广告整合营销新思路，策划了汽车、房地产、通信等一系列主题活动，进一步提升了版面价值，深受广告客户欢迎。

坚厚的实力让《羊城晚报》2003 年广告额同比增长 40.3%，2004 年更有大幅提升，在激烈竞争的市场中，展现出非凡的魅力。

深圳报业集团

地　　址：深圳市深南大道 6008 号特区报业大厦
邮　　编：518009
电　　话：(0755)83518852
传　　真：(0755)83517950
负 责 人：黄扬略
联 系 人：李景云

高度决定影响力。

佛山日报社

地　　址：广东省佛山市卫国路 1 号
邮　　编：528000
电　　话：(0757)83283766
传　　真：(0757)83286081
负 责 人：戴小军

《佛山日报》是中共佛山市委机关报，彩色对开 28 版，是佛山市(下辖禅城、南海、顺德、三水、高明五个区)发行量最大、家庭订户比例最高的综合性日报，同时亦是珠三角洲影响力最大的主流媒体之一。报纸规模及经营指标均仅次于广州、深圳几大报业集团，位居广东报业前列，在全国地市报中亦处于领先地位。

近年来，《佛山日报》作为珠三角洲区域市场的强势主流媒体，不断加快扩张步伐，新设的五区时政版及娱乐、文化和经济消费类周刊，受到广大读者的好评。《财富佛山》、《都市时尚》、《数字地带》、《汽车杂志》、《百姓楼市》、《健康周刊》、《职业周刊》、《消费周刊》、《置业周刊》等经济类周刊，涵盖百姓生活的衣、食、住、行、乐各个层面，推动行业消费，引领潮流，备受商家和消费者的追捧。

信息时报社

地　　址：广州市中山六路 2 号新宝利大厦 1106 室
邮　　编：510180
电　　话：(020)83266282
传　　真：(020)83266822
负 责 人：何兆溪
联 系 人：邱勋来
网　　址：http://informationtimes.dayoo.com

信息时报隶属于广州日报报业集团，是广东报业市场最具活力、最年轻化的综合性报纸，广州地区销量最大的四开报。信息时报以“深入民生，服务大众”为办报原则，通过点击生活亮点，阅读生活趣味，发掘生活内涵，成为广州市民生活娱乐的理想读物之一。

《信息时报》深受读者喜爱，改版四年，稳居广州报纸零售量第二位，日均发行量超过一百万份，发行区域以广州为主，覆盖珠三角，辐射全国。其传阅人数与电子版读者已达400万人。《信息时报》的读者遍布各阶层，他们年轻有为，潮流触觉敏锐，对新事物接受力强，消费意欲旺盛，是广告客户推广、宣传商品的理想对象。

在日趋激烈的市场竞争中，信息时报将锐意进取，开拓创新，强化自身特色，谱写新的辉煌。

韶关日报社

地　　址：韶关市熏风路11号
邮　　编：512018
电　　话：(0751)8914921
传　　真：(0751)8916087
负 责 人：朱祖平
联 系 人：阙苏楣

市场纷争，硝烟暗涌。站在粤北信息传媒的至高点，我们架通信息沟通的桥梁，感受市场经济的脉搏。我们坚信，眼光独到，把握良机，选择权威的广告传媒，无限商机也将因您而触动……

河源日报广告部

地　　址：河源市新市区沿江东路
邮　　编：517000
电　　话：(0762)3386290
传　　真：(0762)3386296
负 责 人：田柏安

江门日报社

地　　址：华园中路25号
电　　话：(0750)3502678
负 责 人：余云飞

揭阳日报社

地　　址：广东省揭阳市东山区10号街中段
邮　　编：522015
电　　话：(0663)8210420
传　　真：(0663)8224378
负 责 人：许焕平

汕头经济特区报社

地　　址：汕头市金新路
邮　　编：515100
电　　话：(0754)8626274
负 责 人：陈文波

西江日报社

地　　址：肇庆市和平路10号
电　　话：(0758)2721330
负 责 人：陈恕平

阳江日报社广告部

地　　址：万福路5号
邮　　编：529500
电　　话：(0662)3280289
负 责 人：曾彦赏

云浮日报社

地　　址：云浮市云城区天鹅路2号
邮　　编：527300
电　　话：(0766)8860888
负 责 人：王昭琴

中山日报广告部

地　　址：中山五路一号中山日报社一楼
邮　　编：528403
电　　话：(0760)8329980
传　　真：(0760)8329980
负 责 人：林瑞邦

广西壮族自治区

公 司 类

广西南国广告公司

地　　址：南宁市民主路21号
邮　　编：530026
电　　话：(0771)5690150
负 责 人：廖有祥

广西科嘉艺营销广告有限公司

地　　址：南宁市七星路137号外贸大厦17楼
邮　　编：530022
电　　话：(0771)5332114
负 责 人：肖开宁

南宁市加速度广告策划公司

地　　址：建政路31号二轻大厦712房
邮　　编：530012
电　　话：(0771)5655180
负 责 人：郭蔡

柳州铁路局广告公司

地　　址：柳州市南站路19号
邮　　编：545007
电　　话：(0772)3614889
传　　真：(0772)3614889
负 责 人：张万生

贵港市开拓广告有限公司

地　　址：贵港市建设西路
邮　　编：537100
电　　话：(0775)4217261
负 责 人：谭小清

桂林市华顿广告策划有限公司

地　　址：环城西路5号
邮　　编：541002
电　　话：(0773)3556963
传　　真：(0773)3816313
负 责 人：邬永柳

河池市英岳广告策划有限公司

地　　址：河池市南新西路933号
邮　　编：547000
电　　话：(0778)2202440
负 责 人：蓝家克

贺州市三和广告经营部

地　　址：贺州市建设中路
邮　　编：542800
电　　话：(0774)5292836
负 责 人：杜强

来宾市经点文化广告传播公司

地　　址：来宾市合山路265号
电　　话：(0722)4225666
传　　真：(0722)4225666
负 责 人：罗远军

钦州市金星广告有限公司

地　　址：钦州市人民路10号
邮　　编：535000
电　　话：(0777)2828004
传　　真：(0777)2828004
负 责 人：陈锦汉

广播电视类

广西电视台

地　　址：南宁市民族大道73号
邮　　编：530022
电　　话：(0771)2196188
传　　真：(0771)2196199

负 责 人：黄著诚
联 系 人：蒋丽君

广西电视台是广西最具权威的强势媒体，下设七个频道(卫星频道、文体频道、生活频道、公共频道、影视频道、体育频道、经济频道)，四个中心(新闻中心、广告中心、节目营销中心、后勤服务中心)，十一个部室，人员总计900多人。

广西电视台卫星频道主打栏目有幸福、丽人、温馨、欢乐、魅力、好梦、周末青春七大剧场和《寻找金花》、《唱山歌》、《风起南方》、《大开眼界》四大自办栏目。目前，广西卫视已经进入了北京、上海、天津等直辖市、25个省会城市以及430多个城市有线电视网，覆盖人口已达3.5亿。据央视－索福瑞调查数据显示，广西卫视连续三年名列全国各省级卫视所在省会城市黄金时段收视排行前十名，成为全国最具竞争力的省级电视台之一。2004年广西卫视重点强化女性民族概念，全力突出家庭特色，在全国树立广西卫视独一无二的特色招牌。

文体频道汇聚中外影视精品，速递中外文体资讯，捕捉最新时尚理念；生活频道关注百姓生活，提升生活质量，共创美好人生；公共频道的开放式及各市县的参与，将最大程度地吸引公众关注；影视频道送上丰盛的影视大餐，天天有新剧，天天有好戏；体育频道关注世界体坛的风云变幻，关心中国体育每一个前进的足迹；经济频道帮助你投资理财、洞察商机。

广西人民广播电台

地　　址：广西南宁民族大道75号
邮　　编：530022
电　　话：(0771)5879152
传　　真：(0771)5879152
负 责 人：文衍修
联 系 人：吴福钊

广西人民广播电台成立于1950年5月1日。目前，广西人民广播电台有6套节目，全天共播音98小时。其中，卫星广播(新闻综合频率)全天播音18小时；经济广播全天播音18小时；教育生活广播全天播音18小时；文艺广播全天播音18小时；对外广播全天播音8小时；交通台全天播音18小时。卫星广播、经济广播、文艺广播、交通台讯号传输通过“亚洲3S”卫星传送；卫星广播、经济广播节目利用中波和调频覆盖全区；教育生活广播节目利用调频覆盖南宁市及周边地区；文艺广播节目利用调频覆盖南宁、柳州、桂林、北海、梧州、玉林等中心城市；对外广播(对外称广西对外广播电台)通过两个短波频率，节目覆盖越南全境和柬埔寨、老挝以及泰国东北部；交通台调频同频覆盖南宁、柳州、桂林、北海。

广西人民广播电台坚持新闻立台、专题强台、文艺活台、质量兴台的办台方针，不断深化广播改革，强化宣传管理，牢牢把握正确舆论导向，确保安全播出，不断提高宣传质量，实施精品工程，截至2003年，全台有70多件作品获全国“五个一工程”奖、中国新闻奖、中国广播奖等国家级政府奖。

广西人民广播电台建立了LINK2000数字音频播控系统，实现录制、传送、管理、播出等的网络化，提高节目制作工作效率和节目播出质量，广播技术数字化进程进一步加快。广西人民广播电台网站于2003年10月29日正式开通，实现广播节目网上同步直播和精品栏目网上点播。

由于覆盖面的扩大和广播节目质量的不断提高，广西人民广播电台拥有越来越多的听众。权威机构调查结果显示，广西人民广播电台仅广西范围内听众规模近3000万人，忠实听众1770万人。

当前，广西人民广播电台正不断深化改革，开拓进取，绘织宏伟的蓝图，共创美好的明天！

北海广播电台

地　　址：北海市贵州路广播办公楼一楼
邮　　编：536000
电　　话：(0779)3033486
传　　真：(0779)3032820
负 责 人：梁彦敏

防城港市广播电视广告中心

地　　址：防城港市外环西路
邮　　编：538001
电　　话：(0770)2826901
传　　真：(0770)2833570
负 责 人：丁钢

贵港广播电视台

地　　址：贵港市广场西侧
邮　　编：537100
电　　话：(0775)4235566
传　　真：(0775)4235566
负 责 人：唐玉春

桂林电视台广告部

地　　址：安新洲广电大楼
邮　　编：541002
电　　话：(0773)3840344
传　　真：(0773)3840344

负 责 人：卢榕峰

河池市电视台

地　　址：河池市新建路853号
邮　　编：547000
电　　话：(0778)2288255
传　　真：(0778)2288255
负 责 人：李昌宪

贺州广播电视广告策划中心

地　　址：贺州市尖峰北路1号
邮　　编：542800
电　　话：5285467
负 责 人：黎融兴

柳州电视台

地　　址：柳州市桂中大道1号
邮　　编：545007
电　　话：(0772)2695333
传　　真：(0772)2695123
负 责 人：吴丹

柳州人民广播电台

地　　址：柳州市程中大道1号
邮　　编：545007
电　　话：(0772)2695048
传　　真：(0772)2695059
负 责 人：李金满

新闻出版类

广西日报社广告中心

地　　址：南宁市民主路21号
邮　　编：530026
电　　话：(0771)5690162
传　　真：(0771)5690167
负 责 人：程贞生
联 系 人：梁慧萍
　　四报一网强势媒体。

广西政法报社

地　　址：南宁市东葛路20-1号
邮　　编：530022
电　　话：(0771)5886075

负 责 人：李峻峰

北海日报社

地　　址：北海市南珠路
邮　　编：536000
电　　话：(0779)208081
传　　真：(0779)2028081
负 责 人：庞逸民

南国早报

地　　址：南宁市民主路21号
邮　　编：530026
电　　话：(0771)5690162
负 责 人：李启瑞

当代生活报

地　　址：南宁市民主路21号
邮　　编：530026
电　　话：(0771)5690162
负 责 人：李启瑞

防城港日报社广告部

地　　址：港口区云南路中段科技大楼
邮　　编：538001
电　　话：(0770)2825278
传　　真：(0770)2823889
负 责 人：韦振前

桂林日报社广告中心

地　　址：榕湖北路1号
邮　　编：541001
电　　话：(0773)2802745
传　　真：(0773)2802843
负 责 人：毛登峰

河池日报社

地　　址：河池市南新西路171号
邮　　编：547000
电　　话：(0778)2285603
传　　真：(0778)2285603
负 责 人：石锋

柳州日报社

地　　址：柳州市中山西路67号

邮　　编：545001
电　　话：(0772)2861247
传　　真：(0772)2825972
负 责 人：陈颖

钦州日报

地　　址：钦州市新兴街5号
邮　　编：535000
电　　话：(0777)2822004
传　　真：(0777)2855517
负 责 人：黄齐和

梧州日报社广告信息部

地　　址：梧州市新兴二路125号
邮　　编：543000
电　　话：(0774)3865269
传　　真：(0774)3865202
负 责 人：曾强

右江日报广告部

地　　址：百色市右江区中山一路7号
邮　　编：533000
电　　话：(0776)2893075
传　　真：(0776)2884199
负 责 人：潘江忠

左江日报社广告部

地　　址：南宁地区崇左市建设路1号
邮　　编：532200
电　　话：(0771)7836256
负 责 人：吴柱奇

海南省

公 司 类

海口惠嘉广告有限公司
地　　址：海口市国贸二楼路四海花园青城苑702号
邮　　编：570125
电　　话：(0898)68513196
负 责 人：何永惠

海口领先广告有限公司
地　　址：海口市坡博路1号虹冠大厦4单元298室
邮　　编：570106
电　　话：(0898)66786996
负 责 人：王再

海口美兰机场广告公司
地　　址：海口市美兰机场
邮　　编：571132
电　　话：(0898)65751197
负 责 人：张瑞

海口天使广告有限公司
地　　址：海口市龙昆南路恒昌公司D座601房
邮　　编：570106
电　　话：(0898)66737110
负 责 人：阮欣

三亚大方广告有限公司
地　　址：三亚市新风路金鹿大厦A座一楼
电　　话：(0898)88276766
负 责 人：林伟

三亚富亚广告有限公司
地　　址：三亚市解放二路日杂公司铺面一楼
邮　　编：572000
电　　话：(0898)88276693
负 责 人：卢鸿书

三亚金椰子国际广告有限公司
地　　址：三亚市商品街六巷12号
邮　　编：572000
电　　话：(0898)88272988
负 责 人：孙文

三亚三森广告有限公司
地　　址：三亚市光明路六建铺面一楼
邮　　编：572000
电　　话：(0898)88118877
负 责 人：李少霞

三亚文王广告装饰工程有限公司
地　　址：三亚市解放二路奥林匹克商业区城
邮　　编：572000
电　　话：(0898)88272792
负 责 人：庞丽

广播电视类

海南电视台新闻综合频道
地　　址：海口市南沙路61号一楼
邮　　编：570206
电　　话：(0898)66814673
负 责 人：王苏
联 系 人：吕晓庆

海南电视台，1989年升格为省级电视台，2001年成立海南广播电视台。所属有旅游卫视、新闻综合频道、公共频道、新闻综合广播、经济广播、交通广播、《海南声屏报》等。伴随海南的潮起潮落、临风沐雨，将海南的电视事业推向更耀眼的辉煌！

旅游卫视——覆盖全国及亚洲部分地区的第一个旅游专业频道；

新闻综合频道——覆盖海南全省和广西北海、广东湛江的无线频道；

公共频道——通过有线电视网络贯通全岛；

少儿频道、影视频道——已于今年2月18日开通。

当海南再次成为世人瞩目的胜地、投资发展的宝岛，海南广播电视台依靠着五位一体、综合统一的强势电视媒体，通过强大的覆盖网络以多姿多彩的电视节目让亿万不同肤色、不同地域的人们认知海南，给省内省外的企业带来了无限商机。

海口广播电视台广告中心

地　　址：海口市中沙路15号
邮　　编：570216
电　　话：(0898)66801272
传　　真：(0898)66801357
负 责 人：火文
联 系 人：李大成

海口电视台1989年成立。1998年海口电视台与海口人民广播电台合并成立海口广播电视台，现已形成2套广播节目、3套电视节目播出，发射功率10千瓦，广播与电视、无线与有线电视双重覆盖的格局。2002年投资8700万元，16000平方米的广播电视大厦落成并投入使用。2003年海口广播电视台电视节目信号先后通过海南省广电有线网络光缆传输贯通全省各市、县，面积达3.4万平方公里，人口800万。海口广播电视台广播、电视收听、收视率多年来一直名列海南广电媒体前茅，成为全国最大经济特区海南省的主流媒体。

海口广播电视台广告信息部，拥有近50名优秀的广告策划、推广、经营、制作等专业技术广告精英，全面代理国内外广播电视、报刊、户外等广告业务，一批优秀广播电视作品荣获全国、省、市奖励。2003年4月广告信息部荣获“全国诚信单位”称号。

携八方之手、助四海之业，海口广播电视台广告信息部竭诚与广告客户合作，共同描绘美好蓝图。

新闻出版类

海南日报广告中心

地　　址：海口市金盘路30号
邮　　编：570216
电　　话：(0898)66810276
联 系 人：刘志

《海南日报》的广告经营事业伴随大特区的开放开发迅猛发展。广告年收入从建省时的614万元，发展到最高1.24亿元，这对经济规模相对较小的海南实属奇迹。《海南日报》是海南最具实效的优势媒体。对企业来说，在《海南日报》登广告等于“把广告做到最有效的地方”。在海南，《海南日报》的每期阅读率高、基础读者比例高、忠实读者比例高、渗透能力强，其影响力和渗透率名列前茅。《海南日报》成为商家开拓海南市场的首选广告媒体。

近年来，《海南日报》不断强化“客户导向”的经营思想，进一步加大客户服务力度，并根据市场及客户的不同需求，灵活调整经营策略。这也是《海南日报》广告经营致胜的法宝。

2003年元月，《海南日报》将其子报《南国都市报》的广告经营并入《海南日报》经营体系，成立广告中心，实行统一管理。“两报”整合后，广告经营事业跨入了一个崭新的发展阶段。自2003年起，“两报”联动，优势互补，策划、举办了一系列活动，均创造了可观的经济收入，并获得了良好的社会效益，增强了“两报”的公信力和美誉度。

海口晚报社广告部

地　　址：海口市南航西路69号
邮　　编：570206
电　　话：(0898)66829835
负 责 人：杨全立

四川省

公 司 类

四川神韵传播有限责任公司

地　　址：成都市西安中路42号
邮　　编：610072
电　　话：(028)87787755
传　　真：(028)87763131
负 责 人：王均
联 系 人：马键

为了适应当今经济全球化和信息多样化的形势，四川电视台在本台广告部基础上创办了四川神韵传播有限责任公司。

公司主营策划、设计、制作、代理、发布国内外各类广告；策划、制作、发行影视综艺、影视专题、影视广告；经营互联网信息服务业务。负责本台广告营销策划、频道覆盖、部分经济类电视节目制作播出，主办四川影视门户网站——神韵在线。

四川省巴蜀新形象广告传媒股份有限公司

地　　址：成都市鼓楼南街117号
邮　　编：610015
电　　话：(028)86782299
负 责 人：孟兴中

四川西南国际广告有限公司

地　　址：成都市太升北路58号
邮　　编：610017
电　　话：(028)66103944
负 责 人：萧景勋

四川西南航空广告策划有限公司

地　　址：成都市人民南路四段领事馆路1号
邮　　编：610041
电　　话：(028)85210993
负 责 人：陈波

四川省美神广告营销有限公司

地　　址：成都市武侯大道中央花园别墅D—3
电　　话：(028)85170033
负 责 人：李仕洪

四川省名牌广告有限公司

地　　址：成都天仙桥滨河路10号
邮　　编：610021
电　　话：(028)86677012
负 责 人：张望舒

成都博瑞广告有限公司

地　　址：成都市书院西街1号
邮　　编：610017
电　　话：(028)86510400
负 责 人：孙旭军

南充市东方广告营销有限公司

地　　址：南充市开发区
邮　　编：637000
负 责 人：冯锐

攀枝花市广电节目广告中心

地　　址：炳草岗新华街
邮　　编：617000
电　　话：(0812)3333898
传　　真：(0812)3333898
负 责 人：莫培勇

攀枝花市派迪广告装饰工程有限公司

地　　址：炳草岗望江街四村
邮　　编：617000
电　　话：(0812)3344757
传　　真：(0812)3344758
负 责 人：刘维革

广播电视类

四川电视台广告部

地　　址：成都市西安中路42号
邮　　编：610072
电　　话：(028)87736767
负 责 人：罗贵生

四川人民广播电台广告部

地　　址：成都市红星路二段119号
邮　　编：610017
电　　话：(028)86526151
负 责 人：何东

四川省有线广播电视台广告部

地　　址：成都市武侯祠大街243号
邮　　编：610041
电　　话：(028)85537143
负 责 人：伍昌邻

成都电视台广告部

地　　址：成都市人民中路一段11号
邮　　编：610015
电　　话：(028)86623056
负 责 人：徐启忠

成都人民广播电台广告部

地　　址：成都市双林路99号
邮　　编：610021
电　　话：(028)84336955
负 责 人：马文彬

新闻出版类

成都商报社广告部

地　　址：成都市书院西街亚太大厦4层
邮　　编：610016
电　　话：(028)86512111
传　　真：(028)86510016、86762768
联 系 人：杨惠

一份创新、务实、理性、开朗的报纸
一份以成都为中心，影响力覆盖全川波及全国的报纸
一份广告收入连续四年进入全国前十位的报纸
一份充满激情、充满活力、充满希望的主流报纸

《成都商报》正式创刊于1994年1月1日，是一张综合性日报，由成都日报报业集团主管主办，是西部地区目前发行量和影响力最大的主流媒体，是中国西部唯一进入全国报业前十强的报纸。

《成都商报》秉承“创新、务实、理性、开朗”的办报理念，以丰富多样的版面、全面快捷丰富多彩的新闻报道、清新活泼的版式风格，为广大读者所喜爱。平均每日出版对开24—40版，形成了各具特色的要闻、国际国内新闻、财经新闻、本地新闻、体育报道、文娱报道和专刊七大序列，以大容量、高密度的新闻和信息，追求“一报在手，别无它求”的市场目标。

《成都商报》现有员工400余人，其中采编人员310人，平均年龄29岁，绝大多数具有大学本科以上学历，博士、硕士占采编人员总数的20%。

中国西部发行量最大的报纸，日均发行量112万份。覆盖地区以成都地区为中心，强力覆盖全川各级城市。省内二级城市包括乐山、绵阳、德阳、内江、宜宾、自贡、南充、雅安、广元、遂宁、泸州、眉山、攀枝花、达州、西昌等。

《成都商报》在成都市以60%的平均每期阅读率遥遥领先于其他报纸；高度忠诚读者达到91.9%；有效读者600余万人，来自于报摊购买和家庭订阅的读者比例高达87.1%；读者平均年龄为33岁，较成都居民总体平均年龄年轻，高学历读者比例和收入状况均高于成都居民总体水平；

《成都商报》是房产、电脑、移动电话、家用小轿车、家用电器等多种耐用消费品、药品、营养保健品以及金融产品广告的良好载体。

中国西部广告收入唯一进入全国报业前十强的报纸
2000年，广告收入在全国各大报纸中位居第九。
2001年，广告收入在全国各大报纸中位居第七。
2002年，广告收入在全国各大报纸中位居第六。
2003年，广告收入突破5亿元人民币。
2004年，广告收入突破6亿元人民币。

连续六年广告收入占四川都市类日报广告收入总额的一半以上。

四川日报社广告部

地　　址：成都市红星路二段70号
邮　　编：610017
电　　话：(028)86968236
负 责 人：韩梅

华西都市报社广告部

地　　址：成都市红星路二段70号

邮　　编：610017
电　　话：(028)86969252
负 责 人：廖中美

成都日报社广告部

地　　址：成都市庆云南街 19 号
邮　　编：610017
电　　话：(028)86740219
负 责 人：吴鹏

成都晚报社广告部

地　　址：成都市庆云南街 19 号
邮　　编：610017
电　　话：(028)86628557
负 责 人：顾勇

南充日报

地　　址：南充市顺庆区文化路
邮　　编：637000
电　　话：(0817)2189992
负 责 人：敬展望

攀枝花日报社

地　　址：炳草岗江南三路二村二十号
邮　　编：617000
电　　话：(0812)3355253
传　　真：(0812)3333216
负 责 人：李国庆

天府早报社广告部

地　　址：成都市红星路二段 70 号
邮　　编：610017
电　　话：(028)86968768
负 责 人：秦瑶

贵州省

公 司 类

贵阳百灵鸟广告有限公司

地　　址：贵阳市花果园后街115号
邮　　编：550001
电　　话：(0851)6509695
负 责 人：宋晓红

贵阳狄亚广告策划有限公司

地　　址：贵阳市瑞金南路755号
邮　　编：550002
电　　话：(0851)5665886
负 责 人：谭军

贵阳风雅广告有限公司

地　　址：贵阳市延安东路新编1号
邮　　编：550002
电　　话：(0851)5874110
负 责 人：李向阳

广播电视类

贵州电视台

地　　址：贵阳市神奇路1号
邮　　编：550002
电　　话：(0851)5377227
传　　真：(0851)5377250
联 系 人：邓洪波

贵州电视台成立于1968年7月。今天，贵州电视台已经成为一个拥有七个常规电视频道、一个数字付费频道和一份《贵州广播电视报》等强势媒体资源的省级大台。

1998年，贵州电视台领导班子以锐意进取，积极创新的精神提出了“以节目为本，靠改革发展”的总体发展思路，在全国所有省级电视台中率先启动“人事制度改革”，彻底打破铁饭碗，实行全员聘用制度，成为全国广电系统人事改革试点单位。

2001年贵州电视台与贵州省有线电视台成功合并，形成为以贵州卫视为龙头，以公共频道、影视文艺频道、大众生活频道、体育旅游频道、科教健康频道、图文频道等七个常规频道与数字付费频道——天元围棋频道为主体的格局。同年，成立贵州卫视围棋俱乐部，成为全国唯一拥有围棋甲级队的电视台，以“棋圣”聂卫平为总教练的一大批国内围棋高手也成为贵州卫视的品牌形象宣传的旗手。

2002年7月，贵州电视台又一次以敢为天下先的勇气与自信向社会宣布：将贵州电视台卫星频道定位为“西部黄金卫视”，从而义无反顾地踏上了打造区域强势媒体的理想之路。

2003年底，投资2.8亿元、建筑面积近五万平方米的贵州电视大楼正式投入使用，这标志着贵州电视台的经营发展又迈上了一个崭新的平台。新大楼拥有现代化的电视节目制作、编辑、播出、传输控制系统和完善配套设施，其中有1000平方米多功能演播大厅、20—500平方米不同规格的电视演播室、直播室、文艺录音室、节目配音室等共20多个专业制作机房，目前贵州电视台已全面覆盖西部十二省，覆盖总人口达到4.63亿；固定资产已达到5亿元，在西部省级电视台中名列前茅；每天制作播出10多个小时的自办节目，八个频道日播出节目总量近200个小时；2003年广告创收1.7亿元，2004年有望突破2亿元。

2003年9月，贵州电视台台长李新民先生也因其在贵州电视台所取得的卓越的改革成就荣膺“首届中国十大时代新闻人物”荣誉称号。

随着改革的进一步深入，贵州电视台新一轮的发展突破正在悄悄酝酿，其作为最具西部区域优势的媒体特征正在被越来越多的有识之士所认同和接受，“西部黄金卫视”品牌形象也正在日臻完善。

贵州人民广播电台

地　　址：贵阳市青云路302号
邮　　编：550002
电　　话：(0851)5984899
负 责 人：刘世杰
联 系 人：姚世权

贵州人民广播电台成立于1950年1月1日。50年来，在省委、省政府的领导下，本台紧密配合党和政府在各个历史时期的中心工作，坚持党性原则、发挥喉舌功能，当好桥梁纽带，为全省的经济建设和社会发展做出了应有的贡献。经过几代广播人的艰苦奋斗、努力工作，本台发展到今天每天播音81小时，6套节目全部实现立体声广播；建立了音频工作站自动化播出系统，大大改善了编辑、节目制作和播出条件，提高了播出质量；建设了台内局域网，将实现采、编、播无纸化办公；建立了贵州广播综合网站“今日传播”(http://www.gzbs.cn)。

新闻综合广播(卫星广播)以新闻类、综艺类节目为主，1989年节目上星后，除覆盖贵州全省外，还覆盖滇、川、湘、桂以及内蒙古、青海、海南等17个省市、自治区，省内外听众达4250万人。

贵州新闻综合广播特色节目：

《新闻大视野》每天8:10–8:30，新闻杂志节目“新闻大视野”期待您的共同关注！

《午间关注》奉行“每天一个新话题”，播出时间：周一至周五12:10–13:00。

《都市丽人行》向女性传播时尚生活概念，播出时间:星期三、五、日16:00–17:00。

《音乐封神榜》网罗全球流行金曲，打造流行音乐排行榜。播出时间:周一至周五15:00–16:00。

广告信息中心电话:0851–5981586(办公室) 5982201(广告一部) 5667776(广告二部)

经济广播1994年底开播。经济广播关注社会焦点、热点，积极参与揭露和打击经济生活中的各种违规现象，努力为整顿我国市场经济秩序服务；为商家开辟市场、促进商品流通及民众获得优质消费服务。

经济广播主要节目：

《传媒直播》每天早晨新鲜的新闻荟萃，在上午8:00–9:00会一一为您介绍。

《经广股市传真》邀请省内知名证券分析师在专门为您讲解当日行情。播出时间：每天9:00–9:30。

《生活服务台》把你有关于生活的各种疑问交给《生活服务台》，播出时间：每天11:00–12:00。

《财富生活》通报国家经济政策、工商业管理秘籍、百姓投资理财，播出时间：每天12:00–13:00。

《体坛强档》是热爱体育的人们最好的午间休闲方式，播出时间：每天14:00–15:00。

广告联系电话:0851–5984301 5983270

音乐广播1988年成立，调频91.6兆赫。由于节目丰富多彩、制作精良，收听率一直名列前茅。

音乐广播主要节目：

《流行浪潮》每天10:00–11:00播出精选流行音乐节目。

《新劲流行公告》每天11:00–12:00直播歌曲打榜节目。

《岁月如歌》午间14:00–15:00首播、夜间0:00–1:00重播的老歌回放专栏节目。

《国乐飘香》每天16:00–17:00歌声将带你找寻中国音乐的魂。

《IQ点歌台》20:00–21:00把我们共同的心愿和祝福传送给你。

广告联系电话:0851–5981760

健康广播全天播音24小时，调频FM106.2。”品味现代生活，呵护大众健康”是我们的宗旨。

健康广播主要节目：

《音乐疗养院》让你神清气爽地开始新的一天！周一至周五9:00–10:00。

《健广信息网》每天14:00–15:00以热线形式与听众交流商业、经济、房屋置换、人才招聘等信息。

《时尚音乐先锋》是一档时尚音乐资讯类节目，每天16:00–17:00播出。

《空中门诊》是以医疗保健、健康咨询为主的热线直播节目，每晚21:00–22:00播出；

交通广播由贵州人民广播电台与贵州省公安厅交警总队携手联办，每天播音24小时。

交通广播主要节目：

《车行贵州》周一至周五10:00–11:00，专家与听众一起探讨汽车话题，共同关注道路交通。

《沁园时间》周一至周五13:30–14:30，聆听乐曲，关注社会热点，为出租车驾驶员答题解惑。

《超级LJ》周一至周五19:30–21:30，内地、港台、欧美、日韩流行音乐。

广告联系电话:0851–5600887

贵阳电视台广告部

地　　址：贵阳市遵义路毕节地区广电大厦
邮　　编：550002
电　　话：(0851)582951
负 责 人：刘宝静

新闻出版类

贵州日报报业集团广告处

地　　址：贵阳市宝山北路372号
邮　　编：550001
电　　话：(0851)6625823
传　　真：(0851)6625829
联 系 人：郑文灿
广告热线：(0851)6626222、6626333

贵州日报报业集团是贵州省最大的平面媒体经营单位。辖七报(贵州日报、贵州都市报、贵州商报、西部开发报、经济信息时报、新报、文摘)、一刊(新闻窗)、一网站(金黔在线)，广告年收入达1.8亿元。

贵州日报作为省委机关报是贵州省覆盖面最广的大型综合性报纸。各类新闻专题、专刊、栏目异彩纷呈。贵州日报以其不可替代的权威性和公信力,对社会中坚和消费主流人群产生重大影响，是宣传产品、树立形象、抢占贵州市场的主要媒体。

贵州都市报是贵州省发行量最大的综合性城市报，日发行量40多万份，其中省城贵阳占一半以上。贵州都市报追求"更多的原创新闻，更多的新闻资讯"，传递信息,引导消费,影响巨大。是企业和产品进入贵州、纵横市场的"高速列车"，是贵州市场广告营销的首选媒体。

贵州广播电视报

地　　址：贵阳市青云路271号
邮　　编：550002
电　　话：(0851)5981626
传　　真：(0851)5981626

遵义晚报

地　　址：遵义市红花岗路39号
邮　　编：563000
电　　话：(0852)8227812
传　　真：(0852)8224385

云南省

公司类

云南体育广告公司

地　　址：昆明市东风东路99号拓东体育场7号门
邮　　编：650041
电　　话：(0871)3176162
传　　真：(0871)3136535
负 责 人：付忠
联 系 人：马波

速度就是效率，代理赛事广告，承办商业比赛。
赛事图文制作，赛场媒体代理。
代理运动队与企业联姻。

昆明风驰传媒有限公司

地　　址：昆明市鸿城广场8楼
邮　　编：650021
电　　话：(0871)3142204
传　　真：(0871)3142205
负 责 人：李践

云南白马广告有限公司

地　　址：昆明市云瑞西路49号胖利堂内
邮　　编：650021
电　　话：(0871)3623255
传　　真：(0871)3646190
负 责 人：丁辉

云南世博广告有限公司

地　　址：昆明市白龙小区省园艺博览局
邮　　编：650224
电　　话：(0871)5635926
传　　真：(0871)5635922
负 责 人：宜晓昆

云南星耀文化传媒广告有限公司

地　　址：昆明市知青街1号
邮　　编：650041
电　　话：(0871)3336688
传　　真：(0871)3336688
负 责 人：邓斌

云南艺地广告工程有限公司

地　　址：昆明市金鼎科技园创业服务中心大楼
邮　　编：650031
电　　话：(0871)5358747
传　　真：(0871)5329128
负 责 人：康健

昆明白宇现代广告有限公司

地　　址：昆明市东风东路36号建工大楼18层
邮　　编：650051
电　　话：(0871)3193199
传　　真：(0871)3193199
负 责 人：倪文贵

昆明驰宇广告有限公司

地　　址：昆明市北京路605号
邮　　编：650011
电　　话：(0871)5136061
传　　真：(0871)5136061
负 责 人：黄茂高

昆明市广告公司

地　　址：昆明市青年路小花园
邮　　编：650021
电　　话：(0871)3191516
传　　真：(0871)3191516
负 责 人：陆林珍

昆明怡畅广告策划有限公司

地　　址：昆明市东风东路47号
邮　　编：650031
电　　话：(0871)3114888
传　　真：(0871)3114888

负 责 人：吴声辉

昆明优势时代广告有限公司

地　　址：昆明市白塔路387号星耀大厦
邮　　编：650051
电　　话：(0871)3112238
传　　真：(0871)3112238
负 责 人：彭朔

广播电视类

云南人民广播电台

地　　址：昆明市人民西路73号
邮　　编：650031
电　　话：(0871)5384855
传　　真：(0871)5310441
负 责 人：万承锦

云南电视台

地　　址：昆明市人民西路182号
邮　　编：650031
电　　话：(0871)5351773
传　　真：(0871)5344880
负 责 人：杨文虎

昆明电视台

地　　址：昆明市白马小区集成花园2楼
邮　　编：650118
电　　话：(0871)5353555
传　　真：(0871)5353555
负 责 人：吴克翔

新闻出版类

云南日报报业集团

地　　址：云南省昆明市新闻路337号
邮　　编：650032
电　　话：(0871)4195367
传　　真：(0871)4161165
负 责 人：赵金
联 系 人：刘运龙

1950年《云南日报》创刊
1980年《春城晚报》诞生
2001年云南日报报业集团成立
2004年拥有9报3刊1网站
2005年荣膺云南媒体惟一著名商标
报刊发行总量名列云南省第一
全国强势媒体著名品牌

云南日报彰显云南第一大报权威性 扩大主流强势媒体影响力

云城晚报　著名品牌　崭新形象

都市时报

地　　址：昆明市丹霞路新闻中心11楼
邮　　编：650118
电　　话：(0871)5391951
传　　真：(0871)5391961
联 系 人：巴菁

1999年 20万元启动《都市时报》，以最少的投资办最好的报纸；

2000年 云南第一家对发行量进行公证的报纸，并率先在同业中倡导诚信；

2001年 实现三年盈利的发展目标，成为云南省最具影响力、最畅销的报纸；

2002年 三年时间广告收入增长10倍，被业内人士公认为“中国新闻历史上的奇迹”；

2003年 云南同类报纸发行量最大，昆明地区发行密度最高，占30%的市场份额，广告价格成为本地平面媒体广告定价的风向标；

2004年 确立云南报业先锋形象，在云南报业主流媒体中发行量最大、版面最多、广告千人成本最低、销售量最大和广告量最大。

都市时报一直站在时代的前沿，引领阅读革命。

生活新报社

地　　址：云南昆明证券大厦二楼(春城路62号)
邮　　编：650011
电　　话：(0871)3115615
传　　真：(0871)3115610
负 责 人：李伟峰
联 系 人：曹微

立足昆明，覆盖云南，辐射西南四省的《生活新报》，是云南省残疾人联合会主办的一份面向市场、关注大众生活的综合性日报。从2000年2月28日开始，《生活新报》迎来了自创刊以来的第一次决定性变革，采用适应市场经济规律发展的全新办报思路，迅速融入到市场经济的大潮中，开始跨出实质性发展的第一步。

经过4年的奋斗，《生活新报》一举跃身云南报业前三甲。每天，《生活新报》1000余名发行员走上云南各个地区的街头，使它拥有着广泛的读者群，由此吸引的广告投放量平均以每年1000多万元的速度增长。2004年，《生活新报》的年经济总收入已经达到1.2亿元，实现年利润650万元，上缴税收达到750万元。

报业的竞争首先是人才的竞争，《生活新报》从全国各地不断引进一流的报业精英，培育和壮大了一支过硬的传媒团队，为下一阶段发展奠定了坚实的基础。

“责任高于一切”，报道最具社会价值的新闻是新报人在办报理念上的独特品质；“专业成就非凡”，全面实行广告专项代理制，是新报人与国际报业接轨的超前创举。《生活新报》不断创造的奇迹，已经成为许多城市新兴媒体共同研究的对象，《生活新报》在规范化、市场化的运作中，不但在云南平面媒体中具有巨大的超前性，而且正以自己的成功向全国同仁召唤，强强联合，共创佳绩。

云南老年报社

地　　址：昆明市环城西路云南民族大厦附楼
邮　　编：650032
电　　话：(0871)5336663
传　　真：(0871)5336663
负 责 人：王文锦
联 系 人：曹水秀

《云南老年报》创刊于1990年12月，当时为旬刊，现为周三刊，四开八版。由于报纸的质量获得读者的信任，发行量逐年上升，目前达8万多份，为云南省专业报纸之首，并连续两年被评为全省优秀报纸。

“为老年人服务，替老年人说话，与老年人同乐，做老年人忠实、亲密的朋友”，是《云南老年报》坚持至今的办报宗旨，辟有要闻版、综合版、来信版、老人与法版、医疗版、体育版、颐养版、文摘版、周末版、博览版、霞光版、枫叶版、健康前沿版等，深受广大读者的喜爱。2005年，云南老年报根据广大读者的要求全面扩版，逢周一、三、五均扩为八版，继续发挥云南老年报的优势：宣传老龄老干政策，传播时事政治信息，提供医疗保健服务，反映老年群众呼声，使报纸更加贴近实际、贴近生活、贴近群众。

云南信息报

地　　址：昆明市东风西路119号
邮　　编：650031
电　　话：(0871)3609912
传　　真：(0871)3609912
负 责 人：王力力

陕西省

公 司 类

西安麦道广告有限公司

地　　址：西安市西华门1号凯爱大厦B－8－8
邮　　编：710003
电　　话：(029)87201966
传　　真：(029)87201699
负 责 人：范雨
联 系 人：陆轶岑

1994年，MIDO于西安成立。

1997年，以300万元的标底首创性的获得陕西电视台第三频道独家经营权并在陕西电视媒体经营领域赢得卓著声誉，年营业额达1000万元。

2001年，被权威机构评为成长最快的本土广告公司。

2002年，与全球最大的媒体公司实力媒体结为策略联盟，公司媒介专业服务能力及规范管理水平向国际标准迈出了一大步。创意依然是公司的一面旗帜，为公司不断赢得声誉和客户，同时赢得银行的贷款支持。内部邮局、知识管理平台、BBS、Internet信息工具等IT手段已完全应用于工作中。年度营业额达5400万元。

2003年，麦道传媒大刀阔斧地向报纸、户外等多媒体领域进军并取得斐然的成绩，媒介“西北港”的地位基本确立，年营业额超过8000万元。

2003年，北京公司成立。

2004年，上海办事处成立。

走出西安，已完成战略准备。

陕西巨象广告有限公司

地　　址：西安市南二环含光路十号
邮　　编：710065
电　　话：(029)88255555
传　　真：(029)88256666
负 责 人：王辉
联 系 人：王伟

西安咸阳国际机场广告有限责任公司

地址：西安市莲湖区沣镐路2号
邮编：710082
电话：(029)88701328
传真：(029)88700681
负责人：李永
联系人：韩飞

安康铁路新世纪广告有限公司

地　　址：安康市江北大道53号
邮　　编：725000
电　　话：(0951)2220604
负 责 人：闰书利

商洛市邮政局广告部

地　　址：商洛市名人街
邮　　编：726000
电　　话：(0914)2288343
负 责 人：董艳丽

商洛市慧通广告信息有限公司

地　　址：商洛市北新街西段
邮　　编：726000
电　　话：(0914)2311855
负 责 人：白雯

商洛市世纪广告装饰有限责任公司

地　　址：商洛市商州商城20号楼
邮　　编：726000
电　　话：(0914)2333022
负 责 人：王亚平

杨凌博奥展览服务有限公司

地　　址：杨凌展馆西路1号
邮　　编：712100
电　　话：(029)87036856
传　　真：(029)87036994
负 责 人：孙华

杨凌创想广告咨询有限公司

地　　址：杨凌新桥北路(秦丰大厦511室)
邮　　编：712100
电　　话：(029)87036661
传　　真：(029)87036323
负 责 人：李琳

杨凌国际会议展览有限公司

地　　址：杨凌新桥北路1号
邮　　编：712100
电　　话：(029)87036231
负 责 人：郭立红

杨凌亨泰企业策划有限公司

地　　址：杨凌西农路32号
邮　　编：712100
电　　话：(029)87014611
传　　真：(029)87014611
负 责 人：王虹

杨凌红苹果广告工作室

地　　址：杨凌公园路东段
邮　　编：712100
电　　话：(029)87019129
负 责 人：胡银萍

杨凌华丽雅广告装饰有限公司

地　　址：杨凌康乐路东段
邮　　编：712100
电　　话：(029)87015177
传　　真：(029)87013838
负 责 人：王毅君

杨凌三和文化传播有限公司

地　　址：杨凌康乐西路
邮　　编：712100
电　　话：(029)87019661
传　　真：(029)87019700
负 责 人：杨西挺

杨凌视野广告装饰部

地　　址：杨凌康乐路东段
邮　　编：712100
电　　话：(029)87019411
传　　真：(029)87019411
负 责 人：曹东阳

杨凌万园广告有限公司

地　　址：杨凌神农路西段
邮　　编：712100
电　　话：(029)87035853
传　　真：(029)87035853
负 责 人：霍清福

广播电视类

安康电视台

地　　址：陕西省安康市大桥路9号
邮　　编：725000
电　　话：(0915)3214505
传　　真：(0915)3214219
负 责 人：王虎
联 系 人：赵伟

人杰地灵的陕西安康，辖一区九县，面积2.3万平方公里，人口298万。经济繁荣，交通发达，是连接川、陕、鄂的重要枢纽。

安康电视台自办节目三套。收视覆盖一区九县，受众逾250多万人。一套为新闻综合频道：以有线无线方式混合覆盖全市；二套为影视信息频道：以有线方式覆盖全市；三套为汉滨频道：以有线方式覆盖汉滨区(人口90余万，为全省人口最多的县级区)。安康电视台自办专栏有八个：《安康新闻》、《金州新闻》、《同行》、《家园》、《经济纵横》、《寻医问药》、《健康时空》、《我爱我家》，均在一、二、三套联动播出。

我们的服务宗旨是：为观众负责、与企业同辉。

扬您美名、树您形象、为您服务、助您成功是我们永恒的追求。

杨凌电视台

地　　址：杨凌渭惠东路
邮　　编：712100
电　　话：(029)87033712
传　　真：(029)87033710
负 责 人：白宏伟

新闻出版类

安康日报社

地　　址：安康市金州南路60号
邮　　编：725000
电　　话：(0915)3212549
负 责 人：屈善施

农业科技报

地　　址：杨凌渭惠东路16号
邮　　编：712100
电　　话：(029)87036596
传　　真：(029)87036596
负 责 人：李成砚

甘肃省

公司类

甘肃尔雅广告文化有限公司

地　　址：兰州市城关区临夏路
邮　　编：730000
电　　话：(0931)8849963
负 责 人：朱涛
联 系 人：高燕文

甘肃凡之广告传播有限公司

地　　址：兰州市城关区鑫源大厦701室
邮　　编：730000
电　　话：(0931)3994330
负 责 人：孟凡芝
联 系 人：郑法

甘肃福宇广告有限公司

地　　址：兰州市城关区民主西路98号
邮　　编：730000
电　　话：(0931)8850714
传　　真：(0931)8850714
负 责 人：谢峰峪
联 系 人：谢峰峪

甘肃恒安广告有限公司

地　　址：兰州市城关区白银路81号
邮　　编：730000
电　　话：(0931)8861479
负 责 人：张丽英
联 系 人：张丽英

甘肃恒发之路广告有限公司

地　　址：兰州市城关区中街字91号
邮　　编：730000
电　　话：(0931)8467708
传　　真：(0931)8485638
负 责 人：常承宗
联 系 人：高亮

甘肃恒升创意广告有限公司

地　　址：兰州市城关区东郊巷26号
邮　　编：730000
电　　话：(0931)8727006
负 责 人：苏桂英
联 系 人：苏桂英

甘肃红富源广告策划有限公司

地　　址：兰州市城关区雁滩家具市场
邮　　编：730000
电　　话：(0931)8513358
负 责 人：田力
联 系 人：田力

甘肃振兴广告设计公司

地　　址：兰州市城关区民勤街50号
邮　　编：730000
电　　话：(0931)4640990
负 责 人：谢程
联 系 人：张平

广播电视类

甘肃电视台广告中心

地　　址：兰州市东岗西路226号
邮　　编：730000
电　　话：(0931)8262009
负 责 人：刘兴平
联 系 人：林琴

甘肃电视台都市频道

地　　址：兰州市城关区东岗西路226号
邮　　编：730000
电　　话：(0931)8274909

负 责 人：张建伟
联 系 人：徐晓敏

甘肃矿区电视台

地　　址：兰州市508信箱甲38号
邮　　编：732850
电　　话：(0931)6765688
传　　真：(0931)6766034
联 系 人：李川海

兰州人民广播电台

地　　址：兰州市城关区庆阳路54号
邮　　编：730030
电　　话：(0931)8883743
传　　真：(0931)8883730

兰州电视台

地　　址：兰州市城关区庆阳路54号
邮　　编：730000
电　　话：(0931)8824347
传　　真：(0931)8415252
负 责 人：何涛
联 系 人：张富祥

兰州广播电视传播中心

地　　址：兰州市城关区庆阳路54号
邮　　编：730000
电　　话：(0931)8411620
负 责 人：庄历
联 系 人：庄历

新闻出版类

读者杂志社

地　　址：兰州市南滨河东路520号
邮　　编：730000
电　　话：(0931)8773309
传　　真：(0931)8773310
联 系 人：杜孟瑛

中国人的心灵读本

中国期刊第一品牌

《读者》杂志创刊于1981年，由甘肃人民出版社主办，是一份综合类文摘杂志。目前，《读者》月发行量已达800余万册，居中国第一，在中国亿万读者中产生了深远的影响。

读者杂志社主要编辑、出版有《读者》(半月刊)、《读者》(乡村版月刊)、《读者欣赏》(月刊)、《读者》(原创版)等系列杂志及《读者》(合订本)、《读者丛书》、《读者人文读本》系列图书及多媒体光盘、明信片等相关文化产品。《读者》杂志在海外华文期刊市场中也占有很大份额，行销80多个国家和地区，海外累计发行达50多万册。2004年《读者》杂志已正式在美国同步印刷发行。

《读者》杂志始终以弘扬人类优秀文化为己任，坚持“博采中外、荟萃精华、启迪思想、开阔眼界”的办刊宗旨，遵循“选择《读者》，就是选择了优秀文化”这一办刊理念，发掘人性中的真善美，体现社会关怀和人文关怀，赢得了各个年龄段和不同阶层读者的喜爱，《读者》已经成为甘肃乃至全国的一个著名品牌，在国际期刊界也有较大影响。

《读者》杂志的成功得到了政府、社会各界及广大读者的认可和赞誉。2001年被国家新闻出版总署认定为“双高”(高知名度、高学术水平)期刊，2000年、2003年连续两届获得国家期刊奖。《读者》的高速成长同样也得到了众多跨国及国内知名企业的认同，十多年来，《读者》已经富有成效地为摩托罗拉、宝洁、中国联通、夏新、红河等诸多国内外客户提供了广告服务，其成绩得到业界一致肯定。

新世纪里，《读者》正在向打造期刊产业集团的目标坚实迈进，面临着难得的发展机遇和广阔的发展空间。《读者》愿与各界携手合作，共同分享成长的喜悦！

甘肃日报社

地　　址：兰州市白银路47号
邮　　编：730030
电　　话：(0931)8159066
联 系 人：张宏伟

甘肃法制报

地　　址：兰州市城关区皋兰路经办2号楼
邮　　编：730000
电　　话：(0931)8830431
负 责 人：牛绵江
联 系 人：牛绵江

甘肃工人报社

地　　址：兰州市城关区东郊巷26号
邮　　编：730000
电　　话：(0931)8829658
负 责 人：文志祥

联 系 人：闫恒

甘肃工商报

地　　址：兰州市皋兰路120号24楼
邮　　编：730000
电　　话：(0931)8416415

甘肃广播电视报社

地　　址：兰州市城关区张苏滩451号
邮　　编：730000
电　　话：(0931)8555656
负 责 人：王惠民
联 系 人：祁玉兰

甘肃科技报

地　　址：兰州市庆阳路30号
邮　　编：730030
电　　话：(0931)8823654

兰州晨报社

地　　址：兰州市城关区白银路47号
邮　　编：730000
电　　话：(0931)8158538
负 责 人：马克利
联 系 人：张越

兰州日报兰州晚报社

地　　址：兰州市张掖路246号
邮　　编：730030
电　　话：(0931)8489243
联 系 人：谭敏

民主协商报

地　　址：兰州市统办1号楼
邮　　编：730000
电　　话：(0931)8960373

青海省

公 司 类

西宁多闻广告有限公司
地址：西宁市长江路4号
邮编：810000
电话：(0971)6116639
传真：(0971)6116639
法人：李舰

西宁芳安广告服务有限公司
地址：西宁市南川东路72号
邮编：810000
电话：(0971)8244015
传真：(0971)8244015
法人：贺安芳

西宁海润广告有限公司
地址：西宁市五四大街66号
邮编：810000
电话：(0971)6107116
传真：(0971)6107116
法人：林万里

西宁红衫树广告有限公司
地址：西宁市胜利路45号
邮编：810000
电话：(0971)6143385
传真：(0971)6143385
法人：刘士勇

西宁金华海广告文化传播公司
地址：西宁市东关大街234号
邮编：810000
电话：(0971)3881040
传真：(0971)3881040
法人：盖华海

西宁精雅广告有限公司
地址：西宁市小桥大街38号
邮编：810000
电话：(0971)65132111
传真：(0971)5132111
法人：吕添喜

广播电视类

青海电视台
地　　址：西宁市青海宾馆2楼
邮　　编：810001
电　　话：(0971)6144181
传　　真：(0971)6144323

果洛藏族自治州广播电视台
地　　址：果洛藏族自治州玛沁县大武镇
邮　　编：814000
电　　话：(0975)8382116
负 责 人：李金有

海南藏族自治州广播电视台
地　　址：海南藏族自治州共和县恰卜恰镇人民街
邮　　编：813000
电　　话：(0974)8513278
负 责 人：马同德

互助土族自治县广播电视台
地　　址：海东地区互助县威远镇北街7号
邮　　编：810500
电　　话：(0972)8322953
负 责 人：解统恩

湟中县广播电视台
地　　址：西宁市湟中县鲁沙尔镇和平路22号
邮　　编：811600

电　　话：(0971)2232410
负 责 人：夏连琪

尖扎县广播电视台
地　　址：黄南州尖扎县马克唐镇
邮　　编：811200
负 责 人：王学礼

乐都县广播电视台
地　　址：海东地区乐都县古城大街东巷子2号
邮　　编：810700
电　　话：(0972)8623653
负 责 人：韩福存

新闻出版类

青海日报社广告经营中心
地　　址：西宁市长江路5号
邮　　编：810000
电　　话：(0971)8454358
传　　真：(0971)8454358
负 责 人：陈军
联 系 人：杨毅

西宁晚报社广告部
地　　址：西宁市南关街43号
邮　　编：810000
电　　话：(0971)8248965
传　　真：(0971)8248965
法　　人：张富顺
联 系 人：许晓峰

青海广播电视报
地　　址：西宁市西大街25号
邮　　编：810000
电　　话：(0971)8237184

青海环境杂志
地　　址：西宁市为南山东路116号
邮　　编：810007
电　　话：(0971)8177746

青海科技报
地　　址：西宁市新宁路22号
邮　　编：810003
电　　话：(0971)6308470
传　　真：(0971)6302746

宁夏回族自治区

公 司 类

固原华乐广告有限责任公司
地　　址：固原市中草药南关街(市工商局对面)
邮　　编：756000
电　　话：(0954)2040695
负 责 人：丁建华

固原金利广告有限责任公司
地　　址：固原市原州区中山街
邮　　编：756000
电　　话：(0954)2036522
负 责 人：王利平

固原可视广告有限公司
地　　址：固原市固原晨光家私城
邮　　编：756000
电　　话：(0954)8763789
负 责 人：邓志虎

宁夏白马影视广告有限责任公司
地　　址：银川市鼓楼南街复兴桥商场四楼3号
邮　　编：750004
电　　话：(0951)6080000
法　　人：王晓南

宁夏大森林广告装饰设计有限公司
地　　址：银川市兴庆区民族南街42号
邮　　编：750000
电　　话：(0951)6018746
法　　人：王金瑞

宁夏德慧广告有限公司
地　　址：银川市永安巷永安花园牛街
邮　　编：750004
电　　话：(0951)4101902
负 责 人：张光磊

宁夏点金广告传播有限公司
地　　址：银川市解放西街315-505室
邮　　编：750001
电　　话：(0951)6080166
负 责 人：徐鹏飞

宁夏电话号簿公司
地　　址：银川市解放西街教育巷2号
邮　　编：750001
电　　话：(0951)6010260
负 责 人：宋宪玉

宁夏顶典广告有限公司
地　　址：银川市兴庆区民生巷35号
邮　　编：750004
电　　话：(0951)6027919
法　　人：王勇

宁夏鼎展广告有限公司
地　　址：银川市中山北街建材巷13号
邮　　编：750004
电　　话：(0951)6735887
负 责 人：乔海峰

广播电视类

宁夏人民广播电台
地　　址：银川市新华西街13号
邮　　编：750001
电　　话：(0951)6041323
负 责 人：宋扬

宁夏电视台
地　　址：银川市鼓楼北街 39 号
邮　　编：750004
电　　话：(0951)6011354
负 责 人：仝华

宁夏教育电视台
地　　址：银川市民族北街 22 号
邮　　编：750001
电　　话：(0951)6024197
负 责 人：李光宁

银川市广播电视集团
地　　址：银川市中山北街 11 号
邮　　编：750004
电　　话：(0951)6030162
法　　人：王杨宝

银川有线电视台
地　　址：银川市中山北街 5 号
邮　　编：750004
电　　话：(0951)6023264
法　　人：杨松林

固原市广播电视局广告部
地　　址：固原市原州区广播电视局
邮　　编：756000
电　　话：(0954)2031671
负 责 人：何淑芳

石嘴山电视台二部
地　　址：石嘴山市惠农区石大路 135 号
邮　　编：753200
电　　话：(0952)3321374
法　　人：陈国师

石嘴山电视台广告部
地　　址：石嘴山市大武口区游艺西街 357 号
邮　　编：753000
电　　话：(0952)2013337
法　　人：何建国

石嘴山人民广播电台
地　　址：石嘴山市大武口区游艺西街 363 号
邮　　编：753000
电　　话：(0952)2034431
法　　人：何建国

吴忠市电视台
地　　址：吴忠市裕民东街 54 号
邮　　编：751100
电　　话：(0953)2011951
负 责 人：田间

吴忠市人民广播电台
地　　址：吴忠市裕民东街 54 号
邮　　编：751100
电　　话：(0953)2011951
负 责 人：吴坚

新闻出版类

新消息报社
地　　址：宁夏银川市中山南街 47 号
邮　　编：750004
电　　话：(0951)6032745
传　　真：(0951)6032745
负 责 人：沙新
联 系 人：哈炜

IN THE PAST——《新消息报》秉承“广揽寰宇新消息，飞报寻常百姓家”的办报宗旨，时时关注百姓事，天天报道新消息，一回回博得了百姓的信赖和拥护，一次次缔造了宁夏报界闪光的印迹。

TODAY——《新消息报》以其报道客观，传播迅速，贴近百姓，资讯丰富等特色已成为宁夏报界最新锐的媒体，是社会认可的主流媒体、权威媒体。在宁夏平面媒体中，《新消息报》每天出版版数最多，覆盖面最广，发行量最大，零售量最高，经济增速最快。

FUTURE——事业的成功源于选择最佳的合作伙伴，长久发展的关键在于拥有高远的目光。选择《新消息报》，您就拥有了最佳合作伙伴，选择《新消息报》你的目光总是令旁人难以企及。

进军西北商圈，占领宁夏市场，舍《新消息报》其谁？

经济日报宁夏信息广告部

地　　址：银川市解放西街217号
邮　　编：750001
电　　话：(0951)5043846
法　　人：李水恬

共产党人杂志社

地　　址：银川市新市区朔方路
邮　　编：750021
电　　话：(0951)2075650
负 责 人：段怀颖

少年读者杂志社

地　　址：银川市解放西街47号
邮　　编：750001
电　　话：(0951)5014064
负 责 人：薛晓红

周末文汇杂志社

地　　址：银川市解放西街199号
邮　　编：750001
电　　话：(0951)5042558
负 责 人：李正纲

宁夏法制报社

地　　址：银川市上海西路82号
邮　　编：750001
电　　话：(0951)5033724
负 责 人：顾仁泉

宁夏广播电视报

地　　址：银川市鼓楼北街33号
邮　　编：750004
电　　话：(0951)6010308
负 责 人：辛飞

宁夏教育杂志社

地　　址：银川市新华东街19号
邮　　编：750004
电　　话：(0951)6024676
负 责 人：高鹏飞

宁夏日报社

地　　址：银川市中山南街109号
邮　　编：750004
电　　话：(0951)6093337
负 责 人：邓万

宁夏日报社若愚策划设计中心

地　　址：银川市中山南街94-9-10号
邮　　编：750004
电　　话：(0951)6033297
负 责 人：邓万

青年生活导报社

地　　址：银川市前进街164号
邮　　编：750001
电　　话：(0951)5057224
负 责 人：张莹

石嘴山日报社

地　　址：石嘴山市大武口区鸣沙路51号
邮　　编：753000
电　　话：(0952)2013137
法　　人：张勇

银川广播电视报

地　　址：银川市中山北街5号
邮　　编：750004
电　　话：(0951)6013944
传　　真：(0951)6092590

银川晚报社

地　　址：银川市中山南街9号
邮　　编：750004
电　　话：(0951)6029134
法　　人：于小龙

新疆维吾尔自治区

公 司 类

中国新疆国际博览中心广告公司
地　　址：乌市友好北路 43 号
邮　　编：830000
电　　话：(0991)4823341
传　　真：(0991)4841221
负 责 人：黄河

今日传播广告有限公司
地　　址：乌市扬子江路 16 号红山金叶宾馆一楼、五楼
邮　　编：830000
电　　话：(0991)4504650
传　　真：(0991)4501677

新疆航空广告公司
地　　址：乌市迎宾路 46 号
邮　　编：830016
电　　话：(0991)3804239
传　　真：(0991)3801081

新疆兰贝影视广告有限公司
地　　址：乌市东环路 68 号
邮　　编：830011
电　　话：(0991)5875322
传　　真：(0991)3664885
负 责 人：吴渝生

新疆绿洲广告公司
地　　址：乌市新民路 89 号
邮　　编：830002
电　　话：(0991)2613188
传　　真：(0991)2611587
负 责 人：王莉
联 系 人：姜书艺

新疆民航广告有限责任公司
地　　址：乌市迎宾路 33 号
邮　　编：830016
电　　话：(0991)3804418

新疆普拉纳广告有限公司
地　　址：乌市人民路 139 号附 18 号宏源证券大厦 21 层
邮　　编：830002
电　　话：(0991)2308289
负 责 人：谷文通
联 系 人：陈玉蓉

新疆新亚广告公司
地　　址：乌市西八家户路 75 号
邮　　编：830011
电　　话：(0991)4831498
负 责 人：森中华

新疆一禾国际广告有限公司
地　　址：乌市扬子江路 32 号
邮　　编：830000
电　　话：(0991)4501401
负 责 人：张强

新疆艺海广告信息产业有限责任公司
地　　址：乌市东后街 8 号
邮　　编：830002
电　　话：(0991)2623905
传　　真：(0991)2623905
负 责 人：吴松

新疆园真广告有限公司
地　　址：乌市扬子江路 42 号红十月花园
邮　　编：830000

电　　话：(0991)8968191
法　　人：穆斌祥
负 责 人：崔文辉

新疆兆月通广告有限公司

地　　址：乌市文艺路2号
邮　　编：830002
电　　话：(0991)2301196
负 责 人：张新辉

广播电视类

新疆人民广播电台

地　　址：乌市团结路8号
邮　　编：830044
电　　话：(0991)2577738
传　　真：(0991)2568020

新疆人民广播电台音乐台

地　　址：乌市团结路84号
邮　　编：830044
电　　话：(0991)2571919
负 责 人：王志庆
联 系 人：张勇冰

新疆教育电视台广告部

地　　址：乌市光明路6号
邮　　编：830002
电　　话：(0991)8866547
负 责 人：李森云
联 系 人：王玉茹

新疆经济广播电台广告部

地　　址：乌市团结路84号
邮　　编：830044
电　　话：(0991)2562612
负 责 人：朱瑶
联 系 人：张勇冰

新疆生产建设兵团农九师广播电视台

地　　址：塔城地区额敏县朝阳新村军垦路机关大楼
邮　　编：834601
电　　话：(0901)3341401
传　　真：(0901)3341771
负 责 人：徐传海

乌鲁木齐人民广播电台

地　　址：乌市新民路28号
邮　　编：830002
电　　话：(0991)2643284
负 责 人：姚兰

克拉玛依市广播电视台

地　　址：克拉玛依市天山路42号
邮　　编：834000
电　　话：(0990)6220835
传　　真：(0990)6223008
负 责 人：曹爱军

奎屯市广播电视台

地　　址：奎屯市喀什西路8号
邮　　编：833214
电　　话：(0992)3223583
负 责 人：鲁志明

乌鲁木齐电视台广告部

地　　址：乌市红山路一巷28号
邮　　编：830002
电　　话：(0991)8860794
传　　真：(0991)8860794

新疆纺织工业公司有线广播电视站

地　　址：乌市温泉西路12号
邮　　编：830000
电　　话：(0991)4877256
传　　真：(0991)4877256
法　　人：宁君

新疆钢铁集团有线电视站广告部

地　　址：乌鲁木齐市头屯河八一路新钢电视台
邮　　编：830022
电　　话：(0991)3892624
传　　真：(0991)3891231
负 责 人：努尔曼

新闻出版类

兵团日报社广告部
地　　址：乌鲁木齐新民路89号
邮　　编：830002
电　　话：(0991)2645994
负 责 人：杨克勤

昌吉日报社广告部
地　　址：昌吉市延安南路69号
邮　　编：831100
电　　话：(0994)2343036
传　　真：(0994)2336515
负 责 人：王丹梅
联 系 人：王丹梅

伊犁日报广告信息部
地　　址：伊宁市阿合买提江街117号
邮　　编：835000
电　　话：(0999)8120945
传　　真：(0999)8120945
负 责 人：周献民

乌鲁木齐晚报社广告中心
地　　址：乌市青年路20号
邮　　编：830002
电　　话：(0991)2617010
负 责 人：杨光
联 系 人：杨大明

新疆都市报社广告部
地　　址：乌市扬子江路1号
邮　　编：830051
电　　话：(0991)5893586
传　　真：(0991)5848989
负 责 人：董建生
联 系 人：陈庆芬

新疆财经杂志编辑部广告部
地　　址：乌市北京北路15号
邮　　编：830012
电　　话：(0991)7842086
负 责 人：张丽
联 系 人：汪爱琴

新疆党建杂志社
地　　址：乌市健康路2号
邮　　编：830003
电　　话：(0991)2391337
负 责 人：严维新
联 系 人：胡玉林

新疆建设兵团年鉴编辑部
地　　址：乌市光明路15号
邮　　编：830002
电　　话：(0991)2890105
传　　真：(0991)2890689
负 责 人：刘和鸣

新疆教育报社广告部
地　　址：乌市胜利路169号
邮　　编：830001
电　　话：(0991)2850804
负 责 人：韩彤
联 系 人：韩小兰

新疆科技报社广告部
地　　址：乌市北京南路40号
邮　　编：830011
电　　话：(0991)3843464
传　　真：(0991)3843464
负 责 人：何红
联 系 人：邓勇生

西藏自治区

公司类

西藏电信国脉实业有限公司广告分公司
地　　址：拉萨市林廓东路1巷6号
邮　　编：850000
电　　话：(0891)6556299
负 责 人：左时新

西藏国风广告有限公司
地　　址：拉萨市林廓东路(喜马拉雅饭店)
邮　　编：850000
电　　话：(0891)6361023
负 责 人：欧阳旭

西藏大鹏广告装饰有限公司
地　　址：西藏自治区林业厅院内
邮　　编：850000
电　　话：(0891)6816766
负 责 人：王成铭

西藏兰泽贸易有限公司广告部
地　　址：拉萨市宇拓路36号
邮　　编：850000
电　　话：(0891)6339999
负 责 人：哈种军

西藏南方广告有限公司
地　　址：拉萨市林廓北路13号
邮　　编：850000
电　　话：(0891)6338250
负 责 人：余存才

西藏起点文化传播有限公司
地　　址：拉萨市北京中路47号
邮　　编：850000
电　　话：(0891)6826135
负 责 人：张翃

民航西藏广告公司
地　　址：拉萨市康昂东路14号
邮　　编：850000
电　　话：(0891)6829832
负 责 人：达娃

广播电视类

西藏电视台广告部
地　　址：拉萨市北京中路180号
邮　　编：850000
电　　话：(0891)6820827
负 责 人：王国柱

西藏人民广播电台广告部
地　　址：拉萨市北京中路180号
邮　　编：850000
电　　话：(0891)6819543
负 责 人：修书琴

新闻出版类

西藏日报社广告部
地　　址：拉萨市朵森格路36号
邮　　编：850000
电　　话：(0891)6322866
负 责 人：王猗

西藏商报
地　　址：拉萨市朵森路14号附45号
邮　　编：850000
电　　话：(0891)6349996
负 责 人：陈军

'2005中国广告年鉴
China Advertising Yearbook
第十三版
13th Edition

索引

广告经营单位名录索引

北京市

公 司 类

广播电视类

新闻出版类

上海市

公 司 类

广播电视类

新闻出版类

天津市

公 司 类

广播电视类

新闻出版类

重庆市

公 司 类

广播电视类

新闻出版类

河北省

公 司 类

广播电视类

新闻出版类

山西省

公 司 类

广播电视类

新闻出版类

内蒙古自治区

公 司 类

广播电视类

新闻出版类

辽宁省

公 司 类

广播电视类

新闻出版类

吉林省

公 司 类

广播电视类

新闻出版类

黑龙江省

公 司 类

广播电视类

新闻出版类

江苏省

公 司 类

广播电视类

新闻出版类

浙江省

公 司 类

广播电视类

新闻出版类

安徽省

公 司 类

广播电视类

新闻出版类

福建省

公 司 类

广播电视类

新闻出版类

江西省

公 司 类

广播电视类

新闻出版类

山东省

公 司 类

广播电视类

新闻出版类

河南省

公 司 类

广播电视类

新闻出版类

湖北省

公司类

广播电视类

新闻出版类

湖南省

公司类

广播电视类

新闻出版类

广东省

公司类

广播电视类

新闻出版类

广西壮族自治区

公 司 类

广播电视类

新闻出版类

海南省

公 司 类

广播电视类

新闻出版类

四川省

公 司 类

广播电视类

新闻出版类

广播电视类

新闻出版类

甘肃省

公 司 类

广播电视类

新闻出版类

青海省

公 司 类

广播电视类

新闻出版类

宁夏回族自治区

公 司 类

广播电视类

新闻出版类

新疆维吾尔自治区

公 司 类

广播电视类

新闻出版类

西藏自治区

公 司 类

广播电视类

新闻出版类

广告刊户索引

四川神韵传播有限责任公司
天津市天健广告有限责任公司
中国黄河电视台广告经营中心
北京电通广告有限公司
北京华风气象影视信息集团有限责任公司
常德芙蓉王广告实业公司
安徽电视台广告中心
重庆电视台广告经营中心
山西广播电视总台广告监管中心
江西电视台广告中心
国家广播电影电视总局电影卫星频道节目制作中心广告部
北京未来广告公司
湖南电广传媒广告分公司
山东北斗广告有限公司
白沙集团
北京炎黄时代广告有限公司
中视金桥国际广告有限公司
精品购物指南报社广告部
中国邮政广告公司
京华时报社（京华文化传播有限公司）
北京娱乐信报社
灵智大洋（广州）广告有限公司北京分公司
北京太阳圣火广告有限公司
中国体育报业总社
北京世邦联合广告有限公司
北京市首发高速广告有限责任公司

北京公交广告有限责任公司
北京博达新大陆广告有限公司
博达大桥国际广告有限公司
中国城乡金融报社
北京中视台影视艺术广告中心
现代文明画报社
北京阳光加信广告有限公司
北京华闻旭通国际广告有限公司
北京奥美地亚广告有限公司
精品购物指南报社广告部
上海文广新闻传媒集团广告经营中心
上海奥美广告有限公司
新民晚报社广告部
上海灵狮广告有限公司
新闻报社
上海博报堂广告有限公司
上海广告有限公司
上海旭通广告有限公司
上海美术设计公司
上海梅迪派勒广告有限公司
上海广告装潢有限公司
上海华智地铁广告有限公司
上海中润广告有限公司
上海大广贸促广告有限公司
上海元太广告有限公司
上海地铁广告有限公司
上海东方明珠移动电视有限公司

上海东方网股份有限公司
海南白马广告媒体投资有限公司上海分公司
上海上腾娱乐有限公司
上海国际赛车场广告经营有限公司
上海唐神广告传播有限公司
前锦网络信息技术(上海)有限公司
上海智高广告有限公司
上海雅仕维广告有限公司
上海运筹国际广告有限公司
上海郁金香广告传媒有限公司
上海利达广告有限公司
上海斐思态广告有限公司
上海大众广告有限公司
上海飞帆广告有限公司
上海西南广告有限公司
上海天波广告有限公司
上海合力广告有限责任公司
上海圣峰广告有限公司
上海雅视广告有限公司
上海焦点广告传播有限公司
上海池田广告有限公司
上海华伦广告有限公司
上海解放广告有限公司
文汇报社
上海教育电视台广告部
上海东湖广告装饰有限公司
上海文艺出版总社
上海邮政商函广告有限公司
上海新云广告有限公司
上海高架道路经营开发有限公司
上海机场德高动量广告有限公司
上海电力广告有限公司
上海电气(集团)广告装潢公司
上海信息广告有限公司
上海经济社广告有限公司
上海强生广告有限公司
上海彩虹广告装潢有限公司
上海华兴广告有限公司
上海美景广告传播有限公司
上海申空广告有限公司
上海东艺广告有限公司
上海锦江广告装饰公司
上海一汽公共交通广告有限责任公司
上海形上传播有限公司
上海农工商众艺广告有限公司
上海铁路文化广告公司
上海坤威广告传播有限公司
上海港凯广告有限公司
天津电视台广告部
天津日报报业集团
天津市北岛广告发展有限公司
天津市新地广告有限公司
重庆广播电视集团（总台）广播板块
重庆日报报业集团广告总公司
重庆商报
燕赵晚报
石家庄日报
河北电视台
燕赵都市报
唐山广播电视报社
河北霓虹广告有限公司
秦皇岛广播电台
山西日报报业集团广告中心
太原电视台

山西太原圣戈广告有限公司
三晋都市报
内蒙古电视台
辽宁日报社
辽宁铁道融信广告有限公司
沈阳市嘉名策划广告有限责任公司
黑龙江电视台广告部
哈尔滨电视台
黑龙江日报报业集团
哈尔滨广播电视报社
山东电视台
山东教育电视台广告信息部
山东信通广告有限公司
半岛都市报社
青岛金桥广告有限公司
威海市广播电视台
济宁市广播电视局(台)
菏泽市广播电视台
菏泽日报社
江苏省邮政广告有限公司
南京银都广告商务有限责任公司
常州市通力达信息传播有限公司
宜兴市广播电视台
新安晚报社广告部
金鹃国际广告有限公司
合肥中策广告有限责任公司
安徽日报社广告中心
钱江晚报有限公司广告部
浙江卫视广告部
浙江亚视传播有限责任公司
浙江电视台影视文化频道广告部
金华日报社广告中心
浙江思美广告有限公司
温州日报报业集团
江西电视台广告中心
南昌市绿风广告有限公司
厦门市博美联合广告有限公司
厦门市威扬广告有限公司
福建电广福视广告有限公司
福建电广有线电视广告有限公司
福建电广东南卫视广告有限公司
福建电广广播广告有限公司
海峡都市报社
福建电广广播电视报广告有限公司
福建青年杂志社
东南快报社
福建日报广告总公司
海峡导报社（福建海峡传播总公司）
福建教育电视台
厦门广播电视广告总公司（厦门厦视广告公司）
厦门市公交广告有限公司
厦门欣美广告有限公司
厦门盛世阳光广告传媒有限公司
厦门日报社
宁德电视台
龙岩电视台新闻综合频道
闽西日报社广告总公司
上海李奥贝纳广告有限公司广州天河分公司
广东电视台
南方电视台
广州市电视台广告部
深圳报业集团
广东平成广告有限公司
惠州市广告装饰工程有限公司

佛山日报社

汕头市广播电视台

信息时报社

湛江市电视台

韶关日报社

广西电视台

广西人民广播电台

广西日报社广告中心

海南日报广告中心

海南电视台新闻综合频道

海口广播电视台广告中心

成都商报社广告部

四川神韵传播有限责任公司

云南日报报业集团

云南体育广告公司

云南老年报社

生活新报社

都市时报

贵州日报报业集团广告处

贵州电视台

贵州人民广播电台

西安麦道广告有限公司

安康电视台

读者杂志社

新消息报社

南方日报报业集团

北京青年报（北青传媒股份有限公司）

龙生

南方报业基于市场的战略选择，实施"龙生龙，凤生凤"的优势资源滚动发展模式，利用

七报四刊一出版社一新闻网站的最佳媒体结构。南方报业正以蓬勃的创造力，旺盛的竞争力

南方报业
NANFANG NEWS PRESS GROUP

南方日報 高度决定影响力

南方都市報 办中国最好的报纸

南方周末 记录时代进程

专门为农民说话 专业为农业服务 南方农村报

21世纪经济报道 新闻创造价值

南方 以有趣抵

'2005中国广告年鉴

China Advertising Yearbook

第十三版

13 th Edition